민중신학의 탐구

민중신학의 탐구

국립중앙도서관 출판예정도서목록(CIP)

민중신학의 탐구 = Study of Minjung theology / 지은이: 서
남동 ; 엮은이: 죽재서남동기념사업회. -- 개정증보판. --
서울 : 동연, 2018
      p. ;   cm

권말부록: 서남동의 민중신학을 말한다
한국기독교장로회 총회와 민주화운동기념사업회의 후원으로
출판되었음
ISBN 978-89-6447-415-0 93200 : ₩22000

민중 신학[民衆神學]

231.015-KDC6
230.046-DDC23   CIP2018021527

민중신학의 탐구 〈개정증보판〉

2018년 7월 16일 1쇄 인쇄
2025년 6월 18일 2쇄 발행

지은이 | 서남동
엮은이 | 죽재서남동기념사업회
펴낸이 | 김영호
펴낸곳 | 도서출판 동연
등 록 | 제1-1383호(1992. 6. 12)
주 소 | 서울시 마포구 월드컵로 163-3
전 화 | (02)335-2630
전 송 | (02)335-2640
이메일 | yh4321@gmail.com

ISBN 978-89-6447-415-0 93200

이 책은 한국기독교장로회 총회와 민주화운동기념사업회의 후원으로 출판되었습니다.

민중신학의 탐구

서남동 지음 | 죽재서남동기념사업회 엮음

동연

개 정 판 을 펴 내 며

주지하듯이 죽재 서남동 선생님(1918-1984)은 우리나라에서 가장 진보적인 신학을 개척한 분입니다. 그의 민중신학은 남미의 해방신학과 다릅니다. 그의 신학 안에 한국의 민담, 판소리, 마당극, 소설, 역사적 사건 등 다채로운 민중문화 자료들이 들어와 아시아적이고 한국적인 민중 문화 신학이 되었습니다. 또한 성서의 유물론적 해석과 민중에 대한 사회경제적 분석을 사용함으로써 급진적 정치신학의 전형으로 자리 잡았습니다.

죽재 선생님의 『민중신학의 탐구』는 전무후무하게 창조적인 정치-문화신학적 작품입니다. 그리고 한국 민중신학의 가장 권위 있는 문헌 중 하나입니다. 이 책을 모르고 민중신학, 아니 한국의 신학을 안다고 할 수 없을 것입니다. 이 책을 읽으면 수천 년의 고난 속에서 끈질기게 생명을 이어온 한국 민중뿐 아니라, 고난 받는 민중과 함께 역사 속에서 일해 오신 하느님을 접할 수 있습니다. 그리고 예수의 고난과 희망이 한국 민중의 고난과 희망으로 이어져 있음을 확인할 수 있고, 오늘의 역사에 역동적으로 개입하셔서 새로운 미래를 창조하시는 성령의 흔적을 읽을 수 있습니다.

이 책은 아직도 살아있는 고전입니다. 그러나 1983년 한길사에 의해 초판이 출간된 후 절판되어 젊은 후학들이 선생님의 사상을 읽고 연구할 기회가 없었습니다. 도서관에서도 찾기 어려워 선생님을 사랑하는 목회자와 독자들이 불편을 겪었습니다. 이에 죽재 선생님의 탄생 100년이 되는 올해 기념사업회를 조직하고 다양한 사업을 준비하면서 그의 사상이 집대성되어 있는 이 저서를 재출간하게 된 것입니다.

한국기독교장로회 총회와 민주화기념사업회에서 물심양면으로 지원하여 주시고, 도서출판 동연에서 기꺼이 출판을 허락하여 주셔서 가능하게 되었습니다. 깊이 감사드립니다. 또한 100주년 기념사업을 위해 헌신적으로 참여해 준, 서남동 선생님의 제자들인 선교교육원 동문들, 동료 민중신학자들, 목회자들께 감사드립니다. 그동안 민중신학의 불꽃을 끄지 않으시고 오히려 지펴주신 사랑과 지혜의 근원이신 하느님께 감사드리며….

2018년 5월 18일
죽재서남동목사탄생100주년기념사업회
공동집행위원장 권진관

그 동안에 지어온 글들, 가뭄에 콩 나듯이 어쩌다가 생긴 글들, 여기
저기 흩어진 글들을 모아서 편집을 마치고 이제 머리말을 쓰려고 생각
을 해본다. 떠오르는 많은 생각 중에서 몇 가지만 표출시킬 수밖에 없
다. 신학한다는 것은 무엇인가?

신학하는 참된 태세는 메아리치는 것이라고 생각해본다. BC 13세
기에 애굽 땅에서 도탄에 빠져 신음하던 히브리인들의 울부짖음에 대
한 야웨의 메아리가 출애굽 사건이요, BC 8세기에 북이스라엘의 사회
적 상황에서 야웨의 부르짖음에 대한 아모스의 메아리가 그의 예언활
동이다. 우리의 경우, 70년대에 들어서면서 민중의 부르짖음에 대한
어떤 신학자들의 메아리가 민중신학으로 형성되어간다. 신학함의 진
정성(眞正性)의 정도를 메아리의 모델로 가늠했을 때 그 신학의 진정
성·민감성이 판명된다고 하겠다. 나는 지금 여기에 모아진 나의 신학
논문 신학강연들이 70년대 이후 한국 민중의 부르짖음에 대한 얼마나
충실한 메아리였느냐고 묻는 것이다. 민중의 부르짖음에 대한 메아리?
어림없는 이야기다. 부끄럽다는 말이다. 그러면서도 신학의 한 중요한
규준은 얻은 셈이라고 생각해보는 것이다.

'방외인(方外人)의 신학' '방외신학', 이런 신학이 있을까? 나는 1975
년에 대학 캠퍼스를 떠나서, 말하자면 거리에서 방황하고 있는 셈이다.
연구실, 연구비, 연구시간 그리고 연구발표지(誌)가 있는 네모가 반듯
한 규격 있는 신학 — 이런 신학을 할 수 없는 신세다. '신학의 에콜로지'
를 말하는 신학자가 있지만, 나는 신학의 그 보금자리를 잃은 것이다.

연구생활이 지속될 턱이 없고, 연구업적이 나올 수가 없는 형편이다. 그래서 내 식대로 하는 신학은 방외신학(方外神學)이라고 하겠다.

이 같은 방외인의 신학을 하다 보면 실학자(實學者)들의 형편이 눈길을 끈다. 남인계(南人系) 실학자들이 어떤 의미에서 체제 밖에 서게 되었다는 것도 그들의 학문형성을 크게 조건지었거니와, 그 학문의 방법으로 전통적이며 지배적인 형이상적 성리학(性理學)을 따르지 않고, 사회 과학적인 방법과 분야로 향했다는 점 말이다. 나는 유물론적 관점은 취하지 않지만, 그들의 학문이 새 시대를 열었다는 측면보다는 그 시대가 그들을 불러일으킨 측면을 더 의미 있게 본다. 그들도 역사의 변천, 시대의 소리에 메아리친 것이다. 나로서는 처음부터—이 처음이라는 말이 모호하고 우스운 말이지만—신학의 새로운 방법론으로 '사회경제사'를 도입하자는 제안을 했고 또 조금은 시도하고 있는데, 그것은 우리나라 학자들, 특히 국사학자들에게서 배운 것이지 외국 신학자들에 게서 배운 것이 아니라는 말은 힘주어 말해두고 싶다. 그리고 그 후 신학의 세계적인 새로운 양상을 볼 때, 나는 어떤 자부심 같은 것을 느낀다. 여기서 그 동안의 나의 글들을 모아놓고 보니, 그 내용과 전개가 나 혼자서 한 일이 아니었다는 것을 확실하게 깨닫게 된다. 1976년에 출간된 나의 제1 신학논문집 「전환시대의 신학」은 여기에 비교하면, 혼자 배워서 혼자 써낸 것이라고 하겠다. 그러나 이번 글들은 그 동안 몇 친구들이 같이 토론하고 같이 생각했다는 것이 분명하게 느껴진다. 써놓고 나서 이런 술회(述懷)를 할 것이 아니라, 앞으로는 실험적으로, 아예 논문 작성하는 것까지 공동 작업으로 하는 계획을 몇 친구들이 시도하고 있다.

여기서 모아놓은 글들은, 제4부를 제외하고는, 1975년 이후에 쓴 것들이다. 그것들을 쓰인 연대순으로 배열했다. 주제별로 분류하기도 어렵거니와 이 글들의 경우 그런 분류가 큰 의미를 갖는 것도 못된다. 나의 제1 논문집도 그렇게 연대별로 배열하고 싶었지만 출판사의 의견에 따랐던 것이다. 이제 연대순으로 배열하고서도 그런대로 세 매듭으로 나눌 수가 있었다. 나의 신학의 전개 과정을 나타낸 것이라고 하겠다.

1975년 캠퍼스를 떠난 후 나는 두 번, 합해서 3년 가까이 이 사회의 울타리 밖에 나가 있었기 때문에, 그 전후 관계로 1976, 1977, 1978 그리고 1981년에는 단 한 편의 논문도 남기지 못했다. 중단했다가 다시 연구를 진행한다는 것은 쉬운 일이 아니었다. 제4부는 그 이전에 쓴 글들인데 출판사의 권유에 따라서 여기에 넣었다. 신학적 관점이 다른 것이 돋보인다. 그때는 깊이의 차원에 몰두했는데, 지금은 옆의(橫的) 차원에 서 있는 셈이다. 어느 친구의 비유를 빌자면, 그때는 땅을 파는 두더지의 행태였는데 지금은 곁눈질하며 옆으로 걸어가는 가재의 신학을 하고 있는 셈이다.

엮어놓고 검토해보니 내용에 중복된 부분이 너무 많아서 더러는 삭제했는데, 또 그 때문에 글의 흐름이 저지된 데가 있고 해서 그래저래 독자에게 죄송하게 되었다.

이제 책이 나오게 되는데 협력해주신 분들에게 감사를 드려야 하겠는데, 너무 여러분이라서 그분들을 일일이 꼽기가 어렵다. 선교교육원 홍혜신 간사는 나의 지저분한 노트, 난필을 판독·정서해 주었다. 홍 양의 수고에 깊이 감사한다. 「민중신학을 말한다」의 대담으로 나의 미숙한 생각을 풀어내어 정리해주신 한신대학 송기득 선생에게도 심심한 감사를 드린다. 그리고 한길사 김언호 사장의 계속적인 독려와 인내심을 가지고 기다려 주심이 없었더라면 흩어져서 사라져 버릴 이 글들이 이렇게 부활할 수 없었을 것이다. 깊은 감사를 드린다. 또한 내가 신

학을 연구하고 집필하는데, 모든 것이 어렵기만 한 상황에서도 뒷바라
지를 해준 나의 아내의 노고도 모르고 있는 것은 아니다.

　　모두 감사합니다.

1983년 11월 16일
서남동

차 례

민중(民衆)의 한(恨)타령

예수 · 교회사 · 한국교회*

1. 예수

예수님이 30세쯤 되어서 세례와 시험으로, 고난받고 억압당하는 민중과의 동일성을 확인한 다음, 그의 공적 생애에 등장한 제일성(第一聲)은 "가난한 자에게 복음을, 포로된 자에게 자유를, 눈먼 자에게 다시 보게 함을, 눌린 자를 해방하는 '주의 은혜의 해'를 선포함이었다"(누가 4:18). 예수의 출현은 인간의 구원과 해방의 선포, 곧 투쟁이었다. 마리아의 찬가(누가 1:46 이하)에 의하면 예수의 탄생 자체가 인간의 정치적·경제적 해방의 징표라는 소망이다.

예수의 출현 자체가 적어도 누가복음서의 편집에 의하면, 경제적 빈곤, 사회적·문화적 편견, 사실이 은폐된 어둠 속에 사는 무지, 정치적 억압으로부터의 인간의 해방작업이라는 것이다. 히브리적 문화의 전통에 선다면 개개인의 해방이라기보다 공동체의 해방이고, 정신적·심

령적인 구원이라기보다 역사적, 정치적 구원이다. 그러므로 오늘날 기독교신학이 정치의 신학, 해방의 신학이라고 해서 정치·경제의 마당에서 되어지는 해방을 주제로 삼고 있는 것은 극히 성서인 발상인 것이다.

예수의 출현의 제일성, 그 출현 자체가 '주의 은혜의 해'의 선포라고 했다. 이 말은 또 '속죄의 날' 안식년(安息年), 희년(禧年), 성년(聖年), '요벨(羊角)의 해'라고도 불리는 경축의 해, 해방의 해다.『구약성서』의 레위기, 신명기 등에 보면 7년에 한 번씩 오는 안식년을 일곱 번 거듭하면 49년이 되고, 그 다음해 50년째 되는 해는 희년, 성년, '주의 은혜의 해'로 선포하도록 되었다. 그해가 되면 매수(買收)했던 농토는 원소유자에게 돌려주고, 집에서 부리던 종들은 해방해서 자기들의 고향에 돌아가게 하고, 모든 금전적인 부채는 없는 것으로 환원하고, 심지어는 농토나 농기구까지 쉬게 하는 해방의 해다. 이것을 가리켜서 '속죄 의 날'이라고 했다. 속죄는 이렇게 사회적·정치적 해방과 신생의 뜻을 지니는 것이었다. 그것은 도덕적·종교적인 죄에 국한되어 있지 않았다. 사회와 역사에, 시간이 경과됨에 따라서 누적되고 경화(硬化) 되는 구조악(構造惡), 원죄(原罪)가 정치적으로 사회적으로 속죄되는 것이다. 그것은 말하자면 혁명이다. 그것은 집단적인 회개이고 사회적인 속죄이며 공동체의 종교체험 엑스타시이다.

로마가톨릭교회에서 AD 1470년 이래 25년마다 한 번씩 오는 것으로 정한 성년은 이번에는 올해 1975년이다. 약 500년 전에 정한 매 25년의 회귀율(回歸律)은 그때의 사회 변화의 완만함을 가리킨다. 그때의 25년은 대략 한 왕자가 왕위에 있는 기간에 해당한다. 지금 시대는 왕조도 아니고, 또 사회변화도 급속하기 때문에 일정한 집권(執權)의 연장에서 숙명적으로 생기게 되는 구조악은 훨씬 짧은 기간에 제도적으로 '속죄'되어야 할 것이다.

마태복음서 25장에는 예수께서, '내가 주렸을 때, 내가 목말랐을 때, 내가 나그네가 되었을 때, 내가 벗었을 때, 내가 병들었을 때, 내가 옥에 갇혔을 때'라고 말함으로써 예수는 자기를 가난한 자, 눌린 자, 멸시받는 자, 병든 자와 동일화했다. 거기에 종교적 또는 도덕적 조건이나 자격이 들지 아니했으므로 이 동일화는 '무조건적인 동일화', '절대적인 동일화'라고 말할 수 있다. 다시 말하자면 예수는 어느 때 어느 경우에나 항상 병든 자, 가난한 자, 눌린 자, 억울한 자였다는 말이다. 그는 부자도 권력자도 아니었고, 그들 편에 선 적도 없다. 예수의 하느님은 부자도 가난한 자도 같이 믿고, 누르는 자도 눌린 자도 함께 예배하는 그런 하느님은 아니었다. 하느님은 항상 가난한 자, 눌린 자의 하느님이다. 곧 하느님은 가난한 자, 눌린 자를 해방하시는 분이시다. 부자가 그 부로부터, 권력자가 그 권력으로부터 해방된다는 것은 생각하기 어려운 일이고, 만일 그러한 해방이 있다면 그것은 사회적·정치적 혁명을 뜻하게 될 것이다. 그런 사회혁명이 아닌 한, 부자와 권력자의 해방은 위선(僞善)이며 거짓해방이며, 기껏 부와 권력의 교묘한 연장술책에 불과하다.

예수는 일찍이 가난한 자, 눌린 자에게 기도를 가르쳐주신 바 있다. 가난한 자에게 내일 먹을 것을 주시라고, 또 눌린 자에게 불의(不義)한 자를 그 눌린 자가 용서할 테니 눌린 자의 죄를 하느님이 용서해 주시리라는 기도다. 그런데 항상 먹을 것이 풍부한 부자가 이런 기도를 흉내 내는 것은 하느님을 모독하는 짓이다. 권력자, 누르는 자가 다른 사람을 누르고 서서, "우리의 죄를 용서해주옵소서"라고 기도하는 종교의식은 하느님을 우롱하는 것이다. 부자와 권력자는 '주기도문'을 드릴 자격이 없게 되어 있는 것이 기독교다. 크리스천 부자들이 권력자, 장관들을 위한 조찬기도회를 베풀고 또 그들로부터 "위에 있는 권세에 복종하라"라는 하느님의 말씀을 국민에게 듣게 하는 것은 기독교도 아니고, 그 하느님은 하느님도 아니다. 아니 그 하느님은 부자와 권력자만을 위해서 있는 다른 하느님이다. 가난한 자, 눌린 자를 찾아온 하느님은 따로 있다. 그가 예수다. 마태복음서 25장의 병든 자가 전염병 환자라면, 옥에 갇힌 자가 정치범이라면, 거기 굶주리고 헐벗은 자가 마산수출자유 지역의 여직공이라면, 그들의 해방 전략은 어떠한 것일까? 그 해방은 사회적·정치적 행동일 수밖에 없는 것이 아닌가.

예수는 생전에 그의 제자들에게 "누구든지 나를 따라오려거든 자기를 부인하고 자기 십자가를 지고 나를 따르라"라고 하였으며, 그도 결국 십자가에 처형되었다. '십자가를 진다'는 말은 당시의 유대민족의 정치적 독립운동에 나선 게릴라 '제롯당'(열심당)의 구호였다. 십자가형은 로마제국의 질서에서 정치범이 받게 되는 형벌이었다. 제롯당은 죽음을 각오하고 해방운동에 나선 몸이라고 해서 '십자가를진다'는 구호를 갖게 된 것이다. 이 말의 뜻을 그때 누구나가 알고 있는 형편에서 예수는 그 제자들에게 "자기의 십자가를 지고 나를 따르라"라고 말했다. 오늘날 신학은 예수의 정치 참여를 밝히려고 많은 노력을 하고 있다. 예수는 바리새파에 속하지 아니했다. 그들은 로마 정부도 미워하고 성전종교에도 흥미가 없었던 입장으로, 하느님의 율법에 충실하려는 예언자의 계보에 속한다. 예수는 사두개파에 속하지도 아니했다. 그들은 로마 정부는 미워하지만 성전종교를 지키기 위해서 정부와 결탁했다(이 입장이 2천 년 간의 교회의 입장이었다). 예수는 속세와 힘의 정치로부터 초연하며 금욕주의적인 종교적 고행을 하면서 묵시록적인 심판을 기다리는 엣세네파와 일치한 것도 아니다.

그런데 예수가 정치적 해방에 헌신한 제롯당과 어떤 관계가 있었느냐는 물음에는 선명한 대답이 나오기 어렵다. 적어도 로마의 관리들은 예수를 제롯당으로 몰아붙일 수가 있었고, 분명히 예수는 가난하고 눌린 자의 편에 섰고, 또 예수가 제자의 집단이라는 조직을 가진 것은 분명하다. 그 조직을 구성한 대부분은 당시 유대땅의 가난한 마을 사람들인 암하레쯔('am h'aretz, the poor village folk), 곧 서민대중에 속한 자들이었다. '암하레쯔'는 율법이 명하는 책무도 지킬 수 없는 가난하고 멸시받는 대중으로서 오로지 오실 메시아의 왕국만을 기다리는 사람들이었다.

예수는 결국 십자가에 처형되었다. 그의 십자가의 좌우편에는 강도 두 사람의 십자가가 서 있었다. 로마의 관리들은 제롯당원을 강도(lestai)라고 불렀던 것이다.

이렇게 예수는 정치범으로 처형되었다. 하느님의 나라의 선교활동에서 '힘의 정치'와의 대결은 피할 수 없었다. 예수는 신성모독죄(神聖冒瀆罪) 때문에 돌에 맞아 죽은 것이 아니라 정치범으로서 십자가에 처형되었다. 근래 학자들은 예수의 처형이 유대종교의 지도자들의 책임이라기보다도 로마 정부의 책임이라는 판정에 기울어진다(S. G. F. Brandon, HainCohn, Jacques Isorni 등). 예수에 관한 역사적 연구가 지난 한 세기 동안 진행된 격식대로 종교사적인(religio-historical) 각도에서만 볼 것이 아니라 사회정치적인(socio-political) 각도에서도 보아야 할 것이다. 종교와 정치가 미분되었던 고대 사회를 생각하지 않고, 지금에 와서 종교라는 특수한 입장에서만 예수를 보는 것은 시정해야 할 것이다.

2. 교회사

예수는 무조건 가난한 자, 눌린 자, 당시 로마의 식민지인 유대땅의 '암하레쯔'와 자기를 동일화했다. 이 점이 다음 시대의 교회와 교회사(敎會史)의 규범이다. 이들이 본 역사적 전망은 어떠한 것일까? 그것은 절망이다. 단축된 역사, 종말이다. 그렇기에 그들은 '하느님의 나라의 급박한 도래', 역사의 묵시록적 종말을 내다보았다. 주전(主前) 2세기부터 주후(主後) 1세기까지 유대인의 문화 이념을 지배했던 것은 묵시론적인 종말이었다. 그것은 가난한 자, 눌린 자, 서민대중의 종교였다. 예수는 이 '민중의 소리'를 외친 것이다. '하느님의 나라가 가까이 왔다'는 것이다. 예수는 그 왕국의 도래를 위해서 십자가를 졌 다. 예수의 십자가 이후의 신국 도래의 기다림은 '예수의 재림'(parousia)으로 다시 표현되었다. 이것이 원시교단의 본래적인 신앙 곧 기다림이며 또 교단의 출현이다. 그것은 종말을 기다리는 공동체이며 새 질서를 기다리는 혁명적인 신앙이었다. '암하레쯔'의 꿈이었다.

본래 후기 유대교의 종말신앙은 두 개의 흐름이 합류된 것이고 또 나아가서 이중적인 종말을 내다보게 되었다. 유대교의 종말신앙은 구약의 예언자들의 신앙에서 출발한 것으로서, 역사의 앞날에 이상적인 새 질서인 '메시아의 왕국'을 기다리는 것이었는데, 이스라엘 사람들이 바빌론 포로생활에서 접촉한 결과로 아리안 조로아스터교의 '인자'(人子) 신앙, 즉 초월적인 존재가 초자연적으로 임해서 현(現) 시대를 갱신하여 새 시대를 시작시킨다는 종말신앙과 합류하게 되었다. 여기에 그 두 조류가 합한 것이라고는 하지만 그것이 절대로 타계적·내면적인 것은 아니고 어디까지나 역사와 사회에 대한 사회신앙이었다. 그리고 그것은 파국적 혁명적인 사관이었으며 묵시문학적인 표현을 가진 것이었다. 그런데 이러한 후기 유대교의 종말사관은 또 이중적인(혹은 對極的인) 모델로 정형화(定型化)되었다. 곧 역사의 궁극적인 종말인 '신국'(神國)과 준궁극적인 종말인 '천년왕국'으로 정형화됐다. 신국은 역사의 종말(the end of history)이고 천년왕국은 역사 안에 있는 종말(the end in history)이다.

천년왕국이란 상징은 물론 전역사의 기간이라고 믿었던 육천년의 최종 기간인 1천 년간을 가리킨 것이다. 그들에게 역사의 궁극적인 종말인 '영원한 하느님의 나라'는 너무나 아득하게 멀기 때문에 가까운 천년왕국이 필요했다. 신국은 보다 더 개인적·내면적인 신앙내용이고, 천년왕국은 보다 더 사회적·외면적인 신앙내용이다. 그렇기에 교회사에 있어서 혁명신앙의 동력이 된 것은 신국 상징이 아니라 당연히 천년왕국 상징이었다. 천년왕국 신앙은 주후 1세기에는 정통교리였다는 점 그리고 이중적인 모델이 변질되어서 일방적인 것이 될 때에는 그 본래적인 깊이도 또한 박력도 상실한다는 것을 우선 지적할 수 있다. 특히 현대 신학에서 역사의 준궁극적인 종말인 천년왕국의 사회적 극(極)이 탈락된 채로 역사의 궁극적인 종말인 신국의 개인적·내면적인 극(極)만이 논의될 때 종말신앙이 지니고 있는 혁명적 활력은 거세되고 만다.

그런데 예수의 재림이 늦어지고 또 늦어지고 있다. 재림의 지연으로(delay of parousia)—이것이 다음에 일어나는 모든 문제를 설명해 준다. 재림이 늦어지고 다시 망각되기 시작하자 기다리는 신앙의 자리에 교회—제도적·행정적인 종교특수화한 교단—가 들어서게 된다. 그것을 합리화, 나아가서 절대화하는 기능으로 교리와 신학이 생긴다. '오실 메시아'가 '천상의 그리스도' 혹은 '그리스도 안에 있는'(being in Christ) 신앙으로 바뀌고, 교체될 새 질서의 교두보로서의 혁명세력이

스테이터스 쿠오(status quo)의 재가자(裁可者)로서의 교회로 변한다. 미래에 약속된 '새 것'에 대한 기다림 대신에 '마지막 때'인 이 시대에 선택받은 공동체라는 교회 신앙—땅 위에 있는 신성한 제도인 교회— 그렇기에 그 교회 밖에는 구원이 없는 '노아의 방주', '천국에 들어가는 유일한 문'으로 본래의 종말신앙이 비종말론화(非終末論化), 헬라화된 다. 첫째 무엇보다도 제도적 교회는 본래적인 종말신앙의 쇠퇴의 대가 로 얻어진 것이라는 점을 잘 생각해야 한다. 따라서 신국 도래의 비전 이 없어지면 제도적 교회가 발생한다. 이 기독교회를 헬라적·콘스탄 틴적 기독교(Hellenistic Contsantinian Christianity)라고 한다. 그 이후 교회는 현상유지·자기합리화·자체 방어를 위해서 '교회와 사회'와의 사이에 담을 쌓고 그것을 더 높게 더 두껍게 하는 일에 전심한다. 그리 해서 신국 곧 새 질서를 도입하는 사명을 저버린다. 교회는 콘스탄틴 황제의 종교, 공적(公的) 종교, 호국종교가 된다. 새 질서를 갈망하는 눌린 자, 가난한 자, '암하레쯔'의 종교에서 승격하여 누르는 자, 부자 의 종교가 된다. 이래서 정통 기독교가 성립된 이후로는 서민대중의 종 교는 매양 거기에서 벗어나는 소종파(sects)나 때로는 이단(heretics) 으로 변모한다. 예수가 무조건 자신을 동일화했던 멸시받는, 가난하고 눌린 대중의 종교는, 곧 예수의 입장은 교회 밖에서 소종파와 이단으로 변모한다.

　헬라적·콘스탄틴적 기독교를 사회의 압박자와 부자를 위해서 완성 시킨 사람은 어거스틴(354~430)이다. 그는 첫째로 처음과 끝, 창조와 종말을 갖는 선적(線的)·목적론적인 기독교 역사관을 밝히고 그것을 이교(異敎)의 회귀적(回歸的)·자연적 역사관과 대조시켰다. 둘째로 그 는 정신적인 하느님 나라의 역사와 육욕적인 지상의 나라의 역사를 평 행선으로 구별하고 하느님의 구원의 활동을 세속사 밖에 있는 구속사에 한정했다. 셋째로, 이 점이 우리의 이야기에서는 중요한 점인데, 미래에 약속된 천년왕국을, 곧 예수의 재림으로 시작될 그리스도의 왕국을 '예수의 초림(初臨)부터 그 재림까지'의 '교회의 시대' 곧 현 시대로 보았다. 그래서 역사 안에 있는 종말은 없게 되고, 교회는 신의 역사경륜(歷史經綸)의 최종양태며, 그 교회는 세계 위에 군림하는 사회절대주의를 낳게 했다. 이래서 종말신앙의 미래적·혁명적 차원은 없어지고 기독교는 헬라화했다. 종말신앙은 교회신앙 안에서 교화(domesticate)되고 말았다. 그래서 세계에 새 질서를 도입하려는 교회의 역할을 현 질서를 보호하는 역할로 바뀌었다.

이러한 교회사적 유산을 거부하고 신앙을 재종말론화한 사람은 요아킴 플로리스(Joachi Floris, 1132~1202)다. 그에 의하면 삼위일체의 신은 그의 존재양식을 역사적으로 전개하여 성부시대(聖父時代), 성자시대(聖子時代), 성령시대(聖靈時代)로 이어간다는 것이다. 그의 신학은 역사의 신학(theology of history)이다. 그리고 내림하는 신국 혹은 약속된 천년왕국은 다름 아닌 성령의 제3시대라는 것이다. 그는 역사의 완성인 성령의 시대는 주후 1260년에 시작한다고 생각했다. 요아킴의 역사의 신학에는 가장 무서운 혁명적인 요인이 있다. 그는 단번으로 완료된(once for all) 계시를 증거하는 성서를 능가하는 성령의 계속적인 역사, 새 계시를 내다보았다(요한 7:39, 14:12·16, 20:21-23, 이사야 43:19 등 참조). 이러한 정도로 그는 교회의 갱신을 생각했다. 즉 낡은 교회에서 새 교회에로의 갱신이다. 그의 예언은 아직도 구현되지는 아니했고 그의 영향 아래서 그 아류의 소종파와 이단이 생겼다.

16세기에 와서 루터는 종교개혁이라는 것을 성공시켰다. 그러나 그것은 불철저한 종교개혁이었다. 그의 종교개혁을 행정적 종교개혁(magisterial reformation)이라고 해서 제세파(再洗波)나 또 토마스 뮌쩌(Thomas Müntzer, 1488~1525) 등의 철저한 종교개혁(radical reformation)과 구별한다. 루터는 '법과 질서'를 표방하고 가난한 자, 눌린 자, '암하레쯔'의 권익을 관권으로 억압하도록 했고, 종교의 영역과 국가의 영역을 분리시켜서 '종교의 개혁'만을 시도했다. 그래서 종교개혁의 프로테스탄티즘은 고작해서 군후(君侯)의 종교로부터 부르조아의 종교가 되었고 '암하레쯔'의 종교는 되지 못하고 말았다. 여기에서 뮌쩌 등은 교회의 '개혁'(reform)이 아니라 교회의 재건(restitution)을 시도했다. 그는 나아가서 사회개혁 없이 교회개혁은 있을 수 없다고 생각했다. 그는 으뜸가는 사회적인 프로그램을 갖고 정치적인 행동을 한 '정치신학자'였고 '사회적 속량'(social redemption)을 설파한 사람이다. 그는 요아킴의 '역사의 신학'을 강화하였고 가난한 자, 눌린 자의 종교를, '민중의 소리'를 대변했다. 그러나 그는 성공하지 못했다. 제도적 교회가 가져야 할 자기비판이 아직 되지 아니했기 때문이다. 때가 아직 차지 아니했기 때문이었다. 제도적 교회의 자기집념은 아직도 완강했다. 그래서 그 후 18세기, 19세기의 역사적 추세에서 민중을 위한 혁명은 번번이 바로 기독교회를 대적으로 맞서는 혁명운동이었다는 점은 오늘 기독교가 제일로 크게 깊이 반성해야 할 점이 된다.

종말론은 다시 '오늘의 신학'의 중심적인 주제다. 여기에는 간단하게 볼트만의 실존론적 종말론과 몰트만의 정치 신학적 종말론을 대조하기로 한다. 이 양자의 분수령은 본회퍼의 '세속적 성서해석'이다. 본회퍼는 그의 옥중일기에서 다음과 같이 말했다. "우리는 신을 죄책·고난·죽음 등의 인간의 취약점에서만 만날 생각을 하지 말고 인간의 강한 점에서도 만나야 한다. 삶의 한계선상에서만 아니라, 삶의 한복판에서도 만나야 한다." 볼트만의 실존론적 종말론에 의하면, 사람은 죄책과 고난과 죽음의 한계선상(限界線上)에서 일상성의 관습을 끊는 매순간의 결단에서 역사의 종말에 부딪치게 된다. 따라서 개개인의 종말, 내면적 차원에 국한된다. 그런데 몰트만의 종말론은 인간의 책임, 특히 현대인의 강점인 '정치'와 '테크놀로지'에서 좌우되는 인간 공동체의 운명이 맞이할 역사의 미래가 그 중심적인 초점이다. 볼트만의 종말론에서는, 시간과 역사를 초월한 신국이 생활의 매순간을 절단하지만, 몰트만의 종말론에서는 역사의 준궁극적인 종말이 미래의 약속으로서 현재의 행동을 독촉한다. 사실상 오늘날 신학적 추세는 원시교단의 종말신앙, 교회사의 소종파들, 가난한 자, 눌린 자의 종교를 찾으려고 한다.

오늘을 풍미하는 혁명·정치·해방의 신학은 또 마르크시스트, 특히 신마르크시스트의 도전에서 촉발된 것이었다고 자인한다. 이 대화와 경쟁에서 기독교는 새로운 활력을 얻어 다시 민중의 종교로 복귀하려고 한다. 첫째로 기독교는 잃어버렸던 복음의 사회적 차원, 사회적 구원을 되찾았다. 둘째로 기독교는 신의 초월을 형이상학적인 영역으로부터 미래의 초월로 환원한다. 셋째로 기독교는 지금까지의 '억압자의 이데올로기'로부터 민중의 종교, 해방의 복음으로 복귀한다. 넷째로 기독교는 정통적 교리가 절대적으로 주어진 규범이라는 생각에서 탈출하여 역사적 현실에서 실험과 행동으로 진리를 검증하는 태도로 바뀐다. 다섯째로 교회는 정통적인 교회사의 족보를 자랑하는 것을 의심하고 이 시점에서 소종파들과 이단들의 동기와 족보를 찾기 시작한다. 복음을 삶의 모든 영역에 접합시킨다. 교회신학이 아닌 정치와 세계의 신학이다. 하느님의 선교다. 가톨릭시티(catholicity)의 새로운 이해다(특히 Shaul, Moltmann, Metz, Braaten, Cone, Ruether 그리고 Rhomadka, Lochman, Smolik 같은 체코의 신학자들을 참고하라).

복음이 가지고 있는 사회적·혁명적인 잠세력(潛勢力)은 그동안 기성 종교, 제도적 교회의 억압 아래서 질식된 채로 있었다. 그것은 오고 있는 새 시대에 대한 묵시록적(黙示錄的) 혁명적 메시지가 '교회의 시대'에 흡수되어 버렸고, 복음의 약속은 역사적 미래와는 상관이 없는 타계적인 천당에 투사(投寫)되어 버렸었기 때문이었다. 그런데 이제 신국 도래의 종말론적 지평은 동트기 시작했다. 그것은 역사의 진행하는 세속화의 과정에서 절대적인 교권은 상대화되고, '교회의 시대'를 지나서 이제 역사는 속(續) 기독교시대(Post-Christian Era. Post-Constantine Era)에 들어갔기 때문이다. 세계사의 최종단계라고 믿었던 교회관이 해체된 '기독교시대 이후'에서 비로소 복음은 그 혁명적인 잠세력을 발휘하여 가난한 자, 눌린 자, '암하레쯔'의 종교, 민중의 종교로 될 수 있는 지평이 열렸다. 민중의 기다림은 성령의 제3시대로 천년왕국의 도래다. 이 세속화의 과정에서는 그 신앙이 종교적 상징적인 언어를 사용하지 아니할 수도 있다. 그러나 복음은 항상 종말론적 해방의 언어임에는 틀림이 없다.

3. 한국교회

예수와 2천 년의 교회사에 관한 이상과 같은 이해를 전제하고 그러한 관점에서 오늘의 한국교회의 투쟁의 모습을 살펴보기로 하자. 이점에 관해서 요즘 '세계교회의 눈에 비친 한국교회의 모습'을 참고하기로 하자. 미국, 일본, 유럽의 교회에 비친 한국교회의 모습을 인용하기로 한다.

1) 첫째로 '미국교회의 눈에 비친 한국교회의 모습'이다. 지난해 여

름(1974, 6, 23) 미국 아틀란타 시에서 미국연합장로교회가 제196차 총회를 가졌었는데 같은 시간에 같은 시에서 미국남장로교회 총회도 모였다. 미국 개신교회의 대표적인 교회들이다. 그 총회 일정 중에 하루 저녁에는 두 총회가 연합예배를 보았는데, 그 예배의 영광의 설교직책은 여자 목사 헨덜리트(Rev. Rachel Henderlite)였다. 그의 설교 제목은 「하나되기 위해서 자유롭게 하신다」(Set free to be one)였다. 그 긴 설교의 끝 부분을 좀 길게 인용하면 다음과 같다.

> 교회에 관한 불가사의(不可思議)한 일은 교회 자체의 생명에 내재한 것같이 보이는 소생의 힘이다. 그러나 우리는 이 힘이 하느님의 영의 순환적인 선물임을 안다. 그 힘은 역사상 전혀 예기치 못했던 제시대(諸時代)에 나타나곤 했다. 곧 사람들의 마음이 소침(銷沈)하고 흑암(黑暗)의 권세가 지배하는 것같이 생각되는 때에 말이다. 그 힘은 애굽에서 노예된 민중들에게, 바빌론에 포로된 '남은 자들'에게, 독일 나찌 정권하의 신자들에게 주어졌던 것이다. 성령의 같은 선물이 바로 우리들이 살고 있는 이 시대에 남한의 교회의 어떤 신실한 그리스도인들에게 나타나고 있다.
> 그들은 1973년 독재정권에 항거하여 「1973년 한국 그리스도인 선언」을 발표했다. 이 선언은 우리들에게 출애굽의 이야기보다도, 또 독일의 「바르맨 선언」보다도 덜 알려져 있기 때문에, 나는 다음에 그 선언문 중에서 좀 길게 인용하겠다.

> 오늘의 우리의 말과 행동은 역사의 주인이신 하느님, 메시아의 나라에 대한 선포자이신 예수, 우리들 사이에서 힘 있게 역사하시는 성령에 대한 신앙에 굳게 기호하고 우리는 하느님이 눌린 자들, 약한 자들,

가난한 자들을 반드시 의(義)로 보호해주시는 분이며 역사에 있어서 악한 세력을 심판하시는 분임을 믿는다. 우리는 메시아이신 예수가 불의(不義)한 권력이 무너지고 메시아의 나라가 올 것을 선포하신 것과 이 메시아의 나라가 가난한 자들, 눌린 자들, 멸시받는 자들의 안식처가 될 것임을 믿는다. 우리는 또한 성령이 개인생명의 부활과 성화를 위하여 활동하실 뿐만 아니라, 역사와 우주의 새로운 창조를 위하여 활동하심을 믿는다. 그러므로 이 역사적인 위기에 처하여 우리 그리스도인들은 다시금 다음과 같이 우리의 신앙을 고백한다.

(1) 우리는 역사의 주인이시며 심판자이신 하느님 앞에서 이웃을 대신하여 고난을 겪고 있는 눌린 자들이 자유를 얻도록 기도하라는 명령을 받고 있다고 믿는다.

(2) 우리는 우리의 주님 예수 그리스도가 유대땅에서 눌린 자들, 가난한 자들, 멸시받는 자들과 함께 사신 것처럼, 우리도 그들과 운명을 같이 하면서 살아가야 한다고 믿는다. 또한 예수가 로마 제국의 본디오 빌라도 앞에서 '위에 있는 권세'들을 향하여 진리를 말씀하신 것처럼 우리도 담대히 진리를 선포하도록 부르신 것이라고 믿는다.

(3) 우리는 성령이 우리 성품을 변화시키며 새로운 사회와 역사를 창조하시는 데 우리가 참여할 것을 요구하신다고 믿는다. 이 영은 메시아의 나라를 위한 영으로서 우리가 이 세상에서 사회적·정치적 개조를 위하여 싸울 것을 명령한다.

우리나라(미국)에, 이렇게 도의적 퇴폐가 편만한 이 시대에 그래도 성령으로 다시 힘을 얻는다는 것을 누가 부정하겠느냐? 이것이 우리가 하나가 될 때 연합예배에서 표현되는 희망이다.

헨델리트 목사는 하느님이 세상을 구원하시는 '구속사'의 세 가지 뚜렷한 소생의 사건, 곧 출애굽 사건, 바빌론 포로의 남은 자들, 독일 고백교회의 바르맨 선언의 세 번의 해방 사건을 열거하고 그 다음으로 '한국교회의 항거'를 열거하고 있다. 이 차례가 헨델리트 목사가 보는 대로의 구속사의 줄거리다. 한국교회의 차례가 이렇게 배정되었다. 우리 교회가 이 역할을 감당할 수 있을 것인가? 세계의 교회를 소생시키는 성령의 힘이 지금 한국교회에 역사하고 있다고 그는 본다. 출애굽 사건이란 무엇이냐? 그것은 하느님이 애굽에서 눌린 자를 구원하신 사건이다. 하느님의 구원은 눌린 자의 해방이며, 특히 정치적 자유를 의미한다는 것이 너무나도 명백하다. 바빌론의 포로가 되었을 때의 '남은 자'들이란 무엇인가? 보기에 모든 사람이 불의한 권력에 굴복하고 이교에 영합하고 소망이라곤 없는 것같이 보일 때, 그래도 하느님은, 북풍한설(北風寒雪)에 말라붙은 고목에서 다시 새 가지가 돋게 하듯이, 이 이스라엘의 '남은 자들'을 일으키신다는 말이다. 나찌스 독일에서 고백교회의 항거인 「바르맨 선언」이란 무엇인가? 그것은 약 40년 전의 일로서 왕좌(王座)와 제단(祭壇)의 대결이었다. 참 신 하느님 대신에 거짓 신 '민족'이란 우상을 섬기는 것을 거부했다. 그리스도의 교회가 독일 민족교회가 되는 것을 거부했다. 그것은 교회가 나찌즘 국가사회주의 곧 국가절대주의에 항거한 것이다. 그 선언은, 특히 제2조에서, 교회의 강단에서 사회적·정치적 쟁점을 언급하지 아니한다는 '순복음'(純福音)이라는 거짓을 거부하고, 삶의 모든 영역이 그리스도에게 속한다는 선언이다. 그러면 다음에 '한국교회의 투쟁'이란 무엇이냐?

2) 이 점은 '일본교회의 눈에 비친 대로의 한국교회의 모습'에서 실마리를 찾아보자. 일본교회의 대표적인 언론인 「복음과 세계」의 작년

8월호의 권두언은 「예언자적 사명이란 무엇이냐」 라는 제목으로 다음과 같이 말하고 있다.

이 시대에 예언자적 사명에 관해서 생각할 때, 나는 현재 진행되고 있는 한국교회의 전투를 생각하지 아니할 수 없다. 1973년 5월에 발표된 "1973년 한국 그리스도인 선언"의 밑에 흐르고 있는 것이야말로 진정 예언자적 정신이 아닐까. 그 선언에서 나는 세계 교회의 교회혁신의 신학과 함께 국가와 제단의 유착과 국가의 악마화와 싸운 서구 교회의 전통과는 다른 무엇을 본다. 그것은 민중의 편에 서서, 그 해방을 위해서 싸우는 제3세계의 새로운 교회의 모습이다. 예언자적 정신의 특질은 자기 민족을 위한 끝없는 사랑과 국가를 염려하는 마음에 있다. 진실로 "자기 민족의 역사의 영광을 말할 뿐만 아니라, 스스로를 국가의 양심으로 처하고 국민의 죄과를 깨닫고 그 죄를 뉘우치는" 자야 말로 예언자의 참모습이라고 하겠다…. 독립을 위해 일본의 식민통치에 항거한 역사적 전통을 계승한 한국기독교회야말로 그 속에 민족적·애국적인 예언자 정신이 맥박치듯 흐르고 있다고 생각하지 아니할 수 없다. 정녕 그 역사는 반드시 영광만이 아니라 여러 번의 거리낌도 경험하기는 했다. 그러나 오히려 그로써 사명을 위탁 받고 지고 가는 주의 교회의 모습을 본다…. 지금까지 역사에 있어서 국민의 기대에 충분하게 응답하지 못했다고 말하는 한국교회는 오늘의 상황에서 진리를 말하고 거기에 따라서 행동할 것을 주로부터 명령 받고 침묵해버린 국민의 기대를 받으면서 싸우고 있다….

일본교회의 눈에 비친 한국교회의 싸움은, 한국교회가 '민중 속에서, 민중의 편에 서서, 그 해방을 위해서' 싸우는 모습, '침묵해버린 국민의 기대를 받으면서 싸우고 있는' 모습이다.

'민중의 소리를 듣고 민중의 소리를 대변하는 예언자적 교회', 씨올의 소리를 듣고 씨올의 소리를 대변하는 예언자적 교회, 이것이 한국교회의 당위다. '씨올의 소리'(voice of the peophe)는 퀘이커 함석헌 옹의 주제고, '민중의 소리'는 시인 장기표의 주제다. 장편 시「민중의 소리」의 첫 단은 이러하다.

우리 호소 들어보소 배고파 못살겠어 언제까지 참으면서 위정자 믿으라나 저소득에 시달린 몸 물가고에 압사하고 80년대 바라다간 조른 허리 동강난다 국제파동 핑계대고 책임회피하는구나 허튼수작 그만하고 책임지고 물러가라 유신이란 간판 걸고 국민대중 기만하여 민주헌법 압살 위에 유신독재 확립하니 기본권은 간곳없고 생존마저 위태롭다.

가톨릭 시인 지하(芝河)는 자기의 시가 '악몽(惡夢)의 시', '강신(降神)의 시', '행동의 시'로 되기를 원한다고 썼다.

이 작은 반도는 원귀(怨鬼)들의 아우성으로 가득 차 있다. 외침, 전쟁, 폭정, 반란, 악질과 굶주림으로 죽어간 숱한 인간들의 한에 가득 찬 곡성으로 가득 차 있다. '그 소리의 매체(媒體)', 그 한의 전달자, 그 역사적 비극의 예리한 의식, 나는 나의 시가 그러한 것으로 되길 원해왔다. 강신(降神)의 시로.

일본의 지도적 문필인 소전실(小田實)의 글에 이러한 대목이 있다. 그의 친구가 한국에 가서 김지하를 만났더니, 지하는 시를 이해하기를

"시는 곧 비어(蜚語)"라고 하더란 것이다. 유언비어(流言蜚語)가 곧 '민중의 소리'라는 생각인 모양이다. 율곡(栗谷)의 말에 重於太山 銘於錄刀 始微 潮盛 終至於動播廟堂… 終莫知其所以然世, 그것이 바로 부의(浮議) 곧 비어라는 것이다. 처음에는 작지만 점점 커져서 종당에는 정부를 흔드는 소리이면서도 그 출처도 행방도 모르는 소리라는 것이다. 이 말은 우리에게 시편 19편의 처음을 연상케 한다.

하늘은 하느님의 영광을 드러내고 창공은 그 손으로 지으신 것을 나타내어 보이도다. 이 날이 저 날에게 말씀을 전하고 이 밤이 저 밤에게 지식을 베풀도다. 방언도 없고 말씀도 없으니 그 소리도 듣지 못하는도다. (그러나) 그 소리가 온 땅에 통하고 그 말씀이 땅 끝까지 퍼지도다.

신학적 술어를 쓰자면 하느님의 말씀의 존재양식과 유언비어, 곧 민중의 소리의 존재양식은 어찌도 그리 흡사한지! 그렇기에 인심이 천심이라고 했던가. 한국교회는 '침묵해버린' 국민의 소리를 듣고 또 그것을 대변해야 한다. "방언도 없고 말씀도 없어서 그 소리도 듣지 못하지만 그러나 온 땅에 통하고 땅 끝까지 퍼진" 민중의 소리를 듣고 대변하는 것이, 하늘의 소리를 듣고 대변하는 것이 된다. 교회의 강단이 이 소리를 듣고 전할 때 민중의 해방은 선포된다.

3) 세 번째 인용은 '유럽 교회의 눈에 비친 한국교회의 모습'이다. 필자는 지난 여름에 아프리카 중부 서해안 가나에서 모인 세계기독교협의회(WCC)의 '신앙과 직제' 회의에 참석한 바 있다. 소련을 위시한 정교회(正敎會)로부터 참석한 40여 명을 포함해서 150명 정도의 신학자들의 모임이었다. 이 주간의 회의 기간 중 하루 저녁 두 시간 반 동안은 현재, WCC 성경연구 부서의 한스 웨버(Hans Weber)의 지난 몇 해

동안의 연구보고를 듣는 순서였다. 그의 연구 제목은 「여러 문화에 있어서의 십자가」(The Cross in many Cultures)였다(금년에 출판 예정). 신약성서에 기록된 예수의 십자가형 사건과 그 해석에서부터 시작해서 2천 년간 시대의 변화, 문화의 상이(相異)를 통해서 십자가가 어떻게 이해되었고 또 되고 있는가를 조사하는 연구다. 초대·고대·중세·근세·현대의 교회 그리고 근동·유럽·미주·남미·아시아·아프리카 등으로 펼쳐지는 십자가 이해를 혹은 성경 본문 낭독으로, 혹은 중세의 그레고리안 찬트로, 혹은 시로, 혹은 조각과 그림의 슬라이드로 엮어서 두 시간 반에 걸쳐 제시하였다.

> 십자가는,
> 때로는 궁극적인 승리의 상징으로
> 때로는 궁극적인 사랑의 상징으로
> 때로는 궁극적인 고뇌의 상징으로
> 때로는 개인 신앙의 명상의 대상으로
> 때로는 신의 섭리(攝理)의 우주적 확장으로
> 또 때로는 교회 건물의 구조, 그 제단의 장식으로
> 또 때로는 소녀들의 목걸이의 중추로.

그 십자가 이해의 역사의 정점이며, 그 이야기의 피날레로서 웨버 박사는 현금 '한국교회의 전투'를 이런 식으로 제시했다. 곧 그의 교회사 2천 년의 십자가 이야기는 한국의 한 가톨릭 시인 지하의 「육혈포 숭배」라는 비어담시(蜚語譚詩)를 소개하는 것으로 막을 내린다.

옛날 옛적 어느 임금(妊禽)이 잔치를 베푼 자리에, 커다란 구렁이가

서까래를 감고 서리다가 자취를 감춘 다음, 그 임금(妊禽)은 배가 불러 오르기 시작했다. 양의(洋醫)의 처방으로는 백약(百藥)이 불효(不效)하여, 어느 산중(山中) 복사(卜師)에게 물었더니, 임신이란 것이다. 그것도 뱀의 알을 뱄다는 것, 낙태시키는 약으로는 산 사람의 간 삼천 개를 먹으라는 것, 그중에도 공산당의 간이 독해서 특효가 있지만 요즘은 너도 나도 잡아먹어서 씨가 귀하니, 독하기로는 버금가는 예수쟁이의 간을 쓰라는 것, 그래서 예수쟁이, 천주학쟁이들을 어느 교회에 집합시키고 그들에게 간을 진상하라고 했다. 그들이 불응하자 그들을 조사해보았더니,

"뒷벽에 쬐끄만

아주 쬐끄만 십자가에 못 박혀 죽은

예수상에 눈이 간다

하항 이젠 알았도다

네놈들이 무얼 믿고 까부나 했더니

저걸 믿고 까불었구나

내가 세상에 가장 꼴 보기 싫은 것이

저 예수란 놈 꼴이었다.

세상의 온갖 고통, 인간의 모든 고민을 저 혼자서 젊어진 척

목수쟁이 천한 놈이 출세욕에 급급하여

천자(天子)라고 혹세(惑世)하고 비어(蜚語)로써 무민(巫民)하니

비웃음도 당연하고 죽은 것도 당연하다.

대라마제국(大羅馬帝國)의 힘을 무엇쯤으로 알았더냐

믿을 것은 예수 놈이 아니라

오로지 육혈포(六穴砲)뿐이로다.

짐(朕)이 저걸 당장에 육혈포로 박살내겠으니 눈여겨 잘 보아라

에잇! 쾅…

하고 쏘자마자

콸콸콸콸콸…

시뻘건 피가 예수 가슴팍에서부터… 걷잡을 수 없이 쏟아지고 흘러내
려서 온 교회 안에 꽉 들어차는데…

기절초풍한 임금(姙禽)이 그 바람에 모두 보는 앞에서 몸을 비틀다
누런 구렁이알을 확 내싸질러 버렸것다.

구렁이알이 파싹 깨지며 그 속에서 구렁이 새끼가 꼬물꼬물 기어나
와… 제풀에 다시 그만 질겁한 임금(姙禽)이 쾅쾅쾅쾅쾅…

닥치는 대로 육혈포를 쏘아대며 고래고래 악을 쓴다….

쾅쾅쾅…

사면에 예수상을 철통같이 에워싸고

콩 볶듯, 불에 수수깡 터지듯 그저 마구쟁이로 쏘아대는데

하도하도 쬐끄만 물건이라 적중은 못 시키고

저희끼리 서로 등창나게 쏘아대서 죽고 죽이고 부시고 부숴지고 망가
뜨리고 망가져서

드디어 모조리 한꺼번에 왕창 망해버렸다는 이야기….”

(이상 요약 발췌)

이것이 웨버 박사의 십자가 이해 2천 년사의 클라이막스이다. 세상
권력과 십자가의 대결(confrontation)이 가장 극적으로 묘사되었다.
지하의 시는 민중의 소리의 모체로서 어떤 주술적·마법적인 힘을 가지
고 있는 것 같다. 이러한 묵시문학적인 문체는 항상 눌린 자의 비전이다.

인간을 해방시키시는 하느님의 전투 프런티어는 한국교회의 전투
라고 웨버 박사는 보았다. 가난한 자, 눌린 자, 멸시받는 자를 해방하고

설욕(雪辱)하시는 '앞서 가시는 신' '십자가의 예수'가 이 전투를 진두 지휘하신다.

필자는 지난 몇 해 동안 그리고 지금도 지구 인류의 생태학적 위기에 관해서 말해왔다. 1980년대에 들어서면, 세계적으로 인구 문제, 식량 문제, 천연자원 그중에도 에너지 문제 등 그리고 핵무기, 생명과학의 발전도 있고 해서 지구에 묵시록적 종말이 더욱 역력하게 다가올 것이다.

인류의 생존을 위협하는 위기를 공동으로 타개해보자는 여러 가지의 세계적·국제적인 모임은 지금까지 성공적인 것이 되지 못했다. 정치적·경제적 국제 정의가 선결되지 아니한다면, 십 년 후에 지구상에서 전 인류가 멸절한다고 하더라도 가난한 나라, 눌린 나라들은 협력보다는 오히려 공동의 멸망을 취할 것이다. 이것이 비극적인 전망이다. 국내적으로도 마찬가지인 것 같다. 정치적·경제적 사회정의와 인권이 회복되지 아니하면, 집권자는 국가의 인구 식량 에너지의 절박한 파국적인 위기 앞에서 절대적인 낭비, 정치와 자금의 낭비로 이 위기를 보낼 것 같다. 그러나 필자가 인권 문제를 말하는 것은 국가를 위한 전략으로서가 아니고, 그것 자체가 절대적인 것이기 때문이다.

‘민중의 신학’에 대하여*

　「기독교사상」 2월호(1975)에 게재 된 나의 논문 “예수·교회사·한국 교회”에 대해서 김형효(金炯孝) 교수가 「문학사상」 4월호에 “혼미한 시대의 진리에 대하여”라는 제목 아래 준엄한 혹평을 내리면서 물음을 제기했기에 여기에 간략하게 답하고자 한다. 나의 논문의 줄거리는 내가 작년 2월부터 강연과 설교의 행각(行脚)에서 스무 번도 넘게 되풀이한 것을 결국 활자화한 것이다. 그 내용은 예수는 민중과 자기를 동일화했고 ‘민중의 소리’를 대변하며 소외된 민중을 해방한다는 것, 그런데 그 후 교회사에 있어서 제도적인 교회는 그 민중을 저버렸다는 것 그러나 지금은 복음이 다시 민중의 종교로 될 수 있는 지평이 열렸다는 것 그리고 한국교회는 민중의 소리를 듣고 대변해야 하며, 또 대변하기 시작했다는 것이다. 여기에 대해서 김 교수는 다음과 같은 두 가지 물음을 제기했다.

---

* 이 소문은 김형효 교수의 바판에 응답한 글(「기독교사상」 1975년 4월호)이며 여기에
　서 ‘민중의 신학’이라는 말이 처음 사용되었다.

… 서 교수가 말한 그 '민중의 소리'에서 민중이란 무엇을 뜻하는가? 우리는 너무도 어떤 개념의 실재에 대한 차분한 숙고를 철학적으로 사려함이 없이 감정적으로 언어를 남용하는 관습에 젖어 있는 풍토에 익숙한 것이 아닌가? … 서 교수가 진리 같이 여기는 민중이란 과연 무엇인가? … 그것은 전혀 실질적 내용이 없는 추상의 허구가 아닌 지?

여기에 대한 나의 대답은 이러하다. 내 논문이 활자화되어 나온 지난 2월 초부터 김 교수의 비평문이 나온 3월 10일경까지 한 달 남짓한 사이에 우리 사회에는 이 문제와 직접 관련된 큰 정치적 사건 및 커다란 의식화 사건들이 발생했는데, 그것들을 김 교수가 감안한다면 상당히 이해가 가리라고 생각된다.

1) 그 사이에 2.15 조치로 구속 중이던 많은 민주인사들이 석방되었다(이것이 '민중의 신학'의 공식화를 위한 기점이 되었음을 다음에 알 수 있다).

2) 그들은 2월 21일자 『동아일보』에 「민주 회복 구속자 선언」을 발표했는데 주목할 만한 그 선언문의 전문(前文)은 다음과 같다.

우리는 수천 년의 역사 속에서 외압과 압제 속에서도 줄기차게 싸워온 장렬한 민중의 의지를 계승하면서 민족의 양심과 민중의 절실한 역사적 요청을 거부하는 독재정권과 투쟁한 민중의 역량을 믿고 엄숙한 마음으로 이 자리에 섰다… 민중과 민족이 우리를 요청할 때 주저 없이 투쟁할 우리의 결의를 밝히면서 이에 선언한다.

그 동안 많이 발표된 시국선언문 중에서 '민중의 의지'를 내건 것은 이것이 처음인 것 같다.

3) 출옥 교수들을 환영하는 3·1절 강연회(3월 1일, 기독자교수협의회 주최)에서 신학자 안병무(安炳茂) 교수는 「민족·민중·교회」라는 제목으로 다음과 같이 말했다(『동아일보』, 3월 3일자 보도).

우리 역사에서 민족은 있어도 민중은 없었다. 다시 말하면 실재하는 것은 민중이고, 민족이란 대외관계에서 형성되는 상대적 개념인데 언제나 내세운 것은 민족이었고 민족을 형성한 민중은 계속 민족을 위한다는 이름 밑에 시달림을 당한 채 방치되었다…. 홍경래 사건, 동학혁명, 3·1운동, 4·19는 민중의 얼이 소생한 것이다.

여기에 특히 민족과 민중이 일단 구별되어서 문제를 명시해준 것이 적시(適時)에 되어 진 큰 공헌이라 하겠다.

4) 현금 세계적으로 많은 호응을 받고 있는 독일의 신학자 몰트만 교수가 한국에 와서 3월 6일 연세대학교에서 「민중의 투쟁 속에 있는 희망」이라는 제목으로 그의 제1 강연을 했다(『동아일보』, 3월 8일자 보도). 예수는 자기를 어느 종교집단이나 어느 민족 집단에 동일화한 것이 아니라, 가난하고 눌린 민중과 자기를 동일화했다는 것, 그는 민중을 위한 영웅적인 해방자가 아니라 민중 스스로가 자기네의 해방을 전취하도록 했다는 것, 그렇기에 '민중을 위한 교회'도 지금까지의 교회에 비하면 좋지만, 정말 참 교회는 '민중의 교회'라는 것이다. 다시 말하자면 민중은 목회의 대상이 아니라, 민중이 자기 역사의 주인이라는 것

을 찾는 데 희망이 있다는 것이다.

5) 김 교수가 '민중'이란 무엇을 뜻하느냐고 묻고 그 물음이 활자화되기까지 이미 위에서 인용한 대답들이 나왔다는 이야기다. 그런데 그 물음이 활자화되는 거의 같은 시간에 실로 놀라운 문서가 세상에 나왔다. 그것은 3월 10일 천주교 정의구현 전국사제단이 발행한 선언문「민주 생명을 위한 복음운동을 선포한다」이다. 이 문서는 몇 가지 의미에서 주목해야 할 획기적인 것이라고 보여 진다. 첫째로 그것은 현재 한국교회의 시국에 관련된 행동 단체들 중에 가장 크고 강력한 단체의 새로운 선언문이라는 점이다. 둘째로 지금까지 신·구교에서 내놓은 선언문들에 비해서 완전히 비약적인 진일보한 내용이라는 점이다. 지금까지 나온 선언문들은 부조리한 정치에 대한 저항에 그쳤다고 생각된다. 그것들에서는 '민중'이라는 말도 쓰지 아니했고 또 민중이라는 집단적인 주체의식(collective identity)이 아직 엿보이지 아니했다. 그런데 이 문서에서는 민중의식이 적극적으로 또 강력하게 주장되었다. 그다지 길지 않은 이 문서(원고지 15매 정도)에 민중이란 말이 24회나 나온다. 한두 문장을 인용하면 다음과 같다.

> 농민과 어민, 근로자, 실업자, 병사와 순경, 봉급생활자, 영세상인, 중소산업자 등을 포함하는 절대 다수의 민중은 정치적 억압과 경제적 착취와 사회적 모멸과 문화적 소외 속에 신음하고 있다…. 민중이 주체로서 참여하는 민주주의로서만 비로소 진정한 민주주의가 건설될 수 있다…. 민생운동은 소외되고 버림 받은 민중의 조직 확대로부터 출발하여야 한다…. 우리는 민중의 고통을 우리의 고통으로 할 것이며, 민중의 눈물의 기록인 권리 침해와 핍박은 우리의 교회에서 고발될 것이다.

6) '민중'에 관해서 좀 더 구체적으로 밝혀 보자. 민중이란 말은 민이란 말이다. 민생(民生), 민의(民意), 민권(民權) 등의 민(民)이고, 봉건사회의 '백성'에 해당할 것이다. 아마 그 집단적인 실체성 때문에 '민중'(民衆)이라고 하겠지. 공산주의자들이 쓰는 '인민'이라는 말의 내포(內包)와 같은 것이겠는데, 문제는 잘못된 정부가 '민족'이라는 말을, 민중의 '억압을 위한 이데올로기'로 사용하듯이, 공산주의자들이 쓰는 '인민'이라는 말은 그들의 지배를 정당화시키려는 '억압의 이데올로기'로 쓰고 있다는 차이점일 것이다. 김 교수는 '민심즉천심'(民心則天心)은 현대의 기술사회에서는 '어불성설'이라고 하는데, 나는 아직도 우리가 천심(진리)을 찾는 길이 민심을 아는 길이라는 것 이외에 다른 길을 모른다. 김 교수가 알면 가르쳐주기 바란다. 나는 또 민중이란 말을 할 때는 다음 두 가지 고전적 문구를 염두에 두고 있다. 첫째는 3·1독립선언문 중의 "반만 년의 권위를 장(仗)하여 차(此)를 선언함이며 2천만 민중의 성충(誠忠)을 합하여 차를 포명(布明)함이며…"이고, 둘째는 미국의 링컨 대통령이 말한, "Government by the people, for the people, of the people"의 그 people이라고 생각하고 있다.

7) 나는 위에서 '민중의 소리'가 지금 세계적으로나 또 한국에 있어서나 신학의 주제가 되고 있다는 것 그리고 이 한 달 남짓한 짧은 기간 동안에 갑자기 의식화되어 간다는 것을 밝혀본 것이지만, 나 개인의 신학적 발상 과정에 있어서는 지하의 시가 그 의식을 듣게 하는 '소리의 모체'가 되었다는 것 그리고 거기서부터 찾아가면 함석헌 선생이 1970년 이래 『씨올의 소리』에 거듭거듭 목이 터져라하고 외치고 있는 것을 그동안 나는 듣고도 듣고 있지 않았다는 것을 알게 되었다. 부끄러운 마음이다. 「기독교사상」 3월호에도 함 선생의 글 「절망 속의 희망」이 있는데, 그 글의 후반은 '민중'이 주제로 되어 있다. "지금은 영웅적인

개인의 시대가 아니라 민중 전체의 시대라는 것, 역사의 주인은 제왕들이 아니라 민중이라는 것, 민중을 다스리려고 하지 말고 섬겨야 한다는 것, 지금은 민중이 전체로 생각하는 시대라는 것(이 점은 아마 떼이아르 드 샤르댕의 '공동 사고'에 해당될 것이리라), 이런 것들이 역사의 방향이라는 것, 그렇기에 이 방향에 순응하라"는 내용이다.

8) 김 교수는 '민중'이라는 말은 "전혀 실재적 내용이 없는 추상의 허구가 아닌지?"라고 평했지만, 지금 우리나라에서 민중운동이나 민중의식에 관련하는 사람들의 신변은 평온하지 아니한 형편이라는 사정은 이 말이 얼마나 실재적인 말인가를 증명한다고 나는 생각한다. 김 교수가 '민중'이란 말도, 또 '자유민주주의'란 말도 자명한 진리가 아니라고 하며, 보기에 냉소적으로 이런 말들을 처리하고 있는 것은, 그가 어떤 철학자들과 같이 힘의 정치만이 진리에의 길이라고 믿는 때문인지 모르겠다.

김 교수의 둘째 물음은 물음이 아니라 경고인데 다음과 같다.

서 교수는 "부자와 권력자는 주기도문을 드릴 자격이 없게 되어 있는 것이 기독교다"라고 정언적으로 단언한다. … 그런 논법에는 가브리엘 마르셀이 경고한 '추상의 정신'이 위험스럽게 도사리고 있는 것이 아닌가 여겨진다. '추상의 정신'은 즉각 열광성에로 탈바꿈된다. 열광성은 전쟁을 부른다…. 단지 그런 발상은 모든 악을 한꺼번에 모조리 제거하겠다는 전투적 결단이 얼마나 위험한 것인가를 경고할 뿐이다.

이 경고는 의미심장하고 아주 중요한 문제제기라고 생각되기 때문에 나는 참으로 여기에 감사한다. 이 경고의 글에는 서로 연관된 두 가지 경고가 있다고 분해된다. 하나는 '악을 한꺼번에 제거 하겠다는 전투적 결단'의 어리석음에 관한 것이고, 또 하나는 '전쟁을 부르는 열광성'에 관한 것이다. 둘째 번의 경고는 되풀이 읽어보았지만 내게는 아주 불분명하다. 그러나 도둑놈이 제 발 저린다는 격으로 내 마음에 짚이는 것이 있으므로 그것을 말해보기로 한다.

1) 우리는 1974년 11월 10일에 66명의 서명으로 「한국 그리스도인의 신학적 성명」을 발표한 바 있다. 그 한 구절을 인용하자.

오늘의 한국 그리스도인들의 선교를 정치적·사회적 행동으로 수행하는 것은 하느님의 나라가 하느님의 선물로 오는 것이지, 인간의 힘으로 이루어지는 것이 아니라는 것을 모르기 때문이거나, 교회의 정치적·사회적 행동이 단번에 결정적인 이상사회를 이룩할 수 있다고 생각하기 때문도 아니다. 다만 구약의 예언자들, 신약의 사도들, 그리스도교 역사상의 증인들과 순교자들 그리고 무엇보다도 예수 그리스도의 선교 활동에서 그 삶과 행동의 표본을 보기 때문이다.

오늘 세계에 풍미하는 '혁명의 신학자들'은 누구도 그리고 나로서는 그들의 글을 통해서 알게 된 바에 의하면, 소련과 중공과 북한에서 집권한 공산주의자들 이외의 오늘의 마르크시스트들은 누구도, '한번 혁명'으로 이상사회가 완료된다고 믿지 않는다. 정통주의 기독교와 교조적 공산당의 '단 한 번으로'(once for all)의 교리가 혁명 후에는 '절대적인 억압의 이데올로기'로 탈바꿈한다는 경고에 관해서는 나의 논문의 제2부 "교회사" 부분에서 밝히노라고 힘썼다는 생각이다.

2) ‘전쟁을 부르는 열광성’을 나는 다음과 같이 이해한다. 사실상 오늘날 혁명·해방·정치의 신학을 제창하는 사람들이 빠져 들어가기 쉬운 위험은 모든 것을 흑과 백, 눌린 자와 누르는 자, 여성과 남성, 육체와 영혼 등으로 양극화하고, 나아가서 이것들을 ‘빛의 아들들’과 ‘어둠의 아들들’, 그리스도와 적(敵) 그리스도, ‘성도들’과 ‘짐승들’의 묵시문학적 이원론으로 환질(換質)하고 그리고 모든 악과 죄와 책임을 ‘누르는 자’편에 과대망상으로 투사한 다음, 자기는 악마를 쳐부수는 하나님의 군대로 자처하는 ‘전쟁을 부르는 열광성’에 취한다는 점이다. 그리해서 인간이 억압으로부터의 해방이 아니라, 누르는 자와 눌린 자의 역할만을 교환하게 된다. 구조악은 인간화하지만 그 대가로 인간은 비인간화된다. 그런데 구약의 예언자, 예수님, 바울 등 성서의 권면은 어느 때나 아주 철저하게 “자기를 의롭다”고 하는 자고심(自高心, self-righteousness)을 제일로 큰 죄로 경고한다. 어떻게 하면 인간이 ‘자기 의인’과 ‘구조악’으로부터 동시에 해방될 수 있을까? 이 점이 ‘해방의 신학’의 제일 큰 어려운 숙제라고 생각하고 있다. 성서는 회개와 하느님의 나라를 같이 말하고, 사랑과 화해를 함께 말한다.

성서가 약속하는 대로, 때가 되어 메시아의 왕국이 도래하면, 거기 메시아의 잔치가 베풀어지고 그 식탁에는 가난한 자, 눌린 자, 병신, 절뚝발이들이 다 초대되어 앉게 된다. 나도 그 식탁에 초대된다면 그 이상의 기쁨은 없을 것이다. 아마도 거기에는 흑인과 백인이 같이 앉게 될 것이고, 노벨상 받은 박사와 무식한 농부가 함께 앉을 것이고, 유럽인과 아프리카인이 같이, 유대 사람들과 아랍 사람들이 함께, 한국 사람들과 일본 사람들이 나란히 앉게 될 것이다. 그런데 그 식탁에 공산당을 앉혀놓고 메시아가 나를 초대한다면, 나는 좀 당황하고 주저할 것이다 — 나는 아직도 공산주의자와 화해는 생각해보지 못했기 때문이다.

그런데 다시 그 식탁에, 호화저택에 살며 자가용을 몇 대씩 굴리는 부자, 혹은 집권으로 민(民)을 부당하게 누르는 자들을 불러 놓고, 메시아가 그 자리에 나를 청한다면 나는 서슴지 않고 그 초대를 거절하겠다. 모짜르트나 슈베르트는 그 초대에 응할 것이라고 김 교수는 생각할 것 같은데 나는 거절하겠다. 모든 대립의 화해는 있을 수 있고 또 있어야 하지만 부자와 가난한 자, 누르는 자와 눌린 자 사이의 화해는 있을 수 없기 때문이다. 그것은 네모난 원(圓)과 같이 있을 수 없는 논리다. 나는 여전히 "부자와 누르는 자에게는 주기도를 드릴 자격을 주지 아니하는 것이 기독교"라고 정언적으로 단언한다. 구조악에 대한 회개가 메시아의 잔치가 베풀어질 수 있는 준비 조건이다. 메시아의 잔치(이사야 25장, 누가 13장 등) 그것을 샬롬(평화)이라고 하는데, 그것이 '민중의 신학'의 궁극적인 사회적 비전이다. 김 교수가 염려 하듯이 '민중의 소리'는 전투와 전쟁을 불러일으키는 열광성이 아니라 그것은 '평화의 이데올로기'이다.

한(恨)의 사제[*]

1. 믿음의 증인의 전통

증인의 전통에 관한 전형적인 개요(概要)가 히브리서 11장에 있다. 그 전통은 믿음의 계승이다. 왕통(王統)의 계승, 권좌의 계승, 장자권(長子權)의 계승은 기계적·법률적인 계승이지만 믿음의 계승은 간헐적이고 말하자면 양자역학(量子力學)적인 방식으로 이어진 것이다. 이 전통을 우리가 이어받은 것이다. 이 전통은 어떻게 발견할 수 있느냐 하면, 그 전통의 완성자이며 목표인 갈릴리 사람 예수를 통해서, 그분의 삶을 렌즈로 삼고 그 렌즈를 통해서 먼저 『구약성서』를 보는 것이다. 그렇게 보면 이스라엘의 왕조사(王朝史)나 민족사가 보이는 것이 아니라 믿음으로 계승되는 증인의 전통이 보인다. 그것이 히브리서 11장의 기록이다.

창조자 하느님은 인간을 내고 그 인간과 계약을 맺는다. 창조주는

---

* 「현존」 103호, 1979년 6월.

인간에게 생육(生育)하고 번성하여 땅에 충만하고, 땅을 경작하고 생물을 관리하고 아우·이웃을 보살피라고 하였다. 이것은 생산하고 노동하며 경제적·문화적 가치를 창조하는 구체적인 인간 아담과 하와와 더불어 계약을 맺은 것이지, 타락의 역사 과정에서 그 후에 생겨진 제왕과 지배자와 계약을 맺은 것이 아니다. 창조자 하느님의 계약의 상대방은 민중이지 지배자가 아니다. 그래서 민주주의라는 것이다. 아담과 하와, 곧 민중의 하느님, 신앙의 증인의 제1원형이다.

다음에는 아벨이다. 카인과 아벨의 대조를 어떤 성서학자들은 가나안의 농경 문화를 상징하는 카인과 유목민 이스라엘을 상징하는 아벨의 대립이라고 하며, 어거스틴류의 교회사관(敎會史觀)에서는 땅의 나라 대 하느님 나라, 세속사 대 교회사의 대립을 의미하는 것이라고 하는데, 갈릴리 사람 예수의 모범을 가지고 본다면 그것은 장자 대 차자(次子), 기득권자 대 맨사람, 지배자 대 민중이라고 할 수 있다. 하느님 신앙과 보다 나은 새 사회에 대한 약속의 담당자인 증인의 전통은 아벨 곧 민중을 통과한다.

또 에녹이 이 증인의 전통을 이어 받는다. 그는 평소의 생활에서 하느님과 동행하였기 때문에 그에게는 이승과 저승의 구별이 철폐되었고, 하느님 신앙이 없는 사람들이 제일 두려워하는 죽음을 초월하는 증인이 될 수 있었다.

역사의 주 하느님은 노아를 택해서 믿음을 계승하는 증인으로 세우고 그와 더불어 계약을 갱신한다. "모든 혈육 있는 자들의 행위가 강포(强暴)하기에" 그 강포를 평화로 바꾸려고 노아가 선택된 것이 다. 여기 '강포'라는 말은 곧 폭력인데, 법과 우정으로 설득하는 것을 저버리고 물리적인 힘으로 강압하는 것이 폭력이다. 노아의 방주 건립은 그러한 힘 가진 자의 강포에 대한 저항의 행동이다.

아브라함은 믿음의 증인의 표본적인 경우이다. 평범하게 표현하면 현상유지(status quo)이고 적극적으로 말하면 육욕을 위한 호화와 폭력으로 유지되는 안정, 이러한 아비의 집, 친척간의 유대, 고향땅을 뒤에 두고 하느님이 인도하는 열려진 미래, 변화의 소용돌이를 향하여 모험하는 나그네 길이 아브라함의 믿음이다. 그는 영원한 회귀율(回歸律)이 지배하는 운명을 믿음으로 탈출해서 목적을 향하여 진행하는 역사의 대열에 참여한 것이다. 그는 또 하느님의 지상명령 때문에 자기의 생존과 미래의 약속이 담겨진 희생으로 외아들을 제단에 바쳤기 때문에 다시 이삭을 돌려받은 것이다.

오늘날 교회의 지도자들이 정의구현을 위해서 필요하고 불가피하다면 교회의 존속까지도 희생하는 각오가 있어야 그 교회를 다시 새롭게 새로운 교회로 돌려받을 수 있다. 지금 우리의 교회는 바로 하느님의 말씀에 대한 순종으로 자기희생을 통해서 새롭게 돌려받아야 하도록 낡아진 것 같다. 교회의 존속 때문에 말씀의 증인이 되는 것을 보류한다고 해서야 말이 되겠는가? 아브라함의 아내 사라도 믿음의 증인의 전통에 섰다. 나이 늙어도 생산할 수 있다는 믿음의 증인이 되었다. 여자인 사라'도' 늙었을지라'도'의 이 두 번의 '도'는 문화적 제약, 생리적 제약에 대한 항거이다. 하느님 신앙이 없는 사람들이 절대적인 운명이라고 체념하는 이러한 제약들을 믿음으로 극복한 증인이 되었다.

야곱은 도망 다니는 유랑자로서 하느님 신앙을 견지하며 마침내는 의지의 집요함과 강인함 때문에 신과 맞서 씨름하여 승리하는 믿음의 증인이 되었다. 요셉은 어렸을 때 꿈을 잘 꾸는 소년이었다. 보다 나은 미래를 내다보려는 자세이다. 그는 여성의 유혹을 물리치고 물질에 청렴하고 자기 직책에 성실하였을 뿐 아니라 가난하고 굶주린 동족을 그 굶주림으로부터 해방시키게 되었는데, 이 모든 일들은 그의 하느님 신앙에서 온 힘이었다. 모세는 그의 유모에게서 배운 하느님 신앙 때문에 제왕의 궁전의 안일한 생활을 헌신짝 버리듯이 버리고, 진흙을 이기며 벽돌을 굽는 동족과 운명을 함께하여 엄청나게 크고 무서운 제국지배 체제의 억압 아래에서 신음하는 동족 노예들에게 항거하는 인간으로 일어서는 용기를 불러 일으켜 자기해방을 쟁취하게 하는 믿음의 증인이 되었다. 『히브리서』 기자가 기록한 이 믿음의 증인 열전(列傳)에는 그 전통을 잇는 한 고랑으로 이스라엘 백성을 열거하고 있다. 이스라엘 민중의 집단적 믿음이 홍해를 가르고 해방의 길을 행진했다는 것이다.

하느님 신앙의 전통을 이어가는 데 있어서 눌린 자인 민중에 대한 신뢰는 그 다음에도 있었다. 그것은 창녀 라합의 믿음의 증거이다. 창녀의 생활 그리고 정탐꾼을 숨기고 추적하는 자를 속인다는 것은 부도덕이다. 그러나 그것들은 눌린 자가 살아남는 유일한 방편이 다. 그렇기에 그것은 지배자들이 기존질서를 유지하게 하는 도덕에는 반대되지만, 눌린 자들이 자기를 지키는 유일한 무기로 쓰인 경우에는 그것은 믿음의 증거가 된다. 창녀 라합은 그렇게 해서 믿음의 증인이 되었다.

내가 무슨 말을 더 하겠는가? 기드온, 바락, 삼손, 입다, 사무엘, 다니엘과 같은 예언자들을 일일이 다 이야기하자면 한이 없다. 이것은 이스라엘 국가의 왕조사가 아니고 믿음의 증인의 전통사이다. 이천 년 교회사에도 위와 같은 방식으로 왕권종교의 교권확장사가 있는가 하면, 거기에서 늘 배제되었던 믿음의 증인의 전통—민중운동사가 있었다.

2. 믿음의 전통과 민중운동의 전통

나는 우리가 이어받아야 할 믿음의 증인의 전통을 밝히기 위해서 우리 민족사 5천 년간의 왕조사가 아닌 민중사의 계보를 더듬어 보겠다. 아직 암중모색의 단계이지만. 나는 요즈음 우리나라의 민중운동사의 전개 과정에서 14개의 매듭을 헤아려본 바 있다.

1)『삼국사기』 고구려 본기 제 5에 보면 봉상왕(峰上王)의 사치와 독재를 뒤엎는 당시 국상(國相) 창조리(創助利)가 주도한 민중의 평화적 혁명의 성공이 있다.

2) 태봉의 궁예나 후백제의 견훤이 통일신라의 전제왕권에 대항한 사회적 기반은 민중운동사적인 것이 여러 모로 분명하다. 곧 가혹한 수탈 체제에 대한 민중의 항거의 성격이 있다는 말이다.

3) 고려 상대(上代)에서 묘청의 정치적 배경과 일연의 종교적 기반은 김부식이 대표하는 지배체제에 대립하는 사회의 전통적·민중적인 주체의식의 표현인 것 같다.

4) 원(元)의 고려 침략에 대항한 농민 항거와 삼별초(三別抄)의 반란도 민중의 전통을 잇는 한 매듭이다.

5) 12세기 말 고려조, 전국적인 천민·농민의 연쇄적인 반란, 그 정점인 만적의 난이라는 것도 민중의식의 성장과정에 세워진 의미 있는 성취이다.

6) 조선 양반사회에서 전호(佃戶)와 화척(禾尺)·노비·백정·광대·사당 등 천민의 천대와 수탈은 말할 수 없는 형편인데다 임진왜란·병자호란의 외국군 침략에 대항한 것은 민중의 의병궐기였다.

7) 19세기에 들어와서 정권의 특정지역 편중에 항거한 홍경래의 난과,

8) 세도정치로 인한 삼정(三政)의 극도의 문란 때문에, 전국에 걸쳐서 연쇄적으로 일어난 임술민란에서 민중의식은 정치의식이라는 뼈대를 가지게 되었다.

9) 동학혁명에서 민중은 자기의 정체를 스스로 정의하여 역사적 주

체성을 쟁취하게 된다. 동학혁명에서 전봉준은 16세기 허균의 호민(豪民), 민중의 영웅이랄까, 민중의 메시아랄까 하는 호민 역을 담당한다. 동학혁명은 한국 민중운동사의 가장 의미 있는 경계표(境界標)이다.

10) 20세기 초에 우리나라 각지에서 일어난 활빈당 투쟁에서 민중은 가공적인 메시아상 홍길동을 형상화한다. 민중의 갈망이 형상화된 것이다.

11) 독립협회 및 만민공동회로, 민중은 근대적 시민의식을 갖게 된다.

12) 을사조약(1905) 이후에 전국 각지에서 궐기한 의병운동에서도 민중이 역사적 주체임을 확인하는 것이다. 신돌석은 민중의 호민이다.

13) 기미년 3·1 운동과 거기에서 뻗어난 한용운, 신채호 등의 민중이 주체가 되는 민족주의가 우리의 역사의식의 근간으로 제시된다.

14) 1960년 4월 혁명은 한국 민중운동사 — 민중이 역사의 객체인 처지로부터 역사의 주체로 등장하는 투쟁의 역사과정에서, 말하자면 '실현된 종말', '예발적 종말'이라고 할 수 있다. 오늘 우리에게는 두 갈래 증인의 전통이 있다. 성서의 믿음의 증인들의 전통과 우리나라 역사상에 뻗어나간 민중운동의 전통 말이다. 구름 같이 둘러싼 증인이 두 겹으로 우리를 포위하고 있다. 그 두 전통이 오늘의 우리에게 합류되고 있다. 1970년대에 들어 와서 인권과 민중을 위한 투쟁으로 전개되는 한국교회의 '하느님의 선교' 활동에서 이 두 전통은 극적으로 합류되었다. 여기에서 한국교회는 한국민족의 역사의식의 근간에 서서 억눌린 민중의 갈망에 호소하는 신의 선교에 초청받고 있는 것이다. 오늘 우리는 이 두 가지 전통을 이어받아야 한다. 그것은 이 땅에 태어나서 오늘을 사는 한국 크리스천들의 역사적 운명이다. 히브리서 기자는 지금 우리가 아니고서는 이 증인의 전통이 완결되지 않는다고까지 말한다. 나는 이러한 믿음의 전통을 이어받는 것이 곧 예수만을 바라보는

것이라고 생각한다. 증인의 전통을 이어받는다는 것, 예수만을 바라본다는 것은 역사적 지식의 문제 곧 이론의 문제가 아니고, 실천의 문제 곧 프락시스(praxis)의 문제이다. 실천으로써 전통을 잇고 발전시킨다. 예수를 바라본다는 것은 편협한 교조주의(敎條主義)가 아니고 실천의 굳은 의지를 말한 것이다.

3. 소리의 매체

오늘 이 땅에서 '하느님의 선교의 지평(地平)'이란 어떤 것인가? 그것은 우리의 역사적 현실 ― 정치·경제·사회의 현실이다. 우리는 국토가 분단된 상황에 있다. 따라서 분단의 아픔과 모순에 고민하게 된다. 이데올로기의 대립으로 분단되어 있다는 허위의식 ― 사귀 들린 상태에서 그 사귀를 추방하면 경제성장으로 위장된 레비아탄, 곧 공룡의 정체가 드러난다. 이 공룡에 시달린 사람들의 행방에 관해서 어떤 사람은 이렇게 더듬고 있다. 농민 → 이농 → 노동자 → 실업 → 빈민 → 인류상실 → 도둑 → 범죄 → 감옥. 이것이 이 사회가 시들어가는 현실이다.

우리나라 농촌의 인구는 전체의 38%이다. 농가의 67%가 호당 3천 평 미만의 극빈농이다. 소작 농지는 전체의 16.4%의 작은 땅인데, 전체 농민 30%가 농사를 지어 그중 반 이상을 부재지주, 곧 사회의 기생충에게 먹히고 있는 실정이다. 지난 15년 동안에 약 750만 명이 이농(離農)했다. 그중 150만 명이 명목상의 임금노동자가 되었고 나머지는 무직자이다. 또 하나의 통계(『동아일보』 1979년 4월 24일)에 의하면 1975년에 21만 5천 명, 1976년에 45만 9천 명, 1977년에 47만 6천 명, 1978년에 78만 1천 명, 그러니까 지난 4년간에 거의 2백만 명이 이농

한 셈이다. 쌀 한가마 생산비가 45,178원인데, 정부 수매가격이 3만 원이니 한 가마당 15,178원씩 손해를 본 셈이다. 요소비료 생산가는 톤당 82,470원인데, 수출은 그 반값으로, 농촌에는 두 배의 값으로 팔고 있다. 게다가 농토도 모자라고 일손도 모자란다. 1977년 농가 호당 부채는 81,564원인데, 7년 전에 비하면 5배가 넘는다. 재무부 자료에 의하면 1977년 도시근로자 7백만 명의 75%는 월수 3만 원 이하이다. 그들의 평균 가족 수는 5명이다. 탁희준 교수는 1976년 2인 가족 최저 생계비를 5만 원으로 계산했다. 노동시간은 주 60시간으로 선진국에 비해 주 10시간이 많은 꼴이다. 산재율은 선진국의 10배, 매년 50%씩 높아진다.

1978년 과세 미달자는 7백만 근로자의 77%이다. 그 비율도 증가일로에 있다. 근로자의 70%는 가구주의 소득만으로 가계를 꾸려 가는데 그중 70%가 적자 가계이다. 우리나라는 아직 최저임금제의 법이 없다. GNP의 43%를 0.3%의 부유층이 차지하고 있으며 1977년의 경우 18대기업체가 GNP의 47.4%를 차지하고 있다. 하층인구의 40%가 1965년 GNP의 19%를 차지했는데, 10년 뒤인 1976년에는 17%로 떨어졌고, 상층 인구의 20%는 같은 기간에 42%에서 45%로 증가했다. 부익부 빈익빈의 추세가 역연하다.

그런데, 문제는 그 다음에 있다. 농민이 이농하여 노동자가 되고, 그러다 실업자가 되어 빈민으로 전락하면 인륜을 상실하게 되고, 그러다 보면 자연히 범죄를 저질러 감옥으로 가게 될 수밖에 없다는 점이다. 이러한 인륜 상실은 개인 도덕의 문제라기보다 사회의 구조적 문제이다. 인간만이 아니고 사회 기구가 문제이다. 이것을 진지하게 문제 삼아야 할 기구들(노조·농협·신문·방송·종교 조직 등)이 역기능을 일삼고 있는 실정이다. 오히려 사치생활이 인간의 등급을 표시하는 것으로 된 가치관을 보급하고 있는 형편이다.

그중 교회는 어떠한가? 사회의 구조적 모순을 볼 줄 모르는 교회 지도자들, 정치·경제의 제도적 모순과 상관이 없는 관념론적 신학, 기업과 경영능력으로 변질된 교회 확장, 반공의 보루 속에 숨어 잠든 교회, 모든 사회적 불의를 알고 있으면서도 조직 교회의 존속을 염려하여 말 못하는 교권, 이러한 것들이 우리의 실정인 것 같다. 이러한 현실에서 하느님의 선교에 부름을 받고 나선다는 것은 무엇을 의미하는 것인가? 나는 여러분에게 제사장직을 저버리고 예언자직을 수행하라고 하는, 잘못된 신학적 판단으로 권면한 것은 아니다. 내가 말하는 증인의 족보는 사제가 아닌 예언자들만의 족보는 아니다. 우리는 하느님의 선교에서 사제직을 잘 감당해야 한다. 그것은 지배계층, 부유계층의 횡포를 축복하고 눌린 자들의 자기생존을 위한 항거를 마춰시키고 거세하는 사제직이 아니고, 진정으로 저들의 상처를 싸매주고 비굴해진 저들의 주체성을 되찾는 데 함께하고, 저들의 역사적 갈망에 호응하고, 저들의 가슴속에 쌓이고 쌓인 한을 풀어 주고 위로하는 '한(恨)의 사제'가 될 것을 권한다.

땅에서부터 하늘에 호소하는 아벨의 피 소리(창세기 4: 10)를 대변하고, 여리고 길에서 강도 만나 빼앗기고 얻어맞는 이웃의 신음소리를 듣고 그 아픈 상처를 싸매주고(누가 10:25), 일꾼들에게 지불되지 아니한 품삯이 만군의 주님의 귀에 들리도록 외치는 소리(야고보 5:4) ― 이 '소리의 내력'을 밝히는 '한의 사제'가 되어야 할 것이다. "벙어리와 고독한 자의 소리 없는 소리를 위하여 입을 열고, 학대받는 자, 가난한 자들의 한을 풀어 주자"(잠언 31: 8)는 것이다.

전통적인 신학, 서구에서 이식해온 교회가 죄와 회개를 강요하고 스스로를 속죄의 매체로 자처하는 사제직을 말하고 있는 데 대해서 이 땅에서 '하느님의 선교'에 종사하는 일꾼들은 민중의 한을 풀어 주는 사제가 되어야 한다는 말이다. 죄와 회개는 역사상 지배계층이 피지배계층을 누르는 이데올로기의 구실을 해온 것도 사실이고, 민중의 한은 복수의 악순환을 거듭한 것도 사실이다. 이러한 잘못된 굴절을 우리는 항상 다시 반성해야 한다. 그런데 지금까지 죄와 회개는 개인도덕에 결부되어온 데 대해서, 민중의 한은 사회정의에 결부시켜서 말할 수 있는 것이다. 사실상 집단체의 죄의식이나 회개는 있을 수 없는 이야기다. 한이란 눌린 자, 약한 자가 불의를 당하고 그 권리가 짓밟혀서 참으로 억울하다고 생각할 때, 그 호소를 들어주는 자도, 풀어주겠다는 자도 없는 경우에 생기는 감정 상태이다. 그렇기에 한은 하늘에 호소되는 억울함의 소리, 무명의 무고(無告)의 민중의 소리 바로 그것이다. 한의 사제는 이러한 민중의 갈망을 듣고 전달하는 매체가 되어야 할 것이다. 이것이 황야에 잃어버린 한 마리 양의 울음소리이다. 저들은 구원의 손길을 찾고 있다.

나는 여러분을 '하느님의 선교'에 보낸다. 예수만을 만나고 그를 따르라고 권한다. 믿음의 전통, 민중운동의 족보이어야 한다고 권한다. "우리가 아니고는 그 전통과 족보가 완성되지 못 한다"(히브리서 11:40).

나는 여러분에게 '한의 사제'가 되라고 권한다. 그리고 '소리의 매체'가 될 것을 권한다. 우리의 현실에서 눌린 자, 잃어버린 자, 저주받고 추방당한 자, '죄인과 세리들'의 소리의 매체가 될 것을 권한다. 억울한 사람의 한을 듣도 보도 못하면서 '하느님의 선교'에 나선다는 것은 모래밭에서 헤엄치겠다는 사람과 같다. 여러분의 선교활동의 장도에 성령이 함께할 것을 빈다.

두 이야기의 합류*

1. 서론

민중의 시인으로 알려진 지하는 '민중'이라는 개념에 대해서 다음
과 같이 말하고 있다.

창세기에 하느님이 인간에게 생육하고 번성하여 땅에 충만하라. 그리
고 땅을 정복하라는 말이 있다. 이와 같이 땅을 정복하고 그 속에서
충만해져 세계를 변혁시키며 사회를 이루어서 역사를 추진해온 보편
적인 인간의 육체적인 주체, 곧 정신에 대응하는 인간의 실질적인 내
용을 이루는 것이 민중이다. 즉 자기 스스로 노동에 의해서 밥을 먹고
노동에 의해서 집을 짓고 땅을 가꾸고 그래서 생산을 하고 또 자기
나라를 지키기 위해서, 말로써가 아니라 자기 몸으로, 나가서 자기 육
신을 죽이면서까지 자기 조국이라는 가치를 지키는 그런 구체적인 주

---

* 「神學思想」 1979년 3월호. 원래 「민중의 신학」이라는 제목으로 발표되었던 것을 다소
보완하였다.

체가 민중이다. 이것은 대체로 권력과 반대되는 개념이며, 또한 인텔리 등 중간 입장과 대응되는 개념으로 쓰인다. 권력이라는 것은 결국 민중으로부터 나온 것이지만 이것이 나온 지가 오래 되어서 그 자체가 제도화되면 그것이 오히려 자신의 고향인 민중을 억압하는 질곡으로 변하게 된다. 그러면 역사의 과정은 다시금 민중이 자기의 외화물(外化物)인 권력을 원 자리로 되돌려서 공의(公義)를 회복하도록 하는 파탄을 일으키게 되는 것이다. 권력이 정의를 반역하고 반민중적이 될 때 민중의 편에 서는 것이 정의이고 권력의 편에 서는 것은 불의라고 나는 생각한다. 역사의 발달로 보아 세계는 점점 이 권력에 의한 지배의 역사로부터 점차 민중이 주체가 되는 역사로 바뀌어 지고 있고 독재와 압제로부터 점점 민주주의적인 해방의 역사로 바뀌고 있다고 나는 본다.

그는 또 그의 작품들 거의 모두가 왜 도시 천민들을 주인공으로 등장시키고 있느냐란 물음에 대해 말한다.

기독교의 복음이(예수가) 죄인, 곧 밑바닥 천민을 일차적으로 구원하러 왔다 했으면 오늘날에도 역시 교회가 종을 울리고 있는 한 천민들 가운데서 복음의 폭발적인 생활력을 획득해야 된다. 그렇다면 그 구원의 대상이 되는 가장 비참한 천민 자신이 그 구원사업의 주체가 되어야 하고 선봉이 되어야만 하는 것이다. 그래서 천민들을 작품의 주인공으로 등장시켜 저항하고 승리하게 함으로써 구원의 가능성을 제시하려는 것이다. 극단적인 비참을 선택적으로 구원함으로써 하느님의 영광을 단적으로 드러내는 어떤 신비를 제시하자는 것이다. 우리가 기독교인으로서 그렇게 갈구하고 매일 기도에서 부르짖고 있는 메시아는 우리들과 같은 때 묻은 자들로부터 오는 것이 아니라, 사실 우리한테 학대받고 굶주린 그들(흉악한 죄수들)로부터 온다는 이상한 확신을 나는 나의 경험에서 갖게 되었다. 그래서 그러한 밑바닥으로부터 오는 메시아에 대한 확신을 작품으로 형상화하려고 한 것이다.

이상 지하의 말에서 나는 민중의 실체와 그 역사적인 운명과 그 구원의 길이 아주 훌륭하게 설파되었다고 생각한다. 민중은 태초부터 하느님과의 계약의 상대자이며(지배자가 계약 상대자가 아니라), 그렇기에 땅을 정복하고 생활 가치를 생산하고 세계를 변혁시키며 역사를 추진해온 실질적 주체이면서도 지배 권력으로부터 소외·억압되어 천민·죄인으로 전락했다. 이제 민중은 역사의 발전에 따라서 자기의 외화물(外化物)인 권력을 원 자리로 되돌리고 하나님의 공의 회복을 주체적으로 이끌어서 그로써 구원을 성취하도록 되었다는 것이다. 그리고 물론 그는 이 구원은 (성서적인) 하느님이 역사를 통해서, 특히 예수 그리스도의 모범에서 역사(役事)하시는 민중구원이라고 한다. 여기에서 정의를 배반한 권력의 소외를 극복하는 하느님의 공의 회복에 관해서 그가 비록 창세기의 태초와 고향을 언급했다고 할지라도 그것은 회고주의적, 낭만주의적인 방향에서가 아니라 예기적, 종말론적인 방향에서 찾아져야 한다는 것은 물론이다. 다시 말해서 창세기의 처음과 고향은 과거(기억-관념)에 있지 않고, 미래(예기-행동)에 있다는 말이다.

* 위에서 나는 시인 지하의 민중이해에 관한 두 가지 측면을 제시했는데, 다시 요약하자면 민중은 하느님과 땅과의 계약의 상대(partner)이며, 창조와 역사에 있어서 하느님의 공의 회복의 담지자(bearer)내지 작인(agent)이라는 것이다. 특히 위의 두 가지 측면의 상보적

통전(相補的 統全)이 중요하다. 첫째 측면은, 민중이해에 관한 세속적(일반적) 이해에 통하는 것, 곧 민중이 실제로 생산을 담당하는 주역이라는 확인이다. 물론 이 점에 있어서도 이 주역의 책임을 하느님과의 계약관계로 보는 것은 특유한 성서적 관점이지만 말이다. 그런데 한 발 더 나가서, 하느님의 공의 회복의 작인역(作因役)은 바로 하느님의 공의를 침해하는 권력에 짓밟힌 소위 죄인, 곧 천민—가난한자, 고아, 과부, 떠돌이, 신체불구자, 도둑 등 밑바닥 인생—이라고 파악한 것은 특유한 성서적 이해다. 민중이 공헌하는 생산담당만이 아니라, 민중이 당하고 있는 고난(영어의 suffering의 뜻을 의미한다)이 하느님의 역사 경영을 알아보는 색인(index)이라는 말이다. 그러므로 민중이라는 개념은 '계급적'으로 이해하는 것과 신학적으로 이해하는 것은 다르다.

한국의 역사적·정치적 현실에서 교회는 신(정신적 쇄신)과 혁명(구조적 쇄신)을 통일하는 것이고, 구체적으로는 한국의 민중운동의 역사적인 전통을 현대의 해방신학의 끌로 다듬어서 민권운동의 한 이정표로 암시할 것을 지하의 문학은 의도하는데, 이에 대응하는 한국교회의 신학은 현재의 '하느님의 선교'를 해석하는 작업이라고 나는 생각한다.

* 여기에서 나는 '앞서 가시는 하느님'을 생각하고 있다. 한국교회의 사회선교의 전선(前線)에서 하느님의 선교가 진행되는데 신학은 한국교회의 그러한 선교활동을 신학적으로 되새기며(reflect), 나아가서 할 수만 있다면 그러한 선교활동의 성서적 신학적 뒷받침을 찾는 작업이다.

현재 한국에서 전개되는 '하느님의 선교', 그 요체인 민권운동을 해석하는 데는 어떤 전거(典據)가 필요하다. 그러한 전거는 보다 많은 한국기독교인들이 승인하는 것이어야 할 것이다. 나는 그러한 전거들 중에서 출애굽 사건과 십자가형 사건, 그 전통을 이어 받은 교회사 그리고 한국사에 있어서의 민중운동의 전통—이 세 가지가 가장 뚜렷한 것들이라고 생각한다. 내가 여기에서 전거라고 일컫는 말은 전통적인 신학적 규범인 계시에 대립되는 말이다. 계시는 종교적 사고의 범주인 데 반해서 전거는 역사적 범주다. 역사 신학적인 전거들 중에 가장 지배적인 잠재력을 가진 전거들은 파라다임(paradigm) 또는 원조형(元祖型, archetypes)이라고도 말할 수 있는 것들인데, 우리가 여기에 해석해야 할 대상—이 경우에는 현재의 한국교회의 사회선교—은 그러한 파라다임 혹은 원조형의 구현·육화라고 생각해도 좋을 것 이다.

나는 이러한 전거들을 해석하는 데 있어서 지금은 우선 사회경제사적 내지 문학사회학적 방법을 적용하자고 제안한다. 현대 신학은 이미 전거들에 대해서 이러한 학문적 방법을 적용함으로써 가위 새로운 신학의 시대를 출발시킨 것으로 내게는 보여 진다. 역사적 기독교와 공산주의의 대립을 넘어서는 교회사의 새시대경륜(dispensation)에 들어서게 하는 것 같다. 나로서는 사회경제사나 문학사회학의 방법을 체계적으로 도입할 학문적 능력은 아직 없지만 그 결실에 대한 기대는 확신한다. 사회경제사적 혹은 정치경제사적 방법을 적용함으로써 비로소 지배세력에 대한 민중의 제약조건들이 분명해지는데, 여기에서 민중의 역사가 밝혀진다면 문학사회학적 방법을 적용함으로써는 민중의 '사회적 전기(傳記)', 민중의 집단적 영혼, 민중의 의식과 그들의 갈망들을 우리는 들여다볼 수 있다. 나는 이러한 사회적 해석학의 새로운 틀들은 일찍이 본회퍼가 '성서의 세상적인 해석'을 제안하고 시도한 것의 연장선에 있는 것으로 생각한다.

신학의 또 하나의 방법, 곧 해석학의 틀이라는 것은 신학자의 지평 내지 시각을 의미한다. 어거스틴의 신학이 플라톤의 이데아의 철학을, 아퀴나스의 신학이 아리스토텔레스의 형이상학을, 19세기 개신교의 자유주의적 신학이 칸트의 이성비판의 철학을, 최근의 실존주의 신학이 실존주의 철학을 그 틀로 삼고 있듯이, 오늘의 새로운 지배적 상황은 사회경제사, 문학사회학 등이 제시하는 시각과 지평이라고 생각 된다. '자기 역사와 운명의 주체가 될 민중'의 정체는 이러한 시각에서 보다 잘 포착될 수 있기 때문이다.

지난날의 교의학적 신학(혹은 전통신학)이 전통적인 교리를 주어진 상황과 상관없이 복송(復誦)한 데 비해, 최근의 실존주의적 신학은 인간의 인격적 실존 속에 케리그마를 해소시켜버렸다고 비판한 틸리히는 케리그마와 상황을 물음과 대답으로 일방통행적으로 상관시키는 신학을 제시했다. 이제 정치신학(혁명·해방·민중의 주체들의 총괄적 명칭으로 사용함)이 그 해석의 틀을 사회경제사 내지 문학사회학이라고 했을 때에는 인간의 인격적 실존이 그 틀이 아니라 인간의 사회적 조건이 그 틀이라고 하겠다. 이러한 새로운 시각에서 볼 때 인간의 본성과 그 운명을 결정하는 사회적 조건들이 돋보이게 된다. 교의적 신학과 실존론적 신학이 간과한 사회적 조건들을 정치신학은 그 신학의 틀 내지 지평으로 삼는 것이다. 기초가 상부구조를 조건 짓느냐 그 역이냐, 존재가 의식을 조건 짓느냐 그 역이냐, 환경적인 조건이냐 그 역(유전적 소질)이냐는 문제에 대해서 인습적인 편견일수록 후항(後項)들을 대답으로 택하는 관념론에 빠진 것이 상례다. 사회과학적인 새 발견들은 보다 전항(前項)들에게 편든다고 보겠다. 실제는 전항과 후항의 교호 작용이겠지만, 인습적·편견을 타파하려면 사회적 조건이 인간성을 조건 짓는다고 하여 변증법적인 역점을 두는 것이 정치신학의 자세라고 하겠다. 그리고 이 경우에 조건 지어지는 인간성이라는 것은 개인이 아니라 사회적 제 집단이다. 곧 종족, 신분, 계급, 계층, 성별, 연령적 세대, 역사적 시대, 지배-피지배의 관계, 소속문제 곧 정체의식 문제 등이 사회를 구성하고 역사를 추진시켜 가는 요인들이다. 비유를 들어서 말하자면 인체(organism)를 구성하는 무수한 세포를 문제 삼느냐, 여러 기관(organs) 곧 심장, 호흡기관, 소화기관, 간장 등을 문제 삼느냐의 문제에서 전통적인 신학은 세포로서의 개개 인간을 문제 삼는데 대해서 『민중신학』 내지 해방신학은 여러 기관을 문제 삼는 것이라고 하겠다.

* 내가 신학연구에 사회경제사적 연구방법을 사용해야겠다고 생각한 것은 이기백의 『한국사신론』(개정판, 1976)과 안병직의 『3·1운동』 (1975)을 읽고 나서였으며, 아라이의 『예수와 그의 시대』(1971)를 읽고 그것을 다시 확인하였다. 그 후 일반적으로 사회과학적 연구방법의 짙은 영향 아래 신학의 새로운 전망이 밝아오는 것으로 나에게는 보여 진다. 다음과 같은 연구서들이 이러한 전망을 보여준다.

J. G. Gager, *Kingdom and Community: The Social World of Early Christianity*, 1975.

Norman K. Gottwald, *The Tribes of Yahweh* I, 1979.

Herman C. Waetjen, *The Origin and Destiny of Humanness*, 1976.

Fernando Belo, *Lecture matSrialiste de livangile de Marc*, 1974.

Gerd Teissen, *Sociologie der Jesusbewegung*, 1979.

Albredo Fierro, *El evangelio beligerante*, 1975.

Clark Kee, *Community of The New Age: Studies in Mark's Gospel*, 1977.

John H. Elliot, *A Home for the Homeless: A Sociological Exegesis of 1 Peter*, 1981.

서인석, 『성서의 가난한 사람들』. 1979.

나는 '성서를 위시한 신학연구의 자료에 대한 사회과학적 연구방법이 소위 속(續) 기독교시대'에 와서, 지금까지의 기독교와 지배자의 이데올로기의 접착을 분해해주고 본래적인 계시를 밝히는 데 큰 도움을 줄 뿐만 아니라, 나아가서 기독교의 복음과 신앙을 정치적으로 성육신화시킨다고 생각한다. 예를 들어, 고트발트가 밝혀 주듯이 '이스라엘'이라는 것은 유일신 야웨 신앙만을 상징할 뿐만 아니라, 가나안의 열 두 부족의 평등한 동맹체인 특수한 정치체제를 또한 상징하고, 종교적인 상징인 십자가는 그 사회적·역사적 실체인 정치범의 십자가형이라는 사실이 밝혀지는 것 등이다.

다음에 '민중의 사회전기'는 김용복 박사가 민중신학 토론에 도입한 것인바, 쉽게 말해서 민담 등을 가리키는 것인데, 이러한 민담 등도 사회경제적·문학사회학적 분석으로 밝혀져야 할 것이다. 이 중요한 과제는 졸고 "한(恨)의 형상화와 그 신학적 성찰"에 맹아적으로 엿보이나, 이에 대한 좀 더 본격적인 연구는 필자의 다음 연구의 과제가 되고 있다.

2. 성서적 전거

1) 구약성서에 기록된 히브리인들의 출애굽 사건은 민중신학의 한 파라다임적인 전거다. 이 역사적 사건은 신약성서의 예수의 십자가형 사건과 함께 하나님의 민중구원의 핵심적인 사건이다. 성서의 모든 증거들은 이 두 개의 핵심적인 역사적 사건에 의해서 사실상 조명되고 이해되고 있다. 하나님의 자기계시(인간 구원)는 성서적인 증거에 의하면 종교적 신비체험이라기보다도 역사적 사건이다. 역사적 사건은 말

하자면 하나님의 언어다. 한국교회는 특별히 기미년 3·1 운동, 8.15해방 등의 역사적 경험에 의해서 『구약성서』의 출애굽 사건을 그 전기로 하여 하나님의 민족 구원을 이해하고 있다. 그럼에도 불구하고 역사적인 교회가 출애굽 사건을 종교적 차원에서만 해석하고 있다면(그렇게 된 연유도 역시 정치경제사적 제약 때문인데) 그것은 현실을 변혁시키는 혁명적인 힘이 되지 못하고 도리어 현상유지를 위한 지배자의 이데올로기 구실밖에 못한다. 출애굽 사건은 실은 사회경제사의 차원에서 발생한 정치적 사건이었다. 출애굽 사건은 BC 13세기 이집트의 람세스 3세 때 그 나라의 방대한 토목공사와 농사에 노예와 농노로 노동을 담당했던 히브리 사람들이 모세의 지도 아래 그 억압적인 지배체제에 폭력으로 대항하고 반란 탈출한 노예해방의 사회경제사적 사건이다. 이러한 정치적 사건이 그 이야기의 핵이다. 적어도 기독교회는 2천 년간 이 이야기의 역사적 핵을 상실 혹은 거세해 버리고 종교적인 상징으로만 회상하고 있는 형편이다. 하나님의 역사 개입의 한 지배적인 전거, 파라다임적·원조형적(元祖型的) 전거가 사회경제사의 차원에서 발생한 정치적 사건이었다면 현재에도 하나님의 역사 개입은 다름 아닌 사회경제사의 차원에서 발생해야 할 것이다.

2) 구약의 출애굽 사건, 신약의 십자가사건은 같은 민중신학의 원조형적 전거이면서도 양자 간에는 여러 가지 의미 있는 대조점들이 있다. 민중과의 관계에 있어서 모세는 영웅적인 해방자이지만 예수는 저항적인 동행자였다(예언자들은 민중의 대변자들이었다). 한 경우는 혁명에 성공했고 또 한 경우는 혁명이 실패한 것으로 보일지라도 그것이 혁명이라면 그 혁명의 격식이 다르다. 출애굽의 경우는 일회적 혁명인데 반해서 십자가 사건의 경우는 영구적 혁명을 겨냥한 듯하다. 일회적 혁명

의 경우에는 민중이 구원의 대상이 되고(타력적 구원), 영구적 혁명의 경우에는 민중은 구원의 주체가 된다(자력적 구원). 모세는 민중의 소리(갈망)에 응답한 자였지만, 예수는 그 자신이 민중의 소리(갈망)이기도 했다. 그런 의미에서 예수는 민중적이었고(민중을 위한 자가 아니라) 바로 민중의 인격화, 민중의 상징이다.

그 점고(漸高)하는 삶이 십자가 사건에서 정점에 이르는 이 저항적 동행자에 관한 원래적인 2대 전승(傳承)이 있다고 학자들은 말한다. 하나는 Q자료('예수의 어록'에 해당)이고, 또 하나는 마가복음서이다. 이 2대 전승에 엄격하게 각각 해당되는 총괄적 특징이라고 말하기는 어렵겠지만 예수의 가르침에 대한 인상적인 특징은 그가 "율법학자와 같지 아니하고 권위 있는 자와 같다"는 것과 그의 행태에 대한 가장 대표적인 특징은 그가 세리와 죄인의 친구였다는 것이다. 예수가 나타나는 자리, 그 행차에는 예외 없이 많은 무명의 '무리'가 따랐다. 예수를 둘러 싼 무리들이야말로 예수가 추상적인 모습이 아니라, 역사적 산 실제라는 것을 증명하는, 말하자면 실체의 그림자였다. 세례 요한의 주위에도 많은 무리가 모였다고 돼 있으나, 요한의 무리는 요한의 설교에 끌려간 말하자면 구도자들이었지만, 예수가 친히 찾아다닌 갈릴리의 무리들은 그중에 구도자들도 있었지만 보다 지배적인 구성 인원은 가난한 자, 병든 자, 신체불구자(특히 집에서, 동리에서 쫓겨 난 병자·불구자들), 아녀자, 세리, 창녀 등 그 사회 밑바닥의 버림받은 천민들, '암하레쯔'(땅의 사람들), 그 시대의 지배종교가 '죄인'이라고 부른 그런 사람들이었다. 예수를 둘러 싼 사람들 중에 보다 친근한 남자들만으로 구성된 제자집단이 처음부터 있었거나 또 그렇게 뚜렷했던 것도 아니라고 성서학자들은 말한다. 다시 말하면 예수의 선교는 이 무명의 무리들에 대한 직접적인 선교였다는 말이다. 이 점은 신의 선교에 있어서 제도적인 교회의 자리와 역할에 대해 또 한 번 반성하게 만든다.

일본의 다가와(田川建三)는 마가복음서 3장 31-35절을 주석하면서 이 기록에 나타난 무리(그리고 마가복음서 거의 전편을 통해서 나타난 무리)는 그 앞에 나타난 제자집단, 예루살렘으로부터 내려온 율법학자들 그리고 예수의 육친의 가족(예루살렘교회의 수령인 야고보를 염두에 두고 있다함)과 대립된 위치에 있다고 하면서, 무리(ochlos)에 대한 가장 철저한 이해를 다음과 같이 제시하고 있다.

> 이러한 문맥 중에 있는 대립법에서 볼 때 마가복음서 3장 32, 34절의 군중은 그저 군중이라는 의미 이상의 '민중'이라는 어의를 갖고 있음을 알게 된다. 마가복음서에 있어서 민중이란 항상 권위 집단에 대한 부정 개념이다. 민중이란 말의 이러한 계기를 구현하는 존재로서 예수가 등장하는 것이다. 그러므로 마가복음서에 있어서 민중은 결코 민중 자체로서의 독립된 고찰대상은 되지 않고 항상 예수가 사신 장(場)의 형용으로 그려지고 있다. 실상 민중 자체라는 것은 어디에서나 존재할 리가 없고 민중이 자각한 한 사람의 존재로 출현할 때에는, 말하자면 예수라는 이름을 갖게 된다.

다가와의 주장을 내가 이해하기로는 첫째 편집자 마가의 신학의 주제는 예수라기보다는 민중이라는 것, 둘째 오클로스는 군중이라는 일반적인 뜻 이상의 민중—지배집단으로부터 억압되고 소외된 집단의 의미로서의 민중—의 뜻을 지니고 있다는 것이다. 나는 이 다가와의 주장을 들어서 내 나름대로 오늘의 민중신학의 또 하나의 요점을 밝히고자 한다.

민중신학의 주제는 예수라기보다도 민중이라는 것이다. 민중신학의 경우에는 예수가 민중을 바로 이해하는데 필요한 도구의 구실을 하는 것이지, 예수를 이해하기 위한 도구의 구실을 민중 개념이 하는 것이 아니다(후자가 전통적 · 기독론적신학이라고 한다면, 전자는 성령론적 신학이라 할 수 있으리라). 밝히고자 하는 또 하나의 점은 다음과 같은 것이다. 한국말, 일본말에서 근래에 특히 정치신학적 의미로 사용되는 '민중'이라는 말뜻과 마가복음서에 예수의 그림자같이 따라다니는 '오클로스'라는 말뜻의 편차를 지적하는 것이다.

민중이라는 말은 성서적인 전통에 있는 백성(laos, 구약의 경우와 누가복음서)과는 판이하게 다르고, 오히려 '가난한 자'(출애굽기 20: 22-23:30, 예언자들의 경우 그리고 구약성서의 anawim, 스바니야 2:3, 3:12 등, 야고보서)에 가까운 말이다(common people, volk 그리고 crowd와도 다르다). 그렇기에 민중의 서양말 번역은 people이나 crowd나 volk가 되기 어렵고, 'minjung'으로 번역해야 할 특수한 정치신학적 개념이다. 다시 말하면 마가는 민중이라는 개념 내용이 필요했는데 다른 말이 없어서 '오클로스'라고 하는 단어를 빌려 썼다고 말해야 할 것이다. 예수는 세리와 죄인의 친구였다. 다시 말하자면 그는 민중의 친구였다. 민중의 지도자, 교육자, 해방자라기보다도 그들의 친구였다. 이 경우에는 민중신학의 관심사의 요건은 '세리와 죄인', 곧 민중이다. 예수는 병자들을 치유한 다음 "네 믿음이 너를 치유했다"고 말했다.

그가 민중을 상대로 교육한 주요 수단인 많은 비유적 이야기들에서는 민중과 민중의 생활을 소재로 하면서 듣는 사람들(민중)의 주체적인 결단과 책임을 물었다. 예수는 민중의 동행자이며 나가서 민중의 친구였을 뿐만 아니라 민중의 인격적 주체를 상대로 했다. 그가 율법학자와 같지 아니하고 권위 있는 사람으로 인상지어졌다는 사실은 이러한 것과 관련된다. 율법학자들의 권위는 그들의 말이 율법에 의거한 것이라고 주장되었기 때문이고, 예언자들의 권위는 그들의 말이 하느님의 말씀이라고 주장되었기 때문인데, 예수는 율법과 하느님을 자기 발언의 권위의 근거로 끌어내지 않고 자기 자신의 말로 했다. 이런 의미에서 그 자신이 신이었고 또 참사람이었다. 예수가 자기의 말을 신의 말씀의 권위로 무장시키는 것을 포기한 것은 신의 말이 이미 지배자의 언어가 되어서 민중을 억압하는 이데올로기로 화했거나 그럴 위험성이 컸기 때문이리라. 이러한 예수의 태도가 지금 억눌리고 소외된 민중이 내일의 자기 운명의 주인공으로 등장한다는 민중신학의 전거가 되는 것이다.

저항적 동행자의 생은 십자가형에로 몰려갈 수밖에 없었다. 이미 그가 세리와 죄인의 친구라고 불린 대로 민중의 편에 섰다는 사실만으로도 지배체제에 대한 저항적 행동으로 보여 지고 작용한다는 것은 물론이다. 거기다가 민중을 실제로 억압하는 지배체제 이데올로기의 기능을 하고 있는 유대교의 율법, 그 대표격인 안식일 율법부터 그는 비판했다. "안식일이 사람을 위해서 있는 것이지 사람이 안식일을 위해서 있는 것이 아니다." 나아가서 예수가 민중을 수탈하는 지배 기구의 중추기관인 예루살렘 성전체제에 대해서 결연히 정면으로 도전한 것이 직접적인 기소 이유가 되어서 정치범으로 십자가형에 처해졌다. 예수에 대한 모든 역사적 사실 기록의 한계가 모호하다고 하더라도 그의 십자가형과 또 그것이 정치범의 처형이라는 것은 분명하다. 십자가형은 그의 생애의 끝에 있었던 우발적 사건이 아니라, 저항적 동행자와 생의 정점으로 피할 수 없는 귀결이었다. 십자가형은 민중이 자기 운명의 주인이 되는 투쟁과정에서 피할 수 없는 그 정점이다. 민중의 구원은 우선 정치의 영역(좁게는 사회정치사의 영역)에서 진행된다. 이후의 교회는 이 민중 구원의 사건이 발생한 정치의 영역으로부터 철거한 것같이 보인다. 그래서 예수의 '십자가형'(crucifixion)은 종교적 상징인 '십자가'(cross)로 승화되고, 정치적인 함의(含意)가 있는 메시아 영상은 종교적인 함의로 변질된 그리스도 영상으로 승화되었는데, 이렇게 승화됨으로써 그 구속사건은 역사적인 핵을 상실하고 말았다. 따라서 승화된 십자가는 이미 역사를 변혁하는 힘을 갖지 못하게 되었다. 민중신학의 전거는 역사적 사실로서 정치의 영역에서 발생한 예수의 '십자가형'이다. 그리고 이러한 역사적 핵을 다시 찾는 방법은 사회경제사적 해석이라고 나는 생각한다. 예수는 사흘 만에 부활하여 갈릴리에서 만날 약속을 했다. 이것이 예수의 부활에 관한 처음 증거다. 마가복음서에 있어서 갈릴리는 단적으로 민중의 고향이요, 예루살렘은 지배자의 권좌다. 부활의 예수는 계속해서 사회경제사의 차원에서 억눌리고 소외된 민중 가운데 그들의 메시아로 현존한다는 신앙이다.

* 여기에서 민중신학의 성서적 전거로서 구약성서에서는 출애굽 사건만을 제시했으나 내가 Gottwald의 *The Tribes of Yahweh*를 읽은 다음에는 출애굽 사건 못지않게 가나안 정착과정, 곧 왕조 이전의 '원(原)이스라엘'의 공동체 형성, 특히 밖으로는 가나안의 도시국가들이 봉건체제와 싸우면서 부족 간의 평등한 동맹을 결성하며, 안으로는 출애굽기 20-22장에 기록된 '계약법전'(BC 12세기에 완성)에 새겨진 대로 가난한 자, 떠돌이, 고아, 과부, 노예의 인권을 위주로 하는 헌법을 제정하게 되는 '원(原)이스라엘'이 구약성서의 역사적 원 계시로서 민중신학의 성서적 전거의 핵이 된다고 생각하게 되었다. 신약성서에 있어서는 역사 비판적으로나 신학적 내용으로서나 마가복음서의 '예수이야기'가 민중신학의 전거라고 제시했으나, 초대 교회의 '흩어진 나그네'까지를 포함시켜야 할 것이라고 생각된다. 구·신

약성서를 통하는 주전통의 궤도라는 모델로 생각하자면 모세의 해방 전승―왕조 이전의 원 이스라엘―예언자들의 아나빔(가난한 사람들)―'야웨의 고난 받는 종'―예수의 선교― 초대교회의 흩어진 나그네들이라고 할 수 있다. 이상에서 본 바대로 민중신학의 성서적 전거는 바로 성서적 계시의 핵심이며 그 주 전승이다.

3. 교회사적 전거

1) 실제로 출애굽에서 시작하고 말라기에서 끝난 구약 문서 내용에 이어서 유대교가 출현하여 『구약성서』를 편찬했고, 다시 실제로 마가복음서(예수의 갈릴리 활동)에서 시작해서 계시록에서 끝난 신약 문서 내용에 이어서 기독교가 출현하여 신약성서를 편찬했다. 경전의 역사적 핵과 후속된 교단의 거리는 '비정치화' 과정으로 이어졌다고 생각된다. 이 비정치화 과정을 가능하게 한두 가지 문화적·역사적 계기를 지적할 수 있다.

하나는 일반적으로 논의해온 히브리문화의 역사적·종말론적 지평으로부터 헬라문화의 우주적·이상학적 지평으로 사고의 환경이 바뀐 사실이다. 종말론적 지평에서는 지금의 부정의가 없어지는 미래의 그 날 '야웨의 날'을 기다리는데, 형이상학적 지평에서는 감각적 현상계의 그릇된 인식을 청산하고 순수한 본질(idea)을 찾고 있다. 원래의 '오실 메시아' 영상(고난 받는 민중을 구원할 메시아)이 비정치화 되어서 천상의 그리스도 영상(지상의 지배질서를 보장하는 자)으로 바뀌었다. 메시아가 그리스도로 비정치화되면서 정치적 차원의 십자가형은 종교적 차원의 십자가 상징으로 비정치화되었다.

둘째 계기는 AD 313년에 콘스탄틴 대제가 기독교를 승인하자 그때부터 기독교는 눌린 자들의 지하의 종교였던 지위에서 지상으로 올라와 누르는 자, 지배자들의 종교, 왕권종교가 된 것이다. 이로써 눌린 자의 탄식이며 항거였던 신앙, 따라서 묵시문학적이고 혁명적인 잠세력을 가졌던 종교는 그러한 핵이 로마 정권 속에 흡수되어 버리고, 그렇게 변질된 종교는 지배자의 이데올로기로 화하고, 그 종교가 가졌던 본래의 핵 곧 눌린 자의 해방과 정의의 질서에 대한 민중의 갈망은 역사의 미래와는 상관이 없는 천상의 세계, 초월의 차원에 투사되어 역사의 피안에 있는 무시간적인 '영원한 천국'이 되었다. 그리하여 종교는 아편으로 작용하게도 된 것이다(오해를 막기 위해서 한 마디 부언하면 종교는 아편이 되는 유혹도 받지만 그러나 여전히 종교는 눌린 자의 탄식이며 누르는 자에 대한 항거도 되기 때문에 기독교의 비종교화가 곧 그 정치화의 길이 된다고 생각하지는 않는다).

예수의 메시지에 관해서는 "하나님의 나라가 가까왔다"라는 말로 복음서 기자들은 요약하였다. 이 말은 바로 구약의 예언자들이 선포한 '야웨의 날'의 심화이겠지만 그것은 사회의 정치혁명 이상의 것임이 틀림없다. 그런데 콘스탄틴의 기독교에서, 아니 그 이전에 이미 '하느님의 나라'는 비정치화 되어버렸기에 본래의 민중—눌린 자의 갈망은 역사의 피안에 있는 신국보다도 역사의 장래에 있을 역사 변혁적인 천년왕국이라는 상징을 불가피하게 갖게 되었다. 천년왕국과 신국의 두 상징에 관해서 필자는 이전의 다른 논문들에서 논의한 바 있지만 그 요지를 여기에 옮기면 다음과 같다. 신국은 피안적이고 궁극적인 것에 대한 상징인데 비해서 천년왕국은 역사·차안적이며 준 궁극적인 것에 대한 상징이다. 그렇기에 신국은 믿는 사람이 지금 죽어도 들어가는 데로 이해되고 있지만, 천년왕국은 이 역사와 사회가 새로워지는 데로 이해되는 것이다. 따라서 신국은 개인 인격의 구원을 보장하지만, 천년왕국은 사회적·집단적 인간의 구원에 대한 보장이다. 신국은 타력적인 구원을 전제하지만, 천년왕국은 보다 자력적인 구원에 기울어진다. 따라서 신국은 지배자들의 지배이데올로기로 이용되지만 천년왕국은 민중의 갈망에 대한 상징이다. 사실상 1세기의 교회에서는 천년왕국 신앙이 그 중심에 있는 정통교리였다. 그런데 역사적 기독교, 콘스탄틴의 교회는 줄곧 이 천년왕국 신앙과 거기에 준한 미래에 대한 갈망, 그 여러 가지 변주곡들을 이단으로 물리쳐 버렸다. 민중의 갈망을 눌러 버린 것이다. 또한 어거스틴은 마침내 교회의 시대를 천년왕국과 일치시킴으로써 역사의 새로운 시대경륜은 더 이상 없는 것으로 하고 교회를 절대시 하는 신학을 수립했던 것이다. 천년왕국 신앙이 제거되고 망각되었기 때문에 서양의 사회사상사에서는 필요한 때에 그리스 유래의 유토피아 상징을 채택했다. 그러나 유토피아라는 주제는 거의 예외 없이 부조리한 현실 사회를 떠나 대개는 외딴섬에 가서 선택받은 엘리트들이 건설하는 이상향이다. 그것은 말하자면 부르조아의 꿈이다. 여기에 비해서 천년왕국은 이 역사 안에서 사회 전체가 새로워지는 민중의 갈망이다. 그렇기에 나는 평소에 신국과 유토피아에 대해서 천년왕국의 상징의 복권을 주장해왔다. 사회정의를 보장하는 천년왕국 상징이 복권되어서 개인 영혼을 보장해 주는 신국 상징과 타원형의 두 중심점 같이 병존해야 할 것이다. 신국만이면 타계적인 신앙이 될 우려가 있고 천년왕국만이면 광신적인 신앙이 될 우려가 있기 때문이다.

* 여기에서 나는 타력적 구원과 자력적 구원을 대조시켰다. 자력적 구원이라는 것은 성령감화의 길인데, 성령은 하느님의 내적인 존재양태며 성령의 감화는 내 마음도 생각도 새롭게 하며, 없었던 힘도 생기

게 하여 중생시키는 구원임에 대해서, 타력적 구원을 강조하며 대변하는 신학은, 거의 예수의 '피'의 대속을 배타적으로 강조하며, 타력적 구원에서는 유대교의 종교의식에서 쓰이는 희생양의 피가 다만 예수의 피로 대치되었을 뿐이고 그 대속은 율법적·기계적으로나 마법적·화학적으로 작용하는 것으로 이해되고 있는 것을 볼 수 있다. 이러한 주술적인 신학은 특히 한국교회의 부흥회 설교에서 두드러지게 나타나는 현상이다.

오늘날 많은 교회가 예수님의 피를 전하지 않습니다. 그들은 예수님의 교훈이나 생애는 철학적인 지식을 곁들여 유창하게 전하지만 예수의 피에 대해서는 증거하지도 않고 찬송하지도 않습니다. 그러므로 사람의 죄를 용서받게도 못하고 구원으로 인도하지도 못합니다. 보혈에 대한 믿음 없이는 예배와 형식과 의식은 아무 쓸모 없는 것입니다(조용기, 『삼박자 구원』, p. 53).

예수의 교육적인 교훈을 가르치지 않고, 십자가형으로 향하는 예수의 생애를 모범으로 따르라고도 말하지 않고, 예수의 피만을 제시한다면 그것은 주술 종교의 방식일 것이다. 이러한 구원종교와 죄의 대속은 민중의 아편은 되어도 민중의 구원은 되지 못할까 두렵다. 내가 알기로는 예수님도 바울도 칼 바르트도 폴 틸리히도 신(神)—인(人) 협력(co-worker, partnership)의 구원, 틸리히가 새롭게 명명한 신율을 말하고 있다. 그리고 고대 교리사에서 어거스틴과 펠라기우스주의의 논쟁에서 '반(半) 펠라기우스주의'라고 불리게 된 교회의 선택도, 말하자면 '타율이 아닌 자율, 곧 신율'의 입장이다.
천년왕국 상징에 관해서 몇 마디 부언하면, 이 묵시문학적인 상징인 천년왕국 상징을 나는 전체 교회사를 해석 하는 해석학적인 파라다임으로 사용했다. 나는 이 상징을 앞에서 언급한 해방전승 궤도의 일환이라고 생각한다. 그리고 그 의의의 두 가지만 간략하게 언급하면, 그리스도 신앙의 중심에는 '부활'신앙이 있는바, 우리는 주의 재림 때 부활해서 주의 나라 곧 천년왕국에 들어간다. 부활과 천년왕국은 한 신앙의 양면이다. 그런데 역사적 기독교에서 이 일치가 분리되어서 부활신앙이 비 정치화되어 버린 것이다. 부활신앙은 신약성서의 본래적인 의미로는 정치신학적 개념인 것이다. 천년왕국 신앙과 부활신 앙의 재결합이 요청된다. 필자는 이 점에 관해 졸고 "우리의 부활과 4월혁명"(「씨올의 소리」, 1979, 4월호, 이 책에 재수록)에서 논구하였다.

다음으로, 천년왕국이라는 해석학적 파라다임은 2천 년 교회사의 해석에만 적용되는 것이 아니라 현대의 제3세계의 종교운동을 해석하는 주된 파라다임이 되고 있음을 지적한다.

2) 콘스탄틴의 교회로부터 제거당한 천년왕국 신앙은 12세기의 요아킴 플로리스에 의해서 '성령의 제3시대'의 변주곡으로 다시 나타났다. 그는 성부·성자·성령의 삼위일체성을 전통적인 방식대로 통시적인 세 양태로 이해하지 않고, 성부시대·성자시대·성령시대의 역사 발전의 계승관계로 보았다. 그는 뚜렷한 '역사의 신학'을 전개 했다. 성부시대에는 사람이 율법 아래에 있는 '종'의 신분이었던 것이, 성자시대에는 복음 아래에 있는 '아들'의 신분이며, 성령시대에는 영의 자유를 갖는 '친구'가 된다는 것이다. 그렇기에 성령의 제3시대에는 제도적 교회와 문자적 성서를 능가하게 되며 모든 사람이 이 세계의 역사의 현실에서 영과 육이 예지와 기쁨에 넘치게 된다는 것이다. 거기서는 두려움

도 계급도 부의 독점도 강자의 지배도 없는 빈자와 민중의 신비한 민주
적 공동체가 이루어진다는 것이다. "제단이 장식될 때마다 빈자는 더
욱더 굶주림의 고통을 겪어야 한다"라는 그의 말은 지배자와 눌린 민
중 사이에 얽힌 부조리에 대해서 깊이 통찰하고 있었다는 것을 나타내
고 있다. 어거스틴에 의하면 불변하는 절대 진리는 교회에 전유·보관
되었고 교회는 다만 그 절대 진리를 전파하는 것뿐이라고 하는데, 요아
킴에 의하면 진리 자체가 역사의 발전에 따라서 새싹에서 줄기로 다시
꽃과 실과로 성장·발전한다는 것이다. 전자의 진리관은 지배자·기득
권자의 이권을 보호하는 울타리 구실을 하기에 알맞고 후자는 눌린 자,
민중의 갈망에 응답할 수 있다. 그렇기에 역사적 교회는 성령과 민중을
외면했다. 요아킴은 신·구약성서에 대한 명상과 사색으로, 신은 세계
사 발전의 내재적 힘이며 신은 자기를 전개시켜서 역사적 과정을 다름
아닌 인간화 과정, 성육신 과정으로 이끌어간다고 믿었다. 요아킴의 이
러한 사색에 관해서, 역사 신학은 근세에 와서 보다 실증적인 방법으로
제시되는 것 같다. 영국의 신학자 헨슨(R.P.C. Henson, *The Divinity of the
Holy Spirit*)에 의하면 구약성서의 주인공은 성부이고 거기서 성자는 아
직 분명해지지 않는다. 거룩한 영이 많이 언급되지만 구약에 있어서의
영은 신의 초자연적인 능력에 불과하다. 신약성서에 오면 그 주인공은
성자이다. 성부는 배후로 한 발 물러가고 성령은 아직 위격을 갖춘다고
보기 어렵다. 삼위일체의 교리가 확립된 것은 교회사의 시대에 들어와
서이며, 성령이 성부, 성자와 같은 완전한 위격을 갖추게 되는 것은 많
은 의논을 거듭하여 나가는 과정에서 4세기의 가이샤랴의 바질(Basil)
에서다. 신은 이렇게 자기 존재를 발전시키고 있으며, 이 점진적인 계
시과정에서 성자는 성부를 능가하고 성령은 다시 성자를 능가해서 종
말적인 방향을 향하고 있다. 그래서 말세에는 모든 사람에게 성령이 부

어진다고 되어 있다. 이러한 것이 민중신학의 전거가 된다.

프랑스의 미술 평론가인 앙드레 말로(André Malraux, *The Voices of Silence: The Metamorphosis of the Gods*)에 의하면 서양미술사에서 그 주제인 '신의 모습'이 시대를 따라 변모해 가는데 ① 비잔틴 시대에는 신은 초월적인 전능한 심판자로서 우주적 신비의 베일 속에 아른거리는 상징으로 그려졌으며, ② 서방 세계에 넘어 와서 비로소 내재로 임재로 바뀌어서 인간화의 방향을 향하는데, ③ 로마네스크 성당에서 신은 인간의 모습을 취한 지상의 그리스도로 변모하고, ④ 13세기 고딕 미술에 와서 그리스도는 점점 인간 예수가 되어가지만 그러나 거기에서는 아직도 왕이며 승리자 그리스도이던 것이 ⑤ 14세기에 와서 그리스도는 고난 받으시고 고민하시는 모습의 그리스도로 변모하고, ⑥ 15세기에 와서는 예수의 땅위의 인간적인 일상생활, 곧 사람들 속에 있는 한 사람인 예수가 소재가 되고, ⑦ 16, 17세기에 오면, 예수 그리스도의 모습은 점차 사라지면서 일반적인 인물들이 등장하여 인격화해가지만 계속해서 기독교 미술은 새로운 스타일로 그 발전이 진행되며, ⑧ 다음 단계에 가서는 화가 자신의 내면적 환상의 세계가 화면에 나타난다고 한다.

위와 같이 성부, 성자, 성령-신, 그리스도, 영(인간에 내재하는 신의 양태)의 변모과정에서 그리스도의 모습이 퇴거·소실되어 가지만, 미술의 새로운 격식을 창조해가는 것은 여전히 보이지 않는 그리스도의 능력이라고 하며, 그 보이지 아니하게 된 단계부터를 성령이라고 말한다. 성령은 그리스도의 계승자이고(요한 66장), 그의 변모이며, 그는 내재적인 신이기 때문에 모든 인간에게 다 같은 인권에 대한 내적인 확신의 근거와 원리가 된다. 그렇기에 성령의 시대는 곧 민중의 시대다. 이러한 역사과정은 다음에 연구할 이기백의 『한국사신론』에서도 역력히 볼 수 있다고 생각하는데, 다만 이러한 역사과정을 기독교 문명의 맥락에서는 인간화 과정, 성육신 과정이라고 한 데 대해서 같은 사적(史的)과정을 한국사의 맥락에서는 인내천 과정이라고나 할 수 있을지.

3) 16세기 독일에서 뮌쩌(Müntzer)의 출현으로 민중의 신학, 혁명의 신학은 뚜렷해진다. 루터는 수도원의 밀실에서 종교개혁 추진의 영감을 받았지만, 뮌쩌는 사회운동에의 참여에서 혁명의 요청을 체득했다. 그래서 루터의 중도적 종교개혁이 결과에 있어서 사회개혁과는 상관없이 사회의 중산층 시민을 위한 교회를 출현시킨 데 대해서, 뮌쩌는 도시빈민과 농민의 이권이 보장되는 사회개혁과 교회개혁을 동시적으로 추진했다(급진적 종교개혁). 신이 정의를 배반한 부조리한 사회체제 속에서 고통 받고 있는 민중이라는 실체는 뮌쩌의 신학에서 뚜렷하게 부각된다. 그는 혁명을 위한 '선택받은 사람들'은 이들 중에서 뽑힌다고 믿었다. 그는 "사회의 성원 전체가 검의 힘을 가져야 한다. 그렇게 되면 민중은 자유로워질 것이다. 그리고 신만이 민중의 주가 될 것이다"라고 했다. 검의 힘으로 이루어지는 사회개혁을 그는 추진했다. 그리고 그는 그것이 또 개인 영혼의 구원에 불가피한 프로그램이라고 생각했다. 뮌쩌에 의하면 개인의 순화(내적 개혁)와 사회개혁(외적 개혁)의 관계는 시간적 전후관계가 아니다. 사회개혁을 위한 투쟁은 개인의 내면적 순화를 위해서도 불가피한 과정이며, 혁명적 행동을 수반하지 않고서는 개인의 종교적 구원 자체가 실현될 수 없다는 것이다. 개인의 구제는 그 과정에서 본질적으로 죄의 외적 조직으로서의 기성 지배질서의 극복, 곧 사회혁명으로 나갈 수밖에 없는 것이었다. 억압의 체제 아래 있는 사람들의 신 관념은 왜곡되게 마련이고 그렇기에 억압된 상태 아래서는 신을 바로 말할 수 없다는 것이 뮌쩌의 사상이다.

뮌쩌가 겨냥한 것은 종교개혁에 국한된 것이 아니고 사회 전반의 구조적 개혁이었으며, 그 행동적 주체세력은 어디까지나 민중이었다. 이 점이 16세기에 일어났던 많은 소종파(sects)의 창시자들의 경우와 달라 그는 성령의 보편교회를 지향함으로써 현대 신학의 세속화신학, '신의 선교'의 신학의 선구자가 되었다(교회의 울타리를 넘어서는 '신의 선교' 신학은 사실은 오리겐, 터툴리안 등의 고대 교부신학에서 유래한 것이다). 뮌쩌는 성령의 현재의 직접적 계시와 내적 말씀을 체득했다고 믿었으며 이 성령의 직접적 계시가 성서의 문자보다 우월한 것이라고 주장했다. 성서는 다만 과거의 계시의 기록에 불과한 것이었다. 이 점은 루터에 의하면 성서는 절대적이며 구원의 유일한 원천인 것이다(이 점에 있어서 칼빈의 개혁파는 더욱 철저하다). 이 전통에 따르면 성령의 역사는 오로지 주어진 성서를 바르게 깊게 해석하는 원리와 힘인 것이다. 그래서 새로운 계시의 가능성이 배제됨으로써 기성교회의 기득권을 보장해줄 뿐이다. 뮌쩌에 의하면 루터의 '성서만'에 의거하는 '문자신앙'은 민중으로 하여금 신의 은총의 수동적 주입, 즉 역사의 객체에 머물게 하고 행동적 주체로 내세우지 못한다는 것이다.

뮌쩌의 급진적 개혁운동은 성공하지 못했다. 그는 농민전쟁에서 실패하고 성주(城主)·방백(方伯)들의 연합군에 의해서 참수(斬首)되었다. 그의 실패의 원인은 때가 아직 이르지 못한 데 있다는 말이다. 참다운 혁명은 민중 자신이 깨어나서 자기의 힘으로 이룩해야 할 것이다. 만약 그가 혁명에 성공했더라면 자기가 겨냥한 민중 구원을 배반하게 되는 것이다. 민중 스스로의 힘으로 이룩하는 민중 구원을 가리킨 점은 민중신학에 대한 그의 최대의 공헌이라고 하겠다. 민중의 해방과 구원을 주도하는 모든 혁명가는 혁명을 추진시키지만 '골인'은 못하도록 운명 지워졌다. 예수님의 선교와 죽음에도 이런 차원이 있다. 이것이 시인 지하의 작품에서 매양 버림받는 밑바닥 인간들이 자기 해방의 주인공으로 등장하는 까닭이요, 지옥에 남아 있는 최후의 한 사람까지 구원하고서야 성불하겠다고 결심한 지장보살의 동기라고 할 것이다.

* 뮌쩌의 "사회의 성원 전체가 검의 힘을 가져야 한다. 그렇게 되면 민중은 자유로워질 것이다. 그리고 신만이 민중의 주가 될 것이다"라는 말을 한 마디 해설한다. 사회 성원 전체가 자유롭게 되는 것과 '신의 직접통치'—이것이 곧 '하느님의 나라'의 상태인데—는 한 진리의 양면이다. '하느님의 나라'는 하느님의 직접 통치고, 그것은 곧 사회 모든 성원이 자유롭게 되는 상태다. 구약학자 폰 라트에 의하면 '이스라엘'이라는 말의 뜻은 "하느님이시여 통치하소서" 곧 하느님의 직접 통치를 간구하는 말이다. 히브리 사람들은 이집트의 제국주의, 가나안의 봉건주의를 물리치고 부족 간에 평등한 동맹을 맺고 그 동맹체를 '이스라엘'이라 불렀다. 그렇다면 '이스라엘'과 예수님이 갈릴리에서 선포하신 임박한 '하느님의 나라'는 같은 뜻이다. 이것을 우리의 전통사상에서 찾자면, 나는 인내천 사상이라고 생각한다. 음양오행, 삼강오륜, 귀천 신분의 우주적·사회적 질서가 마치 자연법칙같이 지배하는 조선 봉건제 아래에서, 인내천의 외침은 모든 사람이 하늘에 직속·직결된다는 하느님의 직접 통치를 외친 것이다.

4) 오늘의 세속, 희망, 혁명, 해방, 정치, 민중 그리고 성령을 그 주제들로 하는 신학은 탈기독교시대(Post-Christian Era)의 신학이 다. 기독교시대(Christendom Era)에는 원래의 성서적 복음이 비 정치화되어서 콘스탄틴의 종교, 지배 이데올로기의 기능을 했다. 그래서 매양 혁명과 미래와 성령을 표방하는 신앙운동들은 이단이라고 낙인찍혀 교회 밖으로 추방되었다. 그동안 교회는 아주 잘하는 경우라 할지라도

개개인의 내면적·정신적 순화에만 전념하면서 이상적인 정의의 사회는 역사의 테두리 밖에 있는 외계적 천당에 투사했다. 이에 대한 반동으로 혁명운동은 사회제도의 변혁만을 의도하면서, 제1차적인 작업이 교회의 멸시와 부정이었다. 마침내 교회는 혁명과 성령운동을 적대시하고 혁명과 성령운동은 교회를 적대시하게 되었다. 그러므로 기독교가 다시 세계와 미래와 혁명에 종사하는 민중의 해방의 복음이 되기까지엔 기독교왕국(Christendom)이 무너지고 범세계적 지평(oikoumene)에 나서서 탈 기독교시대에 들어와서야 비로소 가능하게 된 것이다. 특히 제3세계에서 말이다. 탈 기독교시대는 어느 때 시작되었는가? 프랑스혁명은 획기적 표지임에 틀림없을 것이다. 기독교회의 새로운 시대경륜에 들어와서 혁명과 정치신학이 어느 때부터 다시 교회신학의 지배적인 주제가 되기 시작했는가? 분명히 1965년의 WCC 교회와사회협의회(제네바)가 기점이다. 탈 기독교시대의 민중의 교회, 민중의 신학은 본래가 성서적인 복음이 탈 정치화되면서 양분되었던 개인 영혼의 순화와 사회 구조의 인간화를 '동시적으로 동일 체계'로서 다루는 시도다. 그것은 말하자면 '신과 혁명의 통일'이다. 그리고 민중의 교회로서 성취할 신과 혁명의 통일은 초자연적 기적이나 우연히 발생하는 결과도 아니고 영웅이나 엘리트가 이데올로기를 걸고 주도하는 방식으로서도 아니고 민중 자신의 지혜와 신념을 용기로 이룩해나가는 길이다. 그렇기에 그것은 탈출의 과정이요 나그네의 길이다.

4. 한국 민중운동사적 전거

1) 한국사 연구에 있어서 감추어졌던 민중의 역사가 드러난 것은 대

체로 사회경제사적 역사 연구를 진행시킨 결과로 보인다. 한국의 사회경제사를 연구한다고 해서 필연적으로 한국 민중의 정체가 드러난다는 법칙성을 세울 수는 없는 것이지만(역사 전공이 아닌 문외한인 필자에게 보인 대로 말하자면) 근래의 방법론적인 연구과정에 있어서 대체로 사회경제사적 조명이 민중의 실체를 밝혀준 것은 사실인 것 같다. 구약성서의 계약법전, 예언자들, 신약성서의 마가복음서 기자, 야고보서 기자 그리고 전봉준이 민중의 실체와 그 갈망을 파악했다고 할 때도 사회경제사적 방법론을 적용한 결과라는 말은 아니다. 그러나 그들이 그러한 지식〔史觀〕을 파악하게 된 데에는 역시 사회경제사적 통찰이 중요한 역할을 담당했을 것임은 틀림없다. 내가 보기에는 신민족주의사관(손진태가 제창했던 의미로) 내지 민중적 민족주의사관(체계적 민족주의사관과 대조되는 의미로)으로 분류될 수 있는 한국사 학자들은 사회경제사적 방법의 의의를 적극적으로 인정하며 민족의 주체를 민중으로 보고이다. 그중에서 나는 누구보다도 안병직 교수의 역사 연구("3·1운동")에서 사회경제사적 연구가 민중의 실체를 뚜렷하게 부각시킨 것과 이기백 교수의 사관정립에 사회경제사적 연구가 크게 응용되어서 말하자면 종래의 왕조사관에 대체될 민중사관이 통사적(通史的)으로 제시되는 경우에서 나는 큰 감명과 학문적인 교훈을 배울 수 있었다. 좀더 소급해 올라가면 문일평과 손진태의 역사 연구의 경우에 민중이 역사의 주격으로 부각된 것과 사회경제사적 연구가 응용된 것 사이의 상관관계를 말할 수 있고, 또다시 소급하면 한용운과 신채호의 경우도 민중의 실체가 드러나는 연유에는 사회경제사적 사관의 영향이 있는 것으로 역사학자들은 추정하고 있다.

그런데 앞에서도 말했지만 민중의 대자적인 실체 파악에는 사회경제사적 연구가 크게 공헌하지만, 민중의 즉자적인 실체라 할까 민중의 주체적·집단적인 혼이 부각되는 데는 문학·예술 사회학적 연구가 공헌할 것이다. 민중이 자기 역사의 주격이며 주인공으로 등장해가는 것을 증언하려는 한국의 민중신학의 한 파라다임적인 전거는 한국사의 전개과정에서 펼쳐지는 민중의 전통이다. 이 '민중의 전통'이라는 것을 필자는 이기백 교수의 사관을 소개함으로써 제시해보려고 한다.

그는 한국사의 거의 전 과정을 지배세력의 사회적 기반이 점점 확대되어가는 과정이라고 공식화하는데, 이러한 사관은 국사학자들 사이에 있는 가장 지배적인 사관으로 보인다. 일례를 들면 이우성·강만길 편『한국의 역사인식』(중견 사가의 16인의 사론집)에 대체적인 전제로 깔려있는 것이 이런 것이라고 보여 지며, 그 밖의 사가들, 또 특수사를 다루는 학자들에게서도 많이 듣게 되는 사론이다.

위의 책에서 강만길 교수는 같은 사관을 제시하여 "역사 발전이란 각 시대마다의 역사담당 주체세력의 확대과정"(자유인의 저변확대)이라고 말하고 있다. 이기백 교수의『한국사신론』(개정판, 1976)은 지배세력의 변천에 기준을 둔(사회경제사적) 시대구분이자 동시에 역사 발전에 따른 역사담당 주체세력의 확대 과정을 나타내고 있는 전 16장의 차례는 다음과 같다.

① 원시공동체의 사회: 민족사회의 구성원 전체가 지배세력임(신석기시대, BC 4세기 무렵).

② 성읍국가(城邑國家)와 연맹왕국: 부족장 가족들이 성읍국가를 형성하고 그 연맹으로 연맹왕국(단군왕검 의 고조선)을 형성하는데 지배세력은(저변확대 과정의 반대) 위를 향하여 독점적으로 좁혀 들어가는 경향.

③ 왕족 중심의 귀족사회 — 삼국시대: 국왕, 왕족, 왕비족이 지배권 독점.

④ 전제왕권의 성립 — 통일신라시대: 전제군주 일인만이 지배하며 김씨 왕족은 행정직을 독점하고 결혼도 김씨 일족에만 한하며 왕비족도 탈락함.

⑤ 호족의 시대 — 신라 말에서 고려 초까지: 왕족인 진골 다음가는 신분층인 중앙의 육두품과 지방의 호족이 새로운 지배세력으로 등장하여 고려왕조를 건설.

⑥ 문벌귀족의 사회 — 고려 전기: 왕족, 육두품, 호족 출신의 많은 문벌귀족을 중심으로 하는 귀족사회, 지배세력의 수적 증가 때문에 과거제가 출현하게 됨.

⑦ 무인정권: 문신귀족 다음가는 지방에 근거를 두고 있고 수적으로 더 많고 신분적으로 한층 아래인 무신이 지배세력으로 등장.

⑧ 사대부의 등장—고려 후기서 조선 초까지: 지방에서 문신귀족 다음가는 신분층인 향리 출신을 주로 한 재향 지주층에서 사대부세력이 진출.

⑨ 양반사회의 성립 — 조선 초기: 사대부가 문무양반 관직을 차지하여 지배층으로 고정됨.

⑩ 사림(士林)세력의 성장 — 15세기 성종대 무렵부터: 향리의 전통을 이은 지방에 근거지를 둔 지식인인 사림이 진출하여 지배세력의 수적 급증을 보게 됨.

⑪ 광작농민(廣作農民)과 도매인의 성장 — 17세기 광해군대부터: 자작 중농, 도매상이 지배체제에 편입되어 감.

⑫ 양반신분 체제의 동요와 농민의 반란 — 대체로 19세기 순조대부터: 양반 다음가는 신분층인 중인, 그 다음가는 서리, 상공업자, 농민 등이 차례로 사회적 지배세력으로 등장, 노비와 같은 천민의 신분도 점차 해방의 방향을 찾음.

⑬ 개화세력의 성장 — 개항 이후: 중인, 서리, 상공업자, 중농민 등의
사회 참여가 증대되고 농민을 중심으로 한 동학운동에서 민(民)
이 일시적이나마 정치 참여로까지 성장.

⑭ 민족국가의 태동과 제국주의의 침략 — 독립협회에서 3·1 운동까
지: 도시의 지식층과 상공업자를 중심으로 한 독립협회 운동은 동
학운동과 함께 '민중'이 직접 사회의 지배세력으로 등장하게 되고
이 두 운동이 합류하여 3·1 운동이라는 전반적인 민중운동이 일
어남.

⑮ 민족운동의 발전 — 3·1 운동 이후부터 민족해방까지: 일제의 식
민통치에 항거한 민족운동의 주된 세력은 민중임.

⑯ 민주주의의 성장 — 민족해방부터 4월 혁명까지: 해방으로 민중
의 직접적인 정치참여가 가능하게 되고 일부의 지배층이 아니라
온 국민이 정치에 참여하는 민주국가로 발전함.

위의 역사 발전을 세 단계로 요약하면, 첫째, 오랜 기간 동안 민중은
지배세력의 지배대상이 되었을 뿐이라는 것, 둘째, 반항을 통하여 민중
자신이 지배세력으로 등장하기보다는 역사의 전환을 가져오는 계기를
마련하려고 하였다는 것, 셋째, 이러한 과정을 통해서 민중은 한 걸음
씩 지배세력으로 등장하는 길을 닦아가고 있었다는 것이다(천관우 씨
서평 참조). 이기백 교수는 이러한 역사 발전의 대세를 곧 법칙과 같은
것으로 주장할 수 있는 것인지 어떤지는 잘 모르겠다고 하며, 또 이러
한 현상이 일어나게 되는 데 대한 어떤 보다 근본적인 이유가 개재해
있는지 어떤지도 잘 모르겠다고 말한다. 위의 어떤 발전단계에서는 지
배세력인 양반의 수가 너무 지나치게 늘어난 것이 한 이유가 되고, 다
른 한편으로는 토지의 관리 및 경작방식이 발전해가는 것이 다른 이유

가 되어서 당시의 지배체제가 유동적이 되어 지배세력의 저변확대를 가져오게 되는 것을 본다. 아마도 유물사관에서는 사회구조의 기초라고 하는 생산관계의 변화를 들어서 설명할 것이다. 그런데 다른 편에서 본다면 역사 발전의 내용은 의식화의 진행, 인간화의 과정이라는 것을 지적할 수 있다. 유물사관에서 말하는 상부구조가 도리어 기초 곧 생산관계를 제약·변화시켜가는 면이 있는 것을 보게 된다. 민중이 역사의 객체의 자리에서 점차 그 주체로 해방되어 나가는 인간화의 과정이 민중신학의 의미 있는 전거가 되는 것은 물론이다. 민중신학에서는 민중이 자기를 결정하는 외부적 조건을 자기 스스로의 힘으로 극복(제약)해 나가며 자기에 대한 사회적 결정 내지 운명을 자기 스스로 결정하는 주체가 되어가는 것을 증언하려는 것이다.

2) 위에서 본 바대로 한국통사의 발전 과정은 민중이 자기 운명 결정의 주체로 성장해 나가는 방향이라는 기본적인 틀을 찾았는데, 우리는 다음에 민중 자신이 자기를 주체적으로 정의하고 자기 존재를 쟁취해나가는 민중운동사의 계보를 더듬어야 할 것이다. 이러한 계보의 남상(濫觴)을 고조선 이래의 한국사의 어느 시점에서 찾느냐 하는 문제 어려운 일일 것이다.

① 삼국사기 고구려 본기(本紀) 제5에 보면 억압과 수탈에 신음하던 민중이 일어서서 맨주먹으로 성공시킨 혁명이 기록되었다. 봉상왕이 그의 궁전을 중축하느라고 백성을 심하게 괴롭힐 때 국상(國相) 창조리의 주도 아래 평화적인 정권교체를 수행했는데(300), 이 혁명은 순전히 '민중의 소리'로 성공시킨 감동적인 혁명 기록이다.

② 아마 어떤 근거를 가지고 상상을 해 본다면 통일신라의 전제왕

권의 지배체제에 도전한 태봉(후고구려)의 궁예와 후백제의 견훤의 사회적 기반을 이룬 세력이 '민중적'인 것이 아니었겠나 생각해 볼 수 있다. 그것은 최근에 일본 정창원(正倉院)에서 발견된 「신라장적」이 보여주는 대로 철저하고 장구한 수탈적인 지배체제에 그들이 항거했다는 것과 또 그들이(다음에 언급할) 민중의 갈망인 미륵불의 하생(下生)이라고 주장한 것 등을 미루어 해 보는 상상이다. 역사는 항상 지배자의 입장에서 씌어져서 정사(正史)라 하고 지배자의 입장에서 해석된 지배의 이데올로기 곧 민중 통제의 무기였다. 민중의 역사는 지금까지 쓰여지지 아니했다. 그렇기 때문에 민중의 역사는 그 정사라고 하는 것을 뒤엎어 판독하는 작업에서 시작된다.

③ 다음으로 나는 민중운동사의 계보를 더듬는 데 있어서 고려조 김부식의 『삼국사기』와 일연의 『삼국유사』의 사관의 비교 연구가 대단히 중요하다고 생각한다. 김부식이 지배세력의 입장에 서 있었기 때문에 한국의 고대사를 볼 수 없었고, 한국역사를 중국의 입장에서 기술하여 중국이 우리나라를 범한 것을 '토'(討)라 하고 우리가 중국대륙을 친 것을 '구'(寇)라 하는 등으로 주객을 전도했다. 지배세력의 가치체계가 기층 문화·전통문화와 유리·배반된다는 것은 그가 묘청과 대결한 데서도 드러나고 있다. 이에 반해서 일연(一然)은 적어도 지배세력의 입장을 취하지 아니했다. 그러한 사회계층적 소속이 그로 하여금 민초(民草)들의 애환을 엮는 역사를 제공할 수 있게 하였다.

④ 나아가서 지배세력과 민중 그 어느 편이 국가를 지키는 담당자가 되느냐 하는 것은 고려가 원에 복속하던 때 삼별초의 반란에서 잘 나타난다. 그 복속문제를 두고 왕실의 입장과 집권세력의 입장, 삼별초의 입장이 판이하게 다른 반응을 보여주는데, 삼별초야말로 바로 민중의 의지 그 자체로서 강화도에서 진도로, 다시 제주도로 쫓기면서 강인

하고, 집요하게 침략자에게 항거한 것이다.

⑤ 삼별초에 앞선 만적의 난은 12세기 말 고려사회 기층 질서의 전반적인 동요의 극으로서 민중이 노비의 신분해방을 포함하여 그들의 사회적 지위를 향상시키려고 한 뚜렷한 민중운동이었다.

⑥ 임진왜란, 병자호란에서도 나라를 지키려는 의지는 지배층의 것이 아니었고 의병 궐기한 민중의 저항에 있었다.

⑦ 정권 기반을 특정지역에 편중한데 대한 반항인 홍경래난과

⑧ 극도의 삼정(三政) 문란에 항거한 임술민란을 통해서 민중 일반의 정치의식은 점차 싹트기 시작하였다. 한국의 민중운동사에 있어서 동학혁명은 그 최고봉이며 파라다임적인 전거가 된다. 인심 즉 천심-인내천-제폭구민-척양척왜 등으로 종교적 및 정치적 주도이념어 발전하여 안으로는 양반 중심의 봉건적 사회체제에 항거하고 밖으로는 외국의 자본 침략을 배척하여 군사적 봉기를 일으켜 정치적 혁명을 순연히 농민의 힘으로 성공시켜 마침내는 집강소를 통한 민중정치를 일시적이나마 실현한다. 동학혁명에서 억눌렸던 민중은 자기 운명 결정의 주체로 등장하여 자기의 정체를 자기가 정의하고 역사의 주체가 되는 본을 보여주었다. 여기에서 보는 대로 민중의 갈망은 단순한 정치의 차원을 넘어선 종말론적 메시아왕국에 대한 갈망임을 알 수 있다. 나아가서 동학혁명의 주도인물인 전봉준은 '민중의 메시아' 곧 허균의 말을 빌면 호민(豪民)이다.

⑨ 동학혁명 후 을사조약을 계기로 전국 각지에서 일어난 의병운동은 또 하나의 중요한 민중운동인데, 특히 그 과정에서 처음 단계의 의병장들이 유생들이었던 것이 다음 단계에 가서 신돌석을 위시한 평민들로 바뀌어 갔다는 사실은 민중의식의 성장을 잘 나타내주는 예다.

⑩ '활빈당투쟁'은 20세기 초두에 남한 각지에서 일어난 무장농민

의 집단적 활동이다. 화적(火賊), 동비(東匪), 서학(西學), 영학(英學), 남학(南學) 등을 총괄한 명칭이며 그들은 단순한 비도(匪徒)나 도적은 아니고 '자연평등', '사회빈부의 타파', '방가(邦家)의 혁신' 등 사회적 이념을 내세운 민중운동의 측면이 있다. 활빈당을 움직인 사회사상이 다분히 16세기의 허균의 국문소설『홍길동전』에서 왔다는 사실은 중요한 것을 의미한다.

⑪ 독립협회 운동 및 만민공동회

⑫ 3·1운동 그리고 여기에서부터 뻗어나간 한용운, 신채호의 뚜렷한 민중주도적 민족주의와 그들의 과감한 혁명 행적.

⑬ 4·19 혁명 등은 뚜렷하게 근대적인 정치사상인 민주주의적 이념 하에 주도된 각성된 민중운동이다. 그리고 이것들에 대한 오늘날의 역사적 평가는 그것들을 근대적 의식의 육화라고 보기보다는 현대적인 민중운동으로 보게 된다.

이러한 민중운동에서 한국의 민중운동사는 새로운 차원으로 넘어가며 오늘의 한국 인권투쟁에 대한 직접적인 역사적 전거와 의식적 범주와 구실을 하고 있다. 오늘의 인권투쟁은 독립협회, 3·1운동, 4·19 혁명에서 활약했던 인물들의 함성과 질타를 육성으로 듣고 뛰고 있다 해도 과언이 아닐 것이다. 그중에서도 그것이 4·19혁명의 직접 연속임은 물론이다. 오늘날 한국인의 자기규정에 있어서 동학혁명-독립협회 운동-3·1운동-4·19혁명을 민중운동의 계보로서 규정하고 있다는 것도 거의 자명한 사실이다. 그리고 이러한 계보를 지닌 역사의식은 거기에 합당한 정치의식으로 표명·실현되어야 할 것이라는 것도 자명한 전제인 것 같다. 이러한 민중의식에서 한국인의 집단적인 주체(일)가 드러난 것이 아니겠는가?

* 이 글을 쓴 이후에 한국사에 있었던 민중운동에 관한 좋은 연구들이
발표되었는데 그중에 특기할 만한 것으로 풀빛출판사 편집부 편, 『전
통시대의 민중운동』(1981)이 있다. 그 내용은 만적(萬積), 삼별초
(三別抄)의 항몽전(抗蒙戰), 임거정 반란(林巨正 反亂), 임진왜란
때의 전라도 의병, 숙종 연간(肅宗 年間)의 미륵신앙, 홍경래 난(供
景來亂), 임술민란(主成民亂), 제주민란, 고종조의 민란, 이필제 난
(李弼濟亂) 등이며, 모두 사회경제사적 분석을 하고 있다.
예를 들자면 노태구 편, 『동학혁명의 연구』(백산서당, 1982)가 있다.
이러한 연구를 참고하면 필자의 글의 이 부분은 좀 더 충실해질 수
있을 것이라고 생각한다.

3) 위에서 한국통사와 민중운동사의 전개에서 한국 민중의 실체를
의 부적으로 조각했다면 다음은 그 민중의 내면성, 그 혼을 표현해보는
작업에 들어갈 것이다. 이러한 작업의 하나로 한국의 문학과 예술사에
있어서 그 양식의 변형과정을 살펴본다는 것은 아마 가장 중요한 과제
일 것이다. 필자와 같은 문외한에게는 가당치 아니한 이 과제를 여기
에, 다만 문제제기로 언급하기로 한다. 생산수단·재산소유의 형태가
변화해 가듯이 예술의 스타일도 변해 가면서 인간화·인간해방의 과정
을 밟고 있다는 것은 분명하다. 작자나 관중이나 내용(소재, 지향, 표현
등)이나 보급 등 모든 면에 있어서 그 과정은 귀족에서 평민에로, 다시
민중에로의 저변확대 과정임을 알 수 있다. 앞에서 언급한 바 있는 말
로의 미술사론의 '신들의 변형' 과정이 진행되고 있다는 말이다. 그 스
타일의 변화를 다음과 같이 도식화해본다. 향가-경기체가-고려가요-
장가-속요-시조-가사-풍요-국문소설(고소설)-판소리-탈춤-(개화가
사)-(신시). 이것이 민중화의 일반 과정인바, 민중화의 극치를 일단 탈

춤·판소리의 예술양식으로 볼 수 있다. 이러한 역사과정을 어떤 부분에서 확대해서 볼 수 있는 연구를 수행한 것들이 있다.

박성의 교수의 연구에 의하면 귀족적인 시조가 앞서고 보다 평민적인 것이라고 말할 수 있는 가사문학이 좀 더 뒤늦게 생겼다는 것, 시조나 가사 모두 현재 남아 있는 것을 분류하면 유명씨(일반적으로 귀족일 것 임)의 작품이 전기에는 더 많고, 무명씨(일반적으로 평민일 것임)의 작품이 후기에는 더 많다는 것, 가사에 있어 유명씨의 것은 3·4 조가 4·4 조보다 많은 데 비해서 무명씨 및 내방의 작품은 4· 4조가 3·4조보다 더 많다는 통계적 결과, 그렇기에 그 향방은 귀족적인 3·4조로부터 평민적인 4·4조로 옮아갔다는 것 등이다.

이러한 인간화 과정과 '신의 변형'은 회화의 역사에서도 보다 역력히 나타난다. 18세기에 들어와서『춘향전』,『심청전』등 국문소설의 발달과 함께 회화에도 새로운 경향이 뚜렷하게 나타났는데, 지금까지의 귀족 취미 본위인 중국화보(中國畵譜)를 모방한 공상적인 이상향을 그리는 대신에 정선(鄭歆)의 진경산수화(眞景山水畵), 김홍도, 신윤복 등의 풍속도가 출현한다. 평민의식이 싹터서 비로소 한국의 산수, 시정의 일상생활이 화가의 눈에 붙잡힌다는 것은 무엇을 말하는가? 평민의식·민중의식이 각성되어야 비로소 자기의 것, 한국적인 것이 보인다는 데 대한 웅변적인 증거라는 말이다.

지배계급의 의식과 그 대변자(이데올로그)들의 학문이 '우리 고유의 것', '현실적인 것'을 찾는 창문이 될 수 없고, 도리어 그것을 가리는 방해 역할만을 한다는 것을 명심해야 할 것이다. 그리고 물론 이런 소설이나 회화에 나타난 무식, 무례, 색정, 음탕한 외설 등은 양반계급에 대한 민중의 항거인 동시에 자기 해방의 길이기도 하다. 판소리나 탈춤은 한국인의 민중의식을 극히 특유한 방식으로 표출하고 있다. 이러한 민중예술은 억압된 민중의 한을 예술적으로 승화한 것이라고도 한다. 사실 판소리가 계면조(界面調)로 창(唱)되는 대목에 이르면 한국인은 그 정서적 직감으로 민중의 한을 절실하게 느끼게 된다. 그러나 판소리와 탈춤은 그러한 정서적인 한을 표현할 뿐만 아니라 지배자의 체제, 도덕, 권력, 체면 등을 야유와 풍자로 비판하고 항거하고 그로써 민중은 자기를 해방시키며 나아가서 새로운 세계의 도래에 대한 갈망을 나타낸다. 민중의 판소리와 탈춤이 어떤 방식으로 그들 자신을 해방시키는가에 대해서 조동일 교수의 해설을 요약하면 다음과 같다.

판소리에는 표면적 주제와 이면적 주제가 있다. 표면적 주제는 유식한 문자로 수식되어 있다. 이면적 주제는 장면과 대화로 이루어지는 사건의 구체적인 전개로서 나타나고 상스러운 말로 구체화되어 있다. 표면적인 주제만 살핀다면 판소리는 전래적인 도덕률을 재확인한다고 할 수 있다. 양반도 점잖지 않게 판소리를 즐기는 구실을 그런 데서 찾을 수 있어도, 진심으로 좋아했던 것은 도덕적 교훈이 아니고 오히려 그런 교훈에 대한 비판이다. 이면적 주제는 무어라고 정리해서 말하기는 어렵지만 판소리를 이해하는 사람이라면 누구나 알 수 있다…. 춘향은 기생이면서 기생이 아닌 것이 작품을 이루는 기본적인 갈등이다. 기생 춘향과 기생 아닌 춘향의 갈등에서 기생 아닌 춘향이 승리해서 신분적 제약을 극복하고 인간적 해방을 이루고자 하는 것이 이면적 주제다. 이처럼 이면적 주제는 갈등의 논리로 이루어져 있다. 수궁가, 적벽가에서도 같은 주제 가 나타나는데, 용왕이니 조조니 하는 지배층의 횡포 때문에 살 수 없게 된 하층민의 억울한 처지를 말하고 하층민이 살아날 수 있는 길을 모색 한다. 용왕도 자기 술책에 넘어가고 조조도 모사이기 때문에 실패하는 꼴을 보면 하층민은 용기를 가질 수 있게 된다. 가루지기타령의 음란한 사설은 유랑민의 처지를 나타내면서 삶의 조건에 관한 일체의 관념을 거부한다(『판소리 이해』에서).

가면극의 성장은 민중의식의 성장과 함께 이어진 것이며 민중의식의 각성에 따라 가면극의 존재양상, 구조, 주제 등이 발전했다. 양반에 대한 풍자가 말뚝이라는 민중적 항거의 전형을 통해 진행되는 것도 성장된 민중의식의 반영이다. 양반과 말뚝이의 갈등은 신분적 구속과 이로부터 해방되자는 요구의 싸움이라는 점에서도 의의를 가진다. 근본적으로는 다른 두 가지 사고방식 또는 행동양식의 다툼이기도 하다. 양반은 무기력하고 비활동적이며 현실과 어긋나는 주관적인 환상에 매달린다. 그러나 말뚝이는 언제나 활동적이고 현실을 정확하게 인식하고 바람직한 방향으로 개조할 능력을 갖는다. 그러니 말뚝이로서 집약되는 민중의 활력을 개방하기 위해서 이를 억압하는 봉건적 특권은 철폐되어야 한다는 주장을 가면극은 고취하고 있다. 말뚝이는 당당하고 거침없이 양반을 우롱하며 양반은 권위에 대한 집착 때문에 도리어 패배하고 의식하지 못하는 사이에 패배는 돌이킬 수 없는 지경에 이른다. 가면극은 봉건적 특권이 이 이상 더 유지되기 어려운 형편에 처했음을 말하고 민중의 해방이 임박했음을 나타낸다…. 이와 같이 양반과장이 신분적 특권에 대한 비판인데 대해서 노장과장은 관념적 허위에 대한 비판이고, 미얄과장은 남성적 횡포에 대한 비판이다. 이것은 가면극을 창조한 층이 비판하던 낡은 사회의 세 가지 기본적 허위이며 이 허위에 대한 항거로써 민중은 자기네의 갈망을 나타낸다(『한국가면극의 미학』에서).

판소리와 탈춤은 억눌린 민중의 자기 해방을 이룩하는 종교의 식이라고 말할 수 있다. 그리고 거기에서 민중은 자기의 정체, 말하자면 민중의 집단적 영혼을 갖게 된다. 그런데 문제는 여기에서 끝나지 않고 정치의 차원에서 더욱 심각해진다. 억눌린 민중의 항거에 대한 자기 확립인 판소리와 탈춤은 지배계층 귀족들의 관상의 노리개가 될 뿐만 아니라 그렇게 해서 지배세력의 문화체계 속에 편입·흡수되고 나아가서는 그렇게 됨으로써 지배자가 민중을 길들이고 교묘하게 조종하는 도구로 전화한다. 이 방면의 학자들은 이 작업에 동원되고 '탈춤의 미학'으로 정리되어 지배기구의 정신문화 목록에 등록된다. 지배자들은 항상 피지배자들의 자기동일성(영혼)을 해체시켜 버리고 도구로 만들어서 그 지배를 강화하는 것이다. 민중의 영웅들은 지배체제에 대한 충신들로 변장되어서 교과서에 오르게 되고 항거는 미학으로 해석되어 귀족들의 교양으로 승화한다. 이렇게 될 때 탈춤과 판소리는 민중의 아편으로까지 전화한다.

이렇게 해서 지배자들은 민중의 육체의 고혈을 짤 뿐만 아니라 민중의 영혼의 고혈도 짜먹는 것이다. 이러한 착취가 가장 극악한 착취인 것이다. 이러한 함정을 하비 콕스는 '영의 유괴'(the seduction of the spirit)라고 말한다. 민중의 저항의 행사이며 해방의 갈망인 민중의 종교(여기에서는 놀이)가 지배자에 의해서 유괴당했다는 것이다. 유괴하는 자는 상대방의 어떤 자연적·본능적 욕구를 교묘하게 유혹하여 유괴하고 착취하는 것이다. 그런데 민중의 지혜는 여기에서 굴복하는 것이 아니다. 민중은 지배자에게 먹힌다. 민중을 먹는 지배자는 배탈이 난다. 말뚝이가 양반에게 먹히지만 양반은 배탈을 일으켜 토해냄으로써, 양반은 거꾸러지고 말뚝이는 부활, 승리한다는 시나리오는 지하의 희극『말뚝』구상의 발상이다. 이것이 또 요즘 한참 많이 읽히는 조세

희의 『난장이가 쏘아올린 작은 공』에 나오는 "내 그물로 오는 가시고기"의 암호다. 지배의 그물에 걸려들지만 그 가시고기는 결국 지배자를 찌르는 것이다. 문학과 예술의 역사과정은 민중의 의식화의 과정을 그대로 반영하고 있고 거기에서 민중의 강인하고 집요한 저항의 전통은 커져간다. 이 방향의 민중 전통이 강자의 압제 밑에서 살아남을 유일한 방편이기도 하지만 또 강자를 무찌르는 민중의 무기이기도 한 것이다.

* 이 논문을 쓴 다음에, (민중) 문학과 예술의 사회사적인 연구의 아주 훌륭한 것들을 읽을 수가 있었는데, 그 하나는 임형택(林熒澤), 『홍길동전의 신고찰』(「창작과 비평」, 1976~77)이다. 여기서는 홍길동을 역사상의 인물로 규명하고, 나아가서 16세기의 사회경제적 조건을 밝힌 다음에, 그 시대의 농민 저항을 상술하고 있다. 또 하나는 임진택의 『이야기와 판소리』(「실천문학」, 20 2권, 1981)이다. 여기서 저자는 판소리의 주제 변이과정을 밝히는데, 말하자면 그 변이되는 이유를 민중의식과 지배이념의 갈등으로 보는 사회사적 분석을 하고 있다. 판소리 주제의 변이과정을 소개하면 다음과 같다.
1단계: 생성기(판소리와 관련되는 어떤 시기로부터 18세기 중엽까지)
2단계: 성장기(18세기 중엽부터 19세기 초엽까지)
3단계: 굴절기(19세기 중엽부터 말엽까지)
4단계: 쇠잔기(20세기 초에서부터 일제 강점기)

그리고 필자는 판소리 현전(現傳) 다섯 마당과 실전(失傳) 일곱 마당을 논구하면서 실전된 사회사적 설명을 아주 깊게 감동적으로 논술한다. 그리고 나아가서 필자는 "민중의 역사를 되찾기 위한 장도(壯途)

에서 판소리의 재창조”의 길을 제시하고 그러한 맹아로서 시인 지하의 담시들을 언급한다. 내가 여기서 위의 두 연구를 소개했는데, 그것은 한국의 민중신학이 역사적인 문학작품과 예술작품들을 민중신학의 연구자료로 사용하는 데 있어서 모범적인 연구방법과 관점을 제시한다고 생각하기 때문이다.

	생성기	성장기	굴절기
	근원적 주제	실질적 주제	표피적 주제
춘향가	남녀의 발랄한 사랑	신분제약으로부터의 인간 해방 및 탐관오리 응징	정절 열(烈)
심청가	인과응보와 윤회사상	현세의 어두운 삶과 새 세상의 도래	효
흥부가	권선징악	사회경제적 불평등과 금전만능 풍토 반영	우애
토별가	약자의 위기극복	지배층의 착취와 횡포에 대한 저항	어리석음 징계 또는 충성
적벽가	영웅호걸의 기개	지배층의 허구성 폭로와 염전사상	간웅(난적) 징계
변강쇠전	인간본능의 욕망 혹은 장승동티	유랑민의 고난과 생활상 투사	음란함을 징계
비고	고정체계면 확립, 비고정체계면 분화	비고정체계면의 대폭 확장	비고정체계면 변질, 고정체계면 야합

4) 다음으로 한국인의 미륵신앙에 의한 민중사 형성의 과정을 살펴보자. 필자는 여기에서 한국사의 어느 부분에서보다도 민중의 역사적 갈망이 집약되어 있다고 보기 때문이다. 이하의 많은 부분은 시인 고은의 “미륵신앙과 민중”(「문학과 지성」 1979년 봄호)을 필요한대로 요약·소개하면서 다른 사람들의 연구들을 약간씩 참작한 것이다.

필자로서는 불교의 미륵신앙이 기독교의 ‘천년왕국 신앙’에 미타신앙이 기독교의 ‘신국신앙’에 어쩌면 그렇게도 상동(上同, homologous)하는가 하는 사실에 놀라지 않을 수 없다. 지배자의 지배 이데올로기로 이용되는 신국-서방정토-극락왕생과 민중의 역사적 갈망의 상징인 천년왕국-용화세계-미륵하생이 그대로 상동하는 까닭은 두 종교 모두 사회경제사적인 제약을 받기 때문임에 틀림이 없다. 그렇기에 역사상 미륵신앙은 늘 눌린 자들의 갈망으로 받아들여지고, 지배체제로부터 이단시되고 박멸되었다. 미륵은 서가의 제자 중 한 사람이었으며 석가 생전에 일찍 죽었다. 미륵은(다른 제자 지장과 함께) 실천적·민중적·미래적 성격을 띤 부처다. 시골 논두렁에 돌을 도끼에 찍어 만든 미륵이 민중의 혁명의지를 표현한다면 사찰에 안치된 금동여래상은 귀족들의 타력구원 신앙을 잘 드러낸다. 불교의 우주, 특히 시간관에 의하면 세계가 시작된 태초의 무명으로부터 이 세계의 종말까지를 현겁(賢劫)이라고 하는데 이 현겁동안에 일천불(一千佛)이 차례로 출현한다. 첫 번째가 구류손불, 두 번째가 구나함무니불, 세 번째가 카아샤파불, 네 번째가 석가모니불, 다섯 번째가 미륵불, 이런 차례다. 그러므로 석가불은 현세(사바세계)불이고 미륵불은 미래(용화세계)불이다.

미륵은 당래(當來) 하생불(下生佛)이다. 석가불 곧 미타불(彌陀佛, 아미타불)에 공을 들이면 사후 서방정토 극락세계(三界出過의 淨土)에 왕생하고 미륵불에 발원하면 사바세계(현 역사) 다음에 오는 새 역사인 용화세계의 실현을 본다. 여기에서 미타신앙-서방정토 왕생과 미륵신앙-용화세계 실현이 잘 대조가 된다. 그런데 이런 절연한 구별을 좀 복잡하게 하는 것은 미륵신앙 자체가 또 미륵상생 신앙(도솔천 왕생)과 미극하생 신앙(용화세계 실현)으로 갈라졌다는 점이다. 미륵상생의 도솔천은 왕생하는 데지만 미륵하생의 용화세계는 현실세계에 실현시키는 것이다. 미륵불이 현재의 예토(穢土)에 출현하여 이 오탁한 세상이 정화되어 점차로 살기 좋은 세상이 되고 전륜성왕(轉輪聖王)이 나타나

바른 정치, 이상사회(용화세계)가 출현한다는 신앙 내용이다. 기독교 역사상 지금까지 거의 모든 실패한 혁명운동이 천년왕국 신앙과 결부되어 있듯이 한국역사에서도 거의 모두 실패하고만 혁명운동이 미륵신앙과 결부되었다는 것은 깊은 교훈을 주고 있다(중국에서도 미륵신앙은 측천무후[則天武后]의 출현을 미륵하생과 결부시키는 무주[武周]혁명으로 나타났다). 그와는 반대로 미타정토불교는 노비까지도 극락정토에 갈 수 있다 하여 민심 안정을 얻게 하고 신라의 지배체제를 확립시키는 데 도움을 주었다.

 * 미타신앙은 사람이 죽어서 아미타불이 있는 서방정토에 왕생한다는 것인데 지배자 중심의 역사운동으로부터 소외된, 억압·빈곤의 폭력 밑에서 노예의 삶을 사는 민중들에게는 아무런 역사적 희망이 되지 못하는 것은 물론이다. 지배계층의 승통(僧統) 불교는 제행무상(諸行無常)의 진리를 민중들이 저항하지 않도록 체념주입을 하는 데 악용하고 현세의 물질적 부가 전생다겁(全生多劫)의 결과라고 호도한다. 이에 대해서 미륵신앙은 57억 몇천만 년 뒤의 미륵하생을 당장 내일이나 모레 온다고 믿게 되는 환상을 일으키는데 거기에 민중의 절실한 갈망이 반영되어 있다. 새 세상이 와야 한다, 새 부처가 와야 한다는 민중의 혈흔으로 이루어진 것이 미륵신앙의 희망이다. 미륵신앙은 신라 땅에서보다도 오히려 백제 땅에서 더 왕성했던 모양이다. 백제가 망한 후에 백제의 민중들은 신라체제에 대한 저항운동을 할 때 미륵신앙으로 밀고 나갔다. 이것이 후백제의 혁명의 기점이었다. 후백제를 일으킨 견훤은 미륵의 화신이라 자칭하여 금산사 미륵존불의 현신으로서 미륵신앙을 믿고 있는 민주 앞에 출현한 혁명가였다. 그 후 백제권의 미륵신앙은 개경 불교의 탄압을 받았으며 그 대신 미

타신앙이 장려된 것이다. 또한 신라의 왕족 출신인 궁예 역시 금관을 쓰고 가사를 입고 그의 두 아들을 보살이라고 높이며 백마를 타고 "이제 나 미륵의 때다!"라고 외치며 미륵왕자를 자칭하여 신라 타도의 혁명을 일으킨 것이다. 고려 왕건 역시 고려 건국 직전까지는 불교주술주의자로서 미륵신앙을 민중의 참여대열에 고취했다.

그리하여 그들의 미륵혁명이 고대사를 완료시키고 중세사를 시작케한 것이다. 이와 같이 미륵불교는 전통적으로 우리 역사에서 민중을 고통으로부터 해방시키려는 혁명적 실천 신앙에 이바지해온 것이다. 그것은 새로운 용화세계의 주체적 실현이라는 점에서 미타신앙과는 달리 자력신앙이었다. 그 후 고려조에 들어와서 의천도 미륵불교에 대한 관심이 있었으나 미륵신앙은 왕건의 "훈요십조"가 밝힌 차현 이남의 역지설과 함께 역리가 되고 만다. 묘청의 서경 천도운동의 배후에도 미륵불교운동이 동원되었고, 특히 고려 말기에 세상이 혼란하여 민중이 새 시대를 갈망할 때에 신돈은 미륵화신을 자칭하고 단기간 정권을 전횡했다. 이처럼 사회가 불안·신의·절망의 위기의식이 고조되는 시대에는 미륵신앙이 등장한 것을 알 수 있다. 그것은 미륵불이 새로운 미래와 해방과 혁명의 약속이기 때문일 것이다.

조선사회의 주자학 체제에서는 물론 미륵신앙은 소외된 천민계층의 미신적인 민간신앙으로 퇴화되고 만다. 그러나 사화·당쟁·외침·지배자의 가렴주구의 시련 속에 민중의 시달림이 심해질 때면 다시금 미륵신앙이 부상하는 것을 보게 된다. 숙종대의 미륵비적(彌勒匪賊), 극적(劇賊), 장길산이 미륵신앙의 전통을 이어받아 유교체제를 정면으로 타도하기 위해서 미륵혁명을 부르짖고 의적 유격전을 시도한다. 이러한 장길산의 미륵혁명 사상은 그 후에 일어난 여러 민란들을 통해서 민중의 의지로 형성된다. 용화적은 물론이지만 『정감록』

에도 미륵신앙이 침투되어 있다. 동학혁명의 발상지가 미륵신앙의 고장에서 일어났다는 것도 의미 있는 일이고, 증산교도 미륵신앙의 혼합이며, 김일부 등의 남학(南學)도 미륵세계를 위한 혁명봉기였다. 일제의 강압하에 들어오면 체제에 대한 혁명이 거의 처음부터 불가능한 상태에 들어가서 극단적인 절망에 빠져버렸기 때문에 미륵신앙은 내향적으로 왜곡되어서 잡다한 유사종교로 변모하는데 백백교, 용화교가 그것들이며 또 오늘날 금산사, 계룡산 골짜기에 집합된 종교 분파들이 그것들이다.

우리는 위에서 짓눌린 민중의 역사적 갈망이 오랜 역사과정을 통해서 집요하게 미륵신앙에 집약된 것을 보았다. 현재에도 미륵신앙은 한국민중 속에 널리 깔려 있다. 또 미륵신앙은 한국인의 무의식의 구조 속에 있는 용(미륵)의 원조형(元祖型)과 결부되어 있고 가는 곳마다 암벽에 미륵상이 양각(陽刻)되었고, 은진미륵은 관음상인데도 미륵이라 불리고, 큰 암석은 미륵상으로 불리는 경우가 많다. 미륵신앙은 아직도 한국의 의식에 살아 있다.

미타신앙과 미륵신앙의 관계는 위에서 밝힌 대로 그 교의의 내용으로 보거나 또 역사적 실증으로 보거나 상반된 것이다. 중국의 경우나 일본의 경우에 미타정토교가 점점 왕성해지고 거기에 따라서 미륵신앙이 거의 사라지고 없다. 그런데 한국에는 여전히 미륵신앙이 미타신앙과 병존하고 있다. 이것이 무엇을 말하느냐는 생각해볼 만한 문제다. 이것은 한국역사에서 억압된 민중이 계속해서 살아왔다는 것 그리고 억압된 민중은 계속 새 세계의 도래를 갈망했다는 것을 웅변으로 말하는 것이라고 나는 생각한다. 민중의 역사는 저항의 역사였으며 민중의 갈망은 서방정토가 아닌 용화세계라는 것이 너무나도 분명하다. 무력적으로 보다 강한 이민족의 끊임없는 침략을 받으면서 역사의 시련을 겪은 한국민족은 다른 어느 나라 민족보다 더 강인한 항거로 자기를 지켜왔다는 것을 일본의 한 사학 권위자인 하다다(旗田) 교수도 인정하는 바다.

이상에서 필자는 한국의 민중사를 네 가지 흐름에서 살펴보았다. 기독교의 민중사와 한국의 민중사가 한국 기독교인에게서 지금 합류되고 있다. 이러한 합류 과정을 민중의 신학은 어떻게 이해하고 실현해야 할 것인가, 오늘의 '신의 선교'에서 이 합류 과정은 어떻게 뻗쳐나갈 것인가, 이것이 오늘을 사는 한국 기독교인의 역사적 소명일 것이다.

* 필자는 한국의 민중신학은 한국의 민중 전통과 성서 및 교회사의 민중 전통의 합류이며 그 합류가 70년대에 이루어지고 있다는 것 그리고 민중신학은 이 합류 과정을 해석하는 작업이라고 했다. 이런 가정을 시인 지하는 "한국의 민중신학을 해방신학의 끝로 다듬는다"는 말로써 표현했다. 이 점에 대해서 나는 최근에 많이 주목을 받고 있는 신학 논문 C. S. Song, "The Tears of Lady Meng"(1981)의 결론 부분을 영문으로 인용하겠다. "It is into this movement of people's history that we as Christians in Asia have become incorporated. We are not writing a "Christian" history of Asia, as long as we are intent of such a history, it becomes a missionary history of confessions and denominations. But as we begin to write history with our fellow Asians, it turns out, to our surprise, to be a history of the cross and resurrection in Aisa." 송천성(C. S. Song)의 민중신학에 있어서는 아시아의 민중 전통에 아시아의 기독교인들이 편입해 들어가는 것이라고 했다. 그러지

아니하면 우리는 또 하나의 아시아의 '기독교사'를 쓰게 되고, 그러한 아시아 기독교사는 '아시아 선교사'나 또 하나의 '교파사'를 쓰게 되는 것이라고 했다. 나는 이 통찰이 중요한 것이라고 생각한다. 민중신학은 이런 점에 있어서 '한국적 신학'을 만들어내겠다는 것이 아니며, 또한 한국신학의 '토착화 과제'와도 다르다. 나는 '합류' 개념과 "한국의 민중 전통의 해방신학의 끝로 다듬는다"라는 표현과 "아시아의 민중이 역사의 흐름에 아시아의 기독교인들이 편입되는" 주장 중에 어느 하나의 표현을 택일하지 않고, 다만 여기에서 한국의 민중 전통을『민중신학』형성에 어느 만큼 가늠해야 할 것인가의 문제를 제기할 따름이다. 이러한 합류 과정의 실제로는 1970년 11월 13일 평화시장에서 분신한 기독교인 전태일의 결심이 6개월 동안 기도원에서 노동하고 기도하고 하느님과 씨름하면서 이루어진 사정 그리고 그 사건이 70년대의 한국 민중운동의 기점이며 기폭제가 되었다는 사실 그리고 시인 지하의 사상과 작품에 어떻게 두 조류가 합류되었는가의 내용 등으로 생각해 볼 때 한국의『민중신학』형성에 있어서 두 전통의 비중 문제에는 어떤 범례가 생긴 것이라고 생각한다.

5. 두 이야기의 합류

한국의 민중신학의 과제는 기독교의 민중 전통과 한국의 민중 전통이 현재 한국교회의 '신의 선교' 활동에서 합류되고 있다는 것을 증언하는 것이다. 현재 눈앞에 전개되는 사실과 사건을 "하느님의 역사개입, 성령의 역사, 출애굽의 사건"으로 알고 거기에 동참하고 그것을 신학적으로 해석하는 일이다. 거기에 동참한다는 것은 그 전통을 이어받는다는 것이며 그것을 신학적으로 해석할 때에 위에 전제한 전거들이 필요불가결하게 된다. 이것을 필자는 성령론적·공시적 해석(pneumatological-synchronic interpretation)이라 하고, 전통적인 기독론적·통시적 해석(christological-diachronic interpretation)과 대조시킨다(우리는 나사렛 예수에 대해서도 성령론적 해석과 기독론적 해석을 각기 내릴 수 있다). 기독론적 해석에서는 이미 주어진 종교적인 범주에 맞기 때문에 적합성이 주어지는 것이라고 주장하고, 성령론적 해석에서는 지금 현실의 경험과 맥락에 맞기 때문에 적합성이 주어지는 것이라고 주장한다. 기독론적 해석에서는 나사렛 예수가 '나를 위해서', '나를 대신해서' 속죄한 것이지만 성령론적 해석에서는 내가 예수를 재연하는 것이고 지금 예수사건이 다시 발생하는 것으로 생각한다. 이 두 입장을 양자택일적으로 생각하기보다는 상호보충적으로 생각해야 하겠지만, 민중신학은 현재의 성령의 역사가 문제의 핵심이고 물려받은 전통은 해석의 전거의 구실을 한다고 생각한다.

위와 같은 신학적 서설을 깔고 필자는 다음에 한국에서 두 이야기가 합류된 한 사례를 소개하려고 한다. 이 사례는 한국 기독교회사에서 족보도 없고 현재의 한국교회에 선교의 장도 없이 그야말로 하늘로부터 떨어진 단독적인 현상은 물론 아니지만 필자의 연구 진행, 외부적 제약 때문에 지금으로서는 아래와 같은 서술로 그치려고 한다. 여기에 선택된 사례는 지하의 민중신학이다. 그는 그의 신학사상을 한 담시(譚詩)의 구상메모 <장일담>에서 보여주고 있다. 이 담시 <장일담> 구상메모로써 그는 가톨릭 신앙에로의 두 번째의 보다 깊은 회심을 보여주고 있으며, 또 이로써 그는 이미 세계에서 기대의 각광을 받고 있는 민중의 신학자로 등장하게 되었다. 거기에 담겨진 그의 특유한 민중신학의 몇 가지 요점을 적요하기로 한다.

1) 한국의 민중 전통과 기독교의 민중 전통을 아울러 이어받는 '해방의 설교자' 장일담이라는 인물의 선교의 출발점은 그의 '득도'(得道)인 밑바닥의 일치에서부터다. 이것을 그는 '나락의 한(恨)과의 완전한 일치'라고도 말한다. 강도, 살인, 강간, 절도, 사기 등 인륜상실자들, 이 사회에서 저주받고 이 땅에서 추방당한 버림받은 자들의 소굴에 몸소 들어가서 그들과 마음으로 일치하는 경험이다. 그는 이러한 인륜상실 현상은 억압에서 생겨진 한이 내면적으로 뒤집혀서 표출되는 것이라고 생각한다. 그러나 그는 그들의 마음속에서 다른 어느 인간 집단에서도 볼 수 없는 참마음, 곧 신을 만나게 된다. 그렇기에 이 밑바닥을 다시 뒤집으면 바로 하늘이 되고 거기에서 민중의 메시아가 출현할 수 있다는 것이다. 이러한 맥락에서 그는 인내천을 생각한다. 그는 창녀들의 소굴에 가서 한 창녀 산모가 아기를 낳는 것을 보게 된다. 그는 성병으로 육신이 썩을 때로 썩었고 거기다가 정신착란증까지 겸한 폐인이다. 그런데 그런 시궁창에서 새 생명-신이 출현하는 것을 보고 득도하여 인간 해방의 설교자로 나서는 것이다. 공산주의 혁명의 담당자인 노동자, 농민이 아니라 그보다 한층 더 내려가서 밑바닥에 깔린 인륜상실자들이, 메시아왕국의 담당자라는 것이다.

2) 그 <장일담>의 민중신학의 포괄적이며 동량적(棟樑的)인 테제는 '신과 혁명의 통일'이다. 그 내용에는 동학과 기독교의 통일, 인간정신의 영신적 쇄신과 사회구조의 정의적 혁명의 통일, 이념과 실천과의 통일, 개인기도와 집단행동의 통일, 밑바닥과 하늘의 일치, 지상 양식(밥)과 천상 양식(자유)의 일치 등 여러 가지를 담고 있다. 그리고 여기서 그가 되풀이 강조하는 것은 이 양극을 혼합이나 절충으로가 아니고, 통일체계 내에서 동시에 해결하는 방식의 통일을 찾자는 것이다. 이것

은 마르크스 사상이 제공할 수 없고 그는 이 체계와 방식을 가톨릭신앙에서 발견했다고 한다.

3) 신과 혁명의 통일은 물론 '혁명'인데 그것을 그는 '대혁명'이라고도 하며, 사회혁명보다 한 차원 높은 혁명이라고 말한다. 이러한 새 혁명을 그는 '영원한 혁명' 혹은 '길을 가는 나그네'라는 시어(詩語)로 표현한다. 메모의 한 대목에는 이렇게 기록되어 있다. "그리고 재판 때 내 낙원은 이 땅에 있지 않고 이 땅으로부터 시작하여 저 서울을 지나 세계로 우주로 하늘로 그리고 모든 세월의 저편으로 이어져나가는 바람과 같은 이 외줄기 흰 '길'이다. 길이 곧 극락이며 나는 이 길을 가는 나그네다"라는 말에 장일담 혁명의 차원이 나타난다. 또 그 메모 다른 곳에 "그의 행적은 모든 불행한 민중의 타락해가는 방향(농민 → 이농 → 노동자 → 실업 → 빈민 → 인륜상실 → 도둑 → 범죄 → 감옥)을 역으로 거슬러가는 여행"이라 기록되어 있다. 여기에 그의 혁명-나그네길의 면목이 드러나 있다.

4) 장일담의 신학은 한의 신학이다. 그는 "이 작은 반도는 원귀들의 아우성으로 가득 차 있는데 그 소리의 매체, 그 한의 전달자"로 나서기로 한다. 그는 또 사회주의를 넘어선 '한의 사제'라고 자처하며 다음과 같이 메모했다.

솔제니친과 나의 문학을 비교하면… 공통점은 '억압된 자의 한'과 암장된 진실을 (모순으로써) 드러냄에 있다. … 폭정-분단-조작-억압의 제3세계 전체의 현실모순에 의해 억압된 전 세계의 '남'의 민중들의 한, 그 비참한 희생의 망령들의 한에 찬 진실을 대변하는 것이 나의 주제다…. ① 우리는 솔제니친 이전에 있고, ② 세계는 사회주의의 역사적 한계까지 경험했으며, ③ 나는 솔제니친보다 젊은 것이다. ④ 그리고 나는 익살스러운 낙관주의자다. ⑤ 그러나 한의 사제라는 점은 동일하다고 생각한다.

억압된 민중의 한의 축적은 '단(斷)'의 행위로 혁명의 에네르기화할 것을 말한다. "세속의 변혁을 위해 세속의 집착을 '근원적으로' 끊는 것! 순환의 고리를 끊는 것! 단! 쌓이는 한과 거듭하는 단. 한편에서는 살육과 무한보복과 파괴와 끝없는 증오를 불태운 무서운 한의 축적이, 다른 한편에서는 그것의 악순환적인 폭발(즉자적 폭발)을 억제, 보다 높은 정신적 힘으로 승화하는 단의 반복이 필요하다.
이 한의 사제는 또 자기 나름의 민중의 교회관을 제시한다.

민중적 한을 풀어주는 위로자로서의 교회, 그리하여 한으로 인한 폭력의 순환의 고리를 끊어야 하는 교회, 순환을 운동으로 바꿔야 하는 교회, 그러기 위해서 한정된 폭력을 접수 용납해야 할 교회, 모든 진보사상과 어둠 속 투사와 레디칼의 제단(sanctuary)이어야 할 교회.

장일담의 한의 신학은 한편으로는 사회주의 사상과 다르고 다른 한편으로는 전통적인 속죄신학과 대조가 된다. 한(恨)과 단(斷)의 변증법이 사회주의 혁명 방법과 다른 점이요, 또 서구 신학이 교회는 속죄의 중보역(仲保役)을 담당한다면서 지배자의 지배의 이데올로기인 죄의식과 회개를 말하는 데 대해서 장일담의 민중신학은 민중의 한을 풀어주고 위로하는 한의 사제직으로서의 교회를 말하며, 민중의 자기 정체를 확립시키는 과정에서 스스로의 해방과 구원을 찾고 있다.

5) 장일담은 백정의 자식이다. 인간 속에 있는 짐승을 죽이는 직업
이라는 것이다. 그 육신의 족보를 말하자면 동학혁명 때 삼족이 멸하고
창녀와 붙어 난 자식 하나가 살아남고, 일제 때 독립군하다 죽고 또 창
녀와 붙어 난 자식 하나가 살아남고, 6·25때 빨갱이로 죽고 또 창녀와
붙어 난 자식 하나가 살아남는다. 삼대째 백정과 창녀의 족보다. 이것
이 한국 민중의 한의 역사라는 것일 것이다. 그는 그러한 민중의 상징
이다. 그런데 그의 정신적 족보를 말하자면 만적, 임꺽정, 박장각, 갈처
사, 홍경래, 전봉준, 묘청, 사명당, 수운, 만해 등 혁명적 반항아의 핏줄
이다. 결국 장일담은 1970년대에 한국에 태어난 나사렛 예수인 셈이
다. 그의 출생과 행각, 해방의 설교, 재판과 사형과 부활의 전기가 예수
의 생애의 복사다. 장일담이 처형당할 때의 나이는 33세였다. 지하가
이 작품 메모를 쓸 때 그의 나이 33세였다. 여기에서 시인은 자기 자신
의 영상을 예수의 변모인 장일담 위에 투사시키고 있는 것이다. 장일담
의 전기는 바로 한국 민중의 사회적 전기이다. 그것은 허균의『홍길동
전』이상의 사회전기이다. 홍길동의 출신이나 그의 '율도왕국'은 유토
피아적인 데 비해서 장일담은 그의 출신이나 '해동극락' 사상이 밀레
니움(천년왕국)적이다. 그만큼 더 민중적이다.

6) 장일담은 범죄인으로 참수되는데 3일 만에 부활하여 그의 머리
가 배신자의 목을 떼고 그 몸통에 붙는다. 간지(奸智)를 운반자를 하고
성선진리(聖善眞理)의 머리가 거기에 붙는 기이한 결합은 악인까지도
종당에는 구원한다는 장일담의 사상이라는 것이다. 간지를 운반자로
하여 장일담의 해방의 복음은 전국 각지에 폭풍 같은 바람은 일으키고
다닌다는 것이다. 해방의 복음을 운반하는 역을 담당한 간지의 은유는
무엇을 가리키는 것일까?

7) 장일담의 해방의 복음은 신학의 토착화를 결정적인 중요 과제로 삼는다. 그는 예수의 이야기인 복음서와 민중의 한의 창인 판소리를 결합하려는 것이다. 그리하여 한국적·민중적 신학을 형성해 보려고 한다. 판소리의 사설인 「장일담전」은 예수의 이야기의 엮음인 요한복음서의 진행과 흡사하다.

8) 끝으로 그는 이렇게 구상된 민중신학이 공산주의가 아니냐는 규탄에 대항하여 그의 전력을 쏟는다. 이러한 규탄을 막아낸다는 과제가, 이론적으로뿐만 아니라 실천적으로 막아낸다는 과제가 한국의 민중신학이 짊어져야 할 운명적인 과제다.

한(恨)의 형상화와 그 신학적 성찰[*]

1. 김경숙의 한

방금 한국교회의 선교활동이 관련된 커다란 또 새로운 두 가지 사건이 연속 발생했는데 그것은 YH 사건과 안동교구 오원춘 씨 사건이다. 전자에는 개신교측의 산업선교 활동이 관련되었고, 후자에는 가톨릭농민회가 관련되어 있는데 이러한 사회선교 활동과 관련해서 십여 명의 신, 구교 성직자와 그 밖의 몇 사람의 평신도, 교회 지도자들이 구속 기소되어서 다시 양심범의 수를 증가시켰다. 방금 일어나고 있는 이러한 사건에서 하느님의 역사개입을 말할 수 있을까?[1]

두 사건이 이미 발생하여 그 진행 끝장에서 교회의 성직자들이 개입하기 시작해서 결국 수감되어 있지만 성직자들의 개입이 있기 이전 이 사건들의 발생 시초의 핵심인물들이 기독교적 확신에 선 공장 노동

---

* 1979년 10월 CCA 신학회에서 발표한 내용을 증보한 것

1 "오늘에 와서는 과거처럼 형이상학적으로 신을 이야기하지 않고 God in Act쪽에서만 이야기하려고 하죠. 또 과거에는 전승된 도그마 자체를 어떻게 해석하느냐 하는 것이 신학이었지만 지금은 역사에서 활동하시는 하느님이란 전체 밑에서 어떻게 활동하고 계시느냐고 묻게 되니까 사회학적인 접근을 할 수밖에 없게 된 거죠?"(안병무, 「신학사상」 제28호, 1980년 봄, p. 38).

자, 농민들이었다.

YH무역회사는 장영호라는 사람이 1966년에 왕십리에서 10여 명의 종업원으로 가발제품 공장을 시작해서 4년 후인 1970년에는 약 4,000명의 종업원을 갖게 된 수출순위 15위의 대기업체로 성장했으며 그해 순이익금으로 13억 원 정도를 올렸다. 같은 해 사장 장영호는 그 재산의 대부분을 뉴욕에 옮겨서 거기서 백화점 경영을 시작했으며 YH무역에 대한 외상(15억 원)도 갚지 않았다. YH무역(총자산 23억 원)은 은행 부채가 1974년 6억 3천 2백 55만 원, 1975년 16억 9천 1백만 원, 1977년 31억 7천 3백 57만 원, 1979년 40억 5천만 원으로 되고, 종업원은 1,800명으로 줄었다. 1975년에 그 여공들의 일당은 220원이었다.

융자특혜, 세제혜택, 저임금, 급성장, 외화도피… 이러한 구조적이고 전형적인 성격은 근래의 수출기업의 일반적인 특색이라고 하겠다. 1975년 5월에 종업원들은 전국 섬유노동조합 YH무역지부를 엄청난 시련과 대가를 치르고 결성해서 처음으로 50%의 상여금을 받게 되었으나 노조에 대한 탄압은 심해갔고 조합원은 감소되어 1978년에는 500명으로 줄었다. 1979년 3월 25일 지부장이 기관에 연행되었고 4월 말로 공장을 폐업한다는 회사 측의 공고에 대해서 4월 13~17일까지 다시 근로자들의 임금인상이 아니라 바로 생존권을 외치며 싸우기 시작한 것이 소위 YH 사건의 시작이다.

그동안 파란곡절을 겪으며 싸워나가다가 8월 9일에는 200여 명의 여자종업원이 신민당사 4층에 몰려가 농성을 하며 그동안 외쳐도 외쳐도 메아리 없는 정부 측의 성의 있는 해결을 호소했다. 민권운동과 산업선교에 앞장 선 몇 사람이 YH 여공들의 호소에 참견하기 시작한 것은 여공들의 신민당사 농성 직전인 것으로 보도되었다. 드디어 8월 11일 새벽 21,000여 명의 기동경찰이 출동하여 해산시키는 과정에서 김경숙 양(21세)이 희생되고 말았다. 그리고 나머지 조합원들은 경찰이 다 고향으로 귀가시켰다. 김 양은 YH무역노조 상임집행위원으로서 그동안 농성투쟁을 주도하며 YH 근로자 일동 명의로 된 성명서·호소문·결의문들을 작성, 낭독했다. 김양이 고향의 가족(어머니와 남동생)에게 보낸 편지에 보면 서울에 올라와서 공장을 전전하며 직공생활 8년, 과로로 코피가 나는 것은 다반사요, 어떤 때는 3개월 이상 봉급도 못 받고 "헐벗고 굶주리며 5원짜리 풀빵 30원어치로 추위에 허덕이며 생계를 이어가기도 했다"(그녀의 〈수기〉에서). 주일날 교회에 출석 못하게 되는 때는 퍽이나 안타깝게 생각하면서 동생에게는 교회 출석과 성경읽기와 신학교 입학을 권하고 또 어머니에게는 노조투쟁의 위력을 자신 있게 믿어달라고도 하고 있다. 김양의 죽음에는 오늘 한국 사회의 정치적·경제적 여러 가지 구조적인 모순이 집약되었다고 생각될 뿐 아니라 한국 8백 만 근로자의 한이 맺혀 있는 것으로 보여 진다. 한국교회 사회선교협의회와 YH사건대책후원회에서는 고 김경숙 양의 추도식을 영등포산업선교센터, 동대문성당, 기독교회관에서 가지려고 여러 번 계획 공고했으나 그때마다 뜻을 이루지 못했다. 추도식을 하게 되면 한을 푼다고 하겠고 추도식마저 못하게 되면 한이 맺힌다고 하겠다.

2. 오원춘의 한

오원춘 씨는 가톨릭농민회 안동교구연합회 이사로서 감자 피해보상을 위시해서 농민들의 권익을 위해 앞장서서 활동한 농민이다. 그는 1979년 5월 5일 정체불명의 사람들에 의해 납치되어서 심하게 구타를 당하고 5월 6일 울릉도에 억류되었다가 5월 21일에야 겨우 귀가하게 되었다. 안동교구의 사제단은 그 진상을 밝히려고 경찰에 교섭하고 여러 가지 대책을 강구하는 중이었는데 5월 27일에는 30여 명의 사복 경찰이 교구본부에 출동하여 농민회 지도신부인 정호경 신부를 연행해 갔다. 이리하여 교회 측은 특별기도회, 경과보고서, 성명서 등으로 전국적인 운동을 전개하여 교회의 사목활동을 다짐하는 데 대해서 경찰 측은 오원춘이 자기 사생활의 부도덕을 은닉하기 위해서 울릉도에 강제연행을 당했다느니 폭행을 당했다느니 하는 허위선전을 한다고 하여 기소 중인 오원춘 사건을 신문·방송·텔레비전으로 보도하고 또 경찰 측의 해명서를 돌렸다. 오원춘 자신은 그 후 재판 과정에서 자기가 허위선전했다고 검사 신문에 시인함으로써 자신이 써놓았던 양심선언을 무효로 해 버리는 어처구니없는 결말을 만들고 말았다. 두말할 것도 없이 농촌 벽지에서 일어난 조그마한 사건인 것같이 보이는 가톨릭농민회 오원춘 사건은 한국의 농민이 안고 있는 구조적인 모순이 집약된 것이고 또 농촌의 심각한 위기의 조짐이 깃들여 있기에 이처럼 확대된 것이다. 오원춘 형제는 참으로 억울한 처지에서 물리적으로 심리적으로 갇혀 있으면서도 그 사정을 말할 수 없는 형편이다. 자기의 신부님에게도 말 못하는 사정이다. 이것이 그가 품고 있는 한이다.

오원춘 사건에 대한 대책활동을 펴나가는 동안에 '한국가톨릭농민회 전국 지도신부단' 이름으로 발표된 성명서에는 다음과 같은 귀절이 있다.

왜곡된 산업구조 속에서 압박받고 소외당하는 농민의 생존을 위한 정당한 권리를 되찾는 운동은 바로 그리스도 정신의 실천이자 신앙인의 시대적 사명이다. 그런데 농촌사회의 현장교회로서 이 같은 사명을 다해온 본회 활동을 당국은 불온, 용공성을 운운하면서 가혹한 탄압을 가해왔다.

가톨릭 농민회를 '현장교회'라고 하는 주장은 그 후에 김수환 추기경의 강론에서도 다시 확인되었다. 그렇다면 여러 가지의 도시산업선교회들, 크리스천아카데미, 농촌선교 프로그램, 기독교사회선교협의회, NCC 인권위원회, 나아가서는 금요기도회, 목요기도회, 갈릴리교회 등도 우리의 현실 사회에 파견된 '현장교회'인 것이다. 나는 이 '현장교회'는 가톨릭교회, 개신교회에 다음가는 제3의 교회 형태라고 생각한다.

한국의 신학교육에 종사하고 있는 신학자 몇 사람은 위에 소개한 사건들에 연대, 참여하면서 그러한 사건들에 대한 신학적 성찰을 하는 것을 '현장신학', '사건의 신학'이라 이름붙이고 그에 대한 모색을 시도하고 있다. '신학한다'는 것은 하느님의 인간구원, 인간 해방의 사업을 출애굽 사건, 계약법전, 예언자들의 증거, 십자가형 사건 등 과거의 역사적 사건들에 관한 성서 본문을 새로운 해석으로 현실화하는데 그치는 것이 아니고 오늘의 역사적 사회적 인간 해방의 투쟁사건에 연대하고 거기에서 하느님의 인간 해방의 역사(役事)를 발견하는 것이라고 생각한다.

고 김경숙 양과 오원춘 형제가 받은 고난에 한국 노동자, 농민의 고난이 집약된 것 같고 이 두 사건에 한국의 경제적·정치적 모순이 구조적으로 얽혀 있는 것 같다. 뿐만 아니라 침해된 하느님의 공의에 대해서 '하느님 자신이 자기주장'을 하고 계신 것을 한국 기독교인은 직감한다. 그래서 이들의 고난에 연대하고 이러한 모순을 해결하려는 신앙 행위는 갈릴리교회나 금요기도회와 같은 특별기도회로 시작되곤 한다. 그러한 기도회에서 기도하는 대변자는 예외 없이 "하느님, 이들의 억울한 한을 풀어주십시오"라고 호소한다. 이보다 절실한 기도가 없다. 이 억울한 '한'이라는 말에 모든 것이 함축되었고 함께 기도하는 모든 사람은 한마음 같은 뜻으로 통한다. 이로써 말로 할 수 있는 기도는 다 되었다는 데 모두가 일치한다.

시편 72장 2절의 "당신의 백성에게 공정한 판전을 내리고 약한 자의 권리를 세워주게 하소서", 누가복음서 18장 3절의 억울함을 당한 과부의 기도 "나의 원한을 풀어주십시오", 잠언 31장 9절의 "너는 입을 열어 공의로 판결하여 불쌍하고 가난한 사람들의 한을 풀어주라"는 말씀을 이해하듯이 한국 기독교인들은 한을 풀어 주리라는 기도의 뜻을 이해한다. 성서 본문의 침해된 권리를 세워주라는 말을 한국교회는 억울한 한을 풀어주라는 말로 번역했다.

한국 사람은 오랜 역사를 통해서 끊임없이 주변 강대국의 외침에 시달린 민족으로서 약소민족인 그 존재를 한으로 생각하게 되었으며, 어느 때나 변함없이 계속되는 지배자의 학정 아래 신음하는 백성으로서 그 백성적 존재를 한으로 생각했으며, 유교사상의 철저한 남존여비의 관념 아래서 여성적 존재[2]는 곧 한이라고 생각했으며, 심했을 때는 인구의 3분의 1정도까지 노비적에 올라서 법칙으로 대를 계승하게 되어 있고 나라의 백성이라기보다는 타자의 재화로서 매매 대상이 되는 천민노비는 그 삶 자체를 한으로 여겼던 것이다.

"우리는 한의 모태에 있다가 태어나서 한의 품에 안겨 자라난 것을 부인할 도리가 없다"(고은). 그렇기에 한은 한국민족의 억압된 민주적 · 민중적 저변감정으로서 한편으로는 약자의 패배의식, 허무감과 체념

---

2 "한은 억눌려 살아온 모든 서민들의 심층에 쌓이고 쌓인 감정을 꿈틀거리게 하는 원시적 힘을 지닌 상징적 어휘이다…. 한은 우리 민중 속에서 특히 그중에서도 가장 밑바닥에 깔린 아낙네들 사이에서 오랫동안 통속적으로 표현되어 왔으며 그들의 행동을 좌우하는 심리적 요인이었다"(이효재, 『분단시대의 사회학』).

이 지배하는 감정 상태이며, 다른 한편으로는 약자로서의 삶의 집념을 담고 있는 감정이기도 한 것이다. 첫째 면은 경우에 따라 승화되어서 훌륭한 예술적인 표현을 하게 되고, 두 번째 면은 종종 혁명이나 반란의 에네르기로 작용하기도 한 것이다.

한국의 고대 문학의 첫 장에 소개되는 「황조가」(BC 17년), 또 「공무도하가」(AD 2세기)를 위시해 「정읍사」, 「가시리」, 「청산별곡」 등의 고려가요 그리고 판소리, 탈춤 등의 조선의 예술은 약자의 체념을 승화시킨 한의 예술이라고 할 수 있다. 그런데 판소리, 탈춤에 와서는 체념 이상으로 피지배자들의 자기비판과 지배계층의 도덕적 모순을 고발하는 점 등 사회의식이 현저하게 싹트기 시작한 것을 인지할 수 있다. 다른 한편으로 눌린 자의 삶의 집념으로서의 한은 궁예와 견훤의 반란, 망이·망소이의 난, 만적의 난, 홍경래와 임술민란, 동학봉기, 활빈당 투쟁, 3·1 운동, 4·19 혁명 등의 민중의 부활전동에서 사회 혁명의 기세로 분출하곤 한 것이다.

3. '석문'의 전설

한이 어떠한 것인가에 대해서는 널리 알려진 다음과 같은 전설이 말해주고 있다.

신랑 신부가 첫날밤에 촛불을 켜고 앉아 있었는데 갑자기 신랑이 오줌이 급해져서 냉큼 일어나서 문을 차고 달려 나가는 바람에 옷자락이 문 돌쩌귀에 걸려서 찢겨 나가고 말았다. 밖에 나간 신랑은 신부가 음탕해서 예절을 잃고 뒤에서 손으로 잡아당기는 것이라고 생각하고 오줌을 누고는 그길로 집을 떠나버렸다. 다음날 신부집 사람들이 신부 방문을 열면 그때마다 문을 여는 사람은 그만 질색하여 죽어버리는 것이었다. 그래서 그 방은 문이 닫힌 채로 40여 년이 지났는데 옛날 신랑이 뜻밖에 딴 볼일이 있어서 그 집 옆을 지나가다가 문득 그 집에 들러서 방문을 열었더니 신부는 40여 년 전 그날 밤 그 모습으로 원삼 입고 족두리 쓴 채 앉아 있었고 문 돌쩌귀에는 그때 자기의 찢겨진 옷자락 조각이 걸려 있어서 그날 밤의 성급했던 자기의 오해를 알게 되었다. 신랑은 측은한 마음, 안스러운 생각이 들어서 신부에게 다가가 그 어깨를 어루만지니 그때서야 매운 재가 되어 폭삭 내려앉아 버렸다는 이야기다. 그때 신부의 처지로서는 그렇게도 소중하고 화려했어야 할 첫날밤에 한없는 치욕의 오해를 받았고, 그 치욕은 호소할 데도 변명할 길도 없는 것이었다. 이것이 그 신부의 한이 되었다. 한이 풀리지 아니하면 죽어도 혼백이 저승(성숙의 세계)에 가지 아니하고 이 세상에서 배회하면서 관계있는 사람을 괴롭힌다는데 이 전설의 경우에는 혼백은 고사하고 그 신체마저 썩지 않고 버티고 있었다는 것이다. 그 한이 얼마나 집요하고 강인하기에 40년이 넘도록 신부는 죽어도 시신이 썩지 않고 '한 풀이' 해명의 때를 기다리는가를 이 전설은 말한다(조지훈 「석문」, 서정주 「신부」).

한은 개인적인 단순한 복수심과는 다르다. 이 전설의 경우에는 한은 오히려 재회와 치유와 화해의 기다림이다. 한은 문화적·사회적인 억압이며 거기에는 구조적인 면이 있고 '한풀이'는 해명·발산·해방을 의미한다. YH무역의 고 김경숙 양의 경우나 가톨릭 농민회 오원춘 씨의 경우도 이 현실의 모순에서 맺어진 한이 집약적인 사례다. 진실은 어둠 속에 가리어졌다고 하기보다도 구조적인 장치로 억압되어 있어서 호소할 데도 변명할 길도 없는 형편이다. 추도식이나 공청회는 허락되지 아니하고 오히려 진실의 역이 날조되어서 선전된다. 참으로 "돌들이 소리 지를"(누가 19:40) 지경인 것이다. 이것을 '맺힌 한'이라고 한다.

4.「장마」

우리 현실의 문화적·사회적 모순이 한으로 응어리진 것을 현대의 문인들은 어떻게 다루고 있을까? 한 이해에 가장 적절하다고 생각되는 현대작가, 시인들의 작품들을 우선 소개하기로 한다. 아무래도 한의 형상화는 이야기를 통하는 길이 제일인 것 같다. 먼저 윤흥길 씨의 중편소설「장마」를 보자.

아마 6·25 동란 얼마 후의 일로 어느 시골 농가에 그 안채에는 주인 식구가 사는데 노모와 큰아들 내외와 열 살 정도의 그들의 아들 네 식구가 살고 있고 바깥채에는 그 며느리의 친정어머니인 노친과 그의 딸 두 식구가 살고 있다. 이 바깥채의 사돈댁은 본래 이 마을에 살다가 자녀들 교육 때문에 서울에 이주하였는데 6·25 때문에 다시 고향에 피난 와서 큰딸의 시가집 바깥채에 들어 사는 것이다. 그런데 바깥채의 사돈댁의 아들은 대학을 졸업하고 국군장교로 공비 소탕작전에서 전사하게 되고, 주인집 작은 아들은 중학 정도를 나온 농사꾼이었는데 6·25 남침 때 자의에선지 타의에선지 부역의 혐의를 받게 되었기 때문에 공산군의 후퇴 시에 따라나서게 되어 산중에 있는 공비에 끼어 있게 된다. 6·25동란 때에는 사돈집 대학생은 고향에 피난 와서 주인집 청년의 보호를 받은 친근하다면 친근한 사이였다.

주인집 노모는 자나 깨나 산중에 있는 작은아들에 대한 걱정과 기다림으로 애태우는 형편인데 사돈댁 노친은 장마철에 비가 억수같이 쏟아지고 번개벼락이 떨어져 산중에 있는 공비들이 몰살되기를 비는 것이다. 이 때문에 두 노친은 싸우고 반목하여 원수 같은 사이로 바뀐다. 기다리다 못해 어느 날 주인집 노모는 영험 있다는 점장이한테 점을 쳐보았더니 아무 날 작은아들이 집에 돌아온다는 것이다. 그래서 노모는 큰아들과 며느리를 재촉해서 온갖 음식을 다 장만하고 아들이 오기를 기다렸다. 그런데 여름 장마철에 그날이 되어서 대문 밖이 왁자지껄하여 내다보니 동리 조무래기들이 손에 손에 돌과 막대기를 들고 함성을 울리며 커다란 구렁이 한 마리의 뒤를 따라 그 집을 향해 오는 것이다.

그것을 보고 노모는 그만 기절하여 눕게 되고 구렁이는 마당가에 서있는 감나무를 감고 혀를 날름거리는 것이다. 이 소란통에도 사돈댁 노친만은 침착하게 일을 처리해가며 아이들을 밖으로 몰아버리고 제사상을 구렁이 앞에 차려놓으며 구렁이를 타이르는 것이다. "에구 이 사람아, 집안일이 못 잊어서 이렇게 먼 길을 찾아왔는가? 자네 오면 줄라고 노친께서 여러 날 들여 장만한 것일세, 먹지는 못할망정 눈요기라도 하고, 가야 할 먼 길을 어서 떠나게. 자꾸 이러면 못쓰네. 집안일은 죄다 성님한테 맡기고 자네 혼잣몸덩이나 지발 성혀서 먼 길을 편안히 가소." 이렇게 타이르는데 구렁이는 감나무에서 내려와서 뒤뜰 대나무밭으로 자취를 감추었다. 기절했던 노모는 불러온 의원의 치료를 받고 얼마 후에 깨어나서 하는 첫소리가 "갔냐" 묻고, 구렁이가 잘 퇴거한 것을 확인하고 원수졌던 사돈댁 노친에게 고맙다며 화해하고 그 끝에 병이 계속되어 며칠 후에 죽는 것으로 끝나는 이야기다.

이 소설에서 구렁이로 형상화한 한은 그 농사꾼 청년이 어머니와 동리 사회에 돌아오고 싶어도 돌아오지 못하는 한이다. 그는 어느 날 한밤중에 집에 숨어들어 그의 형의 설득으로 자수하려고 하던 찰나에 문밖에서 난 무슨 소리 때문에 뒷문을 박차고 도망하였던 것이다. 그런데 이러한 가정의 비극은 개인의 운명에서 이해될 것이 아니라 국토 분단의 사회적 모순에서 유래하는 것이라고 하는 점을 제시하는 데 이 작품의 당대적인 의미가 있는 것 같다. 국토 분단의 비극적인 실상에 관해서는 같은 작가의 「양」이라는 단편에서 더욱 처절하게 묘사되어 있다. 작품 「장마」에서 한을 푼다는 암시는 구렁이가 사라지고 원수로 대립되었던 두 사돈 노친 사이에 화해가 이루어지는 것이다. 작가 윤흥길 씨는 분단시대를 상징하는 표제인 「장마」의 속편으로 「무지개는 언제 뜨는가」를 썼다.

빨갱이들의 습격으로 남편과 자녀들이 학살당하고 극단의 공포심에 완전히 미쳐버린 한 여인이, 동리 사람들의 보복으로 다시 한 빨갱이 가족이 몰살당하고 그 집에 남은 아직 핏덩이인 갓난아기를 학살당한 자기 어린애로 착각하여 젖 먹이고 결국 입양하여 길러냈는데 그 아기가 자라서 출세하여 그 양모를 진심으로 섬기는 아들이 되는 이야기다. 「장마」에서 사용된 신화적인 무속적 상징 언어가 그 속편에서 평면적인 언어로 바꿔짐에 따라서 작가의 한풀이는 싱겁게 되어버린 것이 아쉽다. 말하자면 분단은 고정된 채로 적대관계의 화해는 개인 감정, 도덕적 미담의 세계로 되돌아가고 말았다.

5. 「서편제」

한의 정체와 그 풀이에 관해서 이청준은 일련의 연작소설로서 특이하고도 심오하게 제시한다. 그의 단편 연작집 『잃어버린 말을 찾아서』에 수록된 「서편제」(西便制, 1976년), 「선학동 나그네」(1980년), 「다시 태어나는 말」(1981년)의 삼부작인 이 연작소설의 줄거리는 이러하다.

남도 땅에서 일찍 남편을 여읜 한 아낙네가 그의 남편이 물려준 산기슭에 있는 한 뙈기의 밭을 일굴 때에는 으레 그 어린자식을 밭가 나무에 매어두고 밭일을 하곤 하는데 어느 여름날 그 아낙은 그 산길을 지나던 한 소리꾼과 통정을 하고 임신하게 되어, 기약이 차서 한 여식을 낳고 그대로 죽고 만다. 그래서 그 소리꾼은 사내아이와 갓난 여식아이, 곧 애비가 다른 오누이를 길러서 데리고 다니며 소리를 하고 밥을 얻어먹는데, 나중에는 오라비는 북채잡이를 시키고 누이는 소리를 가르쳐 부르게 한다. 오라비가 여남은 살 되었을 때 어머니를 빼앗아가 죽게 한 원수로 생각하고 있었던 그 소리꾼 의붓아버지를 어느 산길에서 죽여 버리려다가 마음을 다시 먹고 그 부녀를 버리고 도망쳐 버린다. 그 누이는 어느 때인지 실명했지만 그 소리는 참으로 기막힌 명창의 소리다. 장님이 된 사연인즉 그 소리꾼 애비가 열 살도 못된 딸이 잠잘 때에 눈에 청강수를 몰래 찍어 넣은 것이라고 했다. 도망간 오라비는 그 후에 서울 어느 약방의 약초 소매원이 되어서 남도 땅 방방곡곡을 누비며 회한의 마음으로 그 소리꾼 부녀를 찾아다니는 이야기이다. 그 소리꾼은 늙어서 죽지만 누이는 누이대로 소리로 그녀의 한을 풀어가며 살고 오라비는 오라비대로 소리를 찾아서 40년이 넘는 세월을 헤매이는, 말하자면 이 해원(解冤)의 방랑행각에서 한을 풀어가며 사는데 오라비의 한풀이는 이 소설에서 제삼자의 선정(禪定)과 다도(茶道)로서 포착되어진다. 그 소리꾼이 된 누이의 한풀이 대목은 이러하다. 그 누이와 의붓아비를 찾아서 방랑하는 오라비와 그 부녀를 만나서 소리를 배웠다는 보성읍 밖의 한 한적한 길목 주막 주모와의 대화다.

사내는 이제 얼굴빛이 참혹할 만큼 힘이 빠져 있었다. "그래 여자는 그럼 자기의 눈을 멀게 한 비정스런 아비를 어떻게 말하던가?" (중략) "행동거지로만 본다면야 말도 없고 원망도 없으니 용서를 한 것 같아 보였지요. 더구나 소리를 좀 안다 하는 사람들까지도 그걸 외려 당연하고 장한 일처럼 여기고들 있었으니까요." "그 목청을 다스리기 위해 눈을 멀게 했을 거라는 얘기 말인가?" "목청도 목청이지만 좋은 소리를 가꾸자면 소리를 지니는 사람 가슴에 다 말 못할 한을 심어줘야 한다던가요?"

"사람의 한이라는 것이 그렇게 심어주려 해서 심어줄 수 있는 것은 아닌 걸세. 사람의 한이라는 건 그런 식으로 누구한테 받아 지닐 수 있는 것이 아니라 인생살이 한평생을 살아가면서 긴긴 세월 동안 먼지처럼 쌓여 생기는 것이라네. 어떤 사람한테는 외려 사는 것이 바로 한을 쌓는 일이고 한을 쌓는 것이 바로 사는 것이 되듯이 말이네…. 하지만 어쨌거나 그 여자가 제 아비를 용서한 것은 다행한 일이었는지 모르는 노릇이지, 아비를 위해서도 그러허고 그 여자 자신을 위해서도 그렇고…. 여자가 제 아비를 용서하지 못했다면 그건 바로 원한이지 소리를 위한 한은 될 수가 없을 거 아닌가? 아비를 용서했길래 그 여자에겐 비로소 한이 더욱 깊었을 것이고…."

"사람들은 흔히 남도소리를 한의 가락이라고 말들 하지요. 하지만 그걸 좀 더 옳게 말하자면 한풀이가락이라고 말해야 할 거외다. 남도소리는 우리의 마음속에 그 몹쓸 한을 쌓는 것이 아니라 거꾸로 그 한으로 굳어진 아픈 매듭들을 소리로 달래고 풀어내는 것이란 말이외다. 매듭이 깊은 사람들에겐 자기 소리로 그것을 풀어내는 일 자체가 삶의 길이 되는 수도 있는 거지요. 작자의 누이라는 여자가 아마 그런 경우였을 거외다."

이제 그 오라비의 한풀이 장면을 보자.

"이제 거진 쉰고개를 넘어서고 있는 듯한 사내는 그러니까 그 초라한 차림새 때문이기도 했겠지만 얼굴 표정이나 걸음새 하나하나가 유난히 피곤하고 남루해 보였지요. 그런데 참 이상한 일이었지요. 그렇게 피곤하고 후줄근한 몰골로 차 한 잔을 들고 무정한 저녁 산골짝을 내려다보고 앉아 있는 작자의 모습에서 나는 문득 초의 스님의 모습이 떠올라보이는 게 아니겠습니까? 초의 스님께서 바로 거기 그런 모습으로 차를 마시고 계셨던 것처럼 말이외다…. 그 위인의 그런 모습에서 깊이깊이 스며든 우리 인생살이의 어떤 정한 같은 걸 보았던 것입니다. 그리고 비로소 이때까지 내가 그토록 사람들에게 묻고 찾아온 그 초의 스님의 차 마심의 마음을 제 물에 문득 만나버린 것입니다…."
(중략)
"그게 무엇입니까? 초의 스님이 차를 마실 때의 그 마음은 무엇이었습니까?"
"다름 아니라 그건 용서였습니다."

(중략)

"스님은 여기서 당신이 살아온 긴 인생사의 덧없음을 생각하고 당신의 이웃들에 행한 수많은 인간들에 후회와 감사의 마음에 젖으셨을 거외다. 내가 누구에게 못할 짓을 하였나. 내가 누구를 원망하고 원한을 지닐 일은 해오지 않았던가. 그런 일들을 후회하고 용서하고 속죄하며 비로소 그런 마음을 얻게 된 일을 감사하고 계셨을 거외다…."

(중략)

사내의 헤매임은 말할 것도 없이 자신의 삶에 대한 깊은 화해와 용서의 마음 때문이었다. 아비를 죽이고 싶어 한 부질없는 자신의 원망을 후회하고 그 아비와 누이를 버리고 달아난 자신의 비정을 속죄하고… 그러나 이제와선 이미 서로를 용서받을 길이나 사람이 없음을 덧없어하면서 그 회한을 살아가고 있는 사내였다.

이런 대목에서 오라비 자신의 한의 삶이 잘 묘사되었고, 또 누이의 한과 한풀이가 처절하게 그려졌다. 나아가서 깊은 한을 품고 있는 그 오라비의 모습에서 소설 가운데 화자(話者)가 찾고 있었던 다도(茶道)를 깨닫게 된다. 그것은 신학적으로 말하자면 그리스도의 발견이라고 하겠다. 한의 일면은, 그 가장 미묘한 감동은 이렇게 작품의 대사로나 혹은 연극의 무대 분위기로나 혹은 진양조, 계면조의 창으로 일으켜진다. 이상 「석문」, 「장마」, 「서편제」에서는 한의 정태적인 이해와 그 체념적인 한풀이가 제시되었다. 다음 작품들에서는 한의 동태적인 파악과 그 적극적 극복인 한풀이가 제시되어서 비교된다.

6. 「이 땅에 살기 위하여」

한을 주제로 한 많은 시들이 있다. 그중에서도 반만 년 이 땅에서 민중의 골수에 사무친 한이 죽은 자의 무덤 속에서 풀뿌리로 아직 숨쉬고 기다린다는 전통적이며 전형적인 표현은 양성우의 어떤 시에서 가장 절실하게 읊어졌다. 그 장시의 끝 절을 소개한다.

저는 꽃잎에 벌레로 남아
천만 년을 너희들이 살아 있다 해도
나는 헝겊처럼 찢어진 채로
허공에서 손짓하며
굽어볼 것이다.
너희들의 칼이슬에 사라질지라도
딩굴며 흘린 핏물이
오뉴월 쏟아지는 소나기 되어
너희들의 때묻는 가슴을 적시고
칼자욱도 총구멍도 적실 것이다.
한겨울에 몰아치는 진눈깨비로
쉬지 않고 너희들이 후려친다 해도
나는 풀뿌리로 숨을 쉬면서
땅속에서 잠들지 않고
소리칠 것이다.
주먹으로 주먹으로 허공을 치며
땅끝까지 울리는 굵은 소리가
들리느냐, 시인들아

무덤 속에서

반만 년의 서러운 무덤 속에서

이러한 한을 말하자면 아교질과 점액질의 한(김열규)이라고 하겠
다. 집요하고 끈질긴 원혼들의 소리, 계면조의 흐느낌…. 이러한 한이
위의 시에 감동적으로 포착되었다고 생각된다.

양성우도 특히 위의 시에서 시인의 사명은 민족·민중의 한의 매체
가 되는 것이라고 생각한다.

7. 「소리의 내력」

다음에는 김지하 시인의 담시 「소리의 내력」(1972)을 소개해 보자.
이 발상은 필자가 하나의 신학논문으로 "씨을의 소리"에 다룬 바 있다.

서울장안에 얼마 전부터 쿵쿵 하는 괴상한 소리가 자꾸만 들려오는데
돈 있고 권세 있는 사람들이 이 소리를 들으면 사시같이 떨고 식은땀
을 흘리더라는 것이다. 그 쿵하는 소리의 내력은 이러하다. 청량리 중
라천 방축 위 판자집 한 귀퉁이 방에 청운의 뜻을 품고 시골서 올라와
세 들어 사는 안도라는 놈이 있었다. 그는 그 무슨 전생의 악연인지
그 무슨 몹쓸 살이 팔자에 끼었는지 만사가 되지 아니한다. 두 발로
땅을 딛고 버텨 서는 건 무조건 안 되고 까딱하면 온갖 듣도 보도 생각
도 못한 죄목들이 연달아 줄레줄레 쏟아져 나오니 사시사철 밤낮으로
그저 뛰어다닐 수밖에 없다. 그런데 십 원 벌면 백 원 뺏기고 백 원
벌면 천 원 뜯기고, 형형색색 잡놈들에게 채이고 밟히고 마지막 속옷

안에 꼬불쳐둔 고향 갈 차비까지 죄 털려버리는 것이다. 동서남북 싸 돌아다니다 지치고 주리고 미쳐서 어느 날 노을진 저녁에 두 발을 땅에다 털퍼덕 딛고서 눈깔이 뒤집혀 "에잇 개 같은 세상"하고 세상을 저주한 소리 때문에 담박 끌려가서 매 맞고 재판소로 넘겨져서 유언비어를 퍼뜨렸고 반체제의식 죄를 지었다고 해서 유죄판결을 받고 머리도 두 다리도 짤리고 몸뚱만이 감방에 처넣어져서 500년의 금고형을 받게 된다.

어허 이것이 웬 짓이냐, 헐벗고 굶주리고 죽도록 일만 하고 매맞고 억눌려도 말 한마디 안했는데 이것이 웬 짓들이냐, 날아가는 기러기야 너는 내 속을 다 알리라.

수수그림자 길게 끌린

해설 핀 신작로 강

우리 어메 날 기다려 상기도 거기 서 계시더냐

철 지난 옷을 입고 몇 번이나 몇 번이나

서울 쪽 바라보며 소리 없이 우시더냐

아아 어머니

고향에 돌아가요

죽어도 나는 돌아가요

천갈래 만갈래로 육신 찢겨도 나는 가요

죽음 후에라도 기어이 돌아가요

저 벽을 뚫어

저 담을 넘어

원귀(冤鬼)되어 저 붉은 벽돌담을 넘어 끝끝내 뚫고 넘어

가요 어머니

죽음 후에라도 기어이 돌아가요

이것은 유언비어고 소리 없는 소리인 민중의 한의 소리다. 나는 이러한 비어는 피터 버거가 말한 초월의 현대적 표현으로서 "천사들의 풍설"과 통하는 것이고 나아가서 시편 19장 3-4절 "그 이야기 그 말소리 바로 들리지 않아도 그 소리 구석구석 울려 퍼지고 온 세상 땅 끝까지 번져갑니다"에 해당한다고 생각한다. 김지하는 그의 『황토』(1970) 후기에 다음과 같이 자기는 한의 전달자라고 자처했다.

이 작은 반도는 원귀들의 아우성으로 가득 차 있다. 외침, 전쟁, 포정, 반란, 악질과 굶주림으로 죽어간 숱한 인간들의 한에 가득한 곡성으로 가득 차 있다. 그 소리의 매체, 그 한의 전달자, 그 역사적 비극의 예리한 의식, 나는 나의 시가 그러한 것으로 되길 원해왔다. 강신의 시로.

구약의 예언자들이 하느님 말씀이 속에서 불타올라서 전파하지 아니하면 자신이 저주받고 소진되어 버린다고 느꼈듯이 이 한의 시인은 그러한 한의 소리의 매체가 되려고 자신을 내던지는 것이다.

8. 「신궁」

천승세의 중편소설 「신궁」(1977년)에서 한의 이해를 더해보자. 천승제의 주요한 작품들은 모두 한을 깊이 있게 다루고 있어서 그 방면에서 아마도 김지하와 쌍벽을 이루는 것 같다. 그중에서도 중편소설 「낙월도」, 단편소설 「황구의 비명」, 희곡 「만선」은 뛰어난 걸작으로서 모두 한을 주제로 하고 있다. 「신궁」은 천승세 문학의 여러 장점들이 가장 훌륭히 집약된 작품이라고 하는데 한에 대한 가장 탁월한 문학작품 중의 하나임이 틀림 없다. 「신궁」의 이야기 줄거리는 그다지 복잡하지 아니하나 그 섬세하고 짙은 토속어로 익살스럽게 엮어가는 내용은 요약하기가 극히 어렵게 되어 있다.

그 줄거리는 반도 남서단 도서에 있는 한 어장 장승포에서 사는 한 무당의 이야기다.

시어머니 어린년이 무당이었고 여주인공 왕년이가 이름난 무당이고 또 그의 며느리 쪼간년이가 무당으로 대를 이어간다. 왕년이가 10년이 넘도록 무당굿으로 인근 어촌에서 판을 치는 동안에 상당한 벌이가 되어 그 남편 옥수에게 어선 한 척을 마련해줄 수가 있었다. 그러나 다음 몇 해 흉어가 계속되고 그보다도 그 고장에서 선주, 객주, 어판장 지점 중매인이며 고리대업을 하는 악덕 부자인 판수의 농간으로 결국 그 배를 관수에게 빚 때문에 넘겨주고, 옥수는 판수의 배 선원으로 고기잡이를 나간다. 그런데 갑작스런 돌풍을 만나 배가 엎어 졌는데 어창덮개에 못질을 했기 때문에 빠져나오지 못하고 억울한 죽음을 하게 된다(풍랑이 심할 때에는 배의 동요를 덜기 위해서 선원들을 어창 속에 감금하는 것이다).

이 때문에 왕년이는 선주 판수에게 깊은 원한을 품게 되고 상심한 나머지 굿손을 놓고 두 해 가까이 며느리 쪼간년의 신통치 아니한 벌이에 의탁하면서 실의에 찬 나날을 보낸다. 그런데 다시 이 해에 풍어 조짐이 있어서 왕년이의 굿이 있어야 하겠다는 관수의 강압적인 종용을 받게 된다. 하도 아니꼬와서 거절했으나 어떻게 된 셈인지 갑자기 땀을 흘리며 사시가 오그라들고 영험(靈驗)을 받아 황홀경에 떨어지는 경험을 하게 된다. 그래서 다시 굿판을 벌리고 살풀이를 원하는 판수의 머

리에 바가지를 덮어씌우고 신궁에 독침화살을 먹여서 쏘아 판수를 죽
게 하고 한을 푼다는 이야기다.

이 작품의 주인공 왕년이는 억압받는 민중 가운데에서도 그 밑바닥
에 깔린 천민망골이다. 왕년이는 천민과 민중과 억압과 한의 상징이다.
그러면서도 그녀는 하나의 탁월한 예술가요 민중의 한을 가로맡아 풀
어주는 영웅적인 인간이다.

한국 사람은 전통적으로 가지가지 맺힌 원한을 무당의 굿으로 풀어
왔다. 그런데 이 현대작가의 한풀이 솜씨에는 무당이 자기 자신의 한을
굿을 통하면서 굿 이상의 결단으로 풀어내는 것이다. 그리고 그 한의
원인도 자연적·숙명적인 것이 아니라 인간의 탐욕과 사회적 모순에서
유래한다는 것을 다른 작품에서보다도 더 생생하게 제시함으로써 한
풀이의 실질화의 길을 가르치고 있다.

천승세의 「신궁」은 증산교의 해원공사라는 기본교리에 대한 적절
한 비판도 되고 나아가서는 무교의 '한풀이'의 한계를 가리키고 있다고
도 생각된다. 도대체 한은 약소민족으로서, 백성으로서, 여자로서, 천
민노비로서 갖게 되는 한국 사람의 지배적인 저변감정이라고 지적할
수 있는 것이기 때문에 민족적 과제는 한풀이가 되고 그것을 수행하는
것은 무당이 푸닥거리 의식으로 하는 것이었기 때문에 무당은 말하자
면 이 한을 푸는 민족적인 사제인 셈이다. 그런데 무당의 한풀이는 원
한을 품고 죽어간 혼귀가 생존자를 괴롭힌다고 생각하여 그 원한을 푸
닥거리 의식으로 속량하는 것이다. 그 범위는 개인관계의 원한에 거의
국한되었다.

그런데 증산은 원한을 품고 죽어간 혼귀들의 혼귀 세계 일반을 상
정하고 여러 가지 원한들이 얽혀 있는 범민족사적 원한을 선정연단(禪

定懷丹)으로 얻게 되는 연력(煉力)으로 풀어서 인간 세계를 괴롭히는 원귀들을 성숙의 세계로 보내버린다는 것이다. 이것을 해원공사라 하고, 다시 그것을 범세계사적으로 확대한 것을 천지공사라고 한다. 무교의 푸닥거리나 증산교의 해원공사는 죽은 자의 한을 푸는 데 국한되어 있고, 또 그 방법은 종교의식으로 수행되는 것이기 때문에 심리적인 우주적인(타계적인) 차원에서만 그 의의가 있다면 있겠는데 그것은 결국 눌린 자의 갈망을 비현실화 비정치화해서 해소시키는 지배 권력이 베푸는 민중의 마취제로 작용한다.[3] 그런데 위에서 검토한 현대 작가가 겨냥한 것은 민중의 한을 역사화 현실화해서, 말하자면 그것을 탈무교화라고 할까 혹은 푸닥거리의 정치화라고 할까 하는 데 있다.

9. 「말뚝」

'한'을 기독교 신학의 주제로 훌륭하게 발전시킨 처음 공로는 김지하에게 있다고 인정해야 할 것이다. 지하의 시상은 처음부터 한으로 일관되어 있지만 그것을 역동화하여 혁명의 에너지로 승화시킬 수 있다고 믿은 것은 그의 옥중 작품 메모에서이다. 이 옥중 메모는 그의 긴 옥중 생활 중에서 1974년 11월경부터 적기 시작해서 1975년 2월 15일 잠시 출옥할 때까지 적어둔 것으로서 적어도 500매 이상의 부피의 것이다. 그중에는 몇 편의 시와 시론, 그때그때의 인생수련의 단상과 깊고

---

3 여기에 다음의 백낙청의 한 이해가 참고된다. 한이란 원한과도 달라서 내 불행이 어디서 왔으며 누구한테 앙갚음을 해야 좋을지도 모르는 막연한 설움이요, 이름 없는 아픔이다. 여기서 우리는 원한의 대상을 알아봤자 내 마음만 더 악해질 뿐이지 별도리가 없는 상황에 대처해온 민중의 슬기와 착한 마음씨를 읽어볼 수 있는가 하면 대상의 안식조차 결코 용납하지 않았던 지배제력의 철저한 폭력을 가늠할 수도 있다"(백낙청, 『인간 해방의 논리를 찾아서』, 1979, p.166).

처절한 가톨릭 신앙의 결심과 옥중죄수들에 대한 관찰과 그들과의 자기동정들(自己同定 , Self-Identification: 그는 이것을 "나락의 한과의 일치"라고 말한다)이 적혀 있고 또 그런 것들보다도 몇 개의 작품구상을 되풀이해놓은 것이 가장 많은 지면을 차지하고 있다. 구상된 작품들 중 중요한 것은 네 개라고 볼 수 있는데「성지」(희곡),「명산」(희곡),「말뚝」(희곡), <장일담>(담시)이다.

「명산」은 의병장 신돌석의 생애와 활동을 그리려고 한 것이고,「성지」는 감옥에 대한 그의 역설적인 시어이며,「말뚝」은 봉산탈춤 등에 나오는 양반 거동 때 수행하는 종놈의 이름이며, 여기서 시인은 탈춤대사를 현대화하려고 한 것이다.「성지」와「말뚝」구상에서 한을 철저하게 역동화시켜서 한 개념의 역사에 획기적인 발전을 보여주었다는 것은 그 메모만으로서도 충분히 인정할 수 있다. 그런데 같이 한을 주제로 하면서도 그의 가톨릭 신앙의 신학적인 확신인 '신과 혁명의 일치' 사상은「말뚝」에서도 엿보였지만 <장일담>에서 확실하게 된다.

사실상 '말뚝'이나 '장일담'이란 주인공들은 한의 성육신이다. 그의 첫 시집『황토』가 민중의 시인 지하의 탄생이라면 말뚝과 장일담, 나락의 한과의 일치, 신과 혁명의 일치는 옥중에서 가톨릭 시인 지하의 두 번째의 탄생이라고 할 수 있으리라. 희곡「말뚝」도 서시와 결미가 비나리 형식의 기도문으로 짜인 것이었지만 그 다음의 작품 구상인 <장일담>은 복음서의 예수의 이야기를 판소리 형식에 담으려고 한 것이어서 한국의 민중 전통과 기독교 전통을 융화시키려고 한 칭찬받을만한 구상이다.

먼저 그가 정치 예술 혹은 정치적 상상력이라고 말하는 작품인「성지」와「말뚝」구상 메모에서 한이 어떻게 역동적으로 승화되었는가를 몇 가지 간추려보기로 하자.

「성지」라는 말은 감옥에 대한 시어인데 단순히 역설적인 반어 이상으로 지하는 감옥에 있는 죄수들 사이에서야말로 참 인간성을 발견할 수 있고 또 거기는 혁명 곧 출애굽의 힘이 깃들인 장소라고 믿는다. "감옥은 억압 중의 억압이며 현실모순 그 자체인 동시에 한의 장소적 표현"이고, "집단적 한 자체인 성지"라는 것이다. "군중적 한은 폭발의 날을 기다리는 칼날과 같이 음험하게 침묵 속에서 긴장되어 빛난다. 그 상징적 장소가 감옥이다."

전통적인 가면극에 출현하는 말뚝은 풍자와 익살과 해학의 화신이다. 그런데 그러한 모든 것은 지배계급인 양반에 대한 저항인 것이다. 그러므로 풍자와 해학은 다름 아닌 한의 도착현상이라고 지하는 보는 것이다. 말뚝은 기민한 재치와 과감한 행동으로 양반에게 먹히면서도 결국은 먹어버리는 승리를 거두면서 춤과 노래와 환희로 이끄는데 거기에 참 인간성 곧 코이노니아가 실현되는바 이것을 그는 '신의 역사개입'이라고 말한다. 한이란 결국 민주에 대한 지배자의 가렴주구, 억압의 감정적인 축적인데 "쌓이고 쌓이는 한이 유전하고 전승해서 민중의 피 속에서 끓고 있으며", "반체제적 사상과 행동의 정서적 핵심"이라고도 규정한다. 이것이 '한의 기원(Genesis)'인데 나아가서 그는 한의 구조·내용·발전(폭발)을 더듬으려고 한다. 한에 관한 가장 극적인 묘사는 한이 사람을 잡아먹는 괴물로 출현하는 대목이다. 「성지」에서는 한이 불가사리(쇠를 먹는 괴물짐승)가 되어서 모든 죄수들을 지배하는 망령이 되고 「말뚝」에서는 한이 이매(하회탈춤에 나오는 양반 잡아먹는 괴물)로 등장한다.

「성지」의 불가사리 대목의 메모를 여기에 옮겨놓는다. "한(억압의 침전물) 그 자체가 인간의 정서로부터 고체화되어 독립되어서 괴물로

성장(불가사리처럼), 엄청난 추와 악의 에네르기의 구체적 실체로 등장
하여 모든 수인들은 지배 지휘하는 영웅이며 망령이며 교주인 한의 존
재로 어떻게 묘사할 것인가?" 망령의 불가사리가 되어서 수인을 지배
하는 혹은 악몽의 이매가 되어서 양반도 잡아먹는 한을 어떻게 극복한
것인가?(기독교신학에서 죄와 악이 인격화·의인화되어서 사탄·마귀가 되
듯이, 여기에서는 한이 인격화·의인화되어서 불가사리·이매가 되었다).

작자의 구상에는 「성지」에서나 「말뚝」에서나 파상적으로 공격하
는 반항이 첫째 피크(peak), 둘째 피크, 셋째 피크로 고조되고 전개되
어서 결국 승리와 환희와 코이노니아로 이끌어가는 시나리오인데, 지
하는 여기에 곁들여서 '단(斷)의 철학'과 '한의 사제직'과 '민중의 한을
풀어주는 교회'에 관한 메모를 보여준다.

단이란 첫째로는 이 시인의 자기부정이다.

모든 안락과 평안과 소부르조아적 꿈의 순환과 깊이 모를 세속의 늪
을 내 마음과 육신에서 동시에 끊어버린다. 이것은 나의 신앙의 전적
내용이다. 격렬한 자기부정만이 나의 혈로임을 안다. … 나그네로 떠
나자! 나여! 모두를 버리고! 그것이 내가 내 생 자체로서 보여주고 실
현해야 할 혁명인 것을! 미망은 이제 끝난다. 아아! 내게는 아픈 저
허공의 외줄을 타고 가는 얼음재비의 슬픈 행위….

단에는 또 전 군중적 차원이 있다. 세속의 변혁을 위해 세속의 집착을
'근원적으로' 끊는 것! 순환의 고리를 끊는 것! 단! 쌓이는 한과 거듭하
는 단! 한편에는 살육과 무한보복과 파괴와 끝없는 증오를 불태울 무
서운 한의 축적이, 다른 한편에서는 그것의 악순환적인 폭발(즉자적
폭발)을 억제 조작해서 보다 높은 정신적 힘으로 승화하는 단의 반복
이 필요하다. 한과 단의 복잡화와 그 변증법적 통일, 통일의 전 군중

적 차원의 전개 → 나의 예술적 결정적 테제의 하나.

단이란 한의 극복이며 개인적으로 자기부정이며 집단적으로는 복수의 악순환을 끊는 것이다.

한과 단의 변증법적 통일에 관해서 그가 얼마 후 자기만을 위한 메모가 아니고 독자를 의식하고 쓴 「양심선언」에서는 다음과 같이 도식화하고 있다.

민중의 한과 분노를 그 자학적인 발산으로부터 해방하여 그것을 하나님의 공의를 요구하는 강인하고 격렬하고 우렁찬 아우성으로 나아가서 필요한 경우에는 그 결정적이고 조직적인 폭발에로 발전시킨다…. 이 기적과 같은 전환은 인간의 종교적 결단, 내적 영신적 쇄신에 있다.

지하는 이러한 단의 철학을 지닌 한의 사제로 자처한다. 자본주의 식민주의와 고전적 의미의 폭정-분단-조작-억압의 제3세계의 '남'의 인민들의 한, 그 비참한 희생의 망령들의 한을 대변하는 '한의 사제'가 된다는 것이다. 나아가서 그는 그 인권운동의 저미(低迷)에도 불구하고 교회에 머무를 것을 다짐하며 민중의 교회가 되기를 바란다.

민중적 한을 풀어주는 위로자로서의 교회, 그리하여 한으로 인한 폭력의 순환고리를 끊어야 하는 교회, 순환을 (전진)운동으로 바꿔야 하는 교회, 그러기 위해서는 한정된 폭력을 접수 용납해야 할 교회, 모든 진보사상과 어둠 속 투사와 레디칼들의 성소(santuary)이어야 할 교회.

「명산」이나 「성지」나 「말뚝」의 작품 메모에서는 '단의 철학'이나 '한의 사제' 사상이 작품 속에 포함되지 아니한 채로 적혀져 있다. 그러나 그 메모책의 마지막 것(카드 약 200매)은 오로지 담시 <장일담>에 관한 메모로서 단의 철학과 한의 사제직이 장일담이란 주인공의 모습 속에 완전히 통합되었고, 나가서 주인공 자신이 한의 성육신이기 때문인지 한에 관한 별도의 설명이 거의 없다. 위에 말한 여러 가지 요소가 장일담에서 예술적으로 완전히 융합되었을 뿐만 아니라 이 작품이야말로 한의 신학이다.

10. 〈장일담〉의 이야기

한의 이야기이며 그 전기, 그 성육신, 그 역사 그리고 그 극본인 <장일담> 구상의 대략적인 윤곽은 이러하다. 이 담시 구상 메모의 맨 처음에 '복음적 형상의 전제(서시)'라고 적으면서 '말씀'에 대한 성찰을 하고 있는데 그것은 아마도 예수의 이야기의 엮음인 요한복음서의 형식을 본 딴 것으로 보인다. 이 말씀에 대한 성찰을 그의 처형 전에 한 예언에도 또 그의 부활과 후일담에도 되풀이되는 것이기에 <장일담> 이야기의 핵심이라고도 말할 수 있을 것 같다.

장일담은 스스로 말씀이 아니라 말씀의 슬픈 추억 '억압-침묵'이며, 육신이 된 한이며, 곧 '비어'임을, 말씀의 부활이 폭풍처럼 올 것을 알리는 비어임을 선언, 이 폭풍은 곧 민중이며 말씀은 해방과 혁명 그 자체이며 그는 죽어 폭풍 가운데 부활하리라고 예언.

이 메모를 시도적으로 해설해 보자면 인간 존재란 본래 말씀(자유)인데 그것을 억압(침묵)하면 한으로 실체화되고 한은 다시 비어로 부활해서 폭풍(민중의 혁명)이 된다는 생각인 것 같다. 이러한 서시 다음에 장일담 이야기는 "침묵과 억압으로부터 '말'의 '자유'를 탈취하고 '육신'의 '해방'을 위해 탈옥한다." 그러니 그의 출발점은 감옥이다. "그는 현실적 모순 자체인 감옥 '밑바닥의 한과의 일치'로부터 자유를 향해서" 탈옥하는 것이다. 이 탈출의 길을 그는 "인생의 '흐름' '어둠'을 '거꾸로 거스르며' 밑바닥에서 하늘 꼭대기로 가는 길을 가는 나그네"의 길이라고 말한다. 같은 길을 이렇게 메모한다. 그의 행적은 모두 "불행한 민중의 타락해가는 방향(농민 → 이농 → 노동자 → 실업 → 빈민 → 인류 상실 → 도둑 → 범죄 → 감옥)을 역으로 거슬러 가는 여행이다." 이 여행(도망) 과정에서 극적인 득도도 하게 되고 여러 부류의 사람을 만나 많은 논쟁도 하게 되고 그러는 과정에서 복음적인 진리를 점차로 더 깊이 터득해서 해방의 설교자가 되고 제자를 모아 가르치며 같이 수도 정진(천주투쟁)하며 공동체를 형성하여 코이노니아를 실현도 하고 새 세계의 도래인 해동극락을 선포하기도 하는 것이다.

감옥으로부터 탈옥한 백정 장일담은 수배되고 쫓겨서 창녀들이 있는 뒷골목에 숨게 되는데 그는 거기서 한 창녀가 아기를 낳은 것을 보게 된다. 그는 성병으로 신체가 썩어가고 폐결핵까지 곁들인데다가 또 정신이상에 빠진 폐인이다. 임신만삭이 되어 분만하는 것이다. 그는 그것을 보고 "아 썩은 신체에서 새 생명이 탄생한다. 하느님이 탄생하는 것이다"하며 득도하게 된다. 그는 엎드려서 "하느님은 바로 당신들의 자궁 속에 있다. 하느님은 밑바닥에 있다. 오 나의 어머니"하며 그녀의 발에 입 맞춘다. 득도한 그는 계속 경찰에게 쫓기면서 '해방의 설교자'로 나서서 산업선교하는 목사, 신부 혹은 지식인, 교수, 노조간부, 승려,

군인, 사회사업 목사 등과 만나서 논쟁하며 그들의 안일과 자기기만을 통박하기도 하고 스스로 배워가며 사상을 깊게 해간다.

처음의 직선적이고 폭력적인 형태는 점차 탄력을 갖는 유연성을 띠게 되고 또 '단(斷)의 철학', '나그네의 길'로 승화되어 간다. 후에 그는 그를 따르는 제자들을 끌고 계룡산에 들어가 코이노니아 공동체를 형성하여 제자들을 가르친다. 단, 이기적이고 안락한 유혹을 물리치는 자기부정, 원한의 무한보복의 악순환을 끊는 혁명, 하늘에 이르는 영원한 나그네 길을 가는 단의 철학을 가르치며 밥이 하늘(말씀의 성령)이며 밑바닥이 하늘이므로 바닥을 뒤집어서 하늘의 공평을 실현하는 인내천(人乃天)의 해석, 신과 혁명의 통일, 지상 양식과 천상 양식(자유)의 통일, 개인의 영적인 쇄신과 사회의 정의적 쇄신의 통일—이것을 지하는 가톨릭 신앙에서 발견했다고 고백하는데—의 사상체계를 세우고 시천주(侍天主: 하나님을 마음속에 모시는 첫 단계), 양천주(養天主: 하나님을 몸으로 성숙시키는 둘째 단계), 행천주(行天主: 투쟁 실현해내는 셋째 단계), 생천주(生天主: 죽음을 초월하여 부활한 청명하고 소박한 민중투사로 사는 단계)라는 천주투쟁(반성과 노력)을 가르치며 또 때로는 제자들에게 다가오는 자기 자신의 죽음과 부활을 그리고 말세의 임박을 예언하기도 하며 결국은 미래의 비전 해동극락을 선포하고 서울을 향한 진군을 시작한다. 해동극락이란 부르조아적인 선택받은 몇 사람만을 위한 유토피아가 아니고 메시아의 도래로 사회 전체가 새롭고 의로워지는 천년왕국적인 것이다. 그는 제자들에게 각각 깡통을 들게 하고 농촌이 도시를 포위하는 광경을 머리에 상상하면서 마귀와 부패의 상징 서울을 향하는 일대행진을 단행하는 것이다.

이것은 깡통을 찬 농민들의 기아행진으로서 갑오농민전쟁의 영상과 저 출애굽 행진의 영상과 "1971년 이후 줄기차게 전재되어 오고 있는 한국교회의 민권운동"의 행진을 합치시키는 시적인 상상인 것이다.

이 대행진이 서울에 가까워지자 권력자 폭군집단은 당황해하고 장일담은 현상 수배된다. 예수의 예루살렘을 향하는 행진에서와 같이 장일담은 그의 제자의 한 사람이 배신, 밀고해서 체포된다. 메모의 기록을 직접 인용하면 "그리고 재판 때 내 낙원은 이 땅에 있지 않고 이 땅으로부터 시작하여 저 서울을 지나 세계로, 우주로, 하늘로 그리고 모든 세월의 저편으로 이어져 나아가는 바람과 같은 이 외줄기 흰 길이다. 길이 곧 극락이며 나는 이 길을 가는 나그네다"라는 말에 장일담 혁명의 차원이 나타난다.

그는 결국 사형선고로 참수 처형된다. 그때 기적이 일어나서 처형된 장일담은 사흘 만에 부활하여 그 모가지가 배신자의 모가지를 떼고 배신자의 몸통에 붙는 기묘한 결합을 하게 되는데 이것을 지하 자신은 "복수이면서 동시에 악인까지도 구원하는 기이한 장일담의 사상표현"이라고 한다. 정의와 진리를 말하는 머리통이 불의와 허위를 운반하는 체구와 결합해가지고 부활한 자의 말씀(비어)은 폭풍(민중)이 되어, 그 운반 장치를 이용해서 전국 방방곡곡에 퍼져나가는 것이다. 그 말씀이란 이런 것이다.

밥이 하늘입니다 / 하늘을 혼자 못 가지듯이 / 밥은 서로 나눠 먹는 것 / 밥이 하늘입니다 / 하늘의 별을 함께 보듯이 / 밥은 여럿이 같이 먹는 것 / 밥이 입으로 들어갈 때에 / 하늘을 몸속에 모시는 것 / 밥이 하늘입니다 / 아아 밥은 / 모두 서로 나눠 먹는 것

장일담은 백정의 자식이며 그 자신 또한 백정이다. 인간 속에 있는 짐승을 죽이는 상징이다. 그 육신적 족보를 말하자면 동학란 때 삼족이

멸하고 창녀와 붙어 난 자식 하나가 살아남고, 일제 때 독립군하다 죽고 또 창녀와 붙어 난 자식 하나가 살아남고, 6·25때 빨갱이로 몰려 죽고 또 창녀와 붙어 난 자식 하나가 살아남는데, 삼 대째 백정과 창녀의 족보다. 이것은 바로 한국 민중의 한의 족보를 상징한다. 그런데 그의 정신적 족보에는 만적, 임꺽정, 박장각, 갈처사, 장길산, 홍경래, 전봉준, 묘청, 사명당, 수운, 만해 등 혁명적 반항아들이 들어 있다. 그가 처형당할 때 나이 33세였다. 그의 출생과 생애, 해방의 설교자, 제자의 배신, 예언과 부활, 재판과 처형은 그대로 예수의 생애의 복사다. 결국 장일담은 1970년대에 한국에 출현한 예수라는 것이다. 그리고 장일담의 이야기는 바로 한국민중의 사회적 전기이며 한의 성육신인 동시에 한의 극복(한풀이)을 노린 것이다. 이 옥중 메모를 기록할 때(1977) 지하의 나이가 33세였다. 이 시인은 장일담과 한국 민중과 한국 예수 그리스도를 동일화하고 나아가서 자기 자신의 영상을 그 위에 겹쳐놓은 것이다.

한국교회의 민권운동과 구약의 출애굽 행진의 영상을 동일화하고 한의 민중 속에서 예수를 동정(同定, identify)하고 장일담의 행각에서 그리스도의 사업을 동정하고 거기에 자기 자신을 위탁할 때 바로 구원과 해방의 사건은 발생한다.

11. 보충하는 신학적 고찰

김경숙의 경우나 오원춘의 경우나 모두 구체적인 사례이고, 구조적인 집약이고 법례적인 경우다. 그리고 오래된 옛이야기나 전설과도 같이 김경숙은 창문으로 뛰어내려 자살했다고도 하고 살해되었다고도 한다. 오원춘은 자기의 부도덕한 행위를 위장하기 위해서 연극을 꾸몄다고도 하고 그렇지 않을 것이라고도 하는데, 이러한 사정이 바로 한이며 어굴(語屈)함이다. 한의 사회심리학이라고 할까 한의 구조라고 할까 하는 그 소문에 의하면, 이렇게 해명되지 못한, 한풀이가 되지 아니한 혼백이 성숙의 세계로 가버리지 못하고 아직도 살아 있는 사람의 세계에서 배회하면서 관계있는 사람들을 괴롭히는 것이라고 한다. 그리해서 유령으로 또는 유언비어로 떠돌아다닌다는 것이다.

(1) 예수의 경우, 예언자의 경우, 계약법전(출애굽기 20:22-23:19)의 경우에 다 같이 집권자, 부자의 죄악에 대한 경고와 규탄이 선포된 데 대해서 가난한 자, 눌린 자, 소외된 자에게 대해서는 위로와 희망과 그들과의 동일화가 표명되었다. 이러한 선포 자체가 구조적인 사회에 대한 인식을 전제하고 있다. 그런데 오늘날 하느님의 말씀을 전한다는 사역자들의 대부분의 경우 그들의 '증언'은 도리어 회중에 대한 죄와 회개가 선포되고 그로써 권력구조의 이데올로기를 대변하는 형편이다.

> 그(예수)는 저들에게 아무런 조건도 제시하고 않고, 있는 그대로의 그들을 하나님의 아들과 딸로 받아들였다. 세상이 저들을 죄인으로 낙인찍은 것을… 예수는 묵살해 버렸다. 그러므로 이른바 죄인을 책망하는 데는 한 곳도 볼 수 없고 바로 눌린 자와 가난한 자(죄인)들을 비판(정죄)하는 저들을 비판한 것만 전해질 따름이다(안병무, 『민중신학 ― 마가복음을 중심으로』).

이러한 판단을 확인시키는 성서연구를 제시하는 것은 중요한 일이라고 생각된다. 세리, 죄인, 이방인 등에 대한 마태복음서, 누가복음서 Q자료의 경우에는 그들이 소외시된 부적 존재(負的存在)인 데 반해서,

예수의 형태를 가장 잘 반영했다고 보여진 마가복음서에는 그들이 "무조건 받아들여졌다."

마태복음서의 경우, "그러나 그들의 말도 듣지 않거든 교회에 말하고 교회의 말을 듣지 않거든 그를 이방사람이나 세리와 같이 여겨라"(18:17).

누가복음서의 경우, "너희가 사랑하는 사람만은 너희가 사랑하면 자랑할 것이 무엇이냐? 죄인들도 자기를 사랑하는 사람들을 사랑한다… 죄인들도 그만한 일은 한다… 죄인들도 고스란히 받게 될 줄 알면 서로 꾸어준다"(6:32-34).

Q자료의 경우, "너희가 너희를 사랑하는 사람들만 사랑하면 무슨 보상을 받을 것이냐? 세리도 그만큼은 하지 않느냐? … 이방사람들도 그만큼은 하지 않느냐?"(마가 5:46-47).

위의 여러 경우에 세리, 죄인, 이방인은 수준 이하의 인간 존재라는 전제를 두고서 하는 말들이다. 그러나 세리나 죄인에 대한 언급에서 마가복음서의 경우(2:15-17, 14:41) 그러한 차별시된 전제, 부정적 존재로서 언급된 바가 없다. 이것이 예수의 태도에 틀림없다(아라이, 『예수 그리스도』).

'회개'에 관한 문제에 있어서도 누가복음서에 17회, 마태복음서에 7회, 마가복음서에서 3회라는 통계나 그 씌어진 문맥으로 보아서 '회개'는 누가복음서의 저자의 이데올로기인 것같이 판단되고 마가복음서에 비친 예수의 경우에는 죄인의 회개가 그의 주제가 아니라고 판단된다.

이러한 연구들과 또 전통적인 신학체계를 감안한다면, 죄의 문제 이상으로 한의 문제가 논의되어야 한다는 것이 나타난다. '죄', '정죄'는 사회학적으로 볼 때, 흔히 지배자가 약자, 반대자에게 붙이는 딱지

(label)에 불과하기 때문에 '죄'의 사회학적인 분석 없이 신학적인 이론전개란 오히려 성서적인 근본 의도를 배반하고 역기능하게 된다. 그러므로 죄론에 앞서서 한, 곧 '범죄당한 경우'(sin against)가 문제되어야 할 것이다. 소위 '죄인들'이란 '범죄를 당한 자들'(those who are sinned against) 곧 억울한 자들이다. 말하자면 '죄'란 지배자의 언어이고 '한'은 민중의 언어라고 할 수 있다. 마치 백성이라는 말은 지배자(왕)가 민중에게 붙여주는 '지배자의 언어'인데 대해서 민중이라는 말은 민중의 자기 주권을 주장하는 내용을 지닌 '민중의 언어'이듯이 말이다. 민중의 언어는 쉬운 말, 서민의 언어라는 뜻 이상으로 민중의 주체의식이 담겨진 말을 뜻한다. 이것이 누가복음서 10장의 '착한 사마리아인의 비유'의 주제일 것이다.

2) 누가복음서 10장에 '착한 사마리아 사람의 비유'가 있다. 누가 내 이웃이냐고 '이웃'에 관한 정의를 묻는 율법학자(신학자)에게 예수가 "네 자신이 강도 만난 사람의(한의 소리) 이웃이 되라"고 대답한 내용이다 이 비유에 등장하는 인물들이 있다. 사제, 레위 사람, 사마리아인, 강도들, '강도 만난 사람', 여관주인 등인데 우리는 그중에 누가 그리스도의 역을 담당했느냐고 묻는다. 전통적인 해석대로 하자면 그 착한 사마리아인이 그리스도의 역을 담당해서 사경에 빠진 인간을 구원했다는 것이다. 필자는 이 비유에서 그리스도의 역을 담당하는 자는 '강도 만난 사람'이라고 생각한다. 강도를 만나서 얻어맞고 빼앗기고 사경에 처해서 도움을 부르짖는 그 사람이, 그 사람의 신음소리(한)가 바로 지나가는 사람들에게 대한 그리스도의 부름인 것이다. 그 사람에게 대한 태도가 바로 그리스도에 대한 태도다. 그 신음소리에 대한 각자의 응답과 행동에서 인간 속에 잠재해 있는 인간성이 실현되기도 하고 그렇지

아니하면 질식되어버리기도 하다. 거기에 구원과 멸망의 갈림길이 있다. 필자는 이렇게 찾아오시는 그리스도의 모습을 '세속적 그리스도'라고 명명한 바 있는데 분명히 이 비유는 유대교 신학, 성전 종교의 테두리를 비판한 것이다. 그 모습을 다시 '한의 그리스도'라고 해도 좋을 것이다. 이러한 세속적 그리스도의 모습은 마태복음서 25장 '양과 염소의 비유'에서 더한층 밝혀지는 바가 있다.

마태복음서 편집 차례에 의하면 역사의 예수가 마지막 설교에서 그의 재림을 약속하면서 "너희가 여기에 형제자매 중에 지극히 작은 자 하나에게 한 것이 곧 내게 한 것이라"고 하였다. 여기에서 마태는 최후의 심판을 신자의 사회생활의 현재에 결부시켰고 오실 심판자의 자리에 고난 받는 이웃을 세웠고 그리고 심판의 기준으로서 종교적 소속과는 상관없이 단순히 인간으로서의 응답과 책임을 제시했다. 약속된 그리스도의 재림이 고난 받는 이웃으로 제시되었다. 오늘날 교회가 이웃의 아픔과 그들의 한에서 재림하시는 그리스도를 동정(identify)하지 못한다면 그것은 저 유대교의 실패를 되풀이하는 것이다. 그들의 민족주의적 메시아 대망과 묵시문학적 상상으로 투사된 우주론적 종말신앙 때문에 그들은 나사렛 예수에게서 메시아를 인지하지 못했던 것이다. 아마도 기독교도 그 전통적인 기독론 때문에 같은 실패를 되풀이하게 될지도 모른다.

전통적 신학에 있어서 그리스도의 현존의 가장 뚜렷한 방식은 성찬식의 떡과 포도주를 통한 성례적 현존이다. 발타자르(Balthazar)에 의하면 인류의 역사는 우주론적 시대와 인간학적 시대의 두 시대경륜(dispensation)으로 구분되는 바, 전자에 있어서 떡과 포도주의 자연적 요소로 그리스도의 현존을 매개하는 데 비해서, 후자에 있어서는 고난 받는 이웃 곧 사회적 요소가 그리스도의 현존을 매개한다는 것이다. 마지막 날 저녁 식탁에서 떡을 떼시면서 "이것은 너희를 위한 내 몸이다"고 말씀하신 주는 그의 마지막 설교에서 "내가 주렸을 때 네가 내게 먹을 것을 주었다"고 말씀하시는 같은 주다. 이것을 발타자르는 "형제(자매)의 사크라의 은혜를 입듯이 우리 현실에서 이웃의 고난과 한에 연대할 때(약한 자의 침해된 권리를 세워서 그 한을 풀어줄 때) 우리는 새 시대를 도입하시는 메시아를 영접하는 속량의 은혜를 입는 것이다. 이것을 나는 '고난 받는 민중의 메시아성' 혹은 '한의 속량적인 성격'이라고 말한다.

3) 왕조 이전의 '원 이스라엘'의 헌법이라고 말할 수 있는 소위 계약법전(출애굽기 21-23장)이 있는데 그것은 BC 12세기에 완성된 것으로 아마도 구약 문서 중에 최초의 경전이다. 그런데 그 내용인즉 한마디로 약자—곧 가난한 자, 나그네, 고아, 과부, 신체불구자, 노예 등— 보호법이다. 야웨 하나님의 법은 본래 약자의 인권을 보호하기 위한 법이다. 오늘날 국가의 법이 다분히 강자, 부자의 신분과 재산과 생명을 보호하는 법인 것과 대조적이다.

> 고아들의 아버지, 과부들의 보호자, 거룩한 곳에 계시는 하나님이시다. 의로운 자들(homeless)에게는 집을 마련해주시고 갇힌 자들에게는 행복의 문을 터주시나 반역하는 자들은 초로에 버려두신다.
> …
> 하나님, 당신의 어지심으로써 굶주린 자에게 먹을 것을 마련해 주셨습니다(시편 68:5-6 10).

이러한 사회적 약자들을 구약성서에서 ani, anawim, ebion이라고 말했는데, BC 7세기의 예언자 스바니야에 와서 이러한 빈자, 약자, anawim은 새로운 깊은 뜻을 지니게 된다. 스바니야는 국가의 운명도 종교의 장래도 관리도 사제도 사업가도 온통 다 절망을 재촉하고 패망만이 임박했는데 그런데도 한 가닥의 출구·희망이 있는데 그것은 패망의 운명을 넘어서는 남는 자인 '가난한 자'(anawim)만이라고 한다.

> 하나님의 법대로 살다가 고생하는 이 땅의 모든 백성들아…. 너희만은 화를 면하리라(스바니야 2:3).
> 내가 기를 못 펴는 가난한 사람만을 네 안에 남기리니 이렇게 살아남은 이스라엘은 야웨의 이름만 믿고 안심하리라(스바니야 3:12).

위의 '고생하는 백성', '기를 못 펴는 가난한 사람들'은 anawim으로서 빈곤, 억압, 학대, 차별 때문에 한이 맺힌 자, 그래서 오히려 겸허하게 된 자들이기에 이들에게서 사회적 고난과 종교적 경건이 결합되었는데 한국 기독교인들은 이것을 '한 맺힌 자들'로 읽게 된다. 그들만이 패망으로 내닫는 역사를 넘어서 새 역사, 하나님의 나라에 초대받은 것이다(누가 14:15-24).

이런 사회적 고난과 종교적 경건의 결합은 예레미야, 욥기, 시편의 여러 기자들에게서 더욱 뚜렷해지고 그런 발전의 범례적인 사례가 이사야 52장 13절-57장 12절의 '야웨이 고난 받는 종'이다. 이 고난 받는 '야웨의 종'은 물론 메시아의 예형(豫型)으로서 다음에 예수 그리스도가 그 사명을 수행하는 것이다. 이것이 구속사적 전통의 핵이다. 출애굽 도상의 이스라엘이 바로 "너희야말로 사제의 직책을 맡은 내 나라, 거룩한 내 백성이 되리라"(출애굽기 19:6)이며, "낯선 땅에서 나그네 생활을 하고 있는" 초대 교회가 바로 "선택된 민족이고 왕적 사제들이며 거룩한 겨레이고 하나님의 소유가 된 백성"이듯이(벧전 2:9, 11) 고난받은 민중(구약의 anawim, 신약의 ochlos)이 백성의 속죄를 고난으로 집례하는 하나님의 제사장, 한의 사제가 된다. 되풀이하면 이것을 나는 "고난받은 민중의 메시아성" 혹은 "한의 속량적인 성격"이라고 말한다.

소리의 내력*

1. 구약성서 창세기 4장에 가인과 아벨 형제의 이야기가 있다. 가인은 농사를 지어 땅의 소산으로 하느님께 제사 드리고 아벨은 목축하여 양의 첫 새끼로 하느님께 제사 드렸는데 하느님께서 아우 아벨의 제사는 받으시고 형 가인의 제사는 받지 아니하셨다. 그래서 형은 아우를 들에 있을 때 쳐 죽였다. 그 후에 하느님께서는 가인에게 "네가 무엇을 하였느냐? 네 아우의 핏소리가 땅에서부터 내게 호소해왔다"라고 하셨다. 힘이 센 형이 약한 자 아우를 쳐 죽였는데 하느님께 호소한 핏소리가 오늘날 무엇을 의미하느냐?

지난 1978년 7월 12일 주간지에 조그마한 기사가 났다. '농심라면' 공장에서 6년간 일해 온 배관공 임석철(33) 씨가 "저임금 항의 투신자살"했다는 기사다. 보도의 내용은 임씨가 저임금으로 불평을 품고 술에 취해서 윗사람에게 항의하고 쇠파이프를 뒤흔들어 난동을 부리고 공장 물탱크에 투신자살했다는 것이다. 그런데 그 가족의 호소에 의하

---

* 「씨올의 소리」 1979년 7월호.

면 임씨는 자살한 것이 아니라 살해당했다는 것이다. 그 내용은 그가 공장 물탱크에 빠진 후 40분이 지난 다음에 시체를 인양했다는 점, 그 후 5시간 후에 가족에게 알렸다는 점, 그 시체는 심한 타박상을 입어서 온 몸이 멍이 들었다는 점, 그의 목뼈가 부러졌다는 점 그리고 사건 발생 후에 500만 원의 알 수 없는 돈을 회사 측이 가족에게 전달했다는 점, 회사 측에서는 전 종업원에게 함구령을 내렸고 그의 장례식에는 공장 동료가 한 명도 참석하지 아니했다는 점, 사건 당일 야근자들을 전원 퇴근시키고 휴가비와 보너스를 약속했다는 점 등을 들고 있다.

그는 월 30일 근무, 하루 평균 18시간을 일해서 그 임금으로 합계 89,365원이 계정되는데 그중에서 마을금고 상환금 및 불입금, 국민저축, 의료보험, 기타 공제하고 나서 실 수령액은 33,550원인 바 여기에서 월세, 수도세, 오물세, 전기세 그리고 외상 쌀값, 연탄 값 등을 지불하고 나면 약 20,000원이 남는데 이것으로 어머니, 아내, 두 아들을 거느린 5인 가족이 한 달을 살아가야 하는 형편이었다.

그런데 자살이거나 타살이거나를 막론하고 임 씨의 죽음은 우발적인 것이라고 하기 보다는 잠재적인 것의 표출이라고 하겠고, 한국 근로자의 예외적 사례라기보다는 대표적인 사례라고 보아야 할 것이다. 그의 저임금이 노동쟁의 같은 것으로 거론된다든지 그의 죽음(피)에 대한 가족의 호소가 당국에 의해서 조사된다든지 하는 경우라면 거기에는 어떤 의미에서 '유한'이라는 것이 없다고 할 것이다. 적어도 임 씨의 사건이 사회 발전에 어떤 공헌을 할 것이다. 그런데 이 경우에는 노동쟁의에 보탬도 되지 못하고 가족의 호소에도 아무런 반향이 없었다. 이런 경우에 특별히 한이 남는다, 한이 맺힌다고 한다. 노동조합도 수사당국도 또 신문보도도 외면해버렸기 때문에 어쩔 수 없이 그 '피의 소리'는 하느님께 호소할 수밖에 없는 것이다. 그것이 한이다.

2. 출애굽기 2장에 보면 애굽에서 이스라엘 백성은 노예와 농노로
서 진흙을 이겨 벽돌을 굽고 토목공사를 하는 등 고역을 하면서 "견디
다 못하여 신음하며 아우성을 쳤다"라고 했다. 그들의 '울부짖는 신음
소리'가 하느님께 들렸다고 하였다. 이 소리가 무슨 소리냐?

1977년 10월 18일 일간지에 재무부 조사에 의거한 통계가 보도되
었다. 근로자 6,779명 중 74.9%가 월수 3만 원 이하다. 「시사통신」 1978
년 10월 28일 보도는 16인 이상의 근로자를 가진 7,517개 공장의 39만
5천 6백 명이 월수 3만 원 미만이다. 「대화」지에 보면 1976년 5월 현재
제조업 분야 근로자의 64%(여성근로자의 경우는 80%)가 월수 3만 원 미
만이다. 탁희준 교수는 1976년 2인 가족 최저생계비를 5만 원으로 계산
했고, 근로자의 78%가 그 이하 수입이라고 했다. 1976년 노동자 한사
람의 평균 가족 수는 5.12인이며, 가구당 노동력화율은 1.21인이다. 이
것 재무부 산출 근거에 의한 것이다.

1979년 1월 29일자 일간지에 보도된 바에 의하면, 노총 계산으로는
근로자 가족 수는 평균 4.7인이며, 근로자의 69%가 가구주의 소득만으
로 생계를 유지하고 있다. 1978년 8월 26일 「동아일보」 보도에 의하면
전체 근로자 7백 93만 명의 76.7%가 과세미달자다(1976년 74.9%,
1977년 75.9%). 우리나라 GNP의 43%를 0.3%의 상층부 인구가 점유하
고 있으며, 또 18대 기업이 GNP의 47.4%를 점유하고 있다(1977년). 극
심한 부조리다.

「전남일보」 1978년 10월 12일 보도에 의하면 인구 하층 40%가
1965년에 GNP의 19%였던 것이, 10년 후 1976년에는 16.9%로 떨어지
고, 인구 상층 20%는 같은 10년 간 42.3%에서 45.3%로 증대했다. 우리
나라 직장 근로자의 노동 시간은 주 평균 60시간 정도이고, 이는 선진
국에 비해서 주 10시간 이상 더 일하고 있으며, 국제노동기구의 통계에

의하면 전 세계에서 가장 긴 시간이다. 산재율은 세계 최상위급에 속하며 매해 증가추세다.

가지가지의 열악한 조건 아래서 노동자들의 노조 활동은 극도로 제한되어 있다. 서민대중의 엥겔계수는 1969년 40.9%, 1971년 41.0%, 1972년 40.8%, 1973년 41.3%, 1974년 43.3%, 1975년 43.6%, 1976년 43.0%, 1977년 43.7%(농가는 1974년에 48.6%)이다. 이 지수는 극빈상태에서 더 가난해져 간다는 표시다.

이들은 견디다 못해서 아우성을 치고 있으며 그 소리가 외면되기 때문에 그 '울부짖는 신음소리'는 한이 되어 하느님의 귀에 들리게 된다.

3. 누가복음서 10장에는 '착한 사마리아 사람'의 비유라고 하는 예수님의 이야기가 있다.

어떤 사람이 예루살렘에서 여리고로 내려가다가 강도들을 만나 가진 것을 모조리 빼앗기고 마구 두들겨 맞아서 거반 죽게 되었다. 마침 한 사제가 그 길로 내려가다가 그 사람을 보고는 피해 지나가고, 또한 레위 사람도 그 사람을 보고는 피해 지나갔는데, 유대 사람이 이방인이라고 해서 멸시하는 한 사마리아 사람은 그 길로 지나가다가 그 사람을 보고 자기의 힘을 다해서 구원해냈다는 것이다. 여기에 강도만나서 폭행을 당하고 죽게 된 사람의 숨져가는 신음소리가 무엇을 의미하느냐? 사람이 외면하면 그 소리는 하늘에 호소한다. 그것이 이 땅에 찬 한의 소리다.

4. 야고보서 5장 4절에는 다음과 같은 말씀이 있다.

잘 들으시오. 당신들은 당신들의 밭에서 곡식을 거두어들인 일꾼들에게 품삯을 주지 않고 가로챘습니다. 그 품삯이 소리를 지르고 있습니다. 또 추수한 일꾼들의 아우성이 만군의 주님의 귀에 들렸습니다.

여기에서는 농민의 품삯이 소리를 지르고 있다. 한국의 농민은 전체 인구의 38%(1천 2백 30만 8천 명)다. 농지 없는 농가는 9만이 넘고, 소작농은 농민의 30%이며, 소작율은 50% 이상이다. 여기다가 농민의 이농현상이 심각한 문제를 제기하고 있다. 1962년부터 1977년 사이 지난 15년간에 이농 인구는 750만 명으로 추산된다. 그 기간에 우리나라의 전체 고용증대는 불과 150만이니, 600만 이상이 도시에 흘러 들어와서 무직 상태인 셈이다.

「동아일보」 1979년 4월 24일자 보도에 의하면 1975년에 21만 5천명, 1976년에 45만 9천명, 1977년에 42만 7천명, 1978년에 47만 8천명 이렇게 이농 인구가 매해 늘어간다. 농민의 수가 줄어든다고 해도, 농가의 67%가 경지 면적이 3,000평 미만의 영세농이기 때문에 기계농작으로 근대화하기도 어려운 형편이다. 1978년에 쌀(통일벼 계통) 한가마(80킬로그램) 생산비가 45,178원인데 정부 수매가격은 30,000원이니 농민들은 한 가마당 15,178원씩 손해보고 있다. 생산비에 미치지 못하는 손해액이 한 가마당 1975년에는 720원, 1976년에 3,954원, 1977년에는 6,484원, 1978년에는 15,178원(추가 기입: 1979년에는 18,300원, 1980년에는 25,307원, 1981년에는 12,060원)이며, 해를 거듭할수록 더해진다. 그것도 정부수매량은 총 생산량의 20% 정도다.

농민들이 쓰는 비료는 지난 10년간에 대략 3배의 양으로 늘고 값은 6배 이상 올랐다. 공장 생산가의 반액으로 수출되는 비료(요소비료의 경우)는 공장 생산가의 배액으로 우리 농민에게 배부된다. 1960년부터 1975년 사이 15년간에 제조업 물가는 6배 올랐는데 농산 물가는 고작

2배 정도 올랐다. 도시 근로자의 면세점은 매해 오르지만 지난 3년간 농지 면세점은 변동이 없기 때문에 면세되던 것도 세금을 물게 되는 형편이다.

농수산부 발행 <농가 경제 조사보고>에 의하면 농가의 호당 부채는 1970년에 15,913원, 1971년에 10,282원, 1972년에 13,914원, 1973년에 13,766원, 1974년에 26,091원, 1975년에 33,434원, 1976년에 74,421원, 1977년 81,564원(추가 기입: 1981년에 1백 40만 원 가농조사)으로 새마을운동 정상에 오른 이래 지난 8년간 매년 1만 원씩 늘어가고 있는 것으로 나타났다.

금년 4월 중순 채소 값이 또 '소리'를 질러댔다. 일간지 기사에 보도된 한 예에 의하면 농민이 씨마늘을 사서 8개월 동안 가꾸어 시장에 내면 그 씨마늘 값의 반액(1979년 6월 2일 「동아일보」, 종자 값의 6분의 1)을 받게 된다는 것이다. 1979년 5월 31일 「동아일보」 기사 '신현확 기획원 장관과의 농민의 대담'에 의하면 농지 한 마지기 200평에 평당 가격이 5400원이면 1백만 원이다. 농협 이자로 따져도 1년에 20만 원이다. 한 마지기에 넉 섬이 난다고 치고 작년 수매가 한 섬에 3만 원을 계산하면 한 마지기 수입이 12만 원이다. 이자로만 따져도 8만 원이 손해다.

농협은 농민을 위한다기보다는 오히려 농민에게 역기능을 하고 있고 농민 선교활동은 위협을 받는 형편이다. 이렇게 되면 하는 수 없이 농민들의 품삯이 소리를 지르게 되고 그 소리는 사람(정부)이 듣지 아니하기 때문에 한이 되어서 하늘에 호소하게 된다.

5. 잠언 31장 8-9절에 "너는 할 말 못하는 사람과 버림받은 사람의 호소를 위해 입을 열어라. 입을 열어 바른 판결을 내려 고통 받는 사람들과 가난한 사람들의 한을 풀어주어라"라고 쓰여 있다. 김지하의 메

모가운데 다음과 같은 말이 있다. "민중적 한을 풀어주는 위로자로서의 교회, 그리하여 한으로 인한 폭력의 순환 고리를 끊어야 하는 교회, 순환을 운동으로 바꿔야 하는 교회, 그렇기에 한정된 폭력을 접수 용납해야 할 교회, 모든 진보사상과 어둠속 투사와 레디칼의 지성소(至聖所)이어야 할 교회…" 위의 이스라엘의 잠언과 한국의 민중시인의 시상에 교회의 소명과 사명이 정확하게 그려져 있다고 보인다.

지하는 "시는 곧 비어라고 생각한다"는 취지의 발언을 하고 있다. 유언비어가 곧 '민중의 소리'라는 말이다. 구약 시편 19편에 "하늘은 하느님의 영광을 드러내고 창공은 그 손으로 지으신 것을 나타내어 보이도다. 이 날이 저 날에게 말씀을 전하고 이 밤이 저 밤에게 지식을 베풀도다. 방언도 없고 말씀도 없으니 그 소리도 듣지 못하는 도다. (그러나) 그 소리가 온 땅에 통하고 그 말씀이 땅 끝까지 퍼지도다"라고 했다. 신학적 술어를 쓰자면 하느님의 말씀의 존재양식과 유언비어 곧 민중의 소리의 존재양식은 어찌도 그리 흡사한지. 그러기에 인심(人心)이 곧 천심(天心)이라고 했던가. "들리지 않지만 온 땅에 퍼진" 민중의 소리를 듣고 대변하는 것이 하늘의 소리를 듣고 대변하는 것이 된다. 교회의 강단이 이 소리를 듣고 대변할 때 민중의 해방은 선포된다.

필자가 이러한 생각의 실마리를 풀어나가다가 얼마 후에 함석헌 선생이 오래 전에 써놓으신 더 분명한 말씀을 발견하고 놀랍고 반가웠다. 그것은 그의 논설 『인간혁명』(함석헌전집 제2권에 수록)에 있는 글이다.

시대의 말씀은 전체의 말씀이다. 참의 음성이요, 하느님의 뜻이다. 우주에는 하느님이 전이요 역사에는 사람(민중)이 전이다.

그러므로 시대의 말씀은 민중의 입에서 나와야 한다. 민심이 천심이다. 종교도 철학도 정치도 문학도 미술도 음악도, 다 이 시대의 말씀을 해보자는 것이지만, 정말 시대의 뜻을 그대로 나타내는 것은 민중이 직접 하는 말이다. 그것을 떠돌아가는 이야기라고 한다. 그것은 바람 같아 어디서 오며 어디로 가는지 알 수 없기 때문에 풍설이라 한다. 그것은 또 물같이 막을래야 막을 수 없이 번져나가기 때문에 유언이라고 한다. 또 그것은 버러지같이 조그만듯 하면서도 잡을 수 없이 날아다니며 콕콕 쏘는 것이 있기 때문에 비어라고도 한다….
역사의 나감은 이것 없이는 아니 된다.

6. 필자는 1966년 "현재적 그리스도"라는 신학논문을 발표한 바 있는데 그 일부 '세속적 그리스도'라는 항목을 여기에 요약하기로 한다.

"탈기독교시대, 세속시대에 그리스도는 어떻게 우리를 찾으시느냐?" '착한 사마리아 사람의 비유'(누가 10장)와 '양과 염소의 비유'(마태 25장)는 우리에게 세속적 그리스도의 모습을 생생하게 보여준다. 거기에서 그리스도의 모습은 종교적인 규준과 틀을 벗고 휴매니스틱한 스타일로 제시되었다. 먼저 '착한 사마리아 사람'의 비유를 연구해보자. 이 극에 등장하는 인물들이 있다. 한 사제, 한 레위 사람, 한 사마리아 사람, 강도들, 강도 만난 사람, 여관주인 등인데, 우리는 그중에 누가 그리스도의 역을 담당하고 있는가를 물어보자. 관례적으로 사마리아 사람이 그리스도 역을 담당했다고 말한다. 그런데 필자는 이 비유에서 그리스도역을 담당한 자는 '강도 만난 사람'이라고 생각한다. 강도를 만나서 빼앗기고 얻어맞고 사경에 처해서 도움을 부르짖는 그 사람이, 그 사람의 신음소리가 바로 지나가는 사람들에게 대한 '그리스도의 부름'인 것이다. 그 사람에 대한 태도가 곧 그리스도에게 대한 태도다. 거기에서 지나가는 사람들의 각자의 구원과 멸망이 결정된다.

그 신음소리에 대한 각자의 결의와 행동에서 인간 속에 잠재해 있는 인간성이 실현되기도 하고 또는 질식되어 버리기도 한다. 우리의 가는 길가에 버려진 아파하고 죽어가는 이웃의 신음소리는 곧 전통적인 용어로 표현되었던 내 구주의 음성인 것이다.

이러한 '세속적 그리스도'의 모습은 '양과 염소의 비유'에서 더욱 밝혀지는 바가 있다. 마태복음서의 편집 차례에 의하면 역사의 예수가 그 마지막 설교에서 그의 재림을 약속하시면서 "너희가 여기 내 형제 중에 지극히 작은 자 하나에게 한 것이 곧 내게 한 것이라"라고 하셨다. 여기에서 마태는 최후의 심판을 신자의 사회적 생활의 현재에 결부시켰고 오실 심판자의 자리에 고난 받는 이웃 형제 자매를 세웠고 그리고 심판의 표준으로서 종교적 소속과는 상관없이 거저 인간으로서의 응답과 책임을 제시했다. 약속된 그리스도의 내림은 우리의 인간성의 실현을 독촉하는 고난 받는 이웃으로 구현된다고 말할 수 있다. 여기에 이웃은 개인적이면서 동시에 사회적인 것이다.

만일 오늘의 교회가 고난 받는 이웃의 얼굴과 아픔에서 오시는 그리스도의 얼굴과 음성을 동정(同定, identify)하지 못한다면 그것은 유대교의 실패를 되풀이하게 될 것이다. 그들의 민족주의적 메시아 신앙과 묵시문학적 상상으로 투사된 우주적 종말론 때문에 그들은 나사렛 예수에게서 메시아를 인지하지 못했던 것이다. 아마도 그 전철을 밟고 기독교회는 그 기독론 신학 때문에 같은 비극을 되풀이하는 것일지 모른다.

전통적 신학에 있어서 그리스도의 현존의 가장 뚜렷한 방식은 성찬식의 떡과 포도즙을 통한 성례적 현존이다. 스위스의 가톨릭 신학자 발타자르(1905~)에 의하면 인류역사는 우주론적 시대(유신론적 시대)와 인간학적 시대(무신론적 시대)의 두 시대 경륜(dispensation)으로 구분되는 바, 전자에 있어서 인간의 환경은 자연인데 비해서 후자에 있어서는 인간 환경은 사회다. 그러므로 전자에 있어서 그리스도의 현존을 매개하는 것은 떡과 포도즙의 자연적 요소인데 대해서 후자에 있어서는 그리스도의의 현존을 매개하는 것은 사회적인 요소인 이웃과의 형제관계라는 것이다. 마지막 날 저녁식탁에서 떡을 떼시며 "이것은 너희를 위한 내 몸이라"고 말씀하신 주는 그의 마지막 설교에서 "내가 주렸을 때 네가 내게 먹을 것을 주었다"고 말씀하신 주다. 떡과 포도즙으로 화체(化體)하거나 또는 거기에 공존하신 그리스도는 이웃의 아픔으로 화신 혹은 현존하신다. 이것을 발타자르는 '형제의 사크라멘트'라고 하였다. 성찬식에서 떡을 함께 떼어 먹고 포도즙을 같이 나누어 마심으로써 주의 속죄의 은총을 입듯이 우리의 현실에서 이웃이 받는 고난, 옥중에서 신음하는 형제 자매들의 아픔에 같이 동참하고 그 한을 되씹을 때 우리는 고난의 십자가의 공동체로 결속되어서 새 계약의 백성으로 출애굽의 행진을 하게 되는 것이다.

애굽에서 학대받는 이스라엘 사람의 신음소리, 최저생계비도 받지 못하는 근로자들의 신음소리, 무직에서 범죄로, 다시 죄수로 떨어져서 국민의 울타리 밖에 추방당한 소외계층의 신음소리, 여리고 길에서 백주에 강도를 만나서 사경에 이른 사람들의 신음소리, "고문, 조롱, 채찍, 결박, 투옥. 불속에 타죽고 돌로 맞아죽고 톱으로 켜죽고 칼에 찔려 죽고 그리고 양과 염소의 가죽을 몸에 두르고 끌리며 학대받으며 토해 대는 울부짖음(이것이 아마 비녀꼽기, 방성구, 가죽조끼, 뒷수정 등등에 해당되겠지, 히브리서 11:34-38), 광야·산중·암혈·토굴에 버려진 한의 곡성, 곡식을 거둔 농민에게 지불되지 아니한 품삯의 소리, 이 소리가 지금 땅에 가득 찼다.

그런데 야고보서의 '소리의 내력'은 좀 다른 데가 있다. 애굽에서 시달리는 이스라엘 백성의 신음소리나 여리고 길에서 강도 만나서 죽게 된 사람의 신음소리와 같은 인간의 육성과는 달라서, 아벨의 핏소리, 불의가 합법적으로 위장되고 기아적 임금이 제도적으로 장치될 때 한의 소리는 고난 받는 인간의 육성이 아니라, 폭력에 의해서 제거된 정의가, 조직에 의해서 눌린 노임(勞賃)이 소리 아닌 소리를 지르는 것이다.

악한 법령에 눌려 있는 정당한 법의 소리, 악한 제도에 억압된 정의로운 제도의 소리, 이러한 소리의 내력을 알고 이러한 한을 푸는 데는 인격적·도덕적 차원에서 회개와 자선사업만으로 되는 것이 아니고 법률적, 정치적, 경제적 차원에서 구조적인 변혁으로 되는 것이다. 아니 사회의 구조적인 차원에서 부조리가 제거되는 것이 하느님의 공의(公義)가 서는 것이요, 예수의 십자가형의 속량이 발효하는 것이요, 그것이 성숙하고 온전한 의미에서의 도덕과 종교의 차원이다.

앞에서 나는 이러한 신음소리, 한의 소리를 이 세속 시대에 오신 그리스도의 음성이라고 말했다. 발타자르가 '형제의 사크라멘트'라고 말하는 경우에 나는 '고난 받는 민중의 메시아성' 혹은 '한의 속죄적인 성격'을 말하고 싶다. 우리 모두를 해방시킬 메시아의 도래는 고난 받는 민중의 신음소리, 한의 소리를 타고 오시는 길밖에는 없는 것이다. 고난 받는 이웃, 특히 우리가 구조적인 악이라고 부르는 것 때문으로 고난 받고 있는 이웃의 소리(아픔)에서 만나지 못한다면 이 시대에 다른 아무 데에서도 그리스도를 만나지 못한다. 이것을 가리켜 나는 '고난 받는 민중의 메시아성' 혹은 '한의 속죄적인 성격'이라고 말한다.

II부

새 시대(時代)를 갈망하여

우리의 부활과 4월 혁명

1. 민중의 역사적·사회적 갈망

부활이라고 하는 엄청나게 큰 약속과 상징을 이해한다는 것은 장님이 코끼리를 만져보는 격이라고 하는 사실을 미리 인정하는 것이 부활에 관한 지식의 초보라는 것을 전제하고 나는 이 글을 쓴다.

부활하신 그리스도에게 속한 자들의 부활에 관해서 묵시록 20장 5절과 고린도전서 15장 25절 이하에 같은 내용을 밝힌 바 있다. 우리의 부활은 인간 역사과정의 마지막 토막에 있을 역사적 운명으로 되어 있는 ① 먼저 그리스도가 이 역사적 운명의 처음 익은 열매로서 제일착으로서 부활하고, ② 그 다음에 그에게 속한 자들이 그 연속으로 부활(둘째 부활)하여 그의 메시아왕국에 참여하게 되고, ③ 다시 그 다음이 '마지막 시대의 마지막(역사의 한계점)에 도달하여 새 하늘과 새 땅, 곧 하느님이 '만유 가운데 있는 만유'가 되는 차례다. 그러므로 우리의 부활은 도래할 '메시아왕국'(千年王國)에서의 부활이다. 메시아가 도래하면 그에게 속한 자들은 죽은 자들이나 산 자들이나, 다 같이 한꺼번에 부활하여 잠자는 자가 새 아침에 깨어나듯이 기다리던 새 아침 곧 메시아왕국에서 깨어나게 된다. 그러므로 우리 부활은 이 지상 역사의 진행 과정의 그 어느 때 약속된 것이다. 예수의 부활은 그 전조(前兆)요, 그 보증이다.

인간 존재의 종극적 운명, 때로는 사후(死後)의 운명에 관한 것으로 '영혼의 불멸'과 '몸의 부활'이라는 두 가지 상징이 있다. 기독교신앙은 이 두 가지를 아울러 가졌다. 영혼의 불멸은 그리스적인 상징이라고 하고, 몸의 부활은 히브리적인 상징이라고 한다. 순수이념(이데아)의 초월계와 비실재적인 그림자의 현실계라는 이층구조(二層構造)를 가진 그리스 철학의 형이상학을 그 '삶의 자리'로 잡고 있는 그리스적 전통에서는 사람이 죽으면 영혼의 감옥이자 그 무덤인 몸을 떠나서 이데아의 세계에서 영원불멸의 존재가 된다는 것이다. 여기에 반해서 시간적 미래, 역사의 지평(地平)을 그 삶의 자리로 삼고 있는 히브리적 전통에서는 미래의 새 시대에 몸 곧 실체적인 인간이 부활한다는 것이다. 아마도 그리스에서는 본래부터 노예와 자유인의 이층구조의 사회가 이층구조의 형이상학을 산출하여 그 이층구조의 사회구조를 정당화시켰는지도 모른 다. 거기에 대해서 히브리에서 하느님의 백성이라는 단층구조의 공동체 내에는 그 사회가 낡아지면 다시 사회가 새로워진다는 약속과 희망이 필요했던 것인지도 모른다. 사회경제사적 역학(力學)에 의해서 기초가 상부구조를 조건 지은 것으로 보인다.

여하간 기독교는 위 두 전통을 같이 이어받았다. 그런데 사실인즉 콘스탄틴의 종교, 역사적 기독교에서는 실제로 히브리 전통보다는 그리스 전통이 우세했다. 서양 기독교, 서양 사상에서는 줄곧 '영혼의 불멸' 상징이 압도적으로 우세했을 뿐만 아니라 동양종교에서도 마찬가지다. 거의 기독교 특유한 상징인 '몸의 부활' 상징은 줄곧 가려진 열성

(劣性)적인 위치에 있었다. 영혼불멸의 상징에 의하면, 사람이 죽으면 (죽음은 다 단독적인 죽음이라는 것이 실존주의 철학의 교리다) 그때그때 단독적으로 불멸의 영으로 된다. 몸의 부활 상징에 의하면 우리는 기다렸다가 다 같이 한꺼번에 부활한다. 전자는 개인 인간의 운명에 대한 상징(개인적 상징)이요, 후자는 인간 존재의 사회적 운명에 대한 상징(사회적 상징)이다. 사후에 불멸의 영혼은 영원한[無時間的], 말하자면 신국에 개인적으로 입장하게 되는데, 부활의 경우에는 역사적인 미래에 도래할 메시아왕국에 단체 입장하게 된다. 그리스도의 몸의 지체로 연결되는 부활인 것이 다. 여기에서 신국(영혼불멸)과 메시아왕국(몸의 부활)의 두 상징에 관해서 잠시 고찰해보기로 하자.

본래 예수의 사신(使信)과 행태(行態)에 있어서 '하느님의 나라'는 타계적(他界的)인 것이 아니고 역사의 미래에 지금 눌린 자들이 상속받고 그 주인공이 될 약속의 새 시대를 말하는 것이었다. 그러나 앞에서 말한 그리스적 사상풍토에 들어가서 그리고 콘스탄틴의 왕권 종교가 되면서 기독교의 '신국'은 타계적인 피안이 되었다. 그 결과 구약성경의 예언자들이 말한 '여호와의 날'과 예수가 말한 '하느님의 나라'에 내포된 역사적이고 혁명적인 요소가, 피안적(彼岸的)인 신국(神國)＝천당 상징에서는 탈락되어버렸기 때문에, 다시 재림의 주-메시아왕국-천년왕국 상징으로 재형성될 수밖에 없었던 것이라고 보여 진다.

위에서 말한 바와 같이 역사적 기독교는 위 두 가지 상징을 아울러 물려받았다. 개인이 죽으면 천국에 간다는 신앙, 곧 개인 영혼의 절대적 가치가 보장되는 상징과 이 사회가 낡아지면 새 사회가 와야 한다는 사회 갱신에 대한 보장이 병립공존(並立共存)되어서 상호 견제되는 것이 불가피하기도 하고 바람직하다. 신국 상징이 메시아왕국 상징에 의해 삼켜진다면, 사회개혁을 위해서 개인 영혼은 희생되어도 좋다는 생각과 결말이 나올 것이고, 메시아왕국 상징이 신국 상징에 의해서 삼켜져 버린다면, 지상 역사의 마래와는 상관이 없는 타계적 신앙이 되고 말 것이 다. 양자택일이 얼마나 잘못된 길이라는 것 그리고 기독교가 아니라는 것에 관해서는 여기서는 다시 논할 필요도 없을 것이다. 그런데 역사적 기독교의 경우에는 메시아왕국 상징이 신국 상징 속에 먹혀버렸던 것이다. 역사적 기독교에서 압도적으로 유력한 상징은 타계적인 신국과 영혼불멸이었다. 메시아왕국은 완전히 망각되었고, 부활은 많이 말했다고 하더라도 부활과 천당을 연결시킨 것이지, 부활과 메시아왕국을 연결시킨 것은 아니었다. 다시 말하면 천국에서 부활하는 것으로 통했었다. 그래서 개개인의 부활로 생각한 것이다. 왜 이렇게 되었는가에 대한 설명 중에도 아마도 사회경제사적 연구가 가장 설득력이 있는 것으로 보인다. 지배자와 가진 자들은 천년왕국, 메시아왕국의 도래를 원하지 않고 도리어 무서워한다. 그것은 자기네들의 소유와 지위에 대한 위협과 그 전복을 의미하기 때문이다. 그러나 눌린 자, 가난한 자들에게는 메시아왕국의 도래가 절실한 갈망이다. 따라서 강자와 부자들은 메시아왕국을 이단시·불법화해버린 것이다. 그것이 역사적 기독교의 발자취이다. 그 반면에 신국 신앙은(그 본뜻이 그렇지 않다고 하더라도) 실제로는 지배자들이 피지배자들을 무마시키고 길들이는 도구로 삼기에 아주 좋은 약속이다. 역사상 그렇게 작용한 것이 사실이다. 여기에 종교는 지배자들에 의해서 유괴를 당한 것이다. 그래서 민중의 아편으로 역할을 하기도 한 것이다.

개인 영혼의 타계적인 영적인 구원(신국)과 사회구조의 역사적인 변혁(메시아왕국) 사이의 사회경제사적인 역학관계는 불교의 미타신앙(彌陀信仰)과 미륵(彌勒)신앙과의 관계에서도 잘 드러난다. 이러한 비교연구로서 우리는 사회경제사의 일반 법칙성을 재확인할 수도 있고 기독교와 불교가 서로서로 갱신과 재활성화의 길을 찾을 수도 있을 것으로 생각된다. 미타불은 현세(사바세계)불이고 미륵불은 차세불(次世佛), 미래불이다. 미타신앙을 예념(禮念)하면 사후에 서방정토(西方淨土) 극락(極樂)세계에 왕생(往生)한다는 데 대해서, 미륵신앙을 근구(勤求)하면 이 역사의 다음 시기인 용화세계(龍華世界)의 실현[彌勒下生]을 보게 된다는 것이다. 미타정토 왕생은 사후 불멸영혼이 신국에 간다는 데 상응하는 것 같고, 미륵하생 용화세계 실현은 몸의 부활로 메시아왕국에 참여하는데 상응한 것 같다. 그런데 중요한 문제는 한국 불교 역사상 줄곧 미륵신앙은 지배자들에 의해서 이단시당하고 억압당했으며, 미타신앙은 오히려 장려된 데 비해, 눌린 자들이 지배자들에 대해서 반기를 들 때에는 흔히 미륵하생을 빙자하고 반란을 일으켰다는 사실이다. 그러고 보면 민중의 염원과 갈망은 극락왕생이 아니고 미륵하생임이 분명하다. 전자는 타력적으로 왕생(죽어서 가는 곳)하는 것이고 후자는 자력실현[下生]이 이 세계에서 실현된다는 말이다. 한 가지 더 의미 있는 현장을 말하자면, 중국이나 일본의 불교 역사에서는 미타신앙이 성황함에 따라서 미륵신앙은 점차 자취를 감추고 마는데 한국의 경우에는 미륵신앙이 사회의 밑바닥에 아직도 여전히 강력하게 살아남았다는 사실이다. 한국 민중의 의지인 미륵신앙은 강인하게 살아남아 있다는 말이다. 한국 기독교의 경우에는 부유층 중산층의 교회가 천년왕국 상징을 완전히 상실한 데 대해서 밑바닥 민중 사이에서 일어나는 소총파적인 신흥 기독교의 경우에는 흔히 천년왕국 신앙이 살아 있는 것을 보게 된다.

요컨대 '몸의 부활'은 메시아왕국에 결부된 역사적·사회적 신앙의 상징이다. 몸의 부활은 천국으로 왕생한다는 약속이 아니라, 이 세계의 불의와 억압에 항거하여 역사의 제 시대에 다시 부활 하생한다는 민중의 의지이며 그 갈망이다. 영혼불멸과 신국이 지배자의 유혹으로 쓰여지는 데 대해서, 도래할 메시아왕국에서의 몸의 부활은 눌린 자의 갈망을 그대로 말하는 신앙이라는 말이다. 부활은 민중의 역사적 사회적 갈망이다.

2. 민중의 역사적 주체성의 획득

바울은 '부활의 몸'에 관해서 고린도전서 15장에 많은 논의를 전개하고 있다. 이 점에 관해서, 현대 신학에서는 '사체(死體)의 소생'과 '몸의 부활'을 구별한다. 몸의 부활은 물리적 생체(生體)가 죽었다가 그 사체가 다시 소생(resuscitation)하는 것과는 다르다는 것이다. 위경(僞經) 베드로복음서의 묘사에 의하면 예수가 묻힌 무덤에서 그 사체가 꾸물꾸물 움직이며 호흡을 시작하고 사지(四肢)를 놀리며 소생하는 광경이 기상적(奇想的)으로 자세히 묘사되었다. 그런데 경전을 편찬한 초대교회는 부활에 관한 이러한 묘사를 경전에 편입시키지 아니했다. '사체의 소생'은 사람이 일단 죽었다가 그가 살던 이 세계로 다시 되돌아오는, 말하자면 반려(返戾)이다. 그러나 '몸의 부활'은 지금의 우리가 아직 가보지 못했고 따라서 그 내용을 상상하기도 어려운 전혀 새로운 세계에로의 전진이며 새 탄생이다. 바울은, 부활의 몸을 영적인 몸이라고 했다. 그는 비유해 말하기를, 밀이나 콩 같은 알갱이로 씨 뿌리면, 때가 되어서 싹과 줄거리가 나듯이 썩을 육체와 부활의 몸은 그 형체가 전혀 다르다는 것이다. 부활이라고 해서 콩 알갱이가 다시 콩 알갱이로 반복되는 것이 아니라 새 몸, 새 형체로 변화한다는 말이다.

그러면 예수의 부활의 몸은 어떠한 것이냐. 부활의 실제는 무엇이냐. 이 물음에 대한 대답은 두 가지로 분류할 수 있으리라. 하나는 가톨릭 전통에서 내는 대답이고 또 하나는 프로테스탄트 전통에서 나온 대답이다. 가톨릭 전통은 보다 교회적인 전통이고 프로테스탄트 전통은 보다 성서적인 전통이다.

단적으로 가톨릭 전통에서는 예수의 부활의 몸을 교회라고 한다. 바울은 교회를 그리스도의 몸이라고 말했다. 그리스도 안에서 새롭게 맺어지는 관계, 새로운 공동체, 사랑과 봉사와 약속으로 맺어지는 신바한 몸, 그 공동체는 그리스도의 몸이요 그 그리스도의 몸은 교회다. 예수는 그의 교회로서 부활했다. 교회는 그리스도의 성육신의 연장이다. 그리스도를 머리로 하는 한 새 사람, 온전한 사람 — 이것이 예수의 부활의 실체다. 이 교리에는 고귀하고 신비한 진리가 담겨 있는 것 같다. 그러나 이 교리는 교회 절대주의, 따라서 모든 것을 교회의 입장에서 보게 되는 위험이 있게 마련이고 또한 부활이 미래의 새 사회에 대한 갈망이 아니라 현재의 신비한 은혜의 소유가 되고 마는 것 같다. 프로테스탄트적인 전통의 한 철저한 결말은 볼트만의 신학에서 보는 것 같다. 볼트만에 의하면, 예수는 죽고 그는 교회의 케리그마로서 부활했다는 것이다. 교회의 설교, 곧 성경말씀 그리고 그 본문에 의거한 오늘의 설교는 예수의 오늘의 부활의 실재라는 것이다. 이 주장은 황당무계한 것 같지만 해설할만한 가치가 있다. 첫째로 이것은 성서적인 전통에 선 프로테스탄티즘의 극단적 결실이라는 데 의미가 있다. 그러나 그보다도 근자에 와서 풍미한 해석학의 이론대로 예수사건에 대한 역사적인 보도는 성서뿐이고 그 사건을 오늘날 재연하는 길은 그 역사적인 유일한 문서를 오늘 우리가 해석하는, 그 해석에서 밖에는 없다. 2천 년 전의 예수가 오늘 우리에게 다시 오는 길은 이러한 역사적 해석학의 길, 곧 설교의 증거밖에 없다. 그러한 뜻에서 요한복음서 5장 15절에 있는 대로 예수의 말을 듣는 그때, 부활 사건이 발생하는 것이다. 교회의 해방의 말씀이 오늘의 그리스도 부활 사건이며 그 말씀을 들을 때가 곧 부활의 순간이라는 신학적 이론에는 프로테스탄티즘의 '말씀의 전통'이 첨예화된 것을 볼 수 있다. 그러나 여기에서 우리는 프로테스탄트의 개인주의적 인격주의를 엿볼 수 있는 것 같고, 부활의 미래적 사회혁명적인 차원을 볼 수 없는 것을 탓한다.

가톨릭교회의 부활 이해는 그 교회의 삶의 자리인 서양 중세의 봉건사회를 전제하고 있다. 프로테스탄트 교회의 부활 이해는 그 교회의 삶의 자리인 서양 근대의 자본주의사회를 전제로 하고 있다. 각기 사회경제사적인 제약을 받고 있음을 알 수 있다. 그렇다면 제3세계의 교회의 부활 이해는 또 다를 수밖에 없을 것임을 짐작할 수 있다.

예수의 부활에 관한 새로운 이해는 마가복음서의 부활 전승에서 찾을 수 있다. 다른 복음서의 원 자료가 되었고 그래서 지금도 성서학자들이 '역사의 예수'를 찾는 데 가장 중요한 자료가 되고 있는 마가복음서에 의하면, 장사 지낸지 사흘만인 안식일 아침 새벽에 예수의 무덤에 찾아온 여인들에게 흰 옷을 입은 한 청년이 "겁내지 마시오. 당신들은 십자가에 달리셨던 나사렛 사람 예수를 찾고 있지만 예수는 다시 살아나셨고 여기 계시지 않습니다. 보시오. 여기가 예수의 시체를 모셨던 곳입니다. 자, 가서 제자들과 베드로에게 예수께서는 전에 말씀하신대로 그들보다 먼저 갈릴리로 가실 것이니 거기서 그분을 뵙게 될 것이라고 전하시오"라고 말했다. 예루살렘에서 십자가에 처형된 예수가 부활해서 갈릴리에서 뵙게 된다는 말은 무슨 뜻인가. 여기서는 마가복음서 기자(편집자)의 신학이 깔려 있다. 마가복음서에서 예수가 평생 활동하신 갈릴리는 버림받은 민중의 땅이고, 거기 반해서 예루살렘은 지배자의 권좌다. 단순한 지명 이상의 상징적인 뜻이 뚜렷하다. 마가복음서에서는 '갈릴리'라는 단어는 13회 나오는데 거의 예외 없이 모두가 이러한 신학적인 의도를 함축하고 있다(1:9, 1:14, 1:16, 1:28, 1:39, 3:7, 6:21, 7:31, 9:30, 14:28, 14:70, 15:41, 16:7).

그 대표적인 경우, 3장 7절에 보면 갈릴리는 예수의 활동의 중심지여서 세계 각지에서 이곳을 향해 모여드는 것으로 되어 있다. 예루살렘이 전통적인 유대 민족주의의 사관에서 보아서 민족의 종말적 승리와 영광의 중심(서울)인 데 대해서 마가복음서에는 그러한 사관에 도전이나 하듯이 갈릴리가 소외된 민중의 종말론적 승리의 고향으로 되었다. 마가복음서에 '예루살렘'이라는 단어는 9회 쓰였는데(3:8, 3:22, 7:1, 10:32, 11:1, 11:11, 11:15, 11:27, 15:41), 이 복음서에는 예루살렘은 예수의 논적(論敵)들의 출신지이고, 예수가 예루살렘에 가서는 그 성 안에서는 숙박하신 일도 없으며, 거기에서는 논쟁 외에는 별로 하신 것이 없고, 민중의 지배체제의 권좌인 성전과 동일시되었고, 특히 그곳은 예수의 수난과 십자가형의 땅이며, 따라서 민족의 종말론적 승리의 중심이라는 개념이 탈락되었다. 이 점에 대해서 2천년 교회사의 탈정치화된 정통사관의 틀을 제공한 누가복음서 사도행전의 부활과 재림이 사사건건 예루살렘 중심인 것과는 현저한 대조를 이루고 있다. 마가복음서에서 예수의 선교의 장(場)은 전적으로 소외된 민중(오클로스)인데 대해서 누가복음서에서는 그것이 국민(라오스)으로 바꾸어진 것도 의미 있는 대조이다. 그러므로 '갈릴리'는 억압받고 있는 민중의 상징이요, '예루살렘'은 지배자의 권좌를 상징하는 말이다.

갈릴리에 가서 부활하신 예수로 '뵙게 될 것이다'라는 뜻은 무엇인가. 여기에 쓰인 '뵙게 될 것이다'($\delta\psi\epsilon\sigma\theta\epsilon$; 能動未來形)라는 구절은 복음서의 다른 경우(마가 13:26. 14:62, 요한 1:7, 16:16)에 미래의 그리스도 재림에 사용된 단어다. 그러므로 우리는 이렇게 생각할 수 있다. 예수의 부활의 몸, 부활의 실체는 민중으로 구성되리라는 약속이다. 갈릴리 곧 지금 소외된 민중이 종말론적인(혁명적인) 승리의 실체가 되리라는 말이다. 거기에서 예수의 부활을 목격하게 된다는 약속이다. 민중이 메시아왕국의 주인공으로 등장하게 된다는 약속이다. 예수의 부활이라는 것은 짓눌려서 죽은 것 같은 민중이 깨어나 함성을 지르고 머리를 쳐들고 자기 역사의 주체적인 역군으로 등장하는 것을 말한다.

예수의 부활은 지금도 그의 살과 피를 은혜의 사크라멘트로 받아먹는 가톨릭교회(어버이가 되는 교회)의 미사일 수도 있다. 예수의 부활은 그의 말씀과 행태가 프로테스탄트 교회(말씀이신 성자 교회)의 설교를 통해서 선포될 때 그때 일어나는 사건일 수도 있다. 그러나 갖가지 사회적 모순이 팽배한 제3세계에서 발생해야 할 십자가에 달리신 자의 사흘 후의 부활은 그의 선교의 작인(作因)이었던 눌린 민중이 도래하는 메시아왕국의 초대에 응하는 깨어남에서 목격하는 것이다. 이것이 교회의 제3의 형태인(성부·성자로부터 나오는) '성령 교회'의 선교이다.

우리의 부활은 곧 메시아왕국의 도래요, 메시아왕국의 도래는 곧 민중의 역사적 주체성의 획득이라고 했는데, 여기서 '메시아왕국'에 관한 짧은 성찰을 삽입할 필요를 느낀다. ① 메시아왕국(곧 천년왕국)은 첫째로 신국과 구별된다는 것을 위에서 말했다. ② 둘째로 메시아왕국은 '유토피아'와 다르다. 서양 사회사상사에서 유토피아는 그리스 사상의 흐름에서 나온 것이고, 천년왕국은 히브리 사상의 흐름에서 나온 것인 바, 전자는 엘리트가 썩어져가는 사회를 피해 대체적으로 외딴 섬에 가서 새 사회를 건설한다는 시나리오인 데 대해서, 천년왕국은 썩어가는 사회가 전체적으로 새로워지는 후천개벽(後天開闢)이다. ③ 셋째로 메시아왕국은, 현대 신학이 밝히는 대로 메시아의 통치, 메시아 정치를 의미한다. '왕국'이라면 봉건사회를 연상하게 하고 또 지역적 공간이 그 지배적인 내용이 되기 때문에 정권이나 정체(政體) 이상의 내용을 의미하는 메시아 정치라는 말이 더 정당하다. ④ 그리고 메시아 정치는 '정치적 메시아니즘'과 대립시켜서 이해하는 것이 도움이 된다(이 점은 김용복 박사가 강조하는 제안). 과학기술주의거나 공산주의거나 또 어떤 이념이거나를 불문하고 정치이념과 정치권력을 가지고 인간을 구원한다는 주장을 정치적 메시아 신앙이라고 하는 것인데 세속의 지배자나 피지배자는 다 같이 일반적으로 정치적 메시아 신앙에 사로잡혀 있다. ⑤ 그러면 메시아 정치의 내용이 무엇이냐. ㉠ 그것은 민중이 그 역사적 주체성을 획득하는 것이다. 그것은 메시아 잔치(누가 14:12-24 참조)와도 같은 것이다. ㉡ 메시아 정치는 그 정치방식으로서 통치하는 정치, 지배하는 정치, 다스리는 정치가 아니라 민중을 섬기는 정치다(마가 10:42-44 참조). ㉢ 그리고 그 내용은 친교(코이노니아, 사도행전 4:32-37)와 평화(샬롬, 이사야 11)다. 결론적으로 적요하면, 민중의 역사적 주권을 회복하는 부활의 약속인 메시아 정치는 정권교체적인 혁명의 테두리나 그러한 차원에 맴도는 것이 아니고 더 포괄적이며 더 철저한, 종말론적 형태변화(transformation)를 의미한다. 그것은 '몸의 부활'이라는 종교적 상징으로 밖에는 표현할 길이 없다.

3. 민중운동의 역사적 맥락

기독교의 종말론적 역사관에 의하면 예수 그리스도의 사건은 역사의 목적이며 그 종말이다. 초대 크리스천에게 역사의 종말인 예수 그리스도 이후에 세계의 지속은 그 이상 없고, 지금은 '마지막 때'다. 말하자면 지금은 이 ‘마지막 날’의 지속이다. 이 ‘마지막 시대’에 종말은 어느 때나(at every moment) 도적같이 오게 된다. 역사적인 지속은 이 이상 없다는 소극적인 면과 매순간이 종말이라는 적극적인 면을 비유로 설명해보기로 한다. 예수의 부활과 우리의 부활(그의 재림) 사이인 이 ‘마지막 시대’는 말하자면 무역사적(ahistorical) 시간이 경과하는 것이다(서양 근세에 와서 진보사관은 기독교의 종말론적 역사관의 세속적 변질이라 하는데, 초대교회의 사관은 종말사관이다). 이 무시간적 시간은 마치 남가일몽(南柯一夢)의 시간이라고 하겠다. 옛날 당나라 때 순우분(淳于芬)이라는 사람이 어느 날 자기 집 남쪽에 있는 늙은 홰나무 그늘에서 술 취해서 잠시 낮잠이 들었는데 꿈에 대괴안국 남가군(大傀安國 南何郡)을 통치하는 원님이 되어서 20년간이나 부귀영화를 누리다가 밥상을 받으라는 노복의 부름에 깨어났다는 고사가 있는데, 그렇게 꿈의 시간은 무시간적인 시간이다. 적어도 지난 2천 년간 지배의 이데올로기의 구실을 담당해온 왕권 기독교가 도적같이 임하는 역사의 종말에 관한 메시지를 망각하고 있었다면 그 정통 교회관은 남가일몽이라는 비판을 받아야 할 것이다.

그런데 다시 종말사관에 의하면 이 ‘마지막 날’에는 매순간이 메시아가 도래하는 종말적인 위기를 안고 있는 순간이다. ‘마지막 시대’에는 시간의 질(質)이 달라지고 역사가 그 실질적인 핵(곧 역사의 목적)인 종말적인 국면에 돌입하는 것이다. 비유로 말해보자. 내가 만나고 싶은 연인과 오늘 방과 후 5시에 A다방에서 만나서 같이 행동하기로 약속했다. 요즈음 교통 사정이 여의치 않기 때문에 5시부터 5시 반까지 사이에 약속한 장소에서 먼저 간 편이 기다리기로 했다. 우리에게 지금부터 5시까지의 시간은 그 시점을 향해서 흘러간다. 그러나 약속한 다방에서 기다리는 나에게 5시부터 5시 반까지의 시간은 전혀 질이 다른 시간으로 변하여, 그 시간은 어떤 미래를 향해 가는 시간이 아니라, ‘어느 순간에나’ 기다리는 약속이 이루어질 수 있는 ‘마지막 때’ 위기적인 시간이다. 크리스천의 역사의식은 이와 같은 것이라고 말할 수 있다. 어느 순간에나 메시아의 나라가 도래하면 부활하여 그의 부활의 몸에 연접되는 것이다. 나는 이러한 기독교의 종말론적 역사관의 틀을 가지고서 4월 혁명의 역사성을 이해해보는 것이다.

먼저 4월 혁명은 자기의 족보를 갖고 있다. 그것은 한국의 민중운동사다. 전통적으로 기독교에서는 세속사와 구원사를 대립시켜왔다. 그러던 것이 근자의 역사 이해에서는 전통적인 구원사관을 수정하여 세속사의 전개과정에서 ‘하느님의 선교’를 찾고 있다. 요즘 일반 사관에서 전통적인 왕조사관을 대체하는 민중사관을 더듬고 있다. 말하자면 민중사는 새롭게 민족의 구원사로 등장하는 셈이다. 한국의 민중운동사는 한국민족의 구원사라고 이해된다.

한국의 민중운동사의 기점(起點)을 찾는다는 것은 지극히 어려운 일일 것이다. ①『삼국사기』 고구려 본기 제5에 보면 억압과 수탈에 신음하던 민중이 일어서서 맨주먹으로 성공시킨 혁명이 기록되어 있다. 봉상왕이 그의 왕궁을 증축하느라고 백성을 심하게 괴롭힐 때 국상(國相) 창조리(創助利)의 주도 아래 평화적 정권교체를 극적으로 수행한(A.D. 300) 감동적인 기록이 있는데 이 혁명은 전적으로 ‘민중의 소리’로 수행한 혁명이다. ② 태봉의 궁예와 후백제의 견훤의, 통일신라의 전제왕권의 지배체제에 대한 항거의 사회적 기반은 ‘민중운동사적인 것’으로 보인다. 당시의 신라 장적에 의하면 정부는 각 촌락의 인구와 토지에 대한 세밀한 대장과 심지어 우마(牛馬) 수(數), 과목(果木) 수 등까지 어김없이 자세하게 기입하여 이로써 백성을 수탈했다는 것을 짐작케 한다. 궁예나 견훤이 대신라 항거의 대의(大義)로 내세운 것이 항상 민중의 염원이었던 미륵불의 하생이었다는 점도 그 항거가 민중 운동사적이었다고 짐작케 한다. 역사는 항상 지배자의 입장에서 씌어졌기 때문에 그러한 정사(正史)라고 하는 것을 뒤집어보아야 민중사가 판독된다. ③ 김부식으로 대표되는 반민중적인 고려의 지배체제·지배 이념에 대항한 묘청의 정권운동과 일연의 종교의식의 사회적 기반은 분명히 민중적인 것이었다. 이러한 대항·대립에서, 지배층은 항상 민중적·기층적·전통적인 문화와 시좌(視座)를 저버리고, 주체적인 역사의식이 결여된 채로 사대적인 모방에 흐른다는 것이 거의 운명적인 결정이라고 하는 것이 뚜렷하게 나타난다. ④ 원(元)의 고려 침략에 대항해서 끝까지 나라를 사수하겠다고 나선 것은 왕실이나 무신정권의 지배계층이 아니라, 농민들과 삼별초(三別抄)의 군인들로 대표되는 민중의 항쟁이었다. ⑤ 12세기 말 농민과 천민들의 전국적인 반란에서도 민중 해방의 어떤 역사의 방향이 나타난다. 조위총의 묘향산 난(1173), 공주의 망이 망소이의 난(1176), 전주 관노의 난(1182), 김사미 효심의 난(1193), 명주 농민란(1199), 진주 노비란(1200), 운문·울진·초전 등지의 농민연합반란(1202~12). 이러한 사회 기층질서의 전반적인 동요의 축은 개경의 만적(萬積)의 난(1198)이라고 할 것인바, 민중 사이에서 이때에 와서 노비의 신분해방을 포함해서 사회적 지위를 향상시키려는 민중운동이 점고(點考)되어 간다. ⑥ 조선의 양반사회에서 전호(田戶)와 또 화척(禾尺)·노비·백정·광대·사당 등 천민에의 천대와 수탈은 말할 수 없는 형편이었는데도 임진왜란(1592~97), 병자호란(1636)의 외침 시에 나라를 지키려는 의지는 지배층의 것이 아니었고, 각지에서 일어난 민중의 항거와 그들의 의병 궐기였다. ⑦ 19세기에 들어와서 정권의 특정지역 편중에 대한 반항인 홍경래의 난

(1811)과 ⑧ 삼정(三政)의 문란에 항거한 임술민란(1862)을 통해 민중의식은 점차 정치의식이라고 할 수 있는 수준으로 높아져가면서, 조직화되어 가는 것을 볼 수 있다. ⑨ 한국의 민중운동 사에 있어서 동학혁명(1894~95)은 경계표(境界標)와 같은 위대한 성취이며, 민중운동의 범례다. '인심 즉 천심 → 인내친 → 제폭구민 → 척양척왜' 등으로 주도 이념이 발전하며, 안으로는 민중봉기를 일으켜 정치적·사회적 개혁을 순연히 농민의 힘으로 성공시켜 마침내는 집강소를 통한 민중정치를 일시적이나마 실현한다. 여기에서 역사의 객체였던 민중이 자기 운명의 주체로 등장하여 자기 정체를 스스로 정의하고, 역사적 주체성을 쟁취하는 본을 세운다. 여기서 인내천 사상은 정치적인 혁명의 차원을 넘어선 '메시아 정치'를 가리킨다. ⑩ 20세기 초두에 남한 각지에서 일어난 화적(火賊)·동비(東匪)·서학(西學)·남학(南學)·영학(英學) 등을 총칭한 '활빈당투쟁'은 무장농민의 집단적 투쟁으로서 '자연평등', '사회빈부의 타파'·방가(邦家)의 혁신' 등의 사회적 이상을 내세운 민중운동이다. 활빈당이라는 이름과 그 이념은 16세기 허균의 최초의 국문소설인『홍길동전』에서 온 것인데, 홍길동은 민중의 집단적 인격, 민중의 '사회전기'(社會傳記)로서 민중이 자기 정체를 객관화시킬 만큼 성장했다는 것을 의미한다. ⑪ 독립협회(1876 1898) 및 만민공동회(1898)는 뚜렷하게 근대적 민권사상에 입각한 민족주의적 민중운동이었다. 밖으로는 열강의 경제적 이권 침해에 항거하고, 안으로는 언론·집회·출판의 자유와 형법적인 민권에 대한 주장 등, 근대적 민중운동의 대의를 전면에 내걸게 되었다. ⑫ 을사조약(1905)을 계기로 전국 각지에 일어난 의병 운동은 또 하나의 중요한 민중운동으로서 그 초기 단계에서 유생(儒生)들이 의병장이었던 것이 다음 단계에서는 평민 출신의 의병장으로 교체되는 과정은 그대로 민중의식의 성장을 나

타낸다. 의병운동을 통해서 민족국가의 수립을 위한 범민중적 각성이 일어나게 된다. ⑬ 한국민중운동사에 있어서 기미년 3·1 운동(1919)의 '민중운동'으로서의 의의는 근자에 더욱더 적극적으로 평가되어지고 있다. 지배체제의 이데올로기였던 유교가 아닌, 민중의 종교인 기독교·천도교·불교의 지도자들의 역할이 그것을 말하고, 더욱이 그 운동은 전국 방방곡곡 사회 각계각층을 총망라한 가운데, 농민과 학생이 그 주역을 담당했다는 점이 그렇다. 3·1 운동으로 비로소 민주주의 대한민국(상해 임시정부)이 수립되어 한용운, 신채호 등의 '민중이 주체가 되는 민족주의' ― 민중적 민족주의가 밝혀지며 민중의 역사의식과 자기 정체가 규정된다. 사실상 동학혁명-3·1 운동-4월 혁명으로 이어지는 민중운동, 민중의 갈망이 현재의 한국민족의 자기 정체(혼)를 규정하고 있다는 것은 역사의식의 공리와도 같은 자명한 전제로 되었다.

4. 메시아 정치에 대한 갈망

1) 위에서 본 대로 4월 혁명에는 그 족보가 있다. 민중의 의지가 걸어온 길고 긴 외줄기의 길, 민중이 그 역사적 주체성을 실현하는 메시아의 나라에 대한 강인하고 절실한 갈망의 족보다. 이것이 4월 혁명을 이해하는 전거(典據)이며 전제(前提)이다.

2) 4월 혁명의 역사기록을 읽을 때마다 더욱더 눈물이 글썽하는 감동을 받는다. 4월 혁명이란 무엇이냐. 역사가의 저술을 들어보자.

이승만 대통령을 에워싼 자유당정권은 단적으로 말하자면 독점자본과 경찰권의 야합이었다고 할 수 있었다. 독점자본의 반대와 함께 여러 가지 경제적 불균형상태가 조성되어가고 있었다. 이승만 대통령의 세 번째 중임의 선거 당일인 1960년 3월 15일에 마산에서 일어난 부정선거를 규탄하는 학생 데모는 서울에 비화되어 4월 19일에는 서울의 거의 모든 대학교 학생들, 고등학교 학생까지 들고 일어났다. 경찰은 이들에 발포하여 많은 사상자를 냈다. 계엄령하인 4월 25일에는 대학교수단의 데모가 서울의 시가를 누비고 이에 호응한 학생과 시민은 서울 시가를 온통 메웠다. 군대는 침묵으로 학생과 시민의 편에 섰던 것이다. 노대통령 이승만은 물러날 수밖에 없었다(한우근, 『한국통사』의 끝).

4월 혁명은 맨주먹밖에 가지지 못한 민중이 부정재벌과 독재정권을 타도하는데 성공한 한국사상 최초의 민주혁명이었다(이기백, 『한국사신론』의 끝).

국민은 이제 누구나 한국의 민주주의는 살아 있고 또 앞으로도 살아나가리라는 것을 의심하지 않았다(한우근, 『한국통사』의 끝).

3) 오늘날 권위가 있고 정평이 있는 한국사 책들은 예외 없이 한반도 5천 년 역사를 구석기시대부터 시작해서 1960년 4월 혁명을 하한선(下限線)으로 하여 기술하고 있다. 그리고 4월 혁명에 관한 사가들의 증언은 지극히 감동적이다. 한국인의 역사의식·주체의식 속에 4월 혁명은, 기독교 신학의 구원사에 있어서 역사의 목표이며 동시에 그 종말인 '예수의 부활' 사건에 그대로 해당되고 있음을 발견하게 된다. 아마도 그것이 역사의식 일반의 잠세적(潛勢的)인 구조인지도 모르겠다. 기독

교의 구원사 구조에 있어서 역사의 종말은 예수 그리스도(특수하게 그의 부활 사건)인데, 그것을 구원사에서 예발적 종말(豫發的 終末)이라고 해서 그의 결정적인 재림 때까지, 이 '마지막 시대'에는 어느 때나 도적같이 돌발할 수 있다는 구조다.

한국 교회의 역사적 경험에서는 부활절은 4월 혁명과 함께 겹친다. 4월은 부활의 달인 동시에 혁명의 달이다. 4월은 억압된 민중이 그 억압을 격파하고 민중이 자기의 주권을 되찾은 부활 사건이다. 거기에서 민중은 일체감을 느꼈으며 집단적 엑스타시, 종교체험 같은 것을 경험하면서 도래할 메시아의 나라에 대한 비전을 보았다. 민중을 억압하고 있던 구조적·체제적인 질곡을 민중의 소리로 뒤엎은, 구조와 체제의 갱신이었다. 무덤의 입구를 누르고 있는 바윗돌을 민중의 함성으로 굴려냈다. 그것은 정치의 영역에서 발생한 정치적 사건이면서 민중의 역사적 주체성을 가리키는 메시아 정치에 대한 갈망이다. 그 옛날 예수의 부활은 버림받은 갈릴리의 민중을 그 실체로 한다고 약속되었듯이, 오늘 한국에서도 십자가에 달리신 예수 그리스도는 억눌린 민중이 정치경제사의 차원에서 자기의 정체와 자기의 운명을 스스로 결정하는 주체로 부상하는 민중의 역사적 부활, 메시아왕국의 참여의 형식으로 부활하는 것이다. 부활절과 4월 혁명이 겹치는 한국 교회의 역사적 경험에서 예수의 부활과 4월 혁명은 서로 조명되어서 그 참 뜻과 정체가 드러난다. 부활과 4월 혁명은 억압적인 지배체제를 넘어뜨리고 민중이 메시아왕국에 참여하겠다는 민중의 정치적 갈망이다.

80년대 한국교회의 신학적 과제*

1. 역사적 · 구체적 논법

어느 시대에 있어서나 신학적 문제는 다원적이다. 80년대의 한국신학의 과제도 다원적일 것이다. 성서학도 발전시켜야 할 것이며, 특히 80년대에는 인류의 생태학적 위기를 극복하는 신학의 공헌도 있어야 할 것이며, 전통적인 교리신학도 자연과학적 · 사회과학적 새 발견에 의해서 재고되어야 할 것이다. 특히 80년대에는 한국교회사가들의 각별한 공헌이 있어야 할 것이라고 필자는 생각한다. 이 글은 '민중의 신학'을 제시하는 필자의 견해이기 때문에 80년대의 신학적 과제 전반에 걸치는 것은 못됨을 전제한다.

신학적 사고는 역사적 사고라고들 한다. 관념적이며 추상적인 논법이 아니고 역사적이고 구체적인 논법이라야 한다는 말이다. 신학적인 사고는 나아가서 실천적인 사고 곧 프락시스다. 그렇기에 그것은 역사적 객관성의 맥락에서 신학자의 희망과 주장과 실천을 전개하는 것이다. 이 글은 미래학적 외삽법(外揷法)도 점치기도 아닌 필자 나름의 역사적 사고다.

---

2. 선교 1백 주년의 의미 — 분단시대의 신학

한국개신교는 1980년대에 선교 백 주년을 맞게 된다. 1883년에 서상윤이 만주에서 그 자신 친히 번역과 출판에 참여했던 우리말 성서를 반포하려고 압록강을 건너 입국한 시점이 바로 한국개신교의 시작이라고 보는 것이 보다 타당하다고 필자는 생각한다. 서상윤은 그 다음해에 자기의 고향인 황해도 솔내에 최초의 프로테스탄트 교회를 설립했다. 특정한 교파의 외국선교단의 입국 시점이라든지 또는 한국천주교에서 처음으로 입국한 신부의 미사집행 시점에서 교회의 시작을 보는 것보다는 서상윤의 전도를 위한 입국 시점이 한국개신교의 역사적 시발점이라고 보는 것이 역사적으로 신학적으로 타당하다고 생각된다. 그렇다면 1983년은 개신교 백주년의 해다.

선교 백주년을 계기로 한국교회는 새로운 출발을 하지 않을 수 없게 되었다. 지금까지는 복음전파의 전래의·방향에 따라서 한국을 복음화하는 정복의 태세로 나섰던 것이다. 이것이 기독교왕국(Christendom)을 이 땅에서 확장하는 작업이었다. 그런데 교회사의 현대에 와서는 속(續) 기독교왕국시대(Post-Christendom Era)에 접어들었다고들 한다. 기독교왕국의 확장 과정에서는 기독교와 전통문화는 상호 이질적인 것으로 대립 내지 병행하고 있었다. 잘못된 경우에는 기독교는 한국 문화, 한국 사회에서 게토였다. 기독교의 토착화작업이라고 할지라도 그것은 기독교의 새 적응에 불과하며 경우에 따라서는 새로운 형태의 자기방어가 되고 만다. 속 기독교시대에 와서는 미시오데이(Missio Dei)의 신학에 따라, 복음은 한국 역사가 바람직한 방향으로 전개되는 데 공헌해야 할 것이다. 한국 역사와 기독교가 물 위에 뜬 기름같이 따로 떠돌 것이 아니라, 기독교는 민족사의 발전에 기여하는 것을 주된 사명으로 삼아야 할 것이다.

그럼 우리 민족사의 발전과 그 발전의 현 단계는 어떠한 것이며 나아가서 1980년대의 민족사적인 과제는 무엇이며 기독교가 거기에 공헌할 수 있느냐 하는 우리 민족사의 발전과 그 현 단계에 관해서 나는 여기에 한국사적 증언으로 이기백 교수와 강만길 교수의 사론을 소개하려 한다. 이 두 분이 같이 역사 발전이란 역사 발전을 담당하는 주체세력의 확대 과정이라고 말한다. 곧 인간 해방의 과정이라는 말이다. 그리고 이러한 사론이 현대의 지배적인 사관이라고들 한다.

이기백 교수는 한국사의 발전을 주로 사회경제사적 관점에서 더듬어가고 있다. 통일신라 이후의 발전단계만을 소개하면 다음과 같다. ① 통일신라의 김씨 전제왕권의 성립(AD 676), ② 신라 말 고려 초의 호족의 시대, ③ 고려 전기의 문벌귀족의 사회, ④ 무인정권(1196), ⑤ 고려 후기에서 조선 초까지의 사대부의 등장, ⑥ 조선 초기의 양반사회의 성립, ⑦ 15세기 중엽의 사림세력의 성장, ⑧ 17세기 중엽의 광작농민과 도매상인의 성장, ⑨ 19세기 초의 양반신분체제의 동요와 농민의 반란, ⑩ 1876년 개항 이후의 개화세력의 성장, ⑪ 독립협회(1896)에서 1919년 3·1운동까지의 민족국가의 태동과 제국주의 침략, ⑫ 3·1운동부터 8.15까지의 민족운동의 발전, ⑬ 8.15에서 4·19까지의 민주주의 성장 등이다. 이상은 지배세력의 변화에 기준을 둔 시대구분이며 동시에 역사담당, 주체세력의 확대 과정이다. 이 발전과정에서 민중은 첫째 오랜 기간 지배대상이 되어 있다가, 둘째 반항을 통하여 역사의 전환을 가져오는 계기를 마련하고, 셋째, 이러한 과정을 통하여 민중은 한 걸음씩 지배세력 곧 역사의 주체로 등장하는 길을 닦아가고 있다는 것이다. 이러한 방향으로 한국사는 일진일퇴하면서 전진하고 있다. 민족사 발전의 절대적인 과업에 선교 백 년의 한국기독교가 공헌하느냐 못하느냐에 교회의 의미가 있을 것이다.

근대사학자 강만길 교수가 역사 발전의 현 단계에서 민족적 과제를 제시한 것은 또한 큰 뜻이 있다. 그는 개항 이후의 백년사를 3단계로 구분하여 그 각 단계에서의 민족사적 과업을 명기한다. 개항(1876)에서 한일합방(1910)까지의 36년간의 원근 주변 강대국들이 우리의 국가적 주권을 노골적으로 경쟁적으로 침해하던 때이므로 민족사적 과제를 주권수호였으며 이것을 그는 국가주의적 내셔널리즘이라고 했다. 일제 강점(1910)부터 8.15 해방(1945)까지의 36년간은 나라의 독립을 쟁취한다는 것이 지상과제였는데 그것을 그는 국민주의적 내셔널리즘이라고 하였으며, 1945년부터 오늘날까지의 또 다른 36년간은 외부에 의한 국토의 분단이 모든 부조리와 비극의 근원이기 때문에 민족적 지상과제는 분단의 극복이라고 하며 그것을 그는 민족주의적 내셔널리즘이라고 말한다. 그렇기에 그는 우리 역사의 현 단계의 민족사적 지상과제는 분단의 극복이라고 주장한다. 한국기독교가 이 분단 극복에 공헌하느냐, 아니면 그 극복을 저해하는 세력으로 남느냐는 심각하게 반성해야 할 문제다. 프로테스탄티즘이 그 생태학적 환경이었던 자본주의 결과적 독소에 대해서 무지하고 민족의 의지를 무시하고 국토를 분단한 어느 외세에 여전히 의존한다면 한국교회는 분단 극복의 저해요소가 될 염려가 있다.

강만길 교수의 3단계의 주도이념을 나는 좀 달리 표현해서 첫 단계를 국가주의적 내셔널리즘, 둘째 단계를 민족주의적 내셔널리즘, 셋째 단계를 민중적 민족주의라고 명기해 본다. 나는 분단 극복의 민족적 의지를 민중적 민족주의라고 말하고 싶다. 민중의 의지와 역량으로 분단을 극복하는 길밖에는 없기에 말이다. 분단시대의 신학 형성이 80년대 신학적 과제이다.

3. 성서적 민중 전통

한국의 민중신학은 한국사의 민중 전통과 성서적 민중 전통을 상호 조명하고 통전하려는 것이지만, 여기에서는 성서적인 민중 전통의 일부를 소개함으로써 성서적 신앙이 민족사의 방향의 추진과 그 현 단계의 과제의 수행에 적극적인 공헌을 할 수 있다는 것과 또 그것이 80년대 신학의 과제임을 강조하고자 한다.

대체로 콘스탄틴 대제 이후의 기독교가 비정치화되어서 지배자의 이데올로기의 역할을 담당하던 구각을 벗고, 다시 본래적인(authentic) 성서적 신앙으로 되돌아가려는 '오늘의 신학'의 반성에 있어서 예수의 십자가형(刑)사건, 히브리인들의 출애굽 사건 그리고 7, 8세기의 이스라엘 예언자들의 사신은 그 중요한 전거가 되었다. 위의 예언자들의 직설적인 사신은 그대로 정치신학적인 내용이거니와 콘스탄틴의 기독교에서 비정치화·비역사화 되었던 예수의 십자가 처형과 출애굽 사건마저도 사회경제사적 관점에서 연구됨으로써 1960년대 이후 기독교가 정치적으로 재활성화 된 것은 주지의 사실이다. 이 세 가지 전형적인 전승기사가 다 당시의 사회적·정치적 경제적 부조리에 대한 하느님의 개입이라는 말이 되겠다.

그런데 한국 신학계에서 80년대 신학을 준비하려는 듯이, 1979년 말 이 방면에 공헌하는 의미 있는 세 개의 신학논문이 발표되었다(필자의 시야에 들어온 것 중에서). 세 논문 모두 연구 대상이 된 성서 본문을 사회경제사적 지평에서 연구하고 있는 것이 공통된 점인데, 발표된 시간적 순서에 따라서 먼저 서인석 교수의 『성서의 가난한 사람들』(분도출판사)의 일부(계약법전에 관한 연구)를 소개하기로 한다. BC 12세기에 완성된 계약법전(Ex. 20-23: 주로 E 문서)은 BC 8세기의 히스기아왕 때 된 신명기 법전(Deu. 12-16)과 BC 6세기 유배시대에 이루어진 성법전(Leu. 17-26)의 모체가 되는 최초의 법전이므로 이스라엘의 법의 전형적인 위치를 차지한다. 이스라엘의 역사는 다음과 같은 세 시대로 구분되는데 제1기는 가나안정착 이전 시대(BC 1850~1150), 제2기는 가나안 정착, 왕정시대(BC 1150~587), 제3기는 유배시대(BC 587~538)와 그 이후 신약 시대에 이르기까지. 문제의 계약법전은 히브리인들이 그때까지 유랑하다가 가나안 땅에 정착하여 이스라엘이라는 새 사회공동체의 처음 단계에 제정한 법전이다. 유랑의 시대는 말하자면 '원시공동체'와 같아서 그 공동체의 전원이 능력에 따라 일하고 필요에 따라 분배받는 한 가족 같은 총화단결된 공동체였다. 그러던 것이 정착하여 농경생활에 들어가니 강자는 더욱더 많이 차지하고 약자는 점점 더 빼앗기는 부익부 빈익빈의 부조리 현상이 진행되어서 공동체적 총화가 깨어지기 때문에, 바로 그 때문에 그 사회의 약자, 희생된자들, 과부, 고아, 떠돌이, 병약자들을 보호할 목적으로 제정한 것이다. 이 법전은 처음부터 끝까지 약자 보호법이다.

너희는 너희에게 몸붙여 사는 사람을 구박하거나 학대하지 말아라. 너희도 이집트 땅에 몸붙여 살지 않았었느냐? 과부와 고아를 괴롭히지 말아라. 너희가 그를 괴롭혀 그들이 나에게 울부짖어 호소하면 나는 반드시, 그 호소를 들어주리라. … 만일 너희가 이웃에게서 겉옷을 담보로 잡거든 해가 지기 전에 반드시 돌려주어야 한다. 덮을 것이라고는 그것밖에 없고 몸 가릴 것이라고는 그 옷뿐인데 무엇을 덮고 자겠느냐? 그가 나에게 호소하면 자애로운 나는 그 호소를 들어주지 않을 수가 없다.

여기에 하느님은 약자를 펀드는 분이다. 이 내용이 하느님과 이스라엘의 계약이고 이것이 이스라엘 사회의 모범이다.

다음은 안병무 교수의 연구 "예수와 민중"(「현존」, 106호)을 소개하고, 여기에 관련되는 이야기를 하기로 하자. 이 연구논문은 마가복음서 연구인데, 이러한 연구논문이 본격적으로 토의될 때 80년대의 한국신학의 전망은 밝고 의미 있어진다고 생각된다. 역사적인 예수의 생애에 관한 주된 역사 자료는 공관복음서들이며, 거기서 소급하여 그 공관복음서 둘의 역사적 자료는 마가복음서와 Q자료(마태와 누가가 마가복음서 이외에 사용한 또 하나의 주자료)이다. 마가복음서의 주 내용은 예수의 이적 활동이며, Q자료(Q복음서)의 내용은 예수의 어록이다. 사회경제적인 분석을 해보자면 전자의 전승적 담지자는 사회의 최하층 특히 사회적으로 차별시된 암하레쯔(또는 죄인)인데, 후자의 전승적 담지자는 소시민층이다. 다른 세 복음서는 "좀 긴 서문을 가진 예수의 수난이야기"(M. Käller)인데 마가복음서는 그 반대로 예수의 선교활동이 본론이고, 그 과정적 종점이 수난과 십자가형이다. 마가복음서는 이렇게 다른 세 복음서와도 대조적이거니와 나가서 바울 서신과도 다르다. 전자는 예수의 선교활동의 역사인데 후자는 그리스도의 속죄론 신앙의 변증론이다. 우선 이러한 점만이라도 밝혀지고, 교회가 그 역사적 예수에 충실해진다면 전통적인 기독교는 갱신될 것이다. 다음으로 마가복음서의 내용적인 특징에 언급하자.

예수는 항상 '무리'(Ochlos)에 둘러싸였고, 그의 선교 대상은 무리이며, 나아가서 그 자신을 무리와 동일시한 경향이 있다. 이 오클로스는 예루살렘의 문화적·종교적·사회적 지배집단과 대립되고 한 걸음 더 나아가 다음에 생긴 제가집단과도 대조적인 위치에 있는 것으로 묘사되어 있다. 그들은 천민(천한 직업을 가진 자), 병약자, 아녀자, 세리, 창녀, 가난한 자들이며, 당시의 지배체제 밖에 밀려나서 차별시 되는 것이 종교적으로 정당화된 '죄인들'이다. 예수는 이들을 편애하며 이들 편에 섰다. 예수의 행태에서 가장 주목할 사실은 예수가 저들을 받아들이고 옹호하는데 어떤 조건을 제시하거나 요구하지 않고, 있는 그대로의 그들을 받아들이고 무조건 영접하며, 또한 미래(하느님의 나라)를 약속하고 있다는 사실이나(안병무), Q자료(Mt 5:46, 47), 마태복음서(18:17), 누가복음서(6:32-34)에서는 '세리와 죄인'이 회개나 추방의 부(負)의 존재로 되어 있는 데 반해 마가복음서의 예수는 그들을 있는 그대로 무조건 받아들이고 있다. 마가복음서에는 예수의 선교 대상인 오클로스라는 단어를 36회나 썼고, 또 그 언어를 복음서에 처음으로 도입한 자는 마가복음서의 저자다. 뿐만 아니라, 마가복음서에 의하면 예수의 선교활동의 전반적인 장이 갈릴리로 되어 있다. 역사적으로 망각된 지대, 문화적·종교적으로 천시된 지방, 정치·경제적으로 억압과 착취의 고장인 갈릴리가 메시아의 선교활동의 중심이 되었을 뿐 아니라, 예수의 부활과 재림도 갈릴리 땅으로 되어 있는 반면에, 예루살렘은 예수의 수난과 처형의 땅으로 묘사되고 있다. 마가복음서는 역사적 예수를 가장 사실적으로 반영하고 있는 것으로 평가된다. 마가복음서는 참다운 의미에서 '민중의 복음서'이다. 16세기 루터의 종교개혁의 성서적 확신이 로마서, 갈라디아서에서 온 것이라면, 80년대 교회 갱신의 전거는 민중의 복음서의 노선일 것이다.

다음에는 박준서 교수의 연구논문 "히브리의 하느님"을 소개하자. 이 연구논문은 지난해 가을 한국신학회에서 발표한 것이고, 아직 활자화되지 아니했다. 이러한 연구로써 우리는 야웨 신앙의 본질을 파악할 수 있다. 중동지역의 고고학적 연구 진행에서 수없이 많은 토판문서들이 발굴되었는데 그러한 토판문서에 '하피루' 혹은 '하비루' 혹은'아피루'라는 어떤 집단을 지칭하는 언어가 빈번하게 나타난다. 1887년 카이로 남쪽에서 발굴된 아마르나문서(378개의 토판)는 BC 14세기의 이집트 18왕조의 것인데 거기에 "하피루가 침범하였다"느니, "하피루가 노예들과 합세하여 왕을 암살했다"느니 하는 말이 나오고(125회), 또 어떤 경우 시리아 지역의 총독의 문서에는 하비루들은 이집트를 돕는 편으로 씌어 있다. 뿐만 아니라 중기 청동기시대(MB 2100~Bc 1500, 메소포타미아, 히타이트, 시리아, 페니키아, 가나안, 이집트 등)에 발굴된 토판에서도 수없이 발견되는데 그 내용은 전쟁포로, 건축사업이나 채석장 같은 데 동원된 강제노동자, 또는 고대 이집트 사회에 흘러들어온 이방인, 경우에 따라서는 무법약탈자, 토벌의 대상이 되는 비적의 무리로도 씌었다. 그렇기에 학자에 따라서는 하피라(Hapira)를 노예로 해석하기까지 한다.

메소포타미아 지역의 유프라테스 강변에서 발굴된 마리(Mari)문서에 보면, 하피라(Hapira)는 용병들을 지칭하기도 하고 혹은 독자적인 무장 집단이기도 하며, 티그리스 강변에서 발굴된 누지(Nuzi)문서에는 하피라(Hapira)가 계약으로 고용되는 경우, 혹은 양자가 되는 경우가 있다. 그런데 의미 있는 점은 그들의 이름을 보면 여러 가지 다른 언어적 배경을 가지고 있는 점으로 보아, 여러 지역에서 흘러들어온 것임을 알 수 있다. 히타이트(Hittite) 지역에서 발굴된 문서에서는 '히부루(Hiburu)의 신들'이 등장한다. 페니키아에서 발굴된 토판에서는 하비루(Habiru)가 군인으로 언급되는데 그 명단을 보면 대부분이 셈족 계통의 언어가 아니라는 점이다.

이상의 것으로 추론하면 '히부루'(Hiburu)는 혈연공동체(민족)도 아니고 언어공동체도 아니고 문명공동체도 아니다. 하비루는 고대 근동 전역에 퍼져 있으면서 어느 안정된 사회질서에 뿌리박지 못하고 권리를 빼앗긴 변두리 계층, 하급계층을 통칭하는 말임을 알 수 있다. 이어서 박준서 교수는 고대 근동 문서 일반에 나오는 '아피루'(Apiru)와 구약 성서에 나오는 '이브리'(ibri)와의 언어학적 관계를 고찰하여 동일한 것이라고 결론짓고 나아가서 그 양자가 의미하는 내용이 과연 일치하는가를 연구한다. 구약성서에는 '히브리'라는 말이 32회 나오는데, 그 중 5회를 제외하고는 모두 족장들의 이야기에서 시작하여 출애굽까지에 국한된다.

그러므로 다윗의 통일왕국 수립 이전에는 히브리이고, 그 이후에는 이스라엘인데, 히브리는 넓은 의미이고, 그 히브리의 일파 곧 아웨 하느님을 섬기는 일족이 이스라엘이라고 이해된다. 내용적으로 떠돌이, 나그네, 이방인인 '아브라함'은 히브리 사람이었고, 요셉의 이야기에서도 그와 동족은 종이며 이방인인 히브리 사람이었고, 모세의 출생 기사에서도 히브리인은 같은 뜻, 곧 고대 근종의 토판문서의 뜻과 동일하다.

그런데 가장 의미 있는 것은 '야웨, 히브리인들의 신'이라는 말이 출애굽기에 5회 나오는데 야웨는 기득권자, 지배자의 신이 아니라 고대 근동 전역에 걸쳐 살면서 국적이 없고 착취당하고 학대받으며 떠돌아다니는 천민적인 사회계층의 신이라는 말이다.

필자는 위에서 예수의 십자가형과 출애굽 사건 및 BC 7, 8세기 예언자들의 사신(使信)을 상기시키고 같은 노선의 보다 새로운 연구로 '계약법전'과 '마가복음서'와 '히브리인의 연구'들을 소개했다. 필자는 이만하면 성서의 중추가 민중 동기임이 분명해졌다고 믿고, 이러한 신학적 작업은 역사적 기독교에 새로운 갱신을 약속하고 나아가서 이러한 민중 동기의 성서신앙은 80년대의 민족사적 과업을 수행하는 데, 다시 말해 민족사의 방향을 민중이 주체가 되는 사회로 전개하고 모든 사회적 부조리의 구조적 근원이 되는 분단을 극복하는 80년대 과업을 수행하는데 교회가 크게 결정적으로 이바지할 수 있다고 생각한다. 다음에 필자는 80년대 한국 신학의 구체적 과제 세 가지를 제안해 보려고 한다.

4. 한국신학의 구체적 과제

첫째는 앞으로의 신학의 새로운 지평 내지 방법으로 사회경제사를 제안한 바 있다.

① 현대 신학이 근대적 학문으로 자기정비를 하는 데 있어서 그 연구방법으로서는 성서연구에 역사비판 곧 역사적 연구 방법을 도입했다. 지금 신학은 역사비판을 연구 방법으로 사용하면 학문이라고 하고, 그것을 하지 아니하면 학문 이전의 교리신앙이라고 하도록 되어 있다. 사회경제사적 연구라는 것은 지금까지의 일반적인 역사비판의 방법의 연장이며 그 강화다(그러나 사회경제사적 방법에 국한한다는 말은 아니다).

② 위에서 소개한 서인석, 안병무, 박준서 교수들의 연구도 사회경제사적 방법을 적용한 것으로 보이고 예수의 십자가형이나 출애굽 사건도 같은 방법을 적용함으로써 비로소 현대에 필요한 의미와 힘이 나는 것으로 생각되거니와, '계약법전'의 저자(?)도 마가복음서의 저자도 사회경제사의 지평에서 의식하였기에 그러한 성취가 이루어진 것으로 생각된다.

③ 우리가 지금 바라고 있는 사회변화도 같은 지평에서 변화가 일어나야 하겠기에 말이다.

둘째, 80년대에 들어와서 신학자 특히 '민중신학자'들은 '민중의 언어'를 찾는 작업을 서둘러야 하겠다. 민중의 언어 없이 민중의 시대는 오지 아니한다. 이 방면엔 이미 우리 가운데에서 중요한 첫발을 내디뎠다. 하나는 현영학 교수의 "한국 탈춤의 신학적 이해"(1979년 10월 아시아신학자협의회 발표)요, 또 하나는 안병무 교수의 "그리스도교와 민중"(「현존」, 108호)이다. 두 분의 연구가 크나큰 시대적 의미가 있는 것인 동시에 깊이 있는 연구다. 현 교수는 지배계층 지식인의 관념적 개념 파악에 대해서 민중이 그 몸으로 느끼는 체험이 오히려 부조리한 실존을 비판·초월·변혁할 수 있다는 통찰이다. 안 교수는 전통적인 신학이 공소한 개념의 유희를 하는데 민중은 일상적 이야기로 상호소통한다는 것이다. 따라서 신학과 복음이 그들에게 전달되려면 민중의 언어와 이야기로 전해져야 한다는 것이다. '민중의 언어'를 찾는 한 천재를 우리는 김지하에게서 발견하는데 필자는 그에게서 '한의 신학'을 배워서 발전시키노라고 하고 있다. 그런데 여기에 한 가지 논평을 가해서 올바른 '민중의 언어'를 찾는 데 이바지해보고자 한다. 그것은 위의 현·안 두 교수의 논문에 나오는 '민중'을 '백성'으로 바꾸어 놓아도 아무런 지장이 없느냐 하는 질문이다. 백성의 언어와 민중의 언어는 다르다. 두뇌의 사고에 대한 몸의 느낌이나 논리적인 개념에 대한 사실적 이야기라도 그것이 민중의 언어가 아닌 백성의 언어인 경우가 있다. 백성이나 근대의 소시민은 생리적으로 지배자의 언어를 내면화하여 거기에 안주하고 있다. 탈춤이 지배계급의 흥행물이 되기도 하고 이야기가 궁중 비화로 엮어져서 백성이 왕실의 눈물을 흘려주게 된다. 자기상실이다. 백성의 한 자체도 지배자의 지배의 마법인지도 모르며 '한을 푼다'는 무당의 푸닥거리는 다분히 그 마법이다. 민중의 언어를 찾는 작업에는 지배자의 언어를 배제하는 작업 못지않게 백성의 언어를 벗겨내는 작업이 중요하다. 말하자면 부흥사들은 흔히 백성의 언어는 사용하되 민중의 언어는 모른다.

셋째, 현장 교회를 위한 현장 신학을 해야 한다는 이야기다. 가톨릭 농민회 지도신부단은 가톨릭농민회를 '현장 교회'라고 문서화한 바 있고, 김수환 추기경도 그 현장 교회를 확인한 바 있다. 도시산업선교는 현장 교회요 금요기도회, 목요기도회, 갈릴리교회, 나아가서는 본 협의회를 주최하는 기독교사회문제연구소도 현장 교회요, NCC 인권위원회, KSCF, 기독자교수협의회도 현장 교회로서의 성찰을 할 필요가 있다. 그러한 선교·예배활동을 신학적으로 성찰하는 작업을 '현장 신학'이라고 말하겠다. NCC의 인권운동 및 민주화운동도 훨씬 더 신학화함으로써 반성하고, 기록은 정리하고 평가하고, 새로운 행동 방향을 찾아야 할 것인데 그러한 것들이 현장 신학이다. 나는 이러한 교회 형성을 가톨릭, 프로테스탄트에 다음가는 교회의 제3의 형태 곧 '성령의 교회', '민중의 교회'라고 이름 붙여 보는데 그것은 성령의 인도에 따라 사건으로 발생하고 일어날 때 일어나고 꺼질 때에 꺼지며 보이는 형태가 없고 자발적으로 명멸하면서 이 속(續) 기독교시대에 '하느님의 선교'를 수행할 것이다.

새 시대의 문턱에 서서

우리는 지금 새 시대의 문턱에 서 있다. 지난 18년간의 1인 독재시대 혹은 지난 36년간의 국토분단시대를 넘어갈 수 있는 새 시대의 문턱에 서 있다. 그런데 우리에게는 운명의 저주와도 같은 삼중의 질곡이 있다. 그것은 곧 봉건주의의 유습, 식민주의의 잔재, 신식민주의의 마법이다.

봉건주의의 유습의 대표적인 것은 아직도 농가의 36.1%가 소작농이고, 농지의 16.5%가 소작지이며, 소작료는 50%라는 사실들이다. 토지의 공개념은 아직도 요원하다. 또 하나는 아직도 충효윤리가 제도교육의 가치관의 중심에 그대로 머물러 있다. 정당한 비판을 거치지 않으면 민주주의의 교육은 요원하다. 우리가 아직도 일제의 식민주의에서 벗어나지 못하고 있는 사실 중에는 현실을 주도하는 50대 이상 세대의 국사 지식 곧 민족적 정체의식에는 대한제국도, 동학혁명도, 의병항쟁도, 삼일운동도, 대한민국 임시정부도 탈락된 역사다. 그리고 학문적 권위도 미감식의 표준도 다른 나라의 것으로 하고 있는 실정이어서 주체적이며 현실적인 것이 되지 못하고 있다. 변모·위장된 외세의 식민주의는 국토를 분단하고, 안보의 이름으로 모든 삶의 영역이 통제되어 있고, 외자기업이 경제적 지배권을 가차 없이 발휘하여 정치·문화 전 역에 그 결정적인 영향을 미치고 있다.

이러한 질곡을 벗어나 우리가 가야 할 새 땅은 어떠한 곳인가? 그것은 자유·평등·통일(민족 주체)·참여(민중 주체)·친교의 공동체다. 여기서 우리는 유토피아 이상사회를 설계해야 한다. 지난날 우리가 겪은 경험으로 우리가 말하는 자유와 평등은 극히 구체적이며 실질적인 것이다. 인권 강연도 못하고, 대학의 학술연구 활동도 못하고, 그런 것을 하면 학교에서 추방당하고, 노동자들의 위원장 선거도 관의 지시대로 따라야 하고, 이의를 제기하면 직장에서 쫓겨난 경험에서 요구하는 자유와 평등은 극히 실질적인 것임을 알아야 한다. 그리고 알고 보면 이러한 모순, 부조리, 정치부패의 구조적인 근원은 외세에 의한 국토분단이라는 것이 밝혀졌을 때 우리는 자유·평등·통일이 동시적·구조적으로 실현되는 길을 찾아야 한다. 한발 더 나가서 우리가 바라는 새 시대, 새 나라는 참여 민주주의—민중이 주체가 되는 사회—가 되어야 한다. 헌법 제정에서부터 사회의 모든 계층, 모든 영역이 참여해서 만들어야만 한다. 국민이 국회나 정부나 법원을 관극하듯이, 스포츠 구경하듯이 하는 사회를 우리는 만들어서는 안 된다. 그리고 또 그 새 사회는 친교의 공동체(코이노니아)가 되어야 한다. 같이 일하고 같이 나누고 같이 즐기고 같이 생활하는 친교의 공동체 말이다. 모두가 의좋게 인정미 있게 같이 살며, 검소하게 살고, 소탈하고 솔직한 성품, 젊고 생동적인 모습, 열심히 생산하는 활동, 생태적인 자연을 그대로 지니고 있는 그리고 과감하고 강인하고 의리 있는 민중이 역사와 사회의 담지자, 주격이 되는 사회를 건설해야 한다.

그러면 삼중의 질곡에서 벗어나 자유·평등·통일·참여의 코이노니아 공동체로 나가는 힘, 그 역량은 어디로부터 오느냐.

첫째는 우리 역사를 실질적으로 이끌어온 민중 전통이나 근세 이후의 것만을 조금 말한다면 동학혁명, 의병항쟁, 독립협회, 3·1운동, 4·19 등의 전통이다. 둘째는 성서의 민중 동기다. 히브리인(소외된 노예집단)의 소망인 야웨 신앙, 출애굽 사건. 성서에서 하느님은 항상 약자를 편드는 전통, 갈릴리 땅의 소외된 민중과 자기를 동일화한 예수 그리고 그 때문에 처형된 십자가형. 그 다음에 갈릴리 민중에게 나타난 민중의 부활, 이것이 성서의 민중 동기이다. 셋째는 70년대 한국의 민주화투쟁에서 위의 두 전통이 합류되어서 한국 민중은 새로워지고 힘을 얻게 되어서 새 시대의 역군, 그 담지자가 될 역사적 운명을 지게 되었다.

1. 장차 보여줄 새 땅

우리는 지금 새 시대의 문턱에 서 있다. 지난 18년간 1인 독재의 한 가름[章]을 넘기고 ,혹은 해방 이후 36년간의 국토 분단의 한 가름을 넘기고, 전진의 한 단계를 올라설 수도 있는 역사의 새로운 한 가름이 시작되는 문턱에 서게 되었다. 성서적인 발상법을 이용하자면 아브라함의 장도에서 우리가 맞아할 수 있는 새 시대의 문턱을 유추할 수도 있다. "야웨께서 아브라함에게 말씀하셨다. 네 고향과 친척과 아비의 집을 떠나 내가 장차 보여줄 땅으로 가거라. 나는 너를 큰 민족이 되게 하리라. 너에게 복을 주어 네 이름을 떨치게 하리라. 네 이름은 남에게 복을 끼쳐주는 이름이 될 것이다." 아브라함은 야웨 하느님의 약속을 믿고 고향땅 갈대아 우르를 떠나 '장차 보여줄 땅'을 향해서 장도에 올랐다. 여기에 야웨 하느님은 미래의 약속으로 그려졌고, 아브라함의 소명은 미지의 새 역사에로의 모험으로 그려졌다. 사실상 BC 20세기 무렵의 아브라함의 장도에서부터 이스라엘의 역사는 시작하는 것으로 되어서 아브라함이 이스라엘 민족의 시조가 되었다. 많은 성서학자들의 연구에 의하더라도 창세기 12장에 아브라함의 이야기가 시작되기 이전의 창세기 1-11장까지는 '원역사'(原歷史) 곧 역사 이전이라고 구별된다.

현대의 저명한 종교사학자 엘리아데에 의하면, 우주와 자연의 회귀율(回歸律)을 깨뜨리고 전진 방향의 역사에로 탈출을 시도한 유대교-기독교의 역사적 신앙은 이 아브라함의 장도에서 시작된다고 했다. 필자 나름으로 이해하면, 희귀율의 운명을 벗어나서 역사와 미래의 자유로 나간 것이다. 아브라함은 먼저 그의 운명, 곧 삼중의 질곡—고향땅, 친척들의 유대, 부족 전래의 인습—을 벗어나서 '장차 보여줄 새 땅'을 향했다. 그래서 그는 '히브리 사람'(창세기 14:13)으로서 '히브리백성'의 조상이 되었다. 대체적으로 BC 12세기 왕정수립 이전까지는 히브리인이었던 것이 왕정수립 이후부터는 이스라엘이라고 구약성서에서 불리어졌다. 그런데 근래 학자들의 고고학적 연구에 의하면 히브리, 히브리 사람은 본래 한 혈연적인 민족의 이름이 아니고 혹은 한 언어를 사용하는 한 언어공동체도 아니고 나아가서는 한 문화적 유산을 이어받은 문화적 공동체도 아니라는 것이다. 그 말은 고대 근동 전역(메소포타미아로부터 이집트까지의)에 산재·유랑하던, 사회의 최하층민으로 사회질서 밖에 있는 떠돌이·용병·노예들의 사회집단을 가리키는 말이라는 것이다. 아브라함은 그러한 나그네 떠돌이였고, 야웨는 그들의 신의 이름이었다. 그러므로 위에서 인용한 아브라함에 대한 약속은 히브리인에 대한 약속이며, 이 집단이 장차 보여줄 땅의 민족으로서 새 역사의 담지자(혹은 주체)가 된다는 약속이라는 말이 되겠다.

2. 봉건주의 · 식민주의 · 신식민주의의 극복

새 시대의 문턱에 선 우리도 벗어야 할 삼중의 질곡이 있는 것 같고, '장차 보여줄 새 땅'이 있어야 할 것이다. 그 삼중의 질곡이란 어떠한 것이냐? 그것은 아직도 우리를 속박하고 있는 봉건주의, 식민주의 그리고 날로 더해지는 신식민주의다. 80년대를 맞는 민족사적 현실에서 우리는 이 삼중의 질곡에서 동시에 벗어나야 한다는 기막힌 현실에 처해 있다.

우리 사회의 사회 · 문화적인, 구조적인 모순 중에는 봉건제의 유습이 아직도 팽배해 있다. 사회 · 경제적인 면에 속한 이야기로 우리나라의 농가 인구는 1,153만 명으로 총인구의 31.3%이고, 그 농가의 36.1%가 소작농이며, 농지의 16.5%가 소작지라는 것이다(「서울경제」, 79. 8. 29). 그리고 소작료는 대략 50% 다. 이것은 우리 사회의 엄청난 문제다. 현대 사회에서 '땅의 소유권은 국가의 소유'라는 공개념(公槪念)으로 바뀌어야 한다는 것은 자연법적인 상식으로 되어 있다. 물론 소작제는 법률로 막고 있지만, 실제로는 임대차 경작이라는 위장 명목으로 모순은 더욱 심각하다. 거기다가 소작료 50%를 당연한 관습으로 알고 있는 형편이니 이것은 분명히 봉건제의 유습이다. 영국의 크롬웰 혁명기의 디거스운동은 인류의 타락이 토지의 사적 소유에서 비롯되었다고 주장한 바 있지만, 소작제도는 이 사회의 구조적인 모순—신학적으로 원죄에 해당하는 것이라고 하는 신학자도 있다—의 열매다.

우리 사회의 또 하나의 봉건주의 유습은 충효윤리다. 충효윤리는 특히 유신체제의 지주이념(支柱理念)이기도 하려니와, 지식 유무를 불구하고 일반적으로 참되고 옳은 윤리이념이 그렇지 아니한 지배체제에 이용당하고 있는 것쯤으로 생각하는 사람이 많은 실정이다. 그래서 아직도 거리의 요소요소에 표어로 나붙고, 각급 학교의 교과서에 강조되고 있는 것에 대해서 이렇다 할 문제의식이 제기되지 아니한다. 다 아는 바와 같이, 충효는 유교적인 지배질서의 중심이념으로서 구조적이며 역사적 성격을 갖고 있는 것이다. 구조적인 성격이라 함은 충효가 군위신강(君爲臣綱), 부위자강(父爲子綱). 부위부강(夫爲婦綱), 남존여비, 연령질서, 복종이라는 삼강오륜(三綱五倫)을 그 내용으로 하고 있으며, 역사적 성격이라 함은 경제권이 부(父)에게 있는 가부장제 사회를 전제하고, 특히 조선조와 일제 치하의 지배이념이었으며, 소급해서 말한다면, 중국인의 중국 중심의 세계관 — 문화관, 곧 화이관(華夷觀)의 천하를 바탕으로 하고 있는 기본윤리인 것이다. 화이관이라 함은, 중국인만이 황민(皇民)이고, 주변 국가들은 동이(東夷), 남만(南蠻), 서융(西戎), 북적(北狄)이라고 해서 왕화(王化)를 입지 못하는 미개종족이라는 것이며, 나아가서 만물은 음양오행의 기(氣)의 정도에 따라 인간, 이적(夷狄), 동물, 식물, 광물로 서차가 정해졌고, 또 인간이라고 하더라도 기의 정도에 따라서 사회신분 지위가 고정된 것이라고 가르쳤으며, 치자(治者: 君子)는 바람이고 서민은 풀이라고 말하여 정치의 주체와 객체(客體)가 엄연히 구분된 것이다. 이러한 사회이념·사회질서에서 발생학적으로 짜여진 것이 충효이념이다. 그러므로 충효이념은 곧 봉건 이념이지 그것을 민주주의를 하자는 사회에 이식할 수는 없는 것이다. 양복이나 자동차가 전제정치나 민주정치의 사회에 도입되는 것같이 충효가 봉건사회와 민주사회에 같이 도입될 수 있는 것은 아니다.

일제 40년간의 식민통치가 끝난 지 36년이 지난 오늘에도 이 땅에 일제 식민주의의 대표적 상징이 그대로 엄존해 있다고 지적하는 말이 있다. 그것은 곧 경무대(지금의 청와대), 중앙청사, 서울시청 건물, 조선은행(현 한국은행) 그리고 서울역 건물이다. 이 다섯 개의 건물은 일본의 한국통치 조직의 골격을 이룬 것들이었는데, 그것들이 여전히 남아 있다는 것은 우리가 아직도 식민주의를 벗어나지 못하고 있는 것을 말해 주는 것 같다. 일제하에서 학교교육을 받으면서 우리말도, 우리 역사도 제대로 배우지 못한 지금의 50대 이상의 한국 사람의 정신 구조가 민족적 주체의식 구조를 갖는다는 것은 여간 힘든 일이 아니다. 이런 세대들의 한국사 인식은 대략 대한제국도, 동학혁명도, 독립협회도, 의병항쟁도, 3·1 운동도, 대한민국 임시정부도 없이 조선왕조가 망하고 일제 총독정치로 이어져서, 연합군의 해방으로 이어지는 내용이다. 그간의 역사적 기억(자기동일성)이라고는 총독정치와 제국대학이다. 그래서 지금도 그 제국대학 출신이면 으레 대학교 총장이 되는 형편이다. 일본의 한국 식민지 지배구조에는 조선인 지주, 재벌을 그 수탈조직에 편입시켰던 것이다. 가령 말하자면, 일본이 조선에서 쌀을 수탈해가는 장치는 지주제여서 지주에게 바치는 소작료는 일본으로 가는 쌀이라고 생각해도 좋다.

일찍이 고려조의 김부식은 『삼국사기』에 중국이 한반도에 쳐들어온 것은 '토'(討)라고 하고 우리가 중국대륙에 쳐들어간 것은 '구'(寇)라고 하여 그 생각과 판단 자체가 주객이 전도된 것이었듯이 그리고 일제하에 지배층의 연어에 따라서 일본 땅을 내지(內地)라고 하고, 조선 땅을 반도라고 하면서 생각과 언어, 가치판단, 미(美)에 대한 감식까지도 지배자의 정신구조에 동화되어 버렸듯이, 지금도 우리에게는 그러한 식민주의적 유습이 팽배해 있다. 학문적 권위의 척도가 거의 무조건 구미적인 것이고, 가치관과 미감식도 그들의 것을 내면화하고 있는 실정이다. 필자가 종사하고 있는 기독교 신학의 경우, 교리의 정통성, 교회의 구속사 관점, 오직 일회적(一回的)인 절대적 계시, 자연 대 초자연(超自然)의 이분법 등의 교리적 개념 등도 깊이 생각해보면, 지배자의 지배 언어인 것을 식민지 백성들이 내면화하고 동화하고 있다는 생각이 든다. 우리의 삶에 이러한 식민주의가 속속들이 스며들어 있는 것을 제거한다는 것은 여간 어려운 일이 아니다. 그러나 이제 우리는 그것을 어떻게 해서든지 벗어버려야 한다.

우리의 현실에서 식민주의와 신식민주의를 딱 가를 수 있는 것은 아니다. 신식민주의는 위장된 식민주의다. 구 식민주의에서는 정치적 지배권력이 표면이고, 경제적 착취는 그 이면인데 대하여 신식민주의에서는 그 역으로 경제적 착취가 표면이고 정치적 지배는 그 이면으로 가리어진 것이다. 신식민주의는 식민지 인민의 주체의식의 성장이라는 상황의 변화에 따라서, 보다 교묘한 지배장치, 보다 높은 자본 이윤을 위한 식민주의의 형태 변화인 것이다. 우리의 민족사적 현실이 신식민주의의 질곡에 걸려 있다고 하는 사실을 바로 인식하지 않고서는 국민적 주권도, 인간적 해방도, 그 뜻이 무엇이냐 하는 것을 이해할 수 없게 되어 있으며, 사실인즉 자유와 평등을 위한 모든 수고가 벽에 부딪치고 마는 그 벽 곧 국토분단의 비극적 현실도 신식민주의라는 구조적인 모순에서 유래되며 계속되고 있는 것이다.

신식민주의의 요체가 다국적기업(MNC)이라고 하는 말은 사실이다. 세계적인 규모에서부터 말하자면, 1971년에 MNC의 총투자액은 5천억 달러인데, 그것은 세계 GNP의 20%이며, 제3세계 무역량의 90%를 차지했다. 이것이 20세기 말에는 약 3백 개의 MNC가 세계 GNP의 90%를 차지하게 될 전망이라고 하니 제3세계에 대한 신식민주의의 위력이 어떠한 것인가를 가히 짐작하게 된다. 1972년도 한국 GNP를 세계의 MNC 순위에 놓으면 43번째가 된다. 우리나라의 경우, 1973년 9월 말 외국인 투자 통계에 의하면, 미국계 1억 7천 3백 50만 6천 달러(29.9%) 120건, 일본계 3억 6천 7백 4만 6천 달러(63.3%) 610건이던 것이 1978년 말에는 외국인 투자 누계는 10억 8백만 달러가 되었다. 또 한편 1979년 말 채무 잔액은 1백 9십 9억 2천 2백만 달러(외국인 투자 포함되지 아니했음)인데, GNP비율로 해서 1978년 외채가 세계 제2위(자이레가 제1위)였으니, 가장 많은 외채를 도입한 1979년에는 아마 한국이 제1위를 차지하지 않을까 걱정된다. 무역의존도는 세계 제1위로 70-80%, 작년도 무역적자는 약 45억이다. 우리나라 대기업들이 예외 없이 차관에 의존하며 거기다가 많은 경우에 외국인 합작 투자로 되어 있는 형편에서 18대 기업이 우리나라 GNP의 47.7%(1977)를 차지하고 있다. 저임금에 관한 것도 한 마디 곁들이면 우리나라의 노동생산성에 대하여 민족 자본인 중소기업의 노동보수율은 54.2%인데, 외자 기업의 노동보수율은 42.8%이다.

위에서 제시한 이러한 통계수치들이 의미하는 것은 우리나라가 지금 MNC에 어느 만큼 깊이 빠져 있는가를 나타내는 것이며, 오히려 세계적인 표본인지도 모른다.

우리나라에 와 있는 MNC의 대표적 표본격인 소위 정유 3사는 우리나라 10대 기업에 올라 있다. 정유 3사가 1978년에 세후순익(稅後純益) 279억 원(1979년에는 192억 원)을 냈는가 하면 그중에 유공은 지난 15년 동안에 무려 572억 원을 냈다. 유공의 주식주인 걸프는 1, 2차 투자 합계 2천 9백 88만 9천 달러에서 그 투자 과실 송금만도 78년도까지 4천 3백 63만 4천 달러이며, 지난 10년 동안에 투자액의 3배를 건졌다. 이 이익금은 원유 정제와 판매 과정에서 올린 것이요, 원유 독점공급과 그 수송을 통해 얻은 이익금은 포함되지 아니한다. 미국계의 MNC가 외국의 투자에서 올리는 이익율은 서구 투자의 경우는 10%정도, 개발도상국의 경우 20,30%인데 비해 한국에 있는 정유 3사는 무려 44.7%의 이익을 올리고 있다. 이러한 엄청난 폭리는 걸프(유공), 칼텍스(호유), 유니온(경인에너지)과 한국정부 사이에 맺은 합작계약의 불평등한 내용에서 유래된다. 걸프의 경우 현재 주식 비율은 50 :50이지만 운영권은 전적으로 걸프측에 있으며 앞으로 계약에 따라서 걸프측의 지분(持分)이 25%로 줄어들 때도 이사회에서 거부권을 갖게 되기 때문에 걸프측에 불리한 결정은 내릴 수가 없게 되었다.

모든 산업 활동의 근본동력인 에너지를 장악하고, 엄청난 폭리를 올려서 과실 송금하고, 그 이윤추구를 위해서 선거 때는 정권 선택에 영향을 끼치고, 평상시에는 정책과 전쟁무기를 통제하는 이러한 MNC의 행태에서 우리는 신식민주의의 정체를 보는 것이다. 제국주의 아래 식민지가 있다면 MNC 아래 신식민지가 있는 것이다.

3. 자유와 평등의 균형적인 실현

야웨는 아브라함에게 "내가 장차 보여줄 땅으로 가거라"고 말했는데 그 약속의 땅은 어떠한 곳일까? 그것은 사람들의 비전으로 유토피아라고 불렸던 것이고, 성서적인 전통에서 천년왕국(메시아 정치)이라는 상징이 쓰인 것이다. 이것들은 인간의 본질인 미래와 희망을 실체화(hypostatize)한 것이다. 그런데 우리는 이러한 신화의 상징을 비신화화 곧 현실화해야 할 것이다. 천년왕국을 현실화한다는 것은 무엇인가?

80년대의 새 시대를 맞이하면서, 우리는 유신헌법을 폐기하고 새 헌법을 만드는 작업을 하고 있다. 감히 말하자면 이 작업은 천년왕국의 현실화다. 이 작업은 그만큼 큰 의의를 지닌 것이라고 생각된다. 또 사실상 지금까지 제안된 몇 가지 초안들만 보더라도 그 속에 새 사회에 대한 엄청난 약속들이 들어 있다. 가령 말하자면, 크리스천아카데미 주관으로 마련된 <바람직한 헌법 개정의 내용>, 특히 '신체의 자유', '표현의 자유’, ‘근로자의 권리’, ‘3권분립’(특히 사법권의 독립) 등 조항을 보면, 그 내용은 문자 그대로 천년왕국적이요, 유토피아적이다. 실현 가능성이 없다는 냉소적인 뜻에서 하는 말이 아니다. 유토피아인들 그 이상의 내용을 기대할 수 있겠는가 하는 뜻에서 하는 말이다. 우리는 지금 정녕 천년왕국을 현실화하는 작업을 하고 있는 것이다. 정치 기구의 기본구조로 3권이 엄연히 분립되고, 모든 경우에 피의자에게 일체의 부당한 구금과 고문이 없고, 언론·출판 등 표현의 자유가 있고, 근로자의 노동 3권이 제한규정 없이 보장되고 나아가서 반드시 적절하게 근로자에게 경영 참여권과 이익 분배 균점권이 인정되는 천년왕국을 우리는 설계하는 것이다.

이것이 장차 보여줄 땅이다. 다시 말하자면 우리의 ‘장차 보여줄 땅’은 자유와 평등의 동시적이고 상보적이며 균형적인 실현과정이다. 그런데 지금 제안되고 있는 헌법 설계에 보면, 자유는 50%만점 전량(全量)을 계정하고 있는 데 반해서, 평등은 25%밖에 계정하고 있지 않다는 느낌이다. 100% 전량의 설계를 해야 할 터인데도 75%의 양만 계정하고 있다는 말이다. 이것은 자유와 평동의 동시적이며 균형적인 실현에 미달했다. 그렇게 된 것은 아마도 이 설계과정에 근로자와 농민이 참여하고 있지 않기 때문일 것이다.

그것은 그렇거니와 필자가 여기에서 말하는 자유와 평등의 내용은 추상적인 내용이 아니고, 극히 구체적인 내용을 염두에 두고 하는 말이다. 기자가 사실을 보도했기 때문에, 교수가 3권 분립 등 민주주의를 주장하는 성명서에 서명했기 때문에, 학생이 학원의 자율화를 요구했다고 해서, 신문사로부터 학원으로부터 추방당하고, 구속되고, 그 가족들까지 감시되고, 미행되고, 연금되고, 또 다른 생계의 길마저 막아버리고 하는 등의 장기집권 독재자의 억압에 희생당한 사람들이 생각하고 있는 자유의 내용이란 극히 구체적인 것이요, 절실한 것이요, 또 적절한 것(modest)이지 결코 환상적인 것이 아니다. 어떤 민주 인사들은 강연도 못하도록, 또 강연회에 참석하지 못하도록 연금당하고 또 날벼락같이 억울한 죄명이 씌워서 고문·투옥되어도 재판의 공정 같은 것은 꿈에도 상상하지 못하는 어떤 사람들이 염원하는 자유의 내용은 극히 구체적인 것이다. 가령 헌법 조문에 "모든 국민은 양심과 사상의 자유를 가진다"라고 했을 때 그 자유는 이러한 구체적인 내용이 담겨진 것임을 우리는 확인해야 할 것이다. 평등이니 사회정의니 하는 말도 극히 구체적인 내용이 담겨져 있음을 알아야한다. 우리나라 GNP의 43%를 0.3%의 상층부 인구가 차지하고 있고, 연 GNP의 일인당 평균은 1천 달러를 넘는데도 과세 미달자는 전체 근로자의 77%에 달해 있고(1978년), 1977년의 어떤 통계에 의하면 근로자의 75%가 월수 3만 원 미만이요, 평균 가족 부담은 4인이다. 실상을 더욱 생생하게 알려주는 것을 말해보기로 하자.

최근에 출판된 10대 근로자의 일기와 생활담을 엮은 『비바람 속에 피어난 꽃』을 보면, 1978년에 18세인 어느 여공의 일기에는 하루 10시간 이상 일하고 한 달 월급이 36,045원으로 되었다. 그러고도 그 일기를 읽노라면 배우겠다는 욕망은 저임금 이상의 고민으로 되어 있다. 이런 사례는 오늘의 한국 근로자의 예외적인 특수 사례가 아니고, 대표적인 범례적 사례다. 우리가 사회정의나 평등을 말할 때는 이러한 용납될 수 없는 부조리를 극복해보자는 구체적이고도 절실한 내용을 의미하고 있다는 말이다. 80년대 새 시대의 문턱에서 새 헌법의 자유와 평등 조문을 다루는 이들이 이러한 절실하고 적절한 자유·평등을 생각하고 있는지 의심스럽다.

정상적인 인간 생존을 위한 절대적인 요건인 자유·평등의 결여는 구조적인 모순에서 오는 것이다. 최소한의 자유와 평등의 요구도 매양 안보의 이름으로 유보되곤 한다. 아니 자유와 평등의 최소한의 실질적인 성취에 앞서서 무엇이 자유이며 무엇이 평등이냐를 판별하는 논의조차 안보의 이름으로 유보되곤 한다. 이러한 것은 우리 국토의 분단의 상황 그리고 그 분단 상황을 이용하는 권력이라는 벽에 부딪치고 만다. 설령, 그 분단 상황을 이기적으로 이용하는 권력이 없다고 하더라도, 도대체가 자유와 평등에 대한 논의는 분단의 현실이라는 벽에 부딪치게 되어 있는 것이다.

부자유와 불평등은 국토 분단과 함께 구조적으로 짜여진 하나의 체계다. 분단 상황을 외면하고 자유와 평등을 논할 수도 없으려니와 항차 그 실현은 더욱 불가능하다. 그런데 또 아주 미묘한 점은 자유와 평등을 실현해가지 않으면서 분단을 극복하고 통일을 이룩할 수는 없다는 사실이다. 그렇지 않은 방법이란 전쟁밖에 없기 때문이다. 그러므로 장차 보여줄 땅이란 자유와 평등과 통일이 그 내용이다. 통일된 국토 위에서만 어느 정도의 자유와 평등을 누릴 수 있음을 알게 된다. 우리를 속박하고 있는 봉건주의, 식민주의 그리고 특히 신식민주의의 삼중의 질곡을 벗는다는 것은 부자유·불평등·분단이라고 하는 구조적인 모순을 극복하는 일이다.

필자는 장차 보여줄 땅의 내용에 관해 좀 더 말해야 하겠다. 유엔의 세계인권선언(1980)과 여기서 예로 든 크리스천아카데미 주관의 <바람직한 헌법개정의 내용>(1980)을 '장차 보여줄 땅'에 투사한다고 하더라도 그래도 부족한 그리고 참으로 그 땅의 내용이 되어야 할 것이 있다. 필자는 그 내용을 '인간적인 것, 민중적인 것 — 제3세계의 꿈'이라고 말해 본다. 그 내용의 환상을 먼저 성서에서 찾는다면:

눈물과 애통과 사망이 없고, 만물이 새롭게 되어서 수정같이 맑은 생명수의 강이 흐르는 신천신지(新天新地) (묵시록 21-22).

나라마다 칼을 쳐서 보습을 만들고 창을 쳐서 낫을 만들며 나라들 사이에 전쟁도 없고 전쟁준비도 하지 아니하는 상태(이사야 2:4).

늑대가 새끼 양과 어울리고, 표범이 수 염소와 함께 뒹굴며, 어린아이가 그들을 몰고 다니는데… 야웨를 아는 지식이 바다에 물이 넘실거리듯, 그 땅에 차고 넘치는 상태(이사야 11:6-9).

이것은 구약성서적인 영상으로 '샬롬'(평화)이라고 하는 것이다.

믿는 사람은 모두 함께 지내며 그들의 모든 것을 공동소유로 내놓고 재산과 물건을 모든 사람에게 필요한 만큼 나누어주고, 집집마다 돌아가며 같이 빵을 나누고, 순수한 마음으로 기쁘게 음식을 먹으며, 한마음이 되어서 하느님을 찬양하는 광경(사도행전 2:44-47, 4:32-37).

이것은 신약성서적인 영상으로 '코이노니아'(공동체)라고 하는 것이다. 제3세계의 꿈 — '민중적인 것'에 관한 더 구체적인 영상은 다음과 같은 예수의 비유에서 찾아진다.

어떤 사람이 큰 잔치를 준비하고 많은 사람들을 초대하였는데 부자들, 권력이나 학식 있는 사람들, 기득권자들은, 이 핑계 저 핑계로 참석하지 아니하기 때문에 사환은 마을로 거리로 다니며, 거기서 만나는 가난한 사람, 불구자, 소경, 절름발이들 그리고 다시 나가서 실직자 룸펜들을 억지로라도 데려다가 잔치상에 앉혔다(누가 14:16-24, 마태 22:1-10).

이 비유를 감히 비신화화·현실화해본다면, 우리의 장구한 역사를 통해서 민중은 줄곧 억압받고 소외되었던 것이 역사의 발전 역학에 따라 불가피하게 민중의 역사와 정치의 주격으로 초대된 데 대해서, 기득권자들은 역사적 새 시대의 초대에 응하지 아니하고 있다는 말이 되겠다. '장차 보여줄 땅'은 민중이 주체로 등장하는 땅이다. 자유와 평등과 통일이 실현되어도 민중은 관중의 자리에서 연극을 보고, 운동경기를 보고 즐기듯이 정치 실력자들의 정치놀음을 바라보는 관중에 지나지 아니하게 된다는 것이 십상이다. 정치도, 연극도, 운동경기도, 옛날의 탈춤 마당과 같은, 보름날 동리의 줄타기와 같은 그리고 우리가 참여민주주의라고 말하는 정치와 같은 것으로 되는 땅을 우리는 바라보는 것이다.

'장차 보여줄 새 땅'의 정수는 사랑과 친교의 공동체에 있다. 위에서 성서에서 보여준 샬롬과 코이노니아를 소개했거니와, 사회구성원 모두가 의좋게 같이 살며, 같이 일하고, 같이 나누고, 같이 협력하고, 같이 창조하는 사회다. 그리고 각자의 개성과 지역적인 특징과 세대적인 다양과 성별의 표현이 유감없이 발휘되면서도 전체의 조화가 창조적으로 이루어지는 공동체다. 인간적인 것, 민중적인 것, 제3세계적인 것은 사랑의 친교, 열심히 일하며 생산하는 모습, 의좋게 사는 평화, 생태적인 자연을 그대로 지니고 있는 모습, 인정 있고 검소하고 소박하고 소탈한 성품, 젊고 생동적인 삶, 단순 솔직한 태도와 표현, 그러면서도 과감하고 용기 있고 강인하고 의리 있는 행동 등을 지니는 것을 말한다.

진실이 진리이고, 정의가 선이고, 각자의 생태적인 자연이 미와 표준이
되는 것이 인간적인 것, 민중적인 것이다.

친교에 관해서 민중시인 지하는 다음과 같은 환상의 날개를 펴고
있다.

> 친교! 아름다운 생의 친교! 내가 가장 사랑하는 말들—해방, 혁명, 불
> 꽃, 물, 미소, 생산 등의 언어들의 저 무궁한 빛 무리 속에서도 가장
> 빛나고, 가장 가슴을 찢듯 나를 때리는 말, 그것은 '친교'다. 벗이여!
> '친교'라는 이 말 속에서 격렬히 그대와 내가 결합되고 있음을 느낀다.
> 그 친교의 사회적 확대, 그 친교의 민족적 확대, 그 친교의 세계적 확
> 대 그리고 우주적 확대, 전 역사적 확대, 자연과 인간의, 신과 인간의,
> 인간과 인간의 저 친교의 휘황한 정상의 흰 불꽃! 우주만물 질서의 평
> 온! 그러나 그 평화를 위해서 우리는 끝없는 투쟁과 모순과 대립과 피
> 투성이의 싸움을 견디지 않으면 안 된다….

친교의 한 소절인 '민족적 확대'를 지하는 그의 담시 구상 메모의 <장
일담>에서 '해동극락'이라는 이름을 붙였다. 그러면 필자가 이 소고에
서 투사해 본 해동극락의 내용은 자유와 평등과 통일과 참여와 친교가
동시적으로 진행되는 과정을 말하는 것이 되겠다.

4. 민중적 전통

그러면 지금의 삼중의 질곡을 벗어나서 자유·평등·통일·참여의
코이노니아 공동체로 나가는 힘은 어디로부터 오느냐? 하나는 우리 민

족의 역사를 실질적으로 이끌어온 민중 전통이다. 근세 이후의 매듭들 가운데서 몇 개만을 지적하더라도 동학혁명·의병항쟁·활민당투쟁·독립협회·3·1운동·4·19혁명 등이다. 이 매듭들은 모두 민중이 주도한 민족주권과 인간 해방의 역사 진전의 계기들이다.

하나는 신·구약성서의 '민중동기'다. 고대 근동사회에서 소외된 노예집단이었던 히브리인의 야웨 신앙, 출애굽 사건, 가난한 자의 권리장전인 계약법전(출애굽기 20:22-23:33) 등, 예언자들의 증거, 갈릴리 땅의 소외된 민중과 자신을 동일화하고 그들에게 새 나라를 약속한 예수의 선교 그리고 그 때문에 처형된 그의 십자가형, 다음에 갈릴리 민중에게 나타난 그의 부활이며 동시에 민중의 부활인 교회의 탄생, 이런 것들은 신·구약성서의 핵심들인데, 이것을 가리켜 나는 성서의 민중동기라고 말한다. 그리스도교 신앙이라는 것은 그러한 성서의 원형적 사건들이 현재의 교회선교에서 재연·재활성화 되는 것을 말한다.

셋째는 위의 두 가지 민중 전통·민중동기가, 1970년대의 한국의 민주화운동과 인권운동에서 결합해 놀랄 만한 힘을 발휘했던 실적과 경험이다. 노동자, 농민, 학생, 교수, 기자, 문인, 목사, 신부 등이 모두 하나로 뭉쳐서, 지난 10년 동안, 그렇게 엄청난 시련을 겪으면서도 굴하지 않고 더욱더 줄기차게 인권운동과 민주화운동을 전개하면서 동지적 결속은 더 커지고 힘은 더 강인해지고 이념은 더욱 분명해진 70년대의 민중 전통에, 민족적 민중 전통과 성서적 민중 전통이 합류되어서 지금의 삼중의 질곡을 벗기고 약속의 새 나라에 가는 힘이 되는 것이다.

민중신학을 말한다*

1. 신학이란 무엇인가

□ 선생님께서는 40여 년 동안 신학을 해오셨고 또 신학을 가르쳐왔습니다. 그것도 단순한 신학 연구나 신학 교육에 그치지 않고, '신학한다'는 것의 참뜻을 머리로뿐만 아니라 몸으로써 쓰고 있는 줄 압니다. 우리 후학들은 신학의 테오리아(theoria)와 프락시스(praxis)의 합일을 선생님에게서 읽고 있습니다. 이 기회에 우리는 선생님의 신학을 보다 깊이 이해하고 싶습니다. 이것은 '서남동 신학'의 정리·점검이란 뜻에서도 의의가 있는 줄 압니다. '서남동 신학'의 이해를 위해서 '신학'에 대한 일반적이고도 기초적인 문제부터 묻기로 하겠습니다. 먼저 "신학이란 무엇인가"라고 묻는다면 선생님께서는 어떻게 정의하시겠습니까?

— 현 시점에서 그 질문에 대답해야 하겠지만, 우선 나는 "신학이란 그

---

* 1980년 3월 23일, 필자의 서재에서 동료 신학자 송기득(宋基得) 교수와 가진 대담, 「현존現存」 110-111호에 실렸다.

리스도교 신앙을 학문적으로 체계화하는 작업"이라고 정의하려 합니다. 신학이 신앙에 절대적으로 필요한 것은 아니지만, 지식인은 신앙에 대한 체계적인 정리를 필요로 하고, 또 그렇게 하는 것이 그 성격입니다. 그래서 지식인은 신학을 하지 않을 수가 없고, 따라서 신학이 출현하게 될 것입니다. 신학이 신앙을 체계화한다고 할 때 물론 거기에는 잃는 것도 많습니다. 그리스도교 신앙이란 어떤 의미에서 직관적이고 포괄적인 것이라고 할 수 있는데, 그것을 합리적으로 성찰한다는 것은 불리한 면을 안고 들어가는 것입니다. 그렇지만 신학적 작업은 신앙의 옳고 그름을 가린다든지, 불순한 것을 제거한다든지 하는 역할도 하는 것입니다.

□ 이러한 신학의 정의(定義)를 좀 더 구체적으로 표현한다면요?
— 많은 사람들이 주장하고 있듯이, 신학이란 어디까지나 그리스도교의 신학이니만큼 신의 무류(無謬)한 계시(啓示)라고 믿는 신·구약성서를 해석하고 또 재해석하는 작업이 곧 신학이라는 것입니다. 그러므로 성서에 대한 해석을 떠나서 신학은 따로 있을 수가 없습니다.

□ '해석'이란 시대적인 상황과 표현 자체에 따라 달라진다고 보겠는데, 그 역사적 전개를 중심으로 이 점을 좀 더 밝혀주셨으면 합니다.
— 신학은 언제나 그 시대의 언어를 매체로 해서 재해석하는 작업입니다. '하느님의 말씀'이 사람의 언어로 표현됩니다. 한국 사람은 한국말로, 독일 사람은 독일말로 그것을 표현합니다. 하느님의 언어가 따로 있고 인간의 언어가 따로 있는 것이 아닙니다. 인간의 언어가 하느님의 언어의 매체가 된다는 것인데, 그 언어 매체 역시 시대에 따라 각기 달라집니다.

결국 '해석'이란 사상적 관점과 입장에 따라 달라지는 것인데, 그리스도교의 2천 년사를 통해서 현저하게 달라졌던 것은 고대 교부(敎父)

들의 신학에서부터라고 할 수 있습니다. 교부들의 신학은 고대 희랍인들의 우주관·세계관의 요구에 응하다 보니까 결국 변증학(辨證學)이 되고 말았죠. 다음으로 5세기에 어거스틴이 신학을 크게 발전시키는데, 그의 신학의 기본적인 틀이나 언어는 플라톤의 이데아론에 근거하고 있습니다.

그 다음으로는 그리스도교 신학의 최고봉이라 할 수 있는 13세기의 토마스 아퀴나스의 신학이 있는데, 그는 아리스토텔레스의 형이상학을 의식적으로 그의 신학의 틀로 삼았습니다. 그리고 우리는 종교개혁자들에게서도 철학적인 틀을 찾을 수 있겠는데, 그것은 중세의 노미날리즘(唯名論)이나 주의주의(主意主義)라고 할 수 있습니다.

그런데 현대적 의미의 본격적 신학은 특히 프로테스탄의 경우, 쉴라이에르마하에게서 시작되었다고 볼 수 있겠습니다. 그 이전의 신학은 아무래도 dogmatics(敎義學)이지 theology(神學)이라고 하기 어렵습니다. 교회가 믿는 신조를 그냥 체계화했지, 이성적 판단을 거친 체계화의 작업은 안했고, 도리어 그걸 거부했으니까요. 프로테스탄트 신학의 틀은 대체적으로 보아 칸트의 철학 내지 독일의 관념론이라고 할 수 있습니다.

다음으로, 바르트의 변증법적 신학이 있는데, 바르트의 신학이 나올 무렵에는 이미 서구에는 실존주의 철학이 지배적인 사상으로 대두되고 있었습니다. 나는 크게 보아 바르트의 신학도 실존주의 철학의 물결 속에 있는 한 물결이라고 생각합니다. 그의 논리나 어법이 실존주의적입니다. 바르트가 종교개혁자들의 기백이나 정신을 되살린다고 하면서, '성서' 자체가 가지고 있는 특이한 세계를 강조한 나머지 철학적 언어가 필요 없다고 주장하는데, 이러한 용감한 신학을 내세운 것은 훌륭한 업적이라고 하겠지만, 바르트 역시 넓은 의미로 현대 실존주의 사상을 자신의 신학의 틀로 삼고 있다 하겠습니다. 성서만이 별난 세계라고 보는 것은 한동안 그럴 수 있다고 하지만, 후에 분석해보면 그 주장 안에 시대적인 이상이 들어가 있는 것을 발견하게 됩니다. 그리고 내가 크게 감화를 받은 R. 니버나 불트만도 함께 실존주의를 자기 신학의 틀로 삼고 있습니다.

이처럼 한 시대의 언어나 사상을 바탕으로 한 것은 단순히 유행이란 의미에서가 아니라, 그 시대의 사람들이 무엇을 생각하고 있느냐 하는 관심의 반영이라고 볼 수 있는 것입니다. 이것은 성실하게 신학하는 사람의 자세죠. 이처럼 신학이란 그 시대의 언어와 사상의 틀로써 성서를 재해석하는 작업이죠.

2. 사회경제사적 방법

□ 그렇다면 선생님의 신학의 방법론이라 할까, 전제라 할까, 그것은 어떤 것인지요? 사실 "신학을 제대로 한다"고 말할 수 있는 것은 적어도 자기의 방법론을 가지고 있다는 것을 전제로 하는 것인데요.

— 내가 의식적으로 생각해 볼 때, 나의 신학적 방법론은 선배들과 마찬가지로 우선 '실존주의적'이라고 말할 수 있겠습니다. 내가 학사논문을 쓸 때만 해도 방법론 같은 건 생각지도 못했습니다. 그 후로는 상당히 오랫동안 현대 과학사상을 가지고 성서 특히 신학을 재해석·재구성해야겠다고 생각했습니다. 신에 대해서나 세계에 대해서 더욱 그랬었지요. 과학적 관심은 처음부터 내게 대단했습니다. 내가 얼마나 과학을 연구했느냐의 문제는 둘째치고라도 나는 나의 동료들보다 과학적 관심이 더 많았다고 생각합니다. 내가 '과학'을 신학의 틀로 삼아야겠다고 생각한 것은 '신의 죽음'의 신학, 희망의 신학, 세속화 신학 등을 거친 후였습니다.

이 시기가 지나고 1970년대에 들어서면서 해방신학에 관심을 갖기 시작했는데, 이때부터 나는 나의 신학적 방법론을 넓게는 사회과학적으로 좁게는 사회경제사적으로 세우려 했습니다. 과학과 신학의 관계도 해결해야 할 중요한 신학적 과제로 알고 있지만, 지금의 입장으론 사회경제사적 관점에서 신학을 재해석하는 것이 더 시급한 일이라고 생각합니다. 함석헌 선생도 말씀하지만, 지금은 갈수록 공동적 사고(共同的 思考)를 하는 시대입니다. 혼자 사고하는 시대는 지난 거죠. 세계 신학자들의 대열에 들어가면, 지금 내가 시도하고 있는 사회경제사적 사고가 옳다고 느껴집니다. 적어도 나는 지금 세계 신학자들의 공동대화의 장(場)에 서있다고 생각합니다. 현대 신학자들의 대다수는 특히 제3세계의 신학자들은 사회과학적으로 신학을 하고 있는데 나는 이 세계적 경향에 호흡을 맞추고 있는 셈입니다. 사회경제사적인 데 초점을 맞추니까, 우리 교회와 사회의 모순이나 갈등이 더 분명하게 보이게 됩니다.

뿐만 아니라 성서는 사회경제사적으로 보아야 지금까지 보지 못했던 면이 보일 뿐 아니라, 가장 중요한 면이 보인다는 점입니다. 사회경제사적 방법이 성서 해석에 결정적 조건이란 말인데, 예를 들어 십자가사건이나 출애굽 사건 같은 것들은 사회경제사적 방법이 아니고는 그 참뜻을 이해할 수 없습니다.

'십자가'라면 성서적 계시의 원점으로서, 하느님이 인간구원의 사건을 여기에서 일으켰다고 믿고 있는데, 사실 그것은 예수가 천민인 주제에 로마의 지배질서를 교란시킬 위험이 있다고 해서 처형시킨 사건입니다. 눌리고 가난한 사람의 입장에 서서 활동하니까 그를 정치적 죄목을 씌워 죽였거든요. 사회경제사적 방법이 아니고서는 이 사건을 제대로 이해하기가 어렵습니다. 이보다 더 분명한 것이 출애굽 사건입니다. 성서 그대로 노예들의 탈출기입니다. 그리고 예언자의 메시지가 다 그렇습니다. 이런 사실들을 사회경제사적인 면에서 보지 않고 어떻게 이해할 수 있겠습니까?

교회사도 이런 방향으로 읽어야 되는 것입니다. 반드시 그런 것은 아니었지만, '정통'이란 것도 따지고 보면 지배자의 입장에 선 쪽이었고 반면에 약하니까 '이단'으로 몰리는 수가 많았습니다. 또 교리적으로 구원론에서 문제가 되어 있는 죄란 것도 오늘날에는 단순한 반도덕적인 행위라기보다 사회관계에서 일어나 구조적 모순을 가리키는 것이기 때문에, 이것 또한 사회경제사적 입장에서가 아니면 잘 밝혀지지가 않습니다. 어쨌든, 성서는 사회경제사적으로 해석해야 한다는 것의 나의 신학의 첫 전제입니다.

3. 성령론적 해석방법

□ 선생님의 신학의 두 번째 전제는 무엇인가요?
— 좀 당돌한 이야기겠습니다만, 나는 두 번째 전제를 '성령론적 입장'이라고 부릅니다. 이것은 종래의 '기독론적 입장'에 대한 의식적인 대립입니다. 사실 이 입장은 충분히 발전시키지 못하고, 그래서 지금 싹트고 있는 생각이라 할 수 있는데, 기독론적이라는 것은 '타력적'인 것이고, 성령론적이라는 것은 '자력적'인 것이라고 말할 수가 있겠습니다. 그리스도가 내 대신 십자가에 죽었다고 할 때 그는 어디까지나 '남'입니다. 남이 딴 장소에서 내 죄를 대속하기 위해 고난을 받았다는 것인데, 이것을 무시한 것은 아니나, 이것이 마치 기독교의 본질인 양 생각하는 것은 잘못입니다. 그리고 '자력적'이라면 자주 휴머니즘과 결부시키는데 이것도 잘못된 생각입니다.

예수 사건 곧 구원의 사건은 나의 선택, 나의 결단으로 일어나는 것이지 단순히 2천 년 전에 일어난 그 사건에 내가 동의하고 그것이 그대로 진리라고 고백하는 데 있는 것은 아닙니다. 그런데 그러한 나의 결단은 성령의 역사(役事)에 의한 것입니다. 성령을 받으니까 하느님의 결단을 내가 자발적인 나의 결단으로 내릴 수가 있는 것입니다. 그래서 그것을 나는 '성령론적'이라고 한 것입니다. 그렇지 않다면 그것은 어디까지나 타력종교지요. 요컨대 성령론적이라는 말의 초점은 구원의 사건이 지금 여기에서 일어난다는 사실에 있습니다.

두 번째로 성령론적이라는 것은 실존론적이라는 것과 구별됩니다. 다시 말하면 본회퍼의 '비종교화'를 거친 '정치적 해석'을 뜻합니다. 실존론적 해석이라면, 성서에서 자기의 실존적 문제를 어떻게 읽느냐에 있지만 그렇지 못하느냐를 묻는 것입니다. 성령론적 성서해석이란, 2천 년 전에 쓰여진 본문을 지금 해석한다는 것이 아니고—그것은 그것대로 성서해석학이겠으나— 내가 선택·결단해야 할 지금의 사건 앞에, 예컨대 내가 어느 '독재체제에 항거해야 할 것이냐, 안해야 할 것이냐'와 같은 문제를 놓고, 어느 것이 하느님의 뜻에 맞느냐를 결단하려고 할 때 거기에는 하나의 참고서가 요청되는데, 성서의 본문을 이러한 참고서로 받아서 해석하는 것입니다. 한마디로 성서를 지금의 '참고서'로 해석하는 방법입니다. 과거의 사건이 그대로 지금 되풀이되는 것은 아니거든요. 우리가 지금 하느님의 뜻에 맞게 결단하려 할 때, 모세는 어떻게 결단했고, 바울은 어떻게 결단했는가를 '참고'로 보자는 것입니다. 성령이란 항상 내재적(內在的)이고 지금 하시는 하느님의 활동이거든요. 지금의 성령 감동은 부차적이고 바울의 성령 감동은 원초적이라면 하느님은 과거의 하느님이지, 지금의 하느님은 못되는 것입니다. 성령은 지금 살아 계신 하느님입니다.

그래서 성령론적 해석의 입장에서는 텍스트-콘텍스트의 모형에 근거한 성서해석을 그다지 중시하지 않습니다. 나는 그게 별로 타당성이 없다고 보아요. 지금의 성령 활동이고, 과거의 것은 하나의 전거(reference)라는 것입니다. 그러므로 우리가 직면한 여러 가지 문제—그것이 교회의 문제이든, 국가의 문제이든—를 해결하기 위해 신학적인 접근을 시도한 것입니다. 이러한 작업이 신학하는 것이지, "바르트의 그리스도론"이나 쓰는 것이 '신학'은 아닙니다. 그것은 숙제를 잘하는 것일 수 있을는지 몰라도 삶의 문제 해결은 아니거든요. 그래서 나는 나의 신학적 입장을 사회경제사적으로, 또 성령론적으로 세워보고 있습니다.

4. 민중의 여론

□ 선생님께서는 신학의 전제로서 성령론적 해석방법을 들고서 그것이 실존적인 방법과 대립되는 것인 양 말씀을 하셨는데, 그 사이에는 깊은 연관성이 있지 않나 생각되는데요. 우리의 결단은 '삶의 자리'를 전제한 것이고 그것은 동시에 성령의 내재적 활동에 의한 것이라면, 반드시 거기에 대립성이 있는 것은 아닐 것 같습니다. 그리고 실존적 결단이라고 할 때 그것은 역사적 상황을 배제하지 않는 것이라고 보는데요. 어떻습니까?

—지금 지성 사회의 분위기는 실존주의적인 데서 사회주의적인 데로 넘어왔다고 봅니다. 실존주의적이란 것은 역시 개인의 내면성, 주체성, 인격적 관계, 사적인 것만이 삶의 본래의 순수한 영역이고, 그 밖의 것은 모두 '외화'(外化) 내지 '소외'라고 보는데, 이런 입장은 이제 벗어나야 되지 않겠느냐는 것입니다. 그래서 지금의 '나의 결단'이라고 해도 그것은 나의 인간관계에서 이루어지는 것입니다. 그런데 지금의 인간관계는 주로 집단과 집단 사이에서 형성됩니다. 있는 자와 없는 자, 지배자와 피지배자, 도시와 농촌, 기업주와 고용인, 국가와 국가 사이에 해결해야 할 문제

가 더 많이 있습니다. 이것을 저는 '지금의 문제'라고 말한 것이고, 또 내가 결단을 내릴 때 그것은 신앙의 선배들이 내린 결단을 자동적으로 모방한다는 것이 아니고, 자기 스스로의 판단과 확신으로 결단을 내린다는 것입니다. 이것을 나는 '성령론적'이라고 생각한 거죠. 이것은 실존론적인 것과는 상당히 다르다고 생각합니다. 그런데 실존론적 반성을 하지 않으면 허위의식에 빠지기 쉬울 가능성이 있습니다.

□ 그러니까 나의 결단을 개인의 내면적 세계에서라기보다 사회의 현장에서 제시된 문제에 대한 결단이라는 점에서 어떤 연관성을 찾을 수 있다고 하겠군요?

— 물론 연관성이 있습니다. 그런데 하나 더 보태고 싶은 것은 우리가 양심의 소리, 신의 음성이라고 할 때 이것은 개인의 내면의 것인데 사회적으로 볼 때, 그것은 '여론'이라고 말할 수 있습니다. 지금은 민중이 상당히 성장했다고 생각됩니다. 그러니 개인보다 민중의 '여론'이 훨씬 안전하고 정직하다고 할 수 있는 거죠. 논점을 밝히기 위해 말하지만 이제는 '양심의 소리'에서 '민중의 여론'으로 바뀌어져야 한다고 생각합니다.

□ 아주 중요한 지적인데 성령의 역사로 하여 '하느님의 음성'을 들을 수 있다고 해도, 사실 그것은 선생님의 민중신학의 입장에서 말하면 '민중의 소리'가 아니겠어요? 함석헌 선생의 말을 빌리면 '씨올의 소리'이고요. '여론'이라면 좀 정치적인 냄새가 풍기는 말이고, 또 조작 가능성도 있는 말이니까 문제가 있지 않나 합니다. 그런데 민중의 소리를 하느님의 음성으로까지 높이면 자칫 민중을 우상화할 위험도 있을 것인데 정말 민중을 그처럼 믿을 수 있나요?

— 그것은 내가 여러 번 지적받는 문제인데요. 다시 말해, 히틀러가 민중을 선동해서 얼마나 잔인한 짓을 했느냐 그리고 빌라도가 민중을 선동해

서 예수를 죽이지 않았느냐는 것입니다. 그럴 때 내 대답은 민중의 소리가 자로 재듯이 '율법적으로' 옳다는 것은 아니라는 것입니다. 그러나 우리가 무엇이 옳고 선한 것이냐를 판단해 볼 때 그래도 어떤 영웅이나 영도자의 말보다 국민의 여망을 따르는 것이 더 안전성이 있다는 것이죠. 역사적 경험이 이것을 가르쳐 줍니다.

□ 이야기가 많이 번졌습니다만, 선생님의 신학에 대한 보다 확실한 이해를 위해, '신학'의 의미를 좀 더 구체화시켜 묻겠습니다. 처음에 선생님은 그리스도교 신앙에 대한 체계화의 작업이 신학이라고 했는데 신앙의 본질과 그 핵심은 무엇이라고 생각하시는지요?

— 옛날이나 지금이나 '신앙'에 대해서 말로 할 수 있는 정의는 같다고 생각합니다. 성서에 나타난 진리가 그것인데, 이것은 신학자에 따라 또는 시대에 따라 그 이해가 달라져왔다고 보겠습니다. 한마디로 신앙의 핵심은 '예수 그리스도에게 나타난 하느님의 사랑'이라고 공식화할 수 있겠죠. 다시 말해서, 그것은 곧 인간의 구원에 집약되는데, 이것을 내 입장에서 현대적으로 표현한다면, 구원이라는 말보다는 '해방'이라는 말이 더 타당성을 가집니다. 현대인에게 성서의 메시지를 전할 때, 구원이란 말보다 해방이란 말이 더 의미가 있기 때문입니다.

성서 전체가 하느님이 인간을 해방시키는 역사적 과정에 대한 기록인데 그 가운데서도 출애굽 사건이나 예수의 행태, 특히 그의 죽음인 십자가사건은 인간 해방을 위한 표본이라고 할 수 있습니다. 인간 해방, 바로여기에 그리스도교 신앙과 그 메시지의 핵심이 있다고 보겠습니다.

□ 아무리 그리스도교 메시지의 핵심이 '인간해방'에 있다고 하지만, 그것은 시대에 따라 그 성격을 달리한다고 보겠는데, 오늘에 있어서는 어떤 형태

를 취하게 되는가요?

— 오늘날 신학에 대한 확신의 주류가 달라졌듯이, 신학적으로 말해 소위 구원사(救援史) 곧 성서를 통해서 보여준 하느님의 인간 해방의 사건은 그것 그대로 절대적인 것이라고 교리적으로 생각해온 일반적인 관점에서 지금은 대체로 탈피하고 있다고 생각됩니다. 인간 해방이란 게 '역사적 사건'이니까 그대로 되풀이되는 것은 아니라고 생각됩니다. 물론 우리는 그 전통 속에 있고, 또 그것이 문화사적으로 우리의 사고방식을 형성하고 있으니까 그 역사적 사건은 자인해야 되겠지만, 그러나 한국역사에 있어서도 하느님은 부단히 개입하셔서 우리 민중을 속박으로부터 해방하는 '구원사'를 전개해왔다고 생각합니다. 무수한 사람들이 생명을 내걸고 이 민중해방의 작업을 위해 싸우면서 추진해왔던 것이 그것을 말해줍니다. 다시 말해서 보편적 계시를 읽을 수 있는 마음만 열려 있으면 하느님의 직접 선교(missio Dei)란 것이 한국역사—그것이 정치사든 경제사든 문학사든—에 있어서도 그대로 실천되고 있다고 보여지는 것입니다.

□ '하느님의 선교'가 민중해방의 구원사로 전개됐다면, 굳이 신앙적인 사고를 개입할 필요까지 있겠습니까? 이른바 '세속적인' 학식으로도 한국사를 해방사로 읽고 있으니까요.

— 물론 그렇지요. 그러나 나 같은 크리스천에게는 신·구약성서를 통해서 그렇게 판독할 수 있는 능력을 받았기 때문에 그 해방의 사건이 한국사에서도 일어났다고 보는 것입니다. 그런데 내 가까운 어느 친구는 "성서에서 일어난 신의 해방사는 내가 알 바 아니지만, 한국민족사에서 그 해방의 역사가 촉진·확장되어 갔다"는 것을 그 자신의 언어로써 표현하고 있습니다. 인간의 역사를 해방의 확대 과정이라고 보는 사회경제사적 사관 자체가 바로 그것이니까요. 우리는 크리스챤 아닌 이 세속 학자들의

견해를 인정해야 한다고 생각합니다. 다만 나는 '기'(基督教의 머리글자)
씨 집안에 태어났으니까 성서적·신학적 언어와 그 사고방식을 쓰는 것
입니다. 신학적으로 보면, '신의 섭리'가 세속적으로 보면 '역사의 우연'인
데, 이런 성격의 문제를 가지고 서로 싸울 필요는 없다고 생각하는 것입
니다.

5. 신앙과 역사적 지식

□ 그리스도교의 메시지의 핵심이 인간 구원 곧 인간 해방에 있다면, 굳이
이것을 믿는다는 말과 연관시킬 필요가 있을는지요? '신앙'이란 말이 걸림돌
이 되지 않게 하기 위해서도 그 해명은 필요할 것 같은데요?

— 참으로 어려운 질문입니다. 많은 경우 구태여 '믿음'이란 용어를 쓸 필
요가 없다고 생각됩니다. 기독교 신앙이라고 특별히 좁혀서 생각할 경우
에는 신앙이란 말을 탈락시키는 게 좋지 않을까도 생각합니다. 왜냐하면,
그리스도교 신앙이란 나사렛 예수에 관한 참된 의미의 역사적 지식이라
고 좁혀 생각할 수가 있기 때문입니다. 예수에 대해서 역사적으로 알아보
니까 정말 훌륭한 데가 있고 그 때문에 깊은 감화를 받았고 또 앞으로 더
받을 것으로 생각되는데, 예수를 믿는다는 게 바로 이 역사적 지식을 의
미합니다. 소크라테스에게도 감화를 받지 말라는 법은 없지요. 그렇지만
내가 크리스천이어서 그런지 모르나, 내게는 소크라테스보다 예수가 더
훌륭한 것 같습니다. 그것은 나의 역사적 지식의 정도입니다. 그런데 문
제는 이 역사적 지식의 '특수성'에 있습니다.

가령 내가 아인슈타인의 생애와 사상을 깊이 연구해서 잘 안다고 할지
라도 아는 그것 때문에 아인슈타인을 믿겠다는 고백이 나올 것 같지 않은

데, 나사렛 예수에 대해서는 '믿는다'고 고백할 수 있거든요. 이것은 아인슈타인의 특이성과 예수의 특이성과의 차이에서 오는 것이라고 생각됩니다. 많은 사람들이 그에게 감동되어 그를 목숨 바쳐가면서 따르고 있는 것은 그와 맺어진 독특한 인격적 관계에서 연유한 것이라고 할 수 있는데, 이 점을 나는 "현재적 그리스도"라는 논문에서 밝혀보았습니다. 신앙이란 결국 역사적 지식이고 그것은 인격적 관계를 동반합니다. 인격적 관계라고 해도 상대가 벗의 관계일 수도 있고, 또 상대가 너무 엄청나서 스승의 관계일 수도 있는 것이지요. 예수와의 관계도 그런 것입니다. 그러니까 믿음이란 말은 자주 쓰지 않는 것이 좋겠습니다.

그리고 또 한 가지는, 요즈음 나를 사로잡고 있는 것으로 인간 해방의 역사를 보는 데 사회경제사적 사관을 그 방법으로 쓰자는 것입니다. 이러한 입장은 하나의 신념을 표현한 것인데, 그대로 신앙과 직결된다고 할 수 있습니다. 사회경제사적 사관은 그 자체로서는 타당성이 있지만, 그리스도교 메시지를 이해하는 데도 중요한 방법이 되고 있거든요. 그래서 나는 요즈음 그리스도교의 메시지를 말할 때 구체적인 것을 통해서, 이를테면 농촌에 관한 수자적인 통계를 놓고서 농민들의 가난한 실태를 밝히고 그 부당성을 지적하는데, 이처럼 사회경제사적 방법과 언어를 선택하는 것은 이것이 성서의 메시지를 현대인에게 보다 옳게 전하는 길이라고 믿기 때문입니다.

가령 인간의 역사는 고대 원시공동체에서 봉건제를 거쳐 근대 자본주의 체제로 넘어오고, 그게 다시 사회주의적인 방향으로 발전하면서 인간 해방이 확대되어간다고 본다면 이것은 하나의 '사관'입니다. 그러나 그것은 단순한 지식에 그치는 것이 아니고 하나의 '신념'의 표현이라 할 수 있습니다. 헤겔의 사관이 옳다든지, 마르크스의 사관이 옳다든지 하는 것은 여러 사관 가운데서 하나의 사관을 선택한 것인데, 이것은 지식의 판단에서 연유한 것이지만 그것은 선택자 자신의 신념을 표현한 것이기도 합니다. 그런데 나의 사관은 '하느님께서 인간의 역사의 이끄신다'는 말로 공식화할 수 있겠습니다.

□ 이때, 선생님의 하느님 신앙은 그러한 사관과 결부시킬 때 어떻게 표상될 수 있겠습니까?

― 넓게는 우주에 대해서 범신론적(汎神論的) 경향을 취합니다. 우주 전체가 하나의 인격을 형성해간다는 의미에서 그런 거죠. 그리고 좁게는 역사란 하느님의 인간 해방의 과정이라고 보는 것입니다. 그리고 또한 내 개인적으로는 하느님을 기도의 대상으로 보고 있고요. 그런데 내가 강조하고 싶은 것은 사회경제사적 역사 발전이 바로 하느님이 역사를 이끄시는 방법이라고 믿는다는 사실입니다. 이것이 지금의 나의 신앙의 뼈대를 이루고 있습니다.

하느님은 역사를 통해 일하는 것이고, 이것을 극단적으로 확대하면 역사의 진전 자체가 하느님이라고까지 말할 수 있겠습니다. 기독교의 특수성만을 강조한 나머지, 이것을 분리하려고 하는데, 나는 이점에 동의하지 않습니다. 크게 보면 바로 그것인데, 조그마한 비난이 두려워 대국적인 것을 양보할 필요는 없다고 생각하는 거죠. 결국 내 나름의 이해에 따르면 자연을 신이라고 해도, 역사를 신이라고 해도 좋습니다. 자연(우주)을 인격적으로 보고 싶고, 역사를 진전적으로 보고 싶은 것입니다. 역사에는 반드시 카타스트로피(終末)가 있다고 해서 그것만을 강조한다는 것은 우스운 일입니다. 물론 역사에는 종말적인 계기가 있는 것은 사실이지만, 이러한 종말사상은 그리스도교가 부르조아적 멘탈리티와의 경쟁에서 발단한 것이라고 볼 수 있습니다.

부르조아 사관이란 진보사관이고 기독교 사관이란 종말사관이라고 대립시키는데, 이것은 일시적인 현상에 지나지 않는 것입니다. 하느님이 역사를 경영하시는데 진보적으로 이끌면 어떻고, 뛰어 넣으면 어떻습니까? 양쪽 다 하실 수 있지 않습니까? 그런데 진보적인 것은 부르조아 사관이고 종말론적인 것은 기독교 사관이라고 우기는데, 나는 이것을 서양 신학자들의 편견이라고 봅니다. 문제는 역사가 어떻게 선의 목표에 접근하느냐에 있는 것이고, 또 그것이 역사에 대한 평가의 기준이 되는 것이지요.

　진화론에 대해서도 그렇습니다. 세계가 일시적으로 창조되었다고 하면 신은 전능한 존재라 하고 몇 억 년 걸렸다면 신이 없다고 하거나 무능하다고 하는데, 이것은 얼마나 짧은 생각입니까?

□ 신앙에 관한 논의가 선생님의 '하느님의 신앙'까지 나아갔습니다만, 한 가지 짚고 넘어가야 할 문제는 신앙을 '역사적 지식'이라고 했을 때 자칫 신앙을 지식의 영역으로 격하시킨다고 오해를 받을 수도 있겠는데 '역사적 지식'이란 무엇을 의미하는지 좀 뚜렷하게 밝혀주었으면 합니다.

— 거기에 대한 대답이 될 수 있을지 모르겠습니다만 나는 강의실에서 칸트의 이론에 의거해서 지식을 세 가지로 분류해서 설명하곤 합니다. 하나는 이론이성에 의거한 현상(現象)에의 객관적·과학적 기술로서의 지식인데, 우리는 흔히 그것만을 '지식'이라고 생각하기 쉽습니다. 또 하나는 실천이성(良心)에 의거하여 도덕적 법칙이나 선언적(選言的) 명령 곧 격률(格率)을 따름으로써 무엇이 선(善)인지, 무엇이 정의인지를 식별할 수 있는 것인데, 이것은 '도덕적 지식'입니다. 그러나 근대에 많이 논의되고 있는 '역사적 지식'이라는 것은 과학적 지식이나 도덕적 지식과는 전혀 다른 제3의 지식이라 할 수 있는데요, 이것은 역사적인 실재에 대한 하나의 해석을 뜻합니다. 역사적 문서나 비문이나 분묘(墳墓)할 것 없이 그것들을 우리와의 의미연관에서 묻는다면, 이미 우리는 그것들과 하나의

인격관계를 이루고 있는 것입니다. 뿐만 아니라, 살아 있는 사람의 소설, 논문 그리고 우리가 대하고 있는 이 언어를 '안다'고 할 적에 이미 거기에는 하나의 전체성·포괄성이 형성되어서 인격적인 만남을 이루고 있습니다. 이러한 인격적 관계를 이루고 있는 역사적 지식(historical knowledge)은 독특한 것입니다. 공자를 '안다'고 할 때나 예수를 '안다'고 할 때는 다른 것입니다. 우리는 그들의 독특한 내면적 세계에 깊이 관계해서 교제관계를 갖는 것입니다. 이러한 역사적 지식은 분명 자연과학적 지식이나 도덕적 지식과는 별개의 것입니다. 죽은 사람이거나 산 사람이거나 간에 하나의 인격적 '만남'을 가질 수 있는데, 이것을 확대해서 역사적 지식이라 하는 것입니다. 아직은 더 발전시키지 못하고 있어서 이이상 설명하기 어렵군요.

이렇게 보면 나사렛 예수에 대해서도 꼭 '믿음'이란 용어를 써야 할 필요는 없고 '역사적 지식'이란 말로써 그와의 관계를 나타낼 수 있다고 보겠습니다.

6. 민중의식의 태동

□ 선생님은 한 신학자로서 신학의 자기동일성(self-identity)을 어디에서 찾고 있는지요? 요즈음 선생님의 글이나 말씀이나 행동으로 보아 선생님의 신학은 '민중신학'이란 말로 집약할 수 있을 것 같은데요, 그러시다면, 민중신학은 도대체 어떤 것인지요?

선생님은 '민중'이란 말의 구체적인 의미를 어떻게 규정하고 있는지 그리고 그것은 다른 사람들의 민중 개념과 어떻게 다른지 그리고 '민중'은 어떤 바탕에서 신학의 주제가 되는 것이며, 이때 '민중 정신'은 재래의 신학적 주제를 어떻게 해석하는지, 이러한 몇 가지 문제에 대해 우선 알고 싶은데, 이것을 염두에 두고서 물음을 엮어갈까 합니다.

선생님의 신학의 주제는 '민중'이라고 할 수 있겠는데, 언제부터 그런 발상을 하게 되었나요?

— 요즈음 나의 신학의 주제는 분명히 '민중'입니다. 내가 민중이란 실체를 나의 신학의 중심과제로서 설정한 것은 다분히 의도적이라고 할 수 있겠는데, 그렇게 한 것은 1974년도부터라고 기억됩니다. 다음해 나는 연세대 신과대학 퇴수회(退修會)에서 "예수와 민중"이란 제목으로 주제강연을 했는데, 이것이 나의 민중신학의 외적인 출발이라고 할 수 있습니다.

□ 민중을 신학의 주제로 삼게 된 동기는 무엇이었나요?

— 내가 민중을 신학의 첫째 주제로 관심하게 된 직접적 계기는 한 민중의 시인을 알게 된 데 있습니다. 우리 역사에서 보아 '4·19'는 민중이 역사의 주체로서, 한국사를 새 역사의 단계에 들어서게 한 하나의 획기적인 사건이라고 할 수 있습니다. 이러한 사실을 나는 지하의 문학과 그의 정치적 행동을 통해서 깨닫게 되었는데, 그만큼 그는 내게 호소력을 가지게 되었습니다.

문학과 관련해서 민중을 중요 과제로 삼는 쪽이 있는데, 그게 이른바 '창비 그룹'입니다. 「창작과 비평」에서 주도하고 있는 민족·민중의 의미 발굴은 대단한 작업이라고 할 수 있습니다. 사회문학적인 면에서 한국 민족·민중 이해는 지적 차원에서 신학적 관심의 중요한 대상이 되고 있습니다.

□ 그 이전에 신학계에서는 민중에 대해 이야기한 분이 없었나요?

— 물론 있었습니다. 그가 바로 현영학(玄永學) 교수인데, 그 실증으로서

는 한국신학대학 학보에 민중에 대한 짧은 글이 실려 있습니다. 지금도 그분은 민중 문제에 관심을 기울이고 있지만, 우리가 전혀 몰랐을 때 벌써 현 교수는 한 신학자로서 서민 문화 전반에 깊은 관심을 갖고 있었습니다. 그리고 비교적 젊은 분이지만 김용복(金容福) 박사가 해외에 있을 때부터 민중의 문제에 관심을 갖고 있었습니다.

그러나 '민중'을 신학의 핵심적 주제로서 설정하고, 그것을 체계화하고, 그렇게 하여 이룩된 민중신학이 모든 신학의 중심이 돼야겠다고 주장한 사람은 나라고 자부합니다.

이제는 성서신학에서도 교회사에서도 조직신학에서도 "민중이 신학의 중심개념이 돼야겠다"라고 주장하는 분이 많이 있어서 지금 하나의 학파를 형성하고 있는 중입니다. 민중신학회의 발족이 그것인데, 민중신학이야말로 이제 비로소 한국신학으로서 그 기반을 굳히게 된 것입니다.

□ 선생님은 '민중'을 어떻게 규정하고 있는지요?

— 민중의 의미를 규정할 때, 맨 처음 밝혀야 할 것은 민중이 역사의 주체라는 사실입니다. 역사의 처음 단계는 왕족·귀족들의 역사 발전의 주체가 되어 정치·문화를 주도했습니다. 물론 공산주의자들처럼 처음부터 끝까지 노동자의 역할만을 내세워서 역사를 경제적인 측면에 국한시킬 수만은 없습니다. 그러나 인간 해방의 결정적인 계기는 서구 사회에 있어선 황후나 귀족들의 억압과 질곡으로부터 벗어나려는 부르조아 사회의 출현에서라고 할 수 있는데, 이때는 정치·문화·경제 할 것 없이 역사의 주체적 활동은 부르조아 곧 시민계급이었습니다.

세계사적으로 이 시민 다음가는 역사의 주체로서 등장한 것이 바로 '민중'입니다. 그러니까 귀족 → 시민 → 민중으로 역사의 폭이 넓어져 온 셈이죠. 그런데, 서구 사회에서는 '시민'들이 자본주의 체제를 구축하고 그 나름의 모순이 있는데도 그것을 극복하면서 역사를 주도해오고 있는데, 제3세계에서는 자본주의 사회를 거치지 않고 봉건사회에서 바로 현대사회로 넘어왔기 때문에, 시민사회라는 게 전혀 형성되지 않았고, 따라서 시민이 역사의 주도적 역할을 할 기회조차 없었습니다. 그러나 제3세계에 있어서, 강대국의 지배에 저항했던 계층은 순전히 민중이었습니다. 민중이 식민지 치하의 저항을 담당한 유일한 세력이었습니다. 이것이 우리 근세사의 전통인데, 이것은 민중이 서양 사회의 '시민'을 대신해서 역사를 이끌어 셈입니다. 시민의 과정을 거치지 않은 우리 역사에서는 그만큼 민중이 역사의 주도적 역할을 한 셈입니다. 그리고 민중이 역사의 주체라고 할 때, 민중이란 말은 '백성'이란 말과 철저하게 구별되어야 합니다. 백성이란 복종과 예속을 생리로 하지만, 민중이란 자기 주권을 찾으려는 의식을 갖습니다.

다음으로 사회경제사적인 면에서 인간을 본다고 할 때, 인간을 개인이기보다 하나의 집단으로 보게 마련이며, 따라서 지배와 피지배의 관계가 인간 이해의 가장 중요한 내용을 이루는데, 이때 '민중'이란 말이 오히려 인간적인 것의 대명사가 될 수 있다는 점입니다. 다시 말해서 인간은 민중적이어야 한다는 말입니다. 우리가 이제껏 '인간적인 것'은 옳고, '비인간적인 것'은 틀렸다고 보아왔는데 이것은 부르조아적이고 관념론적이고 규범적인 인간 이해입니다. 부르조아 사회에서는 '인간적'이 되려면 교양을 쌓고 높은 덕을 갖추어야 하는 것으로 되어 있는데, '민중적'이라는 것은 그와는 달리 소박하고 순진한 것으로 그 특징을 삼습니다. 귀족적이 아니니까 친근하고 관념적이 아니니까 몸으로 직접 느끼는 것입니다. 우아한 것보다 소탈한 것이 더 아름다운 것이 되는 거지요. 그러니까 가치의 표준이 귀족적인 데서 민중적인 데로 옮겨졌다는 것인데, 이것이 인간을 '민중'으로 이해한 또 하나의 의미라고도 할 수 있겠습니다.

□ 민중을 사회경제사적으로 이해할 때 이른바 무산계급이라고 하는 프롤레타리아트와 어떻게 구별되는 것입니까?

― 프롤레타리아트와 민중과의 관계에 대해서는 정치적 이유로 해서 상당히 신경을 쓰게 됩니다.

프롤레타리아트라고 하면 주로 경제적인 무산자(無産者)를 지칭합니다. 그러나 민중은 경제적인 무산층에 국한시키지 않습니다. 프롤레타리아트에 관한 전문적인 지식을 가진 학자들의 말에 따르면, 고전적 마르크시즘에서는 프롤레타리아트는 어디까지나 노동계층이지 농민계층은 아니라는 것입니다. 마르크스는 자신이 농민의 역사적 역할에 대해서는 몰랐거나 아니면 지나쳤거나 했을 거라는 거죠. 다시 말하면, 마르크스는 새 역사의 주체를 프롤레타리아트라고 생각했지, 우리가 말하는 서민이라고는 생각하지 않았던 거죠. 특히 오늘날에는 더욱 그렇지만 여기에는 다소 복잡한 이유가 얽혀 있다는 것입니다. 왜냐하면, 농민에는 빈농도 있지만 부농도 있고, 또 적지만 자기 소유의 토지가 있어서 생산수단을 가지기도 하고요. 그래서 농민을 순 무산로서의 프롤레타리아트에 넣지 않았는지도 모르나, 그렇다고 오늘날 후진국의 농민이 도시 근로자보다 월등히 낮다고 말하기는 어려울 것입니다. 여러 가지 면에서 농민들은 마찬가지로 착취를 당하고 있습니다. 국민으로서의 대접을 못 받는 형편이고요. 사회적 불의와 부조리가 반드시 근로자에게만 가해지는 것은 결코 아닙니다. 따라서 민중이 역사의 주체라고 했을 때, 농민을 빼놓는다는 것은 말도 안 되는 소리입니다. 신채호의 민중 이해에 따르면 우리나라의 경우, 특히 1920년대는 민중의 중심은 농민이었습니다.

요컨대, 우리가 말하는 '민중'은 프롤레타리아트보다 훨씬 넓은 의미를 갖는, 다시 말해서 근로자뿐 아니라 농민까지도 포함한 계층을 가리키는 것이라고 할 수 있습니다. 바로 이 민중이 역사의 주체입니다.

□ 그러나 '민중'을 농민까지 포함한 광의의 것이라고 해도 그것의 기본적인 특징은 같은 데 있는 것이 아니겠습니까? 눌리고, 빼앗기고, 밀리고 있다는 사실에서 말입니다.

— 그런데 바로 이 점에 문제가 있습니다. 민중이라면 근로자이든 농민이든 생산에 직접 종사하고 있으면서도 그가 받아야 할 이익을 제대로 받지 못하고 빼앗기고 있다는 점입니다. 다시 말해서 '피착취성'을 민중의 기본 특징으로 할 때, 그것은 어디까지나 생산관계에서 민중을 보려는 것이지요. 이 점이 세속적(secular) 민중론자들의 사회사상적 주장인데 이것과 신학자들의 민중론과의 차이는 그 다음에 있다고 봅니다.

민중신학자는 민중을 양쪽에서 보고 있습니다. 한 가지는 민중은 근로자이든 농민이든 육체노동을 통해서 가치를 직접 생산하고 있는 계층이라는 것입니다. 지식노동자는 직접 생산자는 아닙니다. 성서에 따르면 땅을 가꾸고, 생산하고 하는 '일하는 사람'이 바로 신이 계약을 맺었던 민중입니다. 그런가 하면, 성서에는 또 다른 면의 민중이 있습니다. 그것은 감옥에 갇힌 사람들로 대표될 수 있는데 도둑놈, 살인자, 협잡꾼, 매춘부 따위와 같은 사회의 찌꺼기들이 바로 그들입니다. 예수시대에서 보면 불구자, 병자, 부녀자, 고아, 창녀, 떠돌이 같은 사회의 밑바닥 계층을 말하는 것입니다. 이 점이 일반 민중론자들의 민중 이해와 다른 면입니다.

민중신학자들은 민중을 물질적 '생산'에만 관계시키지 않고, 방금 열거했던 소외계층 전반을 지칭합니다. 마르크스 경제학에서 보면 룸펜(실업자)에 해당하는 것들도 여기에 포함되지만, 그러나 이것은 사회적 편견이나 타부에서 생겨진 버림받은 부류라는 데 그 특성이 있습니다. 바로 이 소외계층도 또한 민중의 일부로 보는 것입니다.

그런데 민중신학의 초점은 바로 이런 소외계층이며, 이 계층이 성서의 메시지의 주요한 대상이고 하나님의 역사 목표라고 나는 주장합니다. 그러니까 성서적 민중은 경제적 생산관계에 초점이 있는 것이 아니고 부정한 사회질서 때문에 억압당하고 착취당하고 소외당한다는 데 그 초점이 있는 것입니다.

가령, 옳은 정치가 실현되는 새 나라(메시아왕국)에 초대된 대상은 다 절름발이, 떠돌이, 눈먼 사람 따위들입니다. 예수 시대의 여인들을 보면 '덜된 인간'으로 취급되었고, 그래서인지 예수의 12제자 중에 여자는 하나도 끼지 않았는데, 이것은 유대 사회의 편견에 기인한 것이라고 볼 수 있습니다. 그렇지만 예수에게 성심껏 봉사한 이들 가운데는 여자가 많았습니다. 다른 랍비에게서는 찾아볼 수 없는 현상이죠. 예수를 따랐던 '오클로스' 곧 무리들을 민중이라 한다면 그리고 예수의 선교의 대상이 바로 이들이라면 이것은 생산관계에서 규정된 피착취계층으로서의 민중과는 다른 의미를 가집니다.

그리고 출애굽기에 나온 '히브리'가 노예계층을 의미한다면 이는 프롤레타리아트와 거의 같다고 볼 수 있지만, 출애굽기 20장 이하에 나오는 이스라엘의 모법인 '계약법전'에 보면 처음부터 끝까지 과부, 고아, 병신, 떠돌이, 노예들을 보호하고 그들의 인권을 옹호하기 위한 데에 그 법의 목적이 있었습니다. 함무라비법전의 목적도 약자를 보호하는 점에서는 같으나, 그 대상이 바빌론의 시민이나 민족에 국한되어 있는데 비해서 히브리인들의 계약법전은 민족을 초월한 모든 약자(소외자)들에게 다 해당되는 것입니다. 히브리라는 노예계층이 만든 법인데, 노예에게 무슨 민족의 구별이 있겠습니까? 이런 사실로 미루어보아, 성서의 민중은 일반 민중론자들이 말하는 서민 대중이나 프롤레타리아트와는 그 의미가 다르다고 보겠습니다.

7. 지식인은 민중이 아니다

□ 최근 우리 주변에서 민중 개념을 규정하는 데 있어서 지식인을 포함시킬
것인가가 문제시되고 있는데, 선생님은 어떻게 생각하시는지요?

— 거기에 대해서는 우리 동지들 가운데 한완상 박사가 뚜렷한 제안을 하
는데, 가령 민중을 즉자적(卽自的) 민중과 대자적(對自的) 민중으로 나누
는 것 같은 주장은 그 나름으로 공헌도 했고, 의의도 있고, 또 참고해야
할 제안이지만 그것은 좀 '불편한' 제안이라고 생각됩니다. 왜냐하면 '민
중'의 기본적 특징이 눌리고 빼앗긴 데 있다고 해도, 지식인이 정치적인
억압을 받고 있다는 이유로 그 '지식인을 앞으로의 역사를 담당할 계층으
로서의 민중과 동일시할 수 있을까', '아무래도 그 민중과는 성격이 다르
지 않을까' 하고 생각됩니다.

또 다른 이유로는 지식인은 민중이 될 수 없다는 주장이 더 타당성을
가진다고 보기 때문입니다. 가령 나와 같은 엄연한 대학교수를 어떻게 민
중이라고 할 수 있겠습니까? 사회사관이 민중을 역사의 주체로 인식하게
하고 또 민중의 인권회복을 위한 투쟁이 하느님의 뜻의 실현으로 여겨져
서 민중의 편에 서서 싸웠다고 해도 그 지식인 자신이 곧 '민중'이 될 수는
없는 것입니다. 이 사실을 우리는 자인해야 할 것입니다. 민중에게서 자
기 동일성을 찾았다고 해서 자신이 곧 민중이 되는 것으로 생각하는 것은
잘못이라고 생각합니다. 지식인을 민중에 포함시킨다는 것은 그 나름의
타당성을 인정하지만 그러나 오히려 민중 전체를 혼란시킨다든지 혹은
민중을 위해 수행해야 할 사업을 희미하게 만들지 않을까 하는 염려를 하
게 됩니다.

□ 그밖에 다른 분들의 민중 개념은 어떻게 보시는지요?

— 노명식(蘆明植) 교수의 민중 개념을 들 수 있습니다. 이 분은 '원역사' (原歷史)를 프랑스혁명으로 보고 있는데 이것을 신학적으로 말하면 하느님의 원계시에 해당합니다. 사회주의 사가들이 러시아혁명을 원역사로 보는 것과 흡사합니다. 따라서 노교수의 민중은 말만 바꾼 '시민'입니다. 우리가 아무리 애써도 프랑스혁명에서 내건 이상(理想) 이상으로 나갈 수 있느냐, 그것도 못한 주제에 민중에 대해서 무엇을 말한다는 거냐는 입장입니다. 그리고 지식인도 '문화 창조'라는 노동을 하지 않느냐는 것입니다. 물론 이런 면이 없는 것 아니지만, 그러나 대하처럼 흐르는 민중론은 그런 입장과 다른 것입니다. 민중은 역시 시민이나 서구적인 의미의 '국민'과는 다르거든요.

□ 「씨올의 소리」지의 좌담에서 안병무(安炳茂) 선생과 성서해석상의 가벼운 이견이 엿보이는 것 같았는데, 그분의 민중 개념과 다른 점이 있는가요?
— 안병무 박사와는 성서해석상의 차이지, 민중관의 차이는 아닙니다. 따라서 이것은 어느 것이 성서에 대한 보다 올바른 지식이냐에 따라서 결정될 문제입니다. 문제는 누가복음서에서 말하는 '라오스'를 '민중'으로 볼 수 있느냐에 있는데, 누가복음서는 마가복음서의 '오클로스'를 거의 '라오스'로 바꿔놓았습니다. 그리고 '라오스'의 역사관을 전개시키고 있습니다. 한데, 마가라는 신학자가 쓰고 있는 '오클로스'라는 말은 오늘 우리가 살고 있는 민중이란 말과 거의 같은 뜻을 가지고 있어서 2천년이라는 시대의 격차에도 불구하고 오늘과 같은 문제를 안고 있습니다. 그러나 누가복음서에 쓰고 있는 '라오스'는 지금 우리가 쓰고 있는 '국민'이라는 말 그대로라 볼 수 있습니다. 그것은 새 나라의 '새 국민'을 말하는 것이므로 사회계층적인 의미의 '오클로스'(民衆)와는 다르지 않는가 하고 생각되는 것입니다. 그래서 이 점은 양보하기 어렵습니다.

그렇다고 해서, 전체적으로 보아 누가복음서가 마가복음서보다도 민중의 편에 덜 서느냐 하면, 안 박사의 입장 그대로, 그렇지 않다고 봅니다. 어디까지나 가난하고 눌린 사람들의 입장에 서서 그들을 옹호하려고 했습니다. 그러나 '오클로스'를 '라오스'로 바꿔놓고 보면, 벌써 역사의식이 달라지는 것입니다. 거기에는 은연중 '오클로스'에 대한 멸시감이나 경계심이 따르는 것입니다. 오클로스를 라오스로 고친 이유도 이 점에 있지 않는가 합니다. 그렇기에 라오스는 오클로스와 차이가 있다고 보는 것입니다.

□ 선생님은 성서의 '무리'를 '민중'과 일치시키고, 거기에서 메시아적 성격을 읽고 있는데, 어째서 그런가요?

— 이것은 신학적인 문제인데, 마가의 오클로스를 '민중'으로 옮길 수 있느냐 하는 것입니다. 오클로스는 '무리, 군중'을 가리키는 것이고 '민중'은 정치신학적 용어로서 메시아적 성격을 띠고 있어서 앞으로 역사를 담당할 주체세력을 뜻하는 것인데, 어떻게 두 말을 일치시킬 수가 있느냐는 것이죠. 어떤 분은 오클로스에는 메시아적 성격이 없다고 주장합니다. 하기야 '민중' 자체에게 메시아적 성격을 부여하느냐 않느냐의 문제는 전통 신학자들에게는 생각도 못할, 그야말로 이단적 논의가 될 것입니다. 그러나 나는 전에도 분명히 밝혔지만, 마가복음서의 오클로스 무리에게 메시아적 성격이 있다고 생각합니다. 물론 '민중'에게도 메시아적 성격이 있고요. 그래서 예수도 이 '무리'에게 자기를 동일화했던 것입니다.

문제는 '메시아적 성격'이란 무엇이냐에 있는데, 그 주된 의미는 새 시대를 가져올 주인공이라는 데 있습니다. 개개인의 구속자, 또는 천당 안내자란 뜻과는 거리가 멉니다. 물론 거기에는 '새 인간'이란 뜻도 깃들어 있지만, 문제는 누가 메시아이며 누가 '예수'의 역할을 하느냐에 있습니다. "착한 사마리아 사람의 비유"에 보면, 강도를 만나 고통 받고 있는 그 사람이 바로 메시아(예수)의 역할을 하고 있는 것입니다. 죽겠다고 호소할 때, 가서 치료해주면 그때 '사람'이 되는 것이고, 모른 척하고 지나치면 그때 짐승이 되는 것입니다. 내 속에 참된 인간성을 깨우쳐 나를 인간답게 하느냐, 그렇지 못하느냐 하는 것은 내가 신음소리를 듣느냐, 듣지 않느냐에 따라 결정됩니다. 예수가 세상에 온 것은 바로 이 신음소리를 내는 역할을 하자는 것이지, 다른 데 그 목적이 있는 것은 아닙니다. 예수의 수난의 의미가 여기 있습니다.

우리가 민중에게서 메시아역을 보고 있는 것은 물에 빠진 사람을 건져주듯 어떤 정치적 권세(權勢)를 가지고 군림하는 주권자와 같은 전통적 이미지에서 말하는 것이 아니고 본회퍼에서 싹텄듯이, 예수의 고난과 그 경험을 통해서 새 인간성이 동틀 가능성을 약속받았다는 입장에서 하는 말입니다. 아픔의 경험을 통해서 눈이 밝아지고 거기에 응답하게 함으로써 하느님은 '새 인간'이 되게 하는 것입니다. 민중이 메시아의 역할을 한다는 것은 민중이 겪고 있는 고난 자체가 바로 그러한 역할을 하기 때문입니다. 민중의 고난에 동참하면 그게 사람되는 길이고, 그게 바로 구원의 길인 것이죠. 이렇게 이해한다면 고난 받은 민중이 메시아이고, 그래서 민중은 새 시대의 주인이 되는 것입니다.

그러므로 마가의 오클로스는 분명히 메시아적 성격이 있습니다. 하늘 잔치에 초대받은 무리는 눈먼 자, 절름발이, 나그네들이라는 비유나, 마지막 심판 때 지극히 약한 자에게 물 한 그릇 대접한 것이 곧 예수에게 행한 것이며, 가난하고 눌린 자를 만난 것이 곧 예수를 만난 것이라는 지적들은 오클로스의 메시아적이며 또 사크라멘트적 성격을 지시한 것이라고 볼 수 있습니다.

□ 우리의 한국적 상황에서 민중을 말할 때는 문학사회학 쪽의 민중 이해에도 관심해야 될 것 같은데, 창비 그룹의 민중 개념에 대해서는 어떻게 생각하시는지요?

― 나는 백낙청(白樂晴) 교수의 민중관에 주목합니다. 그가 최근에 낸『인간 해방의 논리를 찾아서』라는 책이 민중론의 텍스트라고 할 수 있는데, 거기에서 그는 민중을 실제적(sechliche)으로 포착하려고 했습니다. 그는 관념적이나 추상적으로가 아니고 실제적으로 민중을 보려고 한 것이죠. 민중은 너무 눌리고 가난하고 못사니까 "나도 남처럼 좀 먹고, 입고, 살아봤으면…", "나도 남처럼 좀 기를 펴고 살아봤으면…" 하는 아주 일상적이고 생활적인 욕망을 가집니다. 그래서 민중의 소리를 듣는다는 것은 구체적으로 그런 소리를 듣는 것을 의미하는 것이라고 보는 것입니다. 한 걸음 더 나아가, 그는 바로 그러한 저속한 민중의 욕망 때문에 역사가 발전한 것이라고 주장합니다. 고차원적인 정신주의에 의해 역사를 규정하려는 것을 경계하고 있습니다. 이것은 민중을 실제적으로 구체적으로 파악하지 않고 관념적으로 추상적으로 파악하려는 태도에 대한 좋은 경고로서 받아들여야 할 것입니다.

8. 씨올과 민중

□ 함석헌 선생의 '씨올'과 민중은 어떻게 대비되는지요? 함 선생의 씨올은 때로는 '맨사람'이라 하여 존재론적인 또는 종교적인 성격을 띠는가 하면, 어떤 면에서는 그야말로 '민중'의 본뜻 그대로를 나타내기도 합니다. 함선생의 '씨올'이란 민중을 옮긴 말이기도 하니까요. 선생님께서는 '민중'이란 말은 (common) people로도, volk로도 옮길 수 없는, 그래서 민중을 옮길 땐,

minjung그대로 써야 한다는 입장인데 그런 '민중'의 눈에서 함 선생의 '씨올'
은 어떻게 평가하시겠는지요?

— 나는 함선생의 씨올의 의미를 잘 모르겠어요. 나도 꽤 그 어른의 글을
정독하고 있는 셈인데, 꼭 집어 말하기 어렵습니다. 일전에 안병무 선생
은 함 선생의 씨올 개념을 잘 밝혀주는 글을 썼는데, 거기에서 그는 존재
론적·우주론적인 차원에서 보면 '씨올'이고, 역사적이고 사회적인 차원
에서 보면 '민중'이라고 구별했는데, 이것은 잘된 구별이라고 생각됩니
다. 그 한 마디로 할 말을 다 한 셈이지요. 이것은 씨올의 양면을 지적한
것인데, 그것은 씨올에 대한 비평이면서 동시에 적극적인 평가도 됩니다.
'민중'을 말하는 사람은 함 선생의 '씨올'을 늘 마음에 두어야 할 것이고,
함 선생 자신도 '민중'을 늘 마음에 두어야 할 것입니다. 인간의 존재론적
측면을 외면한다든지 인간의 사회적·역사적 측면을 망각해서도 안 되겠
기 때문입니다.

그러나 나는 틸리히의 존재론에 10여 년을 심취해 보았고, 샤르댕의
'오메가 포인트' 이론에 몇 해 동안 젖어보았던 사람으로서, 역시 그런 존
재론적·우주론적 전개만으로는 안 되겠다고 생각하게 되었습니다. 그래
서 사회경제사적 인간(민중) 이해에로 나선 것인데, 함 선생은 그런 사회
경제사적 차원에서 인간이 다 이해되는 것은 아니라고 늘 강조합니다.

어쨌든 상호보완적이어야 하는 것이지만, 나는 정치신학적 의미의 민
중이 주체가 되는 새 시대가 와야 하며, 그것의 도래가 우리의 과업의 목
표가 되어야 한다고 생각합니다. 인간이 인간으로서의 씨올(맨사람)이
되어야 한다는 것은 어느 시대나 다 통용될 것이지만 특수한 상황에서는
그 표현을 달리해야 한다고 보는 겁니다. 신학적으로 말하면, 독일의 고
백교회에서는 그들의 철저한 저항운동을 '바르맨선언'을 통해서 "우리
는 하느님을 믿습니다"라는 한 마디 고백에 집약시켰습니다. 그러나 70

년대의 우리 한국교회의 저항운동은 "하느님을 믿는다"라는 고백만으로
는 이루어질 수가 없었습니다. 정통·보수교회에서는 그런 고백이 저항
의 표현이기는커녕, 오히려 친(親)체제에의 협력을 가져왔으니까요.

그런데, 진리의 보편성을 말할 때 진리가 되는 방향이 있고 안 되는 방
향이 있는데, 함 선생님은 진리가 되는 방향으로 나간 것입니다. 그러나
우리의 상황에서는 "하느님만을 믿는다"라는 고백만 가지고서는 저항운
동이 되는 게 아니고 구체적인 이슈를 제시해서 저항할 수밖에 없었던 것
입니다. 그래서 우리는 사회의 부조리와 부정을 낱낱이 들면서, 이것은
그리스도 교도의 양심으로서 도저히 용납할 수 없다고 대들었던 거죠.

함 선생의 씨올적 주장을 바르맨선언에 비한다면, 우리의 민중적 주장
은 3·1독립선언이나, 4·19선언이나 1976년의 3·1구국선언이라고 할
수 있을지 모릅니다. 역사의 진전 단계에서 민중적인 것이라면 씨올은 보
편타당성을 띠면서 그 이면에서 역할하는 것이라고 보는 것이 어떨까 합
니다.

□ 어떻습니까, '민중'을 한마디로 정의한다면요? 흔히 민중을 '피압박·피착
취·소외계층'이라고 규정하는데요.

— 한 마디로 정의하라라면, 민중이란 '서민대중'이죠. 그러나 프롤레타리
아트보다 훨씬 광의의 것입니다. 사회경제사적으로 보면, 정말 눌리고 빼
앗기는 계층을 말합니다. 그러나 정치신학적 의미에서 보면, 민중은 반드
시 억압받고 빼앗기는 면만이 아니고, 민중은 역사의 주체이고 또 그렇게
되어야 한다는 면이 강하게 등장합니다.

□ 민중이 주체가 되는 시대가 온다고 한다면, 그때는 지배·피지배의 계급성
은 없어지거나, 아니면 민중이 존재한 이상 반민중적 계층은 언제나 존속할

것인데, 이 점 어떻게 생각하시나요?

— '민중'의 실체가 한결같은 것으로 생각하기 쉬우나, 체제에 따라서 그 성격이 달라집니다. 봉건사회에서의 민중—그땐 '민중'이란 말이 없었지만—이 다르고, 자본주의 사회의 민중이 다르고, 산업사회의 민중이 다른 것입니다.

그리고 민중 자체도 역사적으로 보면 어느 때인가는 사라질 것으로 봅니다. '귀족'이란 것도 옛날에는 있었지만, 지금은 없고, 또 없어져야 하고요. '시민'도 그렇습니다. 마찬가지로 정치적·경제적으로 민중이 완전히 주체가 되는 세계가 오면—그것은 꿈일 수도 있겠지만— 그땐 구태여 '민중'을 말할 필요가 없게 될 것입니다. 민중이 항존해야 할 이유는 없으니까요.

9. 민중신학의 전거

□ 선생님은 민중신학의 전거를 성서 이외에 교회사, 사회경제사 및 문학사 회사쪽까지 넓히는데, 전통신학에서는 감히 생각조차 하기 어려운 발상인데요. 우선 '전거'란 말부터가 문제가 될 것 같은데 이 점을 먼저 밝혀주셨으면 합니다.

—전통적인 신학에서는 '전거'라는 말을 쓰지 않고 절대적 계시라든가 신학의 규범(norm)이라든가 하는 말을 씁니다. 그것이 바로 성서라는 것이죠. 보수 신학자들은 그래서 성서밖에 없다는 것입니다.

그런데 성서 자체가 절대적인 표준이란 것은, 내가 이해한 대로는, 성서 자체가 이미 거부하고 있습니다. 성서는 열려 있는 것이기 때문이죠. 그래서 나는 성서를 전거(point reference)로 봅니다. 이것을 풀어 말한다면 '참고서'라는 것입니다. 이런 눈으로 보면 교회사도 전거가 될 뿐 아니라, 특히 한국의 사회, 문화, 경제의 전개과정에서 보이는 민중 전통도 하나의 전거로 삼을 수 있습니다. 이것은 계시니, 규범이니 하는 말을 그대로 쓰는 신학의 입장에서는 난처할지 몰라도 나는 성서를 무조건 신학의 '규범'이라고 주장하는 것은 부당하다고 봅니다.

□ 선생님께서는 성서를 '규범'으로서가 아니라, 하나의 '전거'로 보고 그중에서도 출애굽 사건과 십자가사건을 민중신학의 전거로서 강조하고 있는 것 같은데요?

— 내가 "민중의 신학"이란 논문을 쓸 때(1979년 초)만 해도 나의 민중신학의 성서적인 전거는 출애굽 사건과 십자가사건에 국한됐습니다만 이제는 그 성서적 전거라는 것을 좀 확대시켜서 봅니다. 이 두 가지 사건에서 나는 무엇보다도 그 두 사건의 사회경제사적인 면을 염두에 두고 있습니다. 그런 취지에서 나는 cross(십자가)와 crucifixion(십자가형)은 구별되어야 한다고 주장합니다. '십자가'는 속죄에 대한 종교적인 상징이고, 십자가형은 로마의 형법에 의한 정치범의 사형집행입니다. 출애굽 사건은 그러한 말의 구별은 없습니다만, 기독교 신자들의 머리에 있는 출애굽 사건은 전능하신 하느님의 초자연적인 능력으로 되는 '구원' 사건만을 그린 것인데 내가 민중신학의 전거로 삼는 출애굽 사건은 노예살이하던 히브리 사람들의 해방의 쟁취라는 사회경제사에 속하는 정치적 사건입니다. 다음에 내가 성서적 전거를 좀 확대한다는 것은 출애굽 사건(BC 1290)으로 시작되어서 이스라엘 사람들이 가나안 땅에 새 정치 질서를 수립하여 지낸 두세기 동안(BC 1250~1040)의 왕조 이전의 사사시대 곧 '원이스라엘'을 특별히 포함시킵니다. 이 새 정치질서의 말하자면 헌법이 계약법전입니다. 신약성서에서는 예수의 십자가와 부활사건에 이르기

까지의 예수의 갈릴리 선교활동입니다. 그 선교는 '가난한 민중'에 대한 선교활동이었습니다. 내가 성서적 전거라고 말하는 것은 전통적 신학에서 말하고 있는 그러나 '구속사건들'만을 가리키는 것이 아니고(물론 그것들은 구속사건입니다) 사회경제사적인 역사적 사건을 가리키는 것입니다. 독일 신학자들의 말을 빌린다면 geschichte가 아니고 historie가 나의 신학의 전거라는 말입니다. 민중신학을 평하는 사람들은 민중신학의 성서적 전거는 편협하고 성서 전반을 무시하고 어떤 부분만 인용, 강조한다고 비판합니다. 내가 제시하는 위의 성서적 전거는 성서의 한 부분이 아니라 성서의 바로 '핵심'입니다. 핵심이 된다는 주장은 하느님의 구속신앙의 신학상으로도 그렇고 또 연대기적인 의미에서의 역사(historie)상으로 그렇습니다. 이스라엘의 출애굽과 원 이스라엘의 형성, 예수의 갈릴리 선교활동과 십자가 부활은 신·구약 성서의 한 부분 이상으로 바로 그 성서의 신학적, 역사적 기원이며 핵심입니다. 그러한 텍스트들에 분명하게 나타난 하느님의 구원사의 주체 선택의 상대는 바로 민중입니다.

□ 일반 독자를 위해서 '계약법전'에 대해서 설명이 필요할 것 같은데요?
— 계약법전이란 출애굽기 20:22-23:19 부분을 가리키는 것이고 이 부분에 대해 출애굽기 24:7, 8에 야웨가 이스라엘과 맺은 '계약조문'이라고 했기에 계약법전이라고 말하게 된 것입니다. 학자들의 추정에 의하면 계약법전은 BC 12세기에 완성된 것이라고 합니다. 이런 종류의 중요한 법전이 또 있는데 '신명기법전'(신명기 12-16장)은 BC 8세기에 그리고 '성법전'(레위기 17-26장)은 BC 6세기 유배시대에 완성된 것이라고 합니다. 그러고 보면 계약법전이 가장 오래된 것이고 그 다음에 생긴 법전들의 모법(母法)이라고 하겠습니다. BC 12세기라고 하면 왕조가 생기기 이전의 사사시대입니다. 이 식의 이스라엘을 '원 이스라엘'(proto-Israel)이라

고도 합니다.

'계약법전'은 '드보라의 노래'(판관기 5장)와 함께 구약성서 중에서 제일 먼저 쓰인 것입니다. 지금 우리가 아는 (모세의) 5경—창세기, 출애굽기, 레위기, 민수기, 신명기—의 원자료라고 하는 J·E·D·P 문서들보다도 먼저 형성된 문서입니다. 구약성서 문서들 중에서 제일 먼저 문서로 정착된 것이며, '원 이스라엘' 다시 말하자면 이스라엘 민족공동체가 처음 탄생되었을 때의 법입니다. 아주 중요한 내용입니다. 이스라엘의 법은 하느님과의 계약, 하느님의 법이라고 믿는 것인데 말하자면 그 원형입니다. 그 내용은 한마디로 '약자보호법', '사회정의에 관한 법'입니다. 가난한 사람들, 노예, 과부, 고아, 지체불구자, 떠돌이, 나그네, 이방인들에 대한 인권보호법입니다. 약자들을 위해서 안식일, 안식년을 제정하고 그들을 보호하기 위해서 채권자의 권리를 제한했습니다. 오늘날 우리 사회의 제반 법이 일반적으로 가진 자, 기득권자, 권세 있는 자의 생명과 재산을 보호하는 법인 데 대해서 하느님의 법인 계약법전은 강자의 횡포로부터 약자를 보호하기 위해서 제정된 것입니다. 저 유명한 바빌론의 '함부라비 법전'은 BC 17세기에 제정된 인류사회의 원형적인 법전인 듯이 여겨지고 있습니다만, 거기서도 약자를 보호하는데 그 '약자'는 다만 바빌론 시민에 국한됩니다. 이스라엘의 계약법전은 이스라엘 민족 가운데의 약자만을 가리키는 것이 아닙니다. 이스라엘 사람들 자신들이 떠돌이나 나그네였고 이방인이었고, 노예들이었습니다. 계약법전의 약자는 민족을 넘어선 인간으로서의 약자입니다. 야웨가 계약을 맺은 상대는 어느 한 민족과 계약을 맺은 것이 아니라 사회적 약자(이것은 '하비루'라고 합니다만)들을 모아서 한 계약의 공동체로 형성시킨 것입니다. 이렇게 성서 본문을 역사비판적으로 또 사회경제사 내지 사회사적으로 연구하면 야웨의 기원적인 계시가 분명해 집니다. 여기에서 '계약법전'이라고 말했을 때 단순히 종이나 토판에 쓰인 문서인 법조문으로만 생각할 것이 아니고 그 헌법은 그 '사회의 정치적 체제'를 규정한다는 것을 잊어서는 안 됩니다. 그러므로 계약법전을 통해서 원 이스라엘의 정치체제를 미루어 알 수 있는 것입니다.

□ 선생님은 민중신학의 전거로서 출애굽 사건과 십자가 사건을 들면서, 출애굽 사건을 통해서는 민중을 해방의 대상이라고 하고, 십자가사건을 통해서는 영구적 혁명이란 관점에서 민중을 해방의 주체라고 하면서, 민중을 해방의 대상과 주체로서 대비시켜 그 강조점을 달리 두었는데, 그것은 내적으로 어떻게 연관되는지요?

— 둘 다 민중신학의 전거임에는 틀림이 없지만, 역시 그리스도교 신학의 입장에서는 예수 그리스도의 선교와 그 십자가 사건이 더 원형(archetype)적인 것이라고 생각됩니다. 출애굽 사건에서는 모세라는 지도자가 민중을 이끌기 때문에 민중이 대상이 되었는데, 이처럼 어떤 영웅이나 영도자에 의해서 민중의 해방이 이루어지는 단계는 아직도 미숙한 단계라고 생각됩니다.

그런데 예수는 모세와 같은 지도자는 아닙니다. 그는 민중 속으로 내려와 자기를 동일화하고, 그들에게 약속과 소망을 주고, 민중으로 하여금 스스로 자기를 해방할 수 있도록 촉구합니다. 그렇기에 예수에게 있어서는 민중 자신이 스스로 자기해방을 추구하는 원형적인 것이 보이는 것으로 생각됩니다.

□ 그런데, 민중이 주체적인 자각을 통해서 자기해방을 자발적으로 성취한다고 할 때, 그런 민중의식을 어느 정도 기대해야 하는 겁니까?

— 민중 스스로가 인간은 평등하다고 의식하고, 자신이 침해를 받았을 적

에는 단결해서 방어에 임하려 하고 그리고 세상사가 무언가 잘못되어 간다는 것 등을 판단하는 데 지식인보다 오히려 정확하고 빠를 수가 있습니다. 민중은 지식인이나 부자보다 시대의 풍문에 대해서 더 민감합니다. 따라서 지식인들이 노동자보다 더 잘 본다는 가설은 이제 수정해야 할 것입니다. 지식을 통한 포착은 역시 간접적인 것이고 몸으로써 바로 느끼고 체험한 것은 역시 직접적인 것이라고 할 수 있으니까요. 몸의 체험이 더 참된 지식이 아니겠습니까?

□ 선생님은 일본 신학자 다가와의 마가복음서 주석을 참고해서 민중신학의 주제가 예수가 아니고 '민중'이라고 했는데 그것은 참으로 충격적이었습니다. 이때 예수는 민중 이해의 한 '방편'이 되겠는데요. 이것은 재래 신학에 대한 무서운 도전인데 이 점에 대해서 설명해 주셨으면 합니다.

— 다가와는 마가복음서를 분석한 결과 민중이 그 주제라고 판단한 것입니다. 그리고 그는 적어도 마가의 신학에 서면 오클로스를 군중이라고 번역하는 것보다, 정치신학적 용어인 민중이라고 번역한 것이 훨씬 타당하다고 봅니다. 그리고 그는 마가의 신학에서 보면 예수는 민중을 대표하는 상징이라고 할 수 있다는 것인데, 나는 신학적으로 이런 사고가 옳다고 봅니다.

하느님이 인간으로 오신 것은 순전히 인간을 섬기려 한 것이지, 인간에게 예배받자는 것이 아니거든요. 민중이라는 것이 하나의 인격적 존재로 기술될 필요가 있을 때 거기에 예수가 나타난다고 다가와는 말했는데, 결국 마가복음서가 그리려는 것은 예수가 아니고 민중이라고 할 수 있습니다. 민중이 한 사람의 인물로 나타난 것이 예수이니까요.

10. 예수는 민중이다

□ 그렇다면 통속적인 말로, '예수를 믿는다'는 것을 무엇을 의미하는 것입니까?

— '예수를 믿는다'는 것은 전통주의자들이 주장하는 대로 그에 대한 교리를 인정하고 고백한다는 것과는 구별해야 합니다. 그것은 틸리히의 말을 빌리면 faith가 아니고 belief입니다.

예수가 하나님의 아들이라는 것도 사실 따지고 보면, 교리로서가 아니라 '실증적'으로 그런 것입니다. 내 지식, 내 경험으로 보아 그는 신적 감화를 끼쳤고 또 끼쳐가고 있어서, 사람은 다 하느님의 아들이지만, 그는 좀 더 다른 모습으로 하느님의 아들이라는 것을 보여주는 것입니다. 그리고 예수의 본성은 우리와 다르다고 하지만 그것도 문제입니다. 물론 그의 인간성과 우리의 인간성에는 '타락' 이전과 이후의 차이라고 할 수 있을지 모르나, 그렇다고 그런 인간성을 예수만이 가졌느냐 하면 그런 것은 아니거든요. 역사적으로 종교적인 역량을 발휘했느냐, 그렇지 못했느냐의 차이입니다. 그렇기에 예수는 전혀 다른 종류의 인간성을 가졌다고 하는 것은 전통신학에도 어긋나는 생각입니다.

그리고 예수는 신성(神性)을 지녔다고 하는데, 그 '신성'이라고 하는 것도 신학적으로 말하면 사실 '사건'을 일으킨 하느님의 측면을 가리키는 것입니다. 인간성과 함께 줄곧 병행된 어떤 신성을 말한다는 것은 고대 형이상학입니다. 오늘날 심리학에서는 인간성 자체를 'event'(사건)란 측면으로 설명하려고 하지 않습니까?

이와 같은 것을 예수를 믿는다고 할 적에, '믿는다'는 것이 가지는 belief로서의 의미입니다. 그러나 '예수를 믿는다'는 것은 결정적인 의미에서 예수를 따르는 것이라고 생각합니다. 예수의 인간성이나 삶은 근원적인 면에서 인간성의 실현이고, 역사적으로 보아 인간의 샘플(견본)이고, 원형이니까 우리는 그를 닮으려 하고 그대로 따르려 하는 것이죠. 예수는 나를 믿으려면 나를 따르라고 했습니다. '믿는다'는 것이나 '따른다'는 것은 같은 말입니다. 가만히 앉아서 "나는 예수가 하느님의 아들임을 믿습니다"라고 말만 하는 것은 넌센스라고 생각합니다.

그러므로 예수를 믿는다는 것은 나의 삶을 예수의 삶에 맞추어서 그에게서 자기동일성을 찾는 행위라고 봅니다. 단순한 지적 승인이 아니고 그를 따르는 결단이죠. 그에 대한 교리 몇 가지를 시인하면 세례를 주고 그것으로써 예수를 믿는 것으로 생각하지만, 거기에는 교육적 의미가 있을지 모르나, 그것은 틀린 생각입니다.

□ '역사의 예수'는 '민중'이었는가요, 아니면 '세리와 죄인의 친구'라는 서술에서 드러난 대로 예수는 단순히 '민중의 친구'였나요? 그가 민중이며, 민중의 벗이라면 그때 민중의 지도자니, 해방자니 하는 말과는 어떻게 연관되는가요?

— 이런 문제는 성서학자가 말해야 정확할 것인데, 내 나름으로 보면, 출애굽 사건에서 민중의 지도자 모세는 궁중 출신으로서 그야말로 하나의 '지도자'로서 민중에게로 나아가 그들을 인도했지만 역사의 예수는 그와 다릅니다. 예수 자신이 하나의 목수였고, 그를 따랐던 사람들이 어부 정도인데 이들은 당시 사회구조로 보아 '민중'이란 계층에 속했던 사람들인 게 분명합니다. 그리고 당시는 제도적인 교육이란 게 없었기도 했지만, 예수는 어려운 처지여서 제대로 교육을 받지도 못했을 거구요.

따라서 그를 민중의 '지도자'니 '해방자'니 하는 말로 부르는 것은 적합하지 않다고 생각합니다. 거기에는 엘리트 의식이 끼여 있으니까요. 그러나 '해방자 예수'란 말을 타당하다고 봅니다. 예수가 인간 해방의 역할을 했고 또 예수의 삶 자체에서 인간 해방이 실현되었으니까요.

□ 역사적 예수의 행태(behalten)의 초점은 어디에 있다고 생각하시는지요?

― 예수에 대한 전승(傳承) 가운데 '말'의 전승과 '행태'의 전승이 있고 이 둘 중 어느 것이 먼저냐가 논의되는데, 종전의 학설에 따르면 예수의 '말'이 먼저이고, 거기에 따라 행위가 각색되는 양 생각했지만 오히려 그와는 달리 예수의 행태가 많이 전승되어서 예수의 말의 상당 부분은 행태전승에 따라 이루어졌을 거라는 것입니다. 따라서 행태전승이 사실적(史實的) 예수를 더 많이 반영하고 있는 것으로 봅니다.

복음서도 마가복음서는 예수의 행태 중심의 전승이고, Q자료는 예수의 말씀전승이 중심이며, 그것을 전승한 담지자들도 '말'은 지식층에 속한 사람 또는 수도승에 가까운 사람들일 것이고, '행태'는 서민계층이 아니겠느냐는 것입니다. 그래서 예수의 행태전승이 훨씬 예수적이라고 짐작되는데 이런 추측은 타당한 것이라고 생각됩니다.

아무튼 예수의 행태를 총체적으로 요약한다면 그것은 '세리와 죄인의 친구'라는 것입니다 예수는 한 사람의 민중으로서 이들에게서 자기 삶이나 행위의 동질성을 찾았던 거죠.

□ 예수가 십자가에 달렸다는 것 자체가 예수가 정치적 죄목으로 처형된 것이라는 것은 분명하지만 그렇다고 어떤 정치적인 혁명운동을 했다는 근거는 없는 모양인데, 예수가 진정으로 '해방자 예수'였고, '민중의 빛'이었다면 당시의 사회적·역사적 상황으로 보아 제롯당처럼 저항운동에 직접 가담하지 않았는가고 묻는다면요?

― 이것은 너무 전문적인 질문이기 때문에 신약학자가 아닌 사람으로서

대답한다는 것은 우선 학자적 양심이 내키지 않게 합니다. 그렇지만 나의 생각으로는—물론 성서학자들의 연구를 참고한 것이지만— 이렇습니다. 당시 민중의 직접적인 수탈은 한마디로 예루살렘의 성전체제(聖殿體制)였습니다. 로마 통치하에 있었으므로 그들의 군대가 주둔해 있었고, 또 세리를 통해 주민세나 통행세를 받았지만 그것은 역사적 기록으로 보아 큰 부담이었다고 하기는 어려운 것 같고, 그보다 성전세니, 십일조니, 감사헌금이니 해서 유대인들의 생활을 구석구석 파고들었던 수탈제도는 모두 종교의 이름으로 자행되었습니다.

그런데 이런 예루살렘의 성전체제에 대한 예수의 저항은 말로서가 아니라 구체적인 행동으로 나타났습니다. 이른바 성전을 숙청했다는 기사는 단순한 숙청사건을 가리키는 것이 아니고 '혁명사건'을 가리키는 것이라고 보는 것이 성서학자의 의견입니다. '숙청'이라고 기록한 것은 그리스도교가 성립된 후에 그것을 완화할 필요가 있었기 때문이라는 것입니다. 사실, 예수의 중요한 죄목이 성전 파괴가 아니었습니까?

신약성서 이후 역사적인 교회에서 그리는 예수는 실제적인 역사의 예수와는 많이 달랐다고 봅니다. 예수는 성전 자체를 실제로 부정했고 또 지배체제에 대해서 실제로 항거했거든요. 그리고 밖에서 들어간 것이 사람을 더럽히는 것이 아니고 안에서 나오는 것이 사람을 더럽히는 것이라고 한 선언은 구약성서에 있는 말에 정면으로 도전한 것인데, 이것은 당시엔 '하느님의 말씀'에 대한 부정을 의미합니다. 그러니 예수는 십자가에 처형될 만큼의 저항을 한 셈입니다. 예수에게서 비폭력저항 운운한 것은 잘못 본 것이고, 그것은 부르조아적 발상에서 나온 것이라고 생각됩니다.

성서에는 예수가 로마 정권에 대해서 비판하거나 저항했다는 언급이 거의 없는데, 이것은 예수가 어떤 이데올로기에 사로잡혀서 살지 않았고, 또 예수의 사상이 이른바 민족주의적이 아니었다는 것을 말해주는 거라고 볼 수 있습니다. 만일 그랬었다면 그는 실제로 로마 정권과 직접 싸웠을 것입니다. 그러나 그보다도 예수의 직접적인 관심은 갈릴리 지역의 민중들이 직접 당했던 비인간적인 억압에 있었고, 그 때문에 그가 노렸던 것은 그 억압의 장본인인 예루살렘 체제였습니다. 갈릴리 지역의 민중들은 로마 정권의 압력을 그렇게 심하게 느끼지는 않았던 것 같습니다. 그렇기 때문에 복음서의 예수가 그처럼 묘사돼 있지 않았나 하고 짐작되는 것입니다.

□ 당시 십자가에 달릴 수 있는 죄는 반로마 투쟁에 국한되어 있었는데, 실제로 반로마 투쟁에 나서지 않았다면 어째서 예수가 십자가형을 받았겠느냐의 의문이 생기는데요?

— 예수를 고발한 죄목이 '유대인의 왕'이었으니까 정치범임에는 틀림없지만, 그러나 직접 반로마 투쟁을 하지 않았는데도 십자가형에 처해졌다는 것은 사형권(死刑權)이 로마 정권에만 있었기 때문입니다. 예수가 직접 충돌했던 것은 예루살렘의 종교권(宗敎權)으로서 이것은 당시 로마를 대행한 괴뢰정권이었는데 이들에게는 사형집행권이 없었으니까 예수를 몰아 로마 정권에 의해 죽게 했던 것입니다. 그래서 결과적으로는 로마 정권이 죽이는 것이 되었던 거죠. 예루살렘 체제는 예수가 갈릴리 민중에게 인권회복을 위한 의식화작업을 계속하고 율법에 도전하고 하니까 자신들의 체제 유지를 위해서도 예수를 죽일 수밖에 없었던 것입니다.

11. 부활과 민중의 각성

□ '오늘의 구원'을 말하는데 그 요체는 '사회구원'에 있다고 보는 것이 민중신

학의 입장이겠는데, 이때 현 보수교단에서 강조하고 있는 '개인구원'과는 어떻게 연관되는 것입니까?

— 구원의 문제는 언제가 그 시대가 처한 역사적 상황과 직결되어 있습니다. 그래서 오늘의 구원은 '해방'이란 말로 강조될 수밖에 없습니다. 그래서 오늘의 구원은 해방의 메시지를 전해야 하는 것입니다. 그렇다고 '구원'의 복음을 탈락시켜서는 안 될 것입니다. 이것은 양쪽을 절충시켜야 된다는 입장을 표명한 것은 아닙니다. 문제는 사람이 개인의 구원을 진정으로 추구하면, 그건 사회적인 구원과 같은 거라고 생각합니다. 그리고 사회적인 구원을 바르게만 추구하면 그것은 또한 개인 구원과 같은 선상에 있는 거라고 봅니다. 둘이 따로 있는 것이니 이를 합치자는 사고방식에는 반대합니다. 그런데 오늘날 대부분의 교회지도자들은 이런 사고방식을 취하고 있는 것 같습니다. 이것도 과격하고 저것도 과격하니 서로 절충해야 된다는 식의 발상법은 틀렸다고 생각합니다. 교리에 대한 맹목적인 고집을 피해서 진정으로 개인 영혼의 구원에 철저하면 사회적 불의나 부정에 타협할 수 없는 것입니다. 요컨대 오늘의 구원은 해방의 메시지로서 선포돼야 하는 것입니다.

□ 해방의 메시지와 결부시켜 인류의 역사의 목표로서 '하느님의 나라'와 '메시아왕국'을 구별하고, '메시아왕국'이라는데 선생님의 민중신학의 역점이 있는 것 같은데 이것은 어떻게 다른지요?

— '하느님의 나라'란 원래 역사의 목표였는데 2천 년 역사를 통해서 나타난 것을 보면 '타계적(他界的)인 것'으로 흘러버렸습니다. 물론 하느님의 나라에는 초역사적인 성격도 있지만 이것은 타계적이란 뜻과는 다릅니다. 그런 탓으로 하느님의 나라 이외에 역사의 마지막 단계와 그 목표로서 '메시아왕국' 곧 다른 말로 하면 천년왕국이 있는 것으로 생각되었습

니다.

그런데 서구의 사회사상사에서 그리스도교가 멸시를 받으면서 천년왕국도 환상적인 것으로 배척되었고, '유토피아'라는 상징으로만 인정되었습니다. 여기에는 천년왕국을 타계적으로 생각하려는 그리스도교에도 그 잘못이 있었습니다. 그러므로 서구 사상사에서나 그리스도교 안에서나 메시아왕국이라는 역사 안에 설정한 구체적인 목표, 곧 새 시대에 대한 이상상은 회복되어야 할 것입니다. 더구나 메시아왕국은 사회참여를 주로 하는 민중신학을 위해서는 그리스도교의 중요한 교리로서 재생·복원해야 될 것이라는 게 나의 주장입니다.

하느님 나라나 메시아왕국은 둘 다 필요한 것입니다. 새 사회 건설을 위해서는 '메시아왕국'이 그리고 믿는 사람이 지금 죽어도 갈 수 있는 '하느님의 나라'가 있어야 하는 것입니다. 하느님의 나라는 특히 오늘에 있어서는 늘 '심판'으로 나타납니다. 그리스도교는 이 두 가지 상징을 아울러 가지는 것입니다. 그러나 오늘의 교회 상황에서는 메시아왕국을 더 강조해야 할 것입니다. 이 점에서 그리스도교는 사회 개혁자들과 협력해서 사회를 건설해야 할 것입니다. 그러나 그리스도교가 양도할 수 없는 자기동일성을 구하는 다리는 역시 하느님의 나라라는 사실도 계속 강조해야 할 것입니다. 그렇지만 오늘의 역사적인 상황을 중시하는 민중신학은 그동안 망각되어온 '메시아왕국'의 사상을 중심교리로서 대두시켜야 한다고 보는 것입니다.

□ 그렇다면 민중신학의 역사관에 '메시아왕국'의 개념이 중대한 자리를 차지하게 되겠는데, 그밖에 또 중시돼야 하는 전통적 신학개념으로는 어떤 것이 있겠습니까?

— 그것은 부활에 대한 이해입니다. 성서에 따르면 인간의 부활은 분명히

메시아왕국에서의 부활입니다. 지금 죽더라도 메시아가 오면 다시 부활해서 메시아왕국에 참여하는 것으로 됩니다. 미래의 새 역사에 우리가 소생할 것에 대한 상징이 부활입니다. 그런데 전통적 그리스도교에서는 이 점이 통념적으로 망각되고 있습니다. 부활과 타계적인 천당을 연결시키고 있습니다. 이것은 잘못입니다. 부활이라는 것은 우리가 공동으로 '새 역사'에 다시 들어간다는 것을 의미하는 것으로서 그것은 하나의 역사적 · 정치적인 상징이기 때문입니다. 이 점에 있어서 전통적 그리스도교는 크게 반성해야 할 것입니다.

□ 이 점과 관련해서 중요한 밑받침이 된다고 볼 수 있는 '영혼불멸설' 같은 것은 비그리스도교적이라고 보는 경향이 있는데 선생님은 어떻게 생각하시는지요?

— 나로서는 영혼불멸(靈魂不滅)이라는 게 이교적이다, 희랍적이다 하여 배척하지는 말자는 것입니다. 이런 사상은 성서 안에서도 찾으려면 찾을 수 있지만 그것이 비록 이교적인 것이라고 해도 이미 그리스도교화한 것입니다. 어차피 그것은 하나의 상징인데, 다음에 좋은 시대가 오든 안 오든 나는 지금 죽어도 천당 간다는 신념을 표현한 것입니다. 개인 영혼의 절대적 가치에 대한 신앙의 표명이죠. 인간이란 전적으로, 사회적으로나 역사적으로만 생각할 수 없는 존재이거든요. 초역사적인 면도 가지고 있는 존재입니다.

그렇기 때문에 하느님의 나라나 메시아왕국이란 상징이 둘 다 필요합니다. 다만 교회가 어느 메시지에 중점을 두느냐 하는 것은 그때그때의 시대적 상황이 결정하는 것입니다. 이런 점이 전통신학과 다른 새 신학, 곧 민중신학과의 차이점이라고 할 수 있습니다.

□ 이 문제와 관련해서 부활은 어떤 형태를 띠게 되는가요? 아까 부활의 민중신학적 의미를 잠깐 언급했다가 말이 약간 다른 데로 흘렀습니다만…

— 내가 전에 「씨올의 소리」에서도 밝혔지만, 부활이라는 걸 크게 구별해 보면, 가톨릭교회에서는 '교회' 자체가 예수의 부활이고, 프로테스탄트(改新敎)에서는 볼트만과 그의 제자들이 신학적으로 유력하게 주장하고 있지만, 교회의 현재의 '메시지'가 부활이라는 것입니다. 교회 자체이든, 교회의 메시지이든 부활이란 예수의 재현과 연장임에는 틀림없습니다. 그런데 나의 민중신학은 성령의 제3시대에서의 교회론을 말하기 때문에 현장 교회, 곧 '민중교회'를 주장합니다. 이것은 가톨릭교회와 프로테스탄트교회 다음가는 교회입니다. '민중교회'는 성령이 주인이니까 어떤 형태도 전제하지 않습니다. 예컨대 산업선교를 위해선 반드시 교회당을 필요로 하는 것은 아니니까요. 교회당이란 있어도 좋고 없어도 좋습니다. 그렇다고 민중교회가 가톨릭교회나 프로테스탄트교회를 부정하고 나온 것은 아닙니다. 성령이 성부와 성자를 전제로 하고 나오듯이 '민중교회'도 기성 교회를 전제로 출발합니다. 그러나 성령의 교회는 event(사건)이기 때문에 교회당이란 있어도 좋고 없어도 좋을 것입니다. 어떤 것으로나 활성화하면 되는 거죠. 꼭 예배당을 차려놓고 직업적인 목회자가 있을 필요가 없습니다. 이것이 새 시대에 맞는 교회의 형태입니다. 새로운 단계에 들어선 교회는 자유로워야 하니까요.

이러한 성령의 교회, 현장의 교회, 곧 산업사회에 있어서의 새 시대의 교회에 있어서 예수의 부활은 '민중의 각성'을 의미합니다. 이제부터는 우리가 '역사의 주인이다' 하고 나선 민중의 각성, 그것이 곧 예수의 부활입니다. 적어도 마가복음서에서는 이 사실을 읽을 수 있습니다. 따라서 3·1운동이나 4·19혁명 같은 민중봉기는 다 부활이 되는 것입니다. 이것이 부활에 대한 민중신학의 새로운 이해라고 할 수 있습니다. 이처럼 민중신학의 입장에서는 교회론이나 성령론이나 부활론에 있어서 전통적 신학개념과 달라질 수밖에 없습니다.

□ 구원이 결국 민중의 해방이라면 그것은 구원의 보편성의 문제에 걸리는데, 그렇다면 비민중이나 반민중적 계층의 구원은 어떻게 이루어지는 것입니까? 선생님은 "부자는 결코 천당 갈 수 없다"라고 늘 강조하는데 그렇다면 부자의 구원은 어떻게 되는 것입니까?

— "부자는 천당 갈 수 없다"라는 주장은 당연한 것이라고 나는 생각합니다. 지나친 빈부의 격차란 것은 완전히 타락된 상태로서 성서적으로 보아도 하느님이 제일 미워하시는 것입니다. 그러므로 부자가 천당 간다는 건 전혀 말이 안 되는 것이라고 생각합니다. 부자란 사회구조상 '천당'이란 축복을 받을 수가 없게 되어 있는데, 어떻게 부자가 천당 간다고 말할 수가 있겠습니까? 이것은 '둥근 삼각형'이란 말과 같이 있을 수가 없는 일입니다. 그처럼 이지러진 상태와 구원(천당)이란 것은 연관될 수가 없는 거죠. 부자로서 천당 간다는 건 도대체 언어도단입니다.

그러나 이론적으로는 그렇습니다만 사회적 상황이 달라지면, 다시 말해서 빈부의 격차가 문제가 되지 않는 사회에서는 또 다른 표준이 있을 수 있습니다. 부를 독점하고 있는 것만이 죄가 아니니까요. 문제는 '부'에 대한 태도를 달리 취해야 한다는 점입니다. 나는 부지런했으니까 부자이다, 너는 게을렀으니까 가난뱅이다 하는 식으로, 사회과학자들이나 경제학자들이 도저히 인정할 수 없는 주장을 내세운다면 그것은 말이 안 될 것입니다. 부자가 자기의 부를 부정하고 발가벗은 상태로 하느님 앞에, 민중 앞에 설 때 천당 가느냐, 못 가느냐의 논의가 되는 것이지 부자가 실재한다는 것 자체가 사회적인 부조리이고 하느님에 대한 모독인데 부자가 '부자'로서 천당 간다는 것은 말부터가 성립이 안 되는 것입니다.

□ 자본주의 체제를 전제하는 한 어쩔 수 없이 부자는 있게 마련인 그런 논리라면 부자가 자기 소유를 가난한 사람에게로 돌려준다든지, 사회로 환원한다든지 하는 것이 그의 구원의 요건이 될 수 있을 것 같은데요, 부자의 구원이 그런 것일까요?

— 나는 이런 방면에 아주 제한된 지식밖에 가지고 있지 않다는 것을 자인합니다. 어쨌든 원칙적으로 '부자는 천당 갈 수 없다'는 논리는 나의 기본적인 신념이니까 추호도 양보할 수 없습니다.

그런데 나는 부자가 사회적 양식에 따라 자기의 기업을 관리해야 한다고 봅니다. 예컨대 내 재산은 '나의 소유'가 아니고 내가 맡아 있을 뿐이라고 한다든지, 부의 생산은 근본적으로 노동이지 자본이 아니니까—비록 자본도 '가치'라는 이론을 가지고 있더라도— 사회의 요청대로 이윤을 정당히 나누어 가지는 약속 체결이 되고, 그것을 실천하는 자세 같은 것이 부를 대하는 올바른 태도가 아닐까 생각합니다. 많은 돈을 어디에다 희사한다든지 하는 것보다 차라리 세금을 통해서 하는 것이 좋고요. 어떻게 해서든지 부에 대한 올바른 태도나 행위 자체가 구원이지, 그것이 하나의 '조건'이 되어서 부자가 천당 간다는 것은 아닙니다. 그리고 또 한 가지는 누구를 부자라고 하느냐의 문제인데 이것은 극히 상대적인 것입니다. 자신은 중산층이라고 보지만 경제전문가가 보면 하류일 수도 있고, 그 반대일 수도 있습니다.

□ 부나 소유의 처리가 사회구원의 한 요인이라면, 부의 축적을 불가피하게 한 제도나 체제에 문제가 있겠는데, 그렇다면 그것을 개혁한다는 것은 사회적 구원을 이루는 데 결정적 역할을 할 수 있는 걸로 볼 수 있겠습니다. 문제는 경제적인 체제가 어쩔 수 없이 빈부의 격차를 낳게 되어 있다면, 반·비민중적 계층은 있게 마련이고, 따라서 부유층에게 다같이 민중이 되라고 할 수도 없

는 노릇이니, 결국 체제에 문제가 있다고 할 수 있는데 선생님은 체제 개혁의 문제를 어떻게 생각하고 있습니까? 이것은 그리스도교의 구원이 보편성을 전제한다면 비민중계층의 구원도 똑같이 걱정해야 할 것이기 때문입니다. 그리스도교가 비민중계층에게 선포해야 할 구원의 메시지가 무엇이냐고 묻는다면 어떻게 대답하겠습니까?

— 봉건주의 체제이든, 자본주의 체제이든, 사회주의 체제이든 그 어떤 체제도 '하느님의 나라'에 대해서는 등거리라고 생각합니다. 어떤 체제는 더 가깝고, 어떤 체제는 덜 가깝고 하는 것은 아닙니다. 그러나 '메시아왕국'을 기점으로 한다면 사회경제사적인 관점에서 보면 사회주의적인 체제가 다소 가깝다고 할 수 있겠지요. 그래서 일반적인 관점에서 보면 '민주사회주의'를 가장 이상적인 모형으로 생각하는 경향이 있는데 여기라고 문제가 없는 것은 아니죠. 그것을 교조화시킬 수는 없으니까요.

그런데 나는 현 시대에서 체제를 바꾸는 것이 급선무라고 생각하지는 않습니다. 현 시점에서 전통적 교회의 주장이 개인의 종교적 체험이 전부인 양 강조하니까, 실천적인 면에서 민중신학이 사회에서의 구조적 개혁을 강조하게 되는 것입니다. 체제변화는 당연히 강조되어야 하겠지만 그것만이 절대라고 도그마화시킬 수는 없는 거죠. 민중의 신학이라는 것은 구체적으로 지금 시중에 살고 있는 사람들의 요구와 필요에 관심하는 것입니다. 어떻게 이 적은 월급으로 살아갈 수 있을까, 아들의 등록금을 어떻게 마련할까 하는 따위가 서민대중의 걱정인데, 이 문제가 어떻게 해결될까를 민중신학은 일차적으로 생각하는 것입니다. 사회 전체의 구조개혁에 뛰어드는 것만이 진정으로 민중을 위하는 것인가 하는 것도 한 번 생각해볼 문제인 것 같습니다.

□ 현실 문제가 그처럼 급박하다고 해서 그런 문제나 관심하고 있다면, 바로

그 부조리의 원천인 그릇된 체제를 오히려 옹호하거나 조장하는 것이 아니냐고 반문한다면요?

— 그것은 현실을 무시하고 이론만을 단순화한 것이지요. 먼저 생각해야할 것은 체제의 문제도 중요하지만 체제를 바꾼다는 것으로 인류의 목표가 그대로 달성됐느냐 하면 그렇지 않았다는 실패의 역사도 우리는 알고 있습니다. 프랑스혁명이나 러시아혁명을 통해 개선된 바가 없었던 것은 아니지만 구체적으로 인간의 삶에 어떤 변화나 시정이 있었느냐고 한 번 물어보아야 할 것입니다. 정치적 억압은 오히려 전보다 더 심했던 경우도 있지 않았습니까?

요컨대, 우리는 체제를 끊임없이 개선해나가야 하겠지만 그러나 어떤 체제를 바꾼다는 것으로 금방 이상 사회가 오는 건 아니기 때문에 적어도 우리는 이 점을 전제하고서 개선에 나서야 할 것입니다. 체제 개혁의 방법에 있어서도 갑자기 할 것이냐, 점진적으로 할 것이냐도 늘 시비거리가 됩니다. 갑자기 한다는 것에는 몇 사람의 의견으로 대표되는 이데올로기가 횡포화할 가능성이 있고, 점진적으로 한다는 것에는 다수의 교육과 계몽이 요청되고 어쨌든 우리 인류는 지혜와 용기를 가지고 꾸준히 밀고 나가는 노력만은 그치지 말아야 할 것입니다.

12. 민중신학은 마르크시즘을 비판한다

□ 흔히 가난한 사람들의 권리를 옹호·신장해야 한다, 모든 악은 사회의 '구조악'이니 사회제도나 경제체제를 바꿔야 한다, '사회구원'이야말로 진정한 인간의 구원이니 그리스도교의 메시지의 핵심은 바로 여기에 있다… 이런 투로 말하면 신경과민인 사람들은 이것을 금방 마르크시즘적 또는 사회주의적

이라고 몰아붙이면서 도대체 그리스도교는 마르크시즘과 무엇이 다르냐고 대드는 경우가 있는데 선생님은 이 점을 어떻게 생각하십니까?

— 모든 주장이나 말은 어떤 상황에서 누구를 향하느냐에 따라 그 표현이 달라지는 것입니다. 한국의 보수교회들이 개인의 영혼이나 가치를 강조한 나머지 이른바 '개인구원'을 앞세우는 것까지는 좋으나 사회의 부조리나 불의에 대해서는 거의 외면하고 심지어 동조하는 경향을 취하니까 이들을 향해서는 이른바 '사회구원'을 강조하지 않을 수가 없는 거죠. 실지로 사회의 모든 조건이 인간을 규정하고 그로 인해 한 개인도 어쩔 수 없는 인간의 부조리가 발생하고 있다는 점은 오늘에 있어서는 너무나 확실한 일이니 더 말할 필요도 없지만, 그러나 한편 세속의 사회의주의자에 대해서는 사회혁명만이 전부냐, 그것만은 아니다, 인간 개인의 존엄성과 가치가 반드시 '전체' 안에서만 결정되는 것이냐고 반문하는 것입니다.

문제는 어떻게 해서라도 '현실'은 고쳐야겠다는 점에서는 보수주의자이든, 나든, 사회주의자이든 다 같이 주장하기 때문에 내가 누구하고 말하느냐에 따라 말의 강조점이 달라진다는 점입니다. 전통 교회의 보수주의자에게는 '사회'를 강조해야 하고, 사회주의자에게는 '사회'가 모든 인간의 가치를 다 규정하는 것은 아니며, 개인의 '영혼'의 가치가 따로 있는 것이라는 것을 강조하는 것입니다. 요컨대, 상대에 따라서 또 상황에 따라서 민중신학의 주장도 달라진다는 점을 지적하고 싶습니다.

□ 민중신학이 인간의 구원사를 민중해방의 확대과정으로 보아, 일반 민중사관에서 그 전거를 본다면 결국 민중신학은 민중사론과 무엇이 다른가, 거기에다 하필 '신학'이란 이름을 붙일 게 무엇인가, 그리스도교의 민중론 정도로 말하면 되지 않겠는가 하는 사회과학 쪽의 질문이 있을 수 있는데, 여기에 대해 선생님은 어떻게 대답하겠습니까?

— 세계의 역사, 특히 한국의 역사가 민중의 권익 확대의 역사라는 민중사학의 입장은 민중신학의 구원사와 동일한 입장인데, 문제는 바로 이 점이 성서나 교회사의 핵심이라고 볼 때 신학자는 여기에 당연히 '신학'이라는 말을 붙이고 그것을 신학의 과제로 받은 것입니다.

'한국의 신학자'라면 한국의 전통이 그의 피 속에 흐르고 있는데, 한국의 민족사관을 도외시하고 그저 처음부터 끝까지 성서 이야기나 하는 것이 옳으냐 하면, 그렇다고 할 수는 없는 거죠. 한국의 민중에 관심하면서 한국의 민중사학을 무시할 수 없고, 오히려 그것을 신학의 중요한 자료로 받아 한국신학을 형성하려는 것이 민중신학의 과제인데 이 점에서 한국의 민중신학은 신학과 사학 양쪽을 묶는다는 데 중요한 의의를 가집니다. 한 걸음 더 나아가 민중신학은 민중의 메시아적 성격까지를 논하니까 단순히 민중사론에 그치는 것이 아니고, 오히려 그것을 신학에까지 연결시키는 것입니다. 그리고 '한'(恨)의 관념 속에는 그리스도교에서 말하는 '속죄'의 의미가 들어 있으니까, 그런 개념의 연결은 바로 민중신학의 의의를 더해주는 것입니다. 이것은 민중신학자가 당연히 해야 할 일이 아니겠습니까?

요컨대, 민중사관을 그대로 두지 않고 그것을 신학적인 구원사관으로까지 신학화하는 것은 신학의 작업이고 또 민중신학이 신학을 민중에 결부한 것은 민중이 단순한 연구대상이라는 점에서가 아니라, 현실적으로 보아 민중은 창조주인 하느님의 계약 대상이고, 예수의 온 관심이 바로 이 민중의 해방에 있었기 때문에 민중은 신학의 일부가 아니라 신학의 전부이며 따라서 민중을 망각하는 한 그것은 신학이 될 수 없다는 사실을 잘 알고 있는 데서 그렇게 한 것입니다.

□ 이 사실과 곁들여 서남동의 민중신학의 과제라면?

— 나의 민중신학의 과제는 성서의 민중동기와 한국의 민중 전통을 결부시키려는 것이고, 그런 결부가 비로소 '한국신학'이 될 수 있다는 것인데, 그런 결부는 실천면에서는 이미 1970년에 합류되었다고 보는 것입니다. 이러한 사실들을 밝히는 것이 곧 나의 신학적 작업이라고 생각하는 것입니다.

13. 한(恨)과 당(斷)의 변증법

□ 선생님 입장에서 민중해방의 수행에 참여한 사람을 '한의 사제'라 할 수 있다면 이것은 단순히 한풀이에 그치는 제사장적 역할뿐 아니라, 민중에게 한을 맺히게 하는 것들에 대한 고발과 증언을 일삼는 예언자적 역할도 함께 해야 할 것으로 볼 수 있는데, 한(恨)과 단(斷)의 변증법이란 관점에서 그 두 면은 어떻게 구체화될 수 있겠습니까? '한'에 관한 문제와 결부시켜 말씀해 주셨으면 합니다.

— '한'에 대한 긴 논문을 써놓고 있지만 아직은 손질할 게 있어서 발표하지 않고 있습니다만 그것은 현대문학을 중심으로 한 한의 연구입니다. '한풀이'에는 부당한 억눌림, 말 못할 억울한 사정을 풀어야 한다고 해서 그것을 무마하고, 망각하고, 해소하고, 그래서 맘이 후련해지게 하는 역할을 강구하는 수가 있습니다. 이것은 종교의 중요한 기능의 하나죠. 그러나 단순히 여기에만 그치면 '한풀이'는 아편의 역할 이상이 아닐 것입니다. 자칫 그것은 권력을 연장시키는 결과를 가져오기도 합니다. 우리나라에서는 한풀이를 체계화한 것이 증산교이지만 그것으로 결국 증산교는 지배체제를 합리화시켜주는 역할을 합니다.

그러나 종교가 민중의 한풀이에만 그친다면 생명을 잃어버리게 됩니다. 그렇게 되면 부당한 체제를 영속할 것이기 때문입니다. 결국 '한풀이'는 하나의 프로테스트(저항)로 나가야 하는 것인데, 현대에 있어서의 프로테스트는 모든 사회적 부조리를 사회과학적으로 정확하게 분석하고 밝혀내고 고발하는 데로 나서야 하는 것입니다. 이것은 굳게 뭉친 '민중의 소리' 이외에서는 기대할 수가 없습니다. '국민의 합의'라는 게 그것입니다.

'단의 철학'에는 두 가지 의미가 있습니다. 적극적으로 민중의 억압된 한을 에네르기화해서 사회갱신의 힘으로 만든다는 의미이고, 소극적으로는 그렇게 하는 과정에서 보복으로 흘러가지 않게 하여 악순환을 막자는 의미입니다. 이것은 현대 문학평론가들이 지적하듯이, 한이라는 것이 종래 정태적이고 수동적이고 여성적인 성격에서 남성적이고 다이나믹한 성격으로 달라지게 된 것입니다.

□ 민중신학의 입장에서는 비폭력저항에 대해서 어떻게 평가하시는지요?
— 폭력이란 말이 무엇을 의미하는지를 먼저 명료화해야 한다고 봅니다. 침해를 받는 약자가 자기방어를 위해 사용한 힘의 대항은 윤리학자도 인정하듯이 '폭력'이라고 하지 않습니다. 자체방위의 경우 폭력을 쓸 수밖에 없고, 또 써도 무방하지 않겠느냐는 게 나의 입장입니다.

그러나 이보다 먼저 말해야 할 것은 자유로운 의사표시를 폭력이라고 생각해서는 안 된다는 점입니다. 평화적인 시위나 강연회 같은 것을 당국에서 금하니까, 그것을 폭력이라고 생각하는 교회지도자들도 있습니다. 언어도단이죠. 죽더라도 칼을 쓰지 않는다는 것이 크리스천의 입장이라고 한다면 이것은 율법주의밖에 되지 않습니다. 폭력에 대한 이해가 근본적으로 달라져야 한다고 생각합니다.

그리고 한 가지 첨부하고 싶은 것은 가톨릭에서는 부득이한 경우 폭력

사용을 교황의 칙서로 인정하고 있다는 점입니다. 극악한 폭군이 아니면 폭력을 쓰지 말라는 식의 칙령은 극악한 폭군에 대해서는 폭력을 써도 좋다는 것이거든요. 이것은 교회가 애당초 폭력을 무조건 반대한 것은 아니라는 것을 뜻합니다. 그렇기에 '비폭력'이 율법주의가 돼서는 안 될 것입니다. 폭력을 무조건 사용하지 말라는 율법주의에 인간은 매일 필요가 없는 것입니다.

그러나 문제는 침략군과 실제로 싸워보지 않고서는 인간성이니, 정의니, 용기니 하는 것들의 의미가 제대로 파악되지 않는다는 사실입니다. 파농이 강조한 것이 바로 이 점입니다. 그러나 결론을 말하자면 될 수 있는 대로 폭력은 쓰지 말자는 것입니다. 폭력을 쓰지 않고도 해결할 수 있는 문제를 쉽게 해결한다고 해서 폭력에 호소하는 것은 경계해야 할 것입니다.

□ 전통적 신학 개념에 대한 민중신학적 이해와 해석을 더 알아보아야 할 것이지만, 시간이 없어 더 물을 수가 없는 게 유감입니다. 마지막으로 민중신학에서는 '죄'를 어떻게 이해하고 있는지요?

—신학은 철학과는 달리 성서에서 먼저 죄를 어떻게 보고 있는가를 이해해야 합니다. 예수 당시의 죄 개념 중에 가장 중요한 것은 지배층에서 피지배층에게 자기 풍습을 따르지 않는다는 데서 죄를 규정하고 있다는 점입니다. 즉, 율법을 어기는 것이 가장 큰 죄였습니다. 민중이 율법을 못 지킨 것은 무식과 가난 때문이었죠. 안식일법이나 성결법 따위가 다 그것입니다. 이런 것들을 못 지키니까 쌍놈이 되고 교양 없는 녀석이 된 것입니다. 그래서 민중은 '죄인'이 되는데 예수가 죄인을 위해왔다는 것은 그래서 중요한 의미를 가지는 것입니다. 적어도 마가복음서에 있어서는 '죄인'이라는 게 '—부호가' 아닙니다. 마태복음서에는 죄인이지만 용서하

라는 투인데, 마가복음서에는 죄인에 대한 보류조건이 전혀 없습니다.

그러므로 우리는 예나 지금이나 지배체제가 설정한 죄의 판단기준을 무너뜨려야 하는 것입니다. 제멋대로 자기 입장에서 '죄인'으로 몬다는 것은 넌센스입니다. 그리고 그렇게 몰린 사람이 스스로 '죄인'이라고 생각하는 것도 큰 문제입니다. 정말 비굴한 노예 도덕의 유물입니다. 반성해야죠. 종교적·철학적 의미의 죄는 사실 민중에게는 그렇게 심각한 것이 아닙니다. 예수는 철학적·신학적인 죄의 문제를 해결하러 온 것은 아니거든요. 그러므로 오늘날 민중신학이 관심하는 문제는 사회적인 부조리, 구조적 모순을 어떻게 해결해야 하느냐에 있는 것입니다. 이러한 구조적 모순이 바로 '죄'이기 때문입니다. 그러나 한 가지 덧붙이고 싶은 것은 민중신학을 내세운다고 해서 인간의 실존적인 영역에서 문제되는 죄를 과소평가하자는 것은 결코 아니라는 점입니다.

□ 끝으로 한 가지만 더 묻겠는데요. 선생님은 서구에서 논의된 신학을 그때그때 이 땅에 소개해서 한국 신학계에 새 바람을 일으키곤 했는데, 이것은 선생님께서 성실한 지도자의 역할을 꾸준히 수행한 결과라고 생각합니다. 그러나 한편에서는 선생님의 신학하는 태도가 지나치게 유행적이어서 한 신학에서 다른 신학으로 너무 쉽게 넘어가 버리지 않느냐, 도대체 서남동 신학의 정체는 무엇이냐는 평이 있는데, 이 점은 어떻게 생각하시는지요?

— 무슨 말인지 알겠는데, 대국적으로 보아 내 신학의 변화는 서구 신학의 흐름을 따른 셈입니다. 대체로 서구 신학은 변증법적 신학에서, 실존론적 신학으로 그리고 세속화 신학, 신(神) 죽음의 신학, 혁명의 신학 등으로 흘렀고, 특히 미국에 있어서는 종교와 과학의 관계가 중시되어 테크놀로지, 생명과학 등의 문제가 신학의 중요한 과제로 등장했는데 내 신학의 변화도 대체로 그 길을 따른 셈입니다. 그러다가 우리 현실의 문제에

눈을 뜨게 되면서 해방신학에 종사하게 되었고, 그 과제를 한국적 상황에서 문제시하여 이제는 '민중신학'에 관여하게 되었습니다.

내가 첫째 지적하고 싶은 것은, 신학자라면 누구나 진리에 대해서는 개방적 태도를 취해야 한다는 점입니다. 자기 입장이라는 게 그렇게 중요하냐 하는 것이죠.

둘째로 지적하고 싶은 것은 오늘의 신학은 혼자 하는 신학이 아니라는 점입니다. 세계 신학의 논단에 한 회원으로서 참여해야 합니다. 그러다 보면 그 흐름에 따른 변화가 자기 변화가 될 수 있는 것입니다. 신학의 공동 대화의 광장의 변화에 따른 셈입니다. 신학의 흐름이란 그때그때의 시대적 상황이 안고 있는 과제에 대한 진실한 접근이지 단순한 유행이 아닌 것입니다. 제멋대로의 자의적인 변화가 아니라는 말입니다.

셋째로는, 나는 부르너, 틸리히, 샤르댕, 본회퍼, 몰트만, 판넨베르흐 그리고 과학, 생태학, 진화론, 반문화, 신 죽음, 희망, 해방 등 여러 가지 주제에 대한 논문을 썼는데, 참으로 말하기 곤란하지만 자꾸 나를 '뛰어넘는다'는 비난에 대해서 감히 말한다면, 한 신학자 혹은 한 신학에 평생을 종사한 사람이 도대체 얼마나 많은 업적을 냈느냐고 묻고 싶습니다. 그렇지도 못한 주제에 나를 탓할 권리가 있느냐는 것이죠. 혹 한두 분은 한 우물을 파서 굉장한 업적을 내기도 했습니다. 그런 사람이라면 충분히 도전할 권리가 있죠.

□ 100주년을 맞이한 한국교회와 한국신학에 대한 평가, 재래 민간신앙, 타종교(불교, 유교), 이른바 유사종교, 통일교 등에 대해서 묻고 싶었는데 다음 기회로 넘기기로 하겠습니다. 하루 종일 수고하셨습니다.

민중(씨올)은 누구인가*

1. '인간' '백성'과 대조되는 '민중'

'민중이란 뭐냐' 하는 질문에 대해서 가끔 혼자서 자문자답을 합니다. 시간의 제약도 있고 해서 길게 풀이할 수도 없고 준비도 미비합니다. "민중이 누구냐?" 하는 것보다도 민중론이 돼버립니다마는 그런 차이를 가리지 아니하는 점을 용서해주십시오.

세 가지 다른 개념의 낱말과 비교함으로써 민중이 무엇이냐, 나아가서는 민중이 누구냐 하는 대답을 내 역량껏 해보려고 생각합니다.

첫째로 '인간' 혹은 '사람'이라고 하는 말 대신에 나는 근자에 '민중'이라고 하는 말을 씁니다. '인간적이다' 하는 말을 써야 될 경우에 '민중적이다' 그런 말을 대신 써보려고 생각을 합니다. 인간적이다, 인간성이다, 참다운 본래적인 인간성이다, 하면 가치의 최고의 척도이고, 또 자유주의 신학이라 할까 그런 데서는 그것은 곧 신적인(divine) 것으로 이해합니다. 그런데도 그것에 대체하는 말로서 나는 '민중이다, 민중적인 것이다' 하고 말하려고 합니다. '인간적이다, 인간성이다' 하는

---

* 이 글은 서울 YWCA 강당에서 열린 「씨올의 소리」 창간 10주년 기념강연회에서 행한 강연 녹음을 푼 것임. 「씨올의 소리」 1980년 4월호에 수록.

말은 경우에 따라서 개인주의적인 단독적인 것이고 내면지향적(內面志向的)인 것을 가리킵니다. 그런데 지금은 역사가 많이 진전되고 변화도 많이 와서 이 단계에서는 인간 존재를 생각할 때 사회적으로 집단적으로 생각해야 좀 더 사실에 가까운 인간 파악이 된다고 생각합니다.

그렇기 때문에 '인간적이다, 인간성이다'라고 말하는 경우에 '민중이다, 민중적이다', 나는 그렇게 쓰고 있습니다. 집단적으로 봐야 되겠어요. 사회 세력으로 봐야겠어요. 그것이 실제로 엮고 있고 구성하고 있는 역사의 추진력이기도 하고 사회의 기본단위이기도 합니다. 개개인으로 구성된 것이 아니고 여러 개의 사회집단으로 구성되어서 이것이 오히려 사실에 가까운 실제 사회이기 때문에 민중이라고 말합니다. 한 발 더 나가서 귀족적이라든지, 교양 있다든지, 지식 있다든지 그런 것이 가치의 척도나 기준이 아니고, 소박하고 소탈하고 단순하고 솔직하고 인정미 있고 생겨진 그대로, 태어난 그대로의 그런 것을 민중적이다, 그런 것이 가치와 미의 표준이 된다는 말이 됩니다. 부모 덕에 공부도 많이 하고 속해 있는 계급 덕에 무슨 귀족 바람도 피울 수 있고 하는 그런 거 말고. 그건 오히려 퇴폐적입니다. 그래서 사람 혹은 인간을 말하는 경우에 말을 조금 고쳐봐야 되지 않느냐 해서 민중이다, 민중적이다, 그렇게 나는 쓰고 있습니다.

둘째로 내가 대조하고 싶은 점은 백성과 민중의 대조입니다. 봉건주의 사회에서 인간을 백성이라고 그랬습니다. 한 사람만이 임금이고 주인이고 그 외의 모든 사람은 다 백성입니다. 백성은 복종하고 순종하고 하는 자세가 본래 정해진 인간의 길입니다. 그런데 민중이라고 할 때 우리는 백성이 아니다 그 말입니다. 백성과 대조가 되고 백성의 시대는 지났고 백성의 굴레는 벗었다고 하는 그런 자각에서 우리가 민중이다 하는 말을 쓰게 됩니다.

가령 제가 '민중의 신학'이다, '민중의 교회'를 형성해야 된다, 그럴 때에 어떤 분들은 비평하기를 부흥사들은 천 명, 이천 명, 오천 명도 주일날 모아놓고 설교는 구수하고 쉽게 하고 일상적인 언어를 쓰는 민중의 언어인데, 너희 신학자들, 더구나 서 목사는 어려운 말만 쓰고, 개념적이고 추성적인 신학적 술어만 엮어가는 신학자가 어떻게 민중신학을 하느냐, 그렇게 말을 합니다. 그러나 백성의 언어하고 민중의 언어하고는 다른 식으로 구별됩니다. 백성의 언어는 지배자의 언어입니다. 백성이라고 하는 것은 지배자가 그렇게 이름을 붙여놓은 것입니다. 쉽고, 얘기로 하고, 민담으로 엮는다고 해서 민중의 언어가 되는 것은 아닙니다. 그건 오히려 경우에 따라서는 아편이에요, 길들이는 겁니다. 순종하고 살라는 거예요. 너희들은 신분이 본래 그렇게 났다는 거예요. 쉽다든지, 얘기나 민담(民譚), 그것만으로서 민중의 언어가 결정되는 것은 아닙니다. 그건 백성의 언어입니다. 그건 백성이라고 하는 복종하는 자세를 내면화하고 거기서 자기 정체를 찾는 착각을 하고 있는 거예요.

민중은 자기 스스로가 주인이다 하는 그런 주체적인 것이 없으면 쉽게 말해도 민중의 언어는 아닙니다. 그렇기 때문에 백성적인 것과 민중적인 것은 다릅니다. 그런 의미에서 백성과 대조되는 것이 민중입니다.

2. 민중이 역사의 주인인 시대

세 번째로는 부르조아, 우리말로 번역해서 '시민'이라고 하는 말과 민중은 대조되는 말입니다. 서양의 근대 사회는 시민이 역사의 담당자,

주체가 돼가지고 발전을 지켰고 또 시켜가고 있습니다. 그들이 나와 가지고 봉건제도를 바꿔서 자본제 경제체제라 할까 정치제도를 마련해 가지고 지금까지 해오고 있습니다. 그런대로 잘하고 있습니다.

그러나 제3세계에 있어서는 지금까지 강대국들의 점령하에 식민지 통치를 받아오며 살았습니다. 그래서 근대의 시민을 형성할 수도 없고, 새로운 역사를 담당할 시민을 형성할 도리도 없었고, 자본제사회를 이룩할 만큼 역사를 스스로 터놓을 수가 없었습니다. 그렇기 때문에 시민사회, 자본주의 사회가 제대로 형성되지를 않았습니다. 그렇게 해야 역사적인 진전도, 봉건제의 굴레도 벗을 수가 있었는데 그렇게 이룩하지를 못했었습니다. 그러나 이 제3세계에서는 그러한 서방 세계의 강대국들의 통치를 받은 오랜 기간을 통해서 그래도 외세의 강점 아래 저항하면서 민족의 주체성을 찾으려 하고 투쟁하고 저항한 세력이 있는데, 그 세력을 '민중'이라고 그럽니다. 이것이 제일 중요한 민중의 의미라고 나는 생각합니다.

제3세계에서 외세에 대해서, 안에서는 봉건 지배 세력에 대해서 민족적인 주체나 독립이나 자주를 지키려고 하고, 누르는 세력에 대해서 저항을 시도하고 버텨온 그 세력이 엄연히 있습니다. 그 세력을 우리가 '민중 세력'이라고 그럽니다. 시민이 아닙니다. 민중입니다. 그러니까 서구 세계에 있어서 시민이 담당하는 역사적인 역할을 아직 그렇게 성공적으로 이끌지는 못했지만, 민중 계층이 같은 역사적인 책임을 지고 지금까지 왔습니다. 민중은 시민에 대조되는 말입니다.

전체 인류의 역사를 두고 본다면 고대 노예제사회, 중세 봉건사회, 근세 자본제사회에서 이제 사회주의 방향으로 역사가 진전한다고 합니다. 귀족이 그 사회의 주인노릇 하고, 모든 것을 그들 중심으로 정치도 하고, 문화도 창조하고, 여러 가지 해 가다가, 시민사회가 등장해가지고 문화도 정치도 사회제도도 나아가서는 도덕적인 표준까지도 시민 위주로 해나가고 있습니다만 범세계적으로 인류 역사의 진전에 따라서 시민 다음 가는 역사의 주체 세력은 민중이다, 바톤을 시민에게서 받아서 새 역사의 주인공으로 등장할 계층이 민중이다, 그래서 서구 사회에서의 시민과 병행 대립되지만 긴 역사의 진전에서 본다면 시민이 역사의 주인노릇 하던 시대가 지나고 민중이 역사의 주인으로 등장을 해야 된다, 그것이 역사의 진전이다, 라고 말합니다. 그렇게 두 가지 의미로 시민과 대조가 되고 구별이 되는 민중을 저는 생각을 하고 있습니다.

네 번째로 프롤레타리아와 민중의 신학자 혹은 민중을 주제로 하는 일반 넌(non)크리스천의 문학자나 사상가들이 생각하고 있는 민중과의 차이가 어디 있는가?

적어도 신학의 입장에서는, 신학의 입장에 국한된 것이 아닐 것입니다만, 그 구별은 중요하고 또 많은 크리스천들에게 질문을 받게 되는 문제입니다. 그것은 제가 이야기를 진행함에 따라서 조금 밝혀지게 되겠습니다. 프롤레타리아하고 민중 개념하고 어떻게 다른 것이냐 하는 것이죠. 그것이 제 얘기의 첫째 매듭입니다. 둘째 얘기는 역사와 민중이라는 매듭으로 생각을 조금 해봤습니다. 이런 것도 연구를 하고 남의 글도 좀 읽어봐야 되겠는데 그럴 겨를도 없어서 조금 생각을 해보고 나온 것뿐입니다.

민중이라고 하는 실체가 역사의 진전 과정에 따라서 달라진다고 사회경제사적으로 특별히 보는 사람들이 우리들한테 알려주고 있습니다. 아까도 잠깐 사회경제사적인 발전에 언급을 했습니다마는 고대 노예제 사회라고 그럽니다. 고대 사회에 있어서는 민중이 있다고 하면 노예입니다. 그런데 중세는 봉건제도 사회인데, 그때는 농노(農奴)입니다. 우리 한국에서 신라시대 고려시대에 전호(佃戶)라고도 했는데, 지금 말하면 농민입니다. 농민은 농민인데 그 당시 농민은 그저 농노입니다. 농사짓는 노예지 별거 아니거든요.

그런데 자본제 사회가 등장하면서부터는 민중의 내용은 또 바꿔지는데 그것은 주로 노동자입니다. 그러니까 민중의 내용이 노예였다가 농노였다가 노동자였다가, 이렇게 바꿔지거든요. 그런데 고대 사회에서 민중이 노예다 그러면 그 주인하고 노예하고의 관계는 주인의 소유 관계입니다. 소유물입니다. 사고팔고 합니다. 주인의 재산 목록에 들어갑니다. 그러나 중세 봉건제사회에서는 일반적으로 말해서 농노라고 하지만 귀족들의 소유는 아닙니다. 사람은 사람입니다. 인격으로서 인정은 합니다만 그러나 엄연하게 넘나들 수 없는 신분의 차별이 있습니다. 귀족하고 일반 서민하고 차별이 엄연하게 있어서 넘나들 수가 없습니다. 신분은 제도적으로 딱 규정이 돼 있습니다. 그러나 인간으로 봅니다. 노예는 아닙니다. 상당한 진보지요. 발전입니다.

그 다음에 자본제 사회에서 노동자다 그러면 시민혁명이 일어난 다음부터는 노동자가 민중이라고 하는 실체의 주요 부분인데, 일단 사회 사상적으로는 해방이 됐습니다. 동등한 인간입니다. 그것이 근대에 시민혁명을 겪고 난 다음에 일어난 사회사상입니다. 모든 인간은 자연법적으로 다 동등합니다. 노동자나 사장이나 같은 인간이라고 법률적으로 규정이 되었습니다. 또 그렇게 가르치고요.

그런데 문제는 뭐냐하면 이들이 창안해 내놓은 새로운 경제제도·사회체제 때문에 이 자본에서 소외를 당한다 할까, 그 결과에서 분배를 덜 받는다 할까, 못 받는다 할까, 결국은 착취를 당하는 그런 신세니까 사회사상적으로 법률적으로 그렇게 인간은 다 같은 인간이라고 되었고 사회사상적으로 또 교과서에서 가르친다고 해서 그것이 실제 실현은 되지를 않았습니다. 바탕은 어느 정도 됐다 할지 모르나 실현은 안

됐습니다.

3. 홍경래 난에서 4·19까지

그러한 역사 진전에 따라서 민중이 실제로 인간의 모든 삶의 필요한 가치를 생산하는 실제적인 주역이요, 지금까지는 역사의 객체(客體)였는데 이제는 주체다, 주인이다, 이렇게 발전을 해나가는 과정에서 우리들은 민중을 이해하게 됩니다. 그래서 우리들은 민중이 역사의 주인이 되는 것을 목표로 노력하고, 역사 발전을 그 방향으로 진전시키려 하고 있고 역사는 그렇게 발전한다고 믿고 있습니다.

그런데 민중이 구체적으로 우리 근대사에서 뭘 의미하느냐, 민중의 실체라고 하는 것이 뭐냐 하는 말을 조금 해봅시다. 나는 이렇게 생각합니다. 한국 근대 역사에 와서 대충 잡아 민중이 커다란 사회세력으로 등장하여 정권 차원에까지 결정적으로 육박해서 사회적으로, 정치적으로 역사에 두드러지게 등장한 것은 홍경래난부터라고 하겠습니다.

홍경래가 민중의 갈망을 타고 난을 일으킨 후, 그 다음 임술민란 때 수많은 민란이 남한 각지에서 일어났으며 그 결정인 동학혁명이 이루어졌습니다. 그 다음으로 독립협회, 만민공동회, 또 그 다음에는 활빈당(活貧黨)이 활약을 했고, 의병운동이 전개됐고, 3·1 운동이 일어났고, 특별히 3·1 운동을 우리는 잘 알고 있습니다. 그 사이에 수많은 소작쟁의·노동쟁의가 자주 일어났는데, 큰 사건들만 헤아리다 보면 가장 중요하고 실제적인 민중운동 곧 소작쟁의·노동쟁의 같은 것은 빠뜨리기 쉬운데, 그걸 꼭 생각해야 합니다. 그러고나서 지금 우리가 기념하고 있는 4월 혁명이 있습니다.

지금 이렇게 거대하고 역사적인 사건들을 열거했는데, 그것들은 지배자의 입장에서는 민란(民亂)이라고 하지만, 민중운동이라 하면 민중운동인데, 이 모든 운동의 주체세력은 민중입니다. 요즘 역사 공부를 하는 사람은 상식적으로 다 알듯이, 가령 3·1 운동이다 그러면 우리 구세대는 33인 생각을 하는데 요즘 역사 공부하는 선생님들은 그렇게 안 가르치고 신문에도 그렇게 안 쓰거든요. 33인은 성명서 읽다가 치워버리고, 파고다공원에서 정말 민중이 3·1 운동의 봉화를 들었습니다. 방방곡곡에서 민중이 독립을 해야 되겠다고 만세를 부른 민중운동이라고 그러지 않습니까?

3·1 운동만이 아니고 4·19 도 마찬가지입니다. 표면상으로는 학생들이 주동인 것 같지만 그 학생 데모대가 지나갈 때 이 거리에서, 2층, 3층 창문에서 온주민이 환호성을 쳤습니다. 그러한 민중의 열기, 민중의 갈망, 민중의 열띤 소리가 호응하니까 학생의 데모가 그렇게 혁명을 일으키는 결과를 낳았지, 저희들끼리 기들고 행진했다면 무슨 싱거운 일이겠습니까. 혁명도 아니고 아무 사변도 아닐 것입니다. 실제로 사학자들이 분석해 봐도 가담한 사람들이 학생만이 아닙니다. 민중운동입니다. 그러니까 이 모든 근대사회에서 굵직한 사건들을 통해서 볼 때 이 사건들의 실체는 민중입니다. 우리는 그것을 민중이라고 말합니다.

4. 예수 주위의 민중 성격

저는 신학을 공부하는 목사고 그래서 민중 이해에 대해서 성서적·신학적인 조명을 해보게 됩니다. 성서와 민중이라 할까, 성서의 민중관이라 할까, 이건 또 그대로 또 하나의 강연 제목이 되겠습니다마는, 오늘 저녁 강연의 한 매듭으로 삽입하겠습니다. 그렇게 함으로써 민중관을 나로서는 조금 더 바르게 한다고 생각을 합니다. 세 가지 얘기를 해보겠습니다.

예수님과 민중의 문제인데요. 성서가운데 예수님의 얘기를 기록한 것이 사복음서인데 사복음가운데 원본이 마가복음서입니다. 마가복음서를 실제 원본으로 삼고 마태, 누가가 복음서를 썼습니다. 요한복음서는 그런 걸 기초로 하고 신학적·철학적인 사변을 엮은 책입니다. 대체로 짧은 시간에 그 이상의 말은 하기 어렵습니다.

마가복음서에 보면 예수님이 오나 가나 어디서나 군중, 민중(오클로스)이 따라다녀요. 민중이 옹위를 하고 있습니다. 마가복음서 기록에 새벽 미명에 예수님이 한두 번 기도하러 가셨다는 기록이 있습니다마는 그 외에는 음식 잡수시거나 어딜 가거나 그의 앞뒤에 많은 무리들이 그를 옹위하고 따라다니고 했습니다. 그래서 그를 둘러싸고 있는 민중을 떼어놓고 예수를 생각한다고 하는 것은 그것은 실제적인 예수가 아닙니다. 민중이라고 하는 실제적인 바탕을 둔 예수입니다. 예수님의 전 공(公)적 생애는 민중 선교활동입니다. 민중 없이 예수를 생각한다면 그것은 추상적이고 비진실입니다. 민중의 배경이 있어야 비로소 살아나는 실제의 예수입니다.

다음에 그 민중을 신학자들이 분석을 해봅니다. 그 민중의 내용 구성이 뭔가? 나는 서너 가지로 예수를 둘러싼 민중이 대강 어떤 구성인가 하는 것을 학자들이 밝혀주는 대로 소개하겠습니다.

1) 세례 요한이 예수님의 선구자인데 요단 강가에서 외치니까 많은 사람들이 거기로 몰려갔습니다. 위대한 설교를 하고 인격적으로 훌륭하고 그러니까 많은 사람들이 갔습니다. 몰려든 군중, 많은 사람, 오늘

여러분 「씨올의 소리」 창간 10주년 강연한다 그러니까 다들 바쁘실 터인데 오셨습니다. 뜻이 있는 분들입니다. 말하자면 다 지식인들이겠지요.

그러나 예수님 주위에 둘러싼 군중이라고 하는 것은 그러한 성격의 것이 아닌 것이 분명합니다. 뜻이 있어가지고 굉장한 설교 들으러 가는 사람도 있겠지마는 병 고치는 위력 있다더라 하니까 가는, 몸 아픈 사람이 물론 많았을 것이고, 또 소문이 하도 파다하니까 지나가는데 따라간 것이고, 떡 준다고 하니까 그거 먹으려고 가는 사람도 많이 있었을 것입니다. 뜻이 있어서 특별히 시간을 내서 찾아간 청중, 그런 것하고 다릅니다. 또 한 가지는 예수님 스스로가 동리로, 해변가로, 논길로, 밭길로, 시골길로 군중이 있는 데를 전도하면서 돌아다니시고 찾아다니시는 형편이니까 뜻이 있는 사람들이 뭐 배우겠다고 듣겠다고 해서 모여드는 그러한 태도와는 다르다고 하는 것이 역력합니다. 첫째로 예수님을 둘러 싼 군중에 대한 성격 규정이 되겠습니다.

2) 성서 연구가 밝혀주는 중요한 공헌이라고 생각하는 점들이 지금부터인데, 그 군중 가운데에 특별히 병자와 신체불구자가 수두룩하게 많아요. 그 무리들 가운데 절름발이, 장님, 귀머거리, 벙어리, 손 마른사람, 그러한 신체불구자가 수없이 많아요. 그런 사람들이 가정에서 동리에서 별로 사람 취급 못 받는 것이 사실 아닙니까? 거기다가 또 병자들이 많습니다. 문둥병자, 정신병, 사귀 들린 사람, 그런 사람들이 눈에 띄게 섞여 있습니다. 그것이 예수를 둘러싼 무리들의 내용의 중요한 요소입니다. 그러한 부류의 인간들이 거기에 들어 있어요. 그것은 사회계층으로 말하면 아주 영 지지리 가난한 사람들이지요. 가난하니까 치료 못 받지요. 영양부족이니까 병이 나지요. 그리고 옛날 사회에서 정신병 들렸다면 집에서 내보내잖아요? 문둥병 들렸다면 더더군다나

동리에서 몰아내잖습니까? 그런 사람들까지 많이 끼어 있어요. 예수님을 둘러싼 군중, 예수님의 활동이라는 것이 민중 선교라 그러면 그 사람들이 끼어 있는 무리들입니다.

3) 또 여인들이 그중에 많이 있어요, 이것은 특이한 현상이고 아주 이례적인 것입니다. 왜냐하면, 학자들 말을 들어보면 이런 것 같아요. 우리의 옛날 봉건사회에서 유교의 선비가 그 문하의 제자들 가운데 여자 제자가 있다는 말을 들은 적이 없고, 여자는 가까이 할 수가 없습니다. 여자가 거기 들락날락할 수가 없습니다.

그런데 그러한 관습이라 할까 율법적인 제도가 유대교에 있어서는 더 강화됐다 합니다. 유대교의 선비들 랍비 가운데 여제자를 둔다고 하는 것은 율법적으로 상상할 수가 없습니다. 허락할 수가 없는 것입니다. 그런데 어떻게 된 것인지 랍비의 한 사람인 예수에게 오는 자들에는 여자들이 많이 섞여 있어요. 파격적입니다. 풍속을 깨뜨린 그자체가 율법을 범한 것입니다. 그래서 사회질서를 교란한다 하는 죄목 때문에 나중에 십자가에 달리게 되지 않아요? 이런 저런 것이 중요한 죄목이 돼 가지고.

그러니까 최근까지 여성 해방이라는 구호만이라도 나오기 전까지 여자가 어디 사람대접 받았습니까? 한 등급 낮았지. 그런데 예수님은 다같이 상종을 하거든. 더욱 기막힐 것은 뭔고 하니 그 여자들 가운데 소문난 여자가 또 많아. 성서는 그렇게 번역했어요. 동양식으로 사실은 창녀입니다. 가까이 상종해서는 안 될 여자들이 많이 있어요. 교훈 듣고 그런 것쯤은 괜찮은데 가까이 와가지고 세탁도 해드리고 음식도 차려드리고 또 그런 사람들 가운데 말씀·설교 듣기를 좋아하는 그런 여자도 있어요. 후대에 이스라엘의 전통 때문에 생겨진 12라고 하는 숫자, 남자로만 구성이 된 제자집단보다도 오히려 더 가까이 여자 제자가 있었다고 해도 과히 틀린 얘기는 아닌 것 같아요. 사실 남자 이상으로 제자 역할하는 여자들이 많이 있었어요. 이거 아주 파격적입니다. 예수님을 둘러싼 무리는 그렇게 구성이 돼 있어요.

4) 마지막 규정은 뭐고 하니 세리와 죄인들이 거기에 끼어 있습니다. 세리라고 하는 것은 아시는 대로 옛날이나 지금이나 모든 국민의 미움을 사는 관리 가운데 제1호지요. 더군다나 유대 사회에서 세리는 로마국가의 앞잡이였고, 별로 다른 건 탄압 안하는데 세금 거둬가는 것이 직접적인 수탈이니까 미움의 표적이죠. 세리라 그러면 사람취급 못 받죠.

그 다음의 문제의 말인 '죄인'이라 그러면 우리는 특별한 걸로 생각합니다. 물론 거기서 창녀도 죄인 그룹이긴 하지만 문제는 무식하고 가난하고 율법을 못 배웠어, 율법의 규정대로 살지를 못해, 그리고 농사하고, 일하느라고 바빠서 율법도 못 지키고, 번번이 범하게 되고, 안식일도 범하게 되고, 십일조도 잘 내기 어려운 사람들…. 그러니까 그때의 지배문화, 지배계급이 곧 성전체제, 율법체제가 그러한 가난한 사람, 천한 사람들을 죄인이라고 하는 딱지를 딱 붙인 것이지 지금 우리가 생각하는 그런 죄인이 아닙니다.

지배자의 편에서 죄인이라고 붙여놓고 또 그렇게 딱지 붙임을 받은 사람도 '우리는 죄인입니다' 하고 웅크려져 가지고 죄인 행세하는, 그러한 억압을, 그러한 마법을 해결하는 역할이 예수님의 첫째 사명, 제일 큰 역할 아닙니까? 죄지었기에 죄 용서하는 그런 연극이 아닙니다. 죄인 아닌데 죄인이라고 딱지 붙여놓고, 죄인 아닌데 지배자가 죄인이라고 하니 "그렇습니다. 나는 죄인입니다" 하고 지배자의 언어를 내면화해가지고 있는 것입니다.

　그런 걸 벗겨 인간답게 버티고 살아라, 그게 해방이예요. 그게 구원이예요. 지배자의 언어에 사로잡혀 있는 마법을 풀어주는 푸닥거리입니다. 요컨대 예수님을 둘러싼 군중이라고 하는 것은 그렇게 구성이 돼 있어요. 단순히 그것은 성서 원어로 '오클로스'다, 영어로 '크라우드'(crowd)다, 우리말로 '무리'다, '군중'이다 그러는데 마가복음서가 역사적인 예수의 원본이라고 그랬습니다마는, '오클로스'라고 하는 말을 부각시켜서 처음으로 예수님하고 결부시켜 예수님의 청중을 그렇게 쓴 것은 마가복음서의 기자입니다. 신학적인 의도가 분명해요. 그러니깐 그 오클로스, 크라우드, 무리가 보통 무리가 아니예요. 신학적인 의도가 있습니다.

　예수님의 비유가운데, 어떤 사람이 잔치를 베풀고 친구를 청하는 내용이 있습니다. 친구를 청해 났는데, 시간이 돼서 "오십시오" 하니까 어떤 사람은 '지금 장가갔으니까 못 가겠소, 나는 밭 샀으니 못 가겠소, 난 소 샀으니까 시험해봐야지 못 가겠소' 합니다. 그럼 나가서 다른 사람 불러오라고 해서 장님도, 벙어리도, 절뚝발이도 몰아오니까, 또 나가서 더 몰고 오라고 그러니까, 룸펜들, 거리에 서 있는 사람들 다 몰고 오지 않았어요? 그게 무슨 얘기냐? 나중에 민중과 메시아의 관계를 말하겠습니다마는, 그러한 사람들이 천국잔치에 새 나라의 주민으로 초대된다는 말이 아니예요. 내 신학에 있어서는 그겁니다. 이것은 역사에의 부름이예요. 역사의 진전에 대한 부름이예요. 그들이 주빈으로 초대됐거든요. 그것이 예수를 둘러싼 군중이거든요. 단순한 군중이 아닙니다. 내가 처음에 설명했듯이 억압의 시대 아래서 자기의 주체성을 실현하고 독립을 쟁취하겠다고 발버둥치고 저항하고 싸웠던 그러한 민중세력이라 그 말입니다. 정치신학적인 개념이 담겨진 용어입니다.

민중이라는 것은 주인 행세해야 되겠다고 그러한 요구를 가지고 있는 무리들이예요. 그러니까 그게 군중이 아닙니다. 민중입니다.

오클로스, 마가복음서에 쓰여 있는 41번인가 나오는 수없이 많은 그 오클로스, 군중이라고 하는 것은 단순히 군중이 아닙니다. 민중입니다. 역사적인 사명을 띠고 있는 민중입니다. 그것이 민중입니다.

아까 일반적으로 민중론을 얘기하며 노예다, 농노다, 노동자다 그랬는데, 예수님과 오클로스의 관계를 보면 단순히 인간의 물질적이고 경제적인 생산활동을 생각해서 누가 거기에 실제로 종사했느냐 하는 것을 표준으로 해가지고 민중이다 말하는 것과는 훨씬 다릅니다. 실제로는 그들이 물론 생산하지요. 그러나 예수님의 선교의 대상은 그들에게만 있는 것은 아닙니다. 오히려 가령 절름발이든지, 귀머거리든지, 장님이든지, 문둥병에 걸렸든지, 사귀가 들렸든지, 혈루증에 걸렸든지, 집이 가난해서 부모 형편이 어떠했든지 창녀로 팔렸든지 하는, 정말 바닥에 깔리고 지배 기구에서 밀려 나가고 인간의 울타리 밖으로 나가 앉은 천민들이 그 오클로스 속에 들어 있다 그 말입니다. 이것이 성서가 말하는 민중입니다.

단순히 생산을 감당하면서도 이익 분배를 받지 못하고 소외당한다고 하는 사회경제적인 부조리와의 관계에서만이 아니라 인간적인 입장에서 불쌍하다고 할까요, 하여간 인간적인 대접을 못 받도록 돼 있어요. 모든 것이 구조적인 모순에서 오는 겁니다마는, 그렇게 절름발이, 천하고, 가난하고, 귀머거리고, 과부고, 고아고 그런 사람들이 끼어 있다고 하는 것이, 성서적인 조명이 민중 개념에 비추어져서 새롭게 된다 그 말입니다.

구약성서의 출애굽기 21-23장까지에 있는 대목을 학자들이 계약법전이라고 그러는데, 이스라엘 역사상 최초의 헌법입니다. 건국하자마자 쓰인 헌법입니다. 그 다음에 생겨진 모든 헌법의 모범입니다. 그런데 그 내용을 보면 사사건건이 약자 보호입니다.

어떤 가난한 사람이 먹을 것이 없어서 양식을 꾸러 와서 겉옷을 담보로 잡혔을 때는, 해가 질 때까지 품팔이해서 갚지 못하거든 해가 지기 전에 돌려 주어라.

처음부터 마지막까지 그런 식이예요. 해가 지면 덮을 거라곤 그거 하나밖에 없는데 어떻게 추운 밤을 지내겠느냐? 만일 외투를 못 찾고 추운 밤중에 이슬을 맞으면서

아이고 춥습니다, 하느님 나를 불쌍히 여기십소서, 울부짖으면 반드시 나는 그 소리를 듣고 피의 보복을 너한테 하겠다.

"피의 보복을 한다." 가난한 사람 편입니다. 약자 편이예요. 떠돌이, 고아, 과부, 병약자, 그들에 대한 염려, 그들이 신음하면 나는 피의 복수를 하겠다, 그것이 야웨입니다.

그런데 바빌론의 함무라비 법전도 인권에 관한 것이 놀랍게 돼 있다고 그래요. 그런데 바빌론의 헌법이라는 것은 바빌론 시민에 대한 울타리입니다. 시민을 지키는 보호법입니다. 그런데 이 계약법전을 보면 그 전거가 뭔고 하니 "너희들도 과거 애굽에서 종살이할 때 일을 생각해라." 그러니까 나그네, 떠돌이, 과부, 고아, 천한 사람, 병자를 생각해라 그렇게 돼 있어요. 너희들 자신이 노예인 주제에 노예를 차별하는 그런 법을 제정할 수 없다고 했어요. 이게 위대한 것입니다. 제일 훌륭한 법은요, 천민들과 노예들이 제정한 법이 제일 훌륭한 법입니다. 중

산계급이 제정하면 저들 중심으로 해요. 아래는 다 멸시해버립니다. 바닥에 있는 인간들이 정말 옳다 하고 헌법을 제정해야 모든 사람들이 실질적으로 하느님 앞에서 똑같다고 하는 헌법이 나오는 것입니다. 계약법전이, 그게 성서입니다.

요컨대 여기에서 내가 보태려고 하는 말은 뭔고 하니, 성서의 규명에서 민중 개념에는 이런 부류가 중요하게 거기 들어가 있어요. 하느님은 그들을 보시고 '민중'이라고 생각해요. 성서의 민중관은 그겁니다. 좀 더 학문적인 이야기가 되겠는데, 요즘 신학계에서 많이 논의가 되고 있습니다마는, 기원전 아브라함의 세계 20세기에서부터 13세기까지는 '히브리' 사람이라고 하고, 이스라엘 사람이 가나안에 정착해가지고 얼마 후에 사울왕, 다윗왕을 세우는 등 국가를 건설하면서부터 이스라엘입니다. 요즘 그 당시의 많은 토판문서들이 발굴됩니다. 땅에서 캐낸 토판문서 수천 편이 나오는데, 조사해보면 '히브리'라고 하는 말이 자주 나옵니다. 그것이 성경의 '히브리'하고 같아요. 그런데 그것은 어느 일정한 국적이 있는 것도 아니고 어떤 혈연집단도 아니고 어떤 문화공동체가 아니예요. 어떤 한 언어를 같이 사용하는 언어공동체가 아니예요. 떠돌이, 여기저기서 흘러온 것, 여러 나라에서 제일 하층에 깔려 있는 노예, 농노, 떠돌이, 용병, 공사장의 일꾼들, 그들을 히브리라고 그랬어요. 아마 그러한 최하층의 천민들의 어느 집단이 야웨의 신을 믿고 있었을 거라고 짐작을 해요. 그렇기 때문에 야웨는 민족의 신이 아닙니다. 이스라엘의 민족신이 아니고 천민들의 신이예요. 가난하고 소외되고 억울한 이 천민들에게 용기를 주고 앞길을 인도하는 그가 야웨입니다. 이게 새롭게 논의되고 발견된 확실한 증거예요. 그렇다고 보면 우리는 성경을 다시 읽어야 됩니다. 성경의 여호와 하나님은 민족의 신이 아닙니다. 본래 어느 사회에나 깔려 있는 천민집단의 신입니다. 그들을 바로 세우기 위해 이끄시는 신이라 그 말입니다. 그러니까 우리가 "민중이 뭐냐" 하는 것을 생각할 때, 내 이야기 전 부분에서 여러 가지 민중론을 말했습니다마는, 이렇게 이 사회의 모순된 구조나 혹은 우리가 항거할 수 없는 자연적인 재해라 할까 그런 것 때문에 소외되고 억압되고, 신체불구 때문에 밀리고 그늘에 살게 되고 또 그러한 결말에서 그만 감옥으로 밀려가서 인간 울타리 밖에 살게 되고 하는, 그런 집단까지를 다 합해가지고 민중이라고 하는 것입니다. 그들이 새 역사의 주인이 된다고 성서는 약속을 하고 있어요. 그래서 그 다음의 얘기는 뭐고 하니 민중과 메시아인데요(시간이 많이 갔으니까 한 마디만 얘기를 더 해야 되겠군요).

왜 이들이 제 역사의 주인이 되느냐 하면, 새로운 역사에 대한 통찰과 어떤 새 일이라고 하는 것은 이렇게 겪은 고통을 통해서만 오는 것입니다. 기득권을 가진 사람은 새 역사를 열 수가 없어요. 감투를 썼기 때문에, 기득권 때문에 안 보여요. 고통을 통해서만 어떤 새 역사의 여명이 스며들도록 돼 있어요. 고난 받는 민중이 어떻게 메시아냐 하는 것은 아까 내가 누가복음서 14장에 얘기를 했습니다마는, 마태복음서 25장의 예수님의 마지막 설교 말씀에, 네가 내가 병들었을 때 찾아온 일 있느냐, 내가 옥에 갇혔을 때 찾아온 일이 있느냐, 내가 굶주렸을 때 먹을 걸 준 일 있느냐, 내가 목말랐을 때 마실 것을 주었느냐, 이렇게 물으신 일이 있잖아요? 메시아는 고난 받는 이웃으로 화신(化身)해가지고 우리에게 접근합니다. 그런 의미에서 민중이 메시아입니다. 우리가 메시아를 만난다고 하는 것은 그러한 이웃의 아픔을 내가 의식한다 할까요, 그렇게 해서 새 시대의 문이 열리도록 돼 있고, 그런 의미에서 지금 고난 받는 사람이 새 역사, 새 사회를 건설할 주역이 된다고 하는 그런 얘기입니다.

민중이 메시아입니다. 무슨 영웅적인 힘을 가지고 한다는 말 아닙니다. 그들의 고난을 통해서, 그들의 고난이 호소하는 그것이 계기가 돼가지고 지금보다도 의로운 사회를 건설하는 계기가 됩니다. 그런 의미에서 그들이 새 역사를 열 고난 받는 메시아라 그 말입니다.

5. 사회 세력으로 등장한 민중 세력

마지막 얘기를 한다면, 오늘 현실에 있어서 민중의 실체가 무엇이겠느냐 하는 문제가 되겠습니다.

내가 우리 역사상의 민중을 다소 얘기했습니다. 그러나 오늘날 우리 역사에서 민중이 뭐냐, 그러면 단적으로 지나간 10년 동안 새 역사를 담당할 민중의 실체가 형성됐다, 조금 겸손하게 생각해서 어느 정도 됐다, 민중 형성이 됐습니다. 4·19까지 얘기를 했습니다만, 4·19 후 10년 지나서 1970년대 들어오면서 민중이라고 하는 사회 세력이 형성이 됐습니다. 유신체제의 모순 속에서, 이 산고의 진통을 겪으면서 민중이라고 하는 사회 세력이 형성이 됐습니다. 개신교의 목사와 신부가 합작을 했고, 크리스천과 넌크리스천이 합작을 했고, 지식인과 노동자가 합작해가지고 불의의 세계에 저항하는 10년의 역사를 가지고 있습니다. 그것이 새 역사를 담당할 민중의 주체세력입니다. 우리 민족사에 새 장을 연 주체세력입니다.

여기에 관해서 제가 좀 조사를 해야겠는데 못하고 나와서 여러분한테 숙제만 남기겠습니다마는, 1959년, 60년대로 들어오기 이전에 함석헌 선생님이 3·1 절에 기념강연을 하신 일이 있습니다. 그전에도 많이 글 가운데 읽은 일이 있습니다만, 민중에 관해서 굉장히 역설하고(거기에 대한 민중론은 제가 지금 그대로 따라가는 민중론입니다마는) 그리고 또한 10년, 민중이 함 선생님의 사상에, 생활에, 주도이념이었습니다. 70년대에 들어와 잡지를 시작하시면서 '씨올'이라는 말로 그것을 바꾸고 승화하고 심화하셨습니다. 그리고 간략하게 얘기하면 '민중'을 주제로 한 "창비"(창작과 비평)에 지성인들이 민중의 실질적인 모든 문화 활동, 경제평론, 정치논평이나 하는 것을 주제로 삼고, 부각한 것은 75년부터라고 해서 큰 잘못은 아닌 것 같습니다. 그해부터 신학자들도 '민중'이라는 주제를 내걸고 '민중신학'을 시작했습니다. 사상적으로 말하면 한 15년 이전에 함 선생님은 민중을 주제로 하고 민중을 섬기는 것으로, 삶의 본을 작정하셨고, 승화하셨는데 그 차이는 또 하나 우리의 연구과제니까 더 말씀드릴 시간도 없고 또 제 준비도 없습니다.

제가 여기에 관련해 말씀드릴 것은 지금 70년대를 맞이해서 어차피 우리들의 한 시대는 가고 새 시대가 오고 있습니다. 그러나 그 시대가 좋은 시대인지 나쁜 시대인지 하는 것은 다분히 우리의 손에 달려 있습니다. 어떻게 하면 이 시대가 나쁜 시대가 아니고 새로운 역사의 장, 새 시대로 옮아갈 수 있겠느냐, 그걸 담당할 주체세력은 뭐냐 하면 그것은 70년대에 형성된 민중 세력입니다. 그 민중 세력이 새 시대를 여는 주체세력이 돼야 합니다.

우리는 8·15 해방의 광복을 맞이했지만, 지금 역사가들이 다 그것을 되돌아보고 실패했다고 그럽니다. 왜 실패했느냐? 왜 역사적으로 실패라고 단정하느냐? 광복을 해서 일본 사람이 물러갔는데, 미국 사람이 들어오면서 제일 먼저 통역으로 내세운 건 총독부에 있는 일본 사람, 영어 잘하는 사람 세워가지고 한국 사람과 대화를 했다고 그래요. 이런 기막힌 일이 어디 있습니까? 그리고 정치를 하는데, 일제시대에 고관대작으로 잘 먹고 잘살던 사람들을 데리고 정치를 했어요. 그 다음에 이승만 박사도 그랬다는 거예요. 죽 쒀서 개 준다고 하더니 그렇게 돼버렸어. 일제에 붙어먹던 것이 했으니까 오늘날 이 꼬라지다 하고 역사가들이 그렇게 평해요. 그것이 역사비평에 제일 주류라고 생각합니다.

위대한 4·19를 우리가 기념합니다만, 오늘날에 와서 4·19의 공헌과 실패를 늘 논합니다. 왜 실패했다고 보느냐? 그것은 민중의 운동입니다. 그런데 역사를 담당한 민중에 기반을 두고 새 역사의 정권이 서야 되는데, 민중에 뿌리를 박은 정권이 서가지고 지도를 해야 되는데, 군인한테 줘버렸거든.

번번이 민중세력이 일어나가지고 역사를 개혁하는 일을 일으켰는데, 그것이 역사의 새 장을, 그것이 주동이 돼가지고 새 역사를 열지 않으면 또 실패합니다. 어차피 우리가 성공한다고 그래서 천당 만든다는 얘기는 아닙니다. 한 발짝씩 한 발짝씩 민중이 주인이 되는 역사를 개척해 나가야 됩니다. 그리고 정치하는 사람이 그 민중에 뿌리를 박고 그들을 대변하고 그들에 봉사하는 정치가가 나와야 됩니다. 다른 세력, 정당 세력 말고, 민중에 뿌리박고 민중에 호응하면서 민중을 섬기는 그런 지도자가 나와야 합니다. 그래야 진정으로 우리 역사의 한 발자국 전진이 있을 것이 아니겠습니까?

이렇게 이제 민중에 대한 역사적인 과업이 지대하다고 하는 것을 말씀드리고 제 얘기를 끝맺겠습니다.

민중신학의 성서적 전거*

1. 머리말: 개관

민중신학, 이는 우리에게 익숙하지 않은 단어다. 민중신학은 1970년도부터 대두되었다. 70년대에 들어서면서부터 교회 내에서는 사회선교, 보다 구체적으로 표현하면 도시산업선교와 농민선교가 활발히 전개되었다. 여러 가지 교회 밖의 사정도 있고 또 교회 내의 그만한 어떤 각성도 있어서 전개되었던 것이다.

한국에 가톨릭교회가 온 지 200년, 개신교가 온 지 100년이라고 하지만, 두 교회가 눈에 뜔 정도로 현저하게 합치하여 사회선교활동을 전개한 것은 70년대에 들어서부터이다. 이는 교회 안팎의 사람 모두가 다 인정하는 사실이다. 사회선교활동은 우리 교회가 수행해야 되는 새로운 과제로서 이에는 앞에 언급된 산업선교, 농민선교 외에 교회가 참여하는 인권운동도 있고 또 민주화운동도 어느 정도 내포되어 있다.

이 같은 교회의 새로운 선교활동에 대해 한국 신학이 그것을 어떻게 정리할 것이냐고 하여 표어를 내건 것이 바로 민중신학이다. 물론

신학자들이 나서서 이 같은 선교활동을 주도한 것이 아니다. 일반적으로 평신도와 극히 소수의 성직자 일부가 선교활동을 하니까 뒤늦게 신학자들 중 몇 사람이 이러한 선교활동의 신학적·성서적 정리를 시작하였다. 이러한 신학적 작업을 하면서부터 민중신학이라는 단어가 대두되었던 것이다. 그리스도교의 선교활동 가운데 이만큼 직접적으로 그리고 현저하게 두 교회가 사회참여 프로그램을 본격적으로 추진한 역사가 과거에는 없었다. 그리고 이를 신학적으로 정리한 것이 민중신학인 것이다.

물론 신학의 본고장인 유럽 대륙과 미국, 우리가 말하는 이른바 제1세계에서는 과거부터 발전시켜온 신학이 있다. 그리고 20세기 중엽부터는 제3세계의 신학이 여러 모로 새롭게 전개되었다. 이는 우리도 알다시피 해방신학 등 여러 가지가 있다. 라틴아메리카는 전체 인구의 95%가 가톨릭 신자인 지역이다. 이러한 라틴아메리카의 가톨릭 신학에서는 해방신학을 키웠던 것이다. 제3세계에서 특별한 영향을 주어 교회 선교활동을 활성화시켰던 것이다. 지리적인 의미의 제3세계와 같은 사정에 있는 미국의 흑인들을 대상으로 하여 미국의 흑인 신학자들은 흑인신학 혹은 흑인해방신학을 활발히 전개시켰다. 그리고 흑인해방신학은 제3세계뿐만 아니라 특별히 아프리카의 흑인들을 배경으로 하는 교회에 새로운 힘을 주었다.

또 전체적인 판도로 본다면, 여성신학도 활발하게 전개되었다. 특별히 미국에서 더욱 활발하다. 이는 지금까지의 어느 신학보다 더한 어떤 것이 있어 근본적인 문제를 우리에게 깨우쳐주는 그 같은 의미를 주고 있다. 물론 여성신학, 여성운동이 신학이란 테두리 안에만 국한된 이야기는 아닐 것이다. 그러나 흑인신학·해방신학보다 훨씬 더 근본적인 문제를 우리에게 제기하고 있는 것이다. 즉 지금까지의 그리스도교 신학을 다시 보고 다시 생각해야겠다고 하는 새로운 관점을 제시하고 있는 것이다.

이상의 것들이 20세기 후반에 제기된 문제들이다. 제3세계라는 관념 그리고 실제로 등장된 제3세계 신학으로 2천년 역사를 지닌 그리스도교 신학은 하나의 갱신운동을 일으키고 있는 것이다. 그리하여 아시아의 일각(一角)인 한국에서도 일련의 사태 및 급변하는 정세 때문에 민중신학이라는 표제를 내걸고 신학 작업을 하기 시작하였던 것이다. 현재까지는 민중신학이라는 학파를 형성하여 그 학파에 소속된 다수 신학자들에 의해 신학활동이 전개되었다. 이들 신학자들, 즉 대다수의 개신교 신학자들과 소수의 가톨릭 신학자들은 같이 모여 연구하고 활동하고 발표하였다. 이렇게 시작된 한국의 민중신학은 즉시 아시아 전역의 호응을 받았다. 그리하여 인도, 필리핀, 인도네시아, 스리랑카 등 여러 곳의 호응을 받아 민중신학은 아시아의 신학으로 부각되었다. 따라서 현재는 전 세계의 상당한 주목과 기대를 받고 있다.

그던데 아시아의 전통은 라틴아메리카나 아프리카의 역사적 전통과는 다르다. 즉 아시아인의 역사적·문화적 배경은 그들과 판이하게 다르다. 따라서 이렇게 다른 역사적 전통에 따른 다른 종류의 신학이 나옴직하건만 지금으로서는 민중신학 안에 모두 수렴되어가는 것 같다. 민중신학이 제3세계 신학의 하나로 등장하는 것은 확실하다.

이렇게 제3세계의 신학은 해방신학, 흑인신학, 여성신학 그리고 이들보다 제일 늦게 출발한 민중신학이 포함된다. 이들 신학을 전체적으로 요약하면 정치신학이라 할 수 있다. 신학에 정치라는 수식어를 붙이고 시작하는 신학은 가톨릭 신학자인 요하네스 메츠(Johannes Metz)에 의해 처음 제안되었고 그가 대변한 신학이라고 한다. 어떻든 전체적으로 해방신학, 여성신학, 흑인신학 그리고 민중신학은 모두 정치신학

안에 포괄시킬 수 있다. 이 같은 생각은 모든 신학자들의 경우 대개가 다 동의하고 있는 것이다.

한국에서의 민중신학은 신·구약성서의 민중 전통과 한국 역사의 민중 전통이 합류되면서부터 그 모습을 드러냈다. 그리스도교가 한국에 들어온 후의 토착화 작업은 두 전통의 합류로 인해 이루어졌다고 볼 수 있다. 물론 의도적인 그리스도교 신학의 토착화 작업이 없더라도 오래 머물러 있다 보면 토착화된다고 할 수 있다. 그러나 70년대에 들어와 성서적인 전통, 즉 민중해방 전통과 한국의 민중 전통 즉 역사적으로 계승된 정치·경제·문화·예술, 그것도 지배자 전통이 아닌 피지배자의 민중 전통이 합류되었다. 한국교회의 사회선교 활동에서 이 두 전통이 합류되었던 것이다. 이같은 합류가 구체적으로 나타난 것은 서울 평화시장의 전태일 군에게서이다. 그는 1970년 11월 13일, 22세의 젊은 나이로 노동법이 근로자와 노동자에게 정상적으로 발효되어 노동자들이 정당한 권리를 얻을 수 있도록 주의를 환기시킬 목적으로 노동법을 안고 자신을 불태웠다. 그는 교회 청년이었고, 동시에 노동운동을 옳게 하기 위하여 자신을 불태웠던 것이다. 이러한 사건이 70년대에 일어났다. 70년대 이전인 50년대나 60년대에도 산업선교나 노동운동 그리고 노사 문제가 있었고 그들을 대변한 선각자도 있었다. 그러나 이들은 70년대에 비하면 아주 미미한 것이었다. 그러나 70년대의 전태일 군에 의해 극적으로 산업선교 문제가 발화되는데 이는 과거와는 아주 다른 새로운 양상이었다. 즉 그리스도교 신앙과 노동운동이 한 몸에서 합류되는 것이었다.

또 70년대 후반에는 시인 김지하에게서도 이같은 합류가 나타났다. 그의 가톨릭 신앙과 문예창작 활동이 합류되었던 것이다. 홍길동인지 전봉준인지 여하튼 한국의 민중 전통과, 모세이든 예수님이든 여하튼

성서속의 민중 전통이 실현된 것이다. 즉 두 전통이 합류되어 나타난 것이다. 물론 전태일 군이나 시인 김지하는 신학자가 아니다. 그러나 시인 김지하나 그의 신학은 많은 신학자의 연구대상이 되었고 그에 관한 연구논문이 외국의 신학 잡지에 발표될 정도까지 되었다.

이렇게 구체적인 두 인물의 생활에서 두 전통이 실제로 합류되었다는 것을 살펴보았다. 이렇게 자신의 생활에서 두 전통이 합류된 것을 신학자들이 신학적으로 정리한 데서 민중신학이란 단어가 나온 것이다. 이렇게 70년대에 출발하면서 이름을 붙인 민중신학은 70년대 중반기부터 그 모습과 활동을 구체적으로 드러내게 되었던 것이다.

2. 민중의 개념

민중신학에서 민중이 갖는 의미는 무엇인가?

민중신학이 현재 세계적으로 상당한 관심과 기대를 받고 있는 것은 사실이다. 그런데 민중신학 학파에 속한 신학자들 중에는 민중신학의 민중이란 것을 정의(define)하면 안 된다고 하는 사람들이 있다. 민중을 정의하면 이는 민중을 객관화시키는 것이며, 민중을 객관화시키면 살아 있는 채로 이해하는 것이 아니라 죽은 대상이 되기 때문이라고 한다. 이렇게 객관화할 수 없다고 말하면서 민중의 개념 정의를 거부하는 신학자들이 상당수 있다. 민중 스스로 자기를 나타내도록 해야지 의식적으로 정의하면 굴레를 씌우는 것이 되므로 안 된다는 것이다. 대단히 의미 있는 말이고 또 사실이다. 그러나 그것이 사실이고 위험스러운 일인 줄 알면서도 일단 학문의 영역에서는 정의를 내려 보지 아니할 수 없다.

민중이 무엇인지 정의를 내림에 있어 우선 민중이 아닌 것과 비교하는 데서부터 출발하여보자.

1) 민중과 백성

민중이 아닌 말 중에 대조되는 첫째 말은 '백성'이다. 어떤 의미에서 민중과 백성은 똑같은 말이다. 옛날에는 백성이라고 하던 것을 지금은 민중이라고 말한다. 그러나 백성이라는 말은 지배자인 왕 한 사람이 있고 그 한 사람이 주인인데, 그 한 사람 이외의 모든 사람들인 신하들을 가리킬 때 쓰는 말이다. 즉, 백성이라는 말은 백성 아닌 지배자를 전제하고 쓰는 말이다. 이는 봉건체제 내에서의 용어이며 이해이다.

그러나 실질적으로는 같은 내용이지만 우리가 백성이라 하지 않고 민중이라고 할 때 이 말은 우리에게는 따로 왕이 있고 그 왕이 우리를 지배한다고 하는 것을 인정치 않고 있기 때문이다. 따라서 민중이란 단어 속에는 우리가 주인이라는 의미가 내포되어 있는 것이다. 민중이 자기 역사의 주체(subject)이며, 자기 운명의 주체이고, 자기 사회의 주체라는 주장이 들어 있는 것이다. 실제로 그렇지 않다면 그것은 잘못된 것이다. 실제로 민중은 자기 역사의 주체다. 타자가 민중을 규정하거나 정의하는 것이 아니고 민중 스스로가 자신의 운명을 결정하는 것이다. 이러할 때에는 백성이 아니고 민중인 것이다. 그러니까 내용은 같은 사람들이다. 그러나 백성이라고 하면 지도자를 인정하는 것이고 민중이라고 하면 자기가 스스로 자신의 역사, 사회 속에서 운명 결정의 주체라는 것이다.

2) 민중과 시민

그 다음 구별되어야 할 것은 시민과의 관계인데, 민중과 시민은 현저하게 구별되는 개념이다. 서양 사회의 역사 발전을 간단히 이야기하면, 중세 이전의 봉건시대에서 그 역사나 문화의 담당자는 귀족이나 왕후였다. 사실상 그들이 중심이었고 그들이 지배하였고 그들이 판을 쳤었다. 그러다가 소위 근세 혹은 근대라고 하는 사회로 접어들면서 프랑스혁명 등으로 인해 서양 사회는 시민사회 즉 부르조아의 사회현상이 나타났다.

이는 봉건제도와는 다른 자본주의 사회인 것이다. 이때는 시민이 역사와 문화의 주체였다. 모든 문화, 예술, 정치가 시민들 위주였고 시민들이 수행하였고 시민들 취미에 맞도록 이끌었다. 시민이 주인 노릇을 하였다. 그러나 역사의 발전은 시민으로 끝나지 않고 민중으로 이어진다. 봉건시대의 귀족 그리고 자본주의 사회의 시민에 이어 민중으로 이어진다. 그래서 동트기 시작하는 새로운 사회에서의 주체는 시민이 아니고 민중인 것이다. 민중이 역사의 주체가 되어야 하는 것이다. 민중은 시민보다 사회 밑바닥까지 내려간 더 넓은 폭을 갖고 있다.

이렇게 역사 발전에 있어 시민 다음으로 역사의 패턴을 받아 새 역사의 주격을 담당할 주체세력은 민중인 것이다. 그런데 지금 우리가 말하고 있는 발전이란 것은 서구 유럽 사회에서의 경우이다. 서구 유럽 사회에서는 분명히 그같이 발전하였다. 그러나 아프리카나 아시아에서는 그렇게 명료하게 귀족사회, 시민사회, 민중사회로 발전하지 않았다. 이러한 곳에서는 자본주의라고 하는 것이 서구 유럽에서처럼 본격적으로 형성된 것이 아니었다. 서구에서처럼 형성되어 봉건적인 질곡에서 벗어나게 하는 그런 단계를 밟지 못하였다. 어떤 의미에서는 여전히 봉건시대에서 맴돌고 있다고 해도 과언이 아니다. 즉 봉건사회—귀족들의 지배에서 시민사회의 형성 없이 그냥 민중의 역사로 뛰어넘는 발전을 했다고 생각할 수 있는 것이다.

서구 유럽이나 미국사회는 시민사회이다. 그리고 그 시민이 역사와 사회를 주도하고 법률을 만들고 모든 창작활동을 벌인다. 이들의 이러한 사회에서는 우리가 보기에 그렇게 어두운 부조리가 없다. 정말 뒤엎어야 할 성격을 가진 부조리는 없다. 건전한 시민사회인 것이다. 그런데 시민이란 것은 자본주의 체제를 전제한 것이다. 그러나 우리의 경우는 자본주의라고 하는 것이 성립되기 어렵다. 우리의 자본은 외국 자본이나 매판 자본이 거의 전부이기 때문에 자본주의 사회 성립이 어렵고 따라서 시민이 있기 어렵다. 그래서 봉건사회에서 민중사회로 뛰어넘을 수밖에 없는 것이다. 제3세계에서도 역시 시민사회라는 것이 존재하기 어렵기 때문에 민중이 주역을 하는 그런 역사 발전으로 뛰어넘을 수밖에 없다.

3) 민중과 프롤레타리아

민중과 프롤레타리아의 관계를 보자. 프롤레타리아는 현재 많은 사람들에게 회자되는 단어이다. 그러나 프롤레타리아의 일반적인 통념은 유물사관(唯物史觀)에서 새 사회의 역사의 주체라는 것이다. 즉 새로운 사회를 도래시킬 혁명의 주체세력이 프롤레타리아라는 것이다. 사회의 구조에서 볼 때는 정치적·사회적 계급혁명의 담당자가 프롤레타리아라는 것이다. 고정적인 의미에서는 노동자이고 유동적인 상황에서는 중농 이하의 농민까지 포함된다.

그런데 아시아 특히 한국에서 민중이라고 하는 것은 프롤레타리아와는 아주 현저하게 다르다. 아시아에서의 민중에 대한 잠정적인 의미는 가난하고(poor), 억압받고(oppressed), 소외당한(estranges) 사람들이다. 그리고 혁명적인 유물사관에 있어서 혁명의 주도세력 즉 혁명을 일으킬 전사(戰士)들인 프롤레타리아라고 하는 것은 주로 사회의 빈곤 문제에 국한된 자들임에 거의 틀림없는 것이다. 그러나 아시아 신학에서 민중이라고 할 때 빈자는 민중의 한 부분일 뿐이다. 아시아에서 민중이라 할 때는 경제적인 빈곤도 중요하지만 그것만은 아닌 것이다. 정치적·사회적인 여러 가지 억압이 있는 것이다. 재산을 비교적 고루고루 균등히 분배한다는 것만으로 문제의 해결이 다 이루어지는 것은 아니다. 자유의 문제, 즉 억압의 문제가 있는 것이다.

설상가상으로 이것뿐만 아니라 대단히 심각한 문제로 요즈음 대두된 것으로 소외 문제가 있다. 다름 아닌 문화적 소외의 문제이다. 현대 우리 사회에는 통념적으로 어떤 경우에 남자는 할 수 있지만 여자는 할 수 없다는 미신적 편견이 절대적으로 작용하고 있다. 그리고 일반적으로 신체불구는 무능력자라는 통념이 우리를 지배하고 있다. 소아마비로 다리를 저는 사람도 의사나 수학교사 혹은 바이올리니스트로 자신의 천재적 자질을 발휘할 수 있다. 미국의 루즈벨트 대통령도 같은 경우이면서도 훌륭한 정치가였었다. 그러나 신체불구는 무능력자라는 이러한 일반적 통념이 우리를 지배하고 있고 그러한 문화적 편견 때문에 소외당하고 있는 사람들이 많이 있다. 우리는 이러한 편견의 굴레에서 벗어나는 해방을 경험해야 한다.

이상과 같은 과정을 거쳐 형성된 것이 민중의 개념이다. 반드시 종교적인 어떤 이해에 의한 것만은 아닌 것이다. 따라서 라틴아메리카의 해방신학과 우리가 발전시키려고 하는 민중신학과는 현저한 차이가 나타난다. 라틴아메리카의 경우는 전 세계의 반 가까운 부를 차지한 미국이 그들을 준식민지화하고 있는 현상이 큰 문제가 된다. 미국의 경제적인 준식민지화의 질곡에서 벗어나야겠다는 자각이 제일 큰 과제이기 때문에 그들의 주안점은 경제 문제이다.

우리의 경우, 경제 문제가 배제되는 것은 아니지만 그보다 더 큰 문제가 있는 것이다. 아시아에는 상당히 긴 문화적 전통이 있다. 가령 불교나 유교 그리고 종교뿐이 아닌 거대한 어떤 영향의 전통이 있다. 이렇게 거대한 전통은 경우에 따라 힘도 되고 또 어떤 때는 우리를 얽어매는 결박도 된다. 우리가 갖고 있는 이와 같은 숙제를 라틴아메리카나 아프리카의 사람들은 갖고 있지 않는 것 같다. 우리는 그들과 다르다. 그들은 거의 빈곤 문제가 주안점이 되고, 또 새로운 신학인 해방신학의 방법론이 문제가 되고 있다. 어떤 때는 유물사관을 원용하기도 한다. 그러나 우리의 경우는 그 문제에만 국한시킬 수 없는 다른 사정들이 있는 것이다. 따라서 우리가 말하는 민중은 프롤레타리아와는 훨씬 다르며 그 폭도 더 넓다.

이 같은 면에서 볼 때 한국의 민중신학은 북미주에서 발생한 흑인신학과 훨씬 가까운 편이다. 흑인신학 혹은 흑인해방신학은 단순히 경제적인 문제만은 아니다. 그 사회의 편견이 있고 말 못할 여러 억울함이 있다. 흑인신학을 발전시키는 데 있어 경제적 불평등의 문제는 극히 적은 비중을 차지하고 있는 것 같다. 흑인신학에서는 흑인영가 같은 흑인의 노래나 춤이 많이 동원되고 있다. 마찬가지로 한국의 민중신학도 민담을 대단히 중요시한다. 물론 민중신학의 방법에서도 경제나 유물사관의 방법으로 사회문제를 분석하는 것을 참고로 하긴 한다. 그러나 한국에서 민중신학을 특이하게 발전시킨 방법, 즉 세계의 새로운 신학에 공헌한다고 인정되는 방법은 민담인 것이다. 현재 민담에 대한 연구와 자료 수집은 시작되어 있으나 그 업적은 아직 뚜렷하진 않다.

해방신학과 민중신학은 다른 것이고, 또 민중과 프롤레타리아라는 단어는 그 개념이 다르다. 프롤레타리아는 혁명사관에 의한 혁명의 주체 세력으로 경제문제에 집착한다. 그러나 민중이라는 개념은 경제적인 문제만을 대상으로 삼고 있지는 않다. 그보다는 더 넓은 개념을 갖고 있는 사회적·문화적 실재인 것이다.

4) 민중과 대중

그런데 신학자들 가운데 많은 사람이 민중신학을 긍정적으로 인정하면서 동시에 조금은 의문시하고 있다. 어떤 소수의 신학자들은 민중신학을 전적으로 부정하고 있다.

거기에는 프롤레타리아와 민중을 같이 생각하는 오해도 있다. 민중이라는 개념을 대중이라는 개념과 의식적 무의식적으로 혼동하는 신학자들도 더러 있다. 대중은 무엇인가? 대중은 영어로 mass다. 사람이 많이 모인 집단이 대중인 것이다. 대중이라고 하여 반드시 무시당한 그리고 신체불구인 인간의 집단을 말하는 것이 아니다. 대중 속에는 지식인도 있고 부자도 들어 있다. 사람이 많이 모인 한 덩어리가 대중인 것이다. 이 같은 것은 하나의 사회학적 개념으로 정치적인 주체성을 가질 수 없는 것이다. 그러나 민중은 처음부터가 정치신학적인 개념인 것이다. 지배자에 대한 피지배자 집단이 만중인 것이다.

피지배자 집단을 민중이라고 내세우는 이유는 지배자의 말이나 지시에 따라 사는 생활이 바람직하지 못하므로(속았다고 여겨질 수밖에 없으므로) 민중이 자기결정을 해야 되겠다고 생각하기 때문이다. 이 같은 생각에서 민중을 치켜드는데 이는 대중을 의미하는 것이 아니다. 우리는 지금까지 엘리트나 영웅 그리고 지배자만 치켜들고 그들의 말을 따르는 것이 옳은 것이라고 생각했다. 그러나 그렇게 하다 보니 속아왔다고 생각되기도 하고 또 그들을 믿을 수도 없기 때문에 민중이란 주체성을 지닌 단어가 필요하게 되었다.

그런데 이런 식으로 이해하려고 하지 않는 신학자들은 대중과 민중을 구별하지 않는다. 그래서 의식적으로 대중이라는 단어를 민중이라는 단수어 대신 사용하는 것을 종종 보게 된다. 그러나 대중과 민중은 다르다.

5) 민중과 지식인

지식인과 민중의 구별은 무엇인가? 지식인도 민중의 범주에 들 수 있는가?

일반적인 지식인의 대표적인 위치는 대학교수나 신문기자라 할 수 있겠다. 이러한 지식인은 민중의 범주에 들기 어렵다. 실제적으로 지식인은 항상 지배집단의 이데올로기를 대변한다. 지배집단의 지배세력의 지배이념을 항상 대변해주고 선전해주고 옳다고 해주며 편들고 가르치는 역할을 맡아 하는 것이 지식인이다.

새로운 시대의 지식인의 정의는 그렇지 않다. 참다운 지식이란 남이 모르는 것을 먼저 알았다든가 참 진리를 알았다는 것이 아니다. 이러한 것을 알았다는 데서 지식인의 본질을 찾고 그 본래의 사명을 다했다고 하는 것은 틀린 것이다. 참 지식인은 민중의 형편을 알고 체험하고 동참하여 민중의 고난과 기쁨을 다 알아야 한다. 그리고 민중이 말 못할 때 그들을 대변하고 표현해주어야 한다. 바꾸어 말하면 민중의 형편과 갈망을 알고 있는 것이 참 지식이며, 참 지식인의 기능은 그러한 것을 읊어주고 대변해주는 역할을 하는 것이다.

6) 성서 속의 민중

우리는 이제까지 민중이 아닌 것과 민중을 비교해보았다. 그러면 이제 우리는 적극적인 민중의 개념을 찾아보아야 할 것이다. 여러 민중 신학자들이 민중의 개념을 누가복음서 14장 15절 이하에서 찾는다(마태 22:1-10 참조).

어떤 사람이 큰 잔치를 준비하고 많은 사람들을 초대하였다. 잔치 시간이 되자 초대받은 사람들에게 자기 종을 보내어 준비가 다 되었으니 어서 오라고 전하였다. 그러나 초대받은 사람들은 한결같이 못 간다는 핑계를 대었다. 첫째 사람은 "내가 밭을 샀으니 거기 가 봐야 하겠소. 미안하오" 하였고, 둘째 사람은 "나는 겨릿소 다섯 쌍을 샀는데 그것들을 부려보러 가는 길이오. 미안하오"라고 하였으며, 또 한 사람은 "내가 지금 막 장가들었는데 어떻게 갈 수가 있겠소?" 하고 말하였다. 심부름 갔던 종이 돌아와서 주인에게 그대로 전하였다. 집주인은 대단히 노하여 그 종더러 "어서 동네로 가서 한길과 골목을 다니며 가난한 사람, 불구자, 소경, 절름발이들을 이리로 데려 오너라" 하고 명령하였다. 얼마 뒤에 종이 돌아와서 "주인님, 분부하신 대로 다 했습니다. 그러나 아직도 자리가 남았습니다" 하고 말하니 주인은 다시 종에게 이렇게 일렀다. 그러면 어서 나가서 길거리나 울타리 곁에서 있는 사람들을 억지로라도 데려다가 내 집을 채우도록 하여라. 잘 들어라. 처음에 초대받았던 사람들 중에는 내 잔치에 참여할 사람이 하나도 없을 것이다."

이 비유는 예수님의 비유 중 아주 특이한 비유는 아니다. 또 예수님의 교훈의 어떤 특수한 면을 표현했다고 할 수도 없다. 이 비유는 예수님의 생각을 아주 기본적으로, 전체적으로 그리고 개괄적으로 표현했다 하여도 과언이 아니다. 내용에서 보면 잔치상을 크게 차리고 손님들을 많이 청했는데 이는 약속된 새 시대 하느님의 나라에 초청받은 것을 의미하는 것이다. 그렇게 초청받았는데 이미 가지고 있던 기득권자들은 기득권인 소유 때문에 즉 지식이나 학식이나 재물이나 명예나 지위 때문에 자유와 기쁨과 평화가 기대되는 새 시대의 시민이 되지 못한다. 자기의 기득권 때문에 스스로 포기하고 마는 것이다. 그러나 새 시대, 새 역사, 새 나라인 하느님의 나라에 초청이 안 되었다고 생각되는 사람들 즉 신체 불구자, 과부, 민자, 고아, 노예살이 하던 사람들이 오히려 잔치에 초청을 받고 응하는 것이다. 믿음으로 약속된 새 나라에 들어가는 사람은 결국 문자 그대로 가난하고 천대받고 종살이하던 사람들이다. 이들이 약속된 새 시대의 시민이 된다는 약속인 것이다. 아들을 가리켜 민중이라고 한다. 함석헌 선생은 이들을 가리켜 씨을이라고 하였다. 이는 분석적이고 현대적인 말, 즉 가난하고 억압받고 소외된다고 하는 말 이상으로 실감케 하는 단어인 것이다. 이렇게 성서에서는 그리스도교 신앙이 약속한 대로의 하느님 나라 즉 새 역사의 주민이며 담당자로서 민중을 묘사하고 있다. 성서에서 찾아본 신학자들의 민중에 대한 정의는 훨씬 구체적이고 올바른 정의이다. 그러면 민중에 대한 언급은 누가복음서에만 있는가?

3. 민중신학의 성서적 근거

민중에 대한 설명은 누가복음서에만 있는 것이 아니다. 이는 신·구약성서 전반에 걸쳐 전개되며 이것이 성서의 중심 되는 핵심사상인 것이다. 누가복음서에서 말하는 소위 가난하고 절름발이이고, 그 때문에 일도 못하고 고용해주는 사람도 없는 이러한 사람들은 분명히 프롤레타리아는 아니다. 일을 할 능력도 신체적 조건도 없는 사람도 들어 있다는 것이 우리의 주목을 끈다. 그런데 이들이 실제로 새 사회의 주인공 노릇을 한다고 약속이 되어 있는 것이다. 그래서 이상한 성서라고도 한다.

이러한 성서적 전통이 우리 한국의 민중 전통과 합류되었던 것이다. 따라서 우리는 이러한 성서적 전통의 핵심사상을 신·구약에서 살펴보고 더 나아가 합류 과정에 대해 살펴보도록 하자.

우선 성서적 전거(典據)라는 말부터 살펴보자. 일반적으로 사용하는 근거라는 단어를 전거(reference)로 사용하는 이유는 다음과 같다. 근거라고 할 때 이는 철학적인 내용이 내포된다. 그러나 전거라고 할 때는 역사적인 사고를 의미하는 것이다. 역사적인 사고를 해야 하는 이유는 신·구약성서의 사고방식이 역사적인 사고방식이기 때문이다. 철학적으로 따진 것이 아니고 역사적으로 실증을 대는 것이 성서의 논리이고 성서의 언어이다. 하여간 민중신학이 신·구약성서에 정말로 전거하고 있는지 그것이 문제인 것이다. 그런데 여기서 전제할 것은 일부 신학자들이 민중신학에 대한 성서적 전개를 멋대로 인용했다고 하는 것이다.

성서의 내용이 비록 방대하다 하더라도 그 안에는 중심적인 핵심사상이 있다고 본다. 그리고 이러한 핵심사상은 생명체의 핵과 같은 중요한 역할을 한다고 본다. 그리고 성서의 제일 큰 특색은 역사적 기록이라는 것을 재삼 강조해둔다.

1) 계시의 역사적 기원

역사적 기록인 구약성서의 핵심은 출애굽 사건과 이스라엘 공동체 건설이다(본인이 말하고자 하는 앞으로의 내용은 최근의 연구 보고에서 발췌한 것임).

이스라엘은 출애굽 후 40년간을 광야에서 방황하다가 가나안 땅에 침공해 들어가 이스라엘 공동체를 형성하고 새 나라를 시작하였다. 이스라엘 공동체가 형성된 것이 BC 1250년경이므로 출애굽은 광야의 40년을 더 소급해 올라간 BC 1290년경이 된다. 이는 지금으로부터 약 3,272년 전인 옛날이야기다.

구약에서의 실제적인 역사적 시작은, 즉 기원(origin)의 핵은 이스라엘 공동체 형성이다. 실제로 학문적으로 연구해보면 이스라엘 공동체 형성이 실제적인 출발이고 핵임을 알게 된다. 우리가 알고 있듯이 구약은 이스라엘 사람들 중 어떤 훌륭한 사람이 나타나 하느님이 불러준 대로 창세기 1장 1절부터 쭉 기록한 것은 아니다. 근래 200년 동안 성서가 대학에서 학문적 연구대상이 되었고, 그 결과 분석적인 연구 결과가 나오고 있다.

이러한 현대 신학자들의 학문적 연구에 의하면, 실제적인 구약의 역사적 시작은 출애굽 후 40년이 지나 이스라엘 백성이 가나안 땅에 정착하여 새 국가를 건설하기 시작하는 때부터이다. 역사가들의 연구에 의하면 이때부터 고고학도 있고 다른 이웃 나라의 문서들과 비교되는 자료도 있는 것이다. 그래서 이러한 것들은 역사적으로 증명도 되고 반증도 된다. 어떻든 시작은 이때부터인 것이다. 극적으로 말하면 BC 1250년 여리고성을 치고 가나안 점령을 시작한 때부터인 것이다. 이때부터 이스라엘 나라가 시작되는 것이다.

현대의 역사가들은 역사를 실증적인 증거를 갖고 논한다. 그렇다면 그 이전의 것들은 증거할 수 없으므로 거짓이라고 할 수 있는가? 그렇지는 않다. 단지 역사가들이 역사적으로 취급할 수 있는 것은 이때부터라는 것이다. 사실상 그보다 40년 전의 출애굽 사건도 현재의 성서가 말해 주는 것 이외의 자료는 거의 없기 때문이다.

이스라엘 사람들이 국가 형성을 하며 살다 생각해보니까 야웨 하느님이 천지를 창조하시고 다윗의 후손에서 메시아가 오시리라는 구원의 약속이 전개되었던 것이다. 그래서 이를 후대의 역사가들이 역사적인 신앙을 갖고 기록한 것이 창세기를 비롯한 구약의 성서들인 것이다.

실제로 구약을 연구한 사람들에 의하면 구약성서의 저술 시기는 우리가 통속적으로 읽는 순서와는 다르다는 것이다. 연구에 의하면 제일 먼저 쓰인 것은 사사기(판관기) 5장에 나오는 드보라와 바락의 노래이다. 이는 이스라엘이 가나안 침공에 성공하여 제일 먼저 노래한 것이다. 이보다 더 근자에 밝혀진 바에 의하면 출애굽기 19장 마지막에서 23장 끝까지의, 소위 계약법전이라는 것은 BC 12세기에 이미 완성된 최초의 문서라고 한다.

다른 많은 것은 모두 그 이후에 씌어졌다고 한다. 따라서 성서 역사의 구체적 출발은 사건에 있는 것이다. 아담의 이야기, 아브라함의 이야기, 노아의 이야기는 먼저 있었던 것이었다고 후에 신학적으로 밝혀 쓴 것이다. 이러한 구체적인 역사적 사건을 출발로 한 신앙에 의해 천지창조나 세계역사 종말이 신학적으로 진술된 것이다. 이러한 역사적 사건이 하느님이 실재(實在)하시는 역사적인 계시(revelation)인 것이다. 계시의 특색은 역사적 사건인 것이다.

일부 그리스도교 신자들은 성서 자체를 하느님의 계시라고 믿는다. 그리곤 성서 속의 자의(字義)를 따지려 든다. 이는 잘못된 것이다. 본래

하느님은 인간을 구원하시려고 이같은 역사적 사건을 일으키신 것이다. 이것이 계시인 것이다. 성서 자체가 계시는 아니다. 성서는 이런 역사적 사건을 기술한 책일 뿐이다. 문자가 계시는 아닌 것이다. 하느님이 실제로 행하신 이같은 인간 구원, 인간 해방 그리고 역사적 사건을 통하여 새 역사를 이끄신 사건들이 하느님의 인간 구원의 계시인 것이다.

신약의 경우도 마찬가지이다. 역사적인 연구에 의하면 많은 신학자들은 사도 바울의 서간이 가장 먼저 쓰였다고 한다. 마가복음서보다 한 5~10년 먼저 쓰였다고 한다. 그러나 마가복음서는 역사적인 기원이며 출발이다. 그런데 그리스도교의 출발이라고 하는 것은 예수님의 갈릴리 선교 활동과 더불어 비롯되는 것이다. 예수님이 갈릴리 지방에서 선교 활동을 한 결과로, 즉 선교 활동을 그렇게 했기 때문에 그것이 의심스러워 처치하지 않으면 안 되겠기에 십자가에 처형하였던 것이다. 십자가는 선교 활동의 결과이며, 그로 인해 정치범으로 오인 받게 된 형벌인 것이다. 여기서부터 신약이 출발하는 것이다.

구약에서의 소중하고 귀중한 예언자들의 신학사상보다 더 원점인 것은 역사적인 해방 사건이다. 2천년의 그리스도교를 신학적으로 지배해온 사도 바울의 사상도 훌륭하지만 그보다 더 기본적인 역사적 사실은 예수님의 갈릴리 선교활동과 십자가 그리고 부활이다. 이러한 예수님의 선교활동과 그로 인한 십자가와 부활의 역사적 사건이 더 기본적이라고 오늘의 교회는 가르치고 있다. 신구약에서의 역사적 사실, 이것이 핵심인 것이다. 이제까지는 문서적 기록이나 종교적 신비 체험 그리고 철학적 교리 등을 중요하게 생각해왔다. 그러나 그것들보다 더 중요한 것은 하느님이 인간 역사에 개입하셔서 일으키신 사건들인 것이다. 모세의 출애굽과 이스라엘 형성 그리고 예수님의 갈릴리 선교활동이라 역사적 사건이다. 이것들이 인간을 구원하시는 하느님의 계시인 것이다.

2) 민중신학과의 연관

여기서 잠시 역사적 사건인 십자가사건과 민중신학의 핵심이 되는 사상을 비교하여 보자. 실제적인 역사적 분석에 의하면 처음에 일어났던 사건은 십자가(cross)가 아닌 십자가형(crucifixion)이었다. 나사렛 예수님은 제롯당과 같은 정치활동을 하는 사람이라고 오인 받아 제롯당에게 가하는 처형방법과 같은 십자가형을 받았다. 정치범으로서이다. 따라서 예수님의 십자가형은 정치적인 사건이다. 시민권도 없는 천한 주제에 정치활동을 하였다는 것이며, 이럴 경우에는 십자가형에 처형되는 것이었다. 이는 기본적인 역사적 사실인 것이었다. 그 후 교회는 형법상으로 집행된 십자가형에서 형은 탈락시키고 종교의 영역으로만 승화시켰다. 인간의 죄를 용서하신 하느님의 위대하신 사랑을 나타내는 종교적이며 위대한 그리고 영원한 상징으로 십자가만 공중에 띄웠던 것이다.

출애굽 사건도 역사적 사건이었다. 당시 대제국인 애굽의 학정에 시달리던 최하층의 히브리 사람들이 견디다 못해 반란을 일으키고 그리고 탈출한 역사적 사건이었다. 그런데 실제적인 역사에 뿌리박고 있는 정치적 사건이라는 물질적 차원은 배제하고 종교의 영역에만 국한시켜 버렸다. 즉 정신적·종교적으로 하느님이 인간을 구원하신 위대한 인간 구원의 사건이라고 종교의 영역으로만 승화시켜버렸다. 그런데 사실에 있어서는 역사적인 사건에 뿌리를 박아야 하는 것이다. 구체적인 십자가형과 출애굽의 해방 사건은 역사와 정치에 뿌리를 박은 실제적인 사건인 동시에 종교적으로도 영원한 의미를 갖는 효험 능력이 있는 것이다. 그리고 이렇게 배워야 하는 것이다. 그런데 종교적인 능력만 설정하여 강조하고 실제적·물질적 사건이라는 사실은 망각해왔다. 이 같은 역사적 사실을 강조하는 이유는 민중신학의 성서적 전거가 실제적이며 핵심적이라는 데에 있기 때문이다.

이미 앞에서 언급된 바와 같이 출애굽 사건은 구약의 출발적 사건이다. 노예들의 강제노동과 억압의 체제에 대한 반란·탈출사건이다. 그러나 실제로는 성서에만 기록되어 있을 뿐이어서 그 증명이 어려운 편이다. 어렵다는 것의 의미는 증명하기 어렵다는 것이지 역사적 사실이 아니라는 의미는 아니다.

그러나 이스라엘 형성은 역사적으로 설명이 되고 있다. 최근의 연구 결과에 의하면 당시의 히브리 사람들과 이스라엘 사람들과는 구별이 있었다고 한다. 물론 우리는 이 두 명칭을 공동으로 사용하고 있고, 그 구분이 모호한 것도 사실이다. 그런데 최근의 연구는 이 두 명칭을 구분하고 있다.

이스라엘이라는 명칭은 실제적으로 가나안 정착이 시작되는 BC 1250년경부터이고 그 이전은 히브리 사람들인 것이다. 그러니까 BC 1290년경의 출애굽 사건 이후 40년간을 광야에서 방황하던 그들은 BC 1250년경 가나안에 들어가 점령을 시작하면서부터 이스라엘이라는 국가공동체를 형성하였다. 그리고 이러한 공동체를 형성하기 이전의 사람들이 히브리 사람들인 것이다. 성서에서는 이스라엘과 히브리의 두 단어를 혼용하고 있다. 특히 야곱이 씨름한 후 하느님으로부터 따냈다고 하는 데 실제적인 역사적 명칭은 가나안 정복 후부터인 것이다.

그러면 히브리 사람들이란 무엇인가? 이는 지금까지 우리가 알고 있던 개념과는 판이한 것이다. BC 20세기에서 BC 12세기까지의 고대 근동지방은 지금의 경우, 동쪽으로는 메소포타미아 혹은 바빌론, 아시리아 지방에서 북쪽으로는 헷족속이 살던 히타이트 즉 터키, 시리아 그리고 지중해 연안의 페니키아와 중앙 지대의 블레셋 즉 팔레스타인 전

역과 남쪽의 애굽 전역까지를 말한다. 이러한 근동지역의 여러 국가의
흥망성쇠가 800년 동안 이루어졌었다 물론 대국도 있고 소국도 있고
도시 국가의 형태도 많았다. 이러한 근동지역의 여러 국가들의 흥망성
쇠의 유적이 근동지역에서 발견되었다. 티그리스 강, 유프라테스 강,
나일 강 그리고 페니키아 해변가나.헷 족속이 살던 터키의 여러 곳, 즉
고대의 수도였던 곳에서 많은 토판문서들이 출토되었는데 이것들은
당시의 정부문서였다. 정부문서였던 토판에는 하비르 혹은 하피르라
는 명칭이 빈번히 나오고 있었다. 800년 동안의 유적에서 공통으로 빈
번히 등장되고 있던 단어가 하비르였다.

성서학자들의 최근 연구에 의하면 이 단어, 즉 하비르는 우리가 갖
고 있는 경전의 히브리 사람들과 같은 말이라는 것이다. 이는 거의 확
정적인 발표이며 동시에 오늘날의 신학교에서는 이를 정식으로 가르
치고 있는 형편이다.

그러면 하비르가 갖는 의미는 무엇인가? 하비르라는 단어가 갖는
의미는 그 단어가 나오는 문장의 문맥에서 알 수 있다. 문맥에서 찾아
볼 때, 하비르는 최하위층 사람들에 대한 칭호였다. 그것은 제국 사회
의 지배질서에서 벗어나 시민권도 없이 떠돌아다니는 천민이나 유랑
민에 대한 칭호였다. 그들이 가난하고 천한 계층의 사람으로 과부와 고
아가 많았고, 또 어떤 경우에는 비적 떼들이기도 하였다. 더 많은 경우
에 그들은 노예, 농노 그리고 품팔이 군인인 용병이었다. 이런 최하위
층의 소외자들을 당시 근동지역에서는 하비르라고 칭하였다.

따라서 히브리 사람들은 하나의 혈통을 가진 민족이나 종족이 아닌
것이다. 하나의 언어를 가진 문화공동체도 아니고 하나의 역사를 이어
받은 역사공동체도 아닌 것이다. 이들은 사회학적인 개념에서 볼 때 일
정한 지배질서의 테두리 밖에 있는 떠돌이 천민, 즉 거지떼들인 것이

다. 이들은 어떤 때는 도둑이나 비적도 되었는데 그들은 자신이 처한 처지나 억울함을 호소할 데도 없는 사람들이었다. 이들은 한 민족은 아니었지만 이 지방 저 지방을 떠돌아다니다 어떤 계기에 이스라엘 공동체가 형성될 때 거기 결합된 것이다.

마치 사도행전의 오순절과 같다고 볼 수 있다. 예수님이 돌아가시고 부활하신 후 성령을 받는 그날 오순철의 교회가 출발하는 것과 같다. 각지에서 모여든, 각자 자기의 언어를 쓰는, 그렇게 국적과 언어가 모두 다른 사람들이 갈릴리 사람들이 하는 말을 다 이해한다. 성령을 받아 모두 모여 교회라는 새 공동체가 시작되는 것이다.

마찬가지로 이스라엘 사람들은 민족적인 기원이 없다. 13세기경 당시의 최강대국이던 남쪽 애굽 사회의 최하위계층에 있던 노예들이 반란을 일으켜 탈출하는 사건이 생겼다. 이들은 애굽에서 모든 천한 일을 도맡아 하였다. 노예로 토목공사를 담당하고, 농사를 짓고 그리고 모든 생산을 다 맡아 하지만 헐벗고 빼앗기며 짓밟힘만 당하였다. 여기에 한 가지 분명한 사실은 이들이 섬기던 신이 야웨였다는 것이다. 그이상은 역사적으로 모르지만 그들의 신, 즉 노예의 신이 야웨였다는 것은 분명하다. 야웨 하느님은 노예의 인권을 보호하는 노예의 신이었다. 야웨 하느님은 노예의 인권을 지켜주는 역할을 하며 참고 기다리면 해방된다고 하는 희망을 주었다. 밤에는 불기둥으로, 낮에는 구름기둥으로 노예의 해방을 인도하던 희망의 신이었다. 노예들의 억울한 일을 복수해주고 인권을 지켜주는 정의의 신이었다.

이렇게 야웨 하느님은 본래 사회에서 억압받고 천대받는 억울한 사람들의 인권을 보호하며 그들을 역사의 앞길로 인도하신 분이었다. 그런데 이러한 야웨 하느님은 후대의 다윗왕을 비롯한 여러 지배자들에 의해 그들의 이데올로기를 합리화시키는 보호 신으로 변질되어버렸다. 본래는 이 세상에서 인권을 빼앗기고 억울하게 당한 사람들의 인권을 찾아주던 사람들의 신이었는데, 후에 권세자가 나타나 통치하면서부터 그 통치자의 통치권을 정당화시켜주는 지배 신이 되어버렸다. 피지배자의 신이 지배자의 신으로 변질되어 버렸다. 그러나 출발, 즉 본래 의미의 야웨 하느님은 억울하게 짓밟힌 자들의 보호 신이었다. 이들은 학정에 견디다 못하여, 보다 자유스럽게 야웨를 의지하며 사람답게 살 수 있는 곳을 찾게 되었다. 그래서 모세의 영도 하에 탈출하는 것이었다. 그들이 처음 탈출할 때, 그들은 보다 자유로운 야웨께의 예배를 원하였다. 그들이 살던 곳의 사회구조와 법은 모두 지배자인 애굽 사람들 위주로 애굽 사람들의 생명과 재산을 보호하도록 되어 있었다. 노예나 히브리 사람들을 보호하는 것은 아무것도 없었다. 그래서 그들은 야웨를 자유롭게 섬기며 살 수 있는 곳을 찾아 떠났던 것이다.

이들은 광야에서 40년간을 헤매었다. 자유롭게 살 수 있는 곳을 찾아 40년간 방황하였다. 그러다가 요단 강 동쪽에서 서쪽을 바라보니 여리고성이 있었고, 이 성을 공략하여 살면서부터 가나안 정착이 시작되었다.

그런데 이제까지 우리는 여호수아에 기록된 대로 가나안 정복이 일시에 이루어졌다고 알아왔다. 그러나 놀랍게도 최근의 학문적 연구는 그렇지 않다고 하는 것을 우리에게 가르쳐준다. 가나안 정복은 일시적으로 모두를 죽이는, 그렇게 단시일에 이루어진 일이 아니라는 것이다. 물론 싸워서 점령한 곳도 있지만 같이 평화조약을 맺고 오래 같이 산 곳도 많다는 것이다. 그래서 일시적인 점령보다는 장구한 기간을 통한 이민(imigration)이라고 생각하는 편이 더 합리적이라는 것이다. 이는 매우 비판적인 연구결과이다.

그런데 최근에는 두 가지 모두를 종합하여 달리 생각해야겠다고 하는 연구보고가 있다. 즉 야웨를 믿는 히브리 사람들은 자기들이 살 땅을 찾아 진격하는데 야웨 법궤를 메고 나아갔다. 그들이 야웨 법궤를 메고 나아가자 가는 곳마다 승리를 거두었다. 이 같은 현상을 당시의 가나안에 살던 하비르들이 보고 안에서 호응을 하는 것이었다. 가령 여리고성을 칠 때도 밖에서 공격하는 히브리 사람들, 즉 노예집단과 안에서 호응하는 천민계급(예를 들면 기생 라합)이 서로 내통하였던 것이다. 그렇게 하여 하나의 도시국가인 여리고성의 지배질서인 정치·경제제도의 질서를 바꾸어놓는 것이다.

가나안에 살고 있던 하비르인들은 야웨의 법궤를 메고 가는 히브리 사람들을 보았다. 그리고 그들이 가는 곳마다 승리를 거두는 것도 보았다. 당시의 하비르들은 봉건제도의 군주에게 모든 것을 착취당하며 살고 있었다. 춘궁기가 되면 더욱 먹을 것이 없어 헐벗곤 하였다. 견디다 못해 반란이라도 일으키면 성공치 못하고 이런 어려움은 더해가곤 하였다. 그러던 차 야웨를 믿는 군대들, 자기네와 같은 신세의 군대들이 쳐들어왔다. 이들과 합세하면 살 수 있으리라는 기대가 생겼다. 그래서 내부에서 호응하였다. 안에 있던 하비르들, 즉 현대적 의미의 히브리인들이 밖에서 공격해 들어간 히브리인들과 한 묶음이 되어 가나안 지방의 지배질서 즉 사회체제가 바뀌었다. 게다가 애굽의 세력도 약해져 애굽의 제국주의 질서가 물러가 더욱 가나안 도시국가의 붕괴가 용이하였다. 이렇게 봉건체제가 무너지면서 새로운 사회질서가 성립되었다. 이와 같이 성립된 새로운 사회질서가 이른바 '12부족동맹'이다.

12부족동맹은 언어가 모두 같은 것이 아니었다. 혈연이 같은 것도 아니었다. 단지 같은 사정에 있던 사람들이 하나의 계약(covenant)에 의해 공동체를 형성하였던 것이다. 그리고 이 사사시대는 250년간 계속되었다. 250년 동안 왕제인 중앙집권제가 물러가고 전제군주가 없었다. 사사라고 하는 지도자가 있어 유사시, 즉 외군의 침입이나 형제·이웃 간의 분쟁이 있을 때에 이들이 재판하곤 하였다. 외군이 침입하면 농사짓던 농민이 의병이 되어 나가 싸웠다. 이런 것이 사사시대의 모습이었다. 그들은 계약에 의해 모든 토지를 평등하게 나누었다. 그러나 레위 사람들은 토지를 나누어 받지 못했다. 레위 사람들은 종교적으로 여러 기득권이 있기 때문에 토지까지 갖게 되면 다른 부족보다 힘이 강해지기 때문이었다. 그리고 힘이 크면 으레 위에 서서 다른 부족을 누르기 쉽기 때문이었다.

이들은 자신이 처했던 과거가 너무나 비참하고 고달팠기에 같은 전철을 밟지 않으려고 아주 평등한 공동체를 형성하였고 이를 열심히 유지시켜 갔다. 그래서 12세기에 맺은 그들의 계약관계, 즉 법률제도도 평등하였다. 이는 출애굽기 19장 끝부터 23장 끝까지에 나오고 있다. 여기에 보면 이자를 받지 말라고 한다. 이자란 돈 있는 사람이 없는 사람에게 꾸어줄 때 생기는 것이다. 돈을 꾸어 써야 될 사람은 가난하고 헐벗고 그리고 가족이 병들거나 하는 등의 어려움을 당하는 사람들이다. 안식일에도 일하는 사람들을 위해 하느님이 제정하신 것이다. 지금이나 그때나 토지 많은 부자는 일을 안 한다. 그리고 십일조도 평등을 위하여 만들어진 것이다. 처음 기원은 추수한 것의 십분의 일을 책임자에게 맡긴다. 그러면 책임자는 모여진 것들로 레위 사람들을 먹여 살리고 나머지는 과부나 고아 등 어려운 사람에게 나누어주었다. 7년마다 돌아오는 안식년도 마찬가지였다. 살다 보면 아프고, 아프면 농사도 못 짓고, 농사를 못 지으면 수확이 없어 빚을 지게 되고 그러다가도 안 되면 토지를 저당 잡혀야 했다. 이렇게 누적이 되면 안 되니 7년마다 모든 것을 환원하는 것이었다. 이렇게 사사시대의 법칙은 민주적이었다. 야웨 하느님은 약자들을 보호하셨다. 이렇게 형성된 씨족·부족동맹이 이스라엘이었다. 이렇게 전무후무한 사사시대는 250년 동안 유지되었다. 왕제도 아니고 중앙집권제도 아닌 이러한 이스라엘의 정치는 하느님에 의해 행사되는 정치였다. 기적인 것이었다. 이제까지 우리가 알아온 이스라엘은 유일신 신앙 즉 참 야웨 하느님을 믿는 신앙의 선민이었다. 그러나 이렇게 역사적으로 연구한 바에 의하면 이스라엘의 독특하고 놀라운 점은 주변의 이리 떼 같은 강대국과 봉건국가 등에서 평등하고 민주적인 새로운 사회를 만들었다는 것이다.

애굽이나 가나안의 봉건군주들이 득실거리는 그 속에서 정치·경제·사회의 제도를 변혁시켰다는 것이다. 이렇게 새로운 사회질서의 공동체, 이것이 눈에 보이는 실제 기적이며 계시인 것이다. 민주적인 사회 체제의 신이 그들이 믿는 야웨 신이었다. 가난한 사람의 인권을 보호하시는 신이었다. 그분을 믿으면 그분 안에서 평등한 인권을 얻어 누리는 사회체제가 성립되었다. 이것이 참 이스라엘이었다.

따라서 야웨 신앙에 맞는 인간관계와 정치형태가 있다. 또한 야웨 신앙에 맞지 않는, 야웨 신앙을 배반하는 정치형태가 있다. 야웨 신앙에 맞는 경치형태는 이스라엘의 씨·부족동맹 체제였다. 이스라엘은 구체적으로 야웨 신앙에 역사적 뿌리를 박고 있다. 그리고 야웨 신앙이 그 정치체제를 지속시키는 이데올로기이다. 실제의 사회구조와 종교의 신과는 이 같은 피드백(feedback) 관계가 있다.

이제까지 살펴본 구약의 핵심인 출애굽과 이스라엘 형성을 보면 부족연맹과 더불어 민주체제가 있고 그리고 약자를 보호하고 인권을 보호하는 계약법전이 있다. 이것이 하느님의 계시인 것이다. 이 같은 사실에 입각한 것이 민중신학이다. 하느님이 민중을 보호하심이 이 같이 구약에서 계시로 나타난 것이다.

그러면 이스라엘이란 무엇인가? 새 공동체의 명칭인 이스라엘이 갖는 의미는 무엇인가?

구약학의 권위자인 폰 라드(von Rad)에 의하면 이스라엘은 "하느님이여, 통치하소서"라고 한다. 지금까지 알아온 '하느님과의 씨름'은 "하느님이시여, 직접 통치하소서"라는 의미라고 한다. 신정정치를 의미하는 것이다. 사람이 세운 지배자가 아닌 하느님이 제발 직접 통치하시라는 절규이다. 따라서 모든 사람은 다 하느님 앞에 직결된다. 애굽의 독재와 가나안의 봉건체제에서 벗어나 새로운 지배질서와 사회질서를 수립한 후 그 공동체의 명칭을 "이스라엘—하느님이여 통치하소서"라고 칭하였다. 따라서 모든 사람이 다 하느님 앞에 직결되는 것이다. 어떤 중간 통치자가 없는 것이다.

오늘날 우리에게 이 같은 구체적 방법이 어떤 것인지 우리는 모른다. 그러나 이스라엘 하느님 통치는 현대 정치질서에 대한 비판의 척도는 될 수 있다. 어떻든 간에 우리는 이 같은 연구를 통하여 신앙의 출발이 무엇인지를 알았다.

3) 신약과 민중신학

우리는 이미 앞에서 신약의 출발은 예수님의 갈릴리 선교활동이라는 것을 살펴보았다.

신약성서의 구조는 크게 세 부류로 나눌 수 있다. 복음서의 큰 덩어리와 사도 바울의 신학 그리고 요한 문서들의 신학, 이렇게 셋인데, 이 중 2천 년 그리스도교 신학을 지배해온 것은 사도 바울의 신학이었다. 그러던 것이 최근 2백 년간의 분석적 연구의 결과, 그 핵심이 역사적인 예수에게로 옮겨졌다. 사도 바울에게서 예수에게로의 환원이 대략 1세기 동안 진행되어왔다.

이러한 환원운동에서 주장하는 예수님의 메시지의 중심 테마는 '하느님 나라'이다. 예수님의 선교활동의 주제는 하느님 나라가 가까이 왔다는 것을 선포하는 것이었다. 실제로 행하신 선교활동은 가난하고 눌리고 소외된 사람들과 함께 하시며 그들의 병을 고쳐주신 것이었다. 그리고 말씀으로 가르치신 선교활동은 하늘나라가 가까이 왔다는 것을 선포하는 것이었다. 한마디로 하느님 나라가 그 요점인 것이다. 사도 바울은 예수 그리스도를 믿고 회개하면 구원된다고 선포하였다. 이것이 그의 전체 요약인데, 이는 매우 신학적인 것이다. 이런 신학적 설교는 종교적인 내용이며 사람의 심령적 구원이며 내면에 관한 문제가 된다.

그러나 하느님 나라가 가까웠다는 것은 하느님의 통치 즉 지배를 의미하는 것이다. 그리고 하느님의 통치는 군대나 어떤 다른 형태의 외형적 지배형태가 아닌 직접 통치다. 직접 통치라는 말은 모든 사람이 즉 남자나 여자나, 가난하거나 부자거나 간에 누구나 다 하느님에게 직결된다는 의미가 된다. 여기서 하느님의 직접통치라고 풀이되는 하느님나라는 분명 정치적인 개념이다. 여기에서 말하는 정치적인 개념은 정권문제와는 다른 것이다. 정권의 차이보다 훨씬 높고 깊은 의미를 지닌 하느님 나라는 하느님의 직접 정치이다. 따라서 하느님의 나라는 정치적인 개념이다.

또 자세히 살펴보면 요한복음서는 예수님의 신학이고 공관복음은 예수님의 전기임이 분명하다. 공관복음 중에서도 마가가 마태와 누가복음서보다 먼저 쓰인 원본이라고 한다. 원본인 마가복음서의 특색은 첫째가 민중선교라는 것이다. 이미 앞에서 언급한 바와 같이 누가복음서 14장 15절 이하에 나오는 민중을 상대로 예수님은 선교활동을 하셨다. 그리고 둘째 특색은 선교활동 장소가 예루살렘이 아닌 갈릴리라는 것이다. 예루살렘은 서울이고 지배자들과 지주들이 살고 있었다.

그리고 갈릴리는 비옥한 땅이었지만 지주들이 아닌 농민과 어부들이 살고 있었다. 즉 갈릴리라고 하는 곳은 오늘의 이른바 민중의 고장이다. 바꿔 말하면 민중의 땅이었다. 이렇게 마가복음서는 갈릴리와 예루살렘을 대립시킨다.

우리가 대립이라고 할 경우 이는 지배자와 피지배자 그리고 빈자와 부자 같은 것으로 보기 쉽다. 그러나 그렇게 생각하면 그것은 계급투쟁이 되는 것이다. 자리만 바꾸는 것이 된다. 시달림 받던 사람이 세력을 얻어 지배자의 위치로 가 다시 또 다른 사람을 지배하고 누르는 것이 된다. 이는 악의 순환이며 민중신학이 지향하는 바가 아니다.

하여간 갈릴리와 예루살렘의 대결이라고 하는 것은 그런 대립관계가 아니다. 하나가 폭력이라면 다른 하나는 비폭력인 것이다. 하나가 욕심이라면 다른 하나는 봉사인 것이다. 하나가 중심이라면 다른 하나는 변두리다. 그러므로 폭력이 아닌 비폭력, 욕심이 아닌 봉사, 집중(centering)이 아닌 비집중화(decentering)이다.

예수님의 십자가도 다스리는 정치에 대한 봉사활동의 대립이었다. 이는 정권문제가 아닌 정치문제이다. 정치하는 방식의 문제이다. 다스리는 것인지 봉사하는 것인지, 욕심 부려 많이 갖는 것인지 다 비워버리는 것인지에 대한 대결이지 계급적인 대결이 결코 아니다.

로마 정부나 예루살렘 교권과의 민족적 및 계급적 대결은 제롯당의 자세였다. 제롯당의 대결은 정권대결이었다. 정권을 뒤엎고 독립해야겠다고 하는 민족·계급 대결이었다. 민중신학에서는 이를 말하지 않는다. 민중신학에서는 예수님의 십자가를 폭력에 대한 비폭력 그리고 지배에 대한 봉사의 대립을 말한다. 또 마가복음서의 셋째 특색은 하느님 나라의 선도이다. 하느님 나라, 그것은 역사적인 예수님의 본래 메시지를 담고 있다.

오늘날 우리 교회는 민중신학을 하면서 교회가 가야 할 방향을 찾을 수 있다. 신·구약의 핵심적인 사건과 사상을 살펴볼 때 이는 바로 민중신학의 근거가 되고 있는 것이다.

4. 맺음말: 한의 문제

우리는 이제까지 성서를 통한 믿음의 전통과 한국 역사의 전통이 구체적으로 합류되는 과정을 살펴보았다. 그리고 이것이 민중신학의 주제인 것이다. 사람을 밖에서 보면 육체이고 안에서 보면 혼이듯이, 민중도 밖에서 보면 민중이고 안에서 보면 그의 혼에 해당하는 한(恨)이다. 즉 민중의 문제는 한이다. 그리고 이러한 민중의 한은 시인 김지하에 의해 보다 깊이 있게 다루어졌다. 우리에게 있는 한은 의미 있는 것이다. 한은 모호하고 막연하고 깊어 설명하기는 곤란하다. 그러나 공통적으로 느낄 수 있는 것으로 한은 억울한 것이며 특히 당하고서도 말 못하는 어떤 것이다.

민중신학의 과제는 민중의 한을 풀자는 것이다.

어제까지 우리가 다룬 그리스도교 신학의 문제는 죄의 문제였다. 그러나 앞으로의 민중신학, 즉 한국에 전개되는 민중신학의 핵심 문제는 죄의 문제보다 한의 문제인 것이다. 교회의 역할은 어떻게 민중의 한을 푸는가이다. 이는 죄를 용서받는 것 이상의 의미를 지닌다. 역사적으로 그리고 대체적인 우리의 경험으로 볼 때 죄 즉 범죄라고 하는 것은 힘 있는 자가 약하고 없는 자에게 둘러씌우는 누명이나 딱지인 수가 많다. 예수님이 죽음을 당하시던 시대도 그러했다. 그 시대의 종교적 지배집단이 천민에게 붙인 딱지가 죄였다. 직업이 비천하다든지 무식하다든지 그리고 가난하다든지에 대한 사회적 편견을 바탕으로 지배자가 자기의 지배권을 정당화시키고 누리기 위해 피지배자에 대해 붙인 딱지였다.

물론 여기서 죄라고 하는 것은 인간이 하느님 앞에 지은 죄가 없다든가 하는 이야기는 아니다. 우리 역사에서 보아도 너무도 많은 경우 죄라고 하는 것은 개개인인 지배자 편에서 약한 피지배자에 붙인 딱지였었다. 권세 있고 유식한 사람의 사기행각이 그렇게 오랫동안 감옥에 갇혀 있는 예는 드물다. 대개의 경우 가난하고 헐벗은 자들 그리고 배우지 못한 자들의 처절한 생활고에 의한 범죄는 오랜 형량을 받거나 재범, 삼범 등 누범의 상황으로 이끌리게 된다.

죄라고 하는 것은 무엇인가? 힘 있는 자들이 힘 없는 자들에게 붙이는 딱지인 경우가 많지 않은가? 이 같은 사회학적 분석 없이 종교적으로 죄를 말하는 것은 위험하다. 실제 우리가 당면한 문제는 한의 문제인 것이다. 죄의 문제가 아니라 죄를 범하게 되는 여러 가지 사회 조건이 문제가 되는 것이다. 죄의 문제가 아니라, 횡포의 문제다. 이러한 한의 문제는 실질적이며 긴박한 문제다.

따라서 민중신학의 입장에서 보면 위에 언급한 '죄론'의 예에서 보이듯이 여러 가지 교리의 기본문제에 대한 재검토가 요구된다. 교리의 중요한 항목인 죄 이외의 부분에서도 새로운 해석과 새로운 관점이 나오기를 요구하는 것이다.

고난 받는 자의 승리*

　　오늘은 예수님의 부활에 관해 제가 평소부터 생각해왔고 주장하고 싶었던 것들을 이야기해보려고 합니다. 제가 그래도 명색이 신학자인 만큼 부활에 관한 신학적인 해석이 될 텐데 내용이 좀 어려워질지도 모르겠습니다.

　　구약성서 시대와 신약성서 시대 중간의 4, 5백 년 동안에 히브라 사람들은 '묵시문학'이라고 하는 특별한 형태의 문학을 발전시켰습니다. 신약의 끝에 묵시록이 있고 구약에는 다니엘서가 있는데 그런 것들도 대표적인 묵시문학의 하나라고 할 수 있을 것입니다.

　　묵시문학의 사상 중에 특히 '부활한다'고 하는 신앙이 발전되어 널리 퍼졌고 그 이전의 시대에는 부활신앙이라고 부를 수 있을 만큼 중요한 것들은 없었습니다. 그 부활신앙에 의하면 세상 끝날에 메시아가 다시 오면 죽은 사람들은 다시 살아나고 살아 있는 사람들도 새로운 삶을 시작하게 된다고 되어 있습니다. 그러한 신앙의 배경에서 나사렛 예수가 33년간의 지상의 생애를 마치고 십자가에 못 박혀 돌아가신 지 사흘만에 다시 부활하셨다고 우리가 이야기하고 있고, 또 믿고 있는 것입

** 「일꾼의 성서」 1982년 4월호에 수록.*

니다. 그 배경의 스케줄에 따른다면 인간 역사의 마지막에 일어날 부활이 예수님에게 먼저 일어난 것이 되고, 그렇기 때문에 예수님의 부활은 미래에 일어날 모든 인간의 부활에 대한 첫 열매라고 이야기할 수 있는 것입니다. 예수님이 부활의 첫 케이스라는 말이지요. 그것이 묵시문학의 부활 개념이고, 신약성서에도 그렇게 증거되고 있습니다.

그리고 또 중요한 것 중의 하나는 부활의 약속은 죽임을 당한 사람들에 대한 약속이라는 말입니다. 거꾸로 질문을 한다면 "그러면 70, 80살까지 살다가 늙어서 자연사한다든지 술이나 처먹고 개판을 치다가 죽은 사람은 부활하지 않는다는 이야기냐"라고 물어올 수도 있겠는데 솔직히 거기까지는 나도 잘 모르겠어요. 그렇지만 부활신앙이라는 것이 역사적으로 어떻게 발생하게 되었느냐고 묻는다면 "죽임을 당한 사람들에 대한 하느님의 약속으로 발생되었다"라고 이야기할 수 있다는 것이지요.

이스라엘이라는 나라도 우리나라처럼 항상 이웃의 큰 나라들에게 침략을 당하며 살았습니다. 그래서 우리나라로 말하면 의병이라고 부를 수 있는 사람들이 많이 있습니다. 정부의 군대, 즉 관군 말고 농사짓다가 오랑캐나 왜적이 쳐들어온다고 하면 곡괭이 들고, 죽창 들고, 쇠스랑 들고, 누가 나가라고 해서도 아닌데 싸움터에 나서는 이런 의병들이 번번이 있지 않았습니까? 이스라엘에도 이런 의병들이 늘 있었습니다. 왕정이 시작되기 전의 사사시대는 특별히 모두가 의병이었습니다. 대개의 경우 적군은 정규군이었을 것입니다. 요즈음 식으로 말하면 상대는 전차, 대포, 미사일 등을 갖춘 상비군이고, 이쪽은 기껏해야 쇠스랑, 죽창 밖에 없는 오합지졸이었을 테니 대개는 패배했을 것입니다. 그들은 이것을 '거룩한 전쟁', '하느님의 전쟁'이라고 불렀고, 따라서 반드시 이긴다는 신앙을 가지고 전쟁에 임하는데 사실 그대로 되겠어요?

번번이 지지요. 바로 그러한 때에 부활의 신앙이 발생한 것입니다. 하느님의 군사로 의로운 전쟁에 나갔는데 전우가 옆에서 쓰러져 죽어갑니다. 성공하기도 전에 죽어버려요. 그때에 옆에 있던 전우들이 "우리는 언젠가는 반드시 이긴다. 그 최후의 승리를 얻는 날이 오면 먼저 죽은 전우들도 다시 살아나 다같이 기쁨을 누릴 것이다"라는 신앙을 가지게 된 것입니다. 사람은 죽어도 다시 살아난다는 신앙을 가질 수밖에 없는 형편이었다는 말입니다. 역사적으로 연구해 봐도 그렇고, 묵시록의 증거도 그렇고, 부활이란 의의 전쟁을 하다가 죽임을 당한 사람들에 대한 약속이라는 것입니다. 더럽게 살다가 죽은 사람들에 대한 약속은 분명히 아니었습니다. 그 다음의 이야기까지 더하면 저는 더 이상 교회 밥 못 먹고 이단이라고 쫓겨날 것 같으니 그만하겠습니다.

일전에 '죽음'의 신학적 해명에 대해 강의하려고 준비하다가 새롭게 느낀 것이 있는데 우리의 문제가 사실은 '죽음'의 문제가 아니라 '죽임'의 문제라는 것입니다. 사(死)의 문제가 아니라 살(殺)의 문제라는 것이지요. 죽음의 문제를 해결한 사람은 아직까지 하나도 없습니다. 그러나 형제가 형제를, 이웃이 이웃을, 동포가 동포를 죽이는 '살'의 문제는 우리가 마음 고쳐먹고 회개하고 제도를 달리하면 어느 정도 해결의 가능성이 있는 문제입니다. 죽음의 문제란 솔직하게 이야기해서 도통해봐도 영원히 해결이 안 됩니다. 성서에 보면 죽지 않고 승천했다고 하는 사람이 두 사람 정도 있다고 전설처럼 기록되어 있기는 하지만 죽음의 문제는 영원히 인간의 노력으로는 해결이 안 되는 것입니다. 우리를 괴롭히고 있는 정작 어려운 문제는 '죽임'의 문제입니다. 이 문제는 우리가 정치적으로 도덕적으로 종교적으로 달라붙어서 해결하려고 노력하면 어느 정도까지는 분명히 해결됩니다.

사람이 살다가 죽는다는 것은 생물학적인 규정입니다. 사람은 죽어야 해요. 안 죽고 70, 80까지만 살아도 자손들에게 짐이 되는데, 100살 정도된 노인만 지구에 약 반이나 된다고 해보세요. 어떻게 발전이 있을 수 있겠어요? 사람은 죽을 때가 되면 죽어야 합니다. 죽음이란 건 전진과 새로움을 위한 하느님의 축복일 수도 있는 것입니다. 그런데도 마치 이 죽음의 문제를 해결할 수 있는 것처럼 속임수를 쓰는 사람들이 있고 지배자의 논리가 또 그것을 자꾸 부채질하고 조장하기도 합니다. 해결이 가능한 '죽임'의 문제에는 눈을 딱 감고 '죽음'의 문제만 가지고 그거 해결하자고 머리 싸매고 철학적으로 신학적으로 종교적으로 허송세월 하고 있는 것이 인간들의 형편입니다.

오늘의 주제와 관계없는 이야기인 것 같은데 너무 길게 했습니다. 요컨대 부활이라고 하는 것이 왜 처음에 유대 사람들에게 발생했느냐? 물론 다른 문화권의 종교에 전혀 없는 사상은 아닙니다만 유대 종교에 있어서 부활의 사상이 어째서 가장 핵심적인 사상의 하나로 발전했느냐? 정의의 싸움, 야웨의 싸움에 나가 승리 전에 쓰러져 죽는 전우를 보고 승리하는 날이 오면 새로운 질서 속에 다시 살아난다고 하는 신앙에서 비롯되었다는 것입니다. '부활'은 그러한 역사적 필요성에서 생긴 신앙인데 그러한 신앙을 다 망각해버리고 그저 '부활'이라 하면 막연히 종교적인 축복이요, 진리라고 강조하는 것은 너무 싱겁습니다.

다시 정리하면, 부활이란 첫째, 그 시대의 묵시문학 사상의 역사적인 스케줄을 배경으로 하는 것이고, 둘째, 의의 전쟁을 하다가 죽임을 당한 사람들에 대한 약속입니다. 괜히 교회에만 들락날락하면 부활한다는 것은 원래부터 아니었습니다.

이제 오늘의 본문 말씀을 봅시다. 고린도전서 15장 전체가 사도 바울의 부활에 관한 자세한 논술이라고 할 수 있습니다. 그중에서도 오늘의 본문은 사도 바울이 정확히 묻고 애써 신학적으로 대답하려고 하는

장면입니다. 거기에 대해 사도 바울이 변증을 하는데 대강 다음과 같은
내용입니다.

그것은 그렇지 않다. 비유를 하자면 마치 이런 것이다. 콩을 심으면
콩이 땅 속에서 썩는다. 그러나 거기에는 새싹이 새로운 형태로 돋아
나고 다시 콩이 열린다. 콩 심는다고 이 사람아, 어디 콩이 그냥 튀어
나오는가? 새싹이 나오지. 호박 심는다고 호박이 그냥 튀어나오는
가? 새싹이 나오지. 조금 크면 호박 심은 데는 호박넝쿨이 자라고 밤
을 심은 데는 밤나무가 나온다. 그 씨들은 모두 생긴 모양이 다르다.
그것이 바로 부활의 형태 혹은 형체인데 다 생김새가 달라. 그렇듯이
인간의 차원은 식물의 차원과 다르다니까 부활의 형체가 또 달라. 별
들의 영광과 해의 영광이 다르듯이 부활의 형태도 급수에 따라 달라.
자네가 부활을 부정하는 것은 깨 심은 데서 깨가 불쑥 나오기를 바라
고 콩 심은 데서 콩이 불쑥 나오기를 기대하니까 그렇지. 인간에게는
눈이 둘이고 코는 하나고 입도 하나인데 부활의 몸도 꼭 눈은 둘이고
코는 하나고 입은 하나이리라고 기대하니까 실망하지 않느냐?

바로 그런 이론입니다. 부활한다고 하는 것은 우리가 이렇게 살다
가 죽고 새 시대에 새로운 삶으로 태어난 새로운 형태를 말하는 것입니
다. 좀 어려운가요? 떼이아르 드 샤르댕이라는 신부는 죽음에 대해 이
렇게 말했습니다. "죽음이란 이렇게 살다가 다시 저렇게 사는 곳으로
넘어가는 것이다." 김활란 박사는 유언에 "나의 죽음을 슬퍼하는 것은
어리석은 것이다. 새 세계로의 승리와 영광의 장식으로 나의 장례식을
치러다오"라고 말했다고 합니다. 죽음이란 이렇듯이 더 높은 다른 삶
으로 넘어가는 관문입니다. 부활도 역시 새로운 삶을 새롭게 다시 시작

하는 형태인 것입니다.

성서에 보면 부활에 관해서 예수님과 사두개교인이 문답을 하는 것이 나옵니다. 사두개인들은 부활을 믿지 않았습니다. 사두개교인들은 유대 사회의 귀족계급이요 대지주요 상류층이었습니다. 바리새파란 것은 단순히 수가 굉장히 많고 관리도 조금 있고 마치 조선시대의 양반처럼 가난한 사람들도 있는 계층이었는데 반해 사두개인들은 알짜 귀족 부자들이었습니다. 현세의 부자들은 미래에 대한 희망이 절실하지 않습니다. 있으면 오히려 혼란합니다. 지금 자가용이 다섯 대씩 있고 고대광실 같은 집이 있는데 새 세상이 필요하겠어요? 세상이 바뀌면 오히려 손해이지요. 우리 믿음의 내용과 사회적인 소속이 그렇게 관계가 깊습니다.

그래서 사두개교인들이 예수님에게 이론적으로 도전을 합니다. "유대 율법에 의하면 한 집의 큰아들이 결혼했다가 아들도 못 낳고 죽으면 둘째 아들이 형수를 데리고 살도록 되어 있다. 그런데 불행하게도 둘째 아들도 아들을 얻지 못하고 죽어서 셋째 아들이 그 형수를 데리고 살았다. 그렇게 일곱 아들인가가 한 여자를 데리고 살았다고 하자. 그런데 부활을 하게 되면 그 여자가 누구의 부인이 되는가?" 그렇게 질문을 해서 예수님을 곤경에 빠뜨리려고 하자 예수님은 "부활할 때에는 장가가고 시집가고 그런 장난은 없다"고 잘라서 대답하십니다. 이 세상의 살림하고 저 세상의 살림하고 다르다는 것입니다. 그렇기 때문에 부활했다고 해서 우리가 사는 이 세상으로 되돌아오는 것이 아닙니다. 우리가 아직 못 가본 곳으로 나아가는 것입니다. 이 세상으로 돌아와 가지고 또다시 굶주리고 배 곯다가 남의 것 훔쳐야 하는 이러한 죄악의 세상으로 다시 돌아오는 것이 아닙니다. 부활해가지고 이 더러운 세상으로 다시 돌아와야 한다면 부활해 뭐합니까? 우리가 '부활한다'는 것을 못 믿는 것은 '되돌아온다'고 생각하기 때문입니다. 그렇게 될 수도 없고 그런 예도 없었습니다. 그렇기 때문에 성경에도 "새 아침에 깨어난 것 같다"든지 "거기에는 기쁨과 환희가 있다"라고만 묘사되어져 있을 것입니다. 그 이상은 안 가보았으니 모를 수밖에 없고 가보았다거나 안다고 할 때에는 속임수이거나 사기일 가능성이 많은 것입니다. 다시 강조하자면 부활이란 이 세계를 탈피해서 우리가 가보지 못한 새 세계로 나아가는 것입니다.

우리가 기독교 신앙을 가지고 살아갈 때에 죽지 않고 영원히 산다는 것과 죽었다가 다시 살아난다는 것, 즉 '영생'과 '부활'의 문제가 종종 동시에 제기되곤 합니다. 사색이란 너무 깊게 하면 공염불이 되긴 합니다만 지나치게 사변적일지도 모른다는 불편을 느끼면서도 이야기하자면 죽은 사람에겐 시간의 흐름이라는 것이 없습니다. 우리가 반죽음이라고 이야기하는 잠을 잘 때에 꿈을 꾸는데, 그때에 보면 아침에 일어나 연장을 챙겨서 어디로 고기를 잡으러 가고, 고기를 잡아서 요리를 맛있게 해먹고, 술도 한 잔 마신 후에 재미있게 놀다가 자동차를 타고 집에 오는데 자동차 타이어가 꽝 하고 터져서 깜짝 놀라 깨어보니 꿈이더라, 뭐 이런 식입니다.

그런데 학자들의 연구에 의하면 인간이 자신이 꾼 꿈을 기억하는 것은 깨어나기 직전의 영점 몇 초 동안의 꿈뿐이라는 것입니다. 반죽음만 해도 이같이 우리가 시간 관념에서 해방되는데 죽은 사람에게 있어 시간이라는 개념이 없다면 당연한 거지요. 그러니까 사랑하는 어머니가 돌아가셨는데 추운 겨울에 꽁꽁 언 땅을 파고 거기에 사랑했던 어머님을 묻고 집에 돌아와서 "아이고, 우리 어머니가 그 속에서 예수님이 다시 오실 때까지 기다리시려면 얼마나 춥고 답답하실까? 죽음과 동시에 하느님의 품으로 간다고 하기도 하는데 도대체 어떻게 되는 것일까?” 해봐야 부질없는 우리의 걱정일 뿐입니다. 죽은 사람에겐 천 년이 하루 같고 하루가 천년 같은 것입니다. 죽었을 때가 바로 다시 태어날 때일 수도 있는 것입니다. 제가 굳이 이 말을 길게 하는 것은 ‘영생’한다는 것과 부활한다는 것이 우리의 계산으로는 모순된 것 같지만 사실은 그렇지 않다는 것을 설명하고 싶어서입니다.

모든 인간은 다 죽습니다. 어떤 사람은 일찍 죽고 어떤 사람은 늦게 죽기도 하지만 다 죽기는 마찬가지입니다. 우리의 기독교 신앙에는 죽으면 영원한 하느님 나라의 품으로 간다는 믿음이 있습니다. 그런데 죽음은 모두 단독적인 것입니다. 청춘남녀가 부모님들이 자기들의 사랑을 이해하지 못한다고 같이 극약을 먹고 꼭 껴안고 죽는다고 천국에도 같이 가는 것이라고 보장할 수는 없습니다. 죽는 순간의 시간 차이가 몇 백분의 일이라고 해도 그 사이에 어느 누구의 죽음이 끼어들지도 모르는 일입니다. 결국은 다 따로따로 죽는 것입니다. 그러니까 철학적으로 죽음은 단독적인 것이라고 합니다.

그런데 우리의 믿음은 과학의 말이 아닙니다. 내가 시인이라면 시로써 말을 하고 음악가라면 음악을 가지고 말을 할 텐데 나는 신학자이니까 신학의 언어를 가지고 말을 합니다.

주님이 오시면 나팔소리가 울려 퍼지고 죽었던 사람들이 다 깨어나고 살아있는 사람들도 구름타고 하늘에 새롭게 들려 올라가는 것이 부활할 때의 광경이라고 합니다. 부활은 혼자 하는 것이 아닙니다. 부활은 단체적인 것입니다. 죽을 땐 다 혼자 죽지만 부활은 다 같이 하는 것입니다. 어떤 새로운 세상에 다 같이 태어나는 것입니다. 다른 말로 표현한다면 사회적이고 단체적이고 집단적인 것입니다. 그런데 이것을 지금까지의 교회가 다 망각하고 하나도 안 가르쳤습니다. 사회적이고 단체적인 것을 부르조아의 도덕에서는 싫어합니다. 개인만 강조하고 인간의 단체성을 망각하게 합니다.

우리는 지금까지 속아온 것입니다. 우리는 모두 오늘 죽은 신자, 내일 죽는 크리스천, 모레 죽는 기독교인들이 다 따로따로 하늘나라에 간다고 믿고 있습니다. 잘못된 거지요.

메시아가 다시 이 땅에 온다, 새 나라가 온다는 것은 우리들의 이상이요 역사적인 희망입니다. 죽어서 가는 천당도 있지만 그것은 시간을 초월하는 미지의 세계입니다. 그러나 메시아는 어느 땐가 이 불의의 세상에 다시 오셔서 세상을 새롭게 하실 것인데 그곳은 해가 뜨고 지는 현상이 있는 바로 이곳인 것입니다. 해 뜨고 지는 것이 없는 영원한 천당이 아니라 바로 이곳에 메시아가 오고 주님의 나라가 임할 것이라고 모두들 믿고 있지 않습니까? 또 그때에 우리가 모두 부활한다는 것도 믿고 있습니다. 메시아가 오실 때 새로운 질서가 확립이 되고 우리가 모두 일어나서 그 나라의 시민으로 참여한다는 그런 신앙이 바로 부활 아닙니까? 결국 부활이란 것은 사회적이고 단체적이고 집단적인 신앙이고 새 사회 새 질서로 들어가는 관문인 것입니다. 부활해가지고 정의와 평등과 평화와 사랑과 기쁨과 밝음이 지배하는 새로운 세계에 함께 참여한다는 것은 누구나 인정하고 있는 우리 신앙의 내용입니다. 좀 엄청나게 표현한다면 부활은 사회적인 개념이요, 정치적인 문제인 것입니다. 여러분들은 부활하면 천당에 가서 살게 된다고 믿고 있지요? 잘못된 겁니다. 지금까지 잘못 가르쳐온 거예요. 부활하면 천당 간다는 것은 부르조아적인 나태한 신앙입니다. 부활의 신앙이라는 것은 정의, 평화, 새 사회, 새 질서에 대한 신앙인 것입니다. 여러분이 지금까지 다닌 교회에서 부활은 이렇게 정치적인 내용이 있는 것이라고 설교하거나 가르치는 사람 보았어요? 성경의 교훈이 엄청나게 왜곡되어버린 것입니다.

　물론, 이 세상이 전부이고 그것뿐이라고 이야기하는 것이 아닙니다. 이 세상 아닌 우리가 짐작 못하는 다른 세상도 있다는 것을 부정하는 것이 아니에요. 이 세상의 모든 종교가 가지는 커다란 공통점이 바로 그건데 그것을 왜 부정하겠어요? 그러나 그것만은 아니라는 것, 우리의 사회적이고 단체적이고 역사적인 삶에 있어서 주의 오심이 있고 새 질서가 밝아오는 부활의 세계가 있다는 것이지요. 부활의 세계라는 것은 새 질서 새 정치에 대한 신앙이라는 것입니다.

　부활에 대한 다른 이야기를 한 가지 더 하겠습니다. 주님이 돌아가시고 사흘 만에 다시 살아나셨는데 그 부활하신 주님의 몸이 어떤 것이냐? 2천년 동안 기독교를 이끌어온 가톨릭에서는 "돌아가신 주님의 부활의 몸은 교회이다"라고 했습니다. 우리가 그리스도 안에서 한 몸으로 연결된다는 새로운 공동체, 이것이 부활하신 주님의 몸이라고 모두들 귀가 닳도록 배웠을 것입니다. 그것이 가톨릭 교리에서 제일 중요하게 강조하는 것이고 사도 바울의 에베소인들에게 보낸 편지, 골로새인들에게 보낸 편지, 고린도인들에게 보낸 편지, 로마인들에게 보낸 편지에 설득력 있게 강조된 것들입니다. 일리가 있을 뿐만 아니라 진리입니다.

　지금부터 500년쯤 전에 가톨릭에서 한 분파가 생겨났는데 그것이 바로 개신교입니다. 이쪽에서는 그것을 부정하는 것은 아닙니다만 거기에 강조점 두지는 않고 돌아가신 주님의 새로운 형태가 성서라는 것을 강조했습니다. 즉 성서는 예수의 부활의 몸입니다. 예수님이 돌아가신 후에 성서가 나타났습니다. 특히 성서를 토대로 하는 교회의 설교는 예수님의 부활하신 형체인 것입니다. 요한복음서 5:25를 보면 "말씀을 들을 때 그때가 곧 부활이다"라고 나와 있습니다. 우선 일차적으로 옳게 예수님을 만나는 길은 성서를 파고드는 길밖에 없습니다. 역사학적으로도 예수님을 연구하기 위한 길이 성서 외에는 없는 것이 현실입니다. 천주교의 입장을 '교회주의'라고 하고 개신교의 입장을 '성서주의'라고도 합니다.

셋째, 새롭게 등장하는 예수님의 부활의 형체에 대해 알아보겠습니다. 신약성서 중에서도 마태, 마가, 누가, 요한의 4복음서가 예수님의 전기이고, 그 다음의 것들은 사도들을 중심으로 하는 교회의 활동에 관한 내용들입니다. 4복음서 가운데서도 마가의 복음서가 가장 먼저 쓰였고 원본입니다. 다른 복음서들은 마가의 복음서를 참고로 해서 쓰인 것들입니다. 그 마가의 복음서의 증거에 의하면 14장에 예수님이 살아계실 때에 "내가 이제 잡혀서 죽을 텐데 죽은 다음에 너희들보다 먼저 갈릴리에 가 있을 테니 너희들이 나 죽은 다음에 날 만나고 싶거든 갈릴리로 오라"라고 유언 비슷하게 말씀하시는 장면이 나옵니다. 그런데 과연 예수님이 부활하시고 난 후에 여인들이 그 무덤에 찾아가 보니까 천사가 있는데 하는 말이 "왜 여기로 왔느냐? 살아계셨을 때에 유언한 것이 있는데 그새 잊어버렸단 말이냐? 갈릴리로 갈 것이지 이 빈 무덤에는 무엇하러 왔느냐?"라고 합니다. 이것이 마가의 복음서의 마지막 이야기인 16장 8절입니다. 9-16절은 후대에 추가한 것입니다. 추가한 것이니까 신용이 없다는 것은 아니고 원래 주님의 부활에 대한 처음의 증거는 그랬었다는 이야기이지요. "부활의 예수님을 갈릴리로 가서 만나자." 거기에서 끝나 있습니다. 그걸로 끝입니다.

갈릴리로 가서 만나자는 것이 무슨 의미인지 아십니까? 조금 신학적 훈련이나 안목을 가지고 보면 쉽게 알 수 있는 일입니다. 갈릴리는 예루살렘과는 다릅니다. 예루살렘은 권력자들과 집권자들과 지주들이 살고 있는 곳이고 갈릴리는 농토는 비옥하지만 어부들, 소작농민 등 가난한 사람들만 사는 곳이었습니다. 지주들은 모두 예루살렘에 살고 있었습니다. 예나 지금이나 농사짓는 사람들은 가난한 사람들 아닙니까? 20세기의 마지막인 지금도 농민의 형편이 이 모양인데 말입니다. 갈릴리로 가서 만나자는 약속으로 예수님의 생애가 끝났다는 것은 짓밟히고 빼앗기고 눌리어 있는 사람들이 자신의 인권과 자신의 정당한 몫을 찾겠다고 각성하여 일어나는 그것이 부활하신 주님의 형체라는 뜻인 것입니다. 이것은 나 같은 이단적인 색채가 있다고 남들이 말하는 현대의 신학자가 발명해낸 이야기가 아니에요. 우리 주님에 대해 증거한 처음 증인이 분명히 그렇게 쓴 것입니다. 신학자의 새로운 학설이 아닙니다. 마가의 복음서의 구조가 그렇게 되어 있는 것입니다. 돌아가신 주님의 부활은 민중으로서의 부활인 것입니다.

다시 한 번 정리하자면, 돌아가신 주님의 부활의 첫째 형태는 교회입니다. 이것은 전통적인 교리입니다. 가톨릭이나 개신교나 교회라는 공동체는 다소의 미흡한 면이 있다고 할지라도 주님의 사랑 안에서 한 형제자매가 되어 있는 새로운 공동체, 즉 주님의 부활하신 형체인 것입니다. 둘째 형태는 성서입니다. 성서를 풀이하는 설교에서 우리는 예수님을 만날 수 있고 계속 새로운 결단을 할 수 있어야 하는 것입니다. 마지막으로 돌아가신 주님의 부활의 셋째 형태는 눌리어 있는 민중이 각성하여 일어나는 모습인 것입니다. 우리의 힘으로 우리의 삶을 해결하고 꾸려나가야겠다고 지금까지 눌리어 있고 짓밟혀 있던 민중이 꿋꿋이 일어서는 것이 부활하신 주님의 새로운 모습인 것입니다. 이러한 신앙이 지금 조용한 가운데서도 요원의 불길처럼 성장하고 있습니다. 그렇다고 해서 물론 그전 교회는 모두 소용이 없다는 말은 아닙니다. 우리의 역사적인 경험으로 보더라도 개신교가 500년 전에 새로 생겨날 때에는 가톨릭교회와 서로 상대방이 마귀이고 사탄이라고 공격하면서 시작이 됐었습니다. 그러나 오랜 세월을 지내보니까 그렇지가 않아요. 그래서 지금은 가톨릭과 개신교가 서로 협력하고 있지 않습니까?

지금도 새로운 교회가 일어나고 있는데 그것이 바로 민중의 교회인 것입니다. 다시 한번 강조하자면 기성 교회는 모두 무시하자는 것이 아니에요. 이것이 일어나야 다른 교회들도 새로워지고 새 활력을 얻게 되는 것입니다.

민중의 각성, 그것이 부활의 새로운 모습인 것입니다. 특별히 주 안에서 새로운 교회 형태로 일어나는 민중의 각성, 이것이 예수님의 부활에 관해서 성서에 제일 먼저 기록한 처음 증인인 마가의 신학인 것입니다. 나 혼자만의, 우리들만의 신학이 아닙니다.

질의와 응답

□ 부활은 가보지 못한 새 세계로 나가는 것이라고 하셨는데, 그러면 부활 이후의 세계에 대해서는 알 수 없다는 것 아닙니까? 무엇인지는 몰라도 좌우간 좋은 것이니까 믿어라 식이라면 좀 곤란하잖아요?
―적극적으로는 몰라도 소극적으로는 모두 알고 있지요. 무슨 말인고 하면 지금처럼 불의와 속임수가 득세하는 세상은 아니라는 것은 확실히 알고 있지만 적극적으로 그것이 뭐냐고 물으면 모른다고밖에 할 수 없는 것인데, "전혀 모른다"라는 말로 일관할 수는 없지요. 그런 것까지 모른다면 그것은 허구지요.

□ 교회에 다니는 사람과 이야기할 때 그쪽에서 '성령'을 들고 나오면 할 말이 없습니다. "신앙이란 것은 하느님과 나만의 관계이다" 이렇게 이야기합니다. 부활과 성령과의 관계와 교회에서 부흥회 때 많이 이야기하는 성령을 우리가 어떻게 이해해야 되는지 알고 싶습니다.

— 여러 신학자들이 '부활'에 관해 이야기하는 것을 들어보면 조금씩은 달라도 중요한 것은 거의 같습니다. 그러나 '성령'에 관해 이야기할 때는 차이가 아주 많습니다. 열 사람의 신학자가 각각 다르게 이야기할 수도 있는 것이 성령입니다. 저도 성령의 어느 일면만 이야기할 수밖에 없는데 또한 그 일면을 여러 가지 관점에서 이야기할 수 있습니다.

종교적인 진리라고 하는 것은 인간의 이성이나 지력이나 어떤 지적활동에다가만 호소한다 해서 설득이 되지 않고 또 그렇게 할 수 있는 종류의 것도 아닙니다. 그런 것들을 넘어서 다른 통로로 주고받는 것이 있는데 그것이 성령의 역사입니다. 그리고 또 하나는, 하늘에 계신 하느님과 2천 년 전에 오셨던 예수 이렇게 두 가지로 표현되는 어떤 것이 지금 우리의 마음속에 존재하는 것을 성령이라고 할 수도 있습니다. 2천 년 전에 돌아가신 예수님이 지금도 살아서 우리를 위로하고 인도하시고 힘주시고 하는 활동양상을 성령의 역사라고 할 수 있다는 거지요. 즉, 하느님과 예수 그리스도의 내재적인 존재를 말합니다.

대개 신비적인 체험이라든가 약을 먹지 않고도 병이 낫는 힘과 같은 형태로 나타나는 수가 있는데, 사실 그것이 대단한 것도 아니고 그것 가지고 역사가 새로워지는 것도 아닌데 그것을 체험한 사람은 그것이 전부인 줄 알고 있습니다. 거기서 오는 병폐가 더 많지요.

□ 전태일이라는 노동자가 죽음으로써 그 당시의 많은 지식인이나 노동자들이 충격을 받고 자신들의 위치를 깨닫게 되었는데 그것은 지금도 마찬가지입니다. 현장에 있는 동료나 지금 여기 계신 분들도 10여 년 전에 돌아가신 전태일 동지의 이야기를 듣고 무엇인가를 깨닫고 의식화하는 수가 많이 있는데, 그것이 바로 10여 년 전에 죽은 전태일 동지가 현대에 되살아나는 '부활'이 아닙니까?

— 결국 제가 한 이야기와 같은 이야기입니다. 아까 말한 부활의 제3형태의 중심이 바로 그것입니다. 그러나 신학자로서 내가 그렇게 이야기하면 많은 다른 신학자나 목사님들이 "민중을 좋아하는 민중적 입장에서는 그렇게 생각할 수도 있겠지, 그러나 부활의 참뜻은 그런 것이 아니야." 욕하지 않으면 그 정도로 받아들입니다. 나는 지금 이야기하면서 지금까지의 역사적이고 전통적인 교리들도 다 인정하였습니다. 즉, 중세 2천 년의 역사를 지배한 가톨릭에서는 "교회가 부활이다", 근대 자본주의를 바탕으로 하는 개신교에서는 "말씀이 부활이다", 거기에 이은 새 사회, 새 시대에는 "민중의 각성이 예수님의 부활이다", 이렇게 강조한 것입니다. 그리고 이것을 정규적인 신학체계에 당당히 집어넣을 수 있어야 하는 것입니다. 왜냐하면 이것은 나 혼자만의 생각이 아니고 부활에 관한 처음 증거인 마가의 복음서가 바로 그렇게 말하고 있기 때문입니다. "전태일의 죽음에 감동한 어느 청년의 고백이 그 정도이더라"가 되어서는 안 됩니다. "성서의 핵심이 바로 그것이다"라고 주장하는 것이 바로 저의 작업입니다.

□ 죽었다가 새로운 세계에 다시 살아나는 '부활'이 죽음 이후에 하느님의 품 안에서 가지게 되는 '영생'이나 결국은 같은 소리 아닙니까? 전태일의 경우에도 한 사람의 정신이 현대에도 계속 살아서 다른 사람들을 각성시키고 변화시키고 하는데 그것이 바로 영원히 살아있는 '영생' 아니겠어요? 그렇다면 부활이나 영생은 서로 같은 것인가요?

— 자기의 신앙을 가지고 이야기하는 것이니까 "누구의 생각이 틀렸다"라고 나의 권위를 가지고 결정할 수는 없습니다. 전태일의 경우를 부활이기도 하고 영생이기도 하다고 말할 수도 있겠지요. 다만, 저는 목사입니다. 그리고 교회에는 70, 80된 노인들도 많이 있습니다. 그들은 노동운동이 무엇인지도 모르고 그러한 것에 헌신해본 적도 없습니다. 내일 죽을

생각들만 하고 있습니다. 그 사람들에게는 전태일의 이야기가 별 의미가 없습니다. 그들에게도 복음이 의미가 있고 희망이 있기 위해서는 "믿으시오. 죽으면 새로운 세계로 갑니다"라는 영생에 대한 교리나 신학을 안 가르칠 수가 없습니다. 이제 나이 좀 더 먹으면 저에게 있어서도 마찬가지일 것입니다. '죽어서 갖는 영생'이라는 신앙이 저에게도 필요할 것입니다.

새로운 공동체를 위하여*

몇 사람의 신학자와 목사님들이 7, 8년 전부터 '민중신학'이라는 새로운 신학운동을 전개해왔습니다. 1970년대에 한국교회가 도시산업선교를 위시해서 농민선교 등 사회선교 사업을 시작했는데 그 이전에는 교회의 사회선교에 대한 자세나 신학적인 이해가 좀 달랐습니다. 그것이 '전도'와 '선교'라는 말로 구별되기도 합니다.

무수한 어려움들을 겪고 새로 시작한 산업선교, 사회선교를 신학자들이 어떻게 이해를 해야 하느냐, 혹은 직접 간접으로 산업선교에 참여하면서 신학적으로 어떻게 이것을 뒷받침하느냐 하는 문제의 해답을 찾는 작업을 민중신학이라고 이름 붙이게 되었습니다. 이제는 민중신학의 분야도 많이 발전되어서 우리나라의 목사님들이나 신학자들이 외국에 나갈 때는 민중신학에 대해서 알고 나가야 창피를 안 당할 정도로 이름만은 꽤 많이 알려졌습니다.

오늘은 '민중신학이 성서에 어떠한 기초를 가지고 있느냐' 하는 문제의 일부분을 이야기해보기로 하겠습니다.

성서에는 여러분이 잘 아는 대로 신약·구약이 있습니다. 신약성서

---

* 『일꾼의 성서』, 1982년 4월호.

는 예수님 돌아가신 후에 그 제자들이 혹은 그 제자의 제자들이 쓴 것이고, 구약성서는 그 이전의 오랜 옛날부터 있었는데 실제로는 출애굽 사건으로부터 출발한 것입니다. 신약성서에 대해서 잠깐 이야기해봅시다. 예수님의 갈릴리 선교활동으로 시작된 신약성서는 4복음서가 있는데, 그중에서 요한복음서는 예수님의 설교집·사상집이라고 볼 수 있고 그 앞의 3복음은 예수님의 활동이 중심 내용으로 되어 있습니다. 즉, 예수님이 역사적으로 정말 어떻게 사셨느냐 하는 것을 우리가 알기 위해서는 처음의 세 복음을 같이 보아야 하는데, 그래서 이 복음을 '공관(共觀)복음'이라고 합니다. '같이 본다'는 뜻이지요. 넷째 복음인 요한복음서는 방향이 좀 다릅니다. 더 자세하게 들여다보면 그 3복음 가운데서도 가장 먼저 쓰여졌고 그래서 그 후에 쓰여진 복음서의 원본을 발견할 수 있는데 그것이 가운데 있는 제일 짧은 마가의 복음서입니다. 즉, 마태·누가의 복음서는 마가의 복음서를 베껴가면서 다른 자료를 첨가하여 길게 쓴 것이라고 할 수 있습니다. 이것은 학문적으로 연구할 때는 따지지 않을 수가 없는 것입니다.

그런데 이 마가의 복음서가 참으로 특이합니다. 우리가 오늘날 많이 이야기하는 '민중'이라는 말을 분석해보면 '가난하고, 억눌리고, 소외당했다' 이 세 가지를 열거합니다. 즉, 경제적으로 부유하지 못하고 정치적으로 권력을 가지지 못한 피압박자이고, 편견에 의해 무시당한다는 특징을 갖는 것이 민중입니다. 이러한 민중 혹은 군중들이 항상 예수님을 둘러싸고 있었고 예수님의 선교도 민중선교였습니다.

마가의 복음서에는 갈릴리 지방과 예루살렘 지방이라는 서로 알력을 가지고 적대시하는 두 지방이 명백히 대립하는 것이 나타납니다. 다른 복음서들은 그 대립을 애써 감추려 합니다. 예루살렘이라고 하는 곳은 예수님이 마지막 결단을 하시고 한 주간 동안 머무르시는데 마가의 복음서를 보면 예수님이 예루살렘에선 주무시지도 않으셨습니다. 더러운 성이라고 밖에 나가 주무셨습니다. 그만큼 대립적입니다.

모든 학자들이 인정하듯이 마가의 복음서의 중심 테마는 1장 15절인데 "하늘나라가 가까이 왔다. 모두 회개하고 복음을 믿으라"가 그것입니다. 지난주에 이야기했듯이 하느님의 나라라는 것은 정치적인 개념입니다. 세상의 군인 통치나 절대자의 통치가 아니라 하느님의 통치, 하느님의 지배라는, 모든 사람이 하느님과 직결되는, 하느님이 직접 다스린다는 말인 것입니다.

그 복음의 선포부터, 예수님의 활동으로부터 교회가 시작되고 우리가 소중히 여기는 신약성서가 출발되었는데, 신학자들의 연구에 따르면 사도 바울의 편지가 마가의 복음서보다 연대적으로 먼저 쓰여지기는 했으나, 우리가 실제로 예수님의 갈릴리 선교활동으로부터 기독교가 출발된다고 볼 때에 그 갈릴리 선교활동을 제일 직접적으로 전해주는 책은 역시 마가의 복음서라는 것입니다.

그 기독교의 출발점에 분명하게 나타나는 것은 예수님의 갈릴리의 민중 선교인데, 갈릴리라는 곳은 어떤 땅이냐? 지난 시간에 이야기했듯이 대부분이 농토지만 지주들은 다 예루살렘에 살고 있습니다. 농사 실컷 짓고 추수하면 예루살렘의 부자들이 다 가져갑니다. 옛날이나 지금이나 농사짓는다는 것은 참으로 처참합니다. 뼈 빠지게 지어서 빼앗기는 것이 농사입니다. 그런 곳에서 "하늘나라가 가까왔다"라고 선포한 것으로 기독교가 시작된 것입니다. 그런데 2천 년 동안의 기독교가 이것을 망각했다고 할까, 덮어 두었다고 할까, 그런 비판을 받을만한 것이 많이 있습니다. 따라서 우리의 민중신학이라고 하는 것은 특별한 것을 새로 만들어내는 것이 아니라 기독교의 원점을 강조하는 것입니다. 말을 맺자면 "예수님의 갈릴리에서의 민중 선교, 그것이 신약 선교의 출발점이고 기독교의 핵심이다"라는 것입니다.

그와 마찬가지의 것을 구약성서에서 이야기해 보겠습니다. 학자라고 해서 대단한 것은 아니지만 나도 신학자이니 학문적인 설명을 좀 해보겠습니다. 성서는 물론 하느님의 말씀이고 믿음의 양식으로 읽는 것이지만 학문적인 입장에서 연구하자면 어느 것이 먼저 쓰여졌느냐, 사상의 발전이 어디서부터 시작되었느냐를 따질 수밖에 없습니다.

기원전 1290년에 출애굽의 역사가 일어납니다. 애굽이라는 '제국'에서 탈출했다 해서 '출애굽'이라고 합니다. 그런데 '제국'이라고 하는 것은 여러 국가를 합해가지고 하나로 통치하는 것을 말합니다. 판도가 넓고 식민지가 많습니다. 애굽이라고 하는 나라도 그러한 제국인데 이스라엘 사람들이 그 밑에서 노예생활을 하고 있었습니다. 애굽 사람들 밑바닥에 깔려서 시민권도 없이 죽자고 노동만 하고 토목공사, 농사 등의 천한 일을 다 맡아 하고 생산을 직접 담당한 사람들이 노예제 사회에서의 노예입니다. 그러한 노예들이 견디다 못해 같이 단결해 싸워서 우물에다 독약을 타고, 장자들을 다 죽여버리고 한밤중에 탈출한 것이 기원전 1290년에 일어난 출애굽 사건 아닙니까?

구약성서가 실제로 언제 시작하느냐 하면 출애굽 사건부터 출발합니다. 출애굽해 가지고 자유의 땅을 찾아서 40년 동안 헤매다가 가나안이라는 땅에까지 도달해서 침공해 들어가 이스라엘이라는 새로운 공동체를 형성합니다. 지금 우리가 알고 있는 이스라엘이란 국가 건설 이전에 새로운 공동체가 탄생합니다. 요컨대 그 무렵, 40년 방황하다가 가나안에 도달한 기원전 1250년경이 이스라엘의 출발이면서 동시에 구약성서의 출발입니다. 250년 동안 그렇게 있다가 여러 가지 사정 때문에 왕정에 들어섭니다. 사울왕, 다윗왕, 솔로몬왕 등의 정치 이전에 250년간의 시대가 있었습니다. 왕정 이후에 쭉 내려오다가 바빌론 강대국의 침략을 받아 나라가 망하고 실제에 있어서는 그 후에 국가다운 국가의 형성을 못합니다. 그렇게 쭉 내려오는 동안 예언자도 생기고 역사가도 생기고 여러 가지 이야기를 모아 글도 쓰고 해서 성서가 쓰여진 것입니다. 그러한 과정 속에서 "아, 그 이전에도 우리 조상들의 이야기가 있었지" 해가지고 아브라함의 이야기도 집어넣고, 노아의 홍수 이야기도 집어넣고, "아, 오랜 옛날에 천지창조의 전설도 있었다" 해서 그 이야기도 집어넣고 해서 완성된 것이 성서입니다. 그러니까 성서가 하느님의 말씀이라고 해서 하느님의 목소리로 불러주는 것을 속기사가 그대로 받아 적은 것처럼 여기는 것은 오해도 이만저만한 오해가 아닙니다. 학문적으로 엄격히 말한다면 그러니까 성서의 역사는 출애굽부터가 시작입니다. 특별히 40년간의 방황 후에 이스라엘 공동체 형성 다음부터가 시작입니다. 성서뿐만이 아니라 고고학적인 발굴을 통해서라든가 해서 무슨 깨어진 기왓장 조각의 글씨라든가 성벽이나 비문의 글씨라든지를 역사가들이 해독해서 판단할 수 있는 시기도 그 무렵부터입니다. 그 이전의 것들은 성경에 다 쓰여져 있기는 하지만 전설이나 신화처럼 전해져 내려오는 이야기들인 것입니다. 즉, 그전 이야기들은 성서 이외에는 증거가 없습니다. 역사라는 것은 증거가 있어야 하잖아요. 그러나 그 이후 시대부터는 역사적 증거와 성서가 일치합니다. 구약성서의 맨 처음은 창세기이지만 그렇다고 창세기부터 먼저 쓰여진 것이 결코 아닙니다. 제일 먼저 쓰여진 것은 출애굽의 이야기부터입니다.

지금까지 구약성서의 시작을 밝히기 위해서 이런 이야기를 했는데 다시 한번 정리해보면 다음과 같습니다. 애굽에서 노예 생활하던 히브리 사람들이 출애굽해 가지고 광야에서 40년 동안 방황하다가 어디에 가면 우리가 억압을 안 받고 숨 쉬고 살 수 있고 여호와를 자유스럽게 섬길 수 있을까, 그런 땅이 어디 있겠느냐 하다가 가나안에 쳐들어가서 새로운 공동체를 형성했는데 그때가 구약성서의 시작이다. 그러니까 그 이전 것은, 노아의 홍수 이야기나 이스라엘 사람들의 단군 할아버지인 아브라함의 이야기나 그 이전의 아담 할아버지와 이브 할머니 이야기와 같은 것은 신화와 전설이지 역사적인 시작은 아니다. 이렇게 되는데 신화나 전설이니까 말짱 거짓말이라는 뜻은 아닙니다. 전설은 전설대로 위치와 의미가 있는 것입니다. 제가 '시작'을 강조하는 것은 '시작'이란 표준이고 원점이고 척도라는 뜻에서 매우 중요한 의미를 갖기 때문입니다.

출애굽이라고 하는 것은 무엇이냐, 애굽의 대제국주의적 지배질서의 바닥에 깔려서 제국 체제를 노동으로 뒷받침하고 있던 노예들의 반란 사건 아닙니까? 그 반란 사건을 후에 사람들이 "이것이 하느님이 인간을 해방한 것이다. 하느님이 직접 인간을 구원해주신 것이다"라고 믿는 사람들이 '하느님의 말씀'이라고 해서 그것이 구약성서가 된 것이 아닙니까? 구약성서의 신앙이라는 것은 짓밟히고 노동하고 농사짓고 하던 노예들의 반란 사건으로부터 출발했던 것입니다. 어떻게 종교라는 것이 그렇게 시작되었는지 참 이상하지요? 우리가 오늘날 기독교를 믿는다는 것은 노예들의 반란 사건을 믿는 것이요, 여호와 하느님을 섬긴다고 하는 것은 바로 그 노예들의 반란의 신을 섬기는 것입니다. 무슨 굉장한 설교나 거룩한 진리나 고상한 말씀이면 좋겠는데 그런 것들이 아니고 어떻게 기독교란 것이 노예들의 반란 사건으로 부터 출발되었느냐 그 말인데 생각할수록 이상합니다.

구약성서를 보면 '이스라엘 사람'이란 말과 '히브리 사람'이란 말이 같은 뜻으로 쓰이는 것 같지만, 조금 자세하게 읽으면 어떤 차이점을 발견할 수 있습니다. 히브리 사람이란 말은 이스라엘이란 새 공동체가 형성되기 이전의 애굽에서 종살이하던 사람들을 이르는 말이라는 것을 알 수 있습니다. 출애굽기를 읽어보면 "히브리 사람들이 하느님께 호소했고, 히브리 사람들이 싸움했다"라고 나와있지 "이스라엘 사람들이 …했다"라고 나와 있지 않습니다. 전설로는 야곱의 이름이 이스라엘이었다고 되어있지만 이스라엘이라는 말은 히브리 사람들이 40년 동안 광야에서 방황하다가 가나안에 새 공동체를 만들고 그 공동체에 붙인 이름이었습니다. 우리나라 사람들이 정부수립을 하고 국호를 '대한민국'이라고 붙였듯이 히브리 사람들도 자기네 새 공동체의 이름을 '이스라엘'이라고 붙였던 것이지요. 그리고 이 이스라엘이 나중에는 국가가 되는 것입니다.

이 두 가지의 말이 모두 중요한 의미를 갖는 것입니다. 최근 30-40년 사이에 확실히 밝혀낸 바에 따르면 히브리 사람이란 말은 노예, 농노, 비적, 천민, 용병(품팔이 군인)들을 가리키는 말이었다는 것입니다. 그런데 이 히브리 사람이란 집단이 그 당시에 애굽에만 있었던 것이 아니라 바빌론에도 있었고, 터키에도 있었고, 시리아에도 있었고, 페니키아에도 있었고, 팔레스타인(블레셋, 가나안 땅)에도 있었다는 것입니다. 어느 사회든지 일정한 시민이 있고 그 시민 밑에는 시민의 민적을 갖지 못하고 바닥에 깔려 생활하고 시민권이 없으니까 생명이나 재산을 보호해주는 사람도 없고 떠돌이고 노예이고 모여서 도적질이나 해 먹고 하는 사람들이 있었는데 그 당시의 근동지방 어느 국가에나 다 이러한 히브리 사람들이란 집단이 있었다는 것이지요.

그러니까 히브리 사람들이라고 해서 한 혈통을 가진 민족이 아닙니다. 지금까지 우리가 알고 있는 것과는 영 다르지요? 한 가지의 언어를 사용했던 것도 아니었고, 하나의 역사를 이어가는 것도 아니었고, 혈통이나 혈연도 하나가 아니었습니다. 그러니까 이것은 민족이 아니고 하나의 사회학적인 개념입니다.

그런데 마침 그 당시 애굽에 있던 히브리 사람들이 믿고 있던 신이 '야웨'였습니다. 그러니까 야웨 신은 처음에는 노예의 신이었습니다. 즉, 야웨 신은 노예들을 지켜주는 신, 현대식 용어로 표현한다면 노예의 인권을 지켜주는 신, 노예의 해방을 약속해주는 신, 노예가 괴로울 때 위로해주는 신, 노예의 미래에 희망을 약속해주는 신, 나아가서는 노예를 짓밟는 악에 대한 복수의 신이었던 것입니다. 우리도 한국 민족의 신이다 하면 한국 민족을 이끌어가는 신, 한국 민족은 앞으로 훌륭하게 되리라는 약속을 앞에 세워주는 신, 한국 민족을 짓밟는 악의 세력을 물리쳐주는 신 아닙니까? 그러한 신이 아니라면 우리가 뭐하러 우리의 신이라고 믿겠어요? 당연한 이야기입니다. 우리가 지금 믿고 있는 성경의 신, 여호와 하느님은 본래 한마디로 침해당하는 사람들의 복수 신이었던 것입니다. 한 민족 국가의 신이 아니고 노예 집단의 신이었다 이 말입니다. 바로 그 신을 우리가 지금 믿고 있는 것입니다.

그 신이 나중에 이스라엘 국가의 신이 되고, 기독교가 된 다음에는 누르는 사람, 가진 사람, 부자의 신이 되어버렸지요. 더군다나 이제는 외국 사람들의 신이 되어버렸습니다. 지구 전체 인구의 6%인가밖에 안 되는 사람들이 전 세계 재산의 반 이상을 가지고 있는 사람들의 신이 되어버리고 말았습니다. 아프리카나 인도 사람의 신이 아니고 미국 사람의 신이거든요. 거꾸로 되었죠. 잘못된 겁니다. 변질된 거죠.

그 야웨 신이 자기가 지키는 히브리 백성들이 하도 울부짖으니까, 도탄 가운데 고생하고 못살겠습니다, 살길을 마련해주십시오 하니까 모세를 일으켜서 탈출시키잖아요? 신앙적으로 표현하면 그렇습니다. 곱게 탈출하지도 않고 투쟁하지 않습니까? 협상도 하고 위협도 하고 장자도 죽이고 우물에 독약도 타고 여러 가지 싸움 끝에 탈출하지 않습니까? 그래서 40년을 광야에서 헤매고 헤매다 요단강 건너 화려한 여리고 성에 쳐들어가 살게 된다는 이야기입니다.

지금까지는 통념적으로 히브리 사람들이 침공해 들어가 여호와의 힘에 의해서 가나안에 있는 이민족들을 어린애까지 모두 죽여 버리고 땅을 차지해서 이스라엘이라는 새로운 나라를 건설했다고 믿어왔는데, 근래 한 100년간 연구해보니까 꼭 그런 것 같지는 않다고 합니다. 그런 것도 있지만 성경을 잘 읽어보면 알 수 있듯이 어느 성에서는 원주민들과 협약을 맺은 곳도 있고, 무찔러버린 데도 있고, 싹 쓸어버린 데도 있고 여러 가지 형태예요. 그리고 또 일시적이지 않고 시일이 오래 걸렸습니다. 한 번에 뚝딱해서 다 쓸어버리고 자기들이 살았다는 이야기는 나중에 과장된 것입니다.

히브리 사람들이 애굽에서 탈출해 나와서 우리가 살 땅이 어디인가 하고 헤매었는데, 왜 거기서 탈출했을까요? 그건 삼척동자도 다 아는 일입니다. 암만 일해도 자기가 한 만큼 보상 못 받고 부자들은 놀고 먹고 자기들은 실컷 일만 하고 배는 고프고, 죽여 버려도 끽 소리 못하고 갖은 학대를 다 받으니까, 우리가 이러한 학대를 받지 않고 살 수 있는 땅이 어디겠느냐 하고 나온 것 아닙니까? 그런데 이 미련한 후대의 사람들이 "하느님을 섬기는 종교적인 자유가 없어서 탈출했다"고만 이야기합니다. 종교적인 동기만이었다는 것은 속임수입니다. 정치적 자유, 경제적 자유, 종교적 자유 등이 모두 탈출의 동기였습니다.

다시 앞의 이야기로 돌아가서 히브리 사람들이 가나안 땅에 쳐들어가는데 그 안에서 호응하는 현상이 생깁니다. 제일 처음에 여리고라는 성에 쳐들어가잖아요? 성이라는 것은 도시인데 도시라는 것은 부자는 굉장히 부자고 가난한 사람은 몹시 가난한 계급이 뚜렷한 곳입니다. 처음에 염탐꾼을 보내는데 성문 근처의 선술집에서 술장사도 하고 몸도 파는 '라합'이라고 하는 기생이 히브리 사람들의 염탐꾼과 내통을 합니다. 즉, 성 밖에 있는 애굽에서 탈출한 노예집단과 안에 있는 기생 라합의 천민 집단이 호응을 해서 결국 여리고성이라는 노예제 지배질서가 무너집니다. 지금 학자들의 이야기는 뭔고 하니, 거의 전부가 그러한 경우라는 것입니다. 밖에서는 해방 노예들이 쳐들어가고 안에서는 농민들이 호응을 합니다. 농사지어 놓으면 성주들이 다 빼앗아가고 지어 놓으면 또 빼앗아가고, 어디 그 땅에서만 그랬습니까? 우리 조선 5백년의 역사도 밤낮 그것이었거든요. 번번이 모반하고 만적이 일어나고 홍경래가 일어나고 전봉준이 일어나고 했는데 번번이 실패했어요. 그런데 저기에 야웨를 앞세우고 가는 해방 노예 집단이 있는데 가는 곳마다 이기거든요. 그러니까 "야, 됐다. 우리도 호응하자." 그래서 밖에서 들어가고 안에서 호응하고 해서 가나안 땅이라고 하는 노예제 지배질서를 무너뜨리고 새로운 공동체를 만든 것입니다.

하나의 혈연을 갖는 민족 공동체가 아닙니다. 정치적·사회적·경제적인 여건으로 눌리어 있고 가난하고 소외받았다는 점에서 공통점을 가지고 있는 사람들이 규합해가지고 이룩한 새 공동체인 것입니다.

그래서 열두 부족이 모여가지고 여호수아와 마지막 회의를 하는데 새 공동체의 이름을 '이스라엘'이라고 결정합니다. 이스라엘이란 '하느님이 통치한다'는 뜻입니다. 애굽처럼 왕이 통치하는 것 말고, 가나안의 어느 성읍의 원님들이 통치하는 것 말고, 어떤 다른 지배자가 통치하는 것 말고, 하느님이 직접 통치하는 정의와 평등과 자유의 나라라는 뜻입니다.

그래서 처음 생기는 새 공동체가 평등주의적인 조약을 맺습니다. 어느 한 파가 땅을 많이 가지면 안 됩니다. 그러면 다른 땅을 적게 가진 사람들을 누를 것 아니에요? 폐위 족은 땅을 못 가지게 하였습니다. 제사장들이 땅까지 가지면 권력이 배가 되니까 다른 사람들을 누르게 마련이거든요. 한 나무가 크게 자라면 밑에 있는 풀들이 자라지 못합니다. 큰 나무가 악하고 욕심이 있어서 햇빛을 독차지하는 것이 아니라 커지면 그렇게 되게 되어 있습니다. 그러니까 어떤 수백억의 부자도 마음이 악해서 공장에 있는 노동자들을 착취하는 것이 아닙니다. 윤리의 문제가 아니라 제도의 문제입니다.

그 당시 이스라엘 공동체가 맺었던 몇 가지 조약에 대해 알아봅시다. 하느님의 명령이라고 "이자 받으면 안 된다" 했습니다. 이자라는 것이 무엇입니까? 부자가 가난한 사람에게 꾸어주고 받는 것 아닙니까? 하느님이 만일 부자의 편이었다면 이자를 받으라고 하셨을 것입니다.

십일조도 본래는 그것을 걷어가지고 반은 땅이 없는 레위 사람들에게 주고 반은 동장이나 이장 같은 사람에게 맡겨 가난한 사람들, 약자, 과부, 고아, 떠돌이들을 먹이라고 걷었던 것입니다. "이웃 사람이 먹을 것이 없어서 외투를 담보로 맡기고 양식을 꾸어갔는데 해가 지도록 갚지 못하면 외투를 내어주라. 만약 내어주지 않으면 하느님이 그 가난한 이웃의 울부짖음에 대신해서 복수한다"라고 성서에 분명히 나와 있습니다. 양식을 꾸러올 때는 품팔이 벌이가 신통치 못하다거나 집에 처자가 앓고 있다거나 하는 경우일 것입니다. 가나안이라는 곳은 준 사막지대였습니다. 낮에는 타는 듯이 덥지만 해만 떨어지면 아주 추운 곳입니다. 그래서 밤에는 외투를 입고 추위를 이겼습니다. 그 당시의 외투는 그 사람의 인격에 해당될 정도였습니다. 그것을 입고 밤 추위를 이겨야 할 텐데 그것이 없으니까 앉아가지고 "아이고 추워, 아이고 추워, 하느님 나 좀 살려 주십쇼" 하면 하느님이 그 말을 듣고 대신 복수해준다는 뜻입니다.

안식일 법은 왜 만들었느냐? 첫째는 일하는 사람들도 하루쯤은 쉬어야 하기 때문이었습니다. 안식일이라고 하는 것이 부자나 귀족에겐 소용이 없습니다. 구약성서에 보면 십일조 이야기뿐만 아니라 이자를 받지 말라는 등 다른 것도 다 있는데 왜 요즘 교회의 목사님들은 다른 것은 다 잊어버리고 십일조만 강조할까요? 그것은 십일조나 안식일 법이 교회의 이익과 직결되기 때문입니다. 교회나 목사의 이익과 직결되지 않는 것은 모두 망각해 버렸습니다. 십일조를 그렇게 꼭 지켜야 하는 것이라면 현대의 금융제도도 모두 부정해야 하고 안식일에 일을 시켜야만 하는 많은 공장들에 대해서도 목사님들은 공격을 해야만 할 것입니다. 십일조나 안식일이나 모두 하느님이 힘들게 일하는 사람들을 위해서 설정해 놓은 것입니다. 종교적인 목적은 그 다음에 부과되는 것입니다.

7년마다 모든 종을 해방해야 한다는 것도 있습니다. 토지는 원래 하느님의 소유인 땅을 임시로 빌려서 갈라가지고 있는 것인데 살다보면 병도 나고 돈도 빌려 써야 합니다. 그러다 보면 토지를 잡혀야 할 때도 있을 텐데 그렇게 되면 부익부 빈익빈 현상을 비롯한 각종 사회 부조리가 생깁니다. 그러니까 자동적으로 7년마다 모두 환원한다, 새 출발이다, 그런 법률도 이때에 정했습니다. 그러나 나중에 왕이 들어서면서 그런 것들이 대부분 폐지됩니다. 왕이 그 나라의 제일 큰 지주가 되는 것이지요.

이와 같은 것들이 새 공동체의 내용입니다. 하느님의 직접 통치의 내용입니다. 하느님이 모든 것을 약자 편에 서서, 십일조나 안식일과 같은 법률로 오로지 약자를 보호하기 위해 애쓰셨던 것이 하느님의 직접 통치였습니다.

히브리 사람들이 목숨을 내걸고 도망쳐 나올 때에, 또 가나안의 농민들이 목숨을 내걸고 성주나 지주를 배반하고 해방 노예에게 합세했을 때에 자기들끼리 모여서 또 그 짓 하자고 모인 것은 아니지 않습니까? 그것이 진저리가 나서 목숨을 내걸고 그것 않겠다고 새로 모인 것이 이스라엘의 출발이었던 것입니다. 그러니까 이스라엘이라고 하는 것은 구체적으로 평등하고 자유스러운 사회제도, 정치체제였습니다. 애굽의 제국주의와 다르고 가나안의 지배질서와도 다른, 부익부·빈익빈의 계층 차이가 없는 평등한 사회제도, 정치체제, 율법, 헌법을 가지고 있었던 공동체였던 것입니다. 그들의 신앙은 야웨 하느님만을 섬기는 것이었는데 그 야웨는 특별히 헐벗고 가난하고 어려운 사람을 지키는 신이었던 것입니다.

우리가 지금 이스라엘이라고 하면 유일신 야웨 하느님만 섬기는 신앙과 종교의 상징이라고 쉽게 생각하는데 이스라엘은 그러한 뜻만 가지고 있는 것이 아닙니다. 이스라엘은 위로 야웨 하느님을 믿는 동시에 아래로 모든 사람이 평등한 사회제도, 정치제도, 법제를 가지고 있는 모든 구체적인 하나의 공동체였습니다. 왜 이스라엘이라는 국가를 종교적인 상징으로만 강조하느냐 그 말입니다. 다시 한번 강조하지만 이스라엘이라고 하는 것은 구체적인 특수한 민주체제적인 법과 사회제도와 정치제도를 갖는 구체적인 믿음의 공동체인 것입니다.

신약시대에 와서 예수님이 그러한 형태의 새 공동체를 만들었다는 것이 바로 '교회' 아닙니까? 교회라고 하는 것이 사람들이 모여가지고 예배만 드리고 심령적인 수양만 하고 종교적인 것만 있고 그리고 그 안에서 부자는 무지하게 부자고 가난한 사람은 지지리도 가난하고, 어떤 사람은 짓밟고 어떤 사람은 짓밟히고 그래도 같이 와서 예배만 보면 되는 곳이 결코 아닌 것입니다. 이스라엘이나 교회나 위로 하느님을 믿고 예수 그리스도를 섬기고 형제자매 사이에는 참다운 평등함과 사랑이 물질적으로 구체적으로 관계를 가지고 있는 것이 이스라엘이고 교회인 것입니다.

질의와 응답

□ 히브리 사람들이 출애굽 이전에는 하느님을 믿지 않은 것입니까?

— 애굽에 살던 히브리 사람들의 신이 ‘야웨’였으니까 그 이전부터 하느님을 믿은 것이지요.

□ 구약에 보면, 모세라든가 선지자들이 하느님과 직접 대화하는 것들이 나오는데 왜 그때만 그랬고 지금은 그런 일들이 안 일어나지요? 솔직히 실감이 잘 안 나기도 하고요.

— 구약성서만이 아니라 고대 사람들의 사고나 행동에 관해서는 다른 책들에도 그런 것들이 많이 기록되어 있습니다. 이 문제를 왜 고대 사람들과 현대의 사람들이 다르냐로 바꾸어 말할 수도 있겠습니다. 현대에도 죽은 친구와 대화한다거나 신과 이야기하는 것 등이 훌륭한 시인의 시 가운데에 많이 나타납니다. 오늘날도 시를 쓸 때는 돌아가신 어머니와 대화한다든가 하는 것들이 있는데 때로는 그러한 것들이 무지하게 감동적이고 훌륭한 작품으로 평가받기도 합니다. 그런데 그러한 시를 “이것은 가짜다. 거짓말이다”라고 말하는 사람은 시를 전혀 모르는 사람이라고 말합니다. 그러한 시는 거짓말이 아니라 더 진실합니다. 성서의 화법이라는 것도 오늘날의 현대인들이 쓰는 역사라든가 과학이라든가 하는 것과는 종류가 다른 것입니다. 시인이 글을 쓰듯이 자신이 받은 영감을 표현한 것이 성서의 논법이나 화법이라고 할 수 있을 것입니다.

□ 노예 생활을 하던 히브리 사람들이 애굽에서 탈출해서 가나안이라는 먼 곳에 가서 새로운 공동체를 만들었는데, 지금 여기에 있는 노동자들도 자신들이 다니는 공장에서 고생도 하고 쫓겨나기도 합니다. 그러면 이 사람들도 자

기들이 일하고 있는 현장을 박차고 나와서 다른 곳에 가서 새 공동체를 건설해야 합니까?

— 그렇기 때문에 모세와 예수님의 차이가 있는 것이고, 이스라엘 새 공동체와 교회가 비슷하면서도 다른 것입니다. 문제를 지나치게 간단하게 생각하는 위험을 느끼면서도 이야기하자면, 모세는 일시적인 폭력혁명을 성공시켰지만, 예수님의 경우는 자신이 십자가에 못 박혀 죽으셨지 칼은커녕 몽둥이 하나도 들어본 적이 없습니다. 모세의 경우는 민중의 선봉에 선 영웅적인 지도자였지만, 예수의 경우는 민중과 희로애락을 같이한 동행자요, 그 자신이 민중의 한 사람이었습니다.

살기 어려운 곳을 탈출해가지고 다른 곳에 가서 새 공동체를 건설한다는 것은 어떻게 보면 전형적인 부르조아의 꿈입니다. 유토피아 사상이 바로 그것 아닙니까? 선택받은 소수가 쏙 빠져 나와 외딴섬에 가서 새 도시를 건설한다는 것은 오래전부터 서양 사회에 있어 온 부르조아의 꿈인 유토피아 사상이지만 우리의 기독교적인 이상은 주님이 이 땅에 다시 오셔서 모든 것은 치유되고 암흑은 없어지고 부조리도 불평등도 없앤다는 것입니다.

여러모로 이스라엘 새 공동체와 교회 새 공동체가 다르고 모세와 예수가 다릅니다. 어떤 면에서는 오히려 대조적이라고 할 수 있을 것입니다.

□ 큰 나무와 작은 나무의 비유를 들어서 부자와 가난한 사람들과의 관계를 설명하셨는데 그렇게 되면 작은 나무는 큰 나무를 적으로 보게 되지 않습니까?

— 당연히 적이 되겠지요. 햇빛은 생명의 근원인데 그것을 독차지하고 있으면 당연히 적으로 취급받겠지요. 내가 그 비유에서 강조하고 싶은 것은 "마음을 고쳐먹고 선한 사람이 되어라"가 능사가 아니라는 것입니다. 혼자 커가는 나무가 없이 모두 적당히 골고루 클 수 있도록 제도가 바뀌어

야 한다는 것이지요. 하지만 꼭 그 각도에서만 경제적 문제를 볼 수는 없습니다. 지금 우리가 사는 사회라고 하는 것이 단순히 국가 내에서의 부자와 가난한 사람과의 관계만이 아니라, 작은 나라가 큰 나라와 경쟁을 해서 살아남으려면 부자들이 생겨가지고 민족자본도 형성되고 수출도 해야 경제가 유지된다는 측면도 있습니다.

단순히 우리의 시야가 우리 사회에만 국한되어가지고 너무 큰 부자와 너무 가난한 사람들에게만 신경을 쓸 수는 없는 것이 현실입니다. 내가 하려고 하는 이야기는 그러니까 공산주의의 입장은 아니라는 것입니다. 그렇기 때문에 큰 부자의 존재 의미가 있기도 한 것이지만 지금은 큰 부자의 논리만 너무 일방적으로 합리화되고, 강조되고, 강요되고 있어요.

□ 기독교의 이상이 예수님이 이 땅에 다시 오면 나쁜 것들이 다 없어지고 하느님의 나라가 건설되는 것이라고 말씀하셨는데, 그러면 인간들은 예수님이 다시 오실 때를 그냥 앉아서 기다리기만 하면 되는 것인지요? 만일 인간의 노력으로 이루어야 하는 것이라면 예수님이 다시 오셨을 때는 예수님의 할 일이 없을지도 모르지 않습니까?
— 사람의 힘으로 고쳐 나가야 한다는 측면이 바로 '성령의 역사'입니다. 어떤 의미에서는 우리가 다 이룩해서 할 것이 없을 때에야 예수님이 오실지도 모릅니다. "우리가 다 해가지고 되느냐?", "그냥 믿고 가만히 기다리면 되느냐?", 둘 중에서 후자는 일단 잘못된 신앙의 해석이라고 할 수 있습니다.

□ 가나안에 들어갈 때 원주민들을 어린아이까지 모두 죽여버린 것으로 되어 있는데 예수님이 말씀하시는 '사랑'이라는 측면에서 죄가 안 됩니까?
— 성서를 자세히 읽어보면 가나안의 복판은 전부 죽여버린 것으로 되어

있고, 복판이 아닌 곳은 전부 죽인 것은 아니라고 되어있는데 지금의 연구결과를 보면 히브리 사람들의 적은 가나안의 지배자들이었지 주민이 아니었습니다. 그런데 왜 이것을 훨씬 후에 역사를 기록하면서 어린아이나 부녀자나 전투원이나 비전투원이나 가리지 않고 전부 죽이라고 명령한 것으로 기록하였느냐? 이것을 직접 이야기하기 전에 다른 이야기를 좀 해 봅시다.

우리나라의 집권자들이 남한의 민족적인 적은 공산주의인데 이것에 대한 경각심을 일으키고 반공교육을 잘해서 결과적으로 우리나라에 이롭게 하려 하고 있습니다. 그런데 유치원에 다니는 아이들은 빨갱이라고 하면 머리에 뿔이 나고 몸 빛깔도 빨간 것으로 오해하고 있습니다. 또 요즈음은 양심범이라든가 정치적 범법자들도 빨갱이인양 인식시키고 있습니다. 빨갱이란 결국 그릇된 확신을 가지고 사는 사람들인데 우리가 왜 그렇게 생각을 하지 못하고 얼굴에 뿔이 나고, 몸 빛깔은 빨간 것처럼 생각하게 될까요? 집권자들이 다 그렇게 할 필요가 있어서 하는 것입니다.

그렇듯이 이스라엘에서도 정권의 입장에서는 정권의 타당성, 합리성, 정통성을 야웨의 원칙 아래 국민들에게 주입시켜야 했습니다. 그러한 필요에 의해서 나중에 "다 죽였다"라고 기록이 된 것입니다.

'사랑'이라는 문제에 대해 생각해봅시다. 기독교는 단순히 눌리어 있는 노동자라는 입장에서만 생각하지 않고 부자나 권력자들의 구원에 대해서도 생각해야 하잖아요? 일반적으로 부자는 떵떵거리고 잘사는 것처럼 보이지만 제가 볼 때에는 '부'라는 감옥에 갇혀서 인간성을 상실하고 있는 사람들입니다. 어떻게 해서든지 그 감옥에서 나오게 해주자는 것이지 죽이자든가 무조건 용서하고 이해한다든가 하는 것이 아닙니다. 그것이 교회의 사상이지 단순히 '적이다', '증오의 대상이다', '보복이다' 하면 그건 악순환이지요.

다시 이스라엘의 경우를 생각해보면, 나중에 모든 국민을 야웨의 신앙으로 몰고 가기 위해서는 그때 한 사람을 죽였어도 궁정의 사가는 열 사람을 죽였다고 할 수밖에 없었을 것입니다. 이순신 장군에 대한 우리의 묘사를 보면 옛날이나 지금이나 마찬가지인 것을 쉽게 알 수 있습니다.

참고로, 성서의 글자 하나하나가 현대의 윤리적 규정의 표준이 되지는 못합니다. 안식일 율법의 많은 부분이 오늘날 전혀 의미 없잖아요? 성서를 문자적으로 절대시하여 적용할 수는 없습니다. 여호와의 증인이나 안식일교가 문제시되는 것이 바로 그것 때문이 아닙니까?

□ 고대의 기록이란 것이 기록하는 사람에 의해 좌지우지된 것이라면 모든 역사적인 기록들이 허무하잖아요?

— 그러니까 어렵죠. 누구든지, 어떤 집단이든지 자기의 입장과 주관이 있게 마련입니다. 어느 것이 더 순수하고 진실되고 본래적인 것이냐, 자신의 정치적 이해관계에 얽매이지 않았느냐를 밝혀내는 것이 학문 아닙니까?

□ 우리가 잘못되어 있다고 생각하는 교회나 사람들도 그 나름대로의 논리적 주체성이 있습니다. 결국 "이것이다, 저것이다"라고 함부로 이야기할 수 없지 않습니까?

— 형편에 따라 강조하는 측면이 물론 다르지요. 그러니까 원점이 무엇인지, 본래의 모습은 어떠했는지, 출발은 어떠했는지를 분명히 밝혀서 짚고 넘어갈 필요가 있는 것이지요. 제가 오늘 한 이야기의 중심은 우리가 좋든 싫든 할 수 없이, 기독교는 원래 민중의 종교였고 야웨는 원래 민중의 신이었다는 것이며, 성경을 우리 입맛에 맞는 것만 골라서 아전인수 격으로, 우리 편한 대로만 이해할 것은 아니라는 것입니다.

III부

계시(啓示)의 하부구조(下部構造)

민담에 관한 탈신학적(脫神學的) 고찰*

1. 쇠똥에 미끄러진 범

옛날 옛적 어느 산골에, 할머니 한 사람이 살고 있었다. 가난한 그 할머니는 집 옆, 한 뙈기 밭에 무우를 심어서 그걸 가꾸어 마을에 내다팔고 살았다. 그런데 밤마다 심술궂은 범 한 마리가 와서 그 무우밭을 짓밟아버리기 때문에 어느 날 할머니는 범에게 말하기를 "범아저씨 오늘 밤에 맛있는 팥죽을 쑤어놓을 테니 와서 먹고 이제부터는 무우밭일랑 짓밟지 말아주우" 했다. 할머니는 집에 돌아와서 장독대에는 화로에 꺼진 숯불을 묻어두고, 부엌에는 물동이에 고춧가루를 풀어두고 선반 위 행주에는 바늘을 꽂아두고, 부엌문 밖에는 쇠똥을 잔뜩 깔아두고, 마당에는 덕석을 펴두고 그 옆에는 지게를 세워두었다. 밤이 되자 범이 들어오면서 "할머니 방이 춥구면" 하므로 할머니는 "춥거든 장독간에 가서 화로를 가지고 와서 불을 쬐어라" 하였다. 장독대에 간 범이 "할머니 숯불이 꺼졌구면" 하자 할머니는 "그러면 입김으로 숯을 불어보아라" 하였다. 범은 숯불을 불다가 눈에 재가 들어갔으므로 "할

---

* 『歷史와 現存』(안병무 박사 회갑기념논문집, 1982년 7월)에 수록.

머니, 눈에 불티가 들어갔어" 하니, 할머니는 "그러면 부엌에 들어가서 물동이의 물로 눈을 씻어보렴" 하였다. 범은 눈을 씻다가 눈이 따가워서 아프다고 소리를 질렀다. "그러면 선반에 있는 행주로 눈을 닦아보아라"고 할머니가 일러주니 범은 그대로 하다가 바늘에 눈이 찔려 아파 죽겠노라고 소리를 쳤다. 그제사 범은 속은 줄 알고 할머니를 할퀴려고 부엌문을 박차고 나가다가 그만 쇠똥에 미끄러져 마당에 깔아놓은 덕석 위에 벌떡 나자빠졌다. 바로 이때다 하고 덕석이 재빠르게 범을 둘둘 말아버리니 곁에 있던 지게는 냉큼 범을 짊어지고 바다로 가서 물속에 던져버렸다.

한국 민담에 많이 나오는 호랑이는 착한 역을 담당하는 경우가 흔한데, 이 민담에서는 범이라고 되어 있다. 표범은 가장 사나운 맹수로 인간을 해치는 힘의 권화(權化)다. 그 반면에 산골에 혼자 사는 할머니는 힘없고 가난한 사람의 전형이다. 말하자면 가장 악한 힘과 가장 약한 사람과의 대결이다. 이것이 민중의 '삶의 정황'이다. 이런 형편에서 힘없는 할머니는 그녀의 소박한 지혜와 주변의 도구를 가지고서 그 큰 힘을 물리쳤다. 악을 극복할 수 있는 힘과 지혜가 문제다. 어떻게 해서 힘없는 자가 폭력을 이기느냐, 어떻게 평화의 도구로 파괴의 힘을 물리칠 수 있느냐, 이것이 민중의 꿈이었다.

한국사의 어느 때도 마찬가지였겠지만 특히 조선 말 19세기에, 백성들은 세도정치의 재정(財政)인 전정(田政), 군정(軍政), 환곡(還穀)의 삼정(三政)에 묶여서 시달릴 대로 시달렸다. 전정은 토지세로서 수확고의 2분의 1 정도인데, 그 위에 백지징세(白地徵稅)라고 하여 황폐한 진전(陳田)에서도 세를 징수하였다. 다음에는 군정인데 이것은 군역(軍役) 대신으로 포(布)나 미(米)를 바치는 것인데 그 부과(賦課)에는 황구첨정(黃口簽丁), 백골징포(白骨徵布), 족징(族徵), 인징(隣徵) 등 유아(乳兒)에게도, 사망자에게도, 가난한 친척의 몫까지, 밤중에 도 망 가버린 이웃의 몫까지도 징수해가면서 백성들을 들볶았다. 그리고 환곡은 본래 춘궁기에 농민을 구하고자 하는 것이었는데, 관(官)은 백 성에게 필요 이상으로 권대(勸貸)하며 그것도 반백(半白)이니 분백(分 白)이니 하여 반은 실곡(實穀)이 아닌 겨를 섞어서 주고, 추수 때는 모 곡(耗穀)을 가산하는 등 터무니없는 고리대(高利貸)였다.

위의 이야기는 이런 학정에 시달리는 백성들의 이야기다. 지금도 농민들은 생산비에 못 미치는 쌀 생산을 하고 있고 비료는 외국 수출가 격의 배에 가까운 비싼 값으로 사 써야 하며, 주요 농산물은 외국 농산 물 수입 때문에 제값을 받을 수 없어서 결국 대량 이농, 농지 황폐, 도시 빈민 증가의 현상이 나타난다. 위의 이야기는 이러한 현상 아래서 어떻 게 해서 범을 쇠똥에 넘어지게 할까 하는 백성들의 이야기다.

민담은 '민중의 언어'다. 그들 자신의 이야기다. 그들의 괴로움과 그 들의 희망이 담겨진 그들의 말, 그들 사이에서 서로 주고받는 이야기, 그로써 그들을 하나로 느끼게 하는 공동체의 공간이다.[1]

2. 은진미륵과 쥐

충남 강경평야에 은진미륵이 우뚝 서 있다. 한국의 서 있는 불상 중 에서 제일 큰 불상이다. 옛날 사람들은 그 높이와 크기에 압도감을 느 꼈을 것이다. 그 미륵불 기반 밑에 많은 쥐들이 살고 있었다. 호남평야

---

1 한국농민의 현실과 농정에 관해서는 한국 가톨릭 농민회의 활발한 간행물을 보라. '쇠똥 에 미끄러진 범'의 민담은 이러한 우리 현실과의 관계에서 읽혀야 할 것이다.

가 곡창이라고 하는데 쥐가 많은 것이 짐작이 간다.

　그런데 그 미륵불 밑에 살고 있는 어떤 쥐의 집에 새 아기 쥐가 한 마리 태어났다. 그 부모가 잘 기르고 가꾼 덕분에 천하에 제일가는 절세 미모의 아가씨가 되었다. 하도 예뻐서 땅을 파먹는 두더지에게 출가시키기에는 너무나 아깝다고 그 부모는 생각했다. 부모가 같이 앉아 상의한 끝에 자기 딸에게는 천하에서 제일가는 신랑을 골라줘야 한다고 결론지었다.

　천하에서 제일 위대한 존재는 물론 하늘의 해님임이 틀림없다. 그래서 그 부모는 해님에게 가서 천하절색인 자기의 딸을 배필로 삼아달라고 청혼하였다. 해님은 그 청혼을 듣고 고마워하면서 말하기를 "내가 세상에서 제일 위력 있는 자가 아니라오. 나보다 위력 있는 존재는 구름이라오. 나는 이렇게 온누리를 밝고 따뜻하게 비칠 수 있지만 구름이 내 낯을 가리면 나는 전혀 무력하게 된다오. 구름한테 가보시오"라고 했다. 그래서 그 부모는 구름에게 가서 "듣자하니 당신이 제일 위대한 존재라는데, 세상에서 제일 어여쁜 내 딸을 배필로 맞아주시오"라고 했다. 구름 역시 매우 고마와하면서 말하기를 "나는 해를 가릴 수 있고 낮도 밤같이 어둡게 할 수는 있지만 바람이 서쪽에서 남쪽으로, 남쪽에서 서쪽으로 불면 난 꼼짝없이 바람 부는 대로 흘러가게 되오. 그러니 나보다 더 힘센 것은 바람이랍니다"라고 했다. 그 부모는 이번에는 바람에게 가서 찾아온 사연을 말했다. 바람은 말하기를, "맞아요. 내가 한번 용을 쓰면 집도 무너지고 큰 나무도 뿌리째 뽑히고 해일을 일으켜 마을도 삼켜버릴 수 있지만, 그러나 이날 이때까지 아무리 힘차게 바람을 불어보아도 저 강경평야에 우뚝 서 있는 은진미륵은 꼼짝도 안 한다오. 은진미륵은 나보다 훨씬 더 힘이 세다오"라고 말했다. 그 부모는 새삼스럽게 탄복하고 나서 자기네가 살고 있는 곳에 돌아와서 은진

미륵에 기어 올라가 그 코밑에 가서 은진미륵과 역시 같은 대화를 했다. 미륵불은 반가이 맞아주며 찾아온 사연을 듣고 말하기를 "그렇소. 내가 세상에서 제일 힘이 세다고 알려졌지만 사실은 그렇지 않다오. 나는 이렇게 우뚝 버티고 서 있지만, 내게는 어느 때 넘어지지 않나 하는 염려가 늘 내 마음을 죄고 있다오. 그것은 내 밑에서 살고 있는 쥐들이 내 기반을 파서 한쪽을 기울어지게 한다면 나는 그만 넘어지고 말 테니까요. 그러므로 나보다 더 힘센 존재는 내 밑에 살고 있는 쥐들이라오" 라고 말했다.

그 부모는 그때에야 비로소 자기네들이 세상에서 제일 위대한 존재라는 것을 깨닫고—말하자면 자기를 발견하고 의식화된 셈이다—이 동네 저 동네 쥐 가운데서 좋은 총각을 물색해서 그 어여쁜 딸을 출가시켰다는 이야기다.

최근 수년 동안, 아마 지금도 대학의 국사 교재로 제일 많이 쓰이는 책은 이기백의 『한국사신론』(개정판, 1976)일 것이다. 이 책은 현재 한국의 국사학자들의 사관을 대표한다고도 말할 수 있으리라. 1960년까지만 해도 국사학의 제일 과제는 식민지사관 극복이었다. 1970년대에 와서는 지금까지의 지배자사관이 아닌 민중사관 정립이 주요 과제인 것으로 보인다. 이 책은 그러한 사관으로 쓰여진 대표적인 통사(通史)다. 500페이지가 넘는 그 책의 맨 끝에 다음과 같은 맺음말이 있다. 「지배세력과 민중」이라는 소절이다.

한국사의 오랜 기간 동안 민중은 지배세력의 지배대상이 되어왔을 뿐이다. 따라서 역사의 표면에 그 모습을 나타내지 못하였고, 그 결과 기록을 통하여 그들의 과거를 더듬기도 어려운 형편이다. 그러면서도 이에 대한 이해 없이는 한국사 자체를 이해할 수 없는 존재가 바로 민중이다. 우선 이 문제에 있어서 기억해두어야 할 것은 민중은 어느 시대에 있어서나 사회의 대다수를 차지하는 기층세력이었다는 점이다. 말하자면 민중 없이는 사회 자체의 존립조차도 불가능했던 것이다. 왜냐하면 민중은 직접 생산을 담당하는 자였기 때문이다. 이에 대해 지배세력은 민중에 의지하여 그 존립을 유지할 수 있을 뿐이었다. 그럼에도 불구하고 과거의 민중은 지배세력에 참여하지 못해왔다. 사회의 기층세력이면서도 주인의 구실을 못하였고, 다만 불만의 표시를 나타낼 수 있을 뿐이었다. …그러나 이러한 과정을 통해서 민중은 한 발짝씩 지배세력으로 등장하는 길을 닦아가고 있었다.

우뚝 서 있어서 천만 년 갈 것같이 견고하게 보이는 지배기구도 그 밑바닥을 받치고 있으면서 동시에 직접 생산을 담당하는 민중 없이는 존립할 수 없다. 민중의 동요는 그 권력체계의 붕괴를 가져오고야 마는 것이다.

하비 콕스는 『영의 유혹』에서 민중의 종교(민간신앙, 즉 민속종교에 해당함)는 소외되고 눌려있는 대중(something)이 자기주체(someone)를 실현하려는 몸부림이며 민중이 살아남는 길이며 민중의 '집단적인 영혼'이라고 이해하고 있다. 같은 견해를 민간설화·민담에도 적용할 수 있을 것이다. 김용복은 '민중의 자술적인 사회전기'(social biography)라는 신조어(neologism)를 민중신학에 도입했다.[2] 민중의 이야기, 민

---

2 김용복은 그가 제안한 '민중사회전기'에 관해 최근에 더욱 구체적인 실례로써 그 개념을 밝혔는데 그것은 "韓國人 原暴被害者의 民衆社會傳記"(「기독교사상」, 1982년 8월호)다. 일종의 신학적 파라다임(현실 문제를 신학적으로 해명하는 한 열쇠라는 뜻에서)인 '민중사회전기'로써 그는 우리에게 민족적 수난을 보게 할뿐 아니라 '지옥'과 또 '신의론'(神義論) 등의 전통교리를 새롭게 하고 있다.

담이라는 말이다. 그는 주장하기를 민중의 실체나, 민중의 수난이나 갈망 등은 '역사철학적인 인식론이나 사회과학적인 방법론'으로 파악하는 데는 한계가 있고 또 민중을 객체화함으로써 추상적이고 고정적인 이해에 그치는 데 대해서 '민중의 사회전기'를 찾아서 듣고 말함으로써 민중을 보다 실질적으로 주체적으로 찾게 된다고 주장한다. 민담이라는 것이 민중의 '집단적인 영혼'의 공간을 갖고 있으며, '민중의 사회전기'적인 성격을 지니고 있다는 발상은 '민중과 민담' 이해에 크나큰 공헌을 한 것으로 필자에게는 생각된다. 위에서 소개한 '은진미륵과 쥐' 이야기는 그러한 의미에서 민중의 '집단적인 영혼'이며, '민중의 자술적인 사회전기'다.

3. 에밀레종

신라 제35대 경덕왕(742-764)은 부왕인 성덕왕의 위업을 기리고 명복을 빌기 위해서 구리 12만 근을 들여 큰 범종을 만들기로 하고 경향 각지 사찰의 승려를 동원해 가가호호에 가서 구리를 시주받도록 하라는, 말하자면 구리 징발령을 내렸다. 그래서 모은 구리를 가지고 몇 번이나 정성을 다하여 쇳물을 부어 만들어 보았지만 번번이 종에는 금이 가고 깨진 소리밖에 나지 않았다. 그는 결국 종의 완성을 보지 못하고 세상을 떠났으며 다음 왕위에 오른 그의 아들 혜공왕이 그 일을 이어받아, 종은 20년 만에 완성 되었다(773). 왕은 그 종을 '성덕왕 신종'(聖德王 神鐘)이라고 이름 짓고, 새로 지은 봉덕사의 종각에 매달았다. 그 종의 표면에는 종을 찬양하는 글이 새겨져 있는데, 산봉우리같이 솟아있고 입은 용의 아가리같이 우람한 이 종은 사람과 신들이 합작한 것으로 천지의 조화가 깃들어 있고, 그 종소리는 90만 경주인의 마음을 부처님의 마음으로 변화시킨다. "불변 영원한 종이여, 끝없는 행복이 그대로부터 오누나"라는 글이다. 그 '성덕왕 신종'은 지금 경주 박물관의 종각에 매달려 있으며, 무게 72,000kg, ·높이 3.79m, 입의 둘레 6.98m, 직경 3.79m이며 전 세계에 남아있는 8대 종 가운데 하나이다. 대략 위와 같은 것이 정사(正史)의 기록이고 지금 사람들은 그 기록을 경주박물관의 종각에 매달려있는 무게 72,000kg의 그 종을 보듯이 사실로 알고 있다.

그런데 이 종에 서려 있는 하나의 민간설화가 있다. 혜공왕이 종을 몇 번이고 만들어보았으나 그때마다 깨진 소리만 나기에, 나라 일을 점치는 일관(日官)을 불러 물어보았더니 그 일관은 말하기를 "이 엄청난 큰 공사를 완성하시려면 사람의 희생이 있어야 하는데, 그것도 속세의 물욕과 때가 묻지 않은 천진 순결한 어린아이를 쇳물 속에 넣어서 종을 만들어야 합니다"라는 것이다. 신하들과 고승들을 불러 의논했더니, 그중에 한 고승이 나서서 말하기를 "작년 겨울, 종에 사용될 쇠붙이를 시주받기 위해 산골 어느 마을에 들어갔을 때 아주 가난한 오막살이집이 하나 있어서 그냥 지나치려다가, 시주도 복전(福田) 가는 길인데 가난한 집이라 하여 뺄 수 없어서 들어갔더니 아직 세 살도 못된 귀여운 딸아이를 안고 어르며 즐거워하는 한 아낙네가 있었습니다. 시주를 청했더니 "우리 집은 하도 가난하여 아무것도 없고 우리 집 재산은 이 아기뿐이라오" 해서, 가난 속에서도 모녀의 사랑이 정겹다고 생각하며 돌아왔는데, 이제 깨끗한 그 아이가 생각나니 데려다가 신종에 바치는 것이 어떨까 합니다"라고 말했다. 그래서 왕은 관원을 보내어 그 아기를 빼앗아다가 끓는 쇳물 속에 넣어서 종을 만들었는데 이번에는 이상하게도 그 종이 훌륭하게 완성되어 원하는 대로 아름다운 소리를 내는 종이 되었다는 것이다. 그 소리는 하도 맑고 깨끗해서 장안 사람들도 일손을 멈추고 그 소리를 황홀하게 듣곤 했는데, '웅~' 하고 울려 퍼지는 소리의 끝에는 '에밀레~' 하는 엄마를 부르는 아기의 애처로운 울음소리가 뒤따라 들린다는 것이다. 그래서 신라 사람들은 이 종을 '에밀레종'이라 부르게 되었다는 것이다. 정사(正史)의 관명으로는 '성덕왕 신종'인데, 민간설화에서는 '에밀레종'이라 한다. 전자는 history고 후자는 story(folktales), 혹은 미국 여성신학자들의 말을 빌리자면, herstory다. '성덕왕 신종'은 지배자의 위업 곧 백성의 수탈을 의미하는 history(역사)고, '에밀레종'은 수탈당하기만 하는 백성·민중의 고난과 슬픔을 담고 있는 story 혹은 herstory다.

지나가는 사람들아, 내 말을 들으라, 정사에 진실이 담겨 있다고 생각되느냐, 민담에 진실이 담겨 있다고 생각되느냐!

우리나라 고려조 때 쓰여진 책 중에 국무총리였던 김부식이 그의 서각에서 엮어낸 『삼국사기』(1145)가 있고, 일연(一然)이라는 승려가 전국을 돌아다니면서 민간설화를 모은 『삼국유사』(1281)가 있다. 전자는 정사이고, 후자는 민간설화집이다. 집권자 김부식은 종주국 중국의 입장에서 한국사를 썼기 때문에 삼국(고구려, 신라, 백제) 이전의 고대사가 없는데 일연스님은 민중의 입장에서 민간설화를 모았기 때문에 그 속에는 민족의 시조 단군설화가 들어 있다. 소위 '주체의식'이라는 것이 지배자의 역사에 담겨져 있느냐, 민중의 민담에 담겨져 있느냐를 분명히 알 수 있다.

4. 사사 입다와 이름 없는 그의 딸

사사기 10장 이하에 나오는 입다의 설화는 사사시대에 속한 설화다. 요단강 건너편 길르앗 지방에 사는 이스라엘 사람들은 18년간이나 암몬 왕국의 억압에 짓밟혔다. 또다시 암몬군이 길르앗 지방에 침공해 들어왔을 때 이스라엘군은 미스바에 진을 치고 침략군과 맞섰는데 그때 이스라엘군은 약세라고 생각해서 이스라엘의 원로들이 장사 입다에게 가서, 군대의 지휘권을 갖고 싸워서 침략자를 물리쳐줄 것을 청했다. 입다는 한 길르앗 사람이 창녀의 몸에서 낳은 자식인데, 커서 본처에게서 난 자식들이 학대하므로 돕이라는 땅에 도망하여 살면서 그곳 비적 떼들의 두목이 되었다. 입다가 길르앗 원로들의 청을 듣고, 전날에 학대 멸시할 때는 무슨 마음이고, 지금 도움을 청할 때는 어떤 마음이냐고 하면서 그 청을 듣지 않으려 하는 태도를 보이자 원로들은 다시 간청하기를, 전쟁 때는 군대의 지휘자요, 전쟁이 끝나면 통치자로 받들겠다고 약속했다.

입다는 이러한 약속을 받고, 전쟁에 나서기 전에 다시 하느님과 흥정하기를 "당신이 내 손에 승리를 안겨준다면, 전쟁에서 돌아오는 날 내 집 문 앞에서 나오는 첫 사람을 하느님께 희생으로 바치겠습니다"라고 하였다. 그 후 그는 전쟁에 나가 승리하고 미스바에 있는 자기 집으로 돌아온다. 그런데 입다의 승리를 축하하기 위해 그 집 앞에 처음으로 나타난 사람은 그의 무남독녀 외동딸이었다. 그 즉석에서 입다는 자신의 불신과 경솔함을 뉘우치기는커녕 춤추며 환영하는 그의 딸만을 나무랐다. 그의 딸은 아버지가 하느님께 맹세한 대로 자기를 희생으로 드리라면서, 그러나 번제의 희생이 되기 전에 두 달 동안 말미를 주면 처녀로 죽는 신세를 친구들과 어울려 산으로 돌아다니면서 실컷 울고 슬퍼하겠다고 말했다. 두 달 후에 그녀는 번제의 희생으로 불태워졌고, 그녀의 친구 이스라엘의 처녀들은, 그 후 해마다 나흘 동안 집을 떠나 애곡하는 관습이 생겼다는 성경이야기다.

유니온 신학교의 필리스 트리블(Phillis Trible) 교수는 그녀의 교수 취임 강연 "입다의 딸과 희생을 애도하는 한 신학적 명상"(「신학사상」, 1981년 겨울호)에서 사려 깊은 생각을 보여주고 있다. 트리블 교수는 말하기를, 똑같이 그의 독자를 하느님에게 번제의 희생으로 드리되, 아브라함의 아들 이삭은 구출되었고, 입다의 딸은 살해되고 말았다고 한다. 그리고 딸을 자기의 불신앙의 맹세 때문에 살해한 폭력자 입다는 성경에, 즉 사무엘도(사무엘상 12:11), 히브리서 기자도(11:32-34) 위대한 사사라고 찬양하고 그의 딸은 망각의 어둠 속으로 사라져버렸다는 것이다. 그러나 이스라엘의 고대 전설 곧 민간설화에서는 달리 말하고 있다고 한다. 즉 입다는 푸대접받고 그의 폭행 때문에 죽을 때 시체가 토막나는 징벌을 받았고, 그의 딸은 사이라(Shailah)라는 이름으로 기억되었다고 한다. (트리블 교수는 필자가 지금까지 들어온 가장 무서운 성서 비판의 말을 했는데) "이리하여 성서는 고대설화를 찬탈(簒奪)하고 있는 것이다." 역사가 민담(story, herstory)을, 정경(canon)이 민담을 찬탈해버린 것이다. 경전(經典)에 찬탈된 민담의 부활과 복위가 요청된다.

5. 봉산탈춤

민담이라는 한정된 범위를 넘어서 '민중의 사회전기', '민중의 언어'를 찾는 관점에서 본다면 전통적 탈춤과 『홍길동전』과 판소리계 이야기는 그 대표적인 유산이라 하겠다. 홍길동과 함께 임꺽정, 장길산 등도 대표적인 민중 사회전기라 할 수 있다.

한국의 탈춤은 적어도 천 년의 역사를 갖고 있고 현재 그 대사를 정리해놓은 것은 열 서너 개가 있으나, 가장 널리 유포된 것은 봉산탈춤이다. 탈춤은 전통예술 중에서 가장 뚜렷하게 민중의식을 담고 있으며 민중의 입장에서 가장 신랄하게 사회적 모순을 비판하는 민중의 언어, '몸의 언어'다. 그리고 다른 민중언어보다도 민중의 고난에 참여하고 썼다고 말할 수 있는 것은, 탈춤의 전성기가 18세기에서 19세기 초였는데 가장 철저하게 일제의 강압정치에 의해서 금지 당했으며, 또 지난 1970년대에 가장 많이 부흥되어서 경향 각지의 거의 모든 대학에서 그 연구회, 공연으로 70년대 문화운동을 주름잡았다가 또다시 가장 심하게 단속의 대상이 되고 있는 것만 보더라도 민중의 고난에 그대로 참여하고 있다고 말할 수 있다.[3] 그리하여 탈춤은 현재 당국의 단속이 될 뿐만 아니라 동시에 엉뚱하게 훼손당하고 있다. 다시 말하자면 지배문화에 의해서 '국풍'(國風)으로 굴절되어 안으로는 선무책(宣撫策)으로 꾸며지고, 밖으로는 외국인의 관광용으로 박제화되고 있다.

봉산탈춤은 세 과장으로 성립되는데, 그 첫째 과장은 노장 과장이다. 노승이 등장하여 먹중[上佐]들에게 그 노쇠·무력·허위 때문에 실컷 해학적인 야유를 받고 있다가, 소무라는 아리따운 젊은 여자에게 마음이 끌려서 파계를 하나 생산할 능력이 없자, 소무는 취발이라는 젊은 난봉꾼과 어울려 생산을 하게 된다. 무대 위에서 입에 담을 수 없는 상말(몸의 언어), 성행위가 난무하며, 노승의 무능과 허위가 폭로된다. 둘째 과장에는 양반 삼형제가 말뚝이라는 종놈의 안내를 받고 등장하여,

---

3 70년대의 탈춤운동에 관해서는 다음과 같은 주목해 야 할 연구 논문이 있다. 채희완, "70년대의 문화운동"(『문화와 통치』, 1982, 민중사).

헛된 체면과 권위에 대해서 또다시 갖은 해학적 야유를 받게 되며, 양반의 허위와 무능이 폭로된다. 반면에 말뚝이는 생기가 발랄하고 행동이 기민하여 양반을 골탕 먹인다. 셋째 과장에는 전쟁이나 기근으로 인해서 자녀들을 잃은 한 쌍의 부부가 생이별한 후 서로 찾아 헤매다가 늙어서 다시 만나지만, 영감에게는 이미 젊은 첩이 생겨서 그 부인 미얄할미를 학대하여 죽게 만든다. 그리하여 동리사람들이 죽은 미얄할미를 측은히 여겨 무당굿으로 죽은 혼을 달랜다는 이야기다.

첫째 과장은, 종교·도덕의 관념적 허위(이데올로기)에 대한 비판이요, 둘째 과장은 봉건사회의 신분적 특권에 대한 비판이요, 셋째 과장은 남성적 횡포에 대한 비판이며, 한 걸음 더 나아가서 학대 받는 민중 자신을 객관화시켜 그것들을 상소리 섞인 해학으로 넘어서는 것이다.

탈춤은 18세기 말부터 19세기 초에 가장 활발했으며 이때 농촌에서 도시로 진출했다. 사회·경제사적으로는 봉건주의에서 자본주의에로 이행하려던 무렵이다. 다시 말해서 탈춤은 봉건체제의 붕괴가 임박했으며 민중의 해방이 가까워졌다는 민중의식의 표현이다. 탈춤으로 민중은 자기를 주장한 것이다.

6.『홍길동전』

민담은 민중의 사회전기(社會傳記), 사회적 자서전(自敍傳)이라고 했는데, 한국의 민담 중에서 민중의 사회전기로서 대표적인 것은『홍길동전』임에 틀림없다.

이야기 줄거리는 다음과 같다.

홍길동은 홍정승(洪政承)의 시비(侍婢)의 몸에서 난 서자로 뛰어나게 총명했으나, 그 아버지와 형에 대해 호형호부하지 못하고 종들이 천대함을 통분히 여겨, 부모를 하직하고 산중 도둑의 소굴에 들어가 무술을 시험받은 뒤, 그들의 괴수가 되어 활빈당을 조직하였다. 그리하여 팔도수령들의 불의의 재물을 빼앗아 빈민들에게 나누어주었다. 조정에서는 크게 동요가 일어나 길동을 잡아 올리라 하니 팔도에서 한날 한시에 잡았다는 장계(狀啓)가 들어와, 길동을 힘으로 잡을 수 없음을 알고 병조판서를 주겠다고 하였다. 그러나 그는 응하지 않고, 멀리 뱃길을 떠나 한국 땅도 아니고 중국 땅도 아닌 율도국(栗島國)으로 가서 왕이 되어 그 어머니를 모셔와 이상적인 정치를 실현하였다는 이야기다.

『홍길동전』은 조선 중엽의 허균(許筠, 1569-1618)의 작품이라고 하는데, 소설다운 형태를 갖춘 최초의 작품이며, 한글 소설의 효시이고, 또 우리나라를 무대로 사회현실을 반영한 평민문학의 주축이라고 일컬어진다. 원작자 허균은 조선이 낳은 가장 천재적인 문재(文才)이며 사회혁명적 사상가로서 그가 "남녀 정욕은 하늘이 부여한 것이요, 분별의 윤리는 성인의 가르침이다. 하늘이 성인보다 높으니 성인의 예교를 어길지언정 천부의 본욕을 위배할 수 없다"(男女情欲天也, 分別倫紀聖人禮教, 天尊於聖人則寧違於聖人, 而不敢違天稟之出性)라고 주장한 데서도 그 과격한 사상의 일면이 드러난다.

1613년 서양갑(徐洋甲) 등 칠서(七庶)들이 여주(驪州) 강변에 모여 군신(君臣)·부자(父子)의 의를 끊는다는 의미로 자기들의 처소를 '무륜'(無倫)이라 칭하고 무뢰자들과 작당하여 무장항쟁을 도모한 '칠서(七庶)의 변'이 있었는데, 그들은 다 허균의 추종자였으며 그 결과 허균도 처형되었다.

민중의 사회전기의 대표격인『홍길동전』은 여러 가지 깊은 함축이 있을 것으로 짐작되나 그중에서도 뚜렷하게 나타나는 세 가지 점만 지적해보겠다. 첫째는, 유교적 지배질서에 대한 비판이다. 지배층은 유교에 따라서 일부일처를 명분화한 다음 욕정의 음행을 위해서 첩들을 거느린다. 거기서 생긴 자식들에 대해, 자기네의 기득권적인 명분유지, 권력독점을 위해서 신분의 제약을 무리하게 가하는 이른바 서얼(庶孼)학대는 조선 지배층의 자기모순을 가장 뚜렷하게 드러낸 예다. 작중 주인공이 이러한 신분의 출신으로 그 사회의 모순을 타파하러 나선 것이다.

둘째로, 주인공이 산중 비적소굴에 들어가 그 괴수가 되어서 활빈당을 조직해가지고, 권세가나 부자의 재물을 털어서 가난한 사람들에게 나누어준 일이다. 조선의 계층적 사회상을 기록한 글 가운데 다음과 같은 귀절이 있다.

近年以來, 政紊吏苛, 賦繁役重…壯者散之四方, 弱者塡於溝壑, …邑里蕭蕭, 田野荒蕪, 或至於百里之間, 不見人煙(「時弊上疏」, 『栗谷全集』I, p. 53).

지방에서는 으레 민간의 과수(果樹)를 모조리 장부에 기록해놓고 공납을 받아갔다. 어떤 수령은 그해 결실이 있건 없건 일정한 양을 강요하므로, 백성들이 견디다 못해 과수를 베어버리는 일도 있었다. 시인 어무적(魚無迹 : 金海, 官奴出身, 燕山朝人)은 자기 고장의 한 농부가 매화나무를 도끼로 자르는 것을 목격하고 한 편의 부[斫梅賦]를 지어 풍자하였다.

民飽一盂飯

(백성이 한 그릇 밥을 먹으려면)

官饞延而齊怒

(원님은 군침을 흘리며 성을 내고)

民暖一袞衣

(백성이 한 벌 갖옷을 입으려면)

吏壤而剝肉

(아전은 팔을 뽐내며 가죽을 벗긴다)

使餘香餘野殘之魂

(매화의 향기는 들에 굶주려 죽은 혼에 덮이고)

花點流民之骨

(매화의 꽃잎은 서민의 뼈 속에 뿌려진다)

(魚叔權의『稗官雜記』所收)

다시 김시습(1435-1493)의『기농부어』(記農夫語)에 있는 시 한 편을 소개한다.

私債官租日夜督

(사채야 관조야 밤낮으로 독촉받는데)

況我難逃白丁役

(더구나 백정의 역役은 피하기 어렵도다)

一身丁彼亂於麻

(한 몸에 정역丁役이 삼실처럼 엉켰는데)

東侵西擾多煩酷

(동서로 침해받고 괴로워 못살겠네)

我有腴田數十畝

(나에게도 기름진 땅 수십 묘가 있었건만)

去年已爲豪強奪

(지난해 호장에게 빼앗겨버렸다오)

(『梅月堂全集』, p. 269)

『홍길동전』은 16세기의 농민 저항을 그 역사적 배경으로 갖고 있다. 지금까지 『홍길동전』을 문학사적으로만 보아왔던 바에 의하면, 홍길동을 역사적 배경과는 상관없이 신화적 인물로만 파악했다. 그러나 이제 문학사회학적·사회경제사적 연구에 의하면 홍길동은 역사적 인물로 16세기의 농민 저항을 지휘한 영웅이다. 이 사실은 『조선왕조실록』에 그의 체포와 처형이 기록되어있는 것을 보더라도 그렇다(中宗 8年 9月 實錄 v. 14, P.673 上左, 등등). 홍길동은 어떤 타율적 권위에 의해서 도적 떼의 괴수가 된 것이 아니고 자기의 능력을 과시하여 그로써 수령이 되어가지고 그 도적 떼를 활빈당으로 조직하여 노비층의 인권을 회복하고 조직적인 농민 저항을 시도하였다. 허균의 논문 "호민론"(豪民論)에 의하면 민(民)을 세 가지로 분류하여 호민(豪民), 원민(怨民), 항민(恒民)으로 하고, 원민의 한을 동력화(mobilize)하여 혁명을 조직·지휘하는 역(役)을 호민이라 했는데, 『홍길동전』이 우리에게 보여주는 것은 왕도정치의 이상이나 유교질서의 확립이 아니고, 민중의 에네르기가 새로운 질서를 모색할 수 있다는 신념이다.

끝으로, 홍길동은 유교 질서를 회복하는 것을 단념하고, 조정에서 약속하는 병조판서직을 거절했으며 율도국이라는 데 가서 새로운 사회를 개척한다. 거기는 "조선 땅도 아니고 중국 땅도 아니다"라고 한 바와 같이 중국의 지배질서를 벗어난 새 세계로서 요즘 말로 하자면 제3

세계인 셈이다. 홍길동이 조선의 지배체제를 개혁하는 것을 단념하고
율도국이라고 하는 유토피아로 도피하는 점은, 중세 민중의 정치적 상
상력의 한계를 보여주기도 하는 것 같지만, 그러나 당시 민중이 새로운
사회질서의 꿈을 안고 있는 것을 역력히 나타낸다고 하겠다.[4]

7. 『춘향전』

현재 『춘향전』은 판소리계 소설로 가장 널리 일반화되었다. 작품
연대는 미상이나 18세기 영정조(英正朝) 때 소설로 정착하였다. 그 발
달과정에 관해서 본래의 근원설화(민간설화)로부터 '판소리'로, 판소
리에서 다시 판소리계 소설로 이행했다는 것이 지금은 정설화되었다.
그러니까 그것은 본래 민간설화 곧 이야기다.

이야기 줄거리는 다음과 같다.

산 좋고 물 맑은 전라도 남원 땅에 바야흐로 봄빛이 무르익을 즈음에,
이부사(李府使)의 아들 이몽룡은 방자를 데리고 광한루에서 춘흥을
못 이겨 시를 읊고 있었다. 그때 마침 퇴기(退妓)의 딸 춘향은 광한루
시냇가 버드나무 숲속에서 향단을 데리고 그네를 뛰는 것이다. 이도
령은 멀리서 춘향의 그네 뛰는 광경을 보고 방자를 시켜 향단을 불러
보고, 춘향의 자태에 반하여 그날 저녁으로 춘향의 집 문을 두드려 백
년가약을 맺었다. 그들의 사랑은 나날이 깊어만 갔다. 그러나 이부사

---

4 위의 『홍길동전』 요약은 대략 尹錫昌·許鋌 共著, 『古典國語正解』(관동출판사)에 따
  른 것이며, 『홍길동전』의 사회사적 연구에 관해서는 임형택, "홍길동전의 신고찰"(「창
  작과 비평」, 1979)에서 배운 바가 많다.

는 돌연 서울로 영전하게 되니 이도령과 춘향은 이별하지 않을 수 없었다. 그리하여 이도령은 면경(面鏡)을, 춘향은 옥지환(玉指環)을 서로 교환하여 다시 상봉할 것을 굳게 약속한다.

남원에서 이부사가 서울로 간 후, 주색을 좋아하고 횡포가 심한 변학도가 부사로 부임하게 되었다. 변부사는 춘향의 미모를 듣고 그녀를 불러 강제로 수청을 들라한다. 그러나 춘향은 가약을 맺은 이도령을 생각하며 죽기로써 수청 들기를 거절하니 마침내 옥에 갇히게 되었다. 때는 어느덧 변부사의 생일로 성대한 잔치가 벌어진다. 그동안 이도령은 상경하여 과거에 급제하고 암행어사가 되어 호남지방을 순례케 되어 폐의파관(敝衣破冠)으로 남원에 내려오게 된다. 이도령은 도중에 춘향의 그간 소식을 듣고 변부사의 생일잔치에 하객으로 나타난다. 그는 드디어 "金樽美酒千人血 玉盤佳肴萬姓膏 燭淚落時民落 歌聲高處怨聲高"라는 풍자시를 지어 좌중을 놀라게 한 후 삼문(三門)에서 암행어사 출도를 외치게 한다. 이도령은 곧 좌정하여 변사또를 봉고파직(封庫罷職)시키고, 위기일발에 처한 춘향을 구출한다. 그 후 이도령은 춘향 모녀를 데리고 서울로 올라가 영화로운 일생을 보냈다.

춘향의 이야기를 사회사적으로 고찰하여 그 실질적인 주제를 정리해보면 다음과 같다. 기생 춘향과 기생 아닌 춘향의 갈등에서 기생 아닌 춘향이 승리함으로써 그 신분적 제약을 극복하여 인간 해방을 쟁취하는 한편, 변학도와 맞선 춘향의 투쟁은 광범위한 민중의 지지를 받으면서 전개되는데, 이로써 농민층을 억압하는 관의 횡포에 간접적으로 항거하는 것이 된다. 결국 변학도의 정치적 몰락이라는 개인적인 측면에서부터 이야기는 사회적·정치적인 측면으로 확대된다. 다만 끝에 가서 춘향의 구출이 당시의 지배질서에 흡수되는 것으로 마무리되는

데에서, 이야기를 작성하고 전달한 민중의 정치적 상상력의 한계가 드러난다.

판소리는, 임진택(林賑澤)의 최근 연구에 의하면 민중의 자기표현이며 그 갈망인 실질적인 주제를, 지배세력이 억압의 수단으로 어떻게 자기 안에 흡수하여 굴절·변질시키는가에 있다. 결국, 민중의 자기주장을 해체시키는 지배세력의 수단은 도덕이라는 것이 드러난다.

판소리는 현전(現傳) 6마당(사설로 남아 있는 〈변강쇠가〉를 합해서) 외에 실전(失傳) 7(혹은 6)마당을 말한다. 합해서 13마당 이외에도 더 있었으리라 생각한다. 실전된 시기와 이유에 대해서는 19세기 말엽, 동학농민전쟁을 진압하는 관(官)에서 불온하다고 생각되는 농요·민요·동요·군요·창의가·사설로 된 판소리 등을 금지시켰기 때문일 것이라고 한다. 동시에 남아 있게 된 판소리 6마당도 지배체제에 대한 비판적 풍자를 골자는 없애고 순응적·도덕적인 것으로 굴절·변질시킨 것이며, 그 큰 공로자는 신재효(申在孝)일 것이다. 다시 말해 없어진 7마당은 더욱 더 판소리 본래의 성격인, 실질적·민중적 및 비판적인 내용을 담고 있었을 것이다.

그렇다면 표피적 주제보다는 실질적·이면적 주제가 더욱 중요하고 현전(現傳)보다는 실전(失傳)이 더욱 가치 있는 것이리라. 그리고 참으로 의미 있는 것의 생명은 잃어진 것이라 생각되기도 한다. 그렇기에 우리는 또 잃어져가는 민담을 찾는 것이다. 민담은 민중의 자아를 담고 있는 그릇, 나아가서 그 집단적인 영혼일 뿐 아니라, 참다운 전달과 전승의 모체가 되는 것이다. 우리는 위에서 판소리의 실질적 주체의 사회사적인 변천과정을 보았거니와, 거기에 비추어보건대 우리의 성서에 담겨진 그 많은 '이야기'도 그러한 사회사적 운명을 겪은 것이 아닐까 생각된다. 또한, 전래된 민담이 성서에 정착되기까지는 사회사적 굴절·변질의 운명을 면치 못했으리라고도 생각된다. 심지어는 정착된 이후에도, 교회사는 변질의 과정을 계속하고 있음을 우리는 알고 있다.[5]

8. 〈금관의 예수〉

민담이 민중의 언어이고 민중의 사회전기이며 민중의 집단적 영혼이라면, 민담은 계속적으로 다시금 창조됨으로써 민중의 자아정체(自我正體)가 확인되어야 할 것이다. 민담을 새롭게 창조하는 데에는 민중시인 김지하의 공헌이 크다. 그의 작품 가운데 기독교적 주제를 직접적으로 표현하고 있는 것은 담시 <비어> 중에 있는 <육혈포 숭배>와 옥중에서의 담시 구상 메모인 <장일담>과 희곡 <금관의 예수> 이 세 편을 들 수 있다. '민담'의 새 창조라는 점에서는 <육혈포 숭배>와 <장일담>이 가장 그 뜻에 부합하고 이야기가 아주 재미있으며 대사가 매우 익살(해학적)스럽고 또 판소리 형식이기도 하다. 그런데 지금 이 글의 주제인 '민담의 탈신학적 고찰'이라는 각도에서는 희곡 <금관의 예수>를 고찰하는 것이 보다 적절하다고 생각된다.

그 이야기의 줄거리는 다음과 같으며, 이야기의 현장은 1971년 한국의 어느 소도시의 겨울이다.

제1막이 오르면, 지금은 유명해진 노래,

얼어붙은 저 하늘
얼어붙은 저 벌판

---

5 여기 춘향전의 줄거리도 대체로 尹錫昌·許頲 共著 『古典國語正解』에 따른 것이며, 판소리에 관한 사회사적 연구는 林賑澤 「이야기와 판소리」(『실천문학』 2, 1981)에 크게 도움을 받았다.

태양도 빛을 잃어
아, 캄캄한 저 가난의 거리

어디에서 왔나
얼굴 여윈 사람들
무얼 찾아 헤매이나
저 눈, 저 메마른 손길

고향도 없다네
지쳐 몸 눕힐
무덤도 없이
겨울 한복판
버림 받았네
버림 받았네

　라는 노래가 끝나고, 삐에따의 예수상이 실루엣으로 보이는 어느 신부의 서재에서 커다란 성서가 놓인 탁자를 가운데 놓고 신부와 수녀가 대화를 한다. 수녀는 늙은 신부에게, 빈민촌 사창가의 집이 당국의 철거작업으로 헐리는데 이 추운 겨울 갈 데라고 없는 창녀들을 위해서 철거반대 데모의 앞장에 서라고 종용하지만 신부는 여러 가지로 변명하며 회피하는 것이다.

　제2막이 오르면 다시 그 노래가 들리다가 무대가 밝아지면서 시멘트로 만든 예수상이 보이는 길 가운데 문둥이와 거지가 등을 맞대고 앉아 이야기하며 지나가는 사람을 지켜보고 있다. 몹시 추운 새벽이다. 거기 그 수녀가 지나가다가 걸려 넘어질 뻔하고 다음에 신부가 지나가

다가 또 문둥이와 거지에게 희롱을 당하고 간 다음에 문둥이와 거지가
이야기하기를, 예수를 팔아먹고 사는 것이 곧 예수쟁이들일 것인데, 그
러면 예수쟁이와 구별되는 참 예수는 거기 서있는 시멘트로 만든 예수
상, 보지도 듣지도 말하지도 못하고 서있는 시멘트 예수상이라고 한다.
그때 한 비대한 체구의 사장(교회당 건축공사를 청부받기 위해 금관의 예
수상을 세운)이 이 사창가에 오다가 문둥이와 거지에게 희롱을 당하고
있는데 한 순경이 다가오는 것을 보고 도망친 다음, 그 순경이 등장하
여 이 문둥이와 거지에게 오늘 행인들에게서 뜯어낸 돈의 일부를 상납
하라고 협박하다가 그 사장 뒤를 쫓아간다. 그 뒤 한 창녀가 등장하여
문둥이와 거지에게 밥을 먹여주려고 데리고 가는 것이다.

　제3막이 오르면 '금관의 예수상'이 있는 광장에 그 문둥이가 술에
취해 노래를 부르며, 시멘트로 육중하게 세워진 예수상을 쳐다보면서
신세타령, 자기저주를 퍼붓고 말 못하는 예수상을 나무라다가 그 앞에
쓰러진다. 그러자 문둥이의 이마에 물방울이 떨어져서 이것이 빗물인
가 했더니, 시멘트 예수상의 눈에서 눈물이 흐르는 것을 보고 그 문둥
이는 키를 높여서 예수상을 보다가 그 위에 씌워진 금관을 발견하고 그
것을 벗겨가지고 좋아한다. 그러자 예수가 입을 열어 말을 시작하는 것
이다. "그 금관을 가지라"고. 그래서 그 문둥이는 두려워 그 앞에 무릎
을 꿇으니 예수는 계속해서 말한다.

나는 너무나 오랜 세월을 이 시멘트 속에 갇혀 있었다. 답답하고 적적
한 이 시멘트 감옥 속에. 나는 너처럼 착하고 가난한 사람들과 이야기
하고 싶었고, 또 함께 괴로움을 나누고 싶었느니라. 얼마나 기다렸는
지 모른다. 이 감옥에서, 이 신전의 감옥에서 해방되는 날을. 해방되
어 너희들 속에, 너희들의 불행 속에 내가 다시금 불꽃으로 살아 타오

를 날을. 그런데 네가 왔다. 네가 가까이 와 내 입을 열었다. 내가 너에게 구원받았느니라. … 가난한 사람들의 굶주림을 외면하고, 박해받은 외로운 사람들의 고통스러운 외침에 귀를 막고 그리고 세속의 안락과 부귀와 명예와 권세에 너무나 가까이 있는, 스스로를 예수의 제자라고 자칭하는 바리새인들은 나를 가난한 사람들에게 가지 못하도록 자기만의 신전에 가두어 두었느니라. … 그런데 네가 내 입을 열었다. 네가 내 머리에서 금관을 벗겨내는 순간 내 입이 열렸다. 네가 나를 해방하리라. … 그런데 네가 지금 내 입을 열게 했듯이 이제는 내 몸을 자유롭게 해다오. 이 시멘트를 벗겨라. … 용기를 내라, 자 어서 어서 이 시멘트를 벗겨줘. 답답하고 갑갑해서 못살겠구나. 어서 빨리 훌훌 벗어나 민중들 속으로 가고 싶다. 이제 어서 시멘트를 벗겨라, 어서!

이러한 예수의 말을 듣고 있는데 거기 신부와 사장과 순경이 나타나 저 문둥이가 금관을 훔쳤다고 해서 그 금관을 빼앗으니, 사장은 순경으로부터 제 것이라고 빼앗고 신부는 사장으로부터 금관을 빼앗아, 그 금관을 다시금 시멘트 예수상에 씌워놓으니, 예수상은 다시 입을 열지 못하는 벙어리로 되돌아가버리는 것이었다.

그 금관은 생각컨대 찬란한 교회당, 교회조직임이 틀림없다. 거기에 갇혀 예수는 말을 못하게 되어 가난한 자, 고통 받는 자들에게 가까이 오지 못하게 되어버렸다. 이 비슷한 이야기는 『카라마조프가의 형제들』이라는 소설 속에 있는 "대심문관(大審問官) 이야기"에도 있다. 나는 금년 여름 두 달 동안의 유럽 및 미국 여행에서 그러한 엄청난, 상상을 넘어선 찬란한 금관들을 무수히 보았다. 그 엄청난 성당은 금관의 몇천만 배의 것들이다. 최근에 어떤 일본 신학자는 한국에서 전개되는 한(恨)의 신학에 대응하는 일본의 신학은 '수치의 신학'임을 제안한 바 있는데, 이러한 금관들은 바로 수치의 증표라고 깨달아야할 것이 아닌가.

지금 한국, 특히 서울에는 30억, 50억, 100억을 들여 크고 화려한 교회당 짓는 경쟁이 일어나고 있다. 그중의 어떤 교회는 아마도 몇십억 정도의 크고 값비싼 건물인데, 그 건축 모양이 하도 기이하여 그것을 보는 사람 중에는 감옥 건물 같다고 하는 사람도 있는데 나는 그 교회당에 가보고 싶은 마음을 참고 있다가, 얼마 전에 내가 유아세례를 준 어떤 소녀의 결혼식에 참석하려고 처음으로 그 교회당에 가게 되었다. 그런데 나는 그 교회당 입구 벽돌담의 회랑에 들어서면서 깊고 큰 충격과 감명을 받았는데 그 들어가는 회랑은 내가 일찍이 로마 교외의 카타굼교회에 갔을 때에 받은 감명을 되살아나게 하는 그런 회랑이었다. 깊은 골짜기를 누비며 들어가는 그런 경험 말이다. 다음에 교회당 안에 들어갔는데, 내부에는 밖을 향하는 창이 없기 때문에 아주 어두웠고 벽에는 높고 낮은 벽감실(壁龕室, nich)이 있어서 더욱이 카타굼(Catagum)을 연상케 하였다. 극심한 박해를 피해 숨어들어간 카타굼 교회의 모양을 딴 교회 건축양식으로 지상의 화려함을 과시하는 것이라고 생각되었을 때 좀 아이러닉하다고 느꼈다.

과연 금관을 쓴 교회당에서 예수는 말하고 있을까? 그런데 지하(芝河)의 <금관의 예수>의 한층 더 의미가 깊다고 생각되는 부분은 그 금관을 벗는 예수가 다시 자기의 시멘트상을 벗겨달라는 호소이다. 시멘트상을 벗겨내면 거기에 무엇이 또 남아있을까? 입의 자유만이 아니라 몸의 해방을 요구하는 것이다. 언론의 자유만이 아니라 육신의 자유(실질적인, 신체적인 조건)를 호소하는 것이다. 시멘트 속에 갇힌 예수의 해방, 어떤 사람들은 중세기의 교회로부터 성서는 해방되었다고 주장한다. 그것이 종교개혁이라고 그러나 다시 예수는 성서 속에 감금된 것이 아닐까? 나아가서 신학 속에 감금된 것이 아닐까? 성서와 신학의 시멘트, 횟가루와 모래의 시멘트 속에 감금되어 있는 예수.

이 시멘트를 허는 것은 물론 신학이 아니다. 해방신학도 민중신학도 아니다. 그러한 신학으로부터, 나아가서 성서로부터 해방되는 예수는 누구이며 무엇일까?

9. 〈몽실언니〉

계속적인 민담의 새로운 창조라는 문맥에서 한 가지 더 소개해보기로 한다. 동화작가 권정생이 「새가정」 1982년 1월호부터 연재하고 있는 <몽실언니>라는 '소년소설'이다.

지금까지의 이야기 줄거리는 다음과 같다.

해방이 되자, 그때까지 일본에 가서 막일꾼으로 노동을 하던 정씨는 그 아내 밀양댁과 세 살 난 딸 몽실이와 아들 종호를 데리고 자기 땅 한 뙈기도 없는 고향에 무일푼으로 돌아왔다. 얼마 후에 아들 종호는 병들어 죽고 가난 때문에 부부싸움이 잦다가 정씨는 돈벌이하러 집을 나가버린다. 정씨가 집을 나간 지 한 달 남짓 후에 굶주림에 못 견뎌 밀양댁은 몽실이를 데리고 도망쳐 밥술이나 먹는 김주사라는 사람에게 개가하고 만다.

그 집에서 몽실은 새 아버지의 성을 따라 김몽실이가 되어 일과 학대를 도맡아 받던 중 친아버지 정씨가 돌아와 밀양댁을 못 찾고 화풀이만 하고 돌아간다. 그 후 김주사는 밀양댁과 여섯 살 난 몽실이를 발길로 걸어차서 두 모녀가 토방 밑에 떨어지는 바람에 몽실은 그만 왼쪽

다리뼈가 부러져서 절름발이가 되고 만다. 얼마 후 몽실이를 찾으러 온 고모를 따라 홀아비가 되어 머슴살이를 하고 있는 친아버지 정씨에게 되돌아간다. 정씨는 다시 북촌댁이라는 마음씨 좋은 과부와 재혼하게 되니 몽실이는 다시 새엄마를 갖게 된다. 새엄마 북촌댁은 얼마 후에 임신하게 되었는데 그 무렵부터 공비가 마을에 나타나서 세상이 점점 소란해져갔다. 그때 몽실의 나이는 아홉 살이었는데 정씨는 소집영장을 받고 출정한다. 그 직후 새엄마는 딸아기를 출산하고는 죽고 만다. 동리 할머니가 그 아기 이름을 난리통에 났다고 해서 난남이라고 이름을 지어주는데 몽실이는 바로 이 난남이의 언니가 된다.

이야기는 여기까지 진행되었는데, 몽실언니가 동경 폭격, 해방, 귀국, 거지같은 가난, 두 아버지 사이에서 절름발이가 되고 두 어머니 사이에서 마음이 분열되며 공비 출몰, 6·25전쟁을 겪으면서 어린 인생을 살아가는 이야기다.

이렇게 해방세대의 사회 전기가 엮어지는데 공비가 내려오는 소란통에 움막에서 추운 밤을 지내고 있을 때, 숯불을 가지고 온 몽실이와 아버지가 나누는 대화의 앞뒤는 다음과 같다.

(동리 아이들 사이의 대화)
"까치바위골에선 앵두나무집 아들(공비)이 자기 집 쌀가마니를 훔쳐
　　달아났는데 다음날 아침에 보니 쪽지 편지를 써놓고 갔더래."
"빨갱이 아들이 써놓고 갔단 말이지?"
"그래, '아버지, 죄송합니다' 해놓고 자기 이름을 써놓았더래."
"그래서 어쨌니?"
"앵두나무집에선 다음에 아들이 또 올까봐서 닭을 잡고 떡을 만들어

문 밖에 내놓았더니, 어떻게 알고 내려와서 가지고 갔더래."

그러나 그 앵두나무집 아버지는 아들과 남몰래 통했다는 이유로 잡혀
간 뒤 소식을 몰랐다.

겨울 동안 어른들은 모두 경비원 노릇을 했다. (중략)

몽실 아버지 정씨도, 헌 옷을 겹겹이 껴입고 화롯불을 담아들고 움막
으로 나갔다. 정씨가 지키고 있는 움막은 지서에서 19번째 움막이었
다. (중략)

몽실은 그 숯불을 깨진 옹배기 조각에다 재를 뒤집어씌워 담았다. 그
리고는 조심스레 받쳐 들고 19번 아버지 움막으로 바쁘게 갔다.

(중략)

"누구야!"

인기척에 놀라 정씨가 소리쳤다.

"아버지이!"

"몽실이 아니냐? 웬일로 왔니?"(중략)

몽실은 움막 안쪽에 아버지와 꼭 붙어 앉았다.

"까치바위골 앵두나무집 할아버지 어찌됐어요, 아버지?"

"아마 돌아오시기 힘들게 됐나 보더라."

"왜 못 나오시나요?"

"아들이 있는 곳을 대주지 않으면 풀어주지 않는다니까."

"하지만, 할아버진 어디 있는지 알지 못하잖아요?"

"누가 그걸 곧이 듣니? 할아버지가 떡을 해주고 닭을 잡아주다니, 그
건 백 번 천 번 잘못한거야"

"아버지!"

몽실이는 정씨 얼굴을 쳐다보았다. 어두운 움막에서도 그걸 알 수 있
었다.

"… 그렇지 않아요. 빨갱이라도 아버지와 아들은 원수될 수 없어요. 나도 우리 아버지가 빨갱이가 되어 집을 나갔다고 해도 역시 떡 해드리고 닭 잡아 드릴거예요."

"……"

정씨는 입을 꼭 다물었다.

"내 말이 맞죠?"

정씨는 말없이 고개를 끄덕였다.

권정생의 동화에는 이러한 대목이 가끔 있다. <패랭이 꽃>의 순이의 경우도 이와 같다. 권정생의 동화집으로는 『강아지 똥』, 『사과나무밭 달님』, 『신작 5인 동화집』이 있다. 참으로 진실되고 아름다운 이야기들이다. 거기 나오는 인물들은 거의가 거지, 머슴, 식모나 부엌데기, 지체불구자 그리고 소나 양 같은 가축과 새와 곤충과 물고기, 혹은 꽃—꽃 중에서도 이름 모를 잡초—들이 등장하여, 서로가 사랑하고 아끼고, 삶과 사랑과 희망을 키워가는 이야기들이다. 그리고 불의에 대한 저항이다. 한편 한편이 민중의 절실한 사회 전기다. <몽실언니>도 마찬가지다.

우리에게는 국토분단의 현실이 있고, 우리에게는 공산주의에 대한 판단과 결단이 있어야 하고, 우리에게는 통일과 인간성 회복(경우에 따라서 이것은 인간 구원의 문제로 심화된다)의 문제가 있다. 이러한 문제를 제시하는 길, 이러한 문제에 관한 해답을 찾아보는 일, 또한 그러한 문제와 해답을 표현하고 전달하는 매체는 아마도, 정치논설이나 신학논문보다도, 가령 말하자면, 권정생의 동화 같은 데에서 더욱 깊게, 생생하게 그리고 더욱 바르게 제시되고 전달되는 것이 아닐까? <몽실언니>의 처지와 마음에서 지금 우리의 형편, 처지, 과제 그리고 문제해

결의 실마리가 가장 훌륭하게 표현된 것이 아닐까?

10. 예수 이야기

마가복음서는 예수의 이야기다. 예수의 출현, 그의 행태, 그가 가르친 비유 그리고 특히 갈릴리 땅의 민중 사이에서 행한 많은 기적들, 마지막에 그가 예루살렘에서 죽임을 당하는 것과 부활에 관한 증거, 이러한 예수 이야기인데 그것을 가리켜 마가복음서 저자는 '복음'이라고 말했다. 예수 이야기가 곧 복음이다. 그리고 확인된 대로 이 복음서는 다른 공관복음서의 원자료다.

마가복음서를 그 원자료로 삼고 있는 공관복음서에서는, 여러 군데에서 예수가 자기를 고난 받는 민중으로 제시한 것을 볼 수 있다. 예수의 이야기가 민중의 이야기 속에, 민중의 이야기가 예수의 이야기 속에 흡수된 것을 볼 수 있다. 예수의 운명 속에 민중의 운명이 들어있다.

아니 예수는 고난 받는 민중의 삶과 운명을 짊어진 것이다. 그렇기에 안병무는 마가복음서가 민중의 사회 전기라고 했다. 우리의 이야기에 관련시켜 말하자면 마가복음서는 본래 민담 즉 민간설화다. 예수는 민중과 연대하고 있다. 마가복음서의 경우 그 대속적 속죄(어떤 신학자는 이것을 '유월절 이후의 신학'이라 하고)의 신학으로 합성되기 이전의 예수 이야기 단계에서는 말하자면 연대적 속량(그 신학자는 '유월절 이전의 이야기'라고 한다)이 제시되었다. 갈릴리의 민중들은 그들 사이에서 예수의 이야기를 자기네들의 이야기로 전했다. 민중 사이에 전해진 이 예수 이야기는, 오늘의 신학자들이 집중적으로 찾고 있는 역사적 예수와도 다르다. 이야기(narrative)와 역사(history)는 다르다. 우리는 예수 이야기를 찾고 듣자는 것이다.

근자에 신학계에서는 성서연구에 있어서(다른 신학분야에서도 역시) 소위 사회사적 연구를 진행시키고 있다. 사회사적 접근은 말하자면 탈신학화 과정의 제일보다. 그러나 그 제일보 이상은 아니다. 사회사적 접근으로 말미암아, 성서의 역사적·발생학적 '핵' 곧 계시라고 말할 수 있는 것이 찾아진다고 생각된다. 그 '핵' 곧 계시는 역사적 사건이다. 그러므로 "태초에 말씀(다바르, 로고스, 道)이 있었다"가 아니라 "태초에 사건이 있었다"라고 해야 할 것이다. 태초에 말씀이 있었다고들 주장하지만 사실은 태초에 역사적 사건이 있었다고 해야 할 것이다. 어떤 역사적 사건이 계시다. 말씀이 계시의 그릇이라고 하기 보다는 사건이 계시의 그릇이라고 해야 할 것이다. 우리가 성서가 하느님의 계시의 책이라고 말하는 까닭은 그 영감적 성격 때문이 아니고, 더 나아가 그 서술적인 진리성 때문도 아니고, 성서가 그 계시적인 역사를 보도하고 있기 때문이다. 이 경우에 계시적인 역사라고 말하는 것은 소위 historie 와 구별되는 geschichte가 아니라 바로 그때 거기에서 전개되었던 그 역사적 과정을 말하는 것이다(그렇기에 성서에 관한 역사비판적 연구가 계시 곧 그 역사적 사건을 찾는 데 방해되는 것이 아니라 오히려 필수조건이다). 그렇기에 계시, 태초의 X는 신학적인 논술로 전달되는 것이 아니고, 역사적인 사건이기에 '이야기'로 담겨지고 전해지는 것이다. 역사적 논술로 되지 아니한다. 역사적 논술은 객관적이고 과거의 것이 되어 버리는데 '이야기'야말로 그 원계시(原啓示)의 재생이라 할 수 있다. 마가복음서의 예수 이야기도 그의 이야기를 하는 가운데에 부활의 예수를 만날 수 있다고 저자 마가는 확신했다고 마르크센(w. Marxen)은 주장하는데 참으로 옳은 주장이라고 생각된다.

구약성서에 있어서 계시는 기자, 편집자, 예언자들이 전하려는 메시지가 아니라—그렇다면 서술적 진리의 성격을 띤 것이겠는데— 구약성서에 있어서 계시는 바로 출애굽 사건과 원이스라엘(Proto-Israel)의 발생이며 신약성서에 있어서도 계시는 바로 예수의 생애와 교회의 발생이다(처음 공동체). 그러한 원계시는 본래 이야기(민담)로 표현되었다.

그런데 구약성서에 있어서 율법이 생기면서 이야기는 끝나고, 신약성서에 있어서 신학이 생기면서 이야기는 가려져 버리고, 종국에는 이야기가 말씀으로, 교리로, 신학으로 바뀌어졌다. 마찬가지로 예수의 이야기는 교회의 신학에서 '하느님의 말씀'으로 바뀌어졌고, 예수의 죽임(살해, murder)은 역사적 교회에서 예수의 죽음(death)으로 대치되었고 예수의 십자가형(정치적이고 형법상의 형 집행)은 예수의 십자가(종교적 상징)로 바뀌어졌었다. 그러므로 예수 이야기(복음)를 되찾으려면 적어도 방법론적으로 신학(그리스도론, 구원론, 예정론 등)이 유보(moratorium)되어야 할 것이다. 예수 이야기를 되살리려면, 신학적인 말씀이 예수의 삶(생애)으로 곧 예수 이야기로 바뀌어져야 하겠고, 예수의 대속적인 죽음[死]이 예수의 죽임(살해)으로 바뀌어져야 하겠고, 예수의 십자가가 그의 십자가형으로 바뀌어져야 하겠고, 예수의 부활의 경우, 사체(死體)의 소생이 육체의 부활로 바뀌어져야 하겠다. 이렇게 탈신학화되어야 할 것이다.

종교적 상징인 예수의 십자가는 역사적·정치적인 예수의 십자가형의 역사적·정치적 사건에 뿌리를 박고 있어야 할 터인데 역사적 교회에서는 그 뿌리가 잘려지고 공중에 뜬 상징이 되고 말았다. 생물학적으로 개체의 죽음(때로는 종種의 죽음까지도)은 생물 진화의 기제(機制)이고, 자연사(自然死)는 깊은 의미에서 축복이다. 그리고 죽음의 문제는 영원한 문제, 해결되지 않은 문제다. 그러나 죽임의 문제는 사회적인 모순이다. 죽임의 문제는 해결 가능성 안에 있는 문제다. 그러므로 교회가 예수의 십자가형과 예수의 죽임(살해)을 되찾아서 거기에 뿌리를 박고 그 기반 위에서 신앙적인 증거를 하면 그 증거는 현실을 개변(改變)할 수 있는 힘을 발휘할 것이다.

부활의 질문(염원)은 자연사(自然死)의 경우에는 지나친, 때로는 부당한 욕심이다. 자연사는 되레 축복이라고 했다. 자연사가 없으면, 생물, 진화도 없다. 부활의 문제는 죽임(죽임을 당한 자의)의 물음(몸부림, 절규)이다. 죽임을 당한 자들의 부활이다. 그것은 신의론(theodicy)의 문제다. 그리고 무엇보다도 마지막 날에 있을 '일반적인 부활'도 예수의 재림 곧 메시아왕국에서의 전체의 부활이다. 곧 새 나라, 새 정치가 시작될 때 지금까지 죽었던 자까지 합해서 모두가 부활하는 일반적 부활이 있다. 부활은 이처럼 정치신학적 상징이다. 그런데 역사적인 교회에서 부활은 죽임을 당한 자의 부활이 아니라, 죽은 자(주검)의 부활로 바뀌었고 메시아왕국의 도래의 소리(마지막 나팔소리)에 일제히 깨어나는 일반적인 부활은, 마치 차안에서 떠나서 피안에서 부활하는 듯이 가르쳐왔다. 그렇게 부활이 비정치화되고 만 것이다. 그리하여 예수 이야기의 탈신학화에서 예수의 죽임과 십자가형과 부활을 되찾자는 것이다.

한발 더 나아가서 육체의 부활의 탈신학화는 마음(mind)에 대한 육체의 부활이요, 정신(spirit)에 대한 물질의 부활이요, 남성에 대한 여성의 부활이요, 지배자에 대한 민중의 부활이요, 하늘에 대한 땅의 부활이요, 이성과 지성에 눌려있는 감정과 본능의 긍정이요, 역사와 신학에 가리고 밀려난 이야기와 민담의 복권을 의미한다. 지금까지의 기독교신학에서는 신의 초월을 추구하지만, 예수 이야기는 신의 성육신을 말한다.

가톨릭교회가 성전의 종교이고, 프로테스탄트 교회가 성서(정경)의 종교라면, 민중의 교회는 민담과 이야기의 교회다. 종교개혁이 성전과 교회 조직의 껍질을 벗겨내고 성서를 찾아냈다면 민중의 교회는 성서와 신학의 껍질을 벗겨내고 예수와 민중의 이야기를 찾자는 것이다.[6]

예수 이야기인 마가복음서는 16장 8절까지라고 하는데 신약학자 퀴멜(Kümmel)에 의하면 마가복음서 저자의 본래 의도대로 그것은 open end로 끝낸 것이라고 한다. 예수 이야기에는 끝이 없다. 재미나고 신나는 이야기는 끝이 있어서는 안 될 것이다.

내가 최근에 가장 좋아하는 남궁옥분이 부르는 노래를 끝없는 내 이야기의 끝에 이어놓으려 한다. 맑고 깨끗한 육성(자연)으로 부활을 노래하고 있다.

다시 부르는 노래(부활의 노래)

서러워 말아요 꽃잎이 지는 것을
그 향기 하늘 아래 끝없이 흐를 텐데
그 향기 하늘 아래 끝없이 흐를 텐데

아쉬워 말아요 지나간 바람을
밀려오는 저 바람은 모두가 하나인데

---

6 프로테스탄트교회가 가톨릭교회의 갱신을 촉구했다면 이제 다시 민중의 교회는 프로테스탄트교회와 가톨릭교회의 갱신을 촉구한다. 그러나 민중의 교회는 기존의 교회형태처럼 건물이거나 조직은 아니다. 그 형태는 성령의 형태라고 말할 수 있는 것으로서 현장의 사건일 뿐이며 또 하나의 조직교회는 아니다. 그것은 조직교회를 재활성화(再活性化)시키는 하느님의 입김일 것이다.

밀려오는 저 바람은 모두가 하나인데

부르지 말아요 마지막 노래를
마지막 그 순간은 또다시 시작인데
마지막 그 순간은 또다시 시작인데.

민담의 신학: 반신학(反神學)*

1. 안동 신랑

판서(判書)에다 대제학(大提學)을 겸한 김숙(金淑)의 아들 안국(安國)은 이목이 수려하였다. 판서대감은 그 아들이 말을 하기 시작하자 글을 가르쳤으나 석 달이 되도록 하늘 천(天),따 지(地) 두 글자도 해득하지 못했다. 아직은 어려서 재주구멍이 뚫리지 않은 것으로 생각하고 몇 년 후에 다시 글을 가르치며 꾸중도 하고 매도 때렸지만 역시 마찬가지였다. 안국이 어언 나이 14세가 되어서 대감은 한숨을 쉬고 탄식하며 "저 물건만 보면 분통이 터지고 머릿골이 아프니 집에 두고 볼 수 없겠다" 하고 속을 태우던 차에 종제 청(淸)이 마침 안동 통판으로 나가게 되었을 때 안국을 데리고 가서 그곳에 살게 하고 다시는 서울에 나타나지 못하도록 무슨 수를 쓰라고 무리하게 떠맡겼다. 청은 조카를 데리고 안동에 부임하여 공무의 여가에 글을 가르쳐보았으나 판서 형이 말한 그대로였다. 청은 조카를 불러 "안국아 네가 왜 이러니?" 하고 물으니 안국은 대답하기를 "소질(小姪)은 전부터 무슨 민담설화를 들으면 정

신이 맑아져서 죄다 또록또록 기억이 되지만 문자에 대해서는 어찌 된 영문인지 도무지 터득이 안 될 뿐만 아니라 글공부라는 말만 들어도 벌써 두통이 일어납니다. 아저씨께서 죽으라면 죽겠습니다. 다만 글공부는 아니되니 어찌할 도리가 없습니다” 했다. 이에 청으로서도 별도리가 없었다.

그러던 중 청은 본읍(本邑) 좌수(座首) 이유신(李有臣)이 집이 부유한데다 당혼한 딸이 있는 것을 알고 안국과의 혼담을 꺼냈다. 유신은 혼담을 듣고 의아해했다. 이름난 서울 귀족의 아들이 하찮은 안동 좌수의 딸과 혼인하자니 무슨 영문인지 그 낭재(郞材)가 서자가 아니냐고 물었더니 통판 청은 바로 김대감의 정실 적자임을 확인해주었다. 그렇다면 무슨 불구자인가고 캐물었더니 청은 안국을 불러서 보이는데 그는 팔척 신장에 이목이 수려하고 음성이 청량한 서울 미소년이 아닌가. 유신은 그 소년이 혹시 고자나 아닌가 의심이 들었으나 차마 말을 못하고 있는데 통판은 그 눈치를 채고 안국더러 바지를 벗어보라고 해서 보니 그 기물도 좋았다. 그럴수록 유신은 더욱 의심이 깊어져서 주저하기 때문에 통판은 혼담이 이루어지지 아니하는 것으로 단념하면서도 유신의 의심을 풀기 위해서 안국이 글공부를 못해서 판서대감의 노여움으로 서울에서 쫓겨온 것임을 말하자 그때사 좌수 유신은 이제까지의 의심이 풀리고 속으로 “안동 좌수의 딸이 시임 대제학의 맏아들에게 시집가면 대만족이지 글까지 하기 바라리오” 생각하고 곧 허혼하였다.

안국은 장가들고 나서 석 달이 지나도록 처가의 별당에 틀어박혀서 호정 밖에도 나가지 않자, 신부는 조용히 묻기를 “글도 읽지 아니하고 문 밖 출입도 없으시니 원일이에요?” 하니 안국은 이맛살을 잔뜩 찌푸리고 대답하기를 “내가 14세가 되도록 하늘 천, 따 지 두 글자도 깨치지 못해 집안을 망칠 물건이라고 서울에서 내쫓겨 여기에 왔는데 지금은 부인까지 성화를 부리는 것이오? 나는 비단 글자만 깨치지 못할 뿐 아니라, 글이란 소리만 들어도 두골이 빠개지니 이제부턴 내 귓가에서 글이란 말은 제발 말아주오" 하였다. 신부는 한숨을 쉬고 물러서지 아니할 수 없었으나 날이 갈수록 더욱 민망하여 다시 기회를 보고 말을 꺼내서 "사랑에 나가서 저의 아버지, 오라버니들과 어울려 글도 하고 시도 짓고 해보시지요" 했다. 안국은 성을 불끈 내며 "먼젓번에 내 귓가에서 글 말은 꺼내지 말라고 하지 않았소? 아이고, 골이야!" 하며 골머리를 싸매고 드러누워 버리는 것이었다.

신부는 낙심하면서도 남편에게 그 이상 상처를 주지 아니하려고 그후 글공부 말은 일체 하지 아니했다. 그런데 신부는 원래 문장이 좋아서 시·서·육예(詩書六藝)의 글과 제자백가(諸者百家)의 책을 무불통지하였지만 여자로서 남편에게 글을 가르치는 것은 예법이 아니라고 해서 주저하고 있다가 얼마 후에 생각하기를 "저이가 문자 공부에 어떤 공포를 느끼는 모양이니 이야기를 들려주어서 시험해보리라" 하고, 말하기를 "저와 더불어 옛날이야기나 하실까요?" 하였더니, 신랑은 귀가 번쩍 뜨이는지 아주 반가와 하는 것이 아닌가. 신부 이씨가 천황씨 이래로 역사를 풀어서 이야기해 나갔더니 안국의 눈이 빛나고 신나게 듣는 것이다.

이씨가 이런 이야기도 듣기만 하면 곧 잊어버릴 테니 한 번 외어보라고 하니 안국은 들려준 이야기를 쭉 그대로 외는데 차착이 없었다. 이씨는 매우 기뻐하면서 "저이가 탁월한 재주가 있는데 무엇인가 질곡이 있어서로구나" 생각하면서 계속해서 성경현전에 이르기까지 많은 이야기를 들려주고 되풀이 다시 들려주었다. 어느 날 안국이 이씨에게 묻기를 "그대는 이런 재미나는 이야기들을 어떻게 알았소?" 하니 이씨는 "그런 이야기들이 다 글로 쓰여져서 책에서 읽었다오" 했다. "그럼

나도 그런 이야기들을 글을 배워 알아볼까?" 하니 이씨는 곧 책을 가져다 펴놓고 안국이 이미 아는 이야기들을 손가락으로 글을 짚어가며 읽어가노라니 안국은 무릎을 탁 치고 감탄하며 글을 깨우치기 시작했다. 한평생 깨치지 못한 것을 그만 일조에 깨우친 셈이다. 이렇게 해서 안국은 글 배움에 일취월장, 몇 해 안 가서 대문장이 되었고 이씨의 권유에 따라 과거에 응시해서 장원급제하여(이 대목에 어머니와 유모의 역할이 나온다) 아버지 대감을 놀라게 했다. 이 소식을 듣고 숙부 청이 달려와서 그 내력을 알고 감탄하며 말하기를 "형님 우리 형제가 평생 가르치지 못한 것을 그의 처가 가르쳐 놓았습니다. 사내대장부들이 일개 아녀자에게 미치지 못하였소 그려" 했다.

1) 위 이야기에서는 교육과 통신의 매체로서 '문자'와 '이야기'가 비교되었다. 문자의 경우에는(그림과도 달라서) 한 사람이 자기의 생각을 종이에 써놓은 것, 인쇄된 것을 다른 사람이 읽어서 이해하는 간접적인 매체이고 이야기는 한 사람의 입에서 다른 사람의 귀로 들려져서 알게 되는 직접적인 매체다. 뿐만 아니라 문자로 써놓은 것은 대개 그 내용이 관념적이고 일반적(추상적)인 것인데 대해서 이야기의 경우는 실제적이고 구체적인 것이다. 문자(책)는 대개 학문의 연구발표 방식으로서 말하자면 '머리의 언어'고, 이야기는 일상생활의 표현전달 방식으로서 '몸의 언어'라고 할 수 있다. 머리의 언어는 분해적(analytical)인데, 몸의 언어는 통전적(holistic)이다. 문자가 정신적인 언어라면 이야기는 물질적인 언어다. 문자를 통한 통신은 밖으로부터 무엇을 부과하는 방식이어서 결국 사람을 자기로부터 소외시키는 결과를 가져오는 데 대해서 이야기를 통한 통신은 사람이 재미나서 자발적인 수락으로 그 통신내용을 직관적으로 통전적으로 '자기화'한다. 따라서

전자는 억압적인데 후자는 해방적이다. 문자가 두통을 일으키는데 이야기는 흥미를 일으킨다는 소년 김안국의 반응은 가히 알만하다.

  2) 소년 김안국이 이야기는 재미 있어 하고 글공부는 두통을 일으키는 데는 혹시 인간의 동물학적인 생리와 관계있는지도 모르겠다. 인간의 두뇌 중에 소뇌나 간뇌, 변연계(邊緣系) 같은 구피질(舊皮質) 등은 주로 분필에 의한 본능, 감정, 평형 등을 주관하는 데 대해서 인간에게 특히 발달된 대뇌는 신경중추를 구성하고 그 대뇌피질(신피질)은 세미한 지각신경중추를 이루고 있다. 그 대뇌피질의 우반구가 좌측 수족의 운동신경을 관장하고 그 좌반구는 우측 수족의 운동신경을 관장한다. 지금 뇌생리학은 놀랄만하게 발달되어서 어지간히 상세한 대뇌피질의 기능 국제 지도라는 것이 그려질 정도인데, 그 지도에 의하면 대뇌피질의 좌반구에 지각성 언어중추가 있고 우반구에 운동성 언어중추가 있다. 그리고 인간의 대뇌피질의 좌반구는 많이 개발되었는데 비해 우반구는 훨씬 덜 개발되어서 앞으로 개발의 여지가 풍부하다고 한다. 혹시나 대뇌피질의 좌반구의 지각성 언어중추는 분석적·추상적 지식과 관계되고 그 우반구의 운동성 언어중추는 통전적·실제적 지식과 연관되는지도 모른다. 그래서 혹시나 많은 일반 사람들은 오른손잡이요 추상적 지식 능력에 능한 데 비해 소년 김안국은 혹시나 왼손잡이요 실제적 지식활동에 더 능한지도 모르겠다. 문자를 통한 개념적 지식 능력과 이야기를 통한 실제적 지식 능력의 차이는 혹시 대뇌피질의 좌우 반구의 개발 상태와 관계되는지도 모른다. 여기 '혹시나' 추리는 물론 무식하고 우스운 추리다. 그러나 소년 김안국이 이야기에는 흥미를 느끼고 문자에는 두통을 느낀다는 생리적 현상은 어떤 생리적인 제약(condition)에 의한 것인지도 모른다. 나는 다만 '이야기' 매체의 효과

기능의 '물질적'인 기반을 찾아보자는 것이다.

　3) 하느님의 자기계시의 매체는 무엇일까? 문자일까, 이야기일까?
성서적 선례와 그 전통에 의하면 하느님의 자기계시의 주된, 제1차적
인 매체는 하느님의 구속적 행위, 곧 역사적 사건이다. 그리고 지금도
여전히 살아계신 하느님의 자기계시는 그가 일으키시는 사건이다. 역
사적 사건이라 할 때 구·신약성서에 기록된 과거 역사의 사건에 국한
하는 것은 아니다. 항차 지금의 새 계시는 없는 것이고 다만 이전 계시
의 역사적 기록에 관한 새로운 해석—신학자의 해석학을 통한 계시는
아니다. 율법이나, 교리나, 신학이나, 나아가서 특정한 신학적 입장에
서 편집된 성서가 하느님의 계시의 제1차적인 매체는 아니다. 신비체
험이나 신학적 사변도 아니다. 하느님의 자기계시의 제1차적인 매체는
구속사건, 역사적 사건이고 그러한 사건에 관한 본래적인(authentic)
전달 매체는 '이야기'다. 첫째로는 구전적인 이야기고 다음으로는 이야
기 문학이다. 그렇기에 구·신약성서는 거의 이야기 문학으로 차 있다.
하느님의 언어(?)는 이야기고, 예수님의 화법도 이야기였고, 성령의 통
신 매체도 '머리의 언어'가 아니고 '몸의 언어'다. 하느님의 계시의 매체
는 사변·개념·말씀이라기보다는 행함·사건·삶·이야기다. 아니 하느
님은 사변으로 연결되는 글공부에는 두통이 나시기에 행하심과 역사
적 사건과 이야기로 자기를 계시하시는 것일 것이다. 혹시나 하느님은
왼손잡이신지도 모른다. 파스칼이 "아브라함과 이삭과 야곱의 하느님
은 철학자의 하느님이 아니라"고 한 것을 틸리히는 "아브라함과 이삭
과 야곱의 하느님은 또한 철학자의 하느님도 되신다"고 고쳐 말했는데,
나는 다시 아브라함과 이삭과 야곱의 하느님과 철학자의 하느님은 다
른 분이라고 생각한다. 그분은 행함과 이야기로 계시하셨지, 사색과 철

학으로 계시하시지는 아니했기 때문이다.

4) 전통적인 신학의 매체는 논리적 사변, 추상적 관념이며 그 방법은 연역적이고 그 담고 있는 내용은 초월하신 신의 존재다. 전통적인 신학은 초월적인 신 존재에서 출발한다든지 쓰여진 성서나 주어진 교리에서 출발하여 이어받은 전통을 굳혀간다. 자유주의 신학이라 해도 '머리의 언어'의 강화요 현대 신학이라 해도 교리의 재해석에서 끝난다. 전통적인 신학이 그런 것인데 대해서 하느님의 계시의 참다운(authentic) 매체는 실제적·구체적인 경험과 사례에서 귀납적(inductive)인 방법으로 얻어낸 이야기이다. 추상적인 초월을 찾는 것이 아니라, 구체적인 성육신을 찾는다. 전통적인 신학이 초월적·연역적이라면 이야기 신학은 귀납적 신학, 아니 반(反)신학(Gegen Theologie, countertheology)이다. 뿐만 아니라 전통적 신학은 '지배의 신학'(Herrschende Theologie)이다. 곧 지배(통치)의 이데올로기에 편입, 흡수되어서 지배질서를 정당화해주고 그것을 축복하는 기능을 수행한다. 문자(文字)와 서적과 체계적인 신학이 그렇다. 하느님의 초월성, 전지전능, 무소부재, 그리스도의 왕권, 주권을 강조하는 내용이다. 정치적 지배구조 안에서 얻어진 상상(지배자의 언어)이며 그 고정화, 항구화를 기능한다.

도대체 '신학'이라는 것이 성서적인 계시 이후에 생겨진 사상체계로서 그리스도교 신학체계가 발생한 사회학적인 '삶의 자리'는 고대 노예제 사회인 그리스와 로마 사회다. 자유시민과 노예, 초월과 천속(賤俗), 물질과 정신의 형이상학적 이원론, 사회적 이중구조가 그 신학이 발생한 모태며 그렇게 유전적으로 구조적으로 생겨진 것이다. 그렇기에 그것은 '지배의 신학'이다. 문자, 그중에서도 특히 한문 문자와 서양철학(신학도)은 지배층의 특권이며 전유물이며 그들의 자기방위와 민중지배의 무기다. 본래 성서적 계시의 삶의 자리는 노예제 사회에서 탈출한 가나안과 갈릴리의 민중들, 그들의 이야기다. 그것은 신학이 아니라 이야기며 그런 의미에서 반신학이다. 통치 이데올로기와 지배체제와 그 문화를 비판하고 시정하려는 민중의 이야기는 반신학이다.

5) 위에 소개한 김안국 소년의 이야기에는 이름이 없는 여인들이 있다. 그중에서도 안국의 아내가 있다. 그녀는 마치 구약 사사기 11장에 나오는 사사 입다의 이름 없는 딸과도 같다. 그런데 이야기를 잘 들어보면 그녀가 '주인공'이다. 그늘에서의 사랑과 봉사와 지혜와 끈기 있는 실천으로 철부지해서 쫓겨난 남편을 일으켜 세운다. 그녀는 참다운 교육자다. 그러나 주입식 교육이 아니라 상대를 스스로 일어나게 하는 교육자(enabler)다. 그리고 그녀는 남편의 질곡, 심리적 장애, 이야기 흥미를 글공부 흥미로 전환시키는 촉매(catalyst)역을 한다. 뿐만 아니라 그녀는 남편의 아버지와 그 아들 사이의 불화를 화해시키는 중보자(parakleitos)의 역까지 수행한다. 지배와 권력과 관념과 횡포와 사회적 출세 상승욕의 화신인 양반 남성을 비판하는 역을 담당하고 봉사와 실천과 지혜와 부드러움을 대변한다. 이 이야기에서 그녀는 적극적으로 묘사됨으로써 존재하는 것이 아니라, 묘사되지 아니함으로써 존재하고 있다. 숨은 힘으로써 남자를 변화시키고 있다.

6) 위 안동신랑의 재미나는 이야기에 대해서 한두 마디 비평을 해보기로 한다. 안국은 이야기만 좋아하고 문자 공부를 하기 싫어하다가 자기 아내의 지도를 받아가며 이미 아는 이야기를 글자를 따라 읽어가는 데서 깨우치게 되고 무릎을 탁 치면서 "아하~" 감탄하였다. 그로써 문자의 세계가 자기에게 열리고 그리로 들어가서 출세하였다. 이 경험

이 교육과 성장(nurture)의 목표라 하겠다. 이런 '아하~' 경험 내지 깨달음으로 소년 안국의 생애에는 일대 전환점이 온 것이다. 1970년 11월 13일에 서울 동대문 평화시장에서 "우리는 기계가 아니다!", "노동법을 지키라!"를 외치며 분신자살한 전태일은 16세 때 평화시장의 한 재봉업소에 들어가서 6년간 일하던 중 옆에서 같이 일하던 한 여직공이 각혈하며 쓰러지는 것을 보고 충격을 받고 며칠 밤을 새우며 고민하다가 분연히 일어나서 조직적인 노동운동에 나섰던 것이다. 그때 받은 충격이 그의 생애의 일대 전환점이 된 것이다.

안국은 문자를 보고(읽고) 그 문자의 뜻이 알려지게 되는 순간에 깨우쳐서 지금까지 그렇게 두려워했던 그 문자의 세계로 들어가게 된다. 태일은 옆의 이웃이 굶주림과 피곤에 지쳐서 각혈하고 쓰러지는 광경을 목도하고 충격 받고 깨우쳐서 노동운동이라는 움직임의 세계가 자기 앞에 열려서 그리로 들어갔다. 양자가 다 보는 것으로 새 세계가 열려서 그리로 들어갔으되, 전자는 문자를 보고 읽는 것으로 후자는 자기 주변 사건을 목도하는 것으로 되는데 거기에 따라서 다음에 펼쳐지는 세계는 천양지판이라고 하겠다. 결국 한 사람은 기존 체제의 사다리를 잘 올라가서 출세의 길로, 다른 사람은 기존체제의 변화를 일으키기 위해서 자기 몸을 희생의 제물로 바친다.

7) 조선 후기에 엮어진 『동상기찬』의 <김안국>이라는 작품은 당시에 글공부가 완전히 영달을 위한 수단으로 속화되고 특히 서울 양반들이 문벌주의 출세 욕심 때문에 그 자제들을 강압적으로 '글공부'에 골몰하도록 하던 풍조를 풍자한 것이다. 이 풍자는 교육이 변태되고 타락된 데는 어디서나 적중되는 풍자가 되겠거니와 특히 우리 풍토에는 더욱 들어맞는 풍자라고 생각된다. 그런데 변태교육에 대한 풍자는 그

대로 좋거니와 나는 이 작품의 주인공 김안국이 문자를 싫어하고 이야기를 좋아하는 성미가 그의 주장이 되어 끝까지 관철되었더라면 어떠했을까하고 생각해본다. 추상적인 관념의 세계에 대한 실제적인 실천의 세계, 양반만이 독점하는 문학의 세계 밖에 있는 무식한 민중들이 이야기로 공감하고 통신하는 친교(코이노니아)의 장(場), 그리해서 문자의 이데올로기, 학문의 이데올로기의 허위의식을 비판하게 된다면 어떠하였을까를 생각해본다. 그러나 그것은 민중의 시대에 사는 사람의 바람이지, 그 시대에 살았던 사람들이 그 문화와 이데올로기의 제약 안에 갇혀 있다는 것은 그 작품의 작가나 이 글의 필자나 같이 받고 있는 제약들일 것이다. 이 제약이 아마 원죄의 한 차원일 것이다.

2. 지성 스님

합천 해인사의 중 지성은 주지(住持)의 명령으로 돈 1천 5백 전을 가지고 울진으로 미역을 사러 갔다. 울진에서 한 초라한 양반이 어린 남매를 붙잡아가는 것을 보았다. 그 애들은 징징 울면서 끌려가고 있었다. 지성은 애련한 마음이 들어서 양반에게 물어보았다.

"저 애들은 어떠한 애들입니까?"

"내가 서울에서 울진으로 노비들 신공을 독촉하러 왔더니 노비 부부는 이미 죽고 그들의 아이들만 남아서 이것들이라도 부려먹으려고 서울로 끌고 가는 길이네."

"해변가의 어린것들이 갑자기 서울로 가서 어떻게 견디어내겠습니까? 소승의 돈 천오백 전을 받으시고 팔고 가시오."

"스님은 애들을 사서 무엇에 쓰려는가?"

"애들을 사서 놓아주려 하오(欲買之放之). 저희들 좋을 대로 일가친
척을 찾아가겠지요."

양반은 돈을 받고 문서를 작성한 다음 두 아이를 넘겨주었다. 지성
은 곧 속량한다는 증서를 써서 두 아이에게 주고 놓아주었다(至誠旋爲
放良之文). 머슴애와 계집애는 좋아서 토끼처럼 뛰어갔다.

그로부터 10년이 지났다. 두 아이는 장성해서 결혼하고 설산(設産)
도 했다. 같이 지성스님을 찾아뵙기로 하고 이바지를 만들어가지고 누
이는 남장을 하고 새벽길을 걷는데 발에 무엇이 걸려서 보니 자물쇠가
채워진 궤짝이었다. 그들은 "우리가 스님의 은혜에 보답하러 가는 길
인데 하늘이 우리를 시켜서 그 궤짝을 스님에게 전하라고 주신 것이다"
고 생각하였다.

지성스님은 찾아온 두 사람을 처음에 몰라보았으나 이야기를 듣고
놀라며 기뻐하였다. 그들은 길에서 궤짝을 얻은 사연을 말하고 그 궤짝
을 드렸으나 스님은 받으려고 하지 않았다. 옆 사람들의 권유에 못 이
겨 받아서 열어보니 황금이 가득했다. 지성은 그것을 반분하여 각기 땅
을 사서 부자가 되었다.

1) 위의 이야기는 18세기 말〔英正朝〕 한사(寒士) 안석경(安錫儆)의
저술인 『삽교별집』(霅橋別集)에 있는 것으로 당시 양반들의 궁핍상과
그들의 행태와 민중의 노비해방에 대한 의지 등 사회상을 잘 반영시키
고 있다.

2) 우리 기독교인들은 예수 그리스도만이 사람을 '속량'한다고 알
고 있고 또 속량이라면 종교적인 차원에서 되어진다는 것만을 알고 있
는데 우리나라 고전에 한 스님이 노비의 신분해방을 시키는 이야기는

좀 의아스럽게 생각될 것이다. 그러나 '속량'이라는 실행은 인류사회의 고금동서 보편적인 실행이며 또 물론 처음부터 사회적(이 세상적)인 실행인 것이 다음에 종교적인 차원에까지 적용된 것이다. 이야기 원문에 스님의 행위에는 '매지방'(買之放) 혹은 '방량지문'(放良之文)이라는 말이 있다. 여기에 속량(구원)과 해방의 양면이 있다. 지성스님이 그 아이들을 사서 자기의 노비로 묶어두었다면 속(贖)도 방(放)도 아닌데 속매(贖買)해서 양민(良民)으로 해방했기 때문에 속량이 성립된다. 이것이 구원, 구속이다. 속량과 해방이 분리될 수 있는 것은 아니다. 그런데도 역사적 기독교 신학에서는 그 양면이 분리되어서 해방이라는 사회적 실행이 탈락됨으로써 속량은 종교적 차원에 국한되어버렸다. 또 다른 편으로 '해방' 개념은 속량이라는 종교적 차원을 상실해버렸기 때문에 사회적 해방에만 국한되고 말았다. 양자는 분리되어서는 안 되고 분리되면 양자가 다 변질, 왜곡된다. 성서의 구원은 그 양면을 포함한 것이다. 이스라엘의 출애굽의 '구원'은 문자 그대로 해방이고, 신약성서 원어 lutro는 '구원', '속량'으로도(누가 24:21, 히브리 9:12 등), '해방'으로도(누가 1:68, 베드로전 1:18 등) 번역되었다.

인간 구원이 사회적 해방으로 실현되지 아니하면 신체(실체)를 떠난 혼 같이 유령이 될 뿐만 아니라 그 유령은 다시 신체를 마취, 마비시키는 보복을 한다. 그래서 사회적 차원을 상실한 종교는 아편의 역할을 하게 된다.

3) 지성스님이 해낸 것은 노비제 사회제도를 그대로 두고 그 전제(틀) 아래서 두 오누이를 속량, 해방시켰다. 이 전해진 이야기에 의하면 지성스님은 끌려가며 우는 오누이 아이들만 보고 애련한 마음에서 그 노비 아이들을 속량했지, 그 노비 아이들을 잡아가는 양반의 횡포나

노비제도에 대한 분격은 없다. 윤리적인 행위이지 사회적인 대책은 아니다. 그런데 예수 그리스도의 속량은 사람을 개별적으로 속량한 것이 아니라 전 인류를 속량하셨다. 그 노비제도, 사회제도 자체를 철폐하거나 부정하지 않고서 어떻게 전 인류의 속량이 이루어지겠는가? 예수님은 철폐하신 것이 아니라 부정하신 경우다. 철폐할 수 있는 물리적 힘이 없었거나 사용하지 아니했거나이다. 기독교에서 '사회구원'과 관계없는 '개인구원'이란 있을 수 없는 것이다. 사람을 노예로 사로잡고 있는 제도, 문화 등의 죄악의 구조를 그대로 둔 채 인간 구원이란 예수가 하신 구원과는 다르다.

4) 위의 김안국 소년이 이미 아는 이야기를 그의 아내의 도움으로 문자를 보고 읽어가는 과정에서 일조에 깨우친 데 비해서 여기 지성스님은 노비로 끌려가는 애처로운 두 남매 아이들의 참상을 보고 깨우쳐서 주머니의 거액을 모두 털어 아이들을 속량한다. 전자는 책을 읽는 것으로 깨우쳐서 과거에 급제해서 높은 벼슬을 하게 되고 후자는 애처로운 참상을 목격하고 사회적 실천으로 그 참상을 극복한다. 책을 보고 깨우치면 지식의 길이 트이고 사건을 보고 깨우치면 실천의 길로 인도된다. 하나는 머리(관념)의 길이요, 또 하나는 몸(실천)의 길이다. 전자는 신학의 길이요, 후자는 예수[反神學]의 길이다.

3. 장님 눈 뜬 이야기

예수 일행이 길 가다가 태어나면서부터 눈이 멀고 거지 노릇을 하는 한 소경을 만났는데 제자들이 예수께 "선생님, 저 사람이 소경으로 태어난 것은 누구의 죄입니까? 자기의 죄입니까? 그 부모의 죄입니까?" 하고 물었다. 예수는 "자기나 부모의 죄 탓이 아니라, 저 사람에게서 하느님 놀라운 일을 드러내기 위한 것이다"고 대답하였다. 그리고 다시 예수는 땅에 침을 뱉아 흙을 개서 소경의 눈에 바르고 나서 "실로암 연못으로 가서 씻어라"고 말했다. 소경은 가서 얼굴을 씻고 눈이 밝아져서 돌아왔다. 그날은 안식일이었다. 바리새파 사람들은 그가 눈을 뜨게 된 경위를 묻고, 예수가 안식일에 병을 고쳤다고 해서 하느님의 사람이 아니고 죄인이라고 단정하고 그 눈뜬 사람의 항변 때문에 그를 유대인들의 회당으로부터 내쫓아버렸다. 그가 다시 예수께 와서 자초지종을 이야기하니 예수는 "내가 이 세상에 온 것은 보는 사람과 못 보는 사람을 가려 못 보는 사람을 보게 하고 보는 사람을 눈멀게 하려는 것이다" 라고 말하니 거기 있던 바리새파 사람이 이 말을 듣고 "그러면 우리도 눈이 멀었단 말이오?" 하고 대들자, 예수는 "너희가 차라리 눈먼 사람이라면 오히려 죄가 없을 것이다. 그런데 너희는 지금 눈이 잘 보인다고 하니 너희의 죄는 그대로 남아 있다"라고 대답했다.

1) 이 이야기는 참으로 상하 표지가 뒤집혀진 서버시브(subversive)한 이야기다. 예수는 눈먼 자의 눈을 뜨게 하여 보게 할 뿐만 아니라 눈을 뜨고 있고 보고 있다고 자부한 사람들에게 그들은 눈이 멀었다고 말한다. 예수의 관점과 원근법은 기존의 그것들과 정반대다.

2) 예수 이야기에는 그가 눈으로 보는 것, 귀로 듣는 것, 여기저기를 발로 걸어 다니는 것, 손으로 상처를 만지고 굶주린 자들의 입에 먹이고 침을 뱉어서 흙을 이겨서 상처에 바르고 혹은 병자들이 그의 옷자락에 접촉하고 하는 식으로 '몸의 선교' 말하자면 '물질적 선교'다. '머

리의 생각' 말하자면 '정신적 선교'가 아니다. 예수와 다른 사람과의 접촉은 이렇게 육체적·감성적인 접촉이다. 보고, 듣고, 걸어 다니고, 만져보라는 말이다. 책만 읽고 생각만 해보자는 이야기가 아니다.

3) 앞의 이야기 지성스님은 눈앞에 펼쳐진 한 애련한 광경을 보고 마음이 감동되어서 주머니에 있는 돈을 모두 희사하여 두 어린이를 구출했다. 여기 예수는 장님거지를 보고 마음이 격동되어서, 침을 뱉아 진흙을 손으로 이겨서 손수 장님의 눈에 바르고 실로암 연못가에서 씻으라고 해서 그 장님을 치유했다. 감동해서 돈을 낸다는 것은 아직 자기를 맡기는 커미트먼트(commitment)는 아니다. 돈은 실제로 필요한 물질(재료)도 아니고 그렇다고 동정하는 '마음'(정신)도 아니다. 돈은 물질도 아니고 정신도 아니다. 물질의 외화(外化)요, 마음의 외화다. 돈은 물질과 마음의 외화요 변질이다. 예수의 치유는 구호금을 내는 방식도 아니고, 마음을 쓰고 설교하는 방식도 아니다. 그는 자기의 침을 뱉아 흙을 이겨서 장님의 눈에 손수 바르는 방식이다.

4) 지성스님의 속량은 개인적인 속량이고 예수의 속량은 구조적·사회적인 속량이라고 말했는데 예수도 한 장님이거나 한 손마른 사람이거나 하는 개인적인 구원이 아니었냐고 물을지 모른다. 그러나 예수의 한 장님 치유는, 결과적으로 기득권자 바리새파 사람들—눈 뜬 장님의 이데올로기—의 그 체제에 대한 비판이 된다. 한 거지 장님이 눈을 뜨게 되었다는 것은 지배체제의 '이데올로기'인 바리새파 사람들의 허위의식을 보는 눈을 떴다는 이야기다. 지배체제의 허위의식을 보지 못하는 우리는 모두 장님들인 것이다. 바리새파 사람들이 죄라고 말하는 것과 예수가 죄라고 말하는 것은 아주 다르다. 정반대다. 저들은 종교

법이나 실증법의 위반을 죄라고 하지만 예수는 지배체제에 흡수되어
서 그 허위의식을 보지 못하는 것을 죄라고 단정한다. 죄인이란 장님
이다.

'십자가-부활'의 현실화*

1. 저주받은 무화과나무

예수와 제자들의 일행이 베다니에서 나와 예루살렘으로 가는 길에 예수가 시장하시던 참에 멀리서 잎이 무성한 무화과나무를 보고 가까이 가보았으나, 열매는 없고 잎만 무성하기 때문에 저주하였던바, 다음 날 아침에 그 일행이 다시 그 길을 지날 때 보니, 그 무화과나무는 뿌리째 말라있었다(마가 11). 일행이 예루살렘으로 가던 그 길은 바로 소위 '성전숙청'의 길이었다. 잎만 무성하고 열매가 없는 무화과나무의 저주는 다름 아닌 예루살렘 성전에 대한 저주다. 열매가 없는 허식만의 종교, 민중을 착취하는 지배기구의 본산인 성전에 대한 저주다. 오늘날 우리들의 기독교 신앙과 기독교 신학도 열매는 없고 잎만 무성한 무화과나무와 같은 것이 아닐까?

---

* 한국기독교교회협의회, 「교회와 세계」, 1983년 4월호 게재.

2. 소금 장수의 아내 이야기

'허와 실'에 관한 재미나는 이야기를 소개하기로 한다. 서울에 김(金)가 성(姓)의 가난한 양반이 있었다. 그는 처자식을 이끌고 유리걸식하며 돌아다니다가 어느 마을 동구 밖에 오두막을 치고 사는데, 나이 삼십이 넘은 두 아들이 매일 나가서 구걸하여 오면 노모가 그것으로 밥이나 죽을 만드는 것이었다. 아랫마을에 장(張)가 성의 풍헌이 살았는데 역시 찢어지게 가난한 평민으로 과년한 딸이 있었다. 어느 날 김씨의 큰아들이 아비에게 어머니가 연로하시어 손수 조석을 끓이시기도 어려우니 장가를 들어 며느리를 맞아야 하겠다고 하니, 아버지는 "도대체 우리 같은 비령뱅이에게 누가 딸을 주겠느냐"는 것이다. 그때 아들은 장풍헌네 딸을 두고 청혼하자고 하는데, 아버지는 "우리가 비록 궁하지만 어찌 평민과 혼인하겠느냐"고 선뜻 승낙을 하지 않는 것이었다. 아들은 자기 아버지의 헌 의관을 몸에 걸치고 장풍헌네 집에 찾아가서 직접 청혼을 했다. 풍헌은 "내 딸이 자네 집에 시집가면 영락없이 굶어죽고 말 터인데 그런 말도 안 되는 소리 하지도 말라"고 성을 내며 거절해서 쫓다시피 보내 버렸다. 그때 마침 딸이 부엌에서 밥을 하다가 나와 아버지가 화를 내고 있는 것을 보고 그 까닭을 물었다.

아버지는 윗동네 김도령이 방금 찾아와서 청혼한 것을 당치도 않다고 거절해 보냈다는 것이었다. 딸은 "우리 집 안방에 맞아들일 사위래야 기껏 총 맨 졸병밖에 더 되겠어요. 김도령은 그래도 양반이란 명색을 띠고 있으니 아무렴 저들보다야 낫지 않겠어요? 그 청혼이 무어 해괴하달 것이 있나요? 저는 그가 꼭 허락받게 되기를 소원합니다"라고 말했다. 풍헌은 내키지 않은 채로 딸의 의사를 따르기로 하고 다시 딸의 말대로 밖에 나가서 김총각을 손쳐 불러서 아침밥을 같이 먹고 혼인

날짜를 받자고 하니 김총각은 즉시 다섯 손가락을 꼽아 생기복덕일(生氣福德日)을 점쳐보더니 모레가 길일이라고 하는 것이다. 풍헌이 너무 급하다고 하니 총각은 서로 적빈한 형편에 늦추면 무슨 수가 있겠소 하여 그렇게 정하고 돌아와서 아버지께 말씀드렸더니 아버지도 너무 급하다고 했지만 총각은 당일에 다시 아버지의 헌 의관을 차리고 신부 집에 가서 초례를 치르고 동침을 하는데 그 밤에 신부가 노모의 노고를 걱정하며 내일 아침으로 시댁에 가자고 했다.

아침이 되어 신부는 큰 빗 작은 빗 둘을 품에 간직하고 조그마한 버들고리를 머리에 이고 신랑을 따라 윗마을 오두막집에 와서 시부모에게 절을 하고 그날로 부엌에 들어갔다. 신랑 형제가 동냥해오는 것에 따라서 죽, 밥을 짓는 것이었다. 며칠 후에 신부가 신랑에게 말하기를 "대장부로 세상에 나와서 한껏 거렁뱅이를 일삼을 수가 있겠습니까?" 신랑은 "농사일은 못 배웠으니 품일도 못하겠고, 동냥을 말고 무엇을 하겠소?" 하였다. 신부는 그때 버들고리 속에서 시집오기 전에 자기 손으로 짠 무명베 두 필을 꺼내더니 "장에 가서 잘 팔면 각기 20냥씩을 받을 테니 그중 열 꿰미로 면화와 양식을 사고 나머지는 가지고 오셔요" 하였다. 남편은 그 말대로 하여 장에 가서 과연 40냥을 받아서 장을 보고 나머지 30냥을 가져다 아내에게 주었다. 아내는 양식으로 호구를 하고 면화로 베를 짰다. 그리고 30냥을 남편에게 주며 "염장에 가서 소금꾼들과 약정을 하되 돈을 염장에 들여놓고 그 이자 턱으로 3년 동안 소금을 받아다가 장사를 하고 만 3년이 되면 본전은 안 찾아가겠노라고 하면 소금꾼들이 응할 거예요. 그러면 소금을 지고 100리 안통을 두루 돌아다니되 직전이 없으면 외상으로 주고 인정을 맺어서 단골들을 삼으면 이득이 많으리다" 하였다.

남편은 그 아내의 말대로 하여 소금꾼과 약정을 하고 매일 등에 소금을 지고 3년을 돌아다녀서 근 3천 냥을 모았다. 3년이 찼을 때 아내는 다시 30냥을 염장에 맡기고 같은 약정을 하되 이번에는 두 사람 몫을 받아서 형제 두 사람이 같이 소금장수로 나서라고 했다. 그래서 그는 자기 아우와 날마다 소금짐을 지고 먼저처럼 돌아다녔다. 다시 1년이 지났을 때 그가 처에게 "4년 소금짐을 졌더니 이젠 등골이 부러지겠어. 말에 싣고 다녀봅시다"고 말하니 처는 정 그렇다면 하고 승낙하여 그는 10냥을 주고 암말을 사서 소금을 싣고 아우는 소금을 등에 지고 아침이면 같이 집을 나섰다. 그 말이 새끼를 배었다. 하루는 장사를 나가는데 처가 말을 집에 두고 다시 소금짐을 지라고 했다. 그날 말이 숫망아지를 낳았는데 그 망아지는 절등한 준마로 자랐다.

이러구러 또 3년이 차고 처가 길쌈으로 마련한 것도 있어서 합치면 만 냥에 가까운 큰 재산이 되었다. 망아지 역시 5, 6년에 이르러 비호처럼 뛰고 나는 듯이 달려 높은 값을 부르게 되었다. 같은 동네 부자 무반 이선달이 말을 사자고 했다. 서울 올라갈 때 타려는 것이었다. 이선달은 김씨 문전에 있는 자기 올벼논 세 마지기와 바꾸자고 했다. 그 처는 이 말을 듣고 이선달을 맞아오게 하여 사립문을 사이에 두고 말하기를 "저기 바라뵈는 곳에 묵정밭 사흘갈이가 댁의 것이라고 들었는데 저것과 바꾸면 좋겠습니다" 했다. 이부자는 그 밭은 내버린 것이나 다름없는 것인데, 정 원한다면 이왕 바꾸자고 한 올벼논에 끼어주겠다고 했다. 아낙네는 굳이 논은 사양하고 밭만 달라고 해서 그 땅에 새 집을 짓고 이사하여 수부다남을 누렸다. 그녀의 안목이 높아 좋은 집터에 지은 것이었다고 한다.

3. 성리학과 실학

이 이야기는 조선 후기에 엮어진 많은 한문단편집 중에 아마도 가장 오래된 것으로 추정되는 19세기 초의 『동패낙송』(東稗洛誦)에 수록된 것이다. 그때 양반사회의 체제가 바야흐로 무너져가고 그 지배적인 관념 형태가 퇴색되면서, 평민들의 활동적이며 생산적인 생활양식이 대두되는 시대를 배경으로 하고 산출된 작품으로써 선비들의 유교적인 관념적 가치관이 비판되고 평민들의 실천적인 가치관이 대변된 것이다. 허(虛)와 실(實)의 대조다. 가난한 평민의 한 여인이 자기의 신분제를 넘어서 몰락 양반집에 시집와서 양반이 갖지 못한 실천적인 지혜와 육체적인 근면으로 몰락한 집을 일으키는 이야기다. 생산적인 노동이 관념적인 지식을 물리치고, 지배받던 여자가 지배하던 남자를 부려가면서 새로운 삶의 주역을 해내는 이야기다.

이 이야기 자체가 바로 당시의 급격한 시대 변화를 반영하는 동시에 그러한 변혁을 재촉하는 역할을 한다. 이러한 역사적 변혁을 학문적인 면에서 본다면 지금까지의 통치 이데올로기인 유교의 주자학(朱子學)의 사변적인 성리학(性理學)과 형식적인 예학(禮學)의 형이상학적이며 관념적인 허위·허식·무력에 대체하여, 실천적이며 사회과학적인 실학(實學)이 등장하는 변화를 말하고 있다. 당시 세도정치의 정권에 탐닉했거나 혹은 영남의 토호들이 스스로 관직에서 물러나서 관념적인 유교에 몰두하고 있었던 서인(西人)들이 보는 눈과는 달리, 정권에서 밀려난 남인(南人) 사이에서 당장의 시폐론(時弊論)을 넘어서서 보다 근본적으로 체제적(體制的)인 변혁(예를 들면 다산의 『閭田論』)의 필요성을 본 자들은 남인계 실학자들이었다. 실학은 17세기에 싹트기 시작해 19세기 초에 그 절정에 다다른 새로운 실천적(사회과학적) 학문이다. 실학자들 가운데서도, 부재지주들의 수탈이 심하여 농촌 사회의 모순이 드러난 호남지방을 배경으로 한 실학자들은 농민 위주로 생각한 농업중심[經世致用]의 이상 국가를 생각했고, 기호지방을 배경으로 한 실학자들은 상공업을 중심[利用厚生]으로 한 부국안민의 비전을 제시했다. 유교의 성리학자들의 방법이 전통적이고 형이상학적·관념론적·연역적(演譯的)인 데 대해서 실학자들은 사회과학적·실천적·귀납적(歸納的)이었다. 유교의 성리학과 예학이 잎만 무성하고 열매가 없는 나무라면, 조선 후기의 실학은 열매를 맺는 나무라 하겠다.

이러한 역사적 귀감을 생각할 때 나는 이제 교단 혹은 직장에서 쫓겨난 교수, 언론인, 지식인들이 당대의 지배 이데올로기를 넘어서서, 저 실학자들이 제시했던 것과도 같은 학문적 시도와 정치적인 대안을 제시해야 할 것이라고 생각한다.

우리는 이제 우리의 기독교 신앙도, 그 신학도 그리고 성서 해석도 전통적인 연역적인 방법과 관념적 사변을 반성하고, 성서 본래의 역사적 계시의 길을 따라서 귀납적인 방법, 사회과학적인 실천으로 과감하게 바꾸어야 할 것이라고 생각한다.

4. 신앙과 역사 사실

나사렛 예수가 역사상의 실재 인물이 아니라면 기독교도인 우리의 믿음도 말짱 헛것이 되어버릴 것이다. 예수가 십자가에 못 박혀 죽으셨다가 사흘 만에 다시 살아나신 것도 그의 생애의 역사선상에서 일어난 역사적 사건이다. 그런데 기독교 신앙에서 십자가와 부활은 거의 비역사화되어 버렸다는 인상을 준다.

현실 교회에서는 십자가의 속죄의 효험과 부활의 기적적인 능력만
이 강조되는 나머지 그 역사적 실재성은 잊혀진 것 같은 느낌을 준다.
좀 더 구체적으로 말하자면 예수의 십자가와 그의 부활이 본래 발생한
대로의 정치적인 사건임에도 불구하고 현실교회에서는 그 사건이 비
정치화되어서 다만 종교적인 상징으로만 통용되고 있는 실정이다. 이
제 예수의 십자가와 그의 부활은 다시 현실화되어서 그 정치적인 함축
과 위력을 되찾아야 할 것이다.

5. 십자가

예수의 십자가(cross)는 종교적 상징이 되기에 앞서서 혹은 종교적
상징이 되는 전제로서 십자가형(crucifixion)이라는 로마제국 형법상
의 처형이었다. 예수가 십자가에 처형되었다는 것은 그가 정치범으로
고소되었고 그렇게 선고되었기 때문이다. 예수에 대한 재판은 결국 경
제적·정치적·이데올로기적 권력의 중심인 성전에 관한 비판문제였
다. 예수가 죽게 된 것은 이 성전을 헐고 새 것을 지으려 했다는 것이고
그래서 성도인 예루살렘 성전 밖에서 처형된다(여기에 반해서 열심당 독
립운동은 이 성전을 지키기 위한 것인바 이 성전 안에서 죽는다). 당시 로마
제국의 법에 의하면 정치범만이 십자가형에 처형되는 것이었다(예수
의 십자가 좌우에 세워진 두 개의 십자가의 강도들도 정치범인 것은 물론이
다). 그렇기에 예수의 죽음(死, death)은 단순한 죽음, 곧 자연사가 아니
고 의로운 자가 살해(murder)당한 경우다. 그것은 역사적 사실이며,
정치적 사건이다. 이 역사적 사실, 정치적 사건, 곧 예수의 살해당하심
이 그 사실 그 사건이 가지고 있는 본구적(本具的)인 능력으로써 우리

의 속죄와 해방을 이루게 하는 것이다. 이것이 우리가 믿는 '예수의 십자가'다.

생각해봅시다. 예수가 노환(老患)으로나, 혹은 위암 같은 병으로 돌아가셨다고 가정했을 때 우리는 그의 죽음[死]에서 우리의 속죄와 해방을 얻어낼 수 있다고 생각할 수 있을까? 의(義)의 싸움을 싸우다가 살해된 것이다. 그것이 예수의 십자가다. 현실교회가, 종교로서의 기독교가 죽음에 관한 신학과 종교적 명복에만 그치고 죽임(살해, murder)에 대해서 사회적으로 고찰하려고 하지 아니하는 것은 기독교가 그 본래의 역사적·발생학적인 핵인 예수의 십자가형(crucifixion)을 상실하고 종교적인 상징인 십자가(cross)만으로 현실을 떠나서 구름같이 떠버렸기 때문이다. 그를 따르는 우리 모두에게 약속된 종말론적·일반적 부활의 '시작'인 예수의 부활은 '죽임을 당한 자의 부활'이다. 자연사는 하느님의 창조과정의 기제(機制)이고 어떤 의미에서 그것은 축복이다. 그것은 생명의 부정이 아니라, 새로운 생에 대한 진화론적인 계기가 된다. 병사, 사고사는 삶이 안고 있는 가장 큰 충격적인 불행이며 슬픔이다. 이것이야말로 삶에 대한 저주다. 자살의 경우도 있다. 그것은 무의미, 허무, 무명이라고 할까? 그러나 의의 싸움을 싸우는 전장에서 살해된 자(십자가형)의 죽음은 그러한 죽음의, 곧 최후 승리에로의 싸움이다.

6. 부활과 살해

예수의 부활은 살해된 예수의 부활이다. 부활은 살해된 자의 항변이며, 한풀이며, 침해된 신의 공의의 회복이다. 한이란 억울하게 죽은 (죽임을 당한) 자의 혼이며, 그 호소다. 특히 불법적으로 살해되었는데도 그 죽음이 법적으로 정당한 것으로 가장되고, 반면 진실과 사실의 정당한 해명과 항의가 금지·억압·묵살된 데서 생기는 억압된 감정이다. 그것이 한이다. 은폐된 진실, 억압된 정의, 살해된 생명이 한으로 남아서—그 혼백이 성수(星宿)의 저 세상으로 가버리지 못하고, 아직도 이 세상에 남아서— 유령과 같이, 유언비어와 같이, 관계된 자들 사이에 떠돌아다니는 것이 한이다. 죽임의 부정, 은폐된 사실의 나타남, 진리와 생명의 승리, 이것이 부활이다. 부활은 한풀이다.

도대체가 부활신앙은 유대교의 묵시문학에서 부각된 신앙이다. 묵시문학은 대체로 구약과 신약의 중간시대의 종교사상으로 강대국의 끊임없는 외침과 그 복속이 강요될 때에 이스라엘의 열심당 같은 독립운동이 그 독립항쟁의 전장에서 쓰러지는 전우의 시체를 밟고 넘어가면서 전진을 계속하면서 그 쓰러진 전우에 대한 부활을 다짐한 것이고, 그러한 부활신앙이 없이는 의의 싸움을 지속할 수 없었던 것이다. 그렇기에 부활은 죽임을 당한 자의 부활이다. 묵시록(20:4-6)에도 '예수께서 계시하신 진리와 하나님의 말씀을 전파했다'고 해서 목이 잘린 사람들, 짐승(사탄인 용)이나 그의 우상(이데올로기)에게 절을 하지 않고 이마와 손에 낙인을 받지 않는 사람—진리 때문에 살해된 자들이 살아나서 천년왕국으로 재림하시는 메시아를 영접하게 된다고 한다. 묵시록은 죽임을 당한 자의 부활 이외에는 모른다. 중간시대의 유대교 사상에서도 예수의 경우도 묵시록의 약속도 다같이 '죽임을 당한 자의 부활'이다. 부활에 관해서 쓰여진 신약성서의 다른 경우에도 예수의 재림 때 '주 안에서 죽은 자들의 부활' 곧 '첫째 부활'도 같은 의미로 이해되어야 할 것이다. 다시 말하면 믿음 때문에 고난을 당한 자들을 의미한다는 말이다. 이제까지 우리는 부활을 너무 안이하게 헐값으로 생각해 온 것이 아니었던가.

7. 메시아왕국에서의 부활

부활은 메시아왕국(천년왕국)에서의 부활이다(고전 15:22, 묵시록 20:1-6). 주님이 다시 올 때 그에게 속한 자들이 하느님의 나팔소리가 들리고, 천사장의 부르는 소리에 잠에서 깨어나듯 일제히 부활해서 주를 영접하게 되는데(고전 15:22, 52, 살전 4:13-18), 그때부터 메시아왕국(정의, 평화, 사랑, 기쁨, 봉사, 친교의 메시아 정치)이 시작되는 것이다. 우리의 부활은 사회학적인 것이다. 부활은 사체(死體)의 소생(resuscitation)으로 이 세상에 되돌아오는 것이 아니라 신령한 몸으로 새 사회에서 부활(resurrection)하는 것이다. 메시아의 나라(정치)는 피안적인 것이 아니고, 이 역사선상에 도래하는 새 시대, 새 사회, 새 정치를 말하는 것이다. 부활과 천년왕국은 한 사건의 양면이다. 그런데도 현실 교회와 신학에서는 이 양자가 분리되어서 천년왕국이라는 상징은 이단이라고 해서, 혹은 과격하다고 해서 추방해버리고 부활신앙은 피안·타계·천당에서 부활하는 것으로 그 본래의 의미 내용이 변질되어 버린 것이다. 말하자면 부활신앙이 비정치화되어 버린 것이다. 비정치화되어 버린 부활신앙은 아무리 그 신앙을 고백해보아도 현실 변혁의 힘은 없는 것이다. 관념적이지 실질적인 것이 되지 못한다. 마치 예수님이 저주해서 말라버린 열매를 맺지 못하는 무화과나무와 같은 부활신앙이라고 하겠다.

기독교 신앙의 또 다른 차원에는 개개인의 영혼의 사후에 가는 천국이 있다. 개개인의 죽음은 단독적이다. 그리고 영혼이 들어가는 천국은 타계적·무시간적인 영원한 나라다. 몸의 부활로 시작되는 천년왕국(사회적 상징)과 사후 영혼이 들어가는 천국(인격적 상징)은 기독교 신앙이라는 타원형의 두 중심점이라고 하겠다. 그런데 문제는 현실 교회의 신학과 신앙이 이 사회적 상징인 천년왕국 신앙을 상실해버렸기 때문에 그 신학과 신앙은 사회변혁의 영향력도 의지력도 없다는 것이다(필자는 진작부터 기독교 신앙에서 천년왕국 신앙의 복권을 주장하여왔다). 부활신앙이 이렇게 유토피아적·사회개혁적인 내용이었기에 유대 사회의 상층계급 대지주들이었던 사두개 교인들은 부활을 믿지 않고 부정했다(마가 12). 어느 때나 부자들, 상류계급들은 새로운 사회를 원하지도 않고 도리어 그 도래를 방해한다. 부활상징은 이렇게 사회학적·정치신학적인 개념인 것이며, 부활신앙은 새로운 사회, 메시아 정치를 향한 의지인 것이다.

8. 부활과 봉기

성서적 신앙의 중심개념의 하나인 '부활'에 대한 신약성서 원어가 두 가지 있는데 , 그것은 anastasis(anistemi)와 egeiro다. 둘 모두 신약성서에 쓰여진 문맥에 따라서(대별한다면) ① 앉았다가, 혹은 병석에서 '일어난다' ② 잠에서 '깨어난다' ③ 죽음에서 '살아 일어난다' ④ 대항해서 '일어난다'(봉기)의 네 가지 뜻으로 사용되었다.

① 마가 9:27, 예수께서 아이의 손을 잡아 '일으키자'(egeiro) 그 아이는 벌떡 일어났다(anistemi). ② 마가 4:27, 하루 '자고 일어나고'(egeiro) 하는 사이에, ③ 마가 16:6, 예수는 '다시 살아나셨고'(egeiro) 여기에 계시지 않다. ④ 마가 13:8, 한민족이 '일어나'(egeiro) 딴 민족을 치고, 한 나라가 '일어나'(egeiro) 딴 나라를, ① 사도행전 9:41, 베드로는 그 여자의 손을 잡아 '일으켜' 세웠다(anistemi). ② 사도행전 1:22, 주 예수의 '부활'(anastasis)의 증인, ③ 사도행전 5:37, 그 뒤 징세를 위

한 호구조사를 하던 때에도 갈릴리 사람 유다가 '일어나'(anistemi) 백
성을 선동하여, ④ 사도행전 21:38, 얼마 전 반란을 '일으키고'(anasta-
to) 자객 사천 명을 이끌고 광야로 나갔던 사람. 여기에 마가 13:8, 사도
행전 5:37, 21:38은 egeiro와 anastasis가 '민중봉기'의 뜻으로 쓰여진 경
우다. '부활'의 뜻으로도 쓰이는 이 두 단어가 '민중봉기'의 뜻으로 쓰여
진 그 밖의 경우는 마태 24:7, 누가 4:29, 21:10, 23:1, 사도행전 17:6(사도
행전 5:17, 6:9)이다. 그러므로 anastasis, egeiro라는 말은 잠이나, 병이
나, 죽음이나, 억압과 같은 장애물을 물리치고 거기 맞서서 일어나는
것을 뜻한다. 예수님이 누워있는 자, 넘어진 자, 병든 자를 손을 펴서
일으키시는 일, 자신이 죽음에서 부활하신 일, 따라서 부활하신 자의
선교활동으로 민중이 역사의 주격임을 자각하고 봉기하는 일은 예수님
의 구원과 해방의 같은 행적임을 알 수 있다. 독일어에서는 부활(aufer-
stehung)과 봉기, 저항(aufstand)이 같은 어원(aufstehen)이고, 영어
에서는 부활(resurrection)과 봉기(insurrection)가 같은 어간(라틴어
surugere: 일어난다)을 가졌다.

9. 갈릴리에서 뵈오리

복음, 곧 예수 이야기의 (역사자료상으로) 원본인 마가복음서는 그
16장 8절로 중단(?)되었고 그 다음에 이어진 9절로부터 22절까지의 소
위 '정경적 결미'(正經的 結尾)는 교회가 붙인 것이라고 하는 점에 대개
의 학자들은 의견이 일치한다. 신약학자 퀴멜(W. G. Kümmel, *Introduc-
tion to the N. T.*)에 의하면 이 중단은 그 결미가 전승과정에서 상실된 것
도 아니며, 혹은 저자 마가가 어떤 사정으로 더 쓰지 못했거나 하는 우

연한 사정 때문인 것도 아니고, 저자의 의도적인 끝맺음이라고 한다. 그렇다면 "하느님의 아들 예수 그리스도의 복음의 시작"으로 시작되는 '예수 이야기'는 그의 죽음으로 끝나지 아니하는 '열려진 미래' 혹은, '열려진 끝'(open end)을 갖고 있다는 말이 된다. 예수 이야기는 시작은 있어도 끝은 없다. 그 '열려진 끝'은 이러하다.

흰 옷을 입은 웬 젊은이가 안식일이 지난 다음날 이른 아침에 해가 뜨자 무덤에 찾아온 세 여인에게 "겁내지 말라. 너희는 십자가에 달리셨던 나사렛 사람 예수를 찾고 있지만, 예수는 다시 살아나셨고 여기에 계시지 않다. 보라. 여기가 예수의 시체를 모셨던 곳이다. 자, 가서 제자들과 베드로에게 예수께서는 전에 말씀하신 대로 그들보다 먼저 '갈릴리'로 가실 것이니 거기서 그분을 만나게 될 것이라고 전하라" 하였다. 여자들은 겁에 질려 덜덜 떨면서 무덤 밖으로 도망쳐버렸다. 그리고 너무도 무서워서 아무에게도 말을 못하였다. 십자가에 처형되어 무덤에 묻히기까지의 '예수 이야기'는 여기서 끝나고 처형 이후의 부활하신 예수의 활동은 갈릴리 지방에서 계속된다.

갈릴리 지방은 유대 나라의 변방이다. 예루살렘이 권력과 부와 종교(이데올로기)의 지배적인 중심인데 대해서 갈릴리 지방은 그 중심으로부터의 수탈에 의해서 가난해지고 억압받고 소외된 민중의 고장이다. 갈릴리는 민중의 별명이고 민중은 갈릴리의 별명이다. 마가복음서가 저자의 의도로 16장 8절로서 중단된 것 못지않게 이 복음서에 있어서 '갈릴리'라는 지명은 민중의 고장이라는 신학적 상징의 의미가 복음서 저자에 의해서 주어져 있는 것은 너무나 분명하다.

부활하신 예수, 처형된 예수의 부활은 그 민중들이 사는 갈릴리 지방에서 만나게 된다는 '흰 옷을 입은 웬 젊은이'의 말이다(백의민족의 한 청년이라고 상상해보자). 이 젊은이의 말은 무엇을 의미하는 것일까?

그것은 부활하신 예수, 그의 변화된 몸이 가난하고 억압받고 소외된 민중 사이에 오셔서 그들을 새 역사 시작의 주격으로 의식화시키고 그 주역되는 길을 가로막고 있는 장애물을 박차고 나서는 민중봉기를 뜻하는 것이 아닐까. 부활하신 예수를 갈릴리에서 만나게 된다는 것은 수난과 속죄와 새 역사 시작을 위해서 일어나는 그 민중의 봉기(부활, egeiro)의 뜻이 아닐까. 그렇다고 이것이 갈릴리가 새 예루살렘이 되고 예루살렘이 갈릴리(변방)가 되는 '악순환'을 의미하는 것은 아니다. 조심해야 한다. 예루살렘이 권력과 부와 종교적 권위의 중심점(cen- te- ring)인데 대해서 갈릴리는 그러한 집중된 힘의 분산, 곧 비중심화(decentering)를 의미한다. 지배가 아니라 봉사를 의미한다.

10. 부활의 현장

갈릴리의 민중 가운데서 되어진 예수의 부활을 안병무는 우리의 현장과의 관련에서 다음과 같이 감동적으로 기술하고 있다.

오늘날 부활사건의 현장은 어디인가? 그것은 바로 물리적 힘을 최상으로 알고 죽음으로 위협하면서 부당하게 억누르는 현장에서 찾아야 할 것이다. 우리는 3·1운동과 4·19의거를 우리 민족의 저항에서 중요한 사건의 하나로서 알고 있다. 그것은 불법자와 불의한 자들의 손에 죽은 듯했던 민중들이 죽음과 대결하면서 그 위협 아래서도 우리는 살았다는 것을 증거한 사건이기 때문에 중요한 것이다. 여기에서 우리는 부활한 그리스도가 저들 속에 현존한다는 것을 안다. 오늘의 세계의 그리스도인들은 가난한 자와 눌린 자의 편에 서서 그들의 억울함, 소외, 부자유, 억압으로부터 해방시키기 위하여, 아니 하나님이 주신 정당한 권리를 누릴 수 있도록 그들을 위하여 힘쓰고 있는 것이다. 우리는 그러한 노력 속에서 오늘의 부활의 그리스도를 만나는 것이다.

부활하신 예수는 눌려있던 갈릴리 민중이 일어나는(egeiro) 데서 만나지는 것이기 때문에 우리 역사의 3·1운동, 4·19의거 그리고 오늘의 한국교회가 가난한 자, 눌린 자, 소외된 자와 함께 서는 사회선교 활동에서 계속해서 만나게 된다는 것이다. 이러한 '오늘의 부활 현장'이 없는 부활신학, 부활신앙은 열매 없이 잎만 무성한 무화과나무 같은 한갓 관념에 지나지 않는 것이다. 부활신앙의 현장화는 반드시 좀 더 구체화되어야 한다. 전태일 군의 모친 이소선 여사는 다음과 같이 호소한다.

태일이가 죽은 후 사랑하는 많은 형제들이 태일이의 정신으로 노동운동에 참가하고 그로 인해 고난도 받는 것을 볼 때 나는 태일이의 부활을 그들에게서 보는 것 같다. 노동자의 힘찬 운동 속에 태일이는 활활 불타오를 것이다. 나는 노동자의 확고한 권리의식과 강렬한 정신 속에서 태일이의 부활을 보고 싶다.

예수의 부활은 갈릴리 민중의 부활, 3·1운동, 4·19의거 그리고 한국교회의 사회선교, 또 전태일의 부활, 평화시장 노동자의 부활로 현장화·현실화·구체화되어서 비로소 우리는 '예수의 부활의 증인'이 된다고 하겠다.

'부활의 몸'에 관해서 바울은 다음과 같이 기술하고 있다.

심는 씨는 죽지 않고서는 살아날 수 없습니다. 여러분이 심는 것은 장
차 이루어질 그 몸이 아니라 밀이든 다른 곡식이든 다만 그 씨앗을
심는 것뿐입니다. 그 몸은 하나님께서 그의 뜻대로 지어주시는 것으
로 씨앗 종류에 따라 각각 알맞은 몸을 주십니다.

이러한 '부활의 몸'에 관해서 역사적 교회에서, 가톨릭교회에서는
그리스도를 머리로 하는 그 몸인 교회가 그리스도의 부활의 몸이라고
하고, 개신교 전통에서는 대체로 성서, 곧 들려지는 하나님의 말씀이
그리스도의 부활의 실체라고 한다. 그런데 그리스도의 부활의 몸의 제
3의 형태는 이 글에서 암시했듯이 새 역사를 일으키는 민중이라는 이
해를 필자는 다른 글에서 상론한 바 있다.

11. 맺음말

십자가형을 잊어버린 십자가, 민중 봉기와 메시아 정치에 이어져
있지 않고 떨어져나간 부활신앙, 사회학적 해방과 상관이 없는 인간 구
원('구원'과 '해방'은 신약성서의 원어의 같은 단어 apolutrosis일 뿐만 아니
라, 구·신약성서에서는 한 사실이다). 하나님의 성육신을 모르는 신의 초
월성, 인간 차별을 물리친 어떤 부족들 사이의 평등한 계약 공동체인
이스라엘에서 유리된 야웨 신, 이러한 신앙 내용과 신학적 사변은 실체
가 없는 관념이며, 몸이 없는 마음이며, 신체가 없는 혼백일 뿐만 아니
라, 한발 더 나가서 그것들은 신체와 몸과 그 구조를 마비시키는 마취
제로서 지배 이데올로기의 매체로 기능하여 인간을 노예로 만드는 것
이다. 그리스도 신앙이 현장화·구체화되어야 한다는 주장은 신앙이

그 신체를 갖추고 어떤 현장을 찾아야 한다는 말이다.

십자가와 부활에 대한 신앙이 구체화되어야 한다는 것은 그러한 종교적인 상징을 발생시킨 역사적 사실, 정치적 사건, 그 물질적 기초를 찾고 확보해야 된다는 말이며, 나아가서 그러한 십자가 처형의 십자가 상징, 메시아 정치의 도래에서의 부활이 새 역사, 새 사회를 이루겠다는 민중의 갈망과 결단으로 현장화되고 또 우리의 역사와 현장에서 그러한 십자가와 부활이 재연(再演)되고 있는 것을 발견하는 것이다.

세계의 생명과 그리스도

1. 핵폭탄의 공포

1) 귀국한 한국인의 원폭병

1945년 8월 9일 나가사끼 원폭피해자 장차수(張次守, 당시 49세, 경남 창원군 상이면 용지리 거주)는 사촌형 장수석(張水石)과 함께 1944년 말 노무자로 징용되어 나가사끼에서 일하던 중 원폭을 맞아서 온몸에 화상을 입었다. 1946년 9월에 귀국, 진해 해군공작창에서 15년간 원자병 후유증에 시달려가며 노동하였다. 그동안 부인 박석이(朴石伊)와의 사이에 6남매를 갖게 되었다. 병세가 악화되이 디 이상 노동을 못하고 1965년 이후 집안에 드러누워 있던 중, 차츰 수족이 마비되면서 위암 비슷한 증세에 시달리게 되었다. 끼니조차 어려운 형편에 아내마저 몸져누워 2년 동안 시달리다가 먼저 사망했다. 장씨는 병구를 이끌고 5만 원짜리 월세 방을 월 5백 원짜리 월세 방으로 줄여가며 온갖 고통을 다 겪어오던 중 굶주림에 허덕이고 있는 자식들의 참상을 보다 못해 70년 8월 14일 밤 자녀들이 다 잠든 사이에 목을 매어 자살했다. 그가 죽은 후 여섯 명의 자녀들은 뿔뿔이 고아원으로 흩어졌다.

　　장씨는 일본 히로시마와 나가사끼의 한국인 원폭피해자 가운데 귀국한 2만 3천 명 중의 한 사람이며 이들의 고통스러운 형편은 거의가 대동소이하다. 장씨는 노무자 징용으로 나가사끼에 끌려갔으며, 원폭을 당한 후 25년 동안 혼자 몸부림치다가 자살하고 말았던 것이다. 다음의 〈표 1〉은 당시 한국인 피해상황에 관한 것이다.

〈표 1〉 피폭 당시의 상황

(단위: 명)

지명	총피해자	사망자	생존자	귀국자	일본잔류자	환자수
히로시마	50,000	30,000	20,000	15,000	5,000	중환자 30%
나가사끼	20,000	10,000	10,000	8,000	2,000	경환자 70%
계	70,000	40,000	30,000	23,000	7,000	계 100%

자료: 鎌田定夫, 『被爆朝鮮人의 證言』, p 14
　　　한국 원폭피해자 원호협회, 1972년 4월 발표

　　일본 잔류자 7,000명 중 수첩 교부자 수는 2,010명에 불과하다(1978년 3월 현재 히로시마 시, 나가사끼 시의 조사통계). 수첩 교부자가 아니면 법적으로 규정된 계속적인 치료와 수당을 받지 못한다. 귀국한 피폭자들을 정부도 사회단체도 종교단체도 완전히 외면, 망각상태에 버려두었다.

　　귀국한 피폭자들이 이대로 앉아서 죽을 수는 없다고 하여 1967년 7월 10일에 비로소 한국 원폭피해자 원호협회를 창립하였다. 1968년 10월에는 김상현 의원이 국회에 원폭피해자 문제를 제기한 바 있으나, 정부는 아무런 대책을 강구한 바 없다. 1971년 9월에 이르러 히로시마 원폭피해자의 제2세들의 노력으로(피폭자구원 일·한 협의회), 일본의 전문의 4명이 내한하여 420명 정도를 진료한 것이 사회적인 원호의 처음이다. 이 일·한 협의회의 노력으로 1973년 9월 6일 경남 합천군 보건소 구내에 원폭진료소(대지 100평, 건평 87평, 입원실 6개와 기타 약간의 시설)를 일본 민간단체의 성금으로 세우게 되었다. 이것은 귀국한 피폭자 2만 3천 명을 위한 일로서는 피폭 이후 28년 만에 처음 있는 일이다. 우리 정부의 지원은 개원 당시 2백만 원의 보조 이외에는 없다(일본 정부는 원폭피해자를 원호하기 위해 매년 90억 엔 정도를 국고에서 지출하고 있으며, 그동안 미국의 원폭상해조사위원회ABCC를 통해서 미국 정부로부터 수억 불의 지원을 받았다).

참으로 알 수 없는 일, 가슴 아픈 일은 1965년 12월에 막을 내린 대일 청구를 위한 한일회담에서 피폭자의 보상 문제가 전혀 거론되지 않았다는 점과 그 후에도 양국 정부의 아무런 대책이 없다는 점이다. 참으로 슬픈 일이며, 해괴한 일이다. 우리 속담에 "죽는 것은 돼지다"라는 말이 있고 "고래싸움에 새우등 터진다"라는 말도 있다. 미국과 일본의 치열한 전면 전쟁, 그리고 난 후 미국의 세계 제패와 일본의 눈부신 경제번영의 그늘에서 시들어가고 죽어가는 것은 한국인, 그중에서도 1910년 이후 계속적으로 일본에 끌려간 노무자, 정신대, 학병들이다. 이들이 끌려간 곳 그리고 더욱 불행하게도 죽지 못하고 살아서 돌아온 곳이 바로 '지옥'이다. 사도신경에 의하면 십자가에 처형된 예수 그리스도가 부활하시기 전에 먼저 방문한 곳은 '음부'였다는데, 이러한 음부에 오시는 것일까? 핵폭탄은 화학폭탄(TNT)의 약 1백만 배의 에너지로 파괴력을 발휘할 뿐만 아니라 화학 폭탄에는 전혀 없는 살인적인 방사선과 '죽음의 재'를 동반한다. 그래서 갖가지의 형언할 수 없는 험악한 원자병을 유발시켜서 여생을 마비시키며 유전적 질병까지를 일으키는 것이다.

2) 핵폭탄의 공포

인류 역사상 최초의 핵폭탄은 1945년 8월 6일에 일본 히로시마시에 그리고 두 번째 것은 8월 7일에 미국군에 의해서 나가사끼 시에 투하되어서 그해 말까지 히로시마에서 13만 명, 나가사끼에서 7만 명, 도합 20만 명이 사망했다. 그때 투하된 핵탄은 13-15kt 정도의 것으로 지금의 1메가톤(1,000kt)급의 핵폭탄에 비교하면 아직 유치한 정도였다고 하겠다. 핵무기 에너지의 1메가톤(1,000kt)을 화학폭탄(TNT)으로 환산하면 1백만 톤에 해당한다(이것은 파괴력의 비교일 뿐이지, 핵탄만이 가지고 있는 방사선과 '죽음의 재'는 고려하지 아니한 것이다). TNT 1백만 톤이라면 판문점에서 부산까지의 거리인 300마일 길이의 화물열차에 만재할 수 있는 양이다. 그러나 이 엄청난 1메가톤도 우라늄이나 플루토늄의 원자핵폭탄이라면 그 무게가 60kg 정도, 수소폭탄이라면 10-25kg 정도밖에 되지 아니한다. 1메가톤의 핵폭탄이 투하되면 2천 평방마일 지역 안(약 80km 직경 둘레)에 있는 '생명'과 토양은 '사멸' 혹은 '무능화'된다고 하는데 도무지 믿을 수 없는 숫자이다. 또 단일 메가톤(1,000kt)의 위력은 40kt의 핵폭탄 8개의 위력과 맞먹는다고 하니, 1메가톤의 핵에너지를 분할하면 세 배의 위력을 갖게 되는 것이다. 지금은 그것보다 더 무서운 위력을 가진 중성자탄을 만든다고 한다.

지금, 핵무기를 보유하고 있는 나라는 미·소·영·불·중 5개국이다. 어느 권위자의 추정에 의하면 1979년 미국이 보유하고 있는 핵무기 에너지만도 7천 메가톤 정도인데 이것은 히로시마 원폭형의 53만 8천배나 되는 것이다. 지금 미·소 양국이 보유하고 있는 핵무기는 전 세계의 모든 도시를 일곱 번이나 말살할 수 있는 양이라고 한다. 미국이 서유럽지역에 배치하고 있는 '순항미사일'의 사정거리는 약

2,500km이고 퍼싱 II의 사정거리는 1,800km이며 소련이 동유럽지역에 배치하고 있는 SS20의 사정거리는 4,400km이다. 미국은 대소 885개, 소련은 대소 2,410개를 배치해놓고 서로 기회를 엿보고 있다. 그리고 미·소 양국은 양국 국토에 핵탄을 떨어뜨리지 않는다는 한정핵전쟁의 비밀협정을 하여 자국토를 '성역화'하고 있다. 그러니 핵전쟁에는 '핵우산'이라는 것을 믿을 수도 없으려니와 별 의미도 없는 것으로 보인다.

핵폭탄을 제일 먼저 받은 일본의 저명한 물리학자 도요다 박사의 해설(1982년 10월 출판)은 다음과 같다([ ]안은 필자의 보충설명이다).

핵전쟁의 준비는 이미 완료되었다. 미·소가 보유한 많은 대륙간 탄도미사일(ICBM)은 양국 수뇌의 어느 쪽이 발사버튼을 누르기만 하면, 즉시로 발진한다[전략병기제한 잠정협정 SALT 1(1972년 체결된 5개년의 잠정협정)에 의하면 미국 1,054기, 소련 1,550기로 제한되었다]. ICBM은 히로시마 원폭의 수백 배의 파괴력·살상력을 가진 핵탄두 3-10개를 싣고 지구 둘레의 4분의 1에 해당하는 거리(10,000km)를 약 30분에 날아간다. 조기경계 시스템, 공중경계관제기, 혹은 군사정찰위성[1982년에 군사정찰위성은 약 1,000개(미·소가 1:2 비례) 또 새로운 자료에 의하면 8,000개의 인공위성]이 정체불명의 물체를 인지하면 불과 몇 분 안에 그것이 적국의 핵미사일인지 아닌지를 식별하고 [예를 들면 미국은 1979년 말에 지난 1년간 6회의 잘못된(誤) 경계사고가 발생했다고 발표] 하트라인으로 의사확인을 거치기까지 늦어도 15분 이내면 전면전쟁이 시작된다.

그 시나리오는 이미 면밀하게 쓰여졌고 방대한 프로그램이 통합본부의 컴퓨터에 투입되어 있다. 현재 우리들은 핵전쟁의 상시적응태세 아래 살고 있다. 핵전쟁이 일단 시작되고 난 뒤 그것을 중도에서 중지시키려면 전 시스템을 파괴하는 수밖에 없다. 핵전쟁을 중도에 중지하는 프로그램을 미리 작성해둘 수는 없다. 컴퓨터가 정치적 판단을 할 수는 없는 것이고 상대방의 대응방식 전부 미리 상정해두는 것도 원리적으로 불가능하기 때문이다. 또 수소폭탄의 불덩어리는 급격하게 거대한 전리 개스공을 만들어 순식간에 강력한 전자 팔스를 발생시키고 컴퓨터를 포함한 전기장치의 배선을 태워버린다. 그렇게 되면 복잡한 전기적 제어 시스템의 정상적인 작동은 기대할 수 없게 된다. 따라서 물리적으로 가능한 프로그램은, 갖고 있는 핵미사일을 남김없이 전부 발사해버리는 것밖에 없게 된다. 핵전쟁은 즉시라도 일어날 수 있게 되어 있고 일단 일어나면 그 결과는 짧은 시간에 나타난다.

미국의 월간지 *Bulletin of the Atomic Scientist*가 1947년 이래 게재하는, '최후의 심판'의 도래를 가리키는 시계바늘에 의하면, '최후의 심판'은 줄곧 2분 전이었는데, 1972년의 제1차 솔트 협정으로 12분 전으로 늦추어졌다가 다시 2분 전으로 급박했던 것이, 1981년부터 유럽·미국에서 거세게 일어나고 있는 '반핵 평화운동'을 감안해서 4분 전으로 늦추어졌다. 초강대국들의 무기체제의 경쟁은 쉬지 않고 개선·발전되어가고 있으며 지금은 레이저 무기, 마이크로웨이브장치, 입자광선, 투사광선무기 등 소위 '초무기'가 개발되고 있어 기존 무기체제 자체를 무능화시키고 있다고 한다.

2. 환경오염

1) 대기오염

금년 3월에 독일인 베인케 목사(도꾜 주재)가 서울에 와서 한 주일 지내는 중에 눈은 충혈되고 눈곱이 끼고 코도 따갑고 콧물이 흐르고 목도 아프고 기침이 나며 열까지 나는 곤욕을 치르면서 하는 말이 자기가 다녀본 세계의 도시 중에 서울의 대기오염이 가장 심한 것 같다고 했다.

서울은 대기오염으로 아황산가스(So_2), 납(Pb), 질소산화물(NOx), 카드뮴(Cd), 벤즈피린 등이 환경기준치를 크게 초과하고 있다. 서울시의 경우 한 통계에 의하면 아황산가스의 함량 PPM이 1977년 0.082, 1978년 0.084, 1979년 0.093, 1980년 0.094, 1981년 0.086이다(환경청 국회제출 자료에는 82년 0.57로 되어있다). 위 통계는 다 환경기준치 0.05PPM 을 훨씬 넘고 있으며 매년 증가하는 추세로 도꾜의 3-4배다.

서울시에서도 지역에 따라 큰 차이가 있는데 신설동, 길음동, 양평동, 구의동 같은 경제적으로 빈약한 주민들이 살고 있는 지역이 더욱 심하다. 그리고 겨울철은 환경기준치의 3배가 되며, 월평균치는 연평균치보다 높고 시간평균치는 더 높다. 이러한 조건들이 신체에 더욱 파괴적 손상을 일으킨다.

아황산가스는 주로 공장과 차량에서 쓰이는 벙커C유에 의한 것인데 그것도 인도네시아산 원유는 유황 함량이 0.15%인데 비하여 중동산 원유는 2.5%나 되는데도 우리나라는 미국 회사와의 계약관계로 중동산을 들여오도록 되어있기 때문에 대기오염을 더욱 심화시키고 있는 것이다.

환경청 자료에 의하면 81년, 82년에 들어서 부산시의 대기오염은 서울시보다 더욱 심하며 서울시의 '산성비'의 문제 역시 심각하다. 비가 내리면 대기 중의 아황산가스나 일산화탄소가 빗물에 녹아 산성이 높은 비가 내리는데 종로 2가의 경우에는 거의 식초가 내리는 형편이다. 대기오염으로 인한 공업단지들의 피해는 다음의 〈표 2〉에서 더욱 직접적으로 드러난다.

〈표 2〉 대기오염으로 인한 피해 상황

	농경지(정보)	피해농지(정보)	
울산	546	454	83%
여천	951	827	86%
장항	3,183	3,183	100%

주: 여천공단의 피해권은 확대되어 1982년에는 4개 시군관내에 50정보가 더 늘었다.

울산시의 과수 생산은 1961년부터 1970년까지 10년 사이에 생산이 3분의 1로 줄어들었다. 배 과수원은 1967년에 135만 평이던 것이 7년 후인 1974년에는 23만 평(17%)으로 줄어들고 단보당 수확량도 5,000 kg에서 3,500kg으로 줄어들었다. 울산의 대기오염의 주범 중 하나는 6가 크롬 배출업체인 '울산무기화학'이다. '공해수입'의 대표적인 예인 '울산무기'의 내력은 이러하다.

'일본화공'은 1839년 창업해서 태평양전쟁 중에 한국인을 북해도에 징용하여 일동광산에서 강제부역시다 수백 명을 크롬에 오염시켜 사망케한 회사이며, 1965년에는 도꾜지방의 소송천(小松川) 공장 작업자 203명 중 161명이 크롬 오염으로 심한 피해를 입은 사실, 1974년에 6명이 폐암으로 사망하고 종업원 과반수가 크롬 중독된 사실, 1973년 공장 근처 땅의 맹독성 크롬 오염으로 진행 중이던 지하철 공사가 중단된 사실들로 인해 공장이 도꾜시로부터 추방되어 도꾸야마

(德山)로 이전했다. 그런데 또 도구야마만을 온통 오염시켜서 어장을 망쳤기에 또다시 쫓겨 한국 울산에 수입(!)되었고 '울산무기화학(無機化學)'으로 둔갑하여 1976년 4월부터 가동하기 시작한 것이다. 울산시의 삼산평야 85만 평은 울산무기화학을 위시한 13개 업체로 인해 지난 13년 동안 거의 완전히 폐농화하였다.

2) 수질오염

서울 시민들이 의존하고 있는 한강의 수질오염 현황은 다음 도표에서 제시된다.

〈표 3〉 한강 수질오염 현황(BOD)

(단위 : PPM)

연도 지역	1973	1974	1975	1976	1977	1978	증가율 (73년 기준)
구의	1.8	1.3	2.2	1.7	2.1	2.2	22.2(%)
뚝섬	2.0	1.5	2.6	2.1	2.5	2.3	15.0
보광동	5.4	4.0	7.4	5.9	6.3	6.5	20.4
노량진	5.9	3.6	6.3	5.6	5.2	8.3	40.7
영등포	7.0	5.6	8.5	8.1	10.1	11.5	64.3

자료: 서울시 환경관리과, 「중앙일보」, 1976. 6. 21

위의 표에서 나타난 대로 연도가 진행할수록 그리고 상류지역에서 하류지역으로 내려올수록 오염도가 심화되고 있으며 그 증가율도 상류지역에서는 느리고 하류지역으로 내려올수록 빠르다. 보광동, 노량진, 영등포는 1978년에 이미 세계보건기구의 권장기준치 6PPM을 넘었다. 그런데 민간연구소의 조사인 〈표 4〉는 위의 서울시의 조사보다 엄청나게 높다.

〈표 4〉 한강 수질 오염 현황

(단위 : PPM)

한강 본류(BOD)	
장소	평균치 1974.12~1975.8.
광장리	18.3
뚝섬	19.4
보광동	26.6
제1한강교	28.0
제2한강교	25.2
가양동	31.2
상수도 1급 환경 기준	1.0
상수도 2급 환경 기준	3.0
상수도 3급 환경 기준	6.0

위 도표를 비교하면 뚝섬의 경우 서울시 측정수치보다 민간연구소의 수치는 7.5배나 높아 수질에 관한 서울시의 자료의 신빙성이 문제된다. 그리고 공해방지 시설비(투자액의) 또한 한국 0.3%, 미국 9.9%, 일본 11.7%(1978년 기준)로 한국은 매년 감소해간다.

3) 농약공해

농약(중금속) 공해에 관한 자료도 한두 가지 보기로 하자.

〈표 5〉 한강변 배추 중금속 함유량

(단위 : PPM)

	납	카드뮴	망간	아연	철
왕 십 리	11.86	1.75	90.71	342.2	293.3
중 량 교	6.33	1.34.	110.0	327.2	211.7
마 포	25.61	2.31	166.3	130.0	252.4
최 대 치	36.94	3.08	257.5	690.0	446.7
최 소 치	7.11	0.62	17.5	81.7	58.0
평 균	13.22	1.72	116.8	283.5	257.5
일본기준치	1.00	1.00	19.0	-	1.0

자료: 「중앙일보」 1978. 6. 3.

<표 6> 각 시도별 현미 중의 수은 함량과 연도별 추세

(단위 : PPM)

지역 연도	경기	김포	강원	충북	충남
1966	-	0.025	-	-	-
1967	0.119	-	0.159	0.106	0.130
1973	0.030	0.045	0.030	0.015	0.070
1978	0.0057	0.003	0.006	0.001	0.005

지역 연도	전북	전남	경북	경남	평균
1966	-	-	-	-	-
1967	0.143	0.124	0.133	0.137	0.131
1973	0.050	0.020	0.030	0.014	0.040
1978	0.007	0.006	0.008	0.007	0.006

자료: 「서울경제」, 1979. 6. 30.

그런데 1976년부터 2년간에 걸쳐 원자력연구소가 전국 121개 지역에서의 현미의 수은 농도를 측정한 결과는 보사부 발표량의 8.3배에 달하는 평균 0.053PPM이었다는 것으로 미루어 볼 때 위의 자료의 신빙성이 문제된다.

원자력 연구소의 자료에 의하면 김포지방에서 재배된 쌀의 수은 함유량은 0.26-0.31PPM이다. 한강하류의 물은 이미 농업용수로도 쓸 수 없게 되었다. 1978년 담양의 고은석 씨 가족은 수은 함량 과다로 신체가 마비된 바 있는데 그 조사표는 다음과 같다.

<표 7> 담양 고씨집에서 나타난 수은 함량

(단위 : PPM)

	이름	보건연구원	연세대	고려대	외국의 예 및 기준치
머리카락	고은석		1.4375	10.2	유럽평균치 2.0
	김남순(처)	0.5771	18.1		일본 도시주민 평균 6.9
고씨집 딸		0.0175	-	0.17	일본(68)0.07

주 : 여기서도 보건연구원 자료와 민간연구소 자료의 차이가 심하다.

이러한 수질오염, 농약공해로 말미암아 인명만이 아니라 돼지, 소 등의 가축이나 꿩, 토끼, 산까치, 청둥오리, 황새, 백로, 왜가리 등의 야생동물 및 누에, 꿀벌 그리고 미꾸라지, 지렁이, 메뚜기, 민물새우, 반딧불, 산에 있는 흑파리 등도 수없이 죽거나 멸종되는 사태가 계속 일어나고 있다. 국립보건원 조사에 의하면 농민의 82%가 농약 중독이라고 하며 그중 31%는 요양 치료해야할 상태라고 한다(「매일경제」, 82. 12. 4). 홍성군만 해도 1982년 초부터 8월 6일까지 47명의 농민이 농약중독으로 사망했다. 이러한 산업·도시공해로 인해서 하천과 연안의 양식장, 어장이 황폐해지는데 그중에서도 울산만, 여천 광양만, 인천만, 마산, 진해만 등은 더욱 심하다. 다음의 표는 인천만의 경우를 나타낸 한 통계자료이다.

<표 8> 인천 해역 패류산출고

(단위: t)

	1968년		1969년		1970년		1971년 (7월말)	
	자치	동죽	자치	동죽	자치	동죽	자치	동죽
한진어장	152	219	117	36	51	8	12	0
척전어장	340	810	397	329	208	205	52	15
동막어장	118	1,633	126	1,256	169	449	25	10
계	610	2,653	622	1,621	410	662	89	25

자료: 「국토개발연구」(1981)

위 표에서 보면 1968년에서 1971년까지의 4년 동안에 어장이 거의 전폐되었다.

이밖에도 최근 우려되는 것 가운데는 나주 비료공장이 13년 전에 마구 버린 비소 찌꺼기로 인해 나주평야 일부가 황폐해진 것, 수원 서호의 PCB오염, 비닐하우스의 폐비닐공해, 원자력공해 등이 겹쳐서 대기, 수질, 토양 그리고 동식물과 인간의 생명이 시들고 죽어간다.

4) 생물권과 생태계

(1) 생물권

사람과 그 환경과의 사이에는 '정상적인' 관계라는 것이 있고 그 정상적인 관계가 깨어지면 인류는 이 지구상에 존속할 수가 없게 된다. 물론 인류나 그 환경이 이미 완결되어 고정된 것이 아니고 점진적인 변화를 진행하고 있는 것이어서 오랜 기간(진화적인 시간)을 두고 보면 그 관계에도 변화가 있게 마련이지만 인류가 이 자연환경에서 발생한 것인 만큼 환경의 급속한 변화는 인류의 적응과 존속에 치명적인 결과를 낳고 만다.

쉽게 말해서 사람의 삶은 먹고 마시고 숨 쉬고 그리고 배설하고 하는 대사현상이며 자연계의 재료를 가지고서 집과 교통수단 등을 짓고 헐고 하면서 그로써 환경을 변화시키는데, 이 육체적 · 생활적인 신진대사가 균형을 잃으면 삶은 지속되지 못한다. 이러한 논의에서 생태학적 위기, 혹은 환경위기를 말하게 되는데 이 위기의식은 1970년대에야 비로소 심각하게 그리고 일반적으로 느끼게 되었다.

생물권이라는 것은 반지름 6,370km인 지구표면을 약 3km의 두께 둘러싸고 있는 공간을 가리킨다. 이 공간에 모든 생물이 살고 있기 때문에 생물권이라고 한다. 이 약 3km공간 밖에서는 생물이 살 수 없다.

그런데 이 생물권은 지구의 생성 처음부터 있었던 것은 아니고 오랜 시간을 두고 지구화의 과정에서 진화, 생성한 것이다. 그 진화과정을 말하자면 약 50억 년 전에 지구가 생겼고 그때부터 약 20억 년이 지나서 화학적인 '생명'의 암호(코드)가 합성되었으며 그 후 약 5억 년이 지나서 광합성 작용이 시작되었다. 그 후 약 10억 년이 지나서 대기권에 오존층이 생성되었고 그 후 약 9억 년이 지나서 생물은 다세포적 유기체로 진화했으며 그 후 약 6억 년이 지나서야 생물은 비로소 공기로 숨 쉬는 육상동물로 진화했던 것이다. 그것이 지금으로부터 약 4억 년 전이다.

그때의 대기성분은 산소 21%, 질소 78%, 이산화탄소 0.03%라는 쾌적한 함량인, 지금의 대양 위의 공기상태이다. 지구 위에 광합성 작용으로 산소가 생산되기 시작하여 그 함량이 늘어가는 지구의 산소화 과정은 약 20억 년이 걸려서야 그 함량이 21%에 달하게 된 것이다. 지금으로부터 250여만 년 전에 인간이 출현하여 살아왔지만 이 산소화 과정에는 이상이 없었다. 그런데 인류 역사상 최근에 '산업화' 활동이 시작되면서 가속적으로 산소의 함량은 줄어들고 반면에 이산화탄소는 늘어나며 가지가지의 매연이 공기의 혼탁을 더해감으로써 대기는 모든 생물의 호흡에 부적당하게 되고 나아가서는 자연생태계의 파괴를 촉진하고 있다.

(2) 생태계

생태계라는 것은 다음 그림에서 보듯이 ① 식물, ② 초식동물, ③ 육식동물, ④ 세균, ⑤ 흙 등 5자간의 거래관계인데 그 관계는 에너지의 흐름, 광물질의 회류 그리고 산소와 이산화탄소의 교류 및 수분의 공급, 열의 발산 등으로 위의 5자가 유기적으로 짜인 체계가 곧 생태계이다.

이 5자는 하나로 짜였기 때문에 '삶의 그물'이라고도 말한다. 식물이 위에서 태양의 열을 받고 아래서 흙으로부터 수분과 광물질을 받아서 영양을 만들면, 초식동물이 그것을 먹고 육식동물은 초식동물을 먹

고, 살다가 수명이 다하여 죽으면 세균은 그것을 해체해서 흙으로 돌아
가게 한다. 다시 식물은 그 흙에서 광물질을 뽑아 올리는 같은 작업이
반복되어 에너지의 흐름과 광물질의 회류가 계속된다.

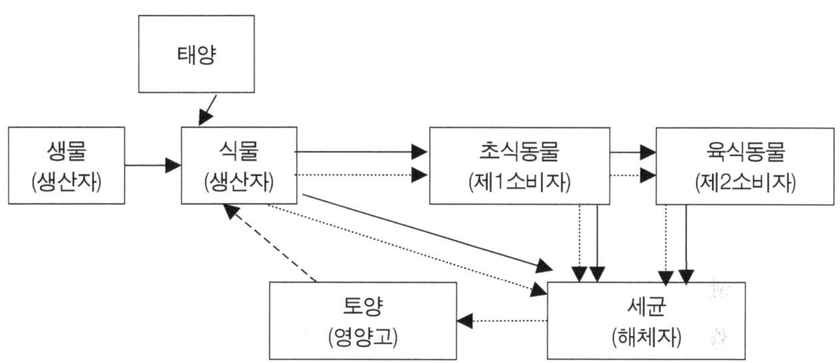

생태계의 관계

위 5자간에는 각각 기능과 한도가 있어서 활동의 균형이 유지되게
된다. 생태계란 자연계를 구조적으로 본 것인데 이러한 생태계는 마치
오장육부로 짜인 인체와 같다고 하겠다. 자연환경은 이렇게 생물과 무
생물 사이의 균형이다. 그런데 이 생태계의 구성요소인 인간이 근년에
와서 그 기능과 한도를 넘어서 활동하기 때문에 생태계의 균형이 깨뜨
려지고 있는 것이다. 이것이 생태학적 위기다.

(3) 성장의 한계

위에서 말한 자연생태계의 균형을 깨뜨리는 것은 인간의 과도한 산
업 활동, 과도한 경제성장이다. 인간의 산업 활동도 하나의 전체적인
체계를 형성하고 있는바, 그것을 인공 생태계라고 말한다. 이 인공생
태계도 대별해보면 다음과 같은 5자의 관계체계다.
곧 ① 인구, ② 식량, ③ 천연자원, ④ 공업생산, ⑤ 환경오염이다.

앞에서 본 자연생태계가 대체로 각자 사이에 '소극적 피드백'에 의해서 균형을 유지 하는 체계라면 인공생태계는 대체로 각자 사이에 '적극적 피드백'에 의해서 그 균형을 잃어가고 있다. 소극적 피드백이라는 것은 5자 사이의 주고받음의 교환에 균형을 이루는 과정이고 적극적인 피드백에서는 주는 것이 많고 받는 것은 적다든지, 혹은 주는 것은 적고 받는 것은 많다든지 하는 식으로 주고받음의 교환에 균형이 없어서 종당에는 그 교환과정이 정지되고 그 체계가 깨어지고 만다. 지금의 인공생태계의 과정이 그렇다.

① 지구상의 인구증가는 1650년에 약 5억이던 것이 1950년에는 약 40억으로 300년간에 8배로 증가했는데, 예측에 의하면 AD 2,000년에는 65억을 예상하므로 불과 50년간에 거의 1.6배로 증가한다. ② 현재 식량생산은(만일 공평하게 분배된다면) 인류 역사상 처음으로 전 인구를 먹일 수 있다. 그러나 다음과 같은 생산의 한계 고비가 있다. 임업은 1967년에, 어업은 1970년에, 쇠고기는 1976년에, 양고기는 1972년에, 곡식은 1976년에 최고 생산량이었고 그 이후로는 줄고 있다. 인구는 급증하는데 주요한 식량생산이 모두 줄어가고 있다. ③ 천연자원 중에 주요한 광물자원들은, 기하급수적인 내용(耐用) 연수를 측정해본다면, 거의 앞으로 40년 이내에 바닥이 날 것이고 그중에도 동력의 기본인 석유, 천연가스 등은 앞으로 20여 년에, 석탄은 100여 년에 바닥이 난다. ④ 공업생산의 증대과정도, 천연자원의 매장량의 한계에 제약을 받고 있으며 ⑤ 환경오염의 증대는 대체로 공업생산의 증대와 비례한다. 그렇기에 현재의 산업문명은 머지않아 성장이 한계에 부딪치고 생태계는 무너진다는 전망이다.

이것이 생태학적인 위기다. 핵전쟁의 위협과 생태학적 위기는 이중으로 다가오는 '최후의 심판'이라 하겠다.

3. 빈곤

1) 가난한 이웃

(1) 허병섭 목사가 서울의 한 빈민지역 돌산 마을에서 7년간 목회(동월교회)하면서 그 지역주민을 관찰한 것은 실감 있는 보도다.

① 주민 약 30%는 자기 집(무허가건물)을 갖고 있으면서 방을 세 놓고 노동하는 경우인데 이들 가구는 한 달에 23-25만 원의 수입이 있다.

② 나머지 약 70%는 셋방살이인데 남자의 경우 ㉠ 약 20%는 일일노동자(일당 6-7천원, 월수 약 13만 원) ㉡ 약 10%는 행상(일당 4-5천원) ㉢ 약 10%는 기술노동자(일당 만천 원) ㉣ 약 10%는 시장상업(하루 3-4천 원) ㉤ 약 20%는 기타. 여자의 경우 약 반수가 벌이에 종사하는데 그중 a) 약 15%는 파출부(일당 4천원) b) 약 10% 접대부(일당 5천원) c) 약 10% 가정부업(하루 2천원) d) 약 10% 행상(하루 2-3천원) e) 약 10% 일일노동(하루 4-5천원) 그리고 단신 주거자는 월수입 7-9만 원 정도며, 부부 맞벌이하는 가구는 25%이다. 이들은 아침 5시부터 저녁 10시, 11시까지 일한다.

(2) 이태호 기자가 1976년 여름부터 1978년 봄까지 친히 답사해서 쓴 르포 "소외지대의 이웃들"은 참으로 충격적이다. 70년대 후반 그렇게 GNP적 경제성장을 구가하던 그 당시의 르포라는 것을 감안하면 더욱 놀랍다. 이태호 기자는 다음과 같은 15개의 '소외지대의 이웃들'을 찾았다. 그의 보고를 추려보자.

① 6·25 의 슬픈 유산, 한국의 혼혈아들

그들은 비극의 씨앗으로 이 사회가 겪어야 하는 아픈 상처를 몸으로 실감하는 것이다.

② 설움 안고 죽어가는 원폭피해자들

일본에서 귀국한 이들 약 3만 5천 명은 전쟁의 속죄양으로 피맺힌 한을 안고 일본으로부터 고국에 돌아와서도 목숨의 질김을 또 한으로 씹고 있는 것이다.

③ 미군철수를 앞두고 불안했던 기지촌 사람들

통계(1977)를 보면 동두천만 해도 미군 상대의 위안부들은 2천 5백 명 정도다. 미군이 철수하면 어떻게 해야 할 것인지?…(남한이 바로 이런 불안을 안고 있는 '기지촌'이 아닐까?)

④ 악착같이 살아가는 달동네의 어른들

창신동, 청계천변, 중랑천변, 사당동 등등 서울에 남아있는 판잣집은 현재(1978) 13만여 채, 판자촌에서 목숨을 이어가는 사람들은 1백 50여만 명, 서울인구 7백 50만 가운데 5분의 1이 판자촌에 살고 있다. 사당동 희망교회의 조사보고서를 보면 1975년의 경우 이 지역 조사대상자 278가구 중 월수입 3만 5천원 미만인 가구가 55%, 빚을 진 가구 70.14%이고, 그들의 식사 내용은 25.35%가 밥과 국수, 23.94% 밥과 수제비고, 53.9%만 세 끼 모두 밥을 먹는다. 비가 오면 지붕이 새는 집이 67.2%, 병이 나면 병원에 가보는 가구는 6.12%다.

⑤ 학업을 중단하고 힘든 일을 하는 젊은이들

11월 하순, 찬바람이 밤거리를 휘몰아치고 있었다. 홍제동 산기슭의 하수구 안에 형(13살)과 동생(8살), 두 소년의 그림자가 촛불에 실려 움직이고 있었다. 그들은 가마니 석 장을 뒤집어쓴 채 웅크리고 30원짜리 풀빵으로 배를 채우며 모닥불을 피워놓고 껴안고 잠들었다. 얼마나 시간이 지났을까? 형의 귓전에 "사람 살려요" 하는 소리가 들렸다. 하수구 안에 확 달아오른 불길. 함께 하수구 밖 개천으로 굴러 떨어졌는데 온몸에 화상을 입은 아우는 곧 숨졌다. 그들은 고아가 아니었다. 홀어머니와 여섯 명의 동생들이 판잣집 단칸방에 자기는 너무 좁았다.

⑥ 고통을 이겨내는 피복공장의 견습공들

평화시장의 견습공 이양의 경우. 공장이라야 12평짜리에 15명이 일한다. 영하 15도, 20도에도 불도 피우지 아니한다. 매일 아침 8시부터 밤 8시까지, 때로는 10시까지 작업한다. 경력이 2년이 되지만 월급은 3만 원, 그는 창신동 언덕받이에 있는 보증금 5만 원에 월세 1만 2천 원짜리 삭월세방에서 자취하고 있다. 청계천변 피복공장 노동자 9,157명 가운데 3,740명(약 40%)이 견습공들이다.

⑦ 적선지대에서 웅성대는 하루살이 떠돌이들

도동, 양동 일대에 펼쳐진 옛 적선지대는 2천 3백 평방미터 가량, 상주인구는 3만 2천여 명, 유동인구가 8천 명 가량이다. 그 한 모퉁이에는 70여 명의 맹인과 1백여 명의 벙어리들이 살고 있다. 그들은 안내자와 함께 또는 홀로 1.5평의 낡은 방에 기거한다. 이부자리, 베개는 불구자의 독특한 냄새가 배어 있다. 빨래를 널어놓을 베란다가 있을 턱이 없다. 방마다 모서리를 질러 빨랫줄이 걸려 있다. 공동세면장에서 세탁을 한다. 서울의 중심지대 그 가파른 응달에서 끼니를 이어가는 그들에게 관심을 기울여주는 사람은 별로 없다.

⑧ 사회의 냉대 속에 한숨짓는 갱생원 수용자들

구산동 산 61. 서울시립 갱생원. 수용된 사람은 18살에서 90살까지 1,102명. 거지, 부랑아, 앵벌이, 병약자, 불구자 등 좁은 면적에 각종 환자까지 뒤섞여있는 그들의 방은 악취가 대단하다. 그들은 발을 곧

게 뻗고 잘 수가 없다. 서로 엇갈리게 누워 얼굴과 발이 포개진 채 몸을 뒤척이는 소리, 코 고는 소리, 질병으로 앓는 소리 때문에 잠을 설치기 일쑤다.

⑨ 직업병 인정 못 받는 결핵 근로자들

⑩ 폭력을 휘두르는 불우한 청소년들

⑪ 거리에서 방황하는 해고 근로자들

⑫ 버림받은 시골에서 가슴 치는 농민들

⑬ 죽어가는 한강에서 시름을 낚는 어부들

⑭ 수유동 산록에 자리한 각심학원 ― 겨울보다 더 추운 응달 속의 정신박약아들

⑮ 가난 속에 버려진 달동네의 아이들

올해 국민학교를 졸업하는 이영미 양(14세)은 1월 20일 아침밥을 먹지 않았다. 영등포구 시흥 2동 판자촌에 사는 이양은 탑동국민학교 출신, 그날은 중학교 입학 등록금 예치 마감일이었다. 그는 밤새 울어 눈이 부어 있었다. 아버지(61)도 어머니(53)도 몸져누워 있었다. 오빠는 6·25때 숨졌고 언니는 어렸을 때 시장에서 어머니 손을 놓쳐 잃어버렸다. 그들은 세 식구다. 이들 가족은 3월 31일까지 판잣집을 철거하라는 계고장을 받아놓고 있다. 아무런 대책이 없다. 이 일대 6백여 가구도 같은 운명이다. 이양은 자기 반에서 5등 이하로 내려가 본 적이 없다. 1등도 자주 했다. 쌀이 떨어져 아침을 굶을 때도 많고 동무들이 도시락을 먹을 때 그는 책을 보았다. 예치금 마감일 직전 담임선생이 이양에게 학교에 나와 보라고 말을 전했지만 그는 가지 않았다. "중학교에 가고 싶어 죽겠지만 등록금을 만들 길이 없어서 그만두기로 했습니다." 그는 체념한 듯 그러나 또렷한 목소리로 대답했다. 그는 "어머니께서 걱정하실까봐 밖에 나와 울었습니다"라고 말했다. 이양은 앞으

로 공장에 나가 돈을 벌면서 중학교 책을 빌려 집에서 공부하고 싶다는
꿈을 펼쳤다. "저는 공부할 기회가 온다면 교육자가 되고 싶어요. 가난
한 아이들을 훌륭하게 키우고 싶거든요." 그녀의 눈동자는 빛을 잃지 않
고 있었다.

2) 근로자의 실태

(1) 한 여직공(교인)의 수기인 『서울로 가는 길』(1982)에는 1976
년 그들의 일당이 300-460원 정도(월 1만 2천원 정도)였는데 당시 냉
면 한 그릇에 470원이었다. 1977년에는 하루 11시간 노동에 1천 3백
원(월 3만 9천 원 정도)이었다. 1978년 여름 농심라면 공장에 6년간 근
무한 임식철(33세, 5인 가족)의 일당은 550원이었다. 그 여름에 그는
저임금문제로 죽었다. 1980년 여름, 이대 앞길에서 분신자살한 한 노
동자 김종태(22세) 교인의 조사에 의하면 서울 청계천가의 철공장에
서 일하는 14-18세의 소년들은 아침 8시 반부터 저녁 8시까지 일하
고 초봉(3개월)이 월 1만 5천 원, 칠공장의 경우 초봉이 월 1만 2천 원,
가죽공장의 경우 시다 월 1만-1만 4천 원 정도다(〈표9〉 참조).

(2) 한국교회 사회선교협의회가 발표한(1983. 3. 13) "노동자의
날에 즈음하여"에는 월 10만 원 이하의 노동자가 전체 노동자의 60%
라고 했다(〈표 10〉 참조). 경제기획원이 발표한 "82년 한국의 사회지
표"에 의하면 월 소득 25만 원 미만인 가구가 전체 가구의 65.9%이고,
이 중 13만 원 미만인 영세민 가구가 29%인 반면에 50만 원 이상의
가구는 7.6%다(〈표 11〉 참조).

<표 9> 우리나라 가구별 소득분포(1980)

소득계층	전체가구분포(%)
5만 원 미만	6.1
5만 원 ~ 9만 원 미만	10.1
9만 원 ~ 13만 원 미만	12.8
13만 원 ~ 17만 원 미만	13.9
17만 원 ~ 25만 원 미만	23.0
25만 원 ~ 35만 원 미만	16.1
35만 원 ~ 50만 원 미만	10.4
50만 원 ~ 70만 원 미만	4.8
70만 원 ~ 100만 원 미만	1.8
100만 원 ~ 150만 원 미만	0.7
150만 원 이상	0.3

<표 10> 노총산출 최저생계비(1982.5.31. 현재)

5인 가족	496,906 원
4인 가족	388,614 원
3인 가족	296,326 원
2인 가족	227,637 원
1인 남자	137,943 원
1인 여자	135,547 원

반면에 10대 재벌이 GNP의 45% 이상을 차지하고 있다 하고 상층 0.7%의 인구가 GNP의 43.3%를 차지하고 있다는 통계도 있다 (1977). 1973년 노동분배율을 보면 한국 37.2%, 미국 73.8%, 일본 59.9%, 서독 53.6%로 한국이 가장 낮다. 1977년 제조업 노동 소득분배율은 한국 26.1%, 일본 39.0%, 미국 41.3%, 영국46.5%, 서독 44.0%, 스웨덴 47.9%로 이렇게 70년대 GNP 성장에는 노동자들이 공헌했다. 국제노동기구의 통계에 의하면 한국 노동자의 노동시간이 주 50.5시간으로 전 세계에서 가장 긴 것으로 되어 있으나 실제로는 공장의 조직 노동자의 경우만 해도 주 70여 시간의 노동이 도처에 널려

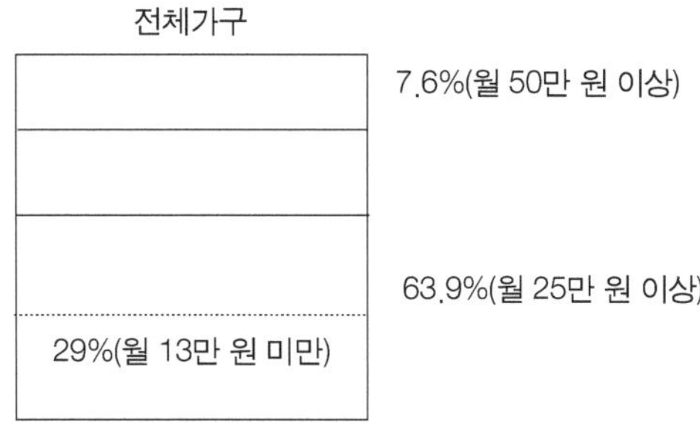

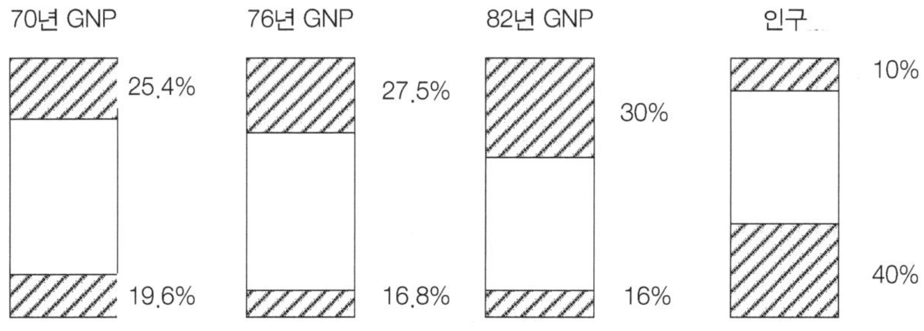

있다. 위에 언급한 고 김종태의 조사에 의하면 주 100시간이 넘는 경우도 있고, 고 임석철의 경우는 하루 18시간씩 월 30일 근무했다. 제조업 주당 노동시간(1980, 1981)의 국제 비교를 보면 한국 53.7, 일본 40.9, 싱가포르 48.6, 이스라엘 39.0, 호주 38.0, 미국 39.8, 캐나다 38.5, 프랑스 40.3, 서독 41.1, 그리스 40.7, 아일란드 41.1, 네덜란드 41.0, 스위스 43.8 이다. 산업재해에 관한 노동부 발표의 통계에 의하면 1982년에 고용인원 10인 이상인 5만 4천 개의 사업장에서 일하는 348만 명 중 생명을 잃은 자가 1,230명, 손발이 잘리거나 몸 또는 정신을 크게 다친 사람은 13만 8천여 명(약 4%)인데 이러한 산업재해는 일본의 약 5배다.

1979년 한 해만 보아도 평균 8일 이상의 치료를 필요로 하는 재해를 당한 근로자가 1천 명 중 36명이다.

같은 기간에 일본은 4일 이상을 기준으로 했을 때 16인, 영국은 1일을 기준으로 하여 5인이다. 한국의 산재율과 그 증가율은 실로 세계 1위다.

<표 12> 연도별 재해발생 현황

	사업 장수	근로자수 (단위:천명)	재 해 자			
			계	사망	신체 장애	부상
1971	7,799 (100)	893 (100)	44,545 (100)	693 (100)	1,146 (100)	42,706 (100)
	·	·	·	·	·	·
	·	·	·	·	·	·
	·	·	·	·	·	·
	·	·	·	·	·	·
	·	·	·	·	·	·
1979	55,763 (715)	3,608 (409)	130,307 (293)	1,537 (222)	17,245 (1,505)	111,525 (261)
1980	63,100	3,753	113,375 (255)	1,274 (184)	14,873 (1,298)	97,370 (228)

3) 농촌의 경제적 현황

(1) 토지문제
① 농가 호당경지면적 3,234평.
② 3,000평 미만이 68.7%(1981년 현재).

(2) 농가인구
전체 인구에 대한 농가 인구의 비율은
① 1968년 51.6%.
② 1981 년 25.8%.

(3) 농가수익

벼농사	가구당(1981)
영세농(1,500평 이하)	230,600 원
소 농(1,500~3,000평)	450,400 원
중 농(3,000~6,000평)	706,800 원
대 농(6,000평 이상)	1,580,100 원

자료: 농수산부 조사(2,563 가구 대상), 「대구매일」 1982. 9. 18.

(4) 농가부채

농가 호당 부채

	81년 말	구성비	83년 말	구성비	증가율
부채 합계	437,100	100.0	829,700	100.0	89.8
농협 차입	215,900	49.4	523,700	63 · 1	142.6
사 채	210,200	48.1	276,200	33 · 1	31.4
기타(은행 등)	11,000	2.5	29,800	3.6	170.9

자료: 농수산부 조사

① 1981년 11월 농수산부 발표 호당 부채 9십 4만 3천 3백원.

② 한 농민단체 조사 호당 부채 1백 2십 4만 5천원(도합 150만 원 정도).

③ 충남 대덕군 1981년 호당 부채 1백 6십 3만 7천 5백 53원(『동아일보』, 82. 2. 10).

④ 농협 부채 2조 6천억 원(82.9 현재)은 가구당 130만 원이 된다.

(5) 소작농가

1917	79.8%	순수 소작농가 38.5% 자작 겸 소작농가 41.3%	1943	81.4%
1950		농지개혁, 소작지의 38%만 개혁	1960	26.4%
1970	33.5%		1973	29.1%
1974	29.8%	전 농토의 16.8%	1980	37.1%
1981	46.4%	임대차 양성화 전 농토의22.3%		

(6) 경제성장

1970년대 연평균 10%(농업분야 4%)

1979년　농가 소득 2백 2십 2만 7천 5백원(1단보 미만의 농가 제외)

　　　　도시 근로자 소득 2백 6십 2만 9천원(35만 원 이상 제외)

농가 가구원 1인당 소득은 도시근로자의 60.1%,

전농가의 68%인 1정보 미만의 영세 소농가의 소득은 도시근로자
의 46%이다.

(7) 쌀 생산비

연도	수매가	생산비	차액(적자폭)
1975	19,500(원)	20,200(원)	-720(원)
1976	23,200	27,154	-3,924
1977	26,000	32,484	-6,484
1978	30,000	45,178	-15,178
1979	36,000	54,900	-18,300
1980	45,750	71,057	-25,307
1981	52,160	69,311	-187,151
1982	55,970	76,997	-21,027

자료 : 1981년 쌀 한가마당 10,064원 적자였다고 농수산부장관이 국회에 보고(『동아일보』
　　　1982. 10. 22)

(8) 비료(요소비료)

① 1977년

- 농협인수　　포당　　　　1,556-2,307원

- 농민　　　　　　　　　　3,056원

- 수출　　　　　　　　　　1,236-1,455원

② 1981년 말

- 농협인수　　　포당　　　5,553-6,833원
- 농민　　　　　　　　　　6,230 원
- 수출　　　　　　　　　　4,375-4,462원

③ 국제비교

- 미국　　　　　　　　　　100-190달러(포당 1,750-3,325원)
- 한국농민　　　포당　　　6,230원

(9) 식량자급도

1965	93.9%
1975	73.0
7979	59.8
7980	54.3
7981	43.2

(10) 농촌의 의료시설

전국 1,336개 읍면 중 483개 읍면에 의사가 없다(1980. 7). 또 농촌에는 의료보험 혜택도 없다.

(11) 농촌의 행정조직

농촌에 행정조직이 거미줄처럼 얽혀있는 실례는 다음과 같다. 충청남도의 1975년도 『이·동장 교육교재』에는 동장, 새마을지도자, 산림계, 부이장, 협동회, 마을금고, 새생활부녀회, 수리계, 4에이치 구락부, 마을문고, 홍보요원, 이동개발위원회, 수방단, 어촌계, 청년회, 여성저축생활회, 가족계획어머니회, 한국부인회, 대한어머니회, 전국주부교실, 쌀다수확협의회, 잠업전진회, 새마을자경단, 사회정화위원회, 새마을봉사대, 작목반, 흥농계, 농지위원회, 생활개선구락부, 농산개량구락부, 반장 같은 32개의 행정조직 내지는 행정을 돕는 조직이 나열되어 있다. 이밖에도 반상회, 향토예비군, 민방위대, 구국여성봉사단 같은 조직이 있다.

4) 세계의 빈부 격차

인도의 최신 통계에 의하면 6억 5천만의 80%가 농가 인구인데 그들의 월평균 소비는 53루피(약 7.5달러)며, 그중 식료품비가 39.7루피, 비식료품비가 13.3루피로서 식비는 전체의 약 75%이다(식료품비가 40%를 넘으면 빈곤). 이 통계는 평균치이며 약 75%는 그 평균치 이하인데 경제성장을 아무리 진행시킨다고 해도 인구의 40%인 하층민에게는 별 영향이 미치지 못하는 실정이다. 1960년대 10년간에 세계 인구의 6%인 미국이 지금까지의 역사상 전 인류가 소비한 천연자원보다도 더 많은 양을 소비했다는 게 그들의 자랑이다. 지구의 광물자원의 3분의 1을 세계 인구의 6%인 미국이 사용하여 그러한 부유한 생활을 유지하는데 나머지 세계 인구를 미국과 같은 생활수준으로 이끌어 올리면 겨우 18%의 인구에게만 가능하고, 나머지 82%는 문자 그대로 완전히 무소유상태로 그 18%의 인구에게 봉사해야 한다. 스위스 국민 한 명이 소말리아 국민 40명이 쓰는 자원을 사용한다. 1950년에는 34%, 1975년에는 29%의 세계인구가 발전된 나라에 속했고, 2000년에는 22%로 줄어들 예상인 반면, 발전도상에 있는 나라의 인구는 66%(1950), 71%(1975), 78%(2000)로 늘어나는 추세다. 이 발전된 나라에서 1975년의 세계 자원의 75%를 소비하고 있으며 그들이 세계 총생산의 88%, 무역의 80%, 공업의 93%, 과학기술의 100%를 관장한다. 인류 역사상 '굶주린 사람'의 수는 현재에 와서 가장 많아졌고, 지금 10억의 인구는 영양부족이며 4억 5천만은 심한 영양부족이고 그 심한 영양부족자의 60%는 동아시아의 농민이다. 매년 영양부족과 질병으로 인해 목숨을 잃는 어린이의 수는 발전된 나라에서 50만 명(병사), 발전도상에 있는 나라에서는 5천만 명이다. 심하게 영양이 부족한 4억 5천만을 먹여 살리는 데는 발전된 나라에서 사용하는 가축사료의 15%면 충분하다.

4. 고문살육

1) 성서

나 때문에 모욕을 당하고 박해를 받으며 터무니없는 말로 갖은 비난을 다 받게 되면 너희는 행복하다(마태복음 5:11).

초대 교회의 크리스천들은 많은 박해와 고문을 받았다. 히브리서 11장에는 다음과 같은 박해와 고문이 기록되었다.

그들은 믿음을 가지고 여러 나라를 정복하였고 정의를 실천하였고 약속해주신 것을 받았고 사자의 입을 막았으며 맹렬한 불을 껐고 칼날을 피하였고 약했지만 강해졌고 전쟁에서 용맹을 떨쳤고 외국 군대를 물리쳤습니다. 죽었다가 다시 살아나서 돌아오는 식구들을 만난 여자들도 있습니다. 그러나 어떤 이들은 죽었다가 다시 살아나서 더 나은 생명을 누리려고 석방도 거부하고 고문을 달게 받았습니다. 또 어떤 이들은 조롱을 받고 채찍으로 얻어맞고 심지어는 결박을 당하여 감옥에 갇히기까지 하였습니다. 또 돌에 맞아 죽고 톱질을 당하고 칼에 맞아 죽기도 했습니다. 그리고 양과 염소의 가죽을 몸에 두르고 돌아다녔으며 가난과 고난과 학대를 겪었습니다. 이런 사람들에게는 이 세상이 살 만한 곳이 되지 못했습니다. 그래서 그들은 광야와 산과 동굴과 땅굴로 헤매며 다녔습니다.

2) 춘향의 고문

춘향의 항명 수절에 대한 신관사또 변학도의 고문은 판소리의 해학과 풍자로 엮어졌다.

"이년 잡아내리라" 호령하니 골방에 수청통인 "예" 하고 달려들어 춘향의 머리채를 주르르 끌어내며… 대뜰 아래 내리치니 맹호 같은 군뢰사령 벌떼 같이 달려들어 감태 같은 춘향의 머리채를 전정시절 연(鳶)실 감듯 뱃사공의 닻줄 감듯 사월 팔일 등대 감듯 휘휘 친친 감아쥐고 동댕이처 엎지르니, 불쌍타 춘향 신세 백옥 같은 고운 몸이 육자배기로 엎더졌구나. 좌우 나졸 늘어서서 능장(稜杖), 곤장(棍杖), 형장(刑技)이며 주장(朱杖) 짚고… "여보아라 이년에게 다짐이 왜 있으리, 묻도 말고 동틀에 올려매고 정치를 부수고 물고장(物故狀)을 올려라." 춘향을 동틀에 올려매고 쇄장(鎖匠)이 거동 봐라. 형장이며 태장(笞杖)이며 곤장이며 한 아름 담쑥 안아다가 형틀 아래 좌르륵 부딪히는 소리 춘향의 정신이 혼미하다. 집장사령(執杖使令) 거동 봐라. 이놈도 잡고 능청능청 저 놈도 잡고 능청능청 등심 좋고 빳빳하고 잘 부러지는 놈 골라잡고 오른 어깨 벗어 메고 형장 짚고 대상청령(臺上廳令) 기다릴 제… "매우 치라", "에잇 때리오"… 딱 붙이니 부러진 형장개비는 푸르르 날아 공중에 빙빙 솟아 상방 대뜰 아래 떨어지고 춘향이는 아무쪼록 아픈 데를 참으려고 이를 북북 갈며 고개만 빙빙 두르면서 "애고 이게 웬일이어" 곤장(棍杖) 태장(笞杖) 치는 데는 사령이 서서 하나 둘 세건마는 형장부터는 법장(法杖)이라 형리와 통인이 닭싸움하는 모양으로 마주 엎뎌서 하나 치면 하나 긋고 둘 치면 둘 긋고 무식하고 돈 없는 놈 술집 바람벽에 술값 긋듯 그어놓으니 한일자가 되었구나.

5. 그리스도는 세계의 생명

1) 네 가지 죽음의 말을 탄 자들

고문과 살육의 죽음의 그림자는 사람이 가는 데마다 덮여 있다. 성서에도 도솔천에도, 그때도 지금도, 옛날에도 훗날에도 어디에든지 있다. 이러한 현실적인 죽음 아래서 우리는 어떻게 '예수 그리스도가 세계의 생명'이라고 말할 수 있는가? 우리는 이제 '그리스도적인 생명'도 현실적으로 찾아보자. 현실적이 아닌 생명은 생명이 아니라, 관념이며 허구며 아편이다.

요한묵시록 6장에는 몇 겹으로 엄습하는 재난이 시작된다. '죽임을 당한 어린 양'의 일곱 봉인을 하나씩 차례로 떼시는데 그 첫째 봉인이 떼어질 때 흰 말을 타고 활을 든 자가 나와서 정복의 영토를 넓혀간다. 이것은 흡사 백인의 과학기술이 자연정복을 확대해가며 공해를 퍼뜨

리는 과정과도 같다. 둘째 봉인을 뗄 때 붉은 말을 타고 나타난 자는 땅
에서 평화를 없애버린다. 그래서 서로 죽이는 전쟁이 전개된다. 셋째
봉인을 뗄 때 검은 말을 탄 자가 손에 저울을 들고 나타나 '하루 품삯으
로 고작 밀 한 되나 보리 석 되'를 살 수 있게 되는 저임금에다 올리브기
름이나 포도주 같은 고급식료품은 아예 구경도 못하는 궁핍, 기아현상
이 펼쳐진다. 넷째 봉인을 뗄 때 청황색(창백한 또는 파랗게 질린 모양을
말함) 말을 탄 자가 나타나는데 그 이름은 죽음이고 그 종자(從者)는 지
옥이다.

2) 속죄양

(1) 우리는 이 땅의 공해의 실태를 얼마만큼 조사해보았는데, 살인
적인 공해도, 발전된 나라에서 발전도상에 있다는 나라로 더 많이 전가
되며, 발전하고 있다는 나라 안에서도 부유하고 편하게 사는 사람들의
거주지역보다는 가난하고 노동하는 사람들의 생활지역이 더욱 심하
게 공해로 오염되면서 약한 자 가난한 자들이, 강한 자 부한 자들에게
희생(의 제물이)되는 것을 본다.

(2) 한국 교회연합회가 1974년 작성한 「한국 원폭피해자 실태보고」
(이우정 교수 작성)는 다음과 같은 맺음말로 끝난다.

한국에 세계전쟁으로 인한 최초의 원폭희생자들이 있다는 사실, 그들
이 오늘날까지 30년 동안 세계와 인류의 무관심 속에서 병고와 가난
에 시달리며 말할 수 없는 비참을 겪어왔다는 사실, 그들이야말로 인
류가 저지른 전쟁의 속죄양들이라는 사실을 계속 외면하게 될 때 인

류는 전멸할 때까지 죽음의 전쟁을 초래할 것이며 이 세계는 결코 평화를 이룩할 수 없을 것이다.

한국교회연합회는 한국 원폭피해자의 고통에 진작부터 동참하고 연대하고 있는 아마도 국내 유일한 단체일 것이다.

(3) 이 글의 앞부분에서 허병섭 목사의 돌산 마을 목회의 "현장관찰"(「한국기독교 장로회 회보」, 1983. 3)을 인용했는데 허 목사는 그 현장관찰의 글 제목을 "세상 죄를 지고 가는 양들"이라고 했다. 그는 이 가난을 낳은 경제질서와 정치체제 등의 사회적 조건을 '세상 죄'라고 규정하고 가난한 자들은 그 죄를 지고 가는 속죄양이라는 것이다.

(4) 고문당하는 자와 살육되는 자는 더욱 직접적인 '속죄 양'이다. 매양 새 질서의 출현을 위해서는 속죄양의 희생이 필요하다. 구질서의 죄가 메워지고 구시대의 악을 흡수하게 하는 속죄양이 있어야 한다. 그래야 새 질서를 담당하는 자들이 선별된다. 그리고 그 속죄양을 망각의 광야로 추방해 버리는 것이다.

3) 예수운동과 속죄양 상징

게르트 타이센은 그의 『예수운동의 사회학』의 종장에서 속죄양에 대한 깊은 성찰을 제시한다. 그에 의하면 예수운동(떠돌이 카리스마틱한 자들)은 당시의 사회적 위기와 모순 때문에 생겨진 사회학적 현상이지만 동시에 그 사회적 위기와 모순을 타개하려는 시도(대답)였는데 그 시도는 사회학적인 환원으로는 설명될 수 없는 것이라고 한다. 저

'예수운동'이 당시의 사회적 모순과 위기를 해소시키려고 시도했다는 것은 다름이 아니라, 그 사회적 모순에 의해서 살해된 예수는 자기 자신 속에 모든 모순을 흡수해버리는 속죄양이라는, 그리스도론적 상징으로 승화시켰다는 것이다. 여기서는 모든 죄악을 짊어진 속죄양을 망각의 광야로 추방해버리는 것이 아니라 그를 속죄의 메시아로 내걸고 계속해서 자기네(예수운동의 집단 곧 처음교회)를 그 속죄양과 연대하며 동일시했다는 것이다. 그래서 희생된 제물이 도리어 사제의 자리에 서게 되고 피고가 관사가 되고 무력한 자가 세계의 주권자가 되고 배척·추방된 자가 공동체의 중심이 된다. 그러한 속죄양과의 계속적인 자기 동일화는 실로 엄청난 것이고 놀라운 것이고 무류한 것이라고 타이센은 관찰한다. 이렇게 해서 예수의 삶은, 죽임을 그 안에 흡수해버리는 삶 ― 죽임을 흡수한 삶이기에 부활의 삶이다. 죽임의 흡수는 속죄양이 됨으로써만 되어지는 것이다. 이런 의미로 예수 그리스도는 세계의 생명인 것이다. 참 생명은 세상의 죽임(불의)을 흡수해버리는 생명이다.

예수 그리스도의 삶은 대속적인 죽음일 뿐만 아니라 세상에서 계속되는 대속적인 죽음을 발견하게 하는 빛이다. 이 빛으로 그리스도 교회는 이 죽임을 당한 속죄양들을 인지하고 그들과 연대하고 그들과의 자기 동일화를 다짐함으로써 악을 흡수한 속죄양으로 세계를 심판하고 속죄하는 생명인 것이다. 나는 이러한 그리스도적 삶의 하나를 1970년 11월 13일 서울 동대문 평화시장에서 분신한 전태일의 삶에서 인지한다.

4) 전태일의 죽음

전태일은 1948년 8월 26일 대구시의 한 가난한 가정의 맏아들로 태어났다. 그가 어렸을 때 남동생 하나는 영양실조로 죽었다. 그의 나이 여덟 살 때 서울 동대문시장에서 솔·조리 장사를 하다가 빚을 지고 가출하여 껌팔이, 신문팔이, 리어카 뒤밀이, 우산장사, 아이스케키 장사 등으로 방황하면서 교육이라고는 겨우 국민학교 4년, 고등공민학교 1년밖에는 받지 못하고 1964년 봄 그의 나이 16세 때 평화시장의 한 재봉업소에 '시다'로 들어갔다. 그는 거기서 비참한 광경을 보고 눈을 뜨게 되고 끝내는 그것을 극복하려고 그 현장을 조사하고, 노동법을 연구하고, 노동운동을 조직하였다. 그의 조사에 따르면 당시 평화시장 지역에는 약 800개의 재봉업소가 있고, 2만여 명의 직공이 일하고 있었으며, 그 대부분이 여자였고, 그 90%이상이 평균 18세며, 전직공의 40%는 12-15세의 어린 여공들(시다)이었다. 시다들의 임금은 하루 평균 15시간 이상을 일하여 70-100원이었다(당시 업주들이 먹는 점심 한 끼, 설농탕 한 그릇 값이 200원 정도였다).

작업장은 '햇빛 한 줄기' 바람 한 점 통하지 않는 컴컴한 먼지 구덩이인, 한마디로 돼지우리 같은 비좁은 작업장(다락방) 속에 갇혀서, 점심도 먹는 둥 마는 둥 하고 변소에도 마음대로 못 다니면서 하루 15시간 이상을 시달리고 있었다. 한 달에 두 번 휴일을 빼고 나면 하루도 쉬지 못하고 그것도 일거리가 많을 때에는 잠 안 오는 약을 먹고, 강제로 잠 안 오는 주사를 맞아가면서 이틀씩 사흘씩 철야작업을 하는 형편에 꽃다와야 할 청춘은 시들고 안질, 신경통, 위장병, 폐병, 기관지염, 소화불량, 신경성 위장병, 월경불순 등 갖가지 질병에 시달리고 있었다. 이러한 처참한 환경 속에서 그는 시들어가고 쓰러져가는 이웃들을 물심양면 헌신적으로 돕고 있던 중 같이 일하는 미싱사 하나가 피를 토하는 것에 충격을 받고 며칠 밤을 새워 생각한 끝에 노동자들의 살길은 근본적으로 근로조건을 개선하기 위해서 단결하여 투쟁하는 길밖에 없다고 판단하고 근로기준법을 연구하고 노동조합 조직과 운동을 시작하였다.

그러던 중에 1969년 3월에 고용주의 미움을 사서 직장에서 쫓겨나게 되었다. 그는 좌절감, 생활고, 번민으로 방황하고 있던 중 1970년 2월, 그가 주일학교 반사로 있던 창현교회의 삼각산 기도원 신축공사장에 자원하여 올라가, 낮에는 인부로서 일하고 밤에는 성경공부, 기도, 노동운동 구상으로 6개월 동안의 시간을 보내면서, 자기의 노동운동이 실패하면 자기 목숨을 던져서라도 죽음으로 사회에 항의·호소하고 노동자들을 일깨우겠다는 결단을 내리고 8월에 산에서 내려와 다시 평화시장으로 들어갔다. 그는 이미 1969년 11월 1일경에 쓴 수기(1969-70년 사이에 쓴 방대한 양의 수기가 있음)에 한 단편소설을 구상한 것이 있는데 그 소설의 내용은 어떤 법대생이 근로기준법 시행을 요구하며 자살하는 것이다. 여기에 이미 그의 분신이 예시되었다. 1970년 여름에 구상한 작품『자유와 방종』에는 주인공 J가 고향 대구에 가서 친구들과 크리스마스 이브 파티를 하면서, 죽음의 길로 가는 J가 자기 친구들의 가슴에 자기의 기억을 남겨두려고 하는 것인데 그때 그는 친구들에게 자기가 지금 서울에서 기능공 교육기관의 설립을 추진 중인데 그것을 완성해놓고 다음해 4월 19일에 다시 대구에 내려오겠다고 약속하는 것이다. 그날이 되어 기다리는 대구의 친구들에게 한 장의 유서가 날라든다는 것이다. 여기서도 더욱 확실하게 자기의 죽음을 예고하고 또 그 죽음을 4·19로 표현하고 있다. 전태일은 자기의 삶을 희생의 제물로 바치려고 진작부터 계획했지만 그 죽음이 다가오자, 그는 자주 두려움에 압도되는 감이 있어서, 삼각산 기도원에 들어간 것으로 보인다. 거기 가서 하느님과 씨름하는 것이다. 예수가 겟세마네 동산에서 기도하실 때와도 같이. 그런데 태일의 경우에는 결심이 내려지기까지, 그런 힘을 확보하기까지, 실로 6개월이 걸렸다. 그 결심을 그는 다음과 같이 기록하였다.

> 지금 이 시각에 완전에 가까운 결단을 내렸다. 나는 돌아가야 한다. 꼭 돌아가야 한다. 불쌍한 내 형제자매 곁으로, 내 마음의 고향으로…. 내 이상의 전부인 평화시장의 어린 동심 곁으로. 생을 두고 맹세한 내가 그 많은 시간과 공상 속에서, 내가 돌보지 않으면 아니될 나약한 생명체들, 나를 버리고 나를 죽이고 가마. 조금만 참고 견디어라. 너희들의 곁을 떠나지 않기 위하여 나약한 나를 다 바치마. 너희들은 내 마음의 고향이로다…. 오늘은 토요일. 8월 둘째 토요일. 내 마음에 결단을 내린 이 날…. 한 방울의 이슬이 되기 위하여 발버둥치오니 하느님 긍휼과 자비를 베풀어주시옵소서.

그는 다시 평화시장에 들어가서 재단사로 취직하여 일하면서 더욱 조직적인 노동운동을 전개하였다. 1970년 11월 13일 평화시장 앞길에서 500여 명의 동지들과 함께 '우리는 기계가 아니다'라는 플래카드를 들고 시위하다가 기동경찰대의 저지에 부닥쳐 해산당하자, 온몸에 휘발유를 뿌리고 불을 붙여 불타는 몸으로 "어린 일꾼을 혹사하지 말라", "내 죽음을 헛되게 말라" 하고 외치다 쓰러졌다. 전태일의 삶은 불의한 착취와 그 착취에 시달린 어린 생명들의 아픔을 한 몸에 흡수해버리고 그 착취와 아픔으로부터 삶을 해방하고자 했던 삶이다. '참 삶이 어떠한 것이냐'하는 것은 이러한 속죄양의 희생에서 계시된다.

5) 장일담의 탄생

나는 위에서 한 사람의 죽음에서 나타난 삶의 계시를 제시했는데, 다음에는 한 사람의 탄생에서 나타난 삶의 계시를 찾아보기로 한다. 그 한 사람이란 백정 '장일담'이다. 이것은 시인 김지하가 1974년 겨울에 기록한, 담시 작품 메모의 주인공 이야기다. 장일담은 도적으로 붙잡혀 복역하다가 거기서 탈옥하여 도피하던 중 뒤에서 쫓고 있는 경찰을 피해서 어느 뒷골목 집 방 안에 숨게 되었다. 그것은 한 창녀의 방이었는데 그 창녀는 성병으로 몸은 썩어가고 폐병으로 허덕이면서 정신착란으로 헛소리를 하는 것이었다. 거기다가 그녀는 임신 만삭으로 신음하다가 한 아기를 분만하는 것이다. 장일담은 그 새 아기의 출생을 보고 충격적인 감동을 받고 엎드려 그 산모의 발바닥에 입을 맞추며 "오 어머니! 시궁창에서 새 생명, 신이 탄생했다. 바닥이 하늘이다!"라고 부르짖는다. 그 경험이 그의 생의 전환점이 되어가지고 그 후 그는 해방의 설교자로 나서며 그를 따르는 제자를 모아, 계룡산에 들어가서 교육과 천교의 공동체를 만들어 수행을 하였다. 죄악의 소굴 서울을 공략하려는 기아 행진의 도중에, 한 제자의 밀고로 체포되어 처형된다.

그러나 사흘 만에 기이한 형태로 부활하고 그 부활의 물결이 유언비어같이 전국을 휘몰아치는 폭풍이 되어 "밥이 하늘이다. 밥은 서로 나누어 먹는 것"이라는 노래로 번져간다는 이야기이다. 그가 처형될 때 33세였다. 장일담은 삼대 째 백정의 자식인데 그의 증조부가 백정이었으며 동학도라고 해서 붙잡혀 죽고 그가 창녀와 붙어 생긴 자식이 커서 또 백정질을 했는데 일제 때 독립운동에 가담했다고 해서 붙잡혀 죽고, 그가 한 창녀와 붙어 생긴 자식이 커서 다시 백정질을 하다가 6·25때 빨갱이로 부역했다고 처형되었는데 그가 또다시 한 창녀와 붙어서 난 자식이 곧 장일담이다.

삼대 째 백정과 창녀의 사이에서 태어난 그도 또한 백정이다. 짓밟히고, 소외되고, 무식한 천인의 족보에서, 또다시 어두운 뒷골목의 가난하고 병들고 정신착란을 일으킨 창녀의 몸에서, 한 새 생명이 태어나는 눈부신 기적을 장일담은 보았다. 그 아기 새 생명의 탄생은 곧 그자신의 탄생이었다. 그리고 그 새 아기의 생명은 통시적(通時的)으로 공시적(共時的)으로 짓밟히고 가난하고 병들어 아픈 어둠을 온통 삼켜버리는 새 생명이었다. 세상 죄가 만들어낸 희생의 제물인데 그 세상 죄를 온통 흡수해 버리고 심판하고 속죄하는 속죄양이 태어난 것이다. 어둠은 빛을 이기지 못한다는 증거다. 지금까지 여기까지 남김없이 덮고 있는 죽음의 그늘이 제아무리 짙다고 할지라도 결국 새 생명의 탄생을 막지는 못한다는 증거다. 죽음을 이기는 것이 생명이다. 그것이 그리스도적 생명이다.

6) 한 여공의 삶

위에서 나는 한 사람의 죽음 곧 삶의 끝에서, 또 한 사람의 탄생 곧 삶의 시작에서 참다운 삶의 계시를 보려고 했는데 이제 나는 그 삶의 시작과 끝 사이인 삶에서 또 한 번의 계시를 보려고 한다. 전태일의 삶과 장일담의 삶은 좀 엄청난 경우여서 우리의 일상적이고 개인적인 생활과 동떨어진 느낌을 준다면 나는 다음에 좀 더 비근한 데서 삶의 계시를 찾겠다. 이 경우에 참 삶의 계시는 신학적으로 위로부터 오는 경우가 아니고(이것이 현존하는 전통적인 신학의 길인데) 반신학적(Gegen Theologie)으로 아래로부터, 바닥에서부터 곧 머리로부터 오는 추상이 아니라, 몸으로부터 오는 구체적인 경우다. 이 반신학(countertheology)

이라는 개념은 통치(지배) 이데올로기에 편입된 기존적인 '지배의 신
학'(Herrschende Theologie)에 반대되는 신학이란 의미와 머리의 신
학(사변적·연역적)에 반대하는 몸의 신학(실천적·귀납적)도 의미한다.
우리의 신학적 사고는 이미 자기도 모르는 사이에 몸에서 유리된 사변
의 구름 위에 떠 있을 뿐 아니라 또 항상 영웅주의적인 모델을 찾는 습
성으로 변질되어 버렸다. 그래서 일상적인 것, 바닥에서 올라오는 것을
외면한다. 여기에 한 여공이 자기 교회에서 간증한 신앙체험이 있다.

그리스도처럼 사는 것이 어떤 것인지 잘 모르겠습니다. 그렇지만 나
의 일상생활 속에서 조금씩 발견하고 깨달아가는 것 같기도 합니다.
아주 조심스럽고 신비하게 말이죠. 우리 어머니의 이야기를 하겠습니
다. 그는 한이 많은 사람입니다. 당신 자신의 입으로도 늘 그렇게 이
야기합니다. 17세에 혼인하여 세 아이를 낳고 살다가 서른도 못되어
남편과 사별하였습니다. 요즘 우리 엄마는 새벽 네 시 반에 잠자리에
서 일어나 장사하러 나갑니다. 시장 바닥에 나가면 제대로 걸을 수 없
을 만큼 사람이 많습니다. 이것이야말로 삶의 현장이란 생각이 듭니다.
그때부터 어깨에 무거운 짐, 보따리를 메고 그 넓은 시장바닥을 돌아
다닙니다. 가게나 노점 상인들에게, 물건을 담아서 팔 비닐봉지를 나
누어주고, 일일이 수금을 하러 다니는 일입니다. 엄마의 나이(58세)
나 체력에 너무나 딸리는 일을 하고 있기 때문에 어쩌다 쉬는 날(추석
날 같은)은 병으로 앓아눕는 날이 되어버립니다. 지금은 어깨가 한쪽
으로 기울어졌고 등도 휘어졌습니다. 겨울에도 한데를 돌아다니므로
두 볼엔 얼음이 박혀 발갛게 되어 있습니다. 정말 너무 고달프고 힘들
게 그리고 별 볼일 없이 살아가는 인생으로 보입니다.
이런 엄마를 보면 나는 내 공장 친구들이 18시간 혹은 24시간 일할

때의 그 표정마저 없어지는 피곤한 얼굴들이 생각납니다. 일하는 사람들은 절망과 혐오에 사로잡힐지라도 결코 쉬는 일이 없습니다. 그리고 일하는 사람들이야말로 진짜로 사람을 사랑할 줄 압니다. 자신이 절망해보았고, 늘 가진 사람들에게 멸시 당해왔고 그리고 자신이 비참한 지경을 겪어왔기 때문에, 절망한 사람을 진실로 사랑할 줄 알고 멸시당하는 사람을 사랑할 줄 압니다. 그리고 먹고 살아야 하기 때문에 일을 하지 않으면 안 됩니다. 끊임없이 절망하는 심정에서 일을 해야만 하는 것입니다. 절박한 심정으로 세계는 이루어져 갑니다. 나는 일하는 사람들을 보며 그들 속에서 역사의 숨결을 느끼고 그 박동을 느끼며 그리고 우리가 인간임을 느끼고 그리스도를 느낍니다. 일하는 사람들이 아니면 우리가 구원될 수 없으리란 생각이 듭니다. 진실로 사랑하는 힘이 있고 그리고 지치지 않을 끈기가 있기 때문입니다. 만약 그리스도이신 예수가 지금 내려오신다면 어떤 모습으로 오실까를 생각해봅니다. 어릴 적에는 구름을 타고, 옆에는 수많은 천사들을 거느린 채로 찬란한 빛과 웅장한 음악이 울리는 가운데 은빛나는 하얀 옷을 입고 오시리라 꿈꾸었습니다. 그러나 이제 다시 오신다면 글쎄요, 허름한 옷차림을 하고서는 서서도 꾸벅꾸벅 졸고 있는 피로한 우리 엄마에게 박카스를 쥐어 주실지도 모르겠고 아니면 시끄러운 우리 공장에서 멍청히 일하는 내 옆에 기름 묻은 작업복 차림으로 와서 살짜기 내 일을 도와 주실지도 모르겠습니다. 삶의 터전 내 신앙, 우리 그리스도는 바로 이 일하는 삶, 일하는 사람들 속에 있다고 생각됩니다(「기장회보」, 1983. 4, "일하는 사람들"에서 발췌).

7) 복음과 가난한 사람들

신약성서 기자들은 '가난한 사람'을 가리키는 말로 그리스어 '프토
코스'(ptochos)를 택해 36회나 사용했다. 이 말은 거지 형편의 '극빈
자'를 가리키는 말이다. 신약성서의 시대에 속하거나 그때까지의 그리
스문헌에서 '가난한 사람'을 가리킬 경우에는 '페네스'(penes)라는 단
어가 사용되었는데 이 말의 뜻은 '상대적 가난'을 가리키는 것이며 신
약성서에서는 한 번만 쓰였다(고후 9:9). 예수의 갈릴리 선교활동의 상
대자들 곧 '무리들'(ochlos)의 주 내용은 극빈자들이었다. 다시 말하자
면 예수님의 복음 활동의 상대는 '가난한 사람들'(극빈자들)이었다. 교
회사의 진행에 따라서 복음의 담지자의 사회계층에 상승적인 변화가
일어난 것은 사실이지만 '원복음'의 담지자는 극빈자들이었다. 극빈자
들은 다른 사람의 도움으로만 살아갈 수 있는 사람들이다. 말하자면 이
들이 하느님의 '선민' 하느님의 '계약'의 상대방이었으며, 그들에 의해
서 복음이 역사적으로 전파되게 되었다. 그들의 택함을 받았다는 자의
식에서 복음이 전파되기 시작했다. 스스로를 하느님의 구원역사의 담
지자 곧 구원사의 주체라고 생각했다. 이 점은 구약성서의 경우도 같
다. 야웨 하느님의 세계인류 구원의 역사를 위한 선택받은(그들의 자의
식) 자들은 '히브리 사람' — 곧 노예, 천민, 가난한 사회계층이었다. 신
학적인 동량 개념인 계시, 계약, 선민, 복음의 실증적인 크로놀로지칼
한(연대기적) 의미의 역사적 기원은 '가난한 사람들'이었다. 그들이 계
시와 복음의 매체, 담지자, 아니 그 이상으로 '역사적 계시'의 구성적 요
인이다. 전통적인 신학에서 생각했던 신학적 '이념'인 계시, 계약, 선민,
복음은 그런 이념들이 담겨지고 전승되고 표현되는 매체, 담지자가 필
요하다. 나는 전자를 계시와 복음의 상부구조(이념)라고 하고 후자를

계시와 복음의 하부구조(몸)라고 말한다. 상부구조는 신학적 연구의 대상이지만 하부구조는 사회과학적 연구의 대상인 것이다. 양자가 모두 '역사적 계시' '실체적 복음'을 구성하는 구성적인 요인인 것이다.

그런데 역사적 교회, 전통적인 신학에서는 양자가 분리되고 후자는 떨어져 나가버렸고 다시 전자는 억압적인 지배이념에 흡수되어서 질서유지라는 이름으로 자행되는 억압과 강포를 변호해주고 가난한 사람의 고통을 마취시키는 마취제의 역할을 담당하기도 했다. 본래적인 계시와 복음은 상부구조라고 말하는 이념과 하부구조라고 말하는 물질적(사회적·역사적·신체적) 실체가 있는 것이다. 역사적 계시의 물질적 실체, 곧 '몸'은 '가난한 사람'이다. 그렇기에 오늘 우리가(오늘의 교회가) 성서적 계시와 복음에 참여하고 상속받으려면 가난한 사람들과의 연대에서만 가능한 것이다. 역사적 구조적인 복음과 계시로부터 그 구성요인인 '가난한 사람들'을 사상해버리고 남는 것은 추상적인 이념인 계시, 복음뿐인 것이다. 그러한 것은 허구요 아편이다. '가난한 사람들' — 우리가 위에서 보아온 '속죄양들'과의 연대에서만 우리는 복음과 계시를 이어받는 것이다. 물론 '연대'의 전략은 신학적인 '해석'으로 다 되는 것이 아니고 사회적·정치적 실천으로 전개되는 것이다.

6. 후기

나는 이 글을 편집하다시피 엮는데 적지 않은 수고를 하였다. 그리고 될 수 있는 대로 구체적 사례에서부터 귀납적으로 신학논리를 전개해가려고 했으며, 예수 그리스도가 세계의 생명이 되신다는 것을 실증하려고 했다. 원고를 끝내고 나서 장주헌 목사의 다음과 같은 짧은 글을 읽고 나는 한 대 크게 얻어맞고 박살이 난 느낌을 갖게 되었는데 그 박살난 것은 나의 하찮은 글뿐이 아니라고 생각되어서 그 글을 발췌·압축하여 추가하기로 했다.

어느 농촌 품팔이, 그는 농토가 없었다. 왜 땅을 잃어버린 농사품팔이꾼이 되었는지, 그 사연도 그 자신만이 알고 있으리라. 그는 곧잘 취해, 주정도 잘 부리고 신앙도 별로 없다고 했다. 그를 내가 만난 것은 그의 죽음을 1개월 남짓 앞둔 어느 날이었다. 그는 정부에서 베푸는 극빈자 양곡을 배급받아 먹고 사는 것이 유일한 생활수단이었다. 그의 셋방은 십자가 탑도 웅장한 어떤 교회 바로 밑이었다. 그의 부어오른 배와 짙은 감귤 색깔의 눈은 그의 병세가 심각함을 즉각 느끼게 했다. 귀가 철벽인 그의 아내는 눈물만 닦으며 "50평생 찌든 가난과 괴로움의 삶이 너무 야속하고 무정타"고 넋두리다. 가까운 보건소에라도 가서 진찰 한 번 받아보는 것이 소원인데 돈이 없어 석 달을 병상에 누워 있다고 했다. 망설이는 그를 "돈이 없어도 진료받을 수 있다"고 설득시켜 가까스로 면 단위 보건소로 안내했다.

젊은 의사는 친절하게 황색 표지의 극빈자 무료 진료카드를 제시하라고 했다. 그러나 그는 아직껏 그런 카드를 받아본 사실이 없다고 했다. 이게 어찌된 일인가? 면사무소 담당자 앞으로 뛰어가 항의했다. 내일이라도 발급하겠다는 확답이었다. 진찰결과는 예상한 대로 위암에 간 기능마저 엉망이란다. 우선방편으로 주사와 약을 처방해줄테니 2차 진료기관으로 속히 옮기라는 것이다. 그리고 진찰비는 무료지만 투여한 약값은 내야 된다고 했다. 주머니를 털었다. 이튿날 황색 카드를 발급받고 대학병원으로 인도했다. 안도의 숨과 함께 접수창구에 카드를 들이 밀자 거절당했다.

이유는 극빈 무료진료자 접수시간은 오전 11시가 마감인데 시간이 지났다는 것이다. 응급실로 뛴다. 간단히 거절당했다. 파김치가 되어 움직일 수도 없는 그와 아내를 부추기고 비포장도로 50리를 되돌아 와야 했다. 이튿날 9시 30분, 시간을 맞추어 면진료소 의사의 의견서와 황색 카드를 접수창구에 다시 들이밀었다. 그런데 주민등록증을 보잔다. 그는 자기 주민등록증을 분실한 지 근 1년이 넘었다고 한다. 한마디로 거절이다. 그는 돌아가자고 한다. 그래도 대학병원까지 와 봤으니 이젠 죽어도 여한이 없다고 꺼져가는 목소리로 중얼거리는 그의 눈가에는 끈적끈적한 물기가 흐른다. 말소된 그의 주민등록증의 행방을 찾아서 뛰어다니던 어느 날, 나의 수고도 허사가 되어 그는 끝내 가을 찬비가 추질추질 뿌리던 날 육신의 마지막 고통을 어금니로 씹으며 한 많은 생을 마쳤다. 주일마다 새벽마다 잘도 울리는 교회의 종탑 밑에서….

그의 아내가 전하는 말에 의하면, 임종 때에 "목사님의 노고를 봐서라도 예수 믿고 눈 감으라"는 그의 아내의 간절한 바람에 "예수는 무슨 놈의 예수! 예수 없어!"라고 했단다("어느 농업 노동자의 죽음", 「기장회보」, 1983. 5).

문화신학 · 정치신학 · 민중신학*

: 송천성(宋泉盛) 신학의 소개와 논평

1. 아시아의 신학

"우리들의 이름을 대시오."

한 젊은이가 동생이 넷이 있었다. 그는 한 여자를 만나서 결혼했다. 신부는 나흘 동안 쉰 다음 부엌에 나가서 여섯 식구의 식사를 준비했다. 죽을 끓여서 남편과 자기 것을 푼 다음 죽 네 그릇을 더 퍼서 시동생들 방에 갖고 갔다. 시동생들은 새댁 형수에게 말하기를. "우리들의 이름을 대시오. 그러면 그 죽을 먹으리다." 그녀는 말하기를, "나는 도련님들의 이름을 아직 모르지요." 시동생들은 말하기를, "그러면 우리들은 형수가 쒀준 죽을 먹지 않을 거요." 다음날도 같은 일이 벌어졌다. 신부는 걱정이 되었다. 그녀는 그 다음날, 산에 가서 칡뿌리를 캐서 죽을 만들기 위해 빻고 있는데 절구통 가까이 있는 나뭇가지에 앉은 작은 새가 지저귀는 것이었다.

---

* 「神學思想」, 1983년 가을호(통권 제42호).

"당신은 시동생들의 이름을 모르지요. 내가 그들의 이름을 대주지요.
하나는 툼바 시쿤두, 또 하나는 툼바 시쿤두 무나, 다음은 툼바 칼루,
또 그 다음은 툼바 칼루 무나."

다음날 아침에 신부는 죽그릇을 들고 시동생들에게 갔다. 시동생들은
또 자기네들의 이름을 대라고 했다. 신부는 그들의 이름을 하나하나
대주었다. 그때야 시동생들은 형수가 가져온 죽을 받아서 맛나게들
먹었다.

이것은 아프리카의 민담이다. 복음을 전하려면 먼저 그들의 이름
을 알아야 된다고 풀이한다. 한국 사람의 '한'을 모르고 어찌 한국 사람
에게 복음이 전달되겠느냐고 말한다.『우리의 이름을 대시오 — 민중
신학을 위한 비유들』(*Tell us Our Names—Parables for Folk Theology*). 이것은
타이완 출신의 신학자 송천성 박사(C. S. Song)의 새로 내놓을 책의 이
름이다. 미국 오르비스 출판사에 의해 1984년 출판될 예정인 이 책의
미교정 갤리판이 저자의 요청에 의해서 출판사로부터 지난 7월에 나에
게 보내졌다. 읽고 나니 감명이 깊었다. 이 기회에 지금까지 출판된 송
천성 박사의 책들을 좀 공부해보기로 했다. 먼저『자비로운 하느님』
(*The Compassionate God*, 1982)을 공부하고 다음으로『제3의 눈의 신학』
(*Third-Eye Theology*, 1979)을 공부했다. 이 책은『아시아의 고난과 신학』
으로 우리말로 이미 번역되었고 또 성염 씨의 분도출판사 번역도 있는
것 같다.『맹부인의 눈물: 민중의 정치신학에 관한 한 비유』(*The Tears of
Lady Meng: a Parable of People's Political theology*, 1981)도 다시 검토했다. 송
박사의 처녀작인『그리스도교 선교의 재정립: 아시아적 시도』(*Christian
Mission in Reconstruction: an Asian Attempt*, 1975)는 내가 갖고 있지 않기 때
문에 참고할 수가 없었으나 그가 시도하는 '아시아 신학'은 여기서부터

분명해졌다고 한다.

송 박사의 '아시아 신학'은 무엇보다도 먼저 '문화신학'이라고 하겠다. 그리스도교 신학을 서양 문화·백인 문화의 지배로부터 벗겨내서 아시아 문화에 전위(transposition)시키려는 작업이다. 그는 이 과제를 집요하게 추구하고 있다. 그리고 그는 그 과제를 수행하는 데 필요한 넓은 지식과 뜨거운 열정을 가지고 있음이 분명하다. 그의 저작들을 읽어가노라면 전통적인 신학·성서에 관한 연구가 깊다는 것을 알 수 있을 뿐 아니라 아시아의 역사·문화·정치에 관해서 풍부한 지식을 갖고 있음에 감탄하게 된다. 특히 중국, 일본, 필리핀, 한국, 인도, 인도지나 반도의 역사와 정치를 넓게 알고 있는 것 같다. 송 박사의 신학의 '전위'작업은 지금까지 많이들 하고 있는 '토착화' 작업보다도 한 발 더 나갔다고 할까, 그것과 좀 다르다고 할까 하겠다.

사실 그는 토착화라는 말을 전혀 쓰지 않고 있음이 주목된다. 그는 서양의 그리스도교 선교사의 선교(mission) 입장에서 항상 아시아인에게 말하는(speak to) 하느님의 말씀보다도 아시아인의 문화·종교·심성으로부터 말하는(speak out of) 하느님의 말씀을 찾으려고 한다. 오늘날 우리 아시아 신학자들이 토착화 작업, 문화신학(inculturation) 혹은 정치신학·민중신학을 시도함에 있어서 송 박사의 업적을 검토·통과하지 않고 그대로 지나쳐버릴 수는 없게 되었다. 송 박사의 전위 작업은 특히 아시아 신학자들에게 많은 것들, 아주 의미 있는 것들, 때로는 핵심적인 것들을 일깨워주는 것 같다. 위에 언급한 그의 주요 저서 세 권의 개략적인 윤곽과 하이라이트들을 먼저 제시해보기로 하자.

2. 아시아의 고난과 문화신학

(1) 먼저 『제3의 눈의 신학』을 읽어가노라면 가장 재미나는 점의 하나는 송 박사의 신학이 아시아적 언어—아시아의 이야기, 실화, 정치 및 경제적 현실—로 엮어진 점인데 이것이 우리에게는 퍽이나 친근감을 느끼게 한다. 그리스도교 신학이 성서적 계시를 풀이하는 것이라면 송 박사는 그 풀이작업을 아시아의 언어로 해내고 있다(사실 그는 그의 전 저서를 통해 구신약성서의 전반에서 아주 적절하게 성서구절들과 사상들을 인용, 원용하는데 놀랍다). 이것을 그는 『제3의 눈의 신학』이라고 하는데 제3의 눈이란 선(불교)의 관점, 또는 (이성에 대한) 심성의 이해를 가리키는 상징이다. 이것이 말하자면 신학의 아시아적 방법론이 되는 것 같다.

(2) 다음으로 송 박사의 아시아 신학의 새로운 틀 혹은 파라다임(paradigm)은 '창조'와 '속량'(redemption)의 동심동연원(同心同延圓)의 관계다. 이 명제는 그의 처녀작 『그리스도교 선교의 재정립』에서 이미 찾아내어 설정한 그의 아시아 신학 전위의 전 작업의 말하자면 기본적 공리(公理)다. 이 공리로부터 다음 저작들에서 몇 개의 계(系, corollary)가 나온다.

… 창조와 속량은 실제에 있어서 한 동전의 양면이다. 창조가 있는 데는 속량이 있다. 역으로 속량이 있는 데는 창조가 있다. 다른 말로 하자면 창조는 하나님의 속량의 행위인 데 대해서 속량은 하나님의 창조의 행위다.

이 명제가 송 박사의 문학신학의 기본공리다. 전통적인 서양 신학이 창조의 영역과 속량 영역을 분리시킨 데 대해서 그는 이 두 영역은 동심동연(同心同延), 하느님의 행위의 양면이라는 것이다. 그렇기에 아시아의 문화와 역사에서도 하느님의 창조의 역사만이 아니라 하느님의 속량의 역사도 같이 있다고 주장하는 것이다.

(3) '제3의 눈'이 선의 관점을 표시하듯이 아시아의 문화적·종교적 전통의 대표로는 적어도『제3의 눈의 신학』에서는 불교가 제시되었다. 송 박사는 예수와 불타, 십자가와 연꽃을 다음과 같이 대조하면서 양자의 구별을 넘어서 같은 곳에 수렴하고 있는 것을 찾아내서 그리스도교 밖에 있는 아시아에서도 인간고의 속량이 역사하고 있다고 말한다 — 불타 서원의 주요 교의는 고난과 곤혹의 대양인 이 세계로부터의 해탈이다. 여기에 대조해서 예수의 선포는 무구한 자, 약한 자, 가난한 자를 희생시키는 사회적 및 정치적 제약들에 대한 적극적인 관심으로 가득 차 있다. 다시 말하자면 우리가 그 양자를 혼동해서도 동일시해서도 아니 되는, 아주 다른 두 가지 길 곧 하느님의 섭리를 이해하고 적용하는 서로 다른 두 가지 길이 있다는 것을 본다. 그러나 불타의 서원 속에 있는 중생에 대한 그의 자비의 표현 그리고 고통과 수난으로부터의 중생의 해탈을 위한 불타의 무아적(無我的)인 수도의 길은 중생속량의 의의가 없는 것은 아니라는 것을 우리가 깨닫는 데 위에 말한 예수·불타 양자의 구별점이 방해가 되어서는 안 된다. 불타의 길도 역시 하느님이 예수 그리스도의 인격과 사업에서 충만하게 실현한 하느님의 구원극의 한 부분이라고 말할 수 없겠는가? 그리스도교의 직접적 접촉이 없었던 민족들과 인민들의 제 역사는, 하느님의 속량적인 사랑과 능력으로부터 완전히 분리된 채로 진행한 단순한 '자연'사들인 것은

아니다. 이런 의미에서 '자연'사라는 것은 없다. 한 민족의 역사나 그 흥망성쇠의 역할은 자연적 요소들 혹은 사회정치적 요소들로써만 전적으로 설명되어질 수는 없다. 모든 국가 역사 속에는 인간의 부패를 심판하고, 숭고하고 거룩한 것을 격려하는 속량적인 요소가 있다.

(4) 『제3의 눈의 신학』의 한국말 번역 표제는 『아시아의 고난과 신학』이라고 했는데 사실 읽어보면 이 책 전체가 '아시아의 고난'으로 엮어졌다는 느낌이다. 추상적인 관념적인 고난이 아니라 실제적이며 구체적인 아시아의 고난들이 펼쳐졌다. 가난으로 대표되는 경제적 빈곤, 정치적 불의, 계급적 착취 등이 리얼하게 보도되었다. 실로 살아 있는 신학이다. 인도 6억 인구의 90%의 절대 빈곤에 관한 통계, 월남 인민의 전쟁 재해와 1963년 6월 11일 틱 광덕 스님의 분신자살, 태국 농민들의 '조직적 기아', 유신체제와 그 아래 눌려 사는 한국 성직자들의 투쟁(1973년 4월 22일 남산 부활절예배 광경), 1960년대 중공수용소(노동을 통한 정화) 안에서 사경을 헤매는 신부의 이야기, 타이완 장로교의 정치적 증거 등등. 송천성 박사의 신학은 '전위'의 신학인데 그래서 나는 일단 그의 신학을 '문화신학'(inculturationist theology)이라고 말해보았는데 그의 문화신학 속에는 아시아의 현실적인 고난에 참여하면서 그 고난을 낳은 정치적인 불의를 고발하는 '정치신학'이 그의 문화신학의 구성요소로 들어 있다. 이러한 신학 구조가 참다운 그리고 우리가 필요로 하는 제3세계 일반의 '문화신학'인 것 같다. 아무래도 살아 있는 하느님은 현재의 '정치'에서 구원의 역사를 계속하시는 것 같다(내가 여기서 말하는 정치는 그리스말 polis를 라틴말로 번역하면 soci-etas로 된다는 것을 전제하는 정치다).

5) 『제3의 눈의 신학』의 마지막 제3부(9, 10, 11, 12장)는 "부활의
정치학"이라는 제목을 택했다. 송 박사의 지금까지의 저서들은 그 끝
부분이 예외 없이 정치신학이다. 이러한 그의 신학 구조 때문에 그의
아시아적 신학, 문화신학은 새로운 공헌을 하는 것 같다. 그는 서슴지
않고 성서의 신은 '정치적인 신'이라고 말하며 그리스도 교인들이 어
떤 위기상황에서 정치적인 저항을 했을 때 가장 참된 하느님께 복종하
는 것이 된다고 말한다. 하느님의 정치성을 송 박사는 먼저 출애굽 사
건에서 끌어내고 있다.

> 출애굽의 이야기에서—이것이 성서적·정치적 역사의 핵심인데—
> 우리는 이스라엘의 눌린 자들의 신음과 외침이 파라오를 움직이는 데
> 실패했다면 하느님을 움직였다는 것을 읽게 된다. … 정치 참여는 하
> 느님의 본질에 이질적인 것도 신앙공동체에 비본질적인 것도 아니다.
> 출애굽기는 하느님이 그의 백성과 더불어 정치적 행동에 종사했다는
> 것을 보여준다.

다음으로 하느님의 정치성은 예수의 십자가와 부활에서 나타난 것
을 자세하게 설명한다(이 대목은 필자에게는 좀 요령부득하기에 다음의
논평에서 언급하기로 한다).

3. 중심주의의 파열

송 박사의 다음 저서 『자비하신 하느님』을 연구해보기로 하자. 이
책 제목은 다음과 같은 문맥에서 해설된다. "신명기적인 신론이 제2이

사야적인 신론으로 전위되었다. 영광의 신학이 고난의 신학으로 전위되었다. 전투적인 신의 신학이 자비하신 신의 신학으로 전위되었다.”『제3의 눈의 신학』이나『우리의 이름을 대시오』나 이러한 책 이름들이 다 같이 이러한 ‘전위적인 해석학’을 의도하고 있는 것이 분명하다. 송박사는 줄곧 그의 저서들을 통해서 서양 선교사들의 ‘전투적인 신’을 비판한다. ‘자비하신 하느님’은 그러한 서양 그리스도교의 신을 대체한 것이다. 나아가서 그는 선교(misson)의 자세까지 비판하면서 아시아의 문화와 종교들에서 이미 하느님의 속량의 사업은 인지된다는 것이다.

이 책은 앞의 책보다 조직적이고 전위의 작업을 훨씬 더 진척시킨 것이다. 전위란 단순히 서양 그리스도교를 아시아적 문화에 이식시키는 것 이상으로 바로 하느님의 창조-속량 활동의 운동방향이라는 것이다. 그래서 제1부는 구약성서에서 어떻게 이 전위운동을 저해하는 이스라엘 중심주의(centurism)가 계속 파상적으로 깨어지면서 전위운동 곧 속량사업이 확산되어가는가를 보여주려고 한다. 그래서 구약성서의 구조는 ‘중심주의’의 파열-확산의 구조라는 것이다. 그리고 제2부에서 신약성서(십자가와 부활)는 이 중심주의의 결정적인 대파열이라는 것이다. 그리해서 제3부에서 하느님의 전위운동 곧 성육신 운동은 아시아(중국)에서 전개된다는 구상이다.

구약성서에서 그 자기중심주의가 파열되면서 어떻게 전위·확산이 계속되어갔는가는 바벨탑이 무너진 것, 아브라함이 유랑한 것, 출애굽 사건, 선민신앙에 대한 예언자들의 수정과 이방인들까지 등장하는 새로운 하느님의 역사의 지평, 그러한 ‘전’ 세계사의 지평을 구체화하는 묵시문학자들의 비전들이 보여준다. 신약성서에 와서 예수의 십자가와 부활로써 결정적으로 유대의 민족주의·선미주의는 파열되고 하느님의 창조-속량 활동이 온 세상(제 민족, 제 문화)에 전위된다는 것이다. 복음이 선교활동을 통해서 이방 세계에 파급되어간다는 발상이 아니라 부단히 새로운 자아중심주의가 깨어지면서 하느님의 창조-속량 사업이 타문화, 타종교에서 이미 역사하고 있는 것이 드러난다는 발상인 것 같다.

앞에서 송 박사의 전위신학의 기본공리는 하느님의 창조활동과 그와 속량사업이 한 실제의 양면이라는 것과 그 기본공리에서 몇 개의 계(系)가 유출된다고 했다. 첫째는 소위 구속사(Heilsgeschichte)관의 거부다. 이러한 것은 유대교-그리스도교의 중심주의의 투영이라는 것이다.

하느님의 속량은 일직선으로 움직여나가는 것이 아니고, 옆으로 돌아서 가기도 하고 뒤로 향할 때도 있고 톱니같이 뒤틀걸음을 하는 경우도 있을 것이고 여기저기 한꺼번에 발생하는 경우도 있어서 어디서나 하느님의 알리바이는 성립되지 않고 그는 속량적인 현존을 하고 계신다는 것이다.

둘째로, 따라서 현대 신학이 특수 계시와 일반 계시를 구별해서 그리스도교 중심주의를 유지하려는 것도 부당하다는 것이다. 하느님의 창조-속량활동을 나타내는 계시에 일반적인 것과 특수한 것의 구별 등급은 있을 수 없다는 것이다.

셋째로, 송 박사는 주장하기를, 아시아 신학자들은 신학을 머리(이성)로만 하는 것이 아니라 심정과 몸으로도 하기 때문에 계시와 그 맥락(context)도 서양 신학에서와 같이 양극화되는 것이 아니고 양자가 하나로 성립된다는 것이다(이것이 그의 선적 관점이다. 후술).

넷째로, 보다 근본적인 문제인 역사와 자연의 대조문제다. 역사적 계시라는 것은 그리스도교의 전매특허 상표같이 되어 있을 뿐만 아니라(이 점은 송 박사도 인정한다), 자연의 영역보다 높은 차원같이 서양 신학은 생각하고 있지만, 그렇게 등급을 매기는 것도 서양의 오만이며 사실 양쪽 문화전통을 서로 배워가면서 발전시킬 수 있다는 것이다. 송 박사는 이스라엘과 세계의 제 민족과의 관계를 다음과 같은 자연 시인의 상상으로 표현한다.

> 우리가 바닷가 모래밭에서 눈앞에 펼쳐진 무변대해를 바라본다고 하자. 저 멀리는 바다와 하늘이 이어지는 수평선이 있고 그 바다에서 쉴 새 없이 밀어붙이는 파도가 바닷가 모래를 쓸어 갔다 다시 쓸어오곤 한다. 이 대자연 속에서 파도와 모래는 하나로 뒤엉키어서 노닐고 있지 않는가. 이스라엘과 제 민족과의 교섭관계도 이러하다.

송 박사는 그리스도교의 독자성보다도, 세계 인류의 문화사의 파도에 부대끼며 어울리는 그리스도교의 전위와 습화 과정을 보는 것이다. 송 박사는 이렇게 그가 의도하는 전위 작업을 진행시키기 위해서 서양의 전통적 신학의 근본적 전제를 곧 창조와 속량의 두 영역 설정, 구속사관, 특수 계시와 일반 계시의 구별, 계시와 맥락의 분리, 역사와 자연의 우열순위 등을 거부하고 나서 아시아적 신학을 전개하려는 것이다. 『자비하신 하느님』의 제3부는 중국 역사에 펼쳐진 전위의 실례를 연구한다. 유교와 중국불교와 태평천국이 그리스도교와 모택동 정치체제 ─ 이 네 개가 차례로 실험대에 오른다.

(1) 유교는 본래부터 중국 전래의 대표적 종교여서 중국문화 속에 어떻게 전위되는가를 살필 필요는 없는 것이고, 송 박사의 연구는 유교에서 어떻게 하느님의 속량의 사업이 역사했는가를 제시하는 것이다. 유교 중국 문화에서 하느님의 뜻이 밝혀진 데 대한 송 박사의 논술은

길지 않다. 그에 의하면 유교의 정치철학의 근본사상은 천명(天命)인
데 그때 천명을 아는 것은 "하늘은 민(民)이 보는 대로 보고 하늘은 민
이 듣는 대로 듣는다"로 말해지듯이 민의 뜻을 아는 것으로 안다. 그렇
기에 맹자는 민심이 천심이라고 했다. 나아가서 맹자는 국가를 구성하
는 삼대 요소 중에 민이 제일 중요하고, 그 다음은 땅(국토)이고, 마지
막 자리에 있는 것이 통치자라고 해서 소위 민본주의를 말했을 뿐만 아
니라, 통치자의 독재 횡포에 대해서는 민이 혁명을 수행하는 권리까지
를 주장했다. 이러한 유교의 사상에서 저 구약성서의 예언자들의 사상
에서와 같이 하나님의 뜻은 선명하게 밝혀졌다고 송 박사는 말한다. 송
박사는 서양 그리스도교 신학에서 아리스토텔레스가 말하자면 그리
스도교화된 것을 생각하면서 공자·맹자가 그리스도교화되지 아니하
면 그리스도교는 중국에 전위되지도 아니하고, 아시아 신학도 성립되
기 어렵다는 것 같다.

(2) 불교의 중국 땅에의 전위에 관한 송 박사의 논술을 두 가지만
적요하기로 한다. 예수가 가난한 자에게 복음을, 갇힌 자에게 해방을,
눈먼 자에게 보게 함을, 묶인 자에게 자유를 선포한 것으로 그의 선교
를 시작했듯이 다시 말해서 인간 육신의 고난을 위해서 헌신했듯이 석
가도 네 종류의 만남에서 인간 고뇌의 해결을 찾아내지 아니했느냐는
것이다.

전설에 따르면 석가 왕자가 그 궁으로부터 행락의 길을 떠나는데
동쪽 문으로 나섰더니 늙은이를 만나게 되었고, 남쪽 문으로 나섰더니
거기서 병자를 만나게 되었고, 서쪽 문으로 나섰더니 시체의 상여를 보
게 되었고, 끝으로 북쪽 문으로 나섰더니 한 종교적 수도자를 만나게
되어 그도 이러한 노(老)·병(病)·사(死)의 인간고를 해결하기 위해서

종교적 수도의 길에 나섰다는 것은 예수의 길과 같은 것이 아니냐는 것
이다. 그리고 이러한 고난을 해탈하는 길로서의 팔정도(八正道: 正見,
正思惟, 正語, 正業, 正命, 正精進, 正念, 正定)는 숭고한 진리가 아니냐,
그러나 그것보다도 중국문화 속에 불교의 전위는 더욱 극적으로 진행
되어서 특유한 중국불교가 생겨졌는데 그것이 바로 선불교(禪佛敎)라
는 것이다. 전적으로 외래 종교인 불교와 전적으로 토착 종교인 도교가
습화(習化)해서 선불교 — 곧 특유한 중국불교가 나타나게 되었다는
것이다. 이렇게 외래 종교는 아무리 독특하더라도 토착 문화와 습화하
지 아니하면 의미 있는 결실을 할 수 없다는 것이다. 습화하지 아니한
특정 종교 그대로는 침체해버리고 습화하면 새로운 발전을 한다는 것
이다. 선불교는 아마도 송 박사의 전위현상의 범례적인 경우인 것 같다.

(3) 불교가 중국문화 속에 침투되어서 토착화되는 과정과 그리스
도교가 서양 선교사를 통해서 중국문화에 대했던 태도는 정반대다. 태
평천국의 그리스도교는 이러한 서양 선교사들의 전통문화 공격의 광
신적인 극단의 경우라고 송 박사는 말한다(1851년 1월 중국의 서남부 벽
지인 광서성에서 신왕조 태평천국의 성립을 선언한 태평군은 약 14년 동안
만주족의 청왕조에 대항하는 강력한 정권을 수립하고 양자강 중·하류 유역
의 경제적 중심지대를 지배하면서 북경 부근까지 북벌군을 파견하고 중국
본토 18개 성 가운데 16개 성에 그 족적을 남겼으며 전국적인 반체제 민중봉
기를 유발시킨 대민중운동이었다. 조병한 저,『태평천국과 중국의 농민운동』
의 서문에서 인용). 이 인용문은 물론 송 박사의 태평천국운동에 관한
설명이 아니다. 송 박사는 극단적으로 부정적이다. 왜냐하면 태평천국
운동이 중국문화에 대한 전적인 부정, 파괴였기 때문이다.
　　태평천국운동의 중심사상을 표현한 소책자인 량아파(染亞發)가

지은 『권세양언』(勸世良言)에 대한 보우드만(Boardman)의 비평적인
요약은 다음과 같다.

> 태평천국은 중국의 종교적·문화적 전통들에 대하여 무차별한 공격
> 을 폈다. 이 책은 홍수전(태평천국운동의 창시자며 주도자)의 사상에
> 따라서 우상숭배를 타파하는 극단의 광신적 십자군적 전면전을 선포
> 한 것이다. 불교·유교·도교의 삼교를 경멸하고 우상과 거짓신 예배,
> 미신숭배에 대한 분격이다. 과거제도 자체도 일종의 물신숭배다. 중
> 국인들은 평생을 두고 과거에 급제하려고 헛된 수고에 몸을 바치고
> 있다. 불교의 서방정토, 도교의 삼위일체, 모든 종류의 불상과 우상에
> 대한 증오다.

> 그리고 보면 태평천국운동은 중국과 그 인민 그대로를 만든 전통들
> 에 대한 총공격이다. 이 운동은 중국문화를 전체적으로 침몰시키려고
> 겨눈 그리스도교의 미사일이었다는 것이 송 박사의 관점이다. 불교가
> 중국문화에 전위된 것과는 반대로 선교사의 그리스도교는 중국문화
> 속에 전위되지 못했다고 송 박사는 다음과 같은 간결하고 예민한 논평
> 을 하고 있다.

> 중국과 아시아에 있어서 초대 그리스도교 신도들의 신은 대체로 우상
> 과 잡귀를 몰아내는 푸닥거리의 신(an exorcist God)이었다. 선교
> 사들은 중국 사람들에게서 그 잡귀신을 몰아내주려고 중국에 온 것이
> 다. 중국 초대교인들은 새 신앙의 힘으로 악귀만이 아니라 중국문화
> 까지 몰아내는(exorcise) 말하자면 푸닥거리의 사역(仕役)을 위해 임
> 직된 셈이었다. 그러나 사실인즉 신은 중국 사람들의 고민과 갈망을 표

현하는 유일한 방편인 바로 그 중국문화 곧 중국의 영성(spirituality)을 보살피시는 것이다. 그런데도 우상타파적(iconoclastic) 프로테스탄트의 선교사들과 그들에 의해서 전해진 그리스도교밖에는 아는 것이 없는 중국 프로테스탄트들의 정신에 젖은 초기 전도자들은 그들의 악귀 악령 푸닥거리를 문화의 영역에까지 행사했다. 그 결과로 그리스도교와 중국 미신과의 사이의 전쟁은 그리스도교와 중국문화와의 사이의 전쟁으로 발전했다. 푸닥거리는 지나쳐서 아시아 인민의 절대다수에게는 그리스도교가 낯선 외국 종교로 머물게 되는 하나의 주요 원인이 되고 말았다. 그리스도교는 중국에서, 손님 종교(a guest-religion)로 머물렀다. 그리스도교의 신은 한 손님 신이다. 손님 신으로서 그 신은 중국 인민의 마음에서(out of) 말씀하실 수가 없고 항상 중국 인민을 향해서(to) 말씀하시는 것이다. 아시아에서 그 토착문화에 그리스도교의 공포증은 용납될 수 있는 것이 아니다. 그리스도교와 토착문화에 대한 관계에 있어서 유럽에서는 그렇지 아니했다. 그 한 예로 크리스마스 축제행사를 보라. 그것은 시리아-로마의 태양신 숭배제의에서 유래한 그리스도 탄생축제가 아닌가.

(4) 『자비하신 하느님』에서 그리스도교가 아시아에 전위되는 실험의 제4 사례로 송 박사는 "제5의 현대화"라는 항목으로 중국에 도입된 마르크스주의—주로 '문화혁명'과 종교를 다루고 있다— 그리고 마지막 장에서 다시(그 내용으로 말하자면) "아시아의 오늘의 고난과 하느님"을 다룬다. 이 책의 마지막 두 장에서도 그의 다른 저서들에서와 같이 오늘의 아시아의 정치·혁명·전쟁·빈곤·피난민 등의 문제들을 다루는 정치신학이 전개된다. 이 점이 송 박사의 뛰어난 신학적 공헌이라는 말이다. 그의 문화신학 혹은 그리스도교의 아시아적 전위는 단순히

그리스도교와 동양 종교들과의 교섭, 습화의 문제에 머물지 않고 현지 현장의 정치 사회의 실재에 그리스도교 신앙이 어떻게 전위하느냐는 문제까지를 포함한다. 중국의 문화적 풍토에 마르크스주의의 도입의 결과로서는 저 유명한 '문화혁명'의 물결과 사회주의 독재체제가 가장 두드러지게 송 박사의 눈에 띄었다. 문화혁명은 중국의 모든 전통 종교 문화의 소탕이며 사회주의 독재는 모든 인간적 자유의 말살이었다. 1966년 8월 22일 북경의 전 YMCA회관 벽에 다음과 같은 문화혁명의 벽보가 붙어 있었다.

신은 없다, 성령도 없다, 예수도 없다. 마리아도 없고, 요셉도 없다. 철없는 어린이도 아닌 어른이 어떻게 그런 것들을 믿느냐? 사제들은 사치생활하고 노동자들의 피를 빤다. … 이슬람교와 같이 천주교도 개신교도 반동적인 봉건적 이데올로기며 인민의 아편인데 이것들은 외국에서 유래된 것이고 외국 접촉으로 계속되었다. … 우리들은 무 신론자들이다. 우리들은 다만 모택동을 믿는다. 성서를 불사르고 우 상을 파괴하고 종교단체들을 해산하라고 우리는 모든 인민에게 요망 한다.

이렇게 중국은 하느님께 선전포고를 한 것이다. 중국은 그 자체의 산 모택동을 창조한 것이다.

상하이에서 그리스도교 역사의 마지막 페이지는 1966년 8월 24일에 쓰여졌다. 그날 교회당의 십자가, 성상, 장식, 모든 시설들은 혁명학 생의 홍위대에 의해서 제거되고 제국주의적·식민주의적·봉건주의 적 정권의 모든 흔적은 근절해버리자는 것이었다.

그러나 이러한 문화혁명의 열광주의는 하느님의 신비한 섭리에 의
해서 참 인간성의 성취를 위한 중국 인민의 투쟁역사에 새로운 장을 준
비한 것이었다고 송 박사는 생각한다. 문화혁명은 모택동 자신이 늙어
서 그의 죽음이 가까이 오는 것을 보지 아니하고 인간의 유한성을 인정
하지 아니하려고 하느님께 도전한 싸움이었다는 것이다. 이 싸움에 그
의 힘은 소진되어서 마침내 그는 인민해방군을 시켜서 문화혁명을 진
압시켰다. 이렇게 문화혁명이 막을 내렸을 때 중국 인민의 한 사람 한
사람 속에 참 인간이 되려는 심정의 혁명 — 새 혁명이 시작되었다는
것이다. 그 심정의 혁명의 봉화가 1978년 12월 북경의 민주주의 대벽보
에 '제5의 현대화'로 올려졌다는 것이다. 등소평의 4대 현대화—농업·공
업·국방·과학과 기술의 현대화—에 더해서 위칭생은 제5의 현대화 곧
민주화를 부르짖었다. 송 박사에 의하면 이 민주화의 봉화는 중국에서
뿐만 아니라 한국에서 독재자 대통령의 죽음으로도 이어지는 것이라
고 생각한다.

이 제5의 현대화의 봉화에서 송 박사는 예언자 에제키엘이 한 들바
닥에 깔려 있었던 해골들이 소생하는 것을 본 환상(에제 37장)을 다시
보는 것이다. 중국의 그리스도인, 타이완의 인민, 한국·필리핀의 민중,
인도지나의 전쟁, 피난민들(상당히 자세하고 구체적인 사실 보도가 송 박
사의 이 신학적인 저술 속에 들어 있는 것이 새 신학답다)—아시아 평원에
깔려 있는 해골들이 '제5 현대화'의 봉화로 소생하는 것이다— 그리고
이 환상의 불꽃을 모든 사람이 보고 거기로 향하면 아시아를 결박하고
있는 고난의 동아줄은 풀린다는 것이다. 『자비하신 하느님』의 전체의
논조에서 본다면 마르크스적 사회주의도, 저 태평천국운동과 같이 중
국 인민의 전통적인 문화와 종교들을 짓밟고 총칼로 사회주의를 건설
한다면 그것은 지속할 수 있는 문화적 전위가 되지 못하여 그 땅에 뿌리

를 내리지 못한다는 것이다.

4. 십자가의 정치학

『우리의 이름을 대시오 — 민중신학을 위한 비유들』, 새로 나올 이 책은 열 개의 신학논문을 모아서 한 다발로 묶은 것인데, 매 편마다 먼저 민담 혹은 동화를 하나씩 소개하고 그 민담들의 각 초점을 신학논술의 주제로 전개하는 발상법이다. 여기다가 이미 널리 알려진, 송 박사의 같은 신학 다발에 묶을 수 있는『맹부인의 눈물: 민중의 정치신학에 관한 한 비유』를 보태면 우리의 연구자료는 더욱 풍부해진다. 위의 열한 개의 민담 동화를 문화권별 소속으로 대별하면 중국계 5, 서양계 3, 아프리카 1, 폴리네시아계 1, 성서 1로 된다. 그러나 민담은 현재의 제계의 문화권의 구별을 넘어서는 더 근원적인 차원을 간직하고 있기 때문에 현존문화권적 구별은 결정적인 것은 못된다. 가령 말하자면 동화『신데렐라』는 우리나라 동화『콩쥐 팥쥐』와 같은 내용이고, 중국 고대 당나라의 민담『거울』—시골색시가 남편이 장에서 사다준 거울에 비친 자기 얼굴을 보고 신랑이 첩을 얻어서 데리고 들어왔다고 법석 떠는 이야기—도 한국에 있는 이야기다. 이 새 저서에서 내가 밝히고 싶은 세 가지의 현저한 동기가 있는데 곧 문화신학적 전위의 동기, 민중신학적 동기, 정치신학적 동기다.

1) 문화신학적 전위 동기

송 박사는 진정한 전위와 그렇지 못한 것과의 구별을 가리키는 재미나는 폴리네시아 민담을 소개한다. 폴리네시아인들은 몸치레하느라고 살갗에 물감을 바르고 바늘로 찌르거나 칼과 자귀 등을 써 무늬를들이는 문신(tattoo)을 하는데 뉴질란드의 마리오족의 얼굴문신은 아주 섬세한 것이라고 한다. 이 얼굴문신은 그들의 인격적·종족적 정체를 나타내는 것이고 또 물론 종교적·예술적 의미도 있다고 한다.

이렇게 얼굴 장식을 한 한 마오리 청년이 나무 그늘에서 잠을 자고 있었는데 명부 세계의 선녀들이 거기를 지나가다가 이 청년 마타-오라의 아름다운 얼굴에 반해서 지켜보고 있었다. 그때 마타-오라는 잠이 깨서 그녀들을 보다가 그 주장이 되는 처녀 니와-래카와 눈이 맞아서 같이 살게 되었다. 니와-래카는 지진의 신 루아우-모코의 손녀요 우애-통가의 딸이었다. 그런데 어느 날 남자가 시기심으로 성이 나서 여자에게 손찌검을 한 번 했더니 여자는 곧 명부 태루훈의 세계로 되돌아가버렸다. 마타-오라는 낙담과 슬픔으로 그의 애인을 찾아서 명부에 갔다. 명부의 관문에서 그는 니와-래카가 슬픔에 젖어 문을 잠그고 울며 지낸다고 들었다. 그녀의 집을 찾아갔더니 그녀의 아버지 우애-통가가 마당에서 어느 사람의 얼굴에 타투(문신)를 하고 있는데 그 사람 얼굴의 칼과 자귀의 상처에서 피가 뚝뚝 흐르는 것이 아닌가. 지상의 세계 타이호에서 온 마타-오라는 그때까지 칼과 자귀로 조각하듯이 살을 깎는 얼굴문신(타투)을 하는 것을 보지 못했기 때문에 충격을 받으면서 우애-통가에게 "당신의 타투 방식은 틀려먹었소. 지상세계에서는 그렇게까지 아니한다오." 그 비평에 우애-통가는 대꾸하기를, "이것이 진짜로 타투하는 것이라오, 당신네 같이 그저 물감으로 얼굴에 그리는 것은 몸과 집안의 장식에 지나지 아니하는 것이오" 하면서 마타-오라 청년의 얼굴을 손으로 훔쳤더니 그의 얼굴 장식의 타투는 다 벗겨져버렸다. 그는 맨얼굴로, 말하자면 '무인격'으로 되어버렸고 사람들은 웃어댔다. 지상에서 온 청년은 우애-통가에게 "당신이 내 얼굴을 망쳐놓았으니, 이제 당신네의 정당한 방식으로 내 얼굴에 타투를 해주시오." 그래서 마타-오라는 칼과 자귀 등으로 조각하는 진정한 타투를 받게 되는데 그때 애인 니와-래카를 그리워하는 노래를 부르며 타투 작업에서 오는 쓰리고 아픈 것을 참고 있었다. 이 노래를 듣고 니와-래카는 방문을 열고 나와서 아픔을 어루만져주고 상처가 낫는 것을 기다려 그녀의 부모의 허락을 받고 그를 따라서 지상세계 타이호에 올라와서 행복한 가정을 이루었다.

이 민담에서 송 박사가 배우는 것은 ① 하늘과 땅의 교섭은 진리의 문제(truth affairs)가 아니라 사랑의 문제(love affairs)라는 것, 그 까닭은 하느님은 원리원칙에 대하시는 것이 아니라 인간 인격에 대하시기 때문이라는 것, ② 지금까지의 선교사들이 전해준 아시아인의 그리스도교는 한갓 얼굴 치장의 그리스도교(decoration christianity)였는데 참 그리스도교는 살과 뼈를 깎고 거기에 문신된 '타투된 그리스도교'라야 한다는 것이다. 수입품·박제품 그리스도교 아닌 아시아에 전위된 그리스도교 말이다. 1947년 이전의 중국의 그리스도교는 말하자면 얼굴 치장의 그리스도교였는데 1947년 이후 중국 그리스도교는 지금 칼과 자귀 등으로 타투 작업 중에 있다는 것이다. ③ 서양 그리스도교인 표준으로 아시아 그리스도 교인에게 "당신들의 그리스도교는 그런 게 아닌데" 하지만, 아시아 그리스도교인은 아시아에 전위되고 타투된 그리스도교를 "이것이 진짜 그리스도교라오" 할 수 있어야 한다는 것이다. 피부에 바른 장식 같이 머리의 생각만인 신학이 아니라 아시아의 현실에서 살과 뼈가 깎이고 다듬어진 체험의 신학—타투된 신학—이

라야 한다는 것이다. 이 폴리네시안 마오리족의 민담 속에 하느님의 속
량적 현존을 밝히려는 것이 송 박사의 신학적 의도다. 전통신학에서는
이런 것을 자연신학이라 하겠으나 송 박사는 이 민담에서 창조의 신과
함께 그 같은 신인 속량의 신을 만나는 것이다.

2) 민중신학적 동기

송 박사의 앞의 두 책에는 민중신학적 관점은 별로 없는 것으로 보
인다. 거기에서 그가 보인 관점은 아시아적 문화의 관점이었으며 또 민
중보다는 아시아의 여러 나라들의 민족의 관점이었다. 그런데 이 세 번
째의 저작에서는 '민중' 관점이 돋보인다. 민중신학(folk theology,
popula theology)이라고 했다. 민담과 동화들이 신학의 방법과 자료로
될 때 신학은 민중신학이 될 수밖에 없다.
중국 민담에 이런 것이 있다.

옛날 옛적에 마이산 기슭에 있는 폴로마을에 백매(白梅)라는 소녀가
있었다. 어느 해에 가뭄이 심해서 동리 사람들은 농사를 지을 수가 없
었다. 소녀는 나무하러 산에 가는 아버지를 따라갔는데 그녀는 깊은
산 속에서 큰 호수를 보았다. 그 물을 동리로 끌어내릴 수가 없을까
하고 돌아다녀보았는데 한 곳에 큰 돌문이 있는 것을 발견하고 그것
을 벗겨내면 된다는 것을 알았으나 그녀의 힘으로는 어림없는 일이었
다. 그때 한 마리의 기러기가 날아와서 "백매야, 백매야, 이 기러기 호
수의 돌문을 열려면 황금 열쇠가 있어야지" 하고 날아가 버렸다. 백매
는 더 걸어가서 참나무 숲에 앉아 있는 앵무새를 보고 황금 열쇠를
물었더니 "백매야, 백매야, 너는 용왕의 셋째 따님을 만나야한다"는

것이었다. 그녀는 더 걸어가서 소나무에 앉아 있는 공작을 보고 용왕의 셋째 따님을 물었다. 공작이 대주기를 "백매야, 백매야, 남쪽 산골짜기로 가거라" 하고 날라서 남쪽 산골짜기의 계피나무 위에 앉았다. 그녀는 공작을 따라갔으나 용왕의 셋째 따님은 볼 수가 없었다. 그때 공작은 말하기를 "용왕의 셋째 따님은 민요를 좋아하니 민요를 부르렴." 아리랑 아리랑 아라리요, 새야 새야 파랑새야, 작년에 왔던 각설이, 푸른 하늘 은하수, 사공의 뱃노래가 가물거리며, 두만강 푸른 물에, 사랑 사랑 누가 말했나, 그녀는 아는 민요를 모조리 부르고 사흘 동안을 불렀더니 드디어 용왕의 셋째 따님이 나타나서 백매를 반기면서 그 황금 열쇠는 용왕의 금고에 있으나 사나운 독수리가 지키고 있으니 용왕이 외출한 틈을 타서 금고에 들어가라고 일러주었다. 그녀는 틈을 타서 금고에 들어가서 그득한 눈부신 보물들에는 욕심을 내지 않고 용왕의 셋째 따님이 일러준 대로 하찮게 보이는 나무상자를 열고 그 황금 열쇠를 얻어내어 갖고 나와서 기러기 호수의 큰 돌문을 세 번 두들겼더니 과연 돌문이 열리고 호숫물은 동리에 흘러내리게 되었다.

막힌 돌문을 여는 황금 열쇠를 얻는 비밀은 민요를 부르는 것이었다. 황금 열쇠를 얻는 비밀은 민요, 민중의 꿈, 민중의 가락, 민중의 말을 더 많이 듣고 더 많이 부르는 데 있다는 것이다. 민요, 민담만이 민중의 이야기와 노래를 좋아하는 셋째 공주(귀족과 부르조아의 다음에 있는 민중)의 가슴을 울린다는 것이다. 산중에 숨겨진 호숫물을 동리에 끌어대는 비밀의 열쇠는 민요, 민담이라는 것이다.

3) 정치신학적 동기

이 책의 구조도 앞에 소개한 두 책의 구조와 같이 그 끝부분이(전체 10장 중 끝의 두 장이) 정치신학, 곧 '민중정치신학'(folk political theology)이다. 송 박사의 정치신학은 『맹부인의 눈물: 민중의 정치신학에 관한 한 비유』에서도 전개된다. 여기서도 민담을 해설하는데 그중의 하나가 '요담의 우화'(판관 9: 8-15)다.

> 옛날에 나무들이 모여서 왕을 세우기로 하여 먼저 감람나무를 왕으로 추대했으나 거절당하고 다음에 무화과나무를 추대했으나 마찬가지로 거절당하고 또 다음에 포도나무에게도 거절되자 나무들은 가시덩굴을 왕으로 추대하였더니 가시덩굴은 왕위에 오르자마자 국가안보의 이름으로 무자비한 숙청과 억압을 시작했다.

송 박사의 정치신학에 대한 집념은 요담의 우화를 다음과 같이 풀이한다. 곧 감람나무는 이스라엘의 종교를, 무화과나무는 그 경제를, 포도나무는 그 문화를 각각 상징한 것으로 풀이한다. 이러한 세 영역이 정치에 무관심하고 정치에서 유리되고, 정치적 책임에서 면제되면 정치는 악마의 손에 넘어가서 인간을 억압 착취하는 악마의 도구로 전락한다는 것이다. 악마의 정치란 곧 '힘의 정치'(power politics)로서 그 반대는 '민중의 정치'(people politics), 혹은 '민주정치'인데 이 양자는 불가피하게 종국의 대결을 피할 수 없는 것인바, 그 대결에서 '십자가의 정치'(the politics of the cross)가 나오는데 이 자기희생의 십자가 정치가 악마적인 힘의 정치를 이기는 하느님의 힘이라는 것이다. 결국 정치적인 무관심·회피가 아닌 대결인데 그것은 무력 대결이 아니라

자기희생의 십자가의 대결이라는 것이다. 이러한 '십자가의 정치학'이
바로 '민중의 정치학'이라는 것이다.

5. 사회사적 인식의 결핍

이상에서 나는 송천성 박사의 아시아적 신학을 충실하게 소개하려
고 노력했다. 그러나 얼마나 정확하게 소개되었는지에 관해서는 내가
말할 수 있는 것은 아니다. 나는 그의 신학의 세 가지 지배적인 동기를
문화신학, 정치신학, 민중신학으로 파악했다. 그중에서 총괄적인 동기
는 물론 문화신학, 곧 전위(轉位)의 과제다. 나는 송 박사의 아시아적
신학의 성취에 대해서 찬사와 선망을 아끼지 아니한다. 그러면서 여기
에 몇 가지 개인적 반응을 진술해보기로 한다(처음에 이 '신학 수상'을 구
상했을 때에는 송 박사의 전위신학의 도입을 문제제기로 그치고 나의 생각을
보다 길게 펼 생각으로 원고를 쓰기 시작한 것인데 송 박사의 신학에 끌려들
어가서 글이 길어졌기 때문에 나의 반응은 짧게 할 수밖에 없게 되었다).

1) 송 박사가 하느님의 창조활동과 속량활동은 같은 실재의 양면이
라고 하는 주장과 전통신학의 '구속사' 개념에 대한 비판에는 수긍이
가는데, 특수 계시와 일반 계시의 구분법의 거부에는 좀 의문이 간다.
내가 읽은 송 박사의 신학적 저술에서는 다른 어떤 서양 신학자 못지않
게 예수 그리스도에게서 이루어진 하느님의 속량사업이 압도적으로
또 장황하리만큼 증거되었는데, 예수 그리스도 계시와 그 밖의 종교들,
문화들, 민담들에서 나타난 하느님의 속량사업과는 어떠한 관계가 있
는 것인가를 규명하지 않고 넘어갈 수가 있는지 의문이다. 종류가 다른

지, 혹은 범례와 사례들의 차별인지, 그렇지 아니하면 역사적인 우연에 불과한 것인지? 나는 이 물음은 지적인 호기심에서나 교리적인 오만에 서보다는 하느님의 속량사업의 실천적인 참여에 깊이 관계되는 물음 이라고 생각한다.

2) 송 박사는 계시와 맥락이 서양 신학에서는 양극으로 분리되었지 만 아시아인의 붓으로는 한 획(劃)을 긋는 것같이 그려진다는 것이다. 수도사가 선(禪)의 경지에 도달하려고 오랫동안 수도생활을 할지라도 행운이면 어느 한 순간에, 가령 매화꽃 한 송이가 피는 데서 선의 경지 는 열린다는 것이다. 그때 아시아인에게 계시와 맥락은 거기에 같이 있 는 하나라는 것이다. 나는 선과 계시, 혹은 이렇게 말을 바꿀 수 있다면 '선적 계시'와 '성서적 계시'는 혼동되어서는 안 된다고 말하고 싶다. 그 뿐만 아니라, 나는 선 논의는 '민중신학의 비유'가 되기는 어렵다고 생 각한다. 불교의 선이나, 유교의 예(禮)나 동양의 다도(茶道)와 같은 상 류계급의 문화는 민중신학의 비유가 되기 어렵다고 생각한다. 선적 계 시는 무역사적(無歷史的) 계시인데 대해서 성서적 계시는 역사적 계시 이다. 선적 계시는 상무구조(이념)의 계시인데, 성서적 계시는 하부구 조(물질)의 계시이다. 이 구별에 관해서는 다음에 더 보충될 것이다.

3) 송 박사의 신학의 성서적 밑받침에 관해서 비평해보자. 이 점은 송 박사의 신학에 국한한 비평이라기보다 그의 신학을 포함한 전통적 신학 일반에 관한 비평이 되겠다. 우리는 모두 구·신약성서가 하느님 의 '역사적 계시'에 관한 기록이라고 주장하는 데까지는 일치한다. '역 사적 계시'란 어떠한 것이냐? 바르트는 적어도 그의 초기에 계시의 초 월성을 강조하는 나머지 계시가 (인간)역사에 절선적으로 접촉한다고

주장했다. 그에게서 적어도 계시의 크로놀로지칼(chronological)한 의미의 역사적 연장은 없다. 그는 고작해서 예수 그리스도의 부활 후 40일간이 진정한 계시라고 말할 정도였다. 틸리히에게 종국적 계시는 예수에 대해서(교회를 대표하는) 베드로가(가이사리아 필립보 땅에서) 그리스도라고 고백한 그 역사적 사건이다. 위에 언급한 바에 국한해서 본다면, 바르트보다는 틸리히에게서 계시의 역사성은 좀 더 분명해진다. 일반적으로 전통적 신학에서 '역사적 계시'의 이해 내용은 '역사적 인물'인 '예수의 인격과 사업'이다. 그때 '역사적 인물'은 역사의 소관이지만 '예수의 인격과 사업'은 신학적·형이상학적 개념이다. 전통적인 신학에서는 이 명제의 전항 곧 역사는 계시의 매체에 불과하고 진정한 계시는 그 후항이다. 그런데 나는 근대에 대두되는 성서에 관한 '사회사적 해석' 내지 '물질주의적 해석'의 신학적 입장에서 배운 바 있어 다음과 같이 주장한다.

크로놀로지칼한 의미에서 계시의 역사적 원점 측은 '원계시'는, 구약성서에서는 출애굽에서 시작되는 원이스라엘(Proto-Israel)의 200여 년간의 신앙과 사회사이며, 신약성서에서는 예수의 3년간의 갈릴리 선교활동이다. 구약성서의 경우 그 원계시의 구성요소는 유일신 야웨 신앙과 원 이스라엘의 사회사이다. 신약성서의 경우 그 원계시는 하느님의 아들 예수 그리스도와 그의 선교활동의 장인 갈릴리 민중들이다. 원 이스라엘의 사회사, 그때의 갈릴리 민중의 사회사 및 그들의 자의식이 계시를 구성하는 구성적 요소이다. 그러므로 계시의 일면은 분명히 '사회과학적' 연구의 대상이 되고 또 되어야만 한다. 이런 의미에서 계시는 '역사적 계시'이고 그것은 '물질적 계시'다. 다시 말해서 계시의 '하부구조'가 있다. 그것은 원 이스라엘의 사회구조, 갈릴리 민중의 사회경제사다. 원계시의 매체인 택함을 받은 히브리인들의 새 공동체와 그의 갈릴리의 가난한 민중은 단순히 계시의 매체에 불과한 것이 아니라, 그 계시의 구성적인 요소다. 그렇기에 우리가 '역사적 계시'라고 말할 수 있다. 복음(계시)이 사람들에게 주어졌을 뿐만 아니라 '가난한 사람의 복음'이다. '가난한 사람'은 복음(계시)의 구성적인 요인이다. 그러므로 교회가(우리가) 복음(계시)을 갖게 되는(appropriate) 방식은 가난한 사람들과의 연대(solidarity)에서만 허락된다. 예수 그리스도가 갈릴리의 가난한 민중을 불러일으켜 세웠고 그 가난한 민중들은 일어서서 자기네가 하나님의 구원역사의 주체라는 자의식을 갖게 된 일련의 사건들이 복음이요 계시다.

이제 송 박사의 성서 인용을 비판하자. 그와 함께 전통적 신학의 성서적 인용 기반을 비판한다. 송 박사는 성서적 계시의 신학(상부구조-이념)만 인용하지 성서적 계시의 역사(하부구조-물질-사회사)는 완전히 간과한다. 송 박사는 그의 전 저서를 통해서 십자가와 부활을 아주 많이 그리고 자세하고 길게 풀이한다. 그러나 그 풀이는 전적으로 십자가와 부활의 신학(상부구조)이지, 그 역사(사회사)는 아니다. 다시 말하자면 십자가에 부과된 종교적 희생 속죄만을 풀이하지, 불의한 정치에 의한 의인의 처형이라는 역사(사회사)는 전적으로 간과한다. 부활에 관해서도 그 종교적인 의미만 말하지 사회사적인(물질적) 역사는 말하지 아니한다. 내가 부활의 사화사적인 하부구조라 함은 '죽임을 당한 자의 부활', '갈릴리에서 만남', '메시아 재림 때의 부활'이라는 사회사적인 측면에는 전혀 언급이 없다는 말이다. 우리가 '역사적 계시'라고 말하면서 그 하부구조(몸)에서 유리된 상부구조(이념)만의 전통적 신학은 그렇기에 나는 유령이요, 나아가서는 아편이라고 말한다. '역사적 계시'의 하부구조(사회사)가 복원되어야 할 것이다. 이것이 근대에 대두되는 사회사적 해석, 물질주의적 신학의 과제다. 송 박사의 전위신학은 하늘보다도 땅에 더 충실해야 한다는 주장은 이런 각도에서 실현되어야 할 것이라고 생각된다.

4) 중국인인 송 박사의 전위의 신학의 유교에 대한 관점에 대해서는 이해가 가는 점이 있다. 새로운 지배문화, 침략자의 이념이 된 서양의 소위 '그리스도교 문화'에 대항해서 중국인의 자기정체성이 유교의 이름으로 주장되는 데는 이해가 간다. 그러나 유교는 그 출발부터 지배자의 정치이념, 사회질서를 대변한 것이 아닌가. 나는 아시아의 민중신학은 소위 서양의 그리스도교 문화에 못지않게 동양의 유교문화에 대해서도 경계해야 된다고 생각한다. 송 박사는 유교정신의 핵심으로 맹자의 민본주의를 들고 있지만, 오늘의 한국의 지성 사회에서의 토론에 의하면 맹자와 민본주의는 통치자의 인정(仁政)을 말하는 것이지 국민의 주권, 민중 주체의 민주주의에는 훨씬 미급할 뿐만 아니라, 오히려 반대된다는 이야기다. 송 박사의 전위신학에서 유교가 아시아적 신학의 자기정체성의 틀로만 평가된 것은 찬성할 수 없다.

5) 송 박사는 불교를 유교 이상으로 더 적극적으로 전위 작업에 이용한다. 그는 석가모니나 예수가 다 같이 인류의 고난을 해결하여 구원 속량을 성취하려는 점은 같다고 말한다. 그러나 필자는 그러한 공통성을 넘어서 상이성을 더 의미 있게 본다. 석가가 극복하려는 고난은 늙는 것, 병 앓는 것, 시체가 되는 것(죽음) 등의 고난인바, 어떤 의미에서는 그러한 고난은 인간의 유한성—인성 자체에 속한 것—으로 극복의 길이 없다면 없다. 그렇기에 다만 해탈과 체념과 생각으로 깨우치는 구제의 길이라고 하겠다. 그런데 예수가 극복하려는 인류의 고난은 특히 가난, 억압, 소외 등 사회적 불의다. 이러한 고난을 극복하려고 그는 민

중과 함께 살고, 십자가에 처형되었다. 송 박사의 논리는 불교(자연 발견)와 그리스도교(역사 발견)가 "다른 것 같지만 같다"인 데 대해서, 나는 양자가 같은 것 같으나 다르다는 입장이다. 나는 오늘의 문제는 불교의 가르침에(가령 팔정도와 같은) 본래 고려되지 아니했거나 아주 약했던 사회적·정치적 구조악에 관한 문제의식, 그리스도교의 가르침에 본래는 있으나 역사적 그리스도교가 배반한 사회적·정치적 구조악에 대한 문제의식이 불교나 그리스도교의 갱신과 공헌의 문제라고 생각한다. 신학의 전위 작업을 문화적으로 정치적으로 함께 진행시키려는 송 박사의 신학 비판은 유교에도 불교에도 적용해야 할 것이다.

⑥ 태평천국운동에 대한 송 박사의 연구에 나는 크나큰 실망을 안게 되었다. 송 박사는 태평천국운동(아마도 사이비 그리스도교라 해도 좋을지 모르나)이 중국의 전통문화 특히 유교문화를 완전히 악마시·우상시하고 그 철저한 우상타파에 나선 광신만을 보는데, 여기에서 송 박사는 서양 그리스도교의 아시아적 전위를 순전히 문화적 차원에서만 하려고 하는데, 이 점은 수긍하기 어렵다. 태평천국운동에 대한 후대의 역사적 평가가 일치된 것은 아니지만, 그 운동에 대한 사회사적 연구와 평가는 송 박사의 글에서는 전혀 찾아볼 수 없고 선교사적·전투적 그리스도교와 유교의 싸움으로만 보고 있다. 중국 역사상 최대의 농민운동·농민혁명이라고도 평가되는 태평천국운동, 모택동은 물론이려니와 손문과 장개석 같은 현대 중국의 국부격인 인물들이 태평천국운동의 (수정된) 계승을 표방했던 것과 송 박사의 태평천국운동에 관한 평가는 너무도 거리가 멀다. 한국의 지배적인 역사관과 또 한국의 민중신학에서 동학혁명이라고도 일컬어졌던 갑오농민전쟁에 대한 평가와 아시아적 민중신학을 지향하는 송 박사의 전위 작업에서의 태평천국운동에

대한 평가는 너무나도 다르다. 여기서도 신학의 전위 작업에 사회사적 연구와 관점이 필요하다는 것을 느낀다.

7) 송 박사는 중국의 사회주의 혁명에 대해서 '제5 현대화' 곧 민주화만을 강조한다. 중공 치하에서 교회의 시련은 다만 그리스도교인 개인의 용감한 신앙고백과 교파주의를 넘어선, 서양 선교사의 접촉을 거부한 삼자적(三自的) 그리스도교의 출현만을 의미 있게 기대한다. 국민당 자본주의의 과오도, 새 정치질서의 이데올로기도 암시된 바가 없다. 말하자면 송 박사의 정치신학에는 독재에 대한 십자가의 신학만 있지, 새 질서에 대한 부활의 신학은 보이지 아니한다. 전통적인 그리스도교의 신학에서 원죄 혹은 죄의 뿌리를 교만(hybris)과 탐욕(concupis-centia) 두 가지를 말해왔는데, 송 박사는 권력의 교만과 죄만 보고, 물질적 탐욕의 죄는 보지 못한 것 같다. 다시 말해서 사회주의 독재체제의 죄만 보고 자본주의의 탐욕은 보지 못한 것 같다. 사실, 송 박사의 전 저술을 통해서 인상 받은 바로는, 그의 정치적·준정치적 피난민과 억눌린 자들에 대한 관심이 돋보이지, 아시아의 가난한 사람들에 대한 조명은 별로 없다. 이것 역시 지금까지의 서양 신학적 조명이 아닐까. 현지의 경험과 꼭 맞아 들어간다고는 말하기 어렵다.

8) 송 박사는 제임스 콘의 '흑인신학'과 세군도의 '해방신학'과 그리고 여성신학까지도 모범적인 전위의 신학이라고 별 구별 없이 열거하는데, 그 전위 내용에는 상당한 구별이 있다고 생각된다. 해방신학은 불의한 정치적·경제적 제도의 문제에 대해서 싸우고, 흑인신학이나 여성 신학은—아프리카의 신학자들이 표현하듯이— 인류학적 편견과의 싸움으로서, 말하자면 사회학적·하부구조적 물질의 싸움인데, 송

박사의 전위 작업은 문화신학적·상부구조적 관념의 싸움이다.

한국에서 그동안 많이 진척시킨 토착화신학이 그리고 방금 새로운 치장으로 개점하려는 문화신학이 축복된 성과를 얻기 위해서는 여러 가지 더 고려해야 할 점들이 있겠지만 하느님의 계시의 하부구조—그 것은 사회과학적 연구의 대상이 되는 물질 구조—에도 관심을 기울여야 한다고 생각된다. 문화의 물질 구조만의 연구는 신학이 될 수는 없다. 그러나 역사적 계시의 물질 구조에서 유리된 그 상부구조의 연구에만 머무는 신학은 허구이고, 유령이고, 지배 이데올로기에 흡수되어서 약속된 구원에 대한 증인이 아니라, 마취시키는 아편으로 작용할 위험이 크다.

빈곤(貧困)의 사회학과 빈민(貧民)의 신학[*]

1. 빈곤의 사회학

1) 빈곤의 사례

(1) 김경만 씨가 낙골의 민둥산이던 신림 7동 산 104번지에 정착한 내력에는 우여곡절이 많다. 그것은 또 이곳에 정착한 수많은 철거민들의 우여곡절의 한 전형이 되기도 한다. 그는 51세의 가장으로 부인과 2남 1녀 그리고 노모를 모시고 산다. 현재, 그는 올해로 만 10년째 어느 봉제회사의 경비직에 근무하면서 월 18만여 원의 봉급을 받고 있다(윤재걸 르뽀, 『낙골 산동네』, 1982).

(2) 어느 묵장수의 생활사. 묵 행상을 하는 2반(사당 2동)의 ㄷ인의 예를 보자. 그의 경우 원료의 구입과 묵의 제조, 판매까지를 혼자 하는 거의 완전한 자율성을 가지고 있다. 그는 매일 오후 2시경 하루장사가 끝난 후 왕십리시장이나 중앙시장에서 메밀과 도토리 등을 산 다음 동

---

[*] 「홍남순 변호사 고회 축하 기념논문」, 1983. 11. 15.

네 방앗간에 들러 가루를 빻는다. 이 가루를 집으로 갖고 와 묵을 만드는 데 약 4시간이 소요된다. 이렇게 만들어진 묵은 그 다음날 아침 일찍 단골동네를 돌아다니면서 판다. 이렇게 하루 벌면 5-6천 원 가량이 남지만 집에 일이 있을 경우 장사를 나가지 못하기 때문에 한 달 벌이는 16만 원 정도가 고작이다. 참고로 계란장수는 하루 4-5천 원 정도, 소금장수는 하루 2천 원 정도다(허석렬, "도시 무허가 정착지의 고용구조", 「한국사회연구」 제1집, 한길사, 1983).

(3) 조사대상지(사당 2동 무허가 정착지)의 세대주 중 약 3분의 2 이상이 자신의 직업을 노동 또는 무직으로 적어놓고 있으나, 무직이라고 대답한 경우는 생활보호 대상자 등 극히 일부를 제외하고는 대체로 건설부문의 비숙련(단순) 노동에 종사하고 있음이 확인된다. 한 개인이 구하는 일은 평균 잡아 한 달에 15일 가량 있으며 그나마 11월부터 2월까지의 겨울에는 일을 거의 구할 수 없다… 임금은 대개 일당으로 지불되며… 비숙련노동자(잡부)인 경우 일당 5천-7천 원, 기능공인 경우 그 기능의 정도와 분야에 따라 일당 7천-1만 3천원까지 받는다.

2) 무허가 정착민

(1) 우선 위에 주어진 사례에 관련된 참고자료 한두 가지를 제시하기로 한다.

① 조사 대상지 사당 2동 ○통의 60가구의 세대주의 직업을 대략 다음과 같이 파악하였다. 소규모 상점 2, 철물점 1, 고물상 1, 폐지수집상 1, 미용소 1, 타올 중간상 1, 쇠고기 중간도매상 1, 자동차 타이어

수리업 1, 운전수 4, 수위 2, 양말 노점상 1, 기타 행상·노점상 많음. 주부들은 파출부, 청소부, 묵·계란·창호지 등의 행상 등이며, 보험 판매원도 1인 있다(허석렬의 논문).

② 무허가 정착지 주민의 직업(1974년 송정동 지역 비공식 사례 보고, 隅谷, 1975).

〈표 1〉

	세대주	세대원	계	%	
공 장 직 공	60	211	273	29.2	공식부분 35.7%
공무원·회사원	35	26	61	6.5	이하
단 순 노 동	177	36	213	22.8	비공식부문
기 능 노 동	61	43	104	11.1	64.3%
행 상 노 점	77	53	130	13.9	
구 멍 가 게	24	7	31	3.3	
상 점 경 영	28	7	35	3.8	
서 비 스 업	22	12	34	3.7	
기 타	26	17	53	5.7	
무 직	120	-	(120)	-	
미 상	59	-	(59)	-	
계	699	414	934	100.0	

(2) 낙골 신림 7동 '철거민 정착촌'의 개관을 윤재걸 씨 르뽀(1982)에 의해서 알아보면 다음과 같다. 주민은 공부상으로는 30,725명이나 실제로는 4-5만 명이며, 주택 3,652동 중 2,548동이 무허가 건물이고, 한 호당 2.5가구가 들어 살고 있으며, 가구수는 공부상으로는 6,241가구나 실제로는 8-9천 가구라고 동 직원은 추산한다. 0.94평방킬로미터 면적에 한 소도시 인구가 살고 있다. 거주민 대부분은 일용근로자(소위 '데모도')인데, 미장이, 목수, 막노동 등 일용 근로자가 전체의 약 70%고, 17%는 직장을 갖고 있고, 13%는 노점, 행상을 하고

있으며, 가구당(5인 기준) 소득은 평균 15만 원 선이다.

　일반적으로 저소득층 영세민은 생보자(생활보호대상자), 영세민, 준영세민으로 구분되는바, 〈표 2〉에서 보듯 동사무소에서 할당한다.

〈표 2〉

전체 가구수 6,241	생보자-46가구(104명) 　1일 426g의 양곡이 배급 　월 부식비 3,350원과 　연탄 보조비 3,750원 지급	전체의 0.74%
	영세민-749가구(3,451명) 　1인당 월소득이 3만 5천원 이하인 사람 　연탄보조금으로 한달에 3,750원이 지급되고 　새마을 취로사업에 우선적으로 취업	12%
	준영세민-678가구(3,552명) 　1인당 월소득 2만 5천~3만 원	11%
계	1473가구	24%

　(3) 사당 2동의 '무허가 정착지'의 개관을 허석렬 씨의 연구보고("도시 무허가 정착지의 고용구조")로 알아보면 다음과 같다. 사당 2동 일대는 처음 1965년 충무로 남산 일대의 도시계획으로 철거된 철거민의 '난민정착지'다. 당시, 서울시내에는 신림동·봉천동·상계동·하월곡동 등 10개소 정도의 난민정착지가 있었다. 이들은 대개 몇 번이고 철거당한 경험이 있으며, 이러한 난민정착지의 주민은 3-4년 만에 주민구성이 거의 바뀐다. 여기서 철거되면 다른 무허가 주택으로 세를 들어가 결국 한 집당 가구수만 증가하게 된다. 조사대상지 ○통은 60호 141가구며(서울출신 14명, 농촌출신 119명), 평균 1호당 2.4가구가 입주하고 있어, 한 세대 평균 4평 정도를 쓰고 있다. 총인구는 739명으로 호당 12.3명이며, 세대주의 직업과 수입에 관한 정보의 일부는 위에 기록된 바이다.

(4) 이러한 '빈민'이 서울에 얼마나 살고 있을까. 다음은 거기에 관한 한 참고자료다. 이 '빈민' 가운데는 전통적인 빈민가(slum) 주민과 근대의 산업화·도시화 진행에서 생겨진 '무허가 정착민'(squatter)이 포함되는 바, 조사한 사회학자들에 의하면 전자는 더 어둡고 절망적인 미래를 갖고 있는 반면에, 후자는 좀 더 생기가 감돌기도 하고 오히려 희망적인 미래를 갖고 있다고 관찰된다는 것이다.

<표 3> 개발도상국의 빈민가, 무허가 정착민 인구

(단위 : 100만 명)

		년	도시인구	빈민가.무허가 정착지 인구	대도시인구비율
아시아	마 닐 라	1972	4.4	1.54	35
	자 카 르 타	1972	4.6	1.19	26
	서 울	1970	5.54	1.3	24
	카 라 치	1971	3.43	0.8	23
	봄 베 이	1971	6.0	2.24	45
	켈 커 타	1961 1971	6.7 8.0	2.22 5.33	33 67
라틴아메리카	리 마	1969 1970	2.80 2.88	1.10 1.15	36 40
	카 라 카 스	1964 1974	1.59 2.37	0.56 1.0	35 42
	리오데자네이로	1961 1970	3.32 4.86	0.9 1.46	27 30
	보 고 타	1969	2.29	1.38	60
아프리카	킨 샤 샤	1969	1.25	0.775	60
	이 바 단	1971	0.76	0.569	75
	다 카 르	1969	0.5	0.15	30

자료: UN, *Improvements of Slum and Uncontrolled Settlements*, 1971.

이태호 기자의 「70년대 현장」 1978년 1월 28일의 "달동네"에는 서울시의 집계라고 하면서 서울시의 인구 7백 50만의 5분의 1인 1백

50만이 '판자집' 13만여 채에 살고 있다고 했으니, 서울 거리의 다섯 사람 중의 한 사람은 판자촌 사람이며, 이농인구는 계속 늘어가고 주택은 못 따르니 그 숫자는 증가한다고 보여진다.

3) 절대빈곤선

(1) 윤석범 교수는 '우리나라의 절대빈곤선'에 관한 연구를 발표한 바 있다("빈곤의 정치경제학: 그 역사와 한국적 상황", 1982).

'절대빈곤'이라 함은 의식주 및 건강의 조건이 일정수준 이하에 있는 상태를 가리키는 것이며, 역사적으로는 정부로부터 요 구호 대상의 빈곤상태를 말함이다. 윤교수는 전문 학술적인 조사방법으로, 또 '효용함수적'인 수식(數式)으로 계산하여, 지금 우리나라의 절대빈곤선을 다음과 같이 얻었다(조사 시점: 1981년 6월).

4인 가구 표본규모	72가구
절대 빈곤선 1인	월 33,744원
5인 가구 표본규모	184가구
절대 빈곤선 1인	월 29,021원
6인 가구 표본규모	222가구
절대 빈곤선 1인	월 26,301원

참고로 위 결과를 보건사회부가 설정한 기준과 또 한국개발원이 설정한 기준과 비교하면 비슷하고, 대략 양자의 중간치에 해당한다.

보건사회부 설정 기준 1인당 소득의 월평균(1980년 4월 기준)
　　　대도시　　　　　　　　26,000원

중소도시   23,000원

농어촌   20,000원

(자료: 보건사회부 미간행자료, 1981년)

한국개발원 설정기준(1980년 평균가격)

5인 가족 기준 1인당 월평균소득

도시   30,000원

농촌   27,000원

(2) 윤교수가 산출한 우리나라 '연도별 절대빈곤선 추정 수준'은 다음과 같다.

〈표 4〉

연도	절대빈곤추정선(원)	연도	절대빈곤추정선(원)	연도	절대빈곤추정선(원)	연도	절대빈곤추정선(원)
1965	600	1969	2,014	1973	5,276	1977	17,158
1966	819	1970	2,751	1974	7,290	1978	22,465
1967	993	1971	3,438	1975	10,190	1979	28,239
1968	1,401	1972	4,129	1976	13,829	1980	33,774

(3) 우리나라의 '빈곤인구의 도시·농촌 분포'는 다음과 같다(아래 표에서 1978년도 도시의 절대빈곤 인구비는 13.8%라는 데 눈길이 끌린다).

〈표 5〉

구분 / 연도	절대빈곤 인구비율(a)			절대빈곤 인구분포(b)		
	도시	농촌	전국	도시	농촌	전국
1965	54.9	35.8	40.9	36	64	100
1978	13.8	10.8	12.3	56	44	100

주 : a) (해당지역 절대빈곤 인구/해당지역 총인구) x 100

　　 b) (해당지역 절대빈곤 인구/전국 절대빈곤 인구) x 100

(4) 다음의 〈표 6〉과 〈표 7〉은 보건사회부가 파악한 생활보호대상자에 관한 자료다.

〈표 6〉 전국 시도별 생활보호 대상자 총괄　　(1980. 4. 1. 현재)

구분 시도별	총인구		생활보호 대상자 합계			
	가구수 (A)	가구원수 (B)	가구수 (C)	가구원 수(D)	가구비율 (E) = (C/A)	인구비용 (F) = (D/B)
계	7,577,647	37,569,684	521,072	2,042,519	0.0688	0.0543
서울	1,740,042	8,333,282	54,342	216,985	0.0312	0.0260
부산	630,982	3,034,596	22,875	82,427	0.0363	0.0272
경기	679,688	4,725,900	45,552	162,633	0.0465	0.0344
강원	367,774	1,844,559	42,327	169,931	0.1145	0.0921
충북	281,797	1,447,868	22,353	86,813	0.0793	0.0600
충남	556,381	3,000,254	50,940	214,364	0.0916	0.0714
전북	449,350	2,363,104	54,697	236,363	0.1217	0.1000
전남	748,519	4,028,275	96,130	397,718	0.1284	0.0980
경북	1,043,307	4,981,813	82,615	317,714	0.0792	0.0637
경남	673,605	3,380,035	45,938	158,333	0.0682	0.0468
제주	104,202	456,988	3,313	6,778	0.0318	0.0148

자료: 보건사회부 유인 자료

〈표 7〉 도시 · 농촌간 생활보호 대상자 구성

구분 시도별	생활보호 대상 가구		생활보호 대상 인구	
	가구수	가구비율(%)	인구수	인구비율(%)
대도시	100,335	27.09	440,773	25.87
중소도시	45,485	12.28	206,891	12.14
농어촌	224,501	60.62	1,066,460	62.58
계	370,321	100.00	1,704,124	100.00

자료: 보건사회부 유인 자료

4) 무허가 정착지의 고용구조

앞에서도 소개하였듯이 허석렬 씨는 우리나라 '도시 무허가 정착지의 고용구조'를 연구했다. 거기에서 우리나라 빈민의 부피가 어느 정도 드러난 것으로 보여 진다. 좀 더 정확하게 말하자면 '도시고용'에서 소규모 부분(등록되지 않은 5인 미만 업체)과 임시고용이 차지하는 위치가 드러난다는 말이다. 다음에는 그 연구 보고서에 인용한 수치를 좀 보기로 한다.

(1) 전국 경제활동인구 약 1천 3백 7십만 6천 명 가운데 그중 농가인구는 4백 6십 5만 8천 명이고, 도시인구는 9백 4만 8천명이다(경제기획원 1980).

(2) 5인 이상 사업체 근로자 3백 2십 1만 9천 442명 가운데 농업·임업·수산 부문은 1만 9천 436명이고, 도시 기타부문은 약 3백 2십만 명이다(노동청통계 1980). 이 약 3백 2십만 명이 '공식부문'에 종사하고 있는 근로자라고 볼 수 있다. 다시 말해 그들은 정해진 월급을 버는 근로자들이다.

(3) 위의 1에서 전국 경제활동인구의 도시인구 9백 4만 8천 명 중에서 '공식부문'에 종사하는 3백 2십만 명을 빼면 그 차이가 5백 8십 4만 8천 명이 되는데, 이들은 '비공식 부문' 곧 등록되지 아니한 5인 미만의 소규모 사업체와 임시고용에 속하는 인구다. 이들의 생활은 일정하지 않은 낮은 수입에 의존하고 있기에, 더 불안하고 불안정함은 물론이다. 공식부문에 종사하는 경제활동 대 비공식부문에 종사하는 경제활동인구의 비례는 35.3% 대 64.7%이므로 후자가 압도적으로 많다. 그런데 이 차이는 다음의 통계를 감안하면 더욱 커진다.

(4) 제조업부문 고용인구는 2백 9십 7만 2천 명이고, 이중 5인 이

상 사업체는 1백 9십 9만 7천 719명이다(공식부문). 따라서 5인 미만 사업체 기타 가내공업 등은 9십 7만 4천 281명이다(비공식부문. "경제 활동인구 연구보고", 1980). 여기서 공식부문 대 비공식부문의 비례는 67.2% 대 32.8%다.

(5) 건설업부문 고용의 약 8십 4만 1천 명 가운데 5인 이상 사업체는 2십 3만 5천 명이다(28.1%). 따라서 5인 미만 사업체는 6십만 5천 142이다(71.9%). 그런데 다시 5인 이상 사업체에 고용된 2십 3만 5천 858명의 내용은 상용근로자 1십만 3천 258명(43.8%)과 일용근로자 1십 3만 2천 600명(56.2%)으로 구성된다. 따라서 건설업부문 전체(8십 4만 1천 명) 중에서 상용근로자는 1십만 3천 258명뿐이므로, 나머지 7십 3만 7천 742명은 비상용근로자, 곧 비공식부문에 옮겨지고 만다. 그렇다면 건설업부문에서 상용근로자 대 일용근로자의 비례는 12% 대 88%다.

(6) 위 건설업부문 일반의 사정은 다음 통계로 더욱 보강된다.

〈표 8〉 건설업부문에서의 일용근로자수와 그 비율

규모(명)	종사자총수	일용근로자수	일용근로자비율%
5~49	36,297	7,634	21.0
50~299	48,414	24,878	51.4
300이상	151,147	99,225	65.6

(7) 위에서 본대로 공식부문 종사자 대 비공식부문 종사자의 비례는 35.3%대 64.7%였지만, 이 공식부문에서 건설업부문의 비상용 근무자만을 제외하더라도 그 비례의 차이는 더욱 커진다. 그러면 도시의

<표 9>

자본집약적 부문에 참여하는 부르조아 계층 및 산업노동자(프롤레타리아)

중심부, 공식부문 (27%)

위에서 소외된 주변적 빈민(임시노동자 및 자영업자)

주변부, 비공식부문(73%)

경제활동인구 9백 4만 8천 명은 공식부문 2백 4십 6만 2천 258명(27%)과 비공식부문 6백 5십 8만 5천 742명(73%)이다. 이 비례는 다음과 같이 도표화된다.

① 위의 공식부문과 비공식부문의 관계를 근대화론자들은 임시적 방편 내지 개선되어가는 과정이라고 보는 데 대해서, 종속론자들 내지 생산양식론자들은 '지배-종속' 관계에서 구조적으로 분석하고, 상존 내지 확대과정이라고 본다.

② 산업노동자(조직노동자)는 그 임금이 아무리 낮다고 하더라도 위 두 집단 중에 중심부 27%에 속한다는 것을 주목해야 한다.

③ 이 분류에서 '가난한 사람들'은 조직노동자에도 들지 못한다.

④ 위의 두 부류를 우리가 다음과 같은 세 부류, 곧 부르조아 계층, 조직노동자 계층, 주변적 빈민으로 삼분해놓고 현재 기성 교회의 존립 기반과 그 선교대상은 어디에 있느냐고 묻는다면 어떻게 대답이 나올 것인가?

5) 산업화 · 도시화 · 주변화

1970년대에 우리나라에서도 산업화가 급속히 발전됨에 따라서 자본의 팽창에 소요되는 노동력인 농촌 인구의 이농을 촉진시켜서 도시에 몰아넣어 도시화의 현상을 일으키게 했다. 산업화 곧 경제성장이 반드시 '발전'을 위한 기초가 되기보다는 소득의 불평등, 빈부의 차이를 심화시키고 빈곤과 실업을 증대하여서 빈곤층의 주변화(marginalization)를 초래했다. 이 빈곤층의 주변화는 생산양식의 분석에 의하면 개인적인 이유로 소외된 것이라고 하기보다는 종속적 저발전에 기인한 구조적 성격으로서 수많은 인구계층을 주요 생산과정에서 제외시킴으로써 조성된 것이며, 그 현상으로는 무허가 빈민지역의 발생, 낮은 생산성의 노동집약적인 일자리, 최저생계비 수준의 생활, 교육을 비롯한 각종 서비스에 대한 혜택 감소, 주변성의 심리적 성격 및 사회문화적 행동유형 그리고 권력과 대중간의 정치관계를 들 수 있다. 현대의 산업화(자본집약적 산업)는 노동집약적인 생산양식의 해체로 막대한 과잉 노동력이 생기게 하고 그 노동력을 생산과정으로부터 몰아낸다. 그리하여 임시노동력의 성장을 조장하고, 점차 그 노동력을 불안정화시켜서 저임금에 묶어두게 된다. 주변화는 이러한 제3세계의 종속적 자본주의의 진행과정이며 구조적 현상이다.

위에서 빈곤의 결과로 주변성의 심리적 성격 및 사회문화적 행동유형이 생긴다고 했는데 브롬리와 게리는 임시고용의 빈민에 관해서 다음과 같은 아이러닉한 현상을 관찰하고 있다.

신학자들의 망또를 걸치려고 하지 않더라도 빈곤은 단순히 물질적 조건이 아니라 종속적 태도—자립심 또는 자존심의 결핍까지—의 복합

체라는 점을 지적하는 것이 중요하다. 그러므로 '서구 문명'과 한 번도 접촉하지 않았던 아마존강 유역의 어떤 부족 사람은 비록 건강하지 못하고 화폐 소득이 없으며, '선진 기술'을 모른다 할지라도 가난하지 않다. 그러나 서구 문명과 부딪힌 같은 부족 사람은 예컨대 채광기지나 활주로의 바깥에서 '식객'이 되어 값싼 노동력으로 착취당하고 알콜, 거울, 목걸이 등을 얻은 대가로 '몸을 팔며', 전체 문명 속에서 많은 정치적·법적 권리를 박탈당함으로써 가난하게 될 것이다. 화폐소득이나 물질적 재산이 늘어나더라도 그 빈민이 상대적으로 더 불우해진 채로 있다면, 빈곤의 뿌리를 극복하는 데는 아무 도움도 되지 않는다. 사실 높은 불평등이 있는 배경에서의 경제성장의 추구와 대중소비의 조장은 단지 빈민들로 하여금 사회경제체계의 보다 높은 수준 그리고 특히 그 체계의 물질적 가치와 커뮤니케이션 매체에 더욱 종속시킬 것이다. 베네수엘라의 빈곤은 많은 도시 빈민들이 판잣집의 지붕 위에 TV 안테나를 가설해놓고 있기 때문에 더욱 뚜렷하게 드러나는 것이다. … 영양결핍 현상은 가난한 가족들이 매스미디어의 압력에 응해서 공업식품이나 제조 음료수를 소비할 때, … 전통적이고 농촌적인 양식의 음식을 대체하게 될 때 흔히 증가한다(이효재·허석렬 편, 『제3세계의 도시화와 빈곤』, 한길사, 1983, pp. 225f.).

6) 빈곤과 인권

일본의 니시가와(西川潤, 『빈곤: 21세기의 지구』, 1983) 교수는 빈곤을 세 가지로 분류하고 있다. 첫째는 '고전적 빈곤'인 바, 이것은 다음의 '도시의 빈민굴'이 생기기 전부터 있었던 사회현상으로서 필자는 요한복음서 12장 8절의 "가난한 사람들은 언제나 너희와 함께 있다"

를 연상한다. 둘째, 그는 "새로운 가난"이라는 말을 쓰면서, '도시빈민굴'과 갈브레이드가 말하는 'Insular Poverty'를 언급한다. 대도시의 빈민굴은 도시 공간 구성의 필수적인 구성요건도 아니고 또 Insular Poverty가 뜻하듯이 부유한 사람이 사는 지역이나 사회계층과의 상호관계에서 생기는 것도 아니다. 말하자면 우연히 생긴 것이고, 고도(孤島)와도 같은 빈민굴인 셈이다. 그런데 셋째 번의 '주변적 빈곤'은 주변적 자본주의, 종속적 자본주의가 그 존속·유지를 위해서, 말하자면 창출해 낸 것이다.

여기에서 부유(富裕)와 빈곤은 한 가지 사실의 양면이고 한 역학(力學)의 동시기능이다. '주변적 빈곤'은 종속자본주의라는 생산양식의 경제적·사회적 메카니즘이 그 과정이며, 그 구조적인 요인이다. 빈곤 없이는 부유가 생기지 아니하고 부유 없이는 빈곤이 발생하지 아니한다. 부는 종속적 자본주의의 발전과정의 앞면이요, 빈곤은 그 뒷면이다. 다시 말하자면 부는 빼앗음이요 빈곤은 빼앗김이다. 그러므로 부는 곧 권력이요 빈은 박탈당함, 억압당함이다(여기에서 필자는 시편 35장 10절의 "야웨님 당신은 권력자에게서 눌린 자를, 수탈하는 자에게서 가난하고 불쌍한 이를 구하시니이다"를 연상한다. 이 구절에서 히브리의 수사법에 의해서, 권력과 수탈이 같은 것이고 가난과 빼앗김이 같은 것으로 제시되었을 뿐만 아니라, 부는 빼앗는 것이고 가난은 빼앗긴 것으로 선언되었다). 오늘날 제3세계 도시들의 구성적 요인인 '주변적 빈곤'은 단순히 발전의 지체(遲滯)가 아니다. 종속적 자본주의 '발전' 과정에 따라서 더욱더 확산·확대일로를 치닫고 있는 것이다.

현대의 빈곤 문제는 다름 아닌 '주변적 빈곤' 곧 '제3세계의 빈곤'인바, 그것은 부(권력)의 반면이며, 자원의 박탈이며, 그렇게 해서 생기는 빈곤으로 부를 지속시키며, 그 부를 유지·지속시켜나가기 위해서

'주변적 빈곤'을 그대로 묶어두는 메카니즘이다. 이 메카니즘은 자원이나 저임금 등으로 행해지는 직접적인 수탈도 있고, '원조'의 형식으로 빈곤을 더욱 빈곤상태에 묶어두는 간접적인 수탈도 있다. 스리랑카의 신학자 피에리스(Aloysius Pierris S. J.)는 '제3세계'라는 신조어(neologism)는 굶주린 야곱의 아들(이스라엘 백성)이 빵을 구걸하러 부한 나라(애굽)에 갔다가 거기 붙잡혀서 노예살이를 하게 된 신세 바로 그것을 의미한다고 말한다.

부(권력)와 빈곤(박탈)의 관계를 보여주는 몇 개의 통계를 제시하기도 한다. 이러한 통계는 설명 없이도 부와 빈의 함수관계를 나타내고 있다.

<표 10> 전기 · 전자 기계산업의 일본과 아시아 제국의 임금격차(1978)

	일본	한국	대만	홍콩	태국	필리핀	말레이시아	싱가포르	인도네시아
임금 (월$)	774	164	125	188	57	46	122	170	37
임금 수준 일본: 100	100	21.4	24.3	16.1	7.4	5.9	15.8	22.0	4.8

자료: 일본 통산성, 『경제협력의 현황과 문제점』(1982)

<표 11> 아시아 제국의 소득분배

	인구		국민소득
동남아시아	저소득	40%	11~17 %
	고소득	20%	46~56 %
한 국	저소득	40%	16.9 %
	고소득	20%	45.3 %
일 본	저소득	40%	21 %
	고소득	20%	41 %

자료 : World Bank, *World Development Report,* 1982.

〈표 12〉 표준주택

선진공업국(세계인구의 ¼)	82%
발전도상국(세계인구의 ¾)	18%

자료: UN, *Report on the World Social Situation*, 1982.

〈표 13〉 인구비례와 재산비례

라틴아메리카재산분포%	인구비례%		미국 인구 재산 분포 %
33.4	5	상층부	33.4
	15		
29.2	30		25.5
24.1	30		31.1
10.3	20		18.8
3·1		하층부	4.6

인구
2억 6천 6백 만 명
1천 1백 9십 8억 4천 2백 만 달러

인구
2억 3백 만 명
8천 6백 1십 6억 2천 3백 만 달러

* 라틴아메리카에서 인구의 상층부 5%의 재산은 국민 총재산의 33.4%인데 비해 하층부 20%는 3·1%밖에 갖지 못하고 있다.

자료 : 니시가와의 책, p. 62

* 미국 상위 5% 소득계층은 전체 라틴아메리카의 인구 소득보다 더 큰 부를 누리고 있다. 다시 말해서 미국 인구 1천만 명은 LA(라틴아메리카) 전체 인구의 소득보다 많다.

* 국민소득(1970)
미　국 : 4,200
프랑스 : 2,400
소　련 : 1,200
Ｌ　Ａ :　450

〈표 14〉 세계인구 4분의 1의 선진공업국의 자원소비량

세계석유 수출	86%
조강(粗鋼)	81%
동	88%
연·아연	85%
세계 총생산 곡물(15억 톤)	50%(이중의 50%는 가축사료로 소비)

빈곤선의 의식주 및 건강을 위협하는 정도에 이르면 '절대적 빈곤'이라고 한다. '절대적 빈곤'은 생활권리·생존권리를 박탈당하는 것이기에 그것은 바로 인권의 침해가 된다. 위에서 본 대로 현대의 빈곤 문제는 생존의 기본적 필요를 충족하지 못하는 것이기에 절대적 빈곤이며 또 그것은 박탈의 결과이기 때문에 기본적인 인권침해를 받고 있는 상태라고 세계인권선언(1948)에서는 다음과 같이 규정하고 있다.

모든 사람은 의식주, 의료 및 필요한 사회적 시설 등으로 자기와 자기 가족의 건강 및 복지에 충분한 생활수준을 유지하는 권리, 또 실업, 질병, 심신장애, 배우자의 사망, 노령, 그 밖의 불가항력에 의해서 생활불능의 경우에는 보장을 받을 권리를 갖는다(제25조 1항).

또 유엔 국제인권규약(1966)에도 다음과 같이 규정하고 있다.

이 규약의 체결국은 자기 및 그 가족을 위한 상당한 식량, 의류 및 주거를 내용으로 하는 상당한 생활수준에 대해서 그리고 생활조건의 끊임없는 개선에 대해서 모든 사람의 권리를 인정한다(A규약 제11조).

현대 사회 및 현대세계의 빈곤문제는 곧 인권문제라는 것이 거듭 확인된다.

2. 빈민의 복음

1) 신학적 선언

(1) 이 때문에 하느님이 요구하시는 그리고 우리가 순종으로 실현해야하는 사회정의(아모스가 강물처럼 흐르게 하라는 정의)는 필연적으로 위협당하고 있는 무죄한 자, 눌림을 당하는 가난한 자, 과부들, 고아들 그리고 떠돌이들의 권리를 변호(설원)해주는 성격을 갖게 된다. 이 때문에, 그의 백성들의 삶에서 맺어지는 관계들과 일어나는 사건들에서 하느님은 항상 이들 편에 그리고 오로지 이들 편에만 무조건적으로 그리고 열정적으로 편드신다. 곧 높은 자에 대항하여 낮은 자의 편에, 기득권과 특권을 향유하는 자에 대항하여 그러한 권리들을 거절당하고 빼앗긴 자들 편에서 선다(Karl Barth, 『교회교의학』, 영문판, 제2권 제1책, p. 386).

(2) 게다가 더 나아가서 하느님은, 성서 전체에 걸쳐 가난한 자의 변호자로 나타난다(Georges Caselis, 『가난한 자들의 복음』).

(3) 종교적 강론으로부터 모든 순수한 신학의 기본적인 주제, 곧 가난한 자를 배제하면 추상적인 이론이 되어버린다는 것을 주목하는 것만으로도 족하다. 결국 예수의 이야기는, 무엇보다도 먼저 '가난한—사람의(of)— 하느님', '가난한 사람과—함께하시는(with)— 하느님'. '가난한—사람을 위한(for)— 하느님'에 관한 이야기가 아니겠는가?
…왜냐하면 예수의 선교(미션)는 예언자적 선교, 곧 가난한 사람의(of) 선교, 가난한 사람에게 하는(to) 선교, 가난한 사람에 의한(by) 선

교, 가난한 사람을 위한(for) 선교였다(Aloysis Pierris S. J.)

(4) 내 사랑하는 형제 여러분, 잘 들으십시오, 하느님께서는 이 세상의 가난한 사람을 택하여서 믿음을 부유하게 하시고 당신을 사랑하는 사람들에게 약속해주신 그 나라를 차지하게 하지 않으셨습니까? 그런데 여러분은 가난한 사람들을 업신여겼습니다. 여러분을 압박하는 자들은 바로 부자가 아닙니까? 또 여러분을 법정으로 끌고 가는 자들도 그들이 아닙니까? 하느님께서 여러분에게 주신 그 존귀한 이름을 모욕하는 자들도 바로 그들이 아닙니까?(야고보 2:5-7).

2) 구약성서의 빈민의 신약

서인석 신부는 그의 저서 『성서의 가난한 사람들』(1979)의 영문 제목을 *The Cry of God: The Liberation of the Poor*라고 했는데, 그의 연구에 의하면 구약성서의 총 주제는 "하느님의 외침, 곧 빈민의 해방"이라는 것이겠다. 『구약성서』는 통념적으로 그리고 분명히 3부로 분류되는 바 곧 율법서와 예언서와 성문학이다. 다시 이 세 부분에 서인석 신부는 각각 주제를 찾았는데, 그것은 "율법은 빈자의 권리", "예언자는 가난한 사람의 대변인", 성문학은 "가난한 사람들의 기쁨"인 것을 밝혔다. 구약의 율법서가 빈자의 권리장전이라고 함은, 그 기원적이고 핵심적인 '계약법전'(출애굽기 20:22-23:33)을 보아도 분명하다.

과부와 고아를 괴롭히지 말아라. 너희가 그들을 괴롭혀 그들이 나에게 울부짖어 호소하면 나는 반드시 그 호소를 들으리라. 나는 분노를 터뜨려 너희를 칼에 맞아 죽게 하리라.

율법서가 빈자의 권리장전이라는 데서 나아가서 야웨 하느님 자신이 빈자의 보호 신, 복수 신으로 나섰다. 예언자들이 빈자들을 대변하는 것을 아모스서의 한두 군데만 인용하기로 하자.

너희가 농민을 마구 짓밟고 그들이 지은 곡식을 거두어 가는구나. 너희는 돌을 다듬어 집을 지어도 거기서 살지 못하고 포도원올 탐스럽게 가꾸어도 거기서 난 포도주를 마시지 못하리라(아모스 5:11).

성문학이 가난한 자들의 비애와 희망을 읊었다는 예를 들어보자.

고아들의 아버지, 과부들의 보호자, 거룩한 곳에 계시는 하느님이시다. 집 없는 자들에게는 집을 마련해주시고 갇힌 자들에게는 행복의 문을 터주시다. 반역하는 자들은 초로에 버려두신다…. 하느님, 당신의 어지심으로 해 굶주린 자에게 먹을 것을 마련해주셨습니다(시편 68:5-6, 10).

위에 인용한 바에서 알려지듯이 구약성서에서 하느님의 말씀과 약속의 담지자는 이러한 가난한 사람들이었다.

3) 신약성서의 빈민의 신학[1]

(1) 신약성서에서의 '가난한 사람'의 개념

신약성서에서 '가난' 혹은 가난한 사람들을 표시하는, 가장 많이 쓰

1 주로 슈테게만의 연구에 의함.

인 그리스 말은 'ptochos'로서 34회 사용되었다. 신약문서 이외의 고대 그리스 문헌에서 빈곤을 의미하는 용어는 'penes'인데, 이 말은 신약문서에서는 단 한 번 고린도후서 9장 9절(구약 인용)뿐이고, 같은 계통의 단어 'penichros'도 누가복음서 21장 2절 한 번뿐이다. 유대인 사가 요세프스가 많이 사용했다는 가난(apros)은 신약문서에는 없다. 또 다른 말 'endees'(가난한 사람)는 사도행전 4장 34절에 한 번 나온다. 그러면 'ptochos'가 단연히 우세하게 신약문서에서 쓰인 단어다. 그런데 'ptochos'와 'penes'는 상대적으로 대조되는 말로서, 전자는 '절대적 가난'이고 후자는 '상대적 가난'이다.

절대적 가난은 생활의 기본적인 필요가 결핍된 상태이고, 상대적 가난은 부유한 상태에 이르지는 못한 형편을 가르킨다. 'ptochos'의 역(逆)은 'plousioi'(부자)다. 말하자면 누가복음서 16장에 거지 라자로가 나오는데 여기 '거지'가 곧 'ptochos'라는 단어다. 'ptochos'는 거지 형편의 가난이며, 남의 시혜 없이는 살아갈 수 없는 상태를 가르킨다. 신약성서에서 'ptochos'(가난한 사람)이 신약성서 메시지—복음의 담지자요 하느님의 구속사의 주체—라는 것을 밝히는 것이 이 연구의 목적이겠는데, 그 복음(혹은 나아가서 성서일반)의 역사적 담지자는 거지 형편의 극빈자였다.

신약에서 'ptochos'의 사용 우세는 신약성서의 담지자의 사회적·경제적 상태를 반영한다. 'ptochos'가 마태복음 5장 3절의 경우같이 '마음이 가난한 자로 정신화되었을 경우에라도, 역사적으로는 그 '마음이 가난한 자'는 사회적·경제적으로도 가난한 사람인 것은 틀림없다.

신약성서에서 '가난한 사람들'의 내용은 첫째, '병든 사람들'이다. 누가 14:13, 21, 4:18, 7:22; 마태 11:5, 25:35; 갈라디아 4:9 그리고 누가 16:20의 거지 라자로의 경우도, 마가 10:46 이하의 여리고의 맹인 거지

바르티매오의 경우도 병자 혹은 신체장애자들이다. 둘째 가난한 사람들은 헐벗은 사람들이다. 묵시록 3:17; 야고보 2:16; 마태 25:36 등. 셋째 가난한 사람들은 '굶주린 사람'이었다. 누가 3:11, 6:20-21; 마태 25:35-36, 6:25; 야고보 2:15-16 등. 넷째, 가난한 사람들은 '극빈자'들이었다. 라자로, 바르티매오의 경우, 사도행전 3:1 이하의 성전 문 앞의 걸인 그리고 마가 1:4-7, 마태 25:35-36; 누가 16:20; 묵시록 3:1 등이다.

이로 보건대, '예수운동'(맨 처음 교회를 가르킴)은 그 처음에 가난한 사람들의 종교운동으로서 팔레스타인의 유대교의 역사 무대에 등장한 것임을 알 수 있다. 쇼트로프·슈테게만 공저,『나사렛 예수: 가난한 자들의 희망』에는 신약성서의 '가난한 사람들'을 다음과 같이 기록하고 있다.

예수 당시의 가난한 사람들이란 당시의 상류층 사람들에 의해 멸시·형벌·격리당하면서도 그것이 당연한 것으로 여겨지던 사람들 모두를 말한다. 가령 강제로 로마 수비군에 협력했던 하급 '세리'들 그리고 물질적·이데올로기적 수준으로 인해 율법을 지킬 수 없었던 나머지, 사람들로부터 '죄인'이라고 불리었던 사람들을 말한다. '죄인'이란 말은 종교적 세력을 갖고 있는 사람들이 그러한 가난한 사람들에게 붙여준 레텔임이 분명하다. 이밖에도 당시 노예로서 사창가에 잡혀있거나, 다른 노예의 감시하에 돈 많은 포주에게 봉사하던 창녀들도 이에 포함된다. 마지막으로 거지, 가난한 자, 신체장애자, 즉 사회에서 권리도 누리지 못하고 보호도 받지 못하는 모든 사람이 포함된다. 그 밖에 여자들, 양치는 자들이 포함된다. 요컨대 가난한 사람들이란 인권을 박탈당하고, 신분이 격하되고, 주변으로 밀려난 사람들의 집단(실제로는 사회의 다수집단)을 가리킨 것임을 알 수 있다.

(2) '예수운동'의 역사적 변천

신약학자들의 연구에 의하면 '예수운동'의 처음단계 곧 그 제1, 2세대는 팔레스타인에서 펼쳐지는데 그 단계의 사정은 마가복음서와 Q복음서(마태복음서와 누가복음서의 공통 부문 중에 마가복음서에서 따온 것 이외의 부분을 말함)에 반영되는바, 거기서의 복음의 담지자는 'ptochos' 곧 극빈자라고 한다. 그리고 '예수운동'의 다음단계 곧 제3세대(A. D. 50 경-100년)는 팔레스타인 밖의 이방 세계에서 펼쳐지는데 이 단계의 사정은, 특히 마태복음, 누가복음서(사도행전), 바울서신들, 야고보서 등에 반영되는바, 여기서의 복음의 담지자는 'penes' 곧 영세민 하층 민중 일반이었다고 한다. 이때에는 교회의 구성원은 극빈자들이 아니고 영세민 일반이었다고 한다. 예수운동의 구성체 중에, 다음에 고찰할 것이지만 누가의 교회 이외에는 부한 자는 없었다.

그런데 예수운동이 제3세계에 와서 사회적·경제적 상승현상이 일어났음에도 이들 영세민들은 그들 상호간의 연대뿐만 아니라, 자기네들보다 더 어려운 극빈자들(교회 밖에 있는 극빈자들까지)을 구제하는 활동으로 극빈자들과의 연대를 펴나갔다. 사도 바울의 서신 중에 극빈자의 구제활동이 자주 나타난다(로마서 15:25; 고전 16:1; 고후 8:1, 9:1; 갈라디아서 2:10 등). 누가의 극빈자 구제활동에 관해서는 다음에 상론하겠지만 우선 사도행전 3:1; 9:36, 10:1; 누가 7:1 등이다. 또 야고보서 2장에는 극빈자에 대한 자선이 두드러진다. 그러므로 우리는 이렇게 말할 수 있다. 곧 팔레스타인과 팔레스타인 밖에서 전개된 '예수운동'의 가장 중요한 사회적 특징은 가난한 사람들의 연대며 또 극빈자들에 대한 구제활동이었다고.

(3) 누가의 '빈민의 신학'

신약성서의 기자들 중에 빈민에 대한 가장 강하고 깊은 관심을 가진 자는 누가(누가복음, 사도행전)이다. 한두 가지 실례를 들어보자.

누가복음서 11장 39절 이하에, 어떤 바리새파 사람의 저녁 초대 자리에서 바리새파 사람들의 형식(결례)주의에 대한 예수와 비판 가운데 "그릇 속에 담긴 것을(가난한 사람들에게) 시혜하라. 그러면 모든 것이 깨끗해질 것이다"라는 가난한 사람들에 대한 관심은 마태의 평행기사(마가 23:25-26)에는 없다. 누가복음서 14장 12-24절에, 어떤 사람이 큰 잔치를 준비하고 손님을 청하는 이야기가 있다. 그 평행기사가 마태 22장 1-10절에 있는데 마태의 기사 내용에는 가난한 사람에게 대한 관심은 전혀 없다. 거기서는 다만 거리에 나가서 좋은 사람이나 나쁜 사람이나 다 데리고 오라고만 했다. 그런데 누가의 기사에는 가난한 사람, 불구자, 절름발이, 소경 그리고 길거리에 일자리를 얻지 못하는 사람들까지 청한다. 거지 라자로의 이야기도(누가 16장), 가난한 사람을 구제한 세리장 삭개오(누가 19장)의 이야기도, 가난한 과부의 기도도(누가 19장) 누가복음서에만 있다.

누가의 문서(누가의 교회운동)에는, 다른 신약문서에 희귀한 부자와 귀인이 등장한다. 데오필로 각하(누가 1:1, 사도행전 1:1), 세리장 삭개오(누가 19:1), (국회)의원 아리마대 요셉(누가 23:50, 마가 15:43, 마가 27:57), 큰 잔치의 주인도 마태에서는 권세의 왕인데 누가에서는 부자다(누가 14:16). 아마 부유한 여인들(누가 8:3), 루디아(사도행전 16:14, 15), 구브로 섬의 총독 세루기오 바울(사도행전 13:7), 아레오피고 법원의 판사 디오니시오(사도행전 17:34) 등등, 이들은 모두 예수운동에 참여·동조한 사람들이었다.

그러기에 누가는 이러한 부자들의 마음의 고민에 관해서도 깊은 통찰을 하고 있다. "살아가는 동안에 세상 걱정과 재물과 현재의 쾌락에 눌려 제대로 열매 맺지 못하는 사람들"이라고 했다. 누가만이 또 유독 이러한 부자들에게 혹독한 비판을 하고 있다. "부자가 하늘나라에 들어가는 것보다 낙타가 바늘귀를 빠져나가는 것이 더 쉬울 것이다"(누가 18:25)는 공관복음서에 같이 있는 말이지만, 부자와 거지 라자로의 이야기(누가 16:19), 어리석은 부자의 비유(12:13), 세리장 삭개오(19:1) 등은 누가복음서에만 있는 기사이고, 유명한 8복의 기사(마태 5, 누가 6)도 마태에는 "마음이 가난한 자는 복이 있다"로 축복만이 열거되었지만 누가에서는 "가난한 자는 복이 있다"로 직접 빈민에 관한 축복인 데서 나아가서 "그러나 부유한 사람들아, 너희는 화를 입을 것이다. 너희는 이미 받을 위로를 다 받았다"고 해서 그들에게는 미래가 없다고 했다. 누가복음서 1장 51절에 마리아의 찬송에서도 부자와 가난한 자의 위치가 역전되는 것을 말한다.

주님은 전능하신 팔을 펼치어 마음이 교만한 자들을 흩으셨습니다. 권세 있는 자들을 그 자리에서 내치시고 보잘것없는 이들을 높이셨으며 배고픈 사람은 좋은 것으로 배불리시고, 부유한 사람은 빈손으로 돌려보냈습니다.

누가의 신학에서, 부자도 복음에 초대되어 거기 차지할 자리가 없는 것은 아니다. 그러나 자리는 회개와 시혜를 통해서다. 부자가 그 부를 갖고 예수운동 안에 자리를 차지하는 것은 아니다. '회개'라는 말이 마태에는 7회, 마가에는 3회 나오는데 누가에는 14회(사도행전 11회) 나온다. 거의 유력자들의 회개를 가리킨다. 부자가 복음에 초대되는 방식의 전형적인 경우가 세리장 삭개오의 회개다. 그는 예수를 맞이한 즉시 자기 재산의 반을 가난한 사람에게 나누어주고 다시 또 지금까지 토색한 것은 네 배로 상환하겠다고 하였다. 부자와 복음과의 관계는 부자의 회개와 시혜를 통한 관계다.

누가의 정권에 대한 태도도 한 마디 언급하자. "이세상의 왕들은 강제로 백성을 다스린다. 그리고 백성들에게 권력을 휘두르는 사람들은 백성의 은인으로 행세한다. 그러나 너희는 그래서는 안 된다. 오히려 너희 중에서 제일 높은 사람은 제일 낮은 사람처럼 처신해야 하고 지배하는 사람은 섬기는 사람처럼 처신해야 한다(누가 22:25-).

여기에서 누가는 정치적 지배를 폭력적 지배(강제로 다스린다) 및 직권남용(권력을 휘두른다)으로 보고 있으며, 나아가서(이 평행기사 비교에서 보면) 누가는 헬라 세계와 로마제국의 지배 이데올로기를 비판하고 있는데, 그것은 곧 폭력정치·직권남용을 하면서도, 그것을 도리어 '백성의 은인'으로 행세하고 '홍보'한다는 것이다. 그러기에 누가는 정치의 세계와 그리스도의 세계를 어둠과 빛, 사탄의 세력권과 하느님의 세계로 대조시키고 있다(사도행전 26:18). 가난한 사람들 사이의 연대로 이루어진 예수운동 안에서는 '남을 섬기는 자', '모든 사람의 종'이 되는 방식의 정치행태여야 한다는 것을 제시하는 것이다.

(4) '가난한 사람들'의 희망과 자의식

'가난한 사람들'이 구약성서에서는 'ani' 혹은 'anawim', 신약성서에서는 'ptochoi'인데 이들이 성서의 메시지, 곧 계시와 복음의 담지자·전승자였는데 그들의 희망은 어떠한 것인가? 마가 10장 46절(마태 20:29-;

누가 18:35-)에 여리고의 맹인 바르티매오가 예수를 만난 다음, '자기 믿음으로' 눈이 밝아졌다. 이 이야기는 한 맹인의 생의 전환만을 보도하는 데 그치는 것이 아니라, 예수운동에 가담했던 '가난한 사람들'의 희망을 담고 있는 이야기인 것이다. 그들의 희망은 메시아 정치의 실현이었다. 예수는 단순히 그들에게 희망의 상징인 것만이 아니라, 이 사람 예수로 인해서 그들의 희망이 실현될 예언자적 메시아였다. 가난한 사람들의 비참한 삶이 곧 끝나고 현재의 사회적 운명이 전환된다는 사회적인 희망이었던 것이다. 이것이 이러한 '가난한 사람들'에 대한 이적이야기, '마리아의 찬가', 라자로의 이야기 등에 담겨진 것이다.

이 예수운동의 담지자들인 가난한 사람들의 '자의식'은 어떠한 것이던가. '가난한 사람들'(프토코이)의 자의식이 두드러지게 나타난 성경귀절 몇을 소개하자.

가난한 사람들아, 너희는 행복하다. 하느님의 나라가 너희 것이다(누가, 6:20).

하느님의 법대로 살다가 고생하는 이 땅의 모든 백성들아 너희만은 화를 면하리라. 내가 기를 못 펴는 가난한 사람만을 내 안에 남기리니 이렇게 살아남는 이스라엘은 야웨의 이름만 믿고 안심하리라(스바니야 2:3, 3:12).

너희야말로 사제의 직책을 맡은 내 나라, 거룩한 내 백성이 되리라(출애굽기 19:6).

낯선 땅에서 흩어져 나그네 생활을 하고 있는 가난한 사람들이(베드로전서 1:1, 2:11).

바로 이들이 하느님과 구원사의 담지자인 "선택된 민족이고, 왕적인 사제들이며, 거룩한 겨레이고, 하느님의 소유가 된 백성입니다"(베드로전서 2:9).

하느님께서는 이 세상의 가난한 사람을 택하셔서 믿음을 부요하게 하시고 당신을 사랑하는 사람에게 약속해주신 그 나라를 차지하게 하지 않으셨읍니까?(야고보 2:5).

이 말들은 분명히 그리고 자신 있게 복음의 역사적 담지자들인 '가난한 사람들'이 **하느님의 구원사의 주체**라는 자각을 표시한다.

(5) 복음의 하부구조, '가난한 사람들의 복음'

성서의 메시지의 역사적 전승자는 '가난한 사람들'이었다. 복음의 담지자는 가난한 사람들이었다. 복음은 가난한 사람들에게 주어졌을 뿐만 아니라, '가난한 사람들의 복음'으로 성육신·구체화되었다. '가난한 사람들에게 주어진 복음', '가난한 사람들의 복음'(누가 4:18; 7:22; 마태 11:5)에서 '가난한 사람들'을 빼버리면, 다시 말해서 사상(捨象)해 버리면 복음은 추상적인 이념이 되고 만다. '복음'과 '가난한 사람들'은 한 쌍을 이루는 한 실체다. 전항은 상부구조(마음)이고, 후항은 하부구조(몸)이다. 복음은 가난한 사람들 사이에서, 또 가난한 사람들과의 사이에서 이루어진 연대(하부구조)의 조직속성 곧 이데올로기다. 예수를 믿는다고 하는 것이, 그를 믿고 따랐던 사람들(프토코이)을 제외하고서 믿을 수 있다거나, 선교할 수 있는 것은 아니다. 여기에 선택받은 가난한 사람들은 하느님의 말씀(복음)의 우연한 조역(助役)이 아니라, 그 구조적인 요인이다. '복음'이라는 내용 혹은 이념이 우연한 역사적 자

료(가난한 사람들)에 담겨졌다가, 다음 세대의 교회와 신학에서 그 본
질적인 내용과 우연한 자료로 분해될 수 있는 것은 아니다. 역사적 교
회, 전통적 신학에 있어서는 이 구조적인 실체가 분해·해체되어서 원
래 '가난한 자들의 복음'이었던 것이 '부자들의 복음'으로 변해 버렸다.
'부자의 복음'이라는 것은 "가난한 사람도 부자도 하나님 앞에서는 같
은 죄인이며 복음은 이 양자에게 똑같이 유효하다"는 '보편적 복음'인
것이다. 부자와 가난한 사람, 주인과 종은 같은 죄인이라고 균등화하
는 것은 하느님 앞에서 죄를 범하는 것이고 현실의 잔혹한 불평등과 비
참한 가난에 대한 외면, 무관심을 낳고 부자들의 자기 의인을 다져주게
된다. 부를 같이 나누려 하지 않고 죄만을 같이 나누는 것이다.

(6) 복음의 공리

볼프강 슈테게만(W. Steggemann, *Das Evanglium und die Armen*,
1981)은 다음과 같이 복음을 제시한다.
① 복음은, 가난한 사람들 자신의 희망과 자의식과 연대의 기초며,
그 표현이다(이것은 예수운동의 제1, 2세대의 프토코이, 곧 마가복음서 Q
복음서의 단계다).
② 복음은 가난한 사람들의 상황에 관한 문제의식, 또 그들과의 연
대의 기초며, 그 표현이다(이것은 예수운동의 제3세대의 페네스, 곧 마태,
누가, 바울, 야고보 문서들의 단계다).

복음이란 어떤 것이냐. 그것은 우리가 사는 이 사회에 비참한 가난
한 사람들이 많이 있다는 사실을 보고, 그 문제의식을 알아보고, 그 문
제해결에 있어서, 그들 가난한 사람들의 자기해방의 노력에 우리가 연

대하는 그 바탕이고, 그 표현 — 이것이 복음이다.

오늘날 우리가 예수의(성서의) 복음을 수락하려면, 그리해서 우리가 구원을 받으려면, 우리 시대의 '가난한 사람들'과의 연대에서만 되는 것이다. 가난한 사람들과의 연대 없이 복음을 우리의 것으로 수락하는 길은 없다.

3. 맺는 말

영어 '오픈 엔드'(open end, 열려진 끝)라는 말이 있다. 이 글의 끝맺음은 오픈 엔드가 되겠다. 이 연구의 결론을 내리자면 적어도 또 하나의 연구논문을 써야 하겠기에 말이다. 필자는 위의 제1부에서 우리 시대 우리 사회의 빈곤의 실상에 관해서 알아보았고, 제2부에서 성서에 나타난 빈곤의 신학을 찾아보았다. 이 양자를 어떻게 결부시킬 것인가? 이전 사람들은 이웃의 가난을 알고 이웃의 가난한 사람의 형편에 대해서 민감하면 시혜와 자선사업으로 가난한 사람들과 연대했었다. 오늘날 우리 사회의 '주변적 빈곤'을 보고 또 그러한 실정에 대해서 민감하면 단지 시혜와 자선사업만으로서는 필요한 연대와 치유의 길이 되지 못하고, 도리어 그것을 연장·심화시킬 우려마저 있다. 새로운 처방이 요구된다. 새로운 방식의 연대가 있어야 하겠다. 어떤 사람은 '주변적 빈곤' 곧 '종속'을 극복하는 이데올로기로서 '자력갱생의 정치학'을 말하고(오슬로대학교 요한 갈퉁), 또 어떤 사람은 '존재의 혁명'을 말한다(칠레대학교 거스타보 라고스). 거의 같은 내용이 되겠지만 필자는 주변적 빈곤의 극복의 이데올로기로서 성서적 상징인 '메시아 정치', '메시아왕국'을 그려본다. 이것이 '성서의 가난한 사람들'의 희망이었다. 예수운동에 참여하는 현대인들은, 전통적인 시혜방식뿐만 아니라, 나아가서 '메시아 정치'의 실현을 위한 이데올로기와 프락시스를 다짐해야 할 것이다.

생(生)은 비극(悲劇)인가

자기가 자기를 구원할 수 있는가

불가능한 존재

깊은 데 그물을 던져라

어디서 어떻게 그리스도를 맞이할 것인가

생(生)은 비극(悲劇)인가

자기가 자기를 구원할 수 있는가*

1. 자기와 자기와의 관계

마태복음 16장에 "누구든지 나를 따라오려거든 자기를 부인하고 자기 십자가를 지고 나를 좇을 것이니라. 누구든지 제 목숨을 구원코자 하면 잃을 것이요, 누구든지 나를 위하여 제 목숨을 잃으면 찾으리라" 라고 하였습니다. 사람은 누구나 제 목숨을 구원코자합니다. 제 생명을 보존코자합니다. 이것은 생의 본능입니다.[1] 사람은 단순히 생의 무의식적인 본능으로서만 아니고 나아가서 의식과 성찰(省察)로써 자기 목숨을 구원코자 합니다. 죽음의 운명을 알기 때문에 영원한 생명을 찾게 되고 죄악의 속박을 양심의 가책으로 느끼기 때문에 자유와 구원을 찾게 됩니다. 그래서 누구든지 자기 목숨을 구원코자 합니다.

그러나 누구든지 자기 목숨을 구원코자하는 마음의 밑바닥에는 이미 그 어떤 교리라고 할까 철학이라고 할까 하는 것이 전제되어 있습니

---

* 「기독교사상」, 1958년 3월호.

[1] 나는 여기에서 어떤 유목적(有目的) 행동이 생득적이냐 습득적이냐 하는 심리학적 실험과의 관계에서 본능이란 말을 사용한 것이 아니고 생이 생을 긍정하는 생의 존재론적 모습을 말한 것이다.

다. 누구든지 자기 목숨을 구원코자 한다는 데는 자기가 자기를 구원하겠다는 교리가 전제되어 있습니다. 사실인즉 생의 본능에서부터 시작해서 깊이 반성해서 된 철학과 종교에 이르기까지 이러한 교리를 표현하고 있습니다.

성서의 가르침에는 이런 주장과는 다른 하나의 파라독스가 있습니다. "누구든지 제 목숨을 구원코자하면 잃을 것이요 누구든지 제 목숨을 잃으면 찾으리라." 참 생명—생명의 근원이신 하느님은 사랑이시고 사랑은 자기를 희생하는 길이기 때문에 참 생명—을 얻으려면 자기부정의 길을 따를 수밖에 없을 것입니다. 자기 생명을 찾으려고 해서 찾아지는 것이 아니요 도리어 잃게 되는 것이 인간 생명의 파라독스입니다.

그런데 이 말씀에 대한 근대의 휴머니즘 그리고 신학사(神學史) 상(上)에서 말하는 자유주의의 그리스도교, 또 그러한 것들을 기조로 한 자본주의 내지 민주주의 식의 해석이 있습니다. 장사 거래에 있어서 처음에 좀 손해를 보더라도 성의껏 정직하게 하면 차차 신용을 얻어서 나중에는 처음의 손해를 만회하고 다시 흥왕하리라는 주장—이런 식으로 목숨을 잃으면 도로 찾는다는 것—입니다. 그러나 나중에 더 잘 되기 위해서 지금 손해를 보겠다는 자본주의의 장삿속과 죽도록 충성해서 사후에 생명의 면류관을 얻게 되는 신앙은 다릅니다.

사람들은 한 가지 방법은 영리한 방법이라고 하고 또 한 가지 태도는 어리석은 미신이라고 비웃습니다. 그리해서 제 목숨을 잃으면 찾는다는 그리스도의 말씀을 자본주의 식으로 번역해 버리는 것입니다. 이렇게 자본주의 식으로 번역된 그리스도교는 밀려오는 역사의 물결에 덮이고 말 것입니다. 그리스도교는 공산주의의 반신론(反神論), 과학주의의 무신론, 실존철학의 사신론(死神論)과도 싸워야하겠지만 자유주의 그리스도교에서 하는 복음의 그릇된 해석도 경계해야 하겠습니다. "제 목숨을 잃으면 찾으리라" 하는 말은 앞을 더 잘 내다본다는 영리한 사람들의 처세술이 아니라 아가페적 사랑입니다.

자기가 자기를 구원코자함이란 어떠한 것일까요? 구원하겠다는 주격인 '자기'는 무엇이며 구원받는 상대가 되는 '자기'는 무엇일까요? 하나는 이상적인 자아요, 또 하나는 현실적인 자아라고 하겠습니다. 이상이 현실을 구원하겠다는 말이겠습니다. 사람 속에 이러한 두 가지 자아가 있다고 하는 사실은 벌써 옛날 사람들의 발견한 바였습니다. 사도바울이 로마서 7장에 기록한 체험은 그 대표적인 고전입니다.

나의 행하는 것을 내가 알지 못하노니 곧 원하는 이것은 내가 하지 아니하고 도리어 미워하는 그것을 함이라…. 내가 원하는 선은 하지 아니하고 도리어 원치 아니하는바 악을 행하도다. … 내 속 사람으로 는 하나님의 법을 즐거워하되 내 지체 속에 한 다른 법이 내 마음의 법과 싸워 내 지체 속에 있는 죄의 법 아래로 나를 사로잡는 것을 보는 도다.

여기에 자기분열, 두 가지 자아가 있다는 것이 역력히 묘사되어 있습니다. 본래적인 자아와 한 다른 자아, 이상적인 자아와 그 이상으로부터 소외된(alienated) 자아, 창조된 대로의 자아와 타락된 자아—이 모양으로 자기가 분열되어서 자기가 자기에게 일종의 자기관계를 갖게 되었습니다. 인간성에 관한 이러한 통찰 중에 또 하나의 대표적인 고전은 플라톤의 사상입니다. 플라톤 사상은 일반적인 이념, 불변, 영원한 세계와 개체적인 물질, 가변, 현상의 세계, 따라서 가멸(可滅)과 무의 세계, 이렇게 자아가 속한 두 질서를 말합니다. 사도바울과 철인 플라톤의 기록은 말하자면 인류의 공동 체험입니다.

이러한 분열에서 되어진 자기와 자기와의 관계에 있어서 옛날 사람들이 생각했듯이 그 하나가 다른 하나에서 타락해서 둘이 되었다고 생각해야 할 것이냐, 혹은 현대 사람들이 흔히 생각하듯이 그 하나는 다른 하나의 심리학적 또는 인간학적인 투사(projection)라고 생각해야 할 것이냐 하는 것은 시비할 만한 문제입니다. 다시 말하자면 그 어느 편이 실재요 어느 편이 그 실재의 그림자에 불과한 것이냐 하는 시비입니다.

그런데 사도 바울의 체험이 말하는 바에는 이러한 시비보다도 더 극적인 것이 있습니다. 즉 자기와 자기와의 분열은 내적 대립으로 화하고 서로 싸우고 있다는 사실입니다. 자기가 행하는 것을 자기 자신이 막지 못하는 기막힌 형편입니다. 그렇다고 해서 자기 행위에 대해서 책임을 지지 아니할 수도 없습니다. 만일 이렇게 자기 행위가 자기 의도를 배반하는 것이 사실이라면 우리의 삶의 영위, 인간성 자체에 무슨 뜻이 있을까요? 만일 우리 마음은 서쪽으로 가고 싶은데 우리가 타고 있는 기차는 동쪽을 향해 달리고 있다면 이러한 인생 행로에 무슨 뜻이 있을까요? 내가 나를 배반한다는 사실에 관한 경험은 인간 공통의 경험입니다. 현대의 신학자 에밀 브루너는 그의 주요 저작의 하나인 그리스도교 인간학에 관한 저서를 제(題)해서 『반역하는 인간』이라고 했습니다. 그러고 보면 과연 반역이 인간성이 아닐까요?

자기 행위가 자기 의도를 반역한다는 사실은 비단 한 사람의 개인적인 경험만이 아니라 전체 인류의 경험, 즉 역사의 운명이기도 한 것 같습니다. 역사의 진로란 문명의 진보라고도 합니다. 문명이란 인간생활을 위한 자연의 정복이요 이용입니다. 맨손을 쥐고 있던 원시인이 칼과 창의 도구를 손에 쥐게 될 때 문명은 진보했습니다. 칼을 쥐었던 손에 다시 화약을 갖게 되었을 때 자연과 이웃의 정복은 훨씬 수월하게 되었습니다. 화약을 가졌던 손에 또다시 원자력을 갖게 될 때 문명의 진보는 역사의 의도를 배반하고 말았습니다. 역사의 진로에서 우리의 의도가 성취되어가기는커녕 "내가 하는 것을 내가 모르게 되고 도리어 내가 미워하는 결과가 나타나게 된다"면 이러한 역사의 방향에 무슨 의의가 있을 것이며 어떠한 기대를 가질 수 있을까요? 이렇게 문명이 역사를 배반할 때 우리는 또 하나의 자기분열, 자기모순을 경험하게 됩니다. 이러한 모양으로 사람은 자기가 자기에게 대한 관계를 갖게 되고 그 한 자기가 다른 자기를 구원하여 보겠다고 모색하게 됩니다. 스스로 제 목숨을 구원하겠다는 여러 가지 방법은 이것을 대략 두 가지로 요약할 수 있을 것입니다.

2. 스토아 사상의 경우

신약성서가 스스로 제 목숨을 구원코자 하면 잃는다고 말했을 때 그래도 스스로 제 목숨을 구원코자 하는 여러 가지 방법 중 다음에 말하는 두 가지는 대표적인 것입니다. 이 두 가지 방법은 오늘날 우리에게도 타산지석(他山之石)의 교훈이 될 것입니다. 하나는 그리스 사상의 윤리적인 결정(結晶)이라고 할 수 있는 스토아 철학이요, 또 하나는 그때 다채로웠던 이교사상(異敎思想) 중에 가장 침투력이 강했던 영지주의(靈知主義, Gnosticism)라는 종교운동입니다. 하나는 도덕적 훈련의 대표요, 또 하나는 종교적 경험의 대표라고 하겠습니다. 이러한 것들은 말하자면 자기가 자기를 구원해 보겠다는 인간 노력의 전형적인 길이라고 하겠습니다. 이러한 방도로 자기가 자기를 구원할 수 있는가를 보기로 합시다. 스토아의 철학이나 노스틱의 종교를 우리가 여기에서 고찰할 때 그것들이 본래 시민생활의 실제적인 도덕이요 종교이었던 만큼 우리도 우리의 실제적인 필요에 응해서 참고해보자는 것입니다.

첫째로 스토아 철학은 조화(調和)된 세계, 즉 우주(코스모스)를 말합니다. 이 우주는 로고스(이성)의 법대로 조화된 세계라고 합니다. 사람이 만일 이 우주의 조화 원리인 이성에 따르면 이 우주는 자기 자신의 가정이 되어서 가정에 안주하는 평안이 있을 것이고, 만일 그 이성의 법에 따르지 아니하면 이 우주는 가시밭 같은 세상이 될 것이요 나아가서는 사람에게 원수로 적대하게 된다는 것입니다. 그렇기에 그들은 우주의 조화 원리인 이성에 복종하라고 권합니다. 로고스에 복종하는 데서 진정한 자기를 발견하고 실현하는 것이며, 거기에 반대되는 지체의 법, 곧 육욕과 혈기(passion)를 죽여 부동심(不動心, apatheia)을 기르는 데 자기의 구원이 있다고 스토아 철학은 가르칩니다. 파토스적인 것을 '한 다른 나'로 생각하고 그런 자기를 이기고 이성에의 복종에서 진정한 자기를 실현한다는 것은 성서 말씀의 "자기를 이긴다"는 것과 비슷합니다. 이러한 '코스믹 로고스'(우주의 도)를 중세기 스콜라 철학에서는 자연법이라고 했습니다. 자연 속에 내재한 법이라는 말입니다. 말하자면 만인은 평등하다는 인권에 대한 주장, 일부일처제도는 인간의 강륜(剛倫)이라는 생각—이런 것들은 그리스도교의 계시가 가르치지 아니하더라도 자연대로 존재한 법이기 때문이라고 해서 자연법이라고 불리어진 것입니다. 이러한 자연법이 일반 윤리의 기초가 되는 것은 물론입니다.

자아를 멸절(滅絕)하고 열반에 입적(入寂)하는 불도(佛道)와 혈기를 이기고 보편적인 이성에의 복종에서 인간의 참 구원을 찾으려는 스토아철학과의 사이에 얼마만한 차이가 있는지 나는 분명히 모르며 또 '부동심'(아파테이아)이 본래 불교의 말인지 스토아의 말인지도 나는 캐묻지 못했습니다. 그러나 이러한 방법으로써 자기가 구원되는지, 해소되는지 하는 점은 의심스런 일이고 또 그런 길들이 "자기를 잃음으로 찾는다"라는 파라독스는 아닌 것이 분명합니다.

3. 실증주의의 경우

그런데 근대인들은 이러한 자연법, 이성에의 복종에서 자기를 구원하려고 하지 아니하고 실증법(Positive law)과 자연과학적 법으로 자기를 구원하려고 합니다. 실증법으로 자연법을 대신했습니다. 인간의 구원은 인간 속에 있는 지체(肢體)의 법, 죄의 법을 죽이는 데 있는 것이 아니라 과학을 발전시켜 자연계를 정복하고 실증법으로 사회를 조정해놓는 데 있다고 생각합니다. 혈기의 정복이 아니라 자연의 정복—이것이 자기가 자기를 이기는 길이라고 하는 셈입니다. 인간 지식이 자연을 정복하면 자연계는 사람이 살기 좋은 여러 가정, 스위트 홈이 된다고 하는 셈입니다. 무지하면 자연은 사람에게 적대하게 되고, 지식이 있으면 자연은 그야말로 자원(資源)이 되므로 '아는 것이 힘'인 셈입니다.

이런 것들은 자연법(로고스)을 말하거나 실증법(노모스)을 말하거나, 이성을 따르거나, 경험을 따르거나, 한마디로 말해서 율법으로 구원을 얻겠다는 생각입니다. 율법을 지키고 율법에 자기를 복종시킴으로써 거기에서 잃었던 자아를 발견하고 참 자아를 실현하고 구원하겠다는 생각입니다.

그런데 우리는 직감적으로 모든 법의 배후에는 필연성이 주장하고 또 구원을 얻는다는 것은 자유를 얻는다는 것과 같은 것이라는 것을 압니다. 이런 것들은 말하자면 '존재의 논리'입니다. 그렇다면 어떻게 법에의 복종에서 구원을 얻는다고 말할 수 있겠습니까? 사도 바울은 구원을 얻고자 해서 율법과 싸웠습니다. 그래서 그는 "율법으로부터의 자유"라는 놀라운 말을 하게 되었습니다. 우리는 때때로 법을 여자적(如字的)으로 따지는 사람들이 도리어 마음이 완미해지고 인간성을 잃어버린 경우를 보게 됩니다. 자기 아닌 자기, 소외된 자기를 보게 됩니다. 이럴 때 우리는 사람이 '법에로 타락'했다고 말할 수밖에 없습니다. 또 자연과학이 자연을 정복해간다고는 하지만 그 대가로 인간은 기계 문명의 종이 되어간다는 사실은 어떻게 해석해야 할까요? 진실로 이런 식으로 자기를 구원코자하는 자는 도리어 자기를 잃게 되는 슬픔을 맛보게 됩니다.[2]

4. 영지주의의 경우

다음으로 영지주의(Gnosticism)가 말하는 구원이 무엇인가 알아보기로 합시다. 영지주의는 때로는 구속종교(救贖宗敎)라고도 불리어집니다. 구속이 그 주요한 교리이기 때문입니다. 그들이 말하는 바에 의하면 인간은 이 세상에 갇혀 있다는 것입니다. 스토아의 선비들이 도(道)에서 떠난 죄의 인간을 탄식하고 있다면 노스틱의 종도(宗徒)들은 이 세상에 타락 상태로 갇혀 있는 인간을 슬퍼했습니다. 영지주의자들에게는 이 세상은 코스모스가 아니라 감옥이었습니다. 심지어 그들은 "몸은 무덤"이라는 말까지 하게 되었습니다. 이 세상에 있는 인간이란

---

2 유대교의 율법과 스토아주의의 이성과의 구별은 이곳에 밝히지 못했다. 그러나 그 두 개념의 차이보다도 바울에게는 "율법을 행함으로…"의 행함이 문제였으니 이것 역사 자기가 자기를 구원하려는 범주에 속하리라고 생각한다.

그 영혼이 육체라는 무덤 속에 갇혀 있는 그러한 존재라는 것입니다. 스토아 사상에서 혈기가 악이고 과학자에게는 무지가 악이라면, 노스틱에게는 이 세계가 악입니다. 그러므로 영지주의자들은 이 세계를 부정하는 것이 자기가 자기를 이기는 길이었습니다. 인간 속에 있다는 영적인 화염(火焰)이 사후에 육체의 무덤을 나와서 천상의 본향으로 돌아간다는 것입니다. 살아생전에 그 영지(gnosis)를 비전(秘傳)인양 습득하면 사후에 이 빛의 세계로 돌아가는 길을 알게 된다는 것입니다. 그러므로 구원이란 지식[靈知]에 의한 이 세상으로부터의 구원입니다. 신약성서의 처음 교회가 그 생사를 걸고 싸웠다는 이단은 이 영지주의였습니다. 오늘날 그리스도교인이 생각하고 있는 구원은 저 영지주의자들의 신앙과 어떠한 차이가 있을까요?

스토아 윤리와 과학적 세계관이 법에의 복종, 법의 습득을 말함으로써 법의 필연성으로 자유의 미래를 막아버리고 '미래로부터의 자유'를 말하는 것이라면 영지주의자들은 이 세상을 등지고 피안의 세계를 말함으로써 '이 세상으로부터의 자유'를 찾았습니다. 이러한 방식으로 그들은 세상을 이기고 자기 십자가를 지려고 했던 것입니다.

5. 실존주의의 경우

자기가 자기를 구원하겠다는 인생의 영원한 탐구에 관한 최신 개정판이 있습니다. 그것은 근자에 많이 유행하는 실존주의 철학입니다. 잡지마다 신문마다, 철학자도 문인도, 법학자나 목사까지 이것을 중계방송하고 있습니다. 실존주의는 자기가 자기를 구원해보겠다는 담대무쌍한 시대의 영웅입니다.

실존주의자들은 첫째로 율법과 도덕으로 사람이 구원을 얻지 못한다고 단정합니다. 인간의 구원이란 인간의 자유라고 그들은 역설합니다. 인간의 현 존재는 속박된 존재요 따라서 자유를 잃은 타락된 존재라고 함에 있어서 그리고 이 인간 존재는 지식으로써만 이 타락된 세계로부터의 출구가 있을 따름이라는 것, 즉 우리는 필연과 운명 안에 갇혀 있으나 그러나 이 운명을 알고 있다는 점, 이러한 생의 지식에서만 그 정도로 운명의 담벽을 넘는 출구가 있을 따름이라는 것, 따라서 이러한 지식에 일어나는 변화가 곧 인간 존재에 일어나는 변화라는 것, 다시 말하자면 인간은 지식의 출구를 찾아서만 이 타락된 현 존재로부터의 구원과 자유가 있다는 주장에 있어서 현대의 실존주의는 저 신약 시대의 영지주의의 후예요 그 개정판입니다.

이들은 사람이 도덕률을 지키는 데 구원이 있는 것이 아니라고 말합니다. 왜 그러냐 하면 내 자신의 선택이 있기 전에 도덕률이라는 것이 있어서 내가 자유선택을 행사하지 못하고 그대로 따라가야 하게 되었다면 그러한 도덕률은 내 자유를 빼앗는 것이 아니냐고 말합니다. 비유로 말하자면 국민학교 학생이 수련장을 펴놓고 제 힘으로 답안을 쓰려 하지 아니하고 그 수련장 끝에 붙은 답안을 그대로 베끼고 있다면 그러한 행위는 무의미하듯이 내 자유에 앞서 미리 정해진 도덕률이 있어 그대로 행한다면 그 행위는 무의미한 것이 아니냐 하는 것입니다. 그러므로 내 앞에 있는 도덕과 관습을 따르는 데 자기의 구원이 이루어지는 것이 아니라 그런 것을 깨뜨리는 데 내 자유가 발휘된다는 것입니다. 생각컨대 이러한 사상 경향이 금일의 실존주의 문학의 무책임성을 초래하지 아니했는가 합니다.

둘째로 또 실존주의자들은 이 세계 밖에 내세나 타계가 없다고 합니다. 영지주의자들이 이 세상을 부정하는가 하면 실존주의자들은 저 세상을 부정합니다. 왈(曰) No exit(출구는 없다). 막다른 골목의 세계에 던져진 것은 현존재(現存在)뿐이라고 합니다. 왜 그러냐 하면 우리가 말하는 세상이란 결국 인간의 정신적 환경 곧 세계관을 말하는 것인데 그러한 세계관이 이중적이라는 모순이라는 것입니다. 자연과학에서 말하는 자연이나 객관이 이중구조일 수는 없고 또 내 자신이 그 속에 들어 있는 내 세계관을 내가 벗어난다는 것은 망상이요, 자기 세계관을 벗어나간다는 그러한 세계관이란 우스운 이야기라는 것이겠지요.

그런데 실존주의자들은 저 세상, 오는 세상은 믿지 아니하여도 현존재의 타락에 관해서는 남보다 더 말합니다. 저 세상에서 이 세상에로의 타락이 아니라 이 세상 안에서의 타락을 말합니다. 바꾸어 말하자면 그들은 영원과 유한의 두 질서를 말하는 것이 아니라 영원은 유한의 끝없는 부정, 즉 유한의 자기초월이라는 것입니다. 구원을 유한의 자기초월이라고 생각하는 곳에는 타자적(他者的)인 영원 개념은 불필요합니다. 그래서 사람들은 말하기를 실존주의는 무신론적 신학이라고 합니다.

그들이 말하는 타락이란 자유에서 부자유에로의 타락입니다. 본래적인 자아가 결단의 자유를 피하고 자기를 전통이나 관습에 맡겨 살고 남의 여론에만 따라가고 자기의 판단과 주체성을 포기하고, 이러한 모양으로 과거가 미래를 결정하기 때문에 ‘나’는 진정한 ‘나’가 되지 못하고 한낱 ‘사람’에 불과하게 된다는 것입니다. 그리해서 사람은 오늘도 또 어제와 같은 생활을 하고 내 일도 또 오늘과 같은 생활을 계속해서 관습이 미래를 결정하는 일상성의 세계에 타락했다고 그들은 갈파합니다.

이제 이 타락태(墮落態)로부터의 구원의 길은 오로지 자기가 자기를 결정하는 주체적인 결단밖에는 없다고 합니다. 자기가 자기를 결정하는 자유—이러한 실존주의자의 구원은 과연 가능할까요?

6. 결론

진정한 의미에서 자기가 자기를 결정한다함은 어떠한 것일까요? 여기에 결혼 배우자의 선택의 경우는 자유 행사를 검토하는 데 좋은 시금석이 될 것입니다. 왜 그러냐 하면 이 경우에 있어서는 흔히 다른 경우에 볼 수 없는 생리적인 바이탈리티까지 개입이 되기 때문입니다. 또 일방적인 주체성이 아니고 쌍방이 주체이기 때문에 실존주의자들의 컬트(cult)인 단독적인 자기결정과도 대조되는, 말하자면 '만남'(en-counter)입니다. 김 군과 이 양의 결혼에 관한 결의라고 할까, 합의라고 할까 하는 경우를 생각해 봅시다. 상대방의 용모, 부모의 의견, 자기의 습성, 이러한 어느 한 가지가 행동을 결정하는 데 영향을 미쳤다면 물론 그것은 타율이지 순수한 자기결정이라고 할 수 없을 것입니다. 그런데 순수한 자기결정을 측정하려고 하면 자기의 역사와 전 상황을 분석해야 할 것입니다. 그런데 실존주의적 해석에 의한다면 자기의 역사와 때의 전 상황은 자기의 둘레요 자기의 세계관이요, 결국 자기 자신의 일부에 불과합니다. 우리는 시간의 흐름을 타고 내려가는 역사의 계속에서 한 사건을 치켜들고 그 사건에 선행한 사건을 원인이라고 말하고 후계(後繼)하는 사건을 결과라고 말합니다. 여인의 머리카락같이 헝클어진 사건 연맥의 타래를 쥐고 그 한 오라기를 뽑아낼 수 있는 것으로 생각합니다. 마치 이 사건의 연맥과 저 사건의 연맥은 상관이 없는 것같이. 그러나 역사의 흐름 속에 그러한 단독적인 실오라기가 있는 것은 아닙니다. 다시 말하자면 역사적 사건이란 논리적인 인과율의 범주보다도 역사 특유한 운명이라고 할 수 있는 범주에 속한 것입니다. 사건과 사건을 단주적(單柱的)으로 이어서 인과율이라고 이름 붙이지만 역사적 사건으로 발생하는 한 사람의 결의는 그 전 상황에서 일어나는 것이기 때문에 이것은 역사적 운명이라고 함이 좀 더 마땅할 것입니다.

성격이 신중해서 모든 요소를 다 고려하는 사람의 자기결정일수록 그것이 자유인가가 더욱 의심스럽게 됩니다. 우리는 생각을 깊이 할수록 자기 운명을 찾아서 결정하게 됩니다. 그러므로 자기가 자기를 결정했다함은 자기 운명, 자기 과거가 자기를 결정했다는 말이 됩니다. 주체성이 자유를 확보하는가는 의심스런 점이요 미래를 여는 것이 아니고 도리어 미래를 닫아버리는 것같이 보입니다.

사실인즉 내가 나를 결정했다고 할수록 더욱더 내 운명이 나를 결정한 것입니다. 이런 의미에서 인간에게는 자유가 없고 자유의 근저는 운명에 통하게 됩니다.[3] 결국 '나'란 내 전 과거, 내 전 소유, 내 전 존재의 대명사입니다. 성서에는 이 사정을 가리켜 사람은 죄의 속박 아래 있다고 했습니다. 사람은 자기가 자기를 결정하는 자유를 잃었습니다. 자기가 자기를 구원한다는 것은 망상입니다. 내 과거와 운명과 죄가 나를 결정합니다. 내게는 미래가 없습니다. 자기가 자기를 구원하겠다고 하는 자는 운명과 필연성과 죄 속에 자기를 잃어버릴 것입니다.

그러면 우리는 아주 철저하게 "자기를 부인하고 자기 십자가를 져야 하겠습니다". 참 자유란 자기 부인이요 '자기로부터의 자유'입니다. 미래와 자유를 새로운 자기로 받아야 하겠습니다. 이것이 믿음입니다. 운명과 과거의 문을 열고 자유와 미래를 여는 바의 것은 실존주의자의

---

3 나는 이 문장이 자유의 전적 말살로 이해되기를 원치 아니한다. 주체적인 자유와 실현된 자유와의 관계는 창조에서 타락에로의 추이와 같은 추이가 있다고 생각하며 루터의 '노예적 의지'도 이러한 것이라고 생각한다.

의식에서 일어나는 자기결정이 아니라 초월자의 간섭입니다. 예수 그리스도는 이러한 기적적인 사건입니다. 그러므로 그리스도는 도로 찾은 내 목숨이요 내 주체요 내 자유와 미래입니다.

불가능한 존재*

1. 이리 가운데 양이 살아 있을 수 있을까

예수께서 열 두 사도를 전도하러 내보내시면서 말씀하시기를 "내가 너희를 보냄이 양을 이리 가운데 보냄과 같다"(마태 10장)라고 하셨다. 이리 가운데 양이 살아 있을 수 있을까? 그것은 불가능하다. 제자들이 타고 가는 배가 풍랑을 만났을 때, 예수는 물 위로 걸어서 그 배에 가까이 오셨다(마태 14장). 제자들이 유령인 줄 알고 놀라고 무서워하였을 때 예수께서는 제자들을 진정시키시고 베드로의 청대로 그를 명하여 물 위로 걸어오라고 하셨다. 베드로가 과연 물 위로 걸어갈 수 있을까? 그것은 불가능한 일이다. 이리 가운데 양이 있다는 것, 물 위로 걸어가겠다는 것, 이것들은 바로 그리스도 교회가 세상에 처한 모습이다. 이러한 모습은 상상하기 어려운 모습이다. 그것은 불가능한 존재다.

베드로가 물 위로 걸어가겠다고 하는 것이나, 이리 가운데 양이 살고 있으리라고 생각하는 것이나 우리의 이성과 경험에 의하면 불가능한 일이다. 물 위로 걸어간다는 것은 자연법칙에 맞지 아니하기 때문에

---

* 「기독교사상」, 1959년 8·9월호.

이성적 판단을 하는 사람은 이것은 불가능한 일이라고 해서 말을 들어보려고 하지 아니하고, 이리 가운데 양이 산다는 것은 "눈 감으면 코 베어 먹는다"는 세상에 살아온 경험 많은 사람은, 이것은 실 사회에 맞지 아니한다고 해서 성서 말씀에 귀를 기울이려고 하지 아니한다. 나는 여기에 불가능한 일을 가능하다고 증명해서 이성의 판단과 경험의 지혜를 반증하려는 것이 아니오, 불가능한 일을 불가능하다고 그대로 말해서 신앙생활이 불가능한 존재(impossible existence)임을 바로 보자는 것이다.

예수가 물 위로 걸어갔다는 것은 특히 믿기 어려운 이적으로 여겨져서 많은 지성인의 거리낌, 교회 신앙의 장애가 되는 형편이다. 이러한 거리낌을 치워줄 수 있는 좋은 길이 있을까? 그리스도의 복음이 그들의 심금을 울리게 하기 위해 이러한 비합리적인 이적의 꺼풀을 벗겨줄 수는 없을까? 신약성서의 메시지가 지식인의 마음에 전달되기 위해서 거리낌이 되는 이적을 제쳐놓고 거기에 언급하지 않음이 좋을 것인가? 신약성서를 들고 "만민에게 미치는 큰 기쁨의 소식"을 외치려는 설교자는 오늘날 큰 문제에 봉착했다.

2. 복음의 합리화와 비신화화

성서의 복음이 현대의 지성인들에게 거리낌이 된다는 점에 관해서 우선 두 가지 말할 수 있는 것이 있다. 한 가지는 그것이 만일 진리라면 보편타당한 것이어야 하겠고, 영원불멸한 것이어야 할 것이며, 어느 특정한 시간과 장소에 결부되어 있어서는 아니 될 것이다. 그런데 '왜 그리스도 교회 복음은 히브리 민족이라는 특정한 역사에, 예수라는 특정한 사건에 결부되어 있느냐' 하는 것이다. 또 한 가지는 '왜 성서의 복음은 개념적인 일반적 표현으로 되어지지 아니하고 극적인 이야기로 표현되었느냐' 하는 것이다. '신약성서의 메시지를 현대의 사람들에게 전달(communicate)하기 위해서 무슨 도리가 없겠느냐' 하는 모색과 노력에서 우선 두 가지 방법이 제시되었다. 하나는 복음의 합리화의 길이요, 또 하나는 비신화화의 길이다.

신약성서의 메시지를 현대인에게 전하기 위한 복음의 합리화란 어떤 것이냐? 가령 예를 들어 예수가 물고기 두 마리와 보리떡 다섯 덩이로 5천 명을 먹였다는 이야기는 "예수의 인격과 교훈에 감동해서 그것을 내놓은 어린아이의 거룩한 행동으로 거기에 모였던 전 군중이 합세해서 각각 자기들의 가졌던 것을 내놓고 먹었다"는 식으로 설명하는 것이다. 신약성서의 메시지의 목적과 요점은 그 도덕적인 교훈에 있는 것이지 그 허황한 기사에 있는 것이 아니니, 그러한 비역사적인 것을 발라버리고 참 역사적인 영원한 진리 즉 예수의 도덕적 인격과 그 교훈만을 추려서 역사적으로 신빙할 수 있는 예수의 생애를 다시 엮어보자. 이러한 것이 말하자면 복음의 합리화의 길이요, 인본주의 그리스도교라고 하겠다. 그러나 우리가 아는 바와 같이 신약성서는 역사를 기록해두자고 해서 쓰여진 책이 아니요, 신앙의 요구에 응해서 쓰여진 책이다. 성서가 기록된 목적은 요한복음서 20장 31절에 있는 대로 "오직 이것을 기록함은 너희로 예수께서 하느님의 아들 그리스도이심을 믿게 하려 함이요, 또 너희로 믿고 그 이름을 힘입어 영생을 얻게 하려 함이라." 성서에서 역사를 찾으려 함은 나무에 올라가서 고기를 찾으려 함과 같은 일이어서 결국 실망하지 않을 수 없을 것이다. 그렇기 때문에 역사적 사실과 도덕적 교훈만을 찾으려던 근대주의 그리스도교가 필경에는 의심으로 끝을 맺고 말았다는 것은 너무도 당연한 응보이다.

신약성서의 메시지를 현대인에게 전하는 노력에 있어서 또 하나의 길인 비신화화란 바로 여기에서부터 시작한다. 성서는 기록된 역사라기보다도 기록된 '설교'(케리그마)이니 거기에서 사실을 찾으려고 하는 것보다도 그것이 무엇을 의미하느냐 하는 것을 물어보아야 할 것이라는 것이다. 그러므로 비역사적이라고 생각되는 기록은 그렇다고 제거할 것이 아니라 해석해야 한다는 것이다. 실상은 역사적이니 비역사적이니 하는 말의 뜻이 흔히 생각하는 것같이 간단한 것이 아니다. 우리가 자연을 관찰할 때에는 주관과 객관이 비교적 확연하게 구별되었지만 하나의 역사적인 사건을 말할 때에는 그 객관적 사실과 그것을 해석하는 주관을 구별 짓기 어려운 것이다. 가령 말하자면 한사람이 죽음을 당했을 때에도 그가 강도에게 죽음을 당했을 경우도 생각할 수 있고 또는 그가 한 정객이어서 정치문제 때문에 암살을 당했을 경우도 생각할 수 있다. 우리가 일반적으로 역사적인 사건이라고 하는 말로서 의미하는 것은 그 두 번째 경우와 같은 경우를 말하는 것이다. 역사적 사건이라는 것은 그 죽음 자체가 문제가 아니다. 그 앞뒤의 관련과 의미가 문제인 것이다. 그러므로 그 한 정치가의 죽음이라는 객관적인 사실보다도 그 죽음이 정치적·사회적으로 무엇을 의미하느냐가 문제다. 우리가 만일 성서에서 역사를 찾는다면 그 역사는 바로 이런 종류의 역사다. 물론 그것은 정치사나 문화사가 아니요, 소위 '구속사'다.

역사적 사건이라는 말엔 이러한 의미가 있거니와 나아가서는 인간 존재 자체가 역사적 존재라는 점도 생각해야 한다. 사람이 의식적으로 초연한 태도를 취해서 자연과학적인 관찰을 한다면 몰라도 그 일상생활에서는 무의식적으로 '역사적'인 관찰을 하고 있는 것이다. 즉 우리는 다 역사가다. 그런데 역사가의 견해는 마치 흐르는 강물에 띄워놓은 배를 타고 강 언덕에 변하는 경치를 바라보는 것과 같은 것이다. 사람은 시간 속에 사는데 시간이 흘러감에 따라서 그 원근의 배치는 변하는 것이다. 즉 흘러가는 자기의 입장에서 늘 새롭게 보이는 것이다. 이러한 의미에서 역사는 자기의 역사요 현재의 역사다.

3. 자연적 사실과 역사적 사건의 구별

역사적인 사건에 관해서 우리의 생각을 좀 더 계속하자. 내가 오늘 어느 거리를 지나다가 교통사고로 사람이 죽은 것을 목도했다고 하자. 나는 큰 '충격'을 받았다. 나는 그 다음 순간 그 죽은 사람의 불운, 혹은 그 사람의 가족들의 슬픔, 혹은 서울 거리의 교통의 혼잡·무질서, 이러한 것들을 생각할 것이다. 내가 목도했다는 '사건'은 이러한 것들과 결부될 것이다. 그 사건 자체는 내가 오랫동안 내 마음에 가질 수도 없는 것이요, 가졌댔자 무의미한 것이다. 한 역사적 사건의 핵심이라고도 할 수 있는 무엇을 찾자고 하는 성벽(性癖)은 사람의 호기심에서 나오는 것이요, 역사적 사건이라는 것은 그 이상의 무엇이다.

예수가 물 위로 걸어갔다는 기록에서 중요한 것은 자연적 사실보다도 역사적 사건이다. 어떤 의미에서 역사적 사건은 자연 이상이므로 초자연적 사건이라고 하겠다. 그런데 사람들이 성서의 기록을 미신적이라고 멸시하는 까닭은 역사적인 사건을 자연적 사실과 동일시하며 혹은 혼동하여 그 이상을 인정하지 아니하려는 데서 나오는 것이다.

신약성서의 기록의 비신화화의 중심 과제는 '자연적 사실'과 '역사적 사건'의 구별일 것이다. 물론 자연적 사실과 역사적 사건을 분리시켜놓을 수는 없는 것이다. 자연과 역사를 구별하는 실존주의적인 지나친 태도에 대한 가장 신랄한 비판 한 가지를 들어보자. 철학자 칸트가

'이론이성'과 '실천이성'을 구별해놓은 것은 다 아는 사실이다. 그는 신의 존재는 이론이성의 한계에서는 알 수 없고 다만 실천이성의 요청하는 바라고 말했다. 이 말은 신은 이론이성 곧 자연 가운데서는 숨어있고, 실천이성 곧 이념의 세계에서만 나타난다는 말이 되겠다. 다시 이말은 결국 신은 자연을 지배하지 않거나 혹은 자연법칙에 내맡겨두고 간섭하지 아니하고 도덕의 세계만 간섭하고 지배한다는 말이 되겠다. 칸트는 결국 신을 자연계에는 나타나지 못하도록 막아버렸다. 오늘날 실존주의적인 사고방식에 따르는 사람들이 역시 자연과 역사를 구별해놓고 신의 능력과 그 역사(work)를 역사(history) 안에만 한정하는 것은 칸트의 사상의 연장이 아니겠느냐? 신이 왜 역사의 신만 되겠느냐? 그는 또한 자연을 지배하는 자, 천지의 창조자가 아니냐?

실로 우리는 창조와 자연에 대해서 다시 생각해야 하겠고, 그것에 관한 그리스도교 신앙의 과거의 영광을 다시 회복해야할 것이다. 그러나 그렇다고 해서 신이 반드시 자연법칙을 깨뜨리는 이적을 통해서만 그의 능력을 나타내고 또 그가 자연을 지배한다는 것을 표시하는 것일까?

4. 그리스도인의 믿음

예수가 물 위로 걸어갔다는 것이 미신적이라고 해서 이 기사를 무시하려는 태도에 대해 나는 위에서 몇 가지 생각해보았다. 그것은 그렇다고 하더라도 다음에 베드로가 물 위로 걸어가지 못했다는 것은 그것이 자연법칙에 따라서 당연한 일이라고 해서 그대로 생각 없이 넘어가버릴 것인가? 사실인즉 문제는 여기에 있다.

베드로가 물 위로 걸어간다는 것은 물론 불가능한 일이다. 그러나 우리 주는 베드로더러 물 위로 걸어오라고 명하셨다. 베드로는 불가능한 일, 물 위로 걸어 나가서 풍랑 가운데서 주를 만나야 했다. 그리스도인의 존재란 불가능한 존재다. 우리는 우리 힘에 지나친 벅찬 일을 하려고 한다기보다도 아예 불가능한 일을 하려고 든다. 그것이 교회의 사명이요 그리스도인의 존재다.

베드로가 배에서 내려와 풍랑 가운데서 주를 만난다는 것은 안일을 위험으로 바꾼다는 것이요, 생명을 죽음으로 바꾼다는 것이다. 그래도 주는 우리더러 "오라!" 명하셨다. 이 풍랑 중에서 우리가 자기의 마음 문을 닫고 자기의 안일에서 잠자려고 할 때 주는 우리에게 "나오라!" 명하신다. 그리스도인의 마음과 교회의 존재는 여기에 있다. 우리의 믿음이란 불가능한 일이다. 그럼에도 불구하고 우리가 풍랑을 보고 두려워하며 그 불가능성에 사로잡힌 날에는 교회의 존재는 없어진다.

그리스도는 우리에게 "오라!" 명하신다. 우리더러 "물 위로 걸어 나오라!" 말씀하신다. 너희는 "십자가의 희생적인 사랑으로 살아라!" 명하신다. 이것은 불가능한 일이다. 우리가 만일 우리의 지혜가 명하는 바 우리의 경험이 가르치는 바에 따라간다면 이것은 불가능한 일이다. 그때 우리는 물속에 빠질 수밖에 없다. 그럼에도 불구하고 교회의 존재란 불가능한 주의 말씀에 따라서 복종하고 결단함에 성립되는 것이다. 그리스도인의 믿음이란 이 불가능한 말씀에 대한 결단과 복종이다. "주의 말씀대로 살겠습니다" 하는 베드로의 첫 걸음이다. 풍랑을 보고 무서워하는 둘째 발걸음은 벌써 믿음이 아니고 의심이며 교회의 존재가 아니고 교회의 멸망이다.

5. 물 위로 걸어가야 하는 인간 존재

도대체 인간 존재란 물 위로 걸어가야 하는 존재이다. 우리의 지성의 판단과 의지의 결심이 물결치는 감성의 바다에 자주 빠지는 사실을 생각해보라. 감관의 파도치는 물결, 육체의 불타오르는 욕망, 본능과 '무의식'의 밑도 없고 끝도 없는 바다와 같은 깊이, 그리로만 기울어지는 경향성 ― 이것이 숨김없는 인간성이다. 인간 존재는 이러한 바다 위에, 물 위에 걸어가는 존재다. 아직도 어리고 앳된 인간의 지성과 의지는 이 본능의 불 속에 빠지고야 마는 것이 인간의 속임 없는 모습이다. 현대의 심층심리학에서 말하는 바를 들어보자. 사람의 마음의 구조를 알자면 이것을 상징적으로 표시해서 하나의 밀가루 부대와 같은 형태를 생각하자. 그 맨 위의 손톱만큼의 부피가 소위 '의식'이고 그 나머지는 물 아래 감추어진, '무의식'이 차지하는 부분이다. 의식과 무의식의 부피 비례를 상징적으로 표시해본 것이다. 혹 꿈에 나타나는 것은 이 '무의식' 속에 잠재했던 것이 노출되는 경우다. 우리의 지성과 의지가 이 나타나 있는 '의식'의 터전을 바탕으로 하고 거기 서보려고 하지만 저 밑도 끝도 없는 심연인 무의식과 본능 속에 빠질 수밖에 없다. 우리의 지성과 의지가 우리의 본능, 우리의 죄의 자리를 정복한다는 것은 거의 불가능하다. 우리의 지성과 의지가 그 깊은 물 위에 단 한 걸음이라도 내디딜 수 있는 것은 다만 목적과 의도에 있어서만 그렇다. 결심하는 첫 발걸음과 목적을 바라보는 행동으로서만 지성과 의지는 물 위에 서는 이적을 할 수 있다. 교회가 세상 풍파 위에 서 있는 것, 믿음이 불신앙을 이기는 것도 다만 교회의 목표이신 그리스도의 말씀 ― "오너라!" 하는 말씀에 응답하는 첫 발걸음에만 있는 것이다. 믿음의 결심에서만 위에 서는 것이다. 다음의 발걸음은 벌써 물속에 빠지는 것이다.

6. 교회의 존재

다음에 우리는 이리 가운데에 양을 보내는 광경을 생각해보자. 이리 가운데 양이 산다는 것은 불가능하다. 이 기록, 마태복음서 10장을 잘 읽어보면 방금 발생한 '처음교회'의 형편이 어떠한 것이었던가 하는 것이 전해졌다. 다시 말하자면 교회와 사회와 관계가 어떠한 것인가가 기록되어 있다. 주께서 열두제자를 택하시고 그들을 전도의 길에 내보내시며 말씀하시기를 "내가 너희를 보냄은 양을 이리 가운데 보냄과 같다"라고 말씀하셨다. 공회 앞의 세상 법정에 끌려 나가서 '내 증거'를 세우라고 하셨다. 그리고 주는 되풀이하시며 "두려워 말라"고 다짐하셨다. 교회의 존재는 이리 가운데 양이 들어가는 것과 같은 불가능한 행위다.

나는 여기서 잠깐 성서의 권위가 어디에 있는가, 왜 신약성서는 27권으로 결정되었고 다시 증보의 문이 닫혔는가를 생각해보려고 한다. 그리스도 교회는 하느님의 '능하신 일' 예수 그리스도의 나타나심에 그 기초를 두고 있다. 이것이 하느님의 계시 행위요, 이 계시 곧 역사적인 사건이 그 다음에 이어 내려가는 그리스도 교회를 규정하는 기준이다. 그런데 계시라는 그것이 역사적인 사건인 만큼 하느님의 부르심과 거기 대하는 사람의 응답이 있다. 예수를 그리스도라고 고백한 베드로의 신앙고백은 육신이 알려준 인간적인 지혜가 아니라 영의 감동에서 된 계시요 사건이며, 이 계시 위에 하느님의 교회가 세워진 것이다. 예수 그리스도의 나타나심에 대한 교회의 '아멘' — 이것이 신약성서이기 때문에 신약성서는 바로 계시요 하느님의 말씀이요 교회의 성전이며 신앙의 기준인 것이다.

그런데 신약성서 27권 후에도 계속해서 성서가 쓰여서 거기에 부가되었다고 생각해보라. 제4복음서 이후에 제5복음서가 기록되었다고 생각해보라. 사도행전 다음에 사도행전 속편이 기록되었다고 생각해보라. 만일 그러한 것이 쓰였다면 신약성서와 같이 위로부터 오는 하느님의 말씀에 대한 응답이 아니고 물 위로 걸어가려는 베드로의 제2보와 같이 이미 물속에 빠져서 어떻게 그리스도교 사회사업을 해야 되는가에 대한 규정, 어떻게 국가 사회와 교회 신앙을 조정해야 하는가에 대한 교훈—이리 가운데 양이 있는 것이 아니라 이리 가운데 있는 늑대에 불과한 하나의 역사적인 단체, 제도화한 기구— 이러한 것들을 기록하게 되었을 것이다. 성서가 묵시록으로 그 끝을 맺었다는 것은 이리 가운데 양이 있다는 것이 어떠한 것인가를 잘 가르쳐주는 점이다. 신약성서의 교회 이후의 그리스도 교회는 로마제국의 세계 교회였다. 세계는 교회라는 방주(方舟)가 떠 있는 바닷물이 아니라 교회의 거처가 되고 말았다. 여우도 굴이 있고 공중에 나는 새도 깃들일 집이 있으되 '인자'는 머리 둘 곳이 없다 하시던 주의 몸은 세계 안에 자리 잡고 물속에, 풍랑 속에 빠져서 그 속에서 안일을 꾀하게 되었다. 이미 교회는 마지막 날에 발생한 '종말론적인 현상'이 아니고 하나의 역사적 현상이 되고 말았다. 신랑을 기다리는 신부가 아니라 이 역사 사회에 어떻게 보다 잘 자기를 적응해야할 것인가 하는 역사적 현상이 되고 말았다. 불가능한 존재가 아니라 가능한 존재, 하나의 사회제도, 하나의 역사적 전통이 되었다. 이것은 교회의 타락이요 교회의 자살이다. 이리 가운데 양을 보냄 같이 세상에 보냄을 받은 교회, 이것이 교회의 존재다. 세상에 보냄을 받은 것은 세상과 타협하라는 것이 아니다. 신약성서에는 세례와 성찬을 베풀라고 했는데, 교회가 역사 안에 자리 잡기 위해 이러한 성례를 다섯 가지나 더 붙여서 결혼도 성례요, 안수도 성례요, 종유(終油)도 성례라고 하는 것은 하느님의 말씀의 증거가 아니고 사회 환경에 적응하자는 것이다.

7. 교회는 믿음으로만 산다

교회의 존재는 주의 말씀에 대한 복종에 있다. 풍랑을 보는 순간 교회는 물속에 빠지게 된다. 이것은 불가능한 존재다. 가령 말하자면, 예수의 교훈을 고지식하게 그대로 지켜 원수를 사랑하고 전쟁을 일체 거부하는 절대 평화주의자들이 있다. 여하한 전쟁도 그 전쟁에 참가하는 것은 하느님의 말씀에 어그러지는 일이라고 해서 절대 비전론을 주장한다. 이런 사람들에게 직접으로는 할 말이 없지 아니하지만 여기에는 그 말을 하자는 것이 아니다. 나는 다만 다른 변명 없이 하느님의 말씀에 절대로 복종한다는 것이 어떠한 것인가를 말하고자 한다. 교회의 존재는 하느님의 말씀에 절대로 복종하는 거기에 있다. 그러한 것이 현실적으로 가능할까? 이러한 염려는 주를 보지 아니하고 풍랑을 두려워하는 것이다. 이 풍랑을 본다면 그리스도인들이라도 전쟁을 준비하게 된다. 이런 것을 생각할 때 교회의 존재는 불가능한 존재라는 것을 알게 된다. 그러나 우리의 주는 이 불가능한 것을 명하셨다.

"물 위로 걸어오너라! 이리 가운데 들어가라!"는 것은 불가능하다. 우리가 만일 "과연 그렇게 되겠습니까?" 물으면 주는 대답하시기를 "사람에게는 불가능하지만 하느님에게는 가능하느니라"고 대답하시는 것이다. 교회의 존재, 그리스도인은 실존은 불가능한 존재다. 그러므로 그것은 믿음의 존재다. 물 위로 걸어갈 수 있다는 것은 믿음으로만 할 수 있는 일이다. 교회는 믿음으로 사는 것이다.

교회의 존재는 불가능한 존재다. 교회는 다만 신앙심이 하느님의 말씀에 대한 복종과 결단을 할 때, 거기 있는 것이다. 진정으로 하느님의 말씀은 증거되기를 재촉하고 있다. 우리는 풍랑 속에 나가서 이리 가운데 들어가서 주를 만나야 하도록 되어 있다. 그것이 비록 우리에게 불안과 죽음을 의미하는 것이라 할지라도….

깊은 데 그물을 던져라*

    사람을 이해하고 그와 교통한다는 문제는 인간론의 중심과제일 것이다. 여기에 쓰인 말 '이해'와 '교통'이 의미심장한 함축을 가지고 있다는 것은 오늘날 많은 사람들이 감득하고 있을 것이다. 나는 이 문제를 우리 주 예수 그리스도의 두 마디 말씀에 의거하여 풀이해보려고 한다. 그 두 마디의 말씀은 다음과 같다. "깊은 데로 가서 그물을 내려 고기를 잡으라.", "이제 후로는 네가 사람을 사로잡으리라."(누가 5:1-11) 깊은 데 그물을 던진다는 것과 사람을 사로잡는다는 것은 오늘날에도 역시, 아니 오늘날이야말로 베드로의 반석 위에 세워진 교회의 과제요 또 약속인 것 같다. 그럼에도 오늘날 교회는 깊은 데 그물을 던지지 않고 얕은 데 그물을 던지고 있으며, 사람을 사로잡지 못하고, 말하자면 사람을 사살하는 전과를 거두려는 듯이 보인다.

---

* 「기독교사상」, 1960년 8 · 9월호.

1. 깊은 곳이란 무엇인가

도대체 오늘날 우리는 물이 얕은 곳에서만 놀고 있고, 우리의 사상과 문화에는 깊이가 없다. 오늘날 공예기술의 생산품은 할 수 있는 대로 가볍고 편리하게 만들고 오래 쓰도록 무겁게 만들지 아니한다. 현대건축이 그러하고 거리에 범람한 응용미술이 그러하고, 유행에 뒤떨어지지 아니하려는 옷차림이 그러하다. 어디에 깊이 뿌리를 박으려 하지 아니한다. 옛날 사람들은 높은 천당을 그리워했으며 깊은 지옥을 두려워했지만, 오늘날 사람은 이 세상이 평면적인 세계에 국한되어 높이도 깊이도 거부한다. 보이지 아니하는 것을 상상하려고 하지 아니한다. 불합리한 것은 받아들이려고 하지 아니한다. 지식(scientia)에만 치중하고 지혜(sapientia)를 무시한다. 문자만을 읽고 상징은 이해하지 못한다. 기술만 습득하려 하고 창작하는 것을 등한히 한다. 모두가 얕고 피상적이다. 기계적으로 연구하고 사무적으로 처리하고 통계적인 결말을 낸다. 따라서 사람을 사로잡지 못하고 인수(人數)로 계산한다.

여기에 따라서 교회가 오늘날 던지는 그물도 얕은 곳에 던지고 있다. '의식'과 '인격적인 결단'에만 호소한다. 습관적인 교회생활을 강조한다. 그 신앙은 의무적이고 전도는 기업적이고 예배는 형식적이다. 교회는 '카리스마틱'하지 못하고 조직적이요, 성서에 대해서 석의학적(釋義學的)인 태도라야 한다는 것이다. 비유와 상징을 문자적으로 석의한다니 그것이 시를 문법으로 분해하는 것과 무엇이 다를까? 오늘날 교회 지도자들은 그 신도들을 나무라기를 교회에서는 충실한 신도 노릇을 하지만 사회에 나가면 밀수입하는 것, 뇌물을 주고받는 것, 부정선거에 관여하는 것 등에 그리스도인의 양심을 쓰지 아니한다고 한다. 오늘날 교회의 설교가 오성(悟性)과 양심에 호소하여도 그것은 얕은데 그물을 던지는 격이고 사람의 깊이에까지 내려가서 그 사람을 사로잡지는 못하였기 때문에 교회에서 설교만을 들은 신자들은 이중인격자가 되기 쉬운 것이다. 그리고 비록 교회에서 설교만이 행해지더라도 그것이 사람의 지적 이해를 초월한 하느님의 말씀으로서 예전화(sacramentalize)되지 아니하면 사람의 깊이에는 미치기 어려운 것이고 사람을 사로잡지는 못할 것이다. 확실히 우리는 얕은 곳에만 그물을 던지고 있다. 우리는 이제 깊은 곳에 그물을 던져야 하겠다. 그럼 깊은 곳, 또는 '깊이'라 함은 어떠한 것일까?

1) 깊은 곳 또는 깊이라 함은 첫째로는 공간적인 비유(simile)다. 우리는 어떤 때 그림에 관해서 말하여, 수채화는 깊이가 없고 유화(油畵)는 깊이가 있다고 말한다. 왜냐하면 수채화로서는 내면적인 것─상격, 명암의 대조, 추한 것 혹은 리얼(real)한 것, 특출한 인상─을 그려내기 어렵기 때문이다. 깊이라 함은 모양이 아니라 마음이다. 조화가 아니라 표현이다. 그러므로 이것은 인상이나 직관으로 포착할 수밖에 없다. 우리가 한 폭의 풍경화나 정물(靜物)이나 또 초상화를 볼 때에 거기에 원근과 심천(深淺)이 있는 것을 안다. 그렇기에 먼 곳에 있는 산은 가까운 곳에 있는 집보다 낮고, 눈앞의 초점인 하나의 꽃병은 그 뒤에 있는 창문을 거의 가리도록 크게 그려졌다. 이 주체 차원에서의 비례는 그림 지면의 차원에서는 불합리하고 비사실적이고 심하게 말하면 거짓말이다. 그러나 깊이라 함은 그렇게 자기표현을 하는 것이다. 표면을 장식하는 조화보다도 이면(裏面)을 드러내는 난맥상이 깊이를 엿보여준다. 그 깊이를 척도로 측량하려고 해서는 안 된다. 분자식이나 방정식으로 계산하려고 해서는 실패한다. 사람은 슬플 때 그 깊이가 전시되고 또 사람은 남의 신뢰에 대해서 그 깊이를 열어 보여주는 것이다. 깊이의 전시는 강요할 수는 없는 것이다.

어떤 의미에서 오늘날 우리는 이러한 깊이를 보고 있다. 그것은 우리의 신뢰에 대해서 깊이의 차원이 자기 전시를 하는 것이 아니라 실망과 파탄 때문에 깊이가 폭로된다고 해야 할 것이다. 가히 그물을 던질 만한 곳에 이른 것도 같다.

2) 둘째로 깊이는 시간적으로 유추할 수 있다. 어떤 때 한 사람의 정체는 그 사람의 긴 생애, 그 출생·학력·결혼·직책·사망을 엮은 전기에서 나타난다고 하기보다는 단편적인 생활기록이 그것을 더 잘 나타낼 수도 있다. 표면을 덮는 면과 선은 넓고 긴 것이지만 깊이를 가리키는 것은 그 면과 선의 어떤 한 점이다. 그 어떤 한 점에서부터 뚫고 내려가야 깊이에 이를 수 있는 것이다. 어떤 때는 한 사람의 전기보다 짧은 한 토막의 에피소우드가 그 사람의 성격을 드러내는 수가 있다.

유구한 시간의 흐름은 가고 또 오고 끝없이 내 옆을 지나가지만 그 길고 긴 시간이 내 마음의 문을 두들기는 것은 현재를 알리는 시계의 발자국소리다. 시간은 시작은 있으되 끝은 없다. 그 한 방향은 현재에서 시작해서 과거로 사라지고, 또 한 끝은 현재에서 시작해서 미래에로 사라진다. 그 양자가 현재에서 출발한다. 시간의 의미의 실마리는 현재에서 드러난다. 현재라 함은 물론 시간이라고 할 수 없는 '순간'이다. 아니 현재만이, '시간' 곧 과거의 때와 미래의 때의 사이, 시간이라는 이름에 합당한 유일한 시간이다. 시간의 깊이는 현재 곧 시간의 일점인 현재의 순간에 있다.

우리의 생은 역사를 엮는다. 그렇기에 인생의 뜻을 찾으려는 자는 역사의 의미를 찾는다. 그래서 말하기를 역사의 뜻은 어떤 목표에로 향하는 진보(progress)에 있다고도 하며, 혹은 종자의 배자(胚子)와도 같은 내재적인 잠세력(潛勢力)의 발육·발전(development)에 있다고

도 한다. 그러나 역사의 의미를 여기에서만 찾는다면 그것은 착각이며 욕망의 투사(投寫)이다. 역사의 과정은 발육인 동시에 또 노쇠요 역사의 방향은 이상적인 목표에로의 진보 접근인 동시에 선과 악, 빛과 어둠 사이의 갈수록 더해가는 긴장과 대립이다. 즉 역사의 각 단계는 새로운 대립상(對立相)이며 새로운 갈래길이다. 그렇기에 그것은 위기며 결단이며 선택이며 심판이다. 만일 역사의 장래가 결정된 숙명 이외의 다른 무엇이 될 수 있다면 그것은 현재의 위기에 있어서의 새로운 선택과 결단에 매여 있을 것이며, 만일 과거의 고난이 미래의 영광으로 변하는 수가 있다면 그것은 현재의 위기에 임하는 행동에 달려 있을 것이다. 그러므로 역사의 의미는, 인생의 뜻은 위기적인 현재에 있다고 하겠다. 여기에 역사의 깊이가 있다.

3) 셋째로 공간적인 깊이와 시간적인 깊이를 능가하는 영적인 깊이라고도 말할 수 있는 것이 있다. 이러한 깊이의 세계에 우리는 무엇으로 대할 수 있을까? 여러분은 기호(sign)의 신비를 아는가? 만일 여기에 한 되의 모래[砂]가 있다고 하자! 그 모래알의 수는 이 책의 맨 처음 면의 첫 글자를 2라고 하고 그 다음을 이은 모든 글자를 영(零)으로 채우는 그러한 수의 모래라고 하자! 이것은 엄청나게 많은 수여서 그것을 기록하기도 곤란하다. 그러나 오늘날의 수학적 기호를 쓰면 그것은 극히 간단한 두서너 자의 제곱기호로 표시할 수 있다. 원자력이나 지구의 궤도(軌道)를 표시하는 수의 기호도 참으로 신비스런 수학의 공식이다. 이런 것들은 일종의 기호다. 이러한 기호를 이해할 수 있는 사람은 아마 많은 배움을 쌓았고 또 두뇌가 명석한 사람들일 것이다. 그러나 이러한 배움과 두뇌를 가진 사람들이 수학적인 기호를 이해하고 자연의 신비와 객관의 깊이는 터득할 수 있어도 그로써 곧 인격의 깊이를 이해

하는 것은 아니다. 인격은 '말'로써 자기를 표시하는 것이다. 인격과 인격과는 말로써 상대하고 교통(communicate)한다. 여기에 이른바 '말'이란 언어만이 아니라, 의식이나 또는 신뢰나 기대 같은 것도 포함한 것이다. 말은 객관을 넘어서 주관 속에까지 스며들 수 있는 것이며, 자연을 지나서 인격에 부딪칠 수 있는 것이다. 기호가 장파(長波)라면 말은 단파라고 할 수 있을 것이다. 말, 참 말을 하면 인격의 깊이를 보게 될 것이다. 사람의 가슴을 울리고 그 마음을 사로잡을 수 있는 것은 '말'이다.

그러나 말은 인격의 세계보다도 더 깊은 곳에 미칠 수 없다. 말이 통하지 아니하는 세계가 있다. 거기를 종교적인 실재(實在)라고 말해두자. 문자는 죽이는 것이고 영은 살리는 것이라는 사도 바울의 체험은 이 실재를 가리킨 것이라고 생각할 수 있다. 이 세계는 말로써 밖으로부터 무엇이 전달되는 것을 기다리는 이상으로 안으로부터 '상징'으로 자기를 표현하는 세계다. 그런데 기호나 말은 편리에 따라 만들어낼 수 있는 것이지만, 상징은 만들어내는 것이 아니라 발생하는 것이다. 상징이라 함은 상징되는 그 실재의 자발적인 자기표현이고 실재의 자기현현(自己顯現)이기 때문에, 상징과 또는 신화(신화는 상징의 한 형식이다)는 말을 이해하는 것과는 다른 방도로 이해되어야 할 것이다.

상징은 생명이 있고 운명이 있다. 가령 말하자면, 단군신화는 어느 작가가 지어낸 조작이 아니다. '무궁화의 기상'은 어느 정부가 제정한 법령이 아니다. 신화와 상징은 민족의 생명과 같이 자라왔다. 또 민족의 흥망과 그 생사의 운명을 같이할 것이다. 예배의 행위와 기도의 행위는 어느 종교가가 고안해내서 시작한 것이 아니다. 종교적인 실재에서 자라난 나무와도 같은 것이다. 기호는 유식한 사람에게는 통해도 무식한 사람에게는 통하지 아니한다. 말이라는 것은 어른에게는 통해도 어린아이에게는 통하지 아니한다. 설법(說法)은 의식을 각성시키자는 것이었지 무의식에까지 침투해보자는 생각은 못했을 것이다. 그러나 상징은 무식한 사람에게도 어린아이에게도 무의식 속에까지라도 침투할 수 있는 것이다. 상징은 사람을 사로잡는다.

사실인즉 말도 그 처음의 원형을 누가 어느 때 지어낸 것은 아니다. '아버지'라는 말은 어느 누구가 그럴 필요가 있어서 지어낸 것은 아니다. '아빠', '파파'라는 말은 세계의 말이고 원어이다. 이것은 말 이상이다. 이것은 명목이 아니라 실재다. 이것은 상징이다. 만일 오늘날 우리가 쓰고 있는 말들의 원형을 회복할 수 있다면, 우리의 말들은 말 이상의 힘 곧 그 상징적인 힘을 다시 발휘하게 될 것이다. 즉 말이 한 마디 한 마디 그 참 실재(實在)를 가지게 된다면, 그때, '말만이라'고 하는 구두선(口頭禪)은 없어질 것이고 말은 참 말이 될 것이다. 그러면 우리가 하느님을 '아버지'라고 부르는 말은 위대한 힘을 나타낼 것이고 하느님의 말씀인 그리스도는 우리의 현 실제를 변혁시킬 것이다. 하느님이 우리 아버지라는 상징과 그리스도는 하느님의 말씀이라는 상징은 기호나 문자가 도달하지 못하는 세계에까지도 도달한다. 즉 그것은 영의 세계의 방언이다. 이러한 상징은 깊이의 세계의 표현이다. 우리는 이 깊은 곳에 그물을 쳐야할 것이다. 그래야 사람을 사로잡을 것이다.

2. 사람을 사로잡는다는 것

지금까지 우리는 깊은 곳에 그물을 던지는 이야기를 했지만, 다음에는 사람을 사로잡는 이야기를 하기로 하자. 사람을 사로잡는다는 말은 사람을 죽인다는 말이 아니고 사람을 살린다는 말이다. 사람을 붙드는 것, 붙들되 그 사람의 생을 억압하지 아니하는 것을 사로잡는 것이라고 하겠다. 사로잡힌 사람은 자기가 사로잡혔다는 것을 모를 것이다.

그러면 어떻게 하면 우리는 사람을 사로잡을 수 있을까? 먼저 우리가 사람은 어떠한 것이냐 하는 것을 알아야 사람을 사로잡을 수 있을 것이다. 아니 사람이 어떠한 것인가를 안 사람은 곧 사람을 사로잡은 사람이 다. 사람은 자유할 때 그는 스스로 살았다고 하고, 자유가 없으면 죽었다고 생각한다. 그렇다면 사람을 사로잡는다는 말은 있을 수 없는 모순인 것같이 들린다. 그러나 사람의 자유가 우연한 선택이거나 미결정의 상태가 아니고, 그것이 참 자유, 본질적인 자유가 되려면 자기의 참 내적 운명을 바로 실현시키는 것이 되어야할 것이다. 가령 말하자면 음악가가 될 소질이 있는 사람이 음악가가 되는 자유를 행사해야지 음치가 음악가가 되겠다는 자유를 행사하면 그것은 삶이 아니라 파멸이다. 또 음악가가 될 수 있는 소질이 있는 사람이 음악가가 되지 아니하고, 그 소질을 미결정으로 남겨두고 "나는 아직 자유가 있다" 하는 것은 무의미하다. 자유는 자기의 참 운명의 실현이다. 자유는 곧 자기결정이다. 자유가 자기결정이라고 하는 말을 이해한다면, 우리는 자유를 그 존재의 본질로 삼고 있는 사람을 사로잡는다는 파라독스를 이해할 수 있다. 그렇기에 우리는 사람이 무엇이냐 하는 것을 밝히는 것이 사람을 사로잡는 길이라고 말한다.

사람이 무엇이냐? 사람은 하나의 관계요, 사람은 하나의 의지요, 사람은 하나의 질문이다. 이것들을 차례로 살펴보기로 하자.

1) 첫째, 사람이란 하나의 관계다. 나와 너와의 관계다. 나 없이 너 없고, 너 없이 나 없다. 금세기의 위대한 사상가의 하나인 부버(Martin Buber)의 공헌에 의하면 사람은 세 가지 관계를 취할 수 있다고 한다.

곧 나와 너, 나와 그이 혹은 그녀, 나와 그것(I-thou, I-he or she, I-it)
과의 관계들이다. 나와 그것과의 관계는 나와 물상과의 관계요, 내가
객관 세계의 물상을 바라볼 때의 상태요, 내가 물건을 관찰하고 혹은
조사·계산할 때의 나다. 이 경우에 있어서의 나는 이성적인 나, 관찰하
는 나, 심하면 '하나의 계산기' 혹은 '하나의 카메라'와 같은 것이다. 그
때에 인간의 주격 곧 인격은 변질되어서 비인격적인 존재로 전락하고
만다. 그 다음에 나와 그이 혹은 그녀와의 관계에 있어서는 나와 그것
과의 관계보다는 좀 나은 것 같지만 그래도 역시 그때의 나는 그에 관해
서 이야기하는 제3자에 지나지 아니한다. 그는 내게 말의 상대 곧 제2
인칭적인 상대가 되지 못한다. 이 관계에 있어서도 의사의 소통, 커뮤
니케이션은 있을 수 없다. 진정한 인격의 출현, 인간 주격의 탄생은 너
를 만난 나에서 되는 것이다. '나'라는 것은 '너'가 불러일으키는 바의 것
이다. 너를 만나기까지, 혹은 너를 가지기 전까지는 나는 없다. 이러한
근본적인 너를 부버는 '영원한 너'(eternal Thou)라고 말하고 그를 여
호와라고 한다. 이 점에 있어서 그의 후배인 칼 바르트가 나의 위치와
너의 위치를 바꾸어서 말하기를 하느님은 I am이요 인간 인격은 thou
shalt라고 한 것은 좀 더 깊은 통찰이라고 하겠다. 여하간 사람은 사람
으로 만나고 만나서의 교통이 있을 때 사람은 이러한 관계, 나와 너의
관계에서 사람이 된다. 사람을 사로잡으려면 '나와 당신'과의 관계가
성립되어야 한다. 이 관계를 떠나서는 우리는 사람을 사로잡을 수 없다.

2) 둘째로 사람은 하나의 의지, 뜻(will)이다. 모든 존재가 다 자기중
심적이고 하나의 돌이나 흙덩어리까지라도 자기중심적인 존재
(self-centered existence)이지만 이 자기 단정은 인간 존재에 와서 그
정점에 이른다. 인간 존재는 의식적으로 자기 주장을 하고 자기의 것을

넘어서까지 자기중심적인 주장을 한다. 이것은 인간 존재가 하나의 뜻이라는 것을 의미한다. 인간 존재가 하나와 뜻이라고 함은 인간 존재는 무엇이 되려고 하는 존재라는 말이다. 하이데거의 말대로 인간은 하나의 기도(Entwurf, project)다.

인간 존재가 하나의 의지요 하나의 기도라면 인간 존재는 그 의도 여하로 규정되어야 할 것이다. 그가 무엇을 의도하느냐에 따라서 그가 무엇이냐 하는 것이 판정될 것이다. 이 경우에(나는 좀 지나친 유식이 될지 모르지만) 우리는 동기와 의도를 구별해야 할 것이다. 동기란 말하자면 과거에 속한 것이요 뜻(will)이란 미래에 속한 것이다. 동기를 조사하고 분석하면 거기에는 그 사람의 생리·기질·본능·무의식, 또 사회적인 여건 등이 그 동기의 작인(作因)으로 나타날 것이다. 그러나 그 사람의 의도(will, project, intentionality)는 거기에 어떠한 구체적인 내용으로 제시되는 것이 아니다. 사람의 생각과 행동에 조금이라도 그 동기와 업적을 혹은 속량하고 혹은 의인(義認, justify)할 수 있는 여지가 있다면 그것은 그의 의도, 뜻에 있을 것이다. 그렇기에 사람은 그 뜻을 보아야 할 것이다. 가령 말하자면 신학생 김 군이 아직 목사가 되지 아니했더라도 그런 뜻을 가진 사람이라고 그 의도를 생각하면서 대할 때 우리는 그 김 군을 바르게 대하는 것이 된다. 이 말은 사람을 이상화하자는 말이 아니라 사람의 뜻을 사주자는 말이다. 그가 지금 '이유 없는 반항'을 하는 한 고등학생일지라도 그가 장차 의사가 되고 교수가 되어, 어느 책임을 담당할 사람이라는 그의 의도를 두고 사람을 대해야 할 것이다. 그때 그 사람은 살아난다. 사람을 그렇게 대할 때, 그 사람은 내게 사로잡히는 것이 된다.

3) 셋째로 사람이란 하나의 질문이다. 그는 대답이 아니다. 사람에

게는 지적인 질의도 있고 실존적인 부르짖음(아플 때, 괴로울 때, 슬플 때, 외로울 때 하는)도 있다. 인간 존재가 하나의 해답도 아니요 하나의 실체(實體)도 아니요 하나의 부르짖음, 질문이라 함은 반드시 그러한 질문을 의식하고 말로 형성시키고 발문(發問)한다는 것을 말함이 아니다. 우리는 인생의 뜻과 하느님의 존재를 묻는 하나의 질문이다. 사람은 가는 곳마다 상처와 불행과 비애를 안고 그 치료와 구원을 울부짖고 찾고 있다. 우리는 이러한 질문을 들어야 한다. 사람에게는 어떤 질문과 어떤 필요(needs)를 알아보고 거기에 대답해주도록 해야 한다. 사람은 질문이므로 대답해주어야 한다. 질문에 대한 대답을 들어야 마음이 시원하고 필요한 것에 대한 채움을 얻어야 흡족하고 상처에 대한 치료를 받아야 위로와 평안을 얻는다. 먼저 질문을 들으라, 그러면 여러분은 그 사람을 사로잡을 것이다.

물론 바로와 같이 목이 곧은 폭군, 이스라엘과 같이 배신하는 백성, 불의에 불의를 거듭하고도 뉘우침이 없는 마음에 대해서 하느님의 말씀은 질그릇을 부수듯 하는 예언자의 행동으로 나타나야 할 것이다. 이것은 하느님의 말씀의 또 하나의 역할이다. 그러나 이 점은 여기에서는 논하지 않겠다.

그러면 질문에 대한 대답이란 어떠한 것일까? 그것은 혼돈과 암흑을 이기는 존재와 질서의 창조와도 같은 것이며 의심과 절망에 대한 믿음과 용기의 제시와도 같은 것일 것이다. 혼돈이란 질서가 없는 것이요 암흑이란 빛이 없는 것이다. 무라는 것은 또 하나의 다른 방식의 존재가 아니요 바로 존재의 부정이다. 하느님의 창조란 무를 배제하심이요 혼돈을 이기심이다. 무라고 하는 존재가 어디에 있는 것은 아니다. 무는 없다. 허무주의는 있을 수 없다. 소위 말하는 허무와 절망은 기존질서에 대한 비판이요 절망이지 도대체 질서 자체에 대한 부정은 아니다.

그렇듯이 질문은 어디에 그 자체가 적극적으로 있는 성질의 것이 아니다. 질문은 그 자체(Ding an sich)가 아니다. 대답이 없는 곳에 질문이 생긴다. 건강이 없는 것이 병이듯이, 대답을 전제하지 않고서는 질문을 생각할 수 없다. 그런데 대답은 있다.

진리에 대한 질문은 질문 가운데서도 질문이다. 이 질문으로 사람은 회의와 불신에 빠지게 된다. 그러나 우리는 여기에서 성 어거스틴의 말을 들어야 하겠다. 곧 진리를 의심하는 자는 진리의 이름으로 의심한다는 것이다. "이것은 아마 참 진리가 아닐 것이다"라고 의심하는 것이다. 진리를 의심하는 자는 참 진리를 찾아서 그릇된 진리를 의심하는 것이다. 참 진리는 우리로 하여금 거짓 진리를 의심하게 하는 것이다. 그것이 진리 자체다. 이것이 성 어거스틴의 신이다.

보라, 오늘날 깊이의 차원은 우리 앞에 점차로 심각하게 전개되고 있다. 이 시대의 난맥상과 혼돈상태에 대한 두려움만 가지는 태도를 버리자. 우리에게는 용기가 필요하다. 그물을 이 깊은 곳에 치자. 그 깊이가 비록 천 길 만 길 아니 무저갱(無底坑)의 지옥이라고 하더라도 주는 베드로에게 이르시기를 이 깊은 곳에 그물을 던지라고 명하신다. 그리하면 이후로는 사람을 사로잡으리라고 약속하신다.

어디서 어떻게 그리스도를 맞이할 것인가[*]

예수께서 여리고로 들어 지나가시더라. 삭개오가 예수께서 어떠한 사람인가 하여 보고자 하되 키가 작고 사람이 많아 할 수 없어 앞으로 달려가 보기 위하여 뽕나무에 올라가니라. 예수께서 그곳에 이르사 우러러보시고 이르시되 삭개오야 속히 내려오너라 내가 오늘 네 집에 유하여야 하겠다 하시니 급히 내려와 즐겨 영접하더라.
(누가 19:1-10 발췌).

1. 군중에 싸인 예수

20세기 중엽에 이르면 사람들은 그 얼굴을 어디에다 돌리더라도 그리스도교의 영향 내지 소문을 듣게 됩니다. 그래서 사람들은 때때로 예수께서 어떠한 사람인가 보고자 하는 마음이 일어납니다. 이것은 삭개오의 호기심과도 같은 것이겠습니다. 하루는 예수께서 여리고 성을 통과하시게 되었습니다. 그의 제자들과 많은 군중들이 그를 따랐습니

다. 그에 관한 소문과 그를 따르는 많은 군중 때문에 삭개오는 예수라는 인물을 한 번 보고자 했습니다. 군중에 에워싸인 예수를 삭개오는 볼 수가 없었습니다. 그는 앞질러 가서 뽕나무 위에 올라가서 예수를 내려다 볼 수 있었습니다.

오늘날에도 사정은 마찬가지입니다. 우리는 그에 관한 소문에 둘러 싸여 있습니다. 아마 우리의 형편도 그를 보지 못하면서 그를 따르는 군중 속에 휩쓸려 끌려가는 것이 아닐까 생각됩니다. 도대체 우리가 신봉하는 예수상이라는 것이 막연하여 그 초점과 윤곽이 없는 것이며, 우리의 교회생활이라는 것이 그 근원으로부터 흘러내려온 물줄기라고는 볼 수 없는 전설과 의식과 제도와 관습에 따르는 것 이외의 아무 것도 아닌 것이 된 것 같습니다. 그러면 역시 오늘날도 그를 따르는 군중은 그를 에워싸고 우리의 시야를 막고 있는 것이 아닌가요? 만일 그렇다면 우리는 우리의 시야를 개척하고 싶습니다.

오늘날 예수 그리스도는 많은 전설과 신화와 심지어 미신에 싸여서 모습을 눈으로 보기가 힘든 형편입니다. 일부의 교회가 고집하는 전설 중에는 베드로의 로마성 순교의 전설이 있습니다. 예수의 수제자 베드로가 예수님의 사제의 권위를 표시하는 천국 열쇠를 물려받고 로마성에 교회를 세우고 거기에서 순교했으므로 로마의 교회는 말하자면 교회의 으뜸이요, 그 교회 바티칸 궁전을 주재(主宰)하는 법황은 사도직권을 전승받았다는 것입니다. 이러한 전설의 사실 여부는 별문제입니다. 그러나 이러한 전설이 예수를 에워싸고 그를 가리고 있는 것만은 사실입니다. 교회의 전승 가운데는 신화와 초자연적인 기적에 관한 이야기가 많이 있습니다. 이러한 이야기에 대해서 더 믿기 어려운 허황한 기적들이 많으면 많을수록, 그것들을 맹목적으로 믿는다고 하면 할수록 그만큼 더 신앙적이라고 생각하는 경향은 이미 신약성서에서부터 나타나고 있습니다. 가령 말하자면 처음에 쓰였다는 마가복음서에 예수님께서 세례 받으실 때 성령이 비둘기 같이 '자기 위에' 임하시는 주관적인 체험은 다음에 그 기사를 자료로 삼고 썼다는 누가복음서에서는 성령이 비둘기 같이 '그 위에' 임하시는 객관적인 사건으로 발전하고, 또 변화산상에서 일어난 사건의 묘사에도 이러한 발전을 보여주고 있습니다. 그리해서 결국에는 성모 마리아의 승천의 전설을 교리화하기에까지 이릅니다. 교회에는 또한 많은 미신이 있습니다. 특히 병을 고치는 데 많은 미신적인 이야기와 마술적인 방법이 전해지고 있습니다. 또 하나는 성서의 축자영감설이라는 주장, 곧 성서의 자자구구의 글귀가 테이프레코드에 취입되듯이 성령이 불러주는 것을 기계적으로 받아쓰셨다는 생각입니다.

이러한 많은 전설·신화·미신들이 예수의 모습을 가리고 있다는 것은 사실입니다. 어떤 경우에는 이러한 유치한 이야기에 무식하게 눈이 팔려서 예수의 모습을 보지 못하는 경우도 있고, 또 어떤 때에는 이러한 어리석은 이야기에 대한 지적(知的)인 반발로 인해서 예수님에게로부터 눈을 돌려버리는 경우가 있습니다.

초대교회가 이미 예수 그리스도의 인간성을 강력하게 주장하고 그것을 교리로서 확립했다는 사실은 이러한 미신에 대한 싸움을 말해주는 것입니다. 2천년 동안 교회의 전승에서 발전하고 팽창한 이러한 전설들과 미신들이 예수의 모습을 가리고 있다는 점에 우리는 정신을 차리고 무엇인가를 해야 하겠습니다. 우리는 흔히 내 믿음이 약해지는 것, 다시 말하자면 기도의 시간이 적어졌다든지 혹은 지식적인 회의에 의해서 믿음이 흔들린다든지 하는 것을 한탄하는 경우는 있습니다만, 예수 그리스도 안에 나타난 하느님의 능하신 일을 보려고 하는 데에는 둔한합니다.

다음으로 전설·신화·미신 같은 것이 예수 그리스도를 바라보는 우리의 시야를 가로막고 있을 뿐만 아니라 때로는 교회 자체가 우리의 시야를 막는 경우가 있습니다. 우리의 주 예수 그리스도에게 대한 우리의 충성심은 때로는 우리 각자가 소속한 교파에 대한 편당심일 경우가 있습니다. 때로는 로마의 법황이 그리스도의 대리라 하고, 때로는 교회의 목사가 하느님의 사자라고 해서 그러한 주장이 우리로 하여금 일찍이 땅 위에 사셨던 예수, 지금도 살아계신 그리스도를 보지 못하게 하는 수가 있습니다.

성서와 교회와 교리와 신학과 가지각색의 교회적인 것, 그리스도교적인 것이 우리로 하여금 예수 그리스도의 모습을 보지 못하게 우리의 시야를 가로막고 있다는 말씀입니다. 그러면 예수를 에워싼 군중만이 아니라 예수의 제자들 자신이 예수를 우리의 눈으로부터 가리고 있다는 말이 되겠습니다.

유대교의 전통인 회당에서 벗어나 거리에서 만날 수 있었던 예수, 군중의 잡다(雜多)를 피하여 한적한 곳에 가서서 기도하시던 예수, 그 출생에는 사관에 자리를 얻지 못하여 말구유에서 나시고 그의 죽으심에도 영문 밖으로 능욕을 지고 나가 골고다의 언덕에서 십자가에 달리신 고난의 예수, 여우도 굴이 있고 공중의 새도 깃들 집이 있으되 인자는 머리 둘 곳이 없으셨던 고독한 예수, 이러한 예수의 모습을 우리는 보기 힘듭니다. 그는 여전히 많은 군중에 둘러싸여 있고 우리 키가 작아서인지 그를 볼 수가 없습니다.

2. 높은 곳에 올라가야 할 것인가?

여기에 삭개오는 "앞으로 달려가 예수를 보기 위하여 뽕나무에 올라갔다"고 했습니다. 그의 키로는 예수를 볼 수가 없었습니다. 그는 좀 더 높은 곳에 올라가야 했습니다. 삭개오가 올라간 좀 더 높은 곳은 어떠한 곳일까요?

현대 신학의 여러 가지 노력은 이러한 '좀 더 높은 곳'을 찾아보자는 것으로 이해할 수 있습니다. 역사적 그리스도교의 전통의 정글을 헤치고 예수에게 나타난 순수한 종교신앙을 찾아보자는 자도 있었습니다. '영원과 우주에 관한 직접적인 관계' ― 현대 신학의 비조라고 일컬어지는 쉴라이에르마하는 이러한 '순수한 감정', '종교적 천재'를 예수에게서 찾았다고 생각했습니다. 보다 높고 따라서 그만큼 순수한 종교적인 정서, 여기에 그는 올라가서 예수의 모습을 보려 했다고나 할까요. 또 어떤 사람은 도덕적 이념의 완전한 실현을 예수에게서 보았습니다. 리출은 도덕적 이념의 높이에 올라가서 예수의 인격을 알 수 있다고 생각했습니다. 그의 신학적 아류에 속한 하르낙은 항상 시대사조와 종족 사회의 수면에서 솟아올라있는 개인의 영혼의 가치의 높이에서 비로소 예수를 만나는 것이라고 생각했습니다. 이것이 갈릴리 향촌의 단순한 복음이라는 것입니다. 이러한 모든 신학적 시비와 소음을 떠나서 저 유명한 예수전을 쓴 프랑스의 루낭은 '인간 예수'를 보고자 했습니다. 그는 종교적 신앙보다도 더 높은 문학적 진실의 높이에 올라서서 인간 예수의 상(像)을 보았습니다. 허위와 장식이 없는 것은 자연세계의 진실이요 비극과 실망 그대로가 인간 사회의 현실입니다. 예수는 자연의 천진으로 살았고 인간의 실망으로 끝마친 속임 없는 문학적 진실이었습니다. 종교와 도덕과 문학, 감정과 양심과 진실은 인간이 설 수 있는 높은 자리입니다. 말하자면 삭개오가 올라간 뽕나무 가지라고도 할 수 있습니다.

그러나 이러한 노력은 모두 추상적인 방법이라고 비평할 수 있을 것입니다. 이것들은 19세기의 방법이라고 말할 수 있습니다. 인간의 종교성이나 도덕적 이념이나 문화적 진실은 인간들에게 어떤 높이를 상정(想定)해줄 수는 있어도 거기로부터 '역사적 예수'의 산 모습을 보기는 힘듭니다. 왜냐하면 예수는 역사의 한 특정한 시대에 속한 구체적인 한 인물이었기 때문입니다. 삶이란 각각 그 정황을 가지고 있습니다. 그것이 '생의 정황'입니다. 예수의 참모습을 보려면 그가 처했던 시대를 배경으로 해서야 비로소 그 초상은 보다 더 리얼하게 보일 것입니다. 아프리카에 의료선교사로 가 있는 알버트 슈바이처 박사는 생각하기를, 예수는 20세기의 인물이 아니라 제1세기의 팔레스틴 지방의 한 유대인이라는 것입니다. 즉 그때의 종교, 당시의 신앙에서 자라났다는 것입니다. 당시의 유대인들은 천상적(天上的)인 메시아가 구름을 타고 내림(來臨)하여 이 지상 역사에 종말적인 심판을 행한다는 것으로서 이것을 묵시문학사상이라고 합니다. 예수의 인물, 예수의 사상은 이러한 것이라고 합니다. 즉 예수의 출현은 당시에 널리 유포되었던 종말신앙이 산출한 바라고 합니다. 슈바이처 박사는 이렇게 해서 역사적 예수의 모습을 누구보다도 더 잘 포착했다고 생각했습니다. 사실상 이것은 현대의 과학적·역사적 연구의 결정(結晶)이라고 할 수 있을 것입니다. 모든 이데올로지칼(ideological)한 예수에 관한 관념을 제거하고 역사적 자료에 의한 충실한 과학적 판단이라고 하겠습니다. 그러나 이러한 물샐 틈 없는 과학적 연구방법이라는 뽕나무에 올라가 앉아서 내려다보는 역사적 예수상이란 어떠한 것일까요? 그것은 철저한 종말, 급박한 말세를 광신한 한 유대교인에 불과합니다. 슈바이처 박사는 그가 젊었을 시절의 신학의 기류, 즉 종교사학파의 단점을 완전히 극복하지 못한 것같이 보입니다. 즉 예수를 그 시대의 정황에서 이해하는 것으로 끝인 것 같습니다. 그 시대를 넘어선 어떤 새 것의 시작을 충분하게 보지 못한 것 같습니다.

예수의 참모습을 보고자 하는 오늘날의 신학적인 시도의 방법과 각도는 그와는 좀 달라진 것 같습니다. 슈바이처 박사가 유대교의 묵시문학사상에서 예수를 보고자 했다면 오늘날 신학자들은 '원시교단'(the earliest church)에서 예수를 보고자 한다고 말할 수 있을 것입니다. 여기에 말하는 원시교단이라 함은 신약성서가 가지고 있는 기록의 배후 그 이전에 소급할 수 있으면 소급해서 그 역사적 자료의 구전(口傳)에까지 더듬어 올라가서 찾아지는 것을 말합니다. 그리해서 예수의 모습이 아니라 예수의 마음, 그의 의도에까지 육박해보려고 합니다. 여기 사용되는 방법을 '양식사학적 방법'이라고 합니다. 그것은 교단의 성립과 그 발전 경로를 자세하게 몇 개의 상정적인 단계로 나누어놓고 신약성서의 자료를 그 각 단계에 부합시켜보는 것입니다.

그런데 이렇게 해서 찾아지는 원시교단의 성립이란 어떠한 것이며 거기에서 암시되는 예수의 모습이란 어떠한 것일까요? 이러한 데서 찾아지는 것은 예수의 의도의 촌탁(忖度)과 그의 말의 의미입니다. 이러한 것을 찾는 동안에 예수의 산 모습은 잃어버리고 그의 사상과 말씀이 추상되어서 그것을 종말적인 위기라느니, 실존적인 프리칭이라느니 하게 됩니다. 산 예수의 모습보다는 그의 종말론적인 성격을 띤 케리그마, 사람에게 결의를 재촉하는 종말적인 프리칭이 문제가 됩니다. 우리가 만일 과학적·역사적·신학적 방법을 써서 예수를 보고자 하면 이러한 예수상이 보이겠지요. 이것은 마치 삭개오가 뽕나무에 올라가서 거기로부터 내려다보는 예수상이라고 하겠습니다. 여하간 삭개오는 뽕나무에 올라가서라도 예수를 볼 수가 있었습니다. 군중이 시야를 막았고 키가 작은 삭개오로서는 다른 방법이 없었을 것입니다. 여기에 예수를 보고자하는 신학적 노력의 공과가 있습니다.

그러나 삭개오가 뽕나무에 올라가서 예수를 내려다볼 수는 있었습니다만 예수를 만났다고는 할 수 없습니다. 신학으로는 군중이 웅성거리는 자리보다는 좀 높은 자리에 서게 할 수는 있을 것입니다만, 예수 만나게 할 수는 없는 것입니다. 신학자의 예수는 그가 보는 대상은 되어도 그와 만나는 상대는 되지 아니할 것입니다. 이것이 신학도의 막다른 골목입니다.

3. 자기에게로 내려오는 것

여기에 "예수께서 그곳에 이르사 우러러보시고 이르시되 삭개오야 속히 내려오너라" 하셨습니다. 사람들은 예수를 보려고 할 때 다 예외 없이 자기의 서는 자리를 높이려고 하는 것입니다. 신학을 하는 자는 신학의 나무 위에, 교직을 가진 자는 그 교직의 나무 위에, 부한 자는 그 부 위에, 지위가 높은 자는 그 지위에서 예수를 내려다보려고 하는 것입니다. 또 특수한 지위나 학식이 없더라도 자기 시대의 조류 위에서 자기주관의 중심으로부터 예수를 보게 되는 것입니다. 이렇게 되는 것이 피조물의 필연성이며 역사적 존재의 운명입니다. 그리고 다 각각 자기대로 예수를 관망하고 말없이 얼굴을 돌리는 것입니다. 그는 나와는 상관이 없는 자로 여기고 그러나 예수를 만나려는 자는 인간의 평지(平地)로 내려와야 합니다. 인간의 평지, 거기에서 예수와 대면하자는 것입니다. 부한 자는 그 부를 부정하고, 학식이 깊은 자는 그 학식이 없는 것 같이 하고, 지위가 높은 자는 그 지위가 아무것도 아닌 것같이 하여 인간으로 돌아와서 거기에서 예수를 만나자는 것입니다. 키가 작으면 작은 그대로, 식견이 짧으면 짧은 그대로 있는 대로의 형편에서 예수를 만나자는 것입니다. 오랜 학문의 길의 종착점에서가 아니고, 높은 사회적 지위의 사닥다리 꼭대기에서가 아니라 한 사람의 적나라한 인간으로 돌아와서 예수와 대면하자는 것입니다. 그분의 학식이 우리만 못하여서가 아니고 그분의 지위가 높지 못해서가 아니라 그는 우리가 우리 되기를 원하시고 내가 본래의 나 되기를 원하십니다. 나를 만나시기 위해서 나를 부르시기 위해서 사람으로 오셔서 내 앞에 서십니다. 내가 나 되는 것 — 이것이 진실이고 이것이 명령입니다. 여기에는 이보다 더 깊은 이유와 근거를 물을 수는 없습니다. 인간이 학식의 깊이에 이를 때, 지위의 높이에 오를 때, 부의 풍선을 탈 때 그는 자기의 본래의 모습을 잃고 자기 아닌 것으로 소외되고 격리됩니다. 그렇기에 우리는 자기 자신의 모습으로 인간의 평지로 내려와야 하겠습니다. 회오와 부정과 십자가의 길로 자기에게로 돌아와야 하겠습니다.

다만 그것입니다. 다시 인간이 됩시다. 거기로 돌아오고 보면 우리 모두는 다 자기의 본심을 찾게 되고 우리 서로가 다 같은 자리에서 악수하게 되고 우리가 다 함께 웃음을 띠게 될 것입니다. 높은 자도 없고 낮은 자도 없고 지식인도 무식자도 없는, 우리는 다 함께 하느님의 자녀인 것을 발견하게 될 것입니다. 우연한 인간이 우연히 만나서 우연한 연극을 연출하는 문학적인 진실의 세계가 아니라, 이러한 우연을 벗어난 은총의 세계에서 참으로 나와 너가 만나게 될 것입니다. 형제여, 주의 음성을 들읍시다. "삭개오야, 속히 내려오너라."

4. 그리스도를 영접함

그리스도를 만난다는 것은 그 만남에서 그치는 것이 아니라 그를
만나는 자는 그를 영접하고, 그를 영접하는 자는 과거의 청산과 새로운
출발 곧 생의 변화를 보게 되는 것입니다. 만남이라는 것은 현금의 실
존주의적 인간 이해에 있어서 그 최고의 성취를 표지하는 개념으로만
여겨지는 말입니다. 그러나 그리스도를 만나는 것은 실존적인 만남 이
상의 뜻과 결과가 생깁니다. "삭개오야 속히 내려오너라" 하는 주의 음
성을 들은 그는 "급히 내려와 즐겨 영접했다"고 했습니다.

보는 것, 만나는 것, 영접하는 것 이 세 가지는 구별할 필요가 있는
것 같습니다. 본다는 것은 주관이 객관을 보는 태도, '내'가 '대상'을 보
는 것, 말하자면 자연과학적 지식의 태도라 하겠습니다. 시각(視覺)은
상대자를 물상화합니다. 그렇기에 히브리의 종교에서는 야웨는 보는
대상이 아니었고, 그의 말씀을 듣고 복종하는 관계였습니다. 만난다는
것은 인격과 인격과의 만남, 주격과 주격과의 소통(communication),
거기에는 말과 이해가 필요한 관계입니다. 그런데 '만남'이 능동적인
행위라면 '영접'은 피동적인 행동입니다. 그것은 우리가 '주' 곧 내 주
를 영접하고 나를 그의 뜻에 맡기기 때문입니다. '영접'이라는 것은 그
렇기에 상대방에게 나를 맡긴다(commit)는 모습도 있고, 내 개인적인
존재에 선행하는 전체(경우에 따라서는 내가 속하는 공동사회) 속에 내가
참여한다는 모습도 있습니다. 신비가가 모든 금욕적인 수련을 쌓아올
리며 입신(入神)상태를 기다리는 것, 금식과 철야기도를 하면서 은혜
를 받아보겠다는 태도, "… 결국 내 뜻이 아니고 아버지의 뜻"에 나를
맡기는 태도, "내가 그리스도에게 잡힌 바된 그것을 잡으려고" 달음질
치는 사도 바울의 신앙생활, 이 모두는 능동의 상태가 아니라 피동의

상태입니다. 거기에서 비로소 인간성의 변화·변질이 발생하게 됩니다. 만남이 자아와 인격의 발견이요 그 형성이라 하면 영접은 인간성의 변화입니다.

삭개오가 올라간 뽕나무로부터 급히 내려왔다는 것은 그의 결의를 명한 것이며, 주를 영접했다는 것은 믿음의 순종을 표명한 것이며, 그의 과거를 청산했다는 다음의 기록은 그의 생활에 변화가 일어났다는 것을 말합니다. 이것은 구원의 세 면이라고도 할 수 있을 것입니다. 종래엔 그리스도교 신학에서 구원을 신생(新生)·의인(儀認)·성화(聖化)의 삼중적인 체험으로 말해왔습니다. 이것은 각각 참여·수락(acceptance)·변화라는 경험으로 말을 바꿀 수도 있을 것입니다.

나 자신은 비행기에서 낙하산을 가지고 떨어져본 일은 없습니다. 믿음이라는 것은 그러한 것과도 비길 수 있는 것이라고 생각됩니다. 우리가 내 자신을 주게 맡기겠다고 결심을 한다는 것은 비행기에서 떨어지는 것과도 비길 수 있는, 생명을 걸고 하는 죽음의 도박과도 같습니다. 이것이 신생의 경험이고 참여의 결심입니다. 그러나 일단 한 발을 내딛고 비행기에서 떨어지면 그는 낙하산에 매달리게 됩니다. 그는 자기의 힘으로 공중에 떠있는 것이 아니라 남의 힘으로 지탱되어 있는 것입니다. 지금 자기가 있는 것은 의지되어 있는 것입니다. 이것이 의인(儀認)의 경험이며 수락의 모습입니다. 그는 지금 자기를 맡기고 있습니다. 자기를 맡길수록 자기의 존재는 더욱 평안합니다. 그가 지금 공중에 떠있다고 하는 사실은 그 자체가 변화되어 있다는 것을 말합니다. 이것은 성화의 경험이며 변화의 실재입니다.

신앙체험을 가진 사람이 그 체험을 남에게 가르친다는 것은 어려운 일입니다. 수영의 사범이 수영을 육지에서만 가르치는 것은 우스운 일입니다. 수영을 배우려는 자는 물 위에 뛰어내려 물속에 빠져야 합니다. 그러나 물속에 뛰어내린 다음에는 그 물에 자기 몸을 맡겨야 합니다. 자기 힘으로 허덕거리면 더욱더 물속으로 빠져 들어가며 물만 마시게 될 것입니다. 낙하산을 붙잡고 공중에 떠있는 사람같이 물 위에 떠있는 사람도 자기를 맡길수록 자기는 안전합니다. 여기에 결심과 맡김과 맡겨진 상태 곧 떠있는 상태의 세 계기가 있는 것을 알 수 있습니다. 믿음이라는 것은 그 속에 이러한 역학(dynamics)을 지니고 있는 것입니다.

역사적인 예수를 찾자는 현대 신학의 과제, 믿음의 그리스도를 만나겠다는 실존적인 태도, 이러한 과제와 결단에 선행하는 은총의 실재가 있습니다. 그것이 주를 영접하는 것입니다. 영접하는 표는 마음의 문을 여는 것입니다. 문을 여는 거기에 새로운 장래가, 새로운 삶이 시작됩니다.

생(生)은 비극(悲劇)인가*

1. 인생은 비극인가

인생은 비극일까요? 인생은 행복과 조화와 합리성일까요, 그렇지 않으면 비극일까요? 인생은 비극같이 보입니다. 행복과 조화와 합리성은 허구요 환각이고, 이러한 허구가 무너지고 이러한 환각이 사라져 인생의 밑바닥에 감추어졌던 진실이 드러나는 것을 보면 인생은 정녕 꿈이요 비극인 것같이 보입니다. 고래로 인생의 진실을 말한 가장 위대한 작품들은 거의 다 비극들입니다. 우리의 성서도 이것을 말해주는 것 같습니다. 이러한 관련에서 우리에게 가장 잘 알려진 구절의 하나는 구약성서 이사야 40장에 있고, 그것이 신약성서 베드로전서에 인용이 되어 있습니다.

말하는 자의 소리여 가로되 외치라. 대답하되 내가 무엇이라 외치리이까. 가로되 모든 육체는 풀이요 그 모든 아름다움은 들의 꽃 같으니 풀은 마르고 꽃은 시듦은 여호와의 기운이 그 위에 붊이라. 이 백성은

---

* 1961년 2월, 전주중앙교회에서 강연한 것으로 『신학논단』, 1962년 10월호에 수록.

실로 풀이로다.

시편 기자도 같은 취지를 읊은 것이 있습니다.

주께서 사람을 티끌로 돌아가게 하시고 말씀하시기를 너희 인생들은
돌아가라 하셨사오니 주의 눈앞에는 천 년이 지나간 어제 같으며 밤
의 한 경점(更點) 같을 뿐임이니이다. 주께서 저희를 홍수처럼 쓸어
가시나이다. 저희는 잠깐 자는 것 같으며 아침에 돋는 풀 같으니이다.
풀은 아침에 꽃이 피어 자라다가 저녁에는 벤바 되어 마르나이다.

인생의 비극이 더 심각하게 표현된 곳은 욥기인 것 같습니다.

욥이 입을 열어 자기의 생일을 저주하여 말하되 나의 난 날이 멸망하
였었더면, 남아를 배었다 하던 그 밤도 그리하였었더면…. 어찌하여
내가 태에서 죽어 나오지 아니하였던가. 어찌하여 내 어미가 낳을 때
내가 숨지지 아니하였던가… 그렇지 아니하였던들 이제 내가 평안히
누워서 자고 쉬었을 것이니… 거기서는 악한 자가 소요를 그치며 거
기서는 곤비한 자가 평강을 얻으며, 거기서는 갇힌 자가 다 평안히 있
어 감독자의 소리를 듣지 아니하며, 거기서는 작은 자나 큰 자나 일반
으로 있고 종이 상전에게서 놓이나이다. 어찌하여 곤고한 자에게 빛
을 주셨으며 마음이 번뇌한 자에게 생명을 주셨는고. 이러한 자는 죽
기를 바라도 오지 아니하니 그것을 구하기는 숨긴 보화를 찾으려 땅
을 파는 것보다 더하도다.

신약성서에 와서 예수 그리스도가 십자가에서 죽으신 것, 사랑과

봉사와 천국의 이상과 정의의 외침이 끝난 다음 "나의 하느님, 나의 하느님, 왜 나를 버리시나이까" 하는 메아리 없는 절호(絶呼)로서 그 생애의 막을 내린 것을 보면 실로 인생은 비극인가 합니다.

나는 이 시간에 인류의 문학사상에 이름난 비극 세 개만을 골라서 인생의 진실을 배워보고자 합니다. 하나는 고대 그리스 신화에 속한 것인바 소포클레스 작『오이디푸스 왕』이라는 비극이요, 또 하나는 셰익스피어 작『햄릿』이라는 비극이요, 또 하나는 구약성서에 있는 욥기, 이 세 가지를 택했습니다. 이 세 가지가 다 실로 비극의 대표작들임은 더 말할 나위도 없을 것입니다.

2. 신화에 나타난 비극성

첫째로『오이디푸스 왕』이라는 신화에 관해서 잘 알려진 대로의 그 이야기의 줄거리를 더듬은 다음에 그 비극의 진리를 몇 가지 이야기해 보겠습니다.

오이디푸스라는 사람은 그리스의 테베의 왕자로 태어났습니다. 이 왕자가 태어났을 때 왕은 오이디푸스의 장래에 대한 점괘를 보았는데 그 신탁은 이러한 것이었습니다. 즉, 왕자는 장차 그의 친부(親父)를 죽이고 그의 친어머니와 결혼하게 된다는 신탁이었습니다. 그래서 테베 왕은 신하를 시켜서 이 왕자, 갓난 어린 아기를 산중에 가져다 죽여버리라고 했습니다. 그 신하가 산중에서 아기의 발꿈치를 창으로 찔러서 버린 것을 지나가던 목동이 발견해 그 미목이 수려함을 보고 자기 나라 고린도왕에게 바쳤습니다. 이 아기 오이디푸스는 그때부터 고린도 나라의 왕세자로 자라났는데 성년이 된 다음 하루는 신전에 가서 자기의 장래에 대한 점괘를 보았습니다. 그때에 나온 신탁도 역시 자기는 모르는 바이지만 이전 신탁과 같은 내용의 것이어서 자기는 장차 친부를 죽이고 친어머니와 결혼을 하게 될 것이라는 운명의 선고였습니다. 이 무서운 신탁, 곧 친부를 죽이고 친어머니와 결혼한다는 운명을 피하려고 그는 부모의 슬하를 떠납니다. 오이디푸스가 고린도를 떠나 테베로 가는 도중에 그는 일대의 기사들과 충돌하게 되어 언쟁 끝에 격렬한 싸움이 벌어지게 되었습니다. 그 일대의 기사들을 모조리(한 사람만 놓치고) 죽였는데 사실인즉 이 기사들은 자기의 생부 곧 테베왕과 그 호위병들이었습니다. 그런 줄도 모르고 그는 그 길로 테베성에 들어갔읍습니다. 그런데 그 성에는 스핑크스라는 괴물이 나타나 어려운 수수께끼를 길 가는 사람들에게 던져 그 수수께끼를 풀지 못하면 그 사람을 잡아먹기 때문에 테베성은 큰 공포에 빠지게 되었습니다. 오이디푸스는 지혜가 탁월했기 때문에 그 수수께끼를 어렵지 않게 풀 수 있었고 용맹이 비상했기 때문에 그 괴물을 처치하고서 다시 테베성에 평안과 질서를 회복시켰습니다.

왕을 잃은 테베 나라 사람들은 이 지혜롭고 용맹한 테베의 은인 오이디푸스를 새 왕으로 삼고 천하에 아름다운 전왕의 왕비는 그의 왕비가 되었습니다. 그런데 그 왕비는 사실인즉 자기의 생모였던 것입니다. 그런 줄도 모르고 그들 사이에는 자녀가 생기고 새로운 왕의 지략과 정사는 비범해서 나라는 안으로 밖으로 평안하고 번영해 갔습니다. 그런데 다시 괴이하게도 까닭모를 이름 모를 역병이 발생해서 테베 나라 백성을 괴롭히기 시작했습니다. 국민의 안녕을 걱정하는 오이디푸스왕이 친히 신전에 행차해서 신탁을 받아본즉 전왕을 살해한 흉악무도한 자가 이 나라에 있으므로 그를 찾아서 처벌하여 전왕의 영혼을 위로해야 이 백성을 괴롭히고 있는 역병이 물러간다는 것입니다. 오이디푸스 왕이 어떻게 이 범인을 찾아내느냐 하는 경위는 실로 탁월한 지혜만이 부릴 수 있는 재주였습니다. 결국에는 그 나라에서 제일간다는 장님 점 장이를 부릅니다. 이 장님이 점을 쳐본 결과 그는 그만 질겁을 해서 말 문이 막혔습니다. 실로 알고 있는 것을 말할 수 없다는 것, 이것은 비극 의 한 가지 근본적인 성격입니다. 오이디푸스왕은 이 장님 점장이를 위 협하고 또 회유해서 결국 그 범인이 바로 오이디푸스왕 자기 자신이라 는 선고를 받게 됩니다. 자기는 모르는 일입니다. 자기는 모르고 한 일 입니다. 그렇기에 자기는 무혐 순결하다고 믿었습니다. 그렇게 믿는 만큼 그는 더 격렬하게 분개했습니다.

그는 모든 증인을 찾아 대질심문을 시작했습니다. 운명의 발자취 는 드러났습니다. 신탁대로 이루어진 것을 보았습니다. 자기가 모르는 일, 자기가 모르고 한 일, 자기는 눈이 있어도 보지 못한 것, 그렇기에 그는 진리를 보지 못한 눈뜬 봉사이기에 자기의 두 눈알을 파서 영원히 어둠만을 바라보라고 어둠 속에 내팽개쳤습니다. 그리고 그는 지팡이 한 가닥을 따라서 고국을 떠나 유랑의 신세에 몸을 맡깁니다. 기구한 비극입니다. 이것이 인생이라는 것입니다.

나는 이 비극에서 서너 가지 점만을 지적하고 다음 비극으로 넘어 가겠습니다. 여기에 지적하는 서너 가지 점은 그 하나하나가 신학적· 철학적으로 일대 문제들입니다. 간단하게 이 비극신화에 대해 언급하 려고 합니다. 첫째는 이 비극이 '신화'로서 우리에게 전해진 점입니다. 신화라는 것은 아주 오래된 이야기인데 그것은 작자가 없는 이야기입 니다. 어느 누구 개인이 지어낸 것이 아니라 한 민족이나 한 시대의 '집 단의식'에서 나온 것입니다. 신화는 실존 인간의 자기지식입니다. 그것은 인간이 자기를 지식으로 알기 이전에 또 반성적인 지식으로는 알수 없는 자기정체에 관한 직접적인 감득(感得, an immediate aware-ness)입니다.

신화라는 것은 이성의 말이 아니라 무의식의 말입니다. 무의식 혹은 무명(無明)은 형상이 없고 밑바닥이 없는 힘이어서 이성의 말로서는 자기표현이 되지 아니하기 때문에, 아니 '자기표현'을 하지 아니하려는 성질의 것이기 때문에 신화나 비유로서 전달되는 것입니다. 그러므로 이러한 신화는 우리가 아는 것보다도 훨씬 더 그 뜻이 깊습니다. 신화라는 것은 마치 빙산과 같아서 수면에 나타난 부분보다도 물속에 감춰진 부분이 훨씬 더 큽니다.

둘째로 이 비극의 내용에 관한 이야기를 합시다. 사람은 알지 못하고 죄를 짓는다고 하는 점입니다. 우리는 우리의 범행을 부정합니다. 그러나 우리가 행동한다는 것, 우리가 산다는 것은 곧 범죄하는 것이라고 하겠습니다. 모르고 짓는 죄 곧 우리의 삶, 이것을 그리스도교 교리로서는 원죄라고 합니다. 우리가 생각하지도 않고 행동하지도 않으면 우리에게는 죄가 없을 것입니다. 그러나 그렇게 하자면 죽은 상태로 돌아가야 할 것입니다. 그렇지 아니하면 산다는 것인데 산다는 것은 곧 죄를 짓는다는 것입니다. 이것이 원죄의 인간입니다. 이러한 인간 이해에 대해서 현대의 저명한 철학자들인 하이데거나 야스퍼스 같은 이들도 이와 같은 사실을 말하고 있습니다. 곧 Existence as such is guilt 즉, 실존(實存) 그 자체가 죄책(罪責)이라고 말합니다. 이 역사 안에 삶을 영위하는 그것부터가 죄책이라는 느낌입니다. 오이디푸스왕의 삶은 성서적인 원죄 이해와 비슷한 점이 있습니다. 양자가 모두 생을 비극으로 이해하고 있는 것 같습니다.

이 비극신화에서 배우려고 하는 세 번째 점은 다음과 같은 것입니다. 여기에는 심층심리학과 형이상학에 관한 지식이 필요할지도 모르겠습니다. 사회적으로, 개인적으로 인간 실존을 대표하는 오이디푸스라는 사람 속에 한 싸움이 있습니다. 어떻게 보면 그 싸움은 영(靈)과 육(肉)의 싸움이라고 할 수 있습니다. 그러나 좀 더 정확하게 말하자면 이 싸움은 인간의 내부 심층에 있는 본능, 충동 등 맹목적인 힘과 인간의 양식과 사회질서에 속하는 법과의 싸움입니다. 이 싸움이 오이디푸스의 경우에는 결국 그 내부에 있는 힘(dynamics)이 양식과 사회법을 돌파하고 깨뜨리고 말았습니다. 결국 인생은 그렇게 되고 마는 것인가, 오이디푸스의 신화는 결국 삶은 그렇다는 것입니다. 뭐니 뭐니 해도 인생은 자기도 모르는 사이에 자기 속에 있는 본능의 억센 힘과 충동 앞에 이성과 양식은 무력하게 무너지는 환멸을 본다는 것입니다. 그렇기에 인생은 성공이 없는 비극이며 자멸이라는 것입니다. 인생이 만일 흙[無機物]에서 나왔다면 다시 흙으로 환원하려는 근본적인 충동이 인간 운명을 지배한다는 것입니다. 이것이 심리학자 프로이트가 말한 '죽음의 본능'입니다. 여기에 대한 물리학적 해당이치는 '엔트로피'(entropy)의 법칙일 것입니다. 그래서 인생은 비극이라는 결론입니다.

3. 『햄릿』에 나타난 비극성

다음에 셰익스피어의 비극『햄릿』의 줄거리를 간단히 말해보겠습니다. 이 비극은 네덜란드의 궁정에서 벌어진 이야기입니다.

햄릿은 이 나라의 왕세자였는데 근자에 의외로 돌연히 햄릿의 아버지 곧 부왕이 돌아가시고 그의 작은아버지가 선왕의 왕비 곧 햄릿의 어머니와 결혼하여 왕위를 잇고 햄릿은 그 왕세자로 머물게 됩니다. 아버지가 갑자기 돌아가시고 어머니가 작은아버지와 재혼한 궁정에서 햄릿의 우울증은 깊어만 갔고 그의 마음속에는 한 가닥의 의심이 싹트기 시작했습니다. 그러던 차에 사망한 부왕의 유령이 햄릿에게 나타나서 부왕은 햄릿의 숙부에게 암살당했고 목숨과 왕직과 왕비를 빼앗겼으니 원수를 갚으라는 분부를 했습니다. 그러나 이러한 유령의 말이 이미 세상에 알려진 대로의 사실을 전복할 수는 없는 것이고, 거기에 햄릿이 받았다는 신탁을 반증으로 내세워서 되는 일도 아닐 것입니다. 그때부터 햄릿의 생의 목적은 유령이 알려준 사실을 어떻게 하면 확인시키느냐 하는 것이고, 원수를 갚는 것은 오히려 그에 버금가는 일이었습니다. 그는 연극을 꾸며 부왕 암살의 광경을 지금의 왕과 왕비 앞에 연출하기로 했습니다. 그것도 자기 자신에게 확인시켜보는 것밖에 되지 아니했습니다. 그는 이 사실을 좀 더 확인하고 또 그때까지 자기 신변의 안전을 위해서 미친 사람으로 행세했습니다.

하루는 햄릿이 자기 어머니가 수절 못함을 원망하는 자리에서 그 방 병풍 뒤에 숨어 있는 궁내부 대신을 자기 숙부 왕인 줄 오인하고 칼로 찔러 죽였는데 이때 죽은 사람은 다름 아닌 자기 애인의 아버지였던 것입니다. 햄릿의 연인 오필리아의 입장에서 본다면, 왕자인 애인은 미치고 사랑하는 아버지는 이 미친 사람의 칼에 죽고, 그래서 결국 소녀 오필리아도 미쳐서 물에 빠져 죽고 맙니다. 이 오필리아의 오빠 레아티즈는 아버지가 햄릿의 칼에 찔러 죽고 누이동생은 햄릿 때문에 미쳐 죽어서 햄릿에게 대한 원한은 머리끝까지 사무치게 되었습니다. 왕은 햄릿과 레아티즈가 이렇게 적대시하게 되는 형세를 이용해서 왕세자 햄릿을 처치해버릴 계획을 진행시킵니다. 그래서 두 청년은 왕과 왕비 앞에서 칼싸움으로 승패를 결정하게 됩니다. 왕은 비밀리에 그 칼싸움하는 자리에 싸우는 두 사람이 마실 두 잔의 술을 준비하게 하되 그 한 잔에는 독약을 넣어서 햄릿이 마시도록 계획했습니다. 이것을 사전에 알아챈 왕비는 자기 아들 햄릿의 생명을 보호하기 위해서 자기가 그 독약을 마시고 죽습니다. 그보다 먼저 왕은 칼날에 독약을 칠한 칼을 레아티즈에게 주었던 것입니다. 칼싸움 도중에 레아티즈는 칼을 땅에 떨어뜨리고 말았습니다. 그렇기 때문에 두 사람은 칼을 바꿔 쥐게 되었습니다. 그래서 레아티즈는 독약이 묻은 칼로 몸에 상처를 입게 되었습니다. 여기에 질겁을 한 레아티즈는 왕의 음모를 햄릿에게 토하지 않고는 못 견디게 되었습니다. 그때 햄릿도 이미 그 칼끝에 상처를 입은 몸이었으나 최후의 있는 힘을 다해서 숙부 왕을 그 자리에서 찔러 원수를 갚고 자기도 쓰러집니다.

아버지는 암살을 당했고 어머니는 아들을 보호하려고 독약을 대신 마시고 죽고 숙부인 왕은 자기 칼에 죽고 애인은 미쳐서 죽고 자기 자신 주인공마저 죽음으로써 햄릿의 비극적 일생의 막은 내립니다. 너무나 비참합니다. 이렇게 다 죽다니…. 햄릿만이라도 살아남았으면 하는 것이 우리의 인정이겠지요. 햄릿의 비극에서 나는 두 가지 점만을 지적하겠습니다. 그 첫째는 무지한 사람의 지혜가 진리를 발견할 수 있느냐, 사람이 진리와 함께 살 수 있느냐, 그렇지 아니하면 진리를 발견하는 순간 인생은 죽어야 하느냐, 초로인생(草露人生)이라고 하는데 진리의 태양이 아침에 떠오르면 이슬 같은 인생은 사라지고 말지 않느냐, 이 점이 내가 말하려는 두 번째 점입니다. 초로인생은 환각이요 이 환각이 깨지는 날, 실재와 진리의 밑바닥이 드러나는 날 인생은 파멸하고야 만다는 것이 햄릿 비극의 주장인 듯합니다(야스퍼스의 『비극론』 참조). 그래서 인생은 구원이 없는 비극이라는 점에 관해서는 오이디푸스왕의 비극이나 햄릿왕자의 비극이나 같은 주장을 하는 것으로 보입니다.

햄릿은 진리의 탐구자입니다. 진리를 밝히고자 자기의 목숨을 내걸었습니다. 그는 진리를 엿보고자 이 세상 밖에 뛰쳐나가서 미친 사람이 되어서 인생들의 연극을 관극(觀劇)하는 것입니다. 그래서 햄릿은 진리를 알았습니다. 자기 아버지는 필경 암살당했다고 짐작이 갔습니다. 그 지식은 자기에게 확실치는 아니했습니다. 그는 '의심'하기 시작했습니다. 유령이 나타나 진리를 자기에게만 따로 불러서 알려주었습니다. 그래서 그는 이 진리를 확인하려고 연극을 꾸미고 스스로는 양광(佯狂)이 되었습니다. 여러분 진리, 참을 어떻게 알게 되는지 아십니까? 논리적인 추리와 과학적인 검증으로 진리를 아는 줄로 생각하십니까? 아니올시다. 진리는 의심에서 싹트고 참은 영이 친히(즉 자기에게만) 일러주는 것입니다. 유령도 일종의 영입니다. 그것이 진리의 길입니다. 진리는 검증(檢證)이 되는 것이 아니라 조명(照明, erhellung)이 되는 것입니다. 여러분, 사랑하는 아내가 자기를 배반하고 부정을 범했다면 그것을 과학적으로 알게 됩니까? 그럴 때 우리는 '센스'라는 말을 씁니다. 혹은 '감득'(awareness)이라는 말을 쓸 수 있을 것입니다. 또 미묘한 뉘앙스를 띤 '의심'이라는 말이 있습니다. 진리는 우리의 방법적인 탐구(methological research)의 대상이 되지는 아니합니다. 진리는 영이 우리에게 알려주는 것입니다(로마서 8:16). 그것을 계시라고 합니다. 야스퍼스는 여기에 새로운 태도와 방법을 모색하여 그것을 '실존 조명'이라고 했습니다만 그것이 얼마나 성공적일지 나는 아직 모릅니다.

나라의 모든 사람들이 정말 거짓말을 참말로 알고 온 세상 사람들이 진리를 모르고 허구에서 살고 있다면 이 세상은 거짓의 안개 속에 있는 것이 아니겠습니까? 세상은 자기 아버지 선왕이 잠자는 사이에 독약이 귀에 들어가서 암살된 줄을 모르고 독사에게 물려서 죽은 줄로 알고 있습니다. 그래서 그는 이 거짓의 짙은 안개 밖으로 뛰쳐나갔습니다. 그래서 미친 사람으로 가장했습니다. 미친 사람이 되어야 거짓말 하는 사람들의 마음속을 들여다볼 수 있겠기에 그러한 것입니다. 그래서 그는 특수한 방법으로 진리에 접근했습니다. 진리는 무한합니다. 심원합니다. 거짓 인생의 극한에 이르러 진리에 접근하면 허구의 삶, 초로인생은 그때 환멸하고 파멸합니다. 그래서 인생은 비극으로 끝을 맺습니다. 오이디푸스와 햄릿은 인생의 진실 곧 비극입니다. 구원이 없는 비극입니다. 삶 속에 있는 '죽음의 본능'은 '삶의 본능'을 삼켜버리고 말았습니다. 죽음이 삶을 삼켜버리면 그 다음에는 고요한 정숙밖에는 없습니다. 그것이 죽음의 정적입니다. 그렇기에 햄릿의 임종 시의 최후의 말은 "The rest is silence"입니다.

4. 욥기에 나타난 비극성

다음으로 나는 구약성서의 욥기에 관해서 이야기하겠습니다. 욥기 역시 인생 실존은 비극이라는 것입니다. 그러나 오이디푸스나 햄릿이 '구원이 없는 비극'이라고 하면 욥기는 '구원을 찾는 비극'이라고 하겠습니다. 아까 읽은 욥기의 인용문을 다시 읽어보십시오. 여기에서 욥은 자기의 생을 저주하며 죽기를 바랍니다. 이상이나 사명이나 양심과 같은 '감독자의 소리'를 듣기 싫어하고 죽고 싶다는 것입니다. 작은 자나 큰 자나 다 일반이고 종과 상전의 차별과 질서가 없는 죽음의 평균 상태로 돌아가고 싶다는 것입니다. 이것이 '죽음의 본능'의 발작입니

다. 이 죽음의 충동이 삶 속에 지배적이라면 인생은 비극입니다. 욥은
인생을 비극으로 보고 있습니다. 그러나 욥의 비극에는 좀 다른 무엇이
있습니다.

어찌하여 곤고한 자에게 빛을 주셨으며
마음이 번뇌한 자에게 생명을 주셨는고…
죽기를 바라도 오지 아니한다.

라고 비극을 표시하지만 또 욥은 곧 이어서,

하느님에게 둘러싸여 길이 아득한 사람에게
어찌하여 빛을 주셨는고…

합니다. 욥의 인생은 생의 내부 심충에 있는 '죽음의 본능'에 시달
리는 인생에서 그치는 것이 아니라 생의 외부 밖에서부터 오는 초월자
곧 신의 문책을 받고 있는 인생입니다. 생이 한갓 육적·자연적 본능에
불과하다면 생은 비극에 불과할 것입니다만 "생은 명(命)이라" 곧 생
은 절대자의 명령입니다. 그렇기에 철학자 칸트는 지상명령을 말했고,
신학자 브루너는 신적(神的) 명령을 말했습니다. 여하간 삶은 신의 명령
입니다. 한갓 헛된 육욕, 권세욕, 죽음의 충동에 불과한 것이 아닙니다.
　욥기는 생을 비극으로 체험합니다. 그러나 거기에 그치는 것이 아
니라 이 생 곧 비극이 무엇인가, 생의 의미가 무엇인가, 이 비극을 어떻
게 해결할 것인가 그 답안을 찾습니다. 욥기는 인생의 비극에 대해서
몇 가지 해결을 제시합니다. 그것은 욥기의 구성을 분석함으로써 밝혀
집니다. 욥기 42장은 다섯 부분으로 분류됩니다.

① 1-2 　　　　욥이 당한 불행

② 3-31 　　　　욥의 세 친구(데만 사람 엘리바즈, 수아 사람 빌

　　　　　　　　 닷, 나아마 사람 소바르)와 욥이 하는 대화

③ 32-37 　　　 욥의 제4의 친구인 부스 사람 엘리후의 말

④ 38-41 　　　 신의 말씀

⑤ 42 　　　　　욥이 다시 신의 축복을 받았다는 후미

욥의 고난, 비극에 대한 세 가지 설명이 여기에 제시되었습니다. 하나는 세 친구가 하는 설명이요, 또 하나는 제4의 친구가 하는 이해요, 또 하나는 하느님이 욥에게 말씀하시는, 말하자면 욥 자신의 이해라고 결론내릴 수 있는 것입니다.

첫째로 세 친구들은 욥에게 말합니다. "하느님은 정의의 하느님이시다. 사람은 그 짓는 죄 때문에 벌을 받아야 한다. 사람은 하느님 앞에 자기의 무혐을 주장할 수 없다. 부지중에 죄를 짓는 수도 있고 또 자녀가 아버지 모르게 죄를 짓는 것도 있으니 하느님의 징벌을 두려운 마음으로 받고 뉘우치면 하느님께서는 용서하시고 다시 자비를 베푸신다"라는 것입니다. 이 세 친구들은 윤리 도덕적인 면에서 인생의 고난과 비극을 이해합니다. 비극에 대한 가장 일반적인 이해는 이러한 부류에 속합니다. 그러나 오늘날에 와서 윤리의 권위는 과거에 있었던 것 같지 아니하고 그 위엄은 땅에 떨어진 형편입니다. 왜 이렇게 되었느냐 하면 옛날 사람들이 생각했듯이 윤리의 내용은 그렇게 보편타당하고 절대적인 것이 아니라는 것이 드러났습니다. 어떤 윤리 내용이거나 그것은 어느 특정한 시대와 계급과 장소 등의 제약을 받은 상대적인 것이라는 것입니다. 이러한 것이 소위 지식사회학의 이론이겠지요. 마치 우리가 페니실린 주사약을 사면 그 포장지에 어느 나라 제품이라는 것, 또 시

효까지 찍혔듯이 윤리 내용도 그러한 역사적 · 상대적인 일부인(日附印)이 찍혔다는 것입니다. 그렇기 때문에 새 문제가 나타난 새 시대에는 예전 그대로는 적용되지 아니한다는 것입니다. 그럴 뿐 아니라 윤리의 형식도 지나치게 엄격하게 되면 인간의 내적인 심리와 생리까지를 억압해서 오히려 불안을 강조하고 사고를 도발시키는 폐단이 따른다는 것입니다. 따라서 인간은 윤리적 속박 즉 '율법의 멍에'에서 해방되고 자유스런 존재가 되어야 한다는 것입니다. 욥은 세 친구들이 제시하는 이러한 윤리적인 비극 해석을 수긍하지 아니했습니다. 그는 이 세 친구들의 우정만을 달게 받고, 비극과 고난에 관한 그들의 해석은 수락하지 아니했습니다.

제4의 친구인 부스 사람 엘리후가 말한 인생 비극에 관한 이해는 새로운 뜻과 깊이가 있습니다. 엘리후는 현대식으로 말하자면 psychiatrist로서 정신분석을 하고 상담요법을 하는 역할을 맡아가지고 무대 위에 나타납니다. 엘리후는 윤리학자가 아니라 심리학자의 입장에서 인생의 고난과 비극을 이해합니다. 나는 여기에 의식적으로 윤리학적인 '설명'과 심리학적인 '이해'를 구별하여 말했습니다. 어떤 학자는 이해에는 반드시 '전이해'(前理解)가 앞선다고 보았습니다만 그보다도 도대체 이해하는 것은 다 '전이해'의 성격을 가지고 있는 것으로서 마음과 마음이 직접 통하는 상대를 가리킨 것입니다. 제4의 친구의 입장이 이러한 입장을 표시 했다는 것은 상징적인 의미가 있는 것 같습니다. 1, 2, 3이 의식(지식)을 상징한다면 제4는 무의식(감정)을 상징합니다. 이 제4의 문제에 관한 고전적인 실례를 두서너 가지 들기로 합시다.

플라톤의 『티마에오스』(Timaeous)에서

One, two, three—but where is the fourth?

괴테의 『파우스트』에서

Three we brought with us,
The fourth would not come.
He was the right one
Who thought for them all.

또 도스토예프스키의 『카라마조프가의 형제들』 중에 나오는 제4의 형제 곧 스메르차코프의 위치(이 제4의 형제 반백치는 미차와 이반의 의식을 수행한 무의식의 충동에 불과하다).
　이러한 실례에서 보이는 제4의 친구의 입장이 상징적일 뿐 아니라 그 엘리후의 말이 또한 뜻이 있습니다.

하느님은 모든 행하시는 것을 스스로 진술치 아니하시나니
네가 하느님과 변쟁함은 어찜이뇨.
사람은 무관히 여겨도 하느님은 한 번 말씀하시고
다시 말씀하시되
사람이 침상에서 졸며 깊이 잠들 때
꿈에나 밤의 이상 중에
사람의 귀를 여시고 인치듯 교훈하시나니,
이는 사람으로 그 꾀를 버리게 하려 하심이며.
사람에게 교만을 막으려 하심이라.
그는 사람의 혼을 구덩이에 빠지지 않게 하시며
그 생명을 칼에 멸망치 않게 하시나니라
(욥기 33:14-20).

"사람은 무관히 여겨도 하느님께서는 한 번 말씀하시고 또다시 말씀하신다"(God speaks in one way, and in two, though man does not perceive it). 이 말은 이렇게 이해할 수도 있을 것입니다. "하느님께서는 윤리적 교훈도 하시지만 때로는 심리적 암시도 하신다." "하느님께서는 사람의 의식적인 자각에 대해서 말씀하시지만 때로는 사람의 무의식의 깊이에도 그의 뜻을 바치십니다." 이렇게 한 번 말씀하시고 다시 말씀하십니다.

사람이 침상에서 조을며 깊이 잠들었을 때
꿈에나 밤의 이상중에
사람의 귀를 여시고 인치듯 교훈하시나니…

엘리후의 이 말은 심리학자 C. G. 융이 제시한 케이스에 부합합니다. 정신과 의사인 융에게 어떤 날 사회적 지위가 높은 한 신사가 찾아왔습니다. 그는 본래 벽촌 가난한 농부의 아들로서 독학 자수하여 차차 사회적 지위를 쌓아올려 오늘날의 자리에까지 도달했습니다. 그런데 근래에 와서 가끔 구토증, 현기증이 생기고 집무 능률이 현저하게 쇠퇴해간다는 것이었습니다. 그리고 불안, 걱정이 마음을 괴롭힌다는 것입니다. 융 박사는 진찰과정 에서 그 신사가 꾼 두 가지 꿈을 들었습니다. 그 한 가지 꿈은 자기의 고향인 벽촌에 갔는데 거기 길거리에 옛날의 국민학교 동무들이 모여 있었습니다. 모르는 척하고 그들을 지나쳐가는데 그들이 뒤에서 수근 거리는 말이 "저 사람은 요즘, 별로 고향에 오지 아니한다"라는 이야기였습니다. 또 한 꿈은, 중대한 용무로 황급히 여행을 떠나려고 집에서 여장을 갖추어 차 시간을 놓치지 않기 위해서 쏜살같이 문밖으로 뛰쳐나갔는데 그 순간 중요한 문서가 든 가방을 가지고 오지 아니한 것이 생각이 나서 되돌아가서 이리 찾고 저리 찾고 간신히 찾아내어 정거장에 도착해보니 차는 방금 떠나갑니다. 그 긴 열차의 맨 끝 칸에 매달리듯 하여 겨우 타게 되었는데 그 긴 열차가 S자 모양의 철로 커브를 과속도로 달리다가 ―아니나 다를까 염려하고 있던 대로― 자기가 타고 있는 칸이 탈선해가지고 굴러 부서졌습니다. 그 무서운 소음에 잠이 깼다는 꿈입니다.

융 박사는 해몽을 이렇게 하고 있습니다. 이 두 꿈은 이것을 말합니다. "당신은 당신에게서 너무 멀리 떠나 있소. 당신은 지금 출세해서 옛 모습에서 너무 멀리 떨어져 있소. 가난한 농부의 아들이 높은 사회적 지위에 올라선 것은 마치 어린아이가 높은 나무 위에 올라앉은 모양과 같아서 어지럽고 불안해집니다. 그러니 조심하시오, 침착하시오 하는 꿈의 경고입니다." 욥의 제4의 친구 엘리후의 말 "한 번 말씀하시고 다시 말씀하신다"라고 하는, 이 다시 말씀하신다는 것에 해당한다고 할 수 있겠습니다. 꿈이 우리에게 말한다는 것은 우리 속에 감추어진 무의식, 곧 내가 모르는, 속에 있는 나, 곧 본능 충동이 내게 말하는 것입니다. 깨어 있을 때에는 우리의 의식과 교양과 체면에 억눌려서 머리를 쳐들지 못하다가 우리의 의식과 체면이 잠든 틈을 타서 도적 같이 의식의 문턱을 밟고 들어오는 것입니다. 그래서 양심상 체면상 못하는 부끄러운 일까지 하고 양심이 잠자는 틈을 타서 욕망을 이루는 것입니다. 사실상 오늘날의 심층심리학은 인간의 실상에 관해서 참으로 깊게 많이 발견해주었습니다. 인간의 정체는 의식과 양심과 사회에 억압을 당하고 있는 무의식·본능·충동·욕심이라는 것입니다. 다시 말하자면 인간은 비극이라는 것입니다. 인간은 하나의 욕심이 뭉친 자기밖에 모르는 맹목적인 의지여서 좌충우돌, 결국 자기파멸로 끝막고 마는 비극이라는 것입니다.

그러면 이러한 비극적인 삶의 여실(如實)에 대한 설명을 들어보기로 합시다. 위대한 철인들의 의미 심오한 말이기에 간단하게 말할 수 있는 것이 아니지만 한 마디씩으로 소개하는 것을 용서하시기 바랍니다.

옛날 그리스의 철인 아리스토텔레스는 비극의 효험(效驗)은 카타르시스(淨化·洗條)에 있다고 생각했습니다. 비극의 슬픔은 인간의 심정을 슬프게 하기 때문에 또한 맑게 하는 것이라는 것입니다. 근대의 허무주의의 철인 니체는 약한 자에게는 비극이 없고, 오직 강한 자에게만 비극이 있다는 것을 알고 그것을 간파했습니다. 강한 자는 그 강함 때문에 비극을 맛보는 것이기 때문에 비극은 그 자체가 강한 자의 지수(指數)요, 또 그에게 대한 다시없는 보상이라는 것입니다. 현대의 독창적인 심리학자 프로이트는 인생을 비극으로 알았습니다. 그러나 다른 한편으로 그는 비극의 치료를 생각해본 것 같습니다. 그의 소신을 극단적으로 표현해보자면 이러한 것이 될 것입니다. "생이 비극이라는 것을 알면 문제는 거기에서 중단하지 그 이상 더 슬퍼할 것이 무엇이 있단 말이냐?" 하는 것입니다. 사실상 정신요법의 요체는 비극의 근본원인과 그 이치를 알려서 수락시키면 심적인 질환은 치유가 된다는 것입니다.

이렇게 말하는 까닭은 프로이트에 의하면 인간행동의 앞과 뒤는 상반하는 것 곧 행동은 그 숨은 동기를 반드시 속여서 표현하기 때문에 그 숨은 동기를 노출시키면 된다는 것이요, 융에 의하면 문제의 행동을 '상징'이라고 생각하기 때문에 이 상징을 해석해서 알게 되면 치유가 된다는 이론입니다. 두 심리학자가 모두 일종의 오묘한 지식 곧 그노시스(gnosis)를 말하고 있습니다. 아리스토텔레스, 니체, 프로이트 및 융은 말하자면 욥의 제4의 친구 엘리후에 해당합니다. 그들은 도덕적인 권면을 말하는 것이 아니라 심리적인 치료를 하려는 셈입니다. 그런데 욥의 비극은 이러한 치료로 다 되는 것이 아닌 것 같습니다. 윤리와 심리학이 미급하다면 다음에는 형이상학으로 충당할 수 있을는지 모르겠습니다. 여하간 다음 막에서는 하느님이 친히 하시는 대사가 나옵니다.

욥기에서 신의 직접 대사가 나오는 38-41장은 신·구약성서 중에서도 가장 장엄한 장절 중에 하나입니다. 욥의 비극에 관한 부르짖음은 본래 무신론자의 자멸의 독백이 아니라 하느님께 대한 호소입니다. 하느님이 자기를 괴롭힌다는 것입니다. 욥에게 나타난 하느님은 폭풍의 위력이며 악어의 억셈입니다. 곧 그는 무서운 파괴력을 역사(役事)하는 자연의 힘입니다. 종교개혁자 루터의 '숨어 계시는 하느님'에 해당합니다. 이러한 신이 욥에게 말씀하시는 경우에 신은 한갓 합리성이나 지고선(至高善)이 아니기 때문에 그 말씀의 의미 내용보다도 하느님이 친히 말씀하신다는 사실이 절대적입니다. 하느님이 말하신다는 사실 앞에 욥은 압도되어서 생의 비극은 신의 장엄으로 바뀌집니다. 그러므로 하느님께서 친히 말씀하신다는 사실 자체를 보지 못하는 독자에게는 욥기 38-41장은 비극의 해결이 되지 못합니다. 욥기 끝장에서 욥이 하는 말에,

주께서는 무소불능하시오며 무슨 경영이시든지 못 이루실 것이 없는 줄 아오니 무지한 말로 이치를 가리우는 자가 누구오니까. 내가 스스로 깨달을 수 없는 일을 말하였나이다. … 내가 주께 대하여 귀로 듣기만 하였삽더니 이제는 눈으로 주를 뵈옵나이다.

이 말은 하느님이 말씀하시는 사실, 사건을 본다는 뜻이겠습니다. 만일 욥기 38장의 신의 대사가 인생의 비극을 해결하는 것이라면 그 이상 예수 그리스도의 오심은 불필요했을 것입니다. 욥기는 인생 비극

에 관한 질문이며 거기에 관한 구원을 기다리는 기원입니다. "내가 알기에는 나의 구속자가 살아계시니 후일 그가 땅 위에 서실 것이라"(욥기 19:25), 이것이 욥의 구원을 기다리는 기도입니다. 여기 욥기의 영원한 가치가 있습니다. 인생비극의 해결이 하느님이 말씀하시는 사실에 있다고 신약성서는 단적으로 우리에게 말해줍니다. '하느님이 말씀하시는 사실'이란 곧 '예수 그리스도와 그의 십자가'입니다. 그리스도의 십자가는 비극을 넘어선 하느님의 능력입니다.

5. 비극을 넘어서는 그리스도 신앙

인생은 비극입니다. 이것은 소포클레스나 셰익스피어나 욥기가 같이 말하는 바입니다. 그러면 인생은 비극에 불과한가, 비극을 넘어설 수는 없는가.

나는 여기에 대해서 그리스도의 십자가를 말하기 전에 잠간 야스퍼스의 비극을 넘어서는 '철학적 신앙'을 말해보겠습니다. 야스퍼스는 그의 주저(主著)라고 말할 수 있는 『철학적 논리학』의 제1권 「진리론」에서 비극을 논한 다음 그 결론을 이렇게 맺었습니다.

비극은 어디에서나 조화가 없는 세계에 그리고 그 결말이 내다보이는 곳에 발생한다. 이렇게 말하는 것은 논리적 추리로 말하는 것이 아니라 우리 앞에 있는 것에 대한 실존적 조명으로써 그렇게 말하는 것이다. 조화 없는 실패가 우리가 보는 모든 파멸 속에 있다. 우리들의 시간적인 실존 안에는 조화는 이루어지지 아니한다. 그것은 다만 비극적인 탈을 쓰고서 나타난다. 그러나 이렇게 말하는 것은 곧 비극은 절대가 아니오 현상계에 속한다는 말과 같다. 비극은 '초월의 영역'에나 '존재의 근저'에 속한 것은 아니고 그것은 감정과 시간의 세계에 속한 것이다.

위의 야스퍼스의 생각은 아마 이러한 것 같습니다. 비극은 바다에 이는 물결과 같아서 바람이 이는 대로 파도가 치지만 바닷속 깊은 곳에는 부동의 밑바닥과 고요한 평화가 있다는 것 그리고 인생은 마치 하늘의 날씨와 같아서 때로는 뇌성벽력 거센 비바람이 치지만 그러나 하늘 높이 솟아오르면 거기에는 바람이 일지 않고 구름이 없는 맑고 고요한 초월의 세계가 있다는 것, 그래서 이러한 초월의 영역과 존재의 근저에는 비극은 미치지 못한다고 하는 것 같습니다. 이것이 야스퍼스의 비극을 넘어선 '철학적 신앙'이라는 것이겠지요.

그러면 철학자는 그 '철학적 신앙'이라는 날개를 치고 혹은 '초월의 세계'로 또 혹은 '존재의 근저'에로 이 실존의 비극을 넘어설 수 있다고 하더라도 이 실존 곧 철학자가 아닌 우리의 삶은 그대로 비극에 영원히 머물러 있을 수밖에 없는 것일까요? 철학적인 사고로써 비극을 극복하는 초월의 세계, 종교적인 수양으로 비극을 극복하는 신비의 세계가 아닌 이 세계, 이 역사적인 실존은 어떻게 비극을 이길 수 있을까요? 다시 말하자면 '이데아'(이념)나 엑스타시(황홀)의 길로써 비극을 초월하는 방법 이외에 '실존의 비극'이 이 역사 안에서의 '새로운 존재'로 변질되는 길은 없을까요 하는 말입니다.

우리는 끝으로 인생 욥의 부르짖음에 대한 '하느님이 말씀하시는 사실' 즉 '예수 그리스도와 그 십자가'를 바라봅시다. 이상과 봉사와 사명과 사랑으로 사신 예수는 십자가에 달리는 사형을 받았습니다. 이것은 생의 비극입니다. 그렇기에 십자가를 지고 골고다로 가는 그의 뒤에는 그를 추앙하는 많은 사람들이 따랐고 그의 죽음을 슬퍼하는, 갈릴리에서 온 여인들이 따르며 통곡했습니다. 그러나 십자가를 짊어지신 예수 그리스도는 그들을 돌아보시며 말씀하시기를 "예루살렘의 딸들아, 나를 위해서 울지 말고 너희 자녀들을 위해서 울라"라고 하셨습니다. 우리의 생은 비극이지만 그러나 그 한복판에 있는 주의 십자가는 이미 그 비극을 넘어섰다는 것입니다. 십자가는 비극과 슬픔입니다만 그러나 그것들을 구속하시는 하느님의 지혜며 능력입니다. 십자가는 생의 비극이 하느님의 생명에 삼키 우는 구속의 사건—물론 역사적 사건—입니다. 이것은 이념이나 황홀이 아니라 사건입니다.

인생은 비극일까요? 여기에 대해서 나는 다음과 같은 신앙의 이치로써 간접적인 대답을 하려고 합니다.

1) 우리가 기도를 하면 하느님께서는 그 기도에 응답, 성취시켜주실까요? 우리가 어려움에 빠져있을 때 하느님께서는 우리를 기도시키십니다. 기도하는 사실 자체, 기도하는 상태 그대로가 이미 하느님의 축복입니다. 그렇기에 기도의 극치는 하느님의 뜻이 이루어지이다 하는 기도입니다.

2) 우리는 역사의 장래에 대한 예언을 할 수 있을까요? 역사는 어떤 패턴에 따라 진행하는 것일까요? 구체적인 생각을 하자면 공산군이 다시 남한에 쳐들어오고 아시아가 공산주의 천지가 되지나 아니할까요? 장래를 결정하는 중요한 한 요소는 현재의 우리의 각오와 행동입니다. 이 요소를 산입(算入)하지 않고 그저 남의 문제같이 혹은 과학적인 연구같이 혹은 점괘를 뽑는 것같이 역사의 장래를 생각한다는 것은 우습고 어리석은 일입니다.

3) 내 이웃 사람이 누구입니까 하고 묻는 질문에 우리의 주는 네가 이웃 사람이 되라고 대답하셨습니다.

4) 인생은 비극일까요? 생은 한갓 비극에 불과한 것은 아닙니다. 인간의 삶은 ‘인격적인 결단’입니다. 이러한 힘이 부족할 경우에는 ‘생명의 경외’를 느껴보십시오. 만일 삶의 신비마저 상실되거든 ‘존재의 용기’를 가지고 버티는 것입니다.

5) 백척간두(百尺竿頭)에 진일보해서 한마디만 더 하겠습니다. 우리더러 각각 ‘이웃 사람’(사회적인 삶)이 되라고 말씀하신 그이는 사실인즉 비극에 처해 있는 인생에게 오신 ‘이웃 사람’입니다. 여리고 길에서 강도를 만나 사경에 빠져있는 이웃으로 우리에게 오신 분입니다. 우리의 삶의 비극은 그의 십자가에 삼키웠습니다. 그리해서 우리의 삶은 그의 안에 믿음(faith in Christ)이 되었습니다. 이것이 비극을 넘어선 그리스도 신앙입니다.

부록

서남동의 민중신학을 말한다

2018년생 서남동 목사님을 기리며
— 그의 삶과 민중신학*

서광선

(이화여대 명예교수, 전 죽재서남동기념사업회 이사장)

서남동 목사 탄생 100주년 기념사업회 발족

지난 2월 1일, 기장 선교교육원에서 죽재(竹齋) 서남동 목사님의 탄생 100주년을 기리는 기념사업회가 발족하였습니다. 한국 민중신학회 회원들과 서 목사님이 선교교육원 원장 일을 맡아, 박정희 유신정권에 항거하고 데모하다가 퇴학당한 학생들에게 민중신학을 강의하실 때 모여 들었던 "정치범 전과자"들이 다시 모여, 서남동 목사님을 기억하고 기념하였습니다. 100주년 기념사업회가 준비한 봉투 안에는 그날 모임의 순서지와 함께 하얀 광목천에 서남동 목사님의 초상화와 함께 다음과 같은 글이 적혀있는 보자기가 들어 있었습니다.

복음은 원래 가난한자들의 복음이었던 것이 부자들의 복음으로 변해

---

* 이 글은 2018년 5월 10일 한국신학대학교 장공기념관에서 행한 강연록이다.

버렸다. 부자와 가난한 사람, 주인과 종을 같은 죄인이라고 균등화하는 것은 하느님 앞에서 죄를 범하는 것이고 현실의 잔혹한 불평등과 비참한 가난에 대한 외면 무관심을 낳고 부자들의 자기의인을 다져주게 된다. 부를 같이 나누려 하지 않고 죄만을 같이 나누는 것이다(『민중신학의 탐구』에서).

이 말은 1970년 11월 13일, 전태일이 "노동자도 사람이다"라고 외치면서 분신자살한 시대에 한 말입니다. 한국의 민중신학은 이제 지나간 시대의 신학이고 사라져 가는 옛날 신학이라고들 하지만, 이 말은 오늘 젊은이들이 외치는 "헬 조선", "현실의 잔혹한 불평등과 비참한 가난에 대한 외면 무관심을 낳고" 있는 우리의 오늘의 현실을 말하는 것입니다. 민중신학의 목소리가 희미해지고 힘을 잃고 있을지는 몰라도, 오늘의 한국의 민중의 현실, "부는 같이 나누려 하지 않고 죄만을 같이 나누자"라고 강요하는 상황을 예리하게 고발한 것입니다. 오늘도 서남동 목사님의 힘찬, 분노에 찬 음성을 듣는 것 같습니다.

귀공자 학자 서남동 교수

서남동 목사님은 목포 앞바다 작은 섬 출신이시고, 1918년생이시니까 일제 강점기 초등학교 5학년 때 예수를 알게 되었고, 전주의 미국 선교사 학교인 신흥중학교를 졸업하였습니다. 중학교를 졸업하자마자 19세 나이에 일본 교토에 있는 기독교 대학인 도시샤(同志社)대학 예과로 진학합니다. 서 목사님의 집안은 수재 아들을 일본에 유학 보낼 수 있을 정도로 유복한 편이었습니다. 일본이 미국 하와이 진주만 해군 기지를 기습 공격해서 태평양전쟁(제2차 세계대전)을 선전포고한 1941

년에, 같은 대학의 저명한 신학부를 졸업하셨습니다. 우리의 애국 시인 윤동주 선생이 1942년 도시샤대학에 입학하였기 때문에 대학 동문이지만 서남동 목사님이 도시샤대학을 졸업한 다음 해에 입학한, 후배 동창이 된 셈입니다.

서 목사님은 일제하 전쟁 중에 평양으로 귀국하여 평양 소재 요한 성경학교 교사로 봉직했으나 1년 후에 대구로 내려 와서 10년 동안 대구 시내 교회들을 전전하면서 목회 일을 보셨습니다. 그러니까 8.15 해방도 대구에서 맞이하셨을 것이고, 6.25 전쟁도 그 많은 피난민들 틈에서 겪었을 것이었습니다. 뿐만 아니라, 그 전쟁 통에 김재준 목사님이 대구 피란 교회에서 20세기형 종교재판을 받으시고 예수교장로회 총회에서 축출되는 과정을 지켜보고, 김재준 목사님의 뒤를 따르기로 결심했던 것입니다. 그리하여 1952년, 35세의 약관으로 한국신학대학의 교수로 초빙되었습니다. 그러고는 당시 많은 신학자들이 미국이나 캐나다로 유학하여 서구 신학 사조를 연구한 것처럼, 우리 서남동 목사님은 기장의 신학적 역사적 배경의 나라 캐나다로 유학하시게 됩니다. 토론토의 임마누엘 신학대학에 유학하여(1954-1957) 석사학위를 취득하고, 귀국하여 한신대학에서 강의하시다가 1961년 연세대로 옮기셨습니다.

서구 신학의 권위자 서남동 교수

일본 신학계의 학풍은 독일 신학을 중심으로 하는 유럽 신학을 철저하게 계승하고 연구하고, 번역하고, 해설하는 것이었습니다. 일본 신학계는 유럽 신학자 중 유독 칼 바르트를 중심으로 하는 신정통주의 신학이 주류였습니다. 가끔 바르트와 대립각을 세웠던 부르너의 신학을 연구하고 소개하는 일본 학자들이 있었지만, 주류는 되지 못한 형편이었습니다.

서남동 목사님은 일본 신학계의 영향을 받아, 서구 신학에 대한 철저한 학습과 해석 그리고 한국 신학계에 소개하는 일에 전념할 정도였습니다. 그래서 서구 신학의 "안테나" 역할을 한다는 칭찬 아닌 칭찬을 받으시기도 했는데, 좋게 말해서 서구 신학을 정확하게 소개하고 세계 신학의 동향을 한국 신학생들과 목사들에게 알리는 "안테나" 역할을 했다는 것으로 들리지만, 다른 한편, 한국의 신학자로서 독자성도 창의성도 없이 외국 신학자 이름이나 나열한다는 소리로도 들렸습니다. 그래서 서 목사님은 "서구 신학의 안테나"란 별명을 그리 좋아하시지 않았던 것으로 기억합니다.

서 목사님이 1961년 캐나다에서 귀국하셔서 우리 한국신학계에 소개한 것은 바르트나 부르너가 아니었습니다. 오히려 미국으로 망명한 독일 신학자 폴 틸리히(Paul Tillich)의 신학이었습니다. 그리고 1960년대 독일 신학계와 미국 신학계를 놀라게 한, 독일 나치 히틀러 암살 계획에 가담했다가 체포되어 제2차 세계대전 종전 한 달 전에 교수형으로 처형된 디트리히 본회퍼의『옥중서한』에 담긴 기독교의 비종교화, 세속화 신학을 한국 신학계에 퍼뜨린 것 역시 서남동 교수님이었습니다. 이어서 미국 하바드신학대학의 하비 콕스가 펴낸『세속도시』역시 서남동 교수님을 통해서 한국 신학계에 알려졌습니다. 1960년 중반 독일의 튜빙겐대학의 신학자 몰트만이 펴낸『희망의 신학』은 한국의 신학계를 놀라게 했고, 미국 신학자들이 떠들기 시작한 "신의 죽음의 신학" 역시 서남동 교수님의 강연과 글들을 통해서 한국에 소개되었습니다. 놀라운 것은 미국 철학계의 거장, 화이트헤드가 이끄는 과정철학이 미국 신학계의 과정신학으로 이식, 발전되는 미국신학계의 동향과 함께 생명과학과 신학의 합류라는 거대한 학문적 흐름에 접촉하면서 떼아르 샤르댕의 우주와 생명과 생태 철학과 신학에 심취하게 된 것이었습니다.

여기까지, 1960년대의 서남동 목사님은 신학대학 교수, 거의 순수한 강단 신학자였습니다. 세상이 어떻게 돌아가는지 상관하지 않고 대학 연구실과 서재에서 서구 신학에 심취한 학자, 그야말로 "백면서생"(白面書生), 흰 얼굴을 한 수려한 용모의 귀공자 학자 교수였습니다. 제가 1969년 미국에서 신학 공부를 마치고 귀국해서 처음 목사님을 뵈었을 때의 첫 인상이었습니다.

신학하는 패러다임의 전환

제가 귀국해서 1969년 가을 학기부터 이화여대에서 신학을 강의하기 시작할 때는 박정희 대통령이 정권의 야욕을 버리지 못하고 3선을 위하여 헌법을 고치겠다는 소리를 내고 있을 때였습니다. 박정희 장군의 5.16 군사 쿠데타에 대해서 "4 · 19 이후의 사회 혼란을 진정시키고 사회질서를 잡기위해서는 군사 쿠데타는 '불가피'한 일이고 최선은 아니지만, "차선책"(lesser evil)이라고까지 "미화"하던 기독교 지도자들이 드디어, 아니 비로소 권력의 끝없는 탐욕과 악마 성을 깨닫고, 들고 일어났던 것입니다. 김재준 목사님을 비롯한 교계 지도자들과 재야 원로들이 박정희의 3선개헌 책동에 정면으로 반대하고 나서던 때였습니다.

1960년대 한국의 신학계는 감리교신학대학의 윤성범, 변선환, 유동식 교수들을 중심으로 하는 한국기독교 "토착화 신학운동"이 한참

이었습니다. 이승만 시대부터 정통 보수 기독교라고, 스스로 자랑하는 저의 교단 장로회 계통의 교회 지도자들은 반공과 국가 안보를 내세우고, 박정희 장군의 영구 집권은 하나님의 뜻이라고 강변하고, 요사이 문재인 대통령과 남북 정상회담에 대해서 환호를 보내는 민중을 "종북, 빨갱이, 주사파"라고 떠드는, 소위 야당 당수라는 사람처럼, 당시의 김재준, 박형규 목사 같은 3선 개헌을 반대하는 목사님들을 이단 목사들이라 별 수 없다고, "빨갱이 목사"로 천대하고 있었습니다.

저는 이화여대 선배 교수이며 뉴욕 유니언신학대학원의 선배 되시는 현영학 교수님의 소개와 추천으로 서남동 교수님이 주축이 돼서 모이는 신학자 독서 그룹에 가입하게 되었습니다. 거의 매주일 종로2가에 위치한 서울 YMCA 호텔 방을 빌려서 구미 신학계에서 출판한 최신 신학서적을 돌아가면서 소개하는 공부모임이었습니다. 거기에는 서 목사님이나 현 교수님 이외에도 가끔 안병무 박사님도 오셨고, 문익환 목사님도 함께 했고 박형규 목사님도 가담하셨던 기억이 납니다. 저는 학부때부터 10년 이상 미국에서 공부하고 돌아 온 터에, 이들 기라성 같은 선배 목사님, 교수님들에게서 많은 것을 배웠습니다. 무엇보다도 한국의 교회와 한국 정치와 한국의 신학계에 대해서 훌륭한 오리엔테이션을 받았습니다. 이분들 중 가장 연소한, 새까만 후배로서 많은 사랑을 받았습니다. 그런데 이분들을 먼저 다 보내드리면서, 한 분 한 분 장례식에서 설교도 하면서 이렇게 늙어 가고 있습니다. 그때 마다, 요새 말로 내가 이러려고 이렇게 오래 사는 건가, 한숨을 짓곤 했습니다. 지금 그분들을 그리워하고 미안해하고 있습니다. 남북 정상이 손잡고 한자리에 마주 앉아서 남북 분단을 극복하고 평화를 만들어 나가자고 그리고 통일을 이야기하는 이 역사적 모습을 보지 못하고 먼저 가신 것을 생각하며, 감사와 그리움의 눈물을 흘리고 있습니다. 우리는 이 자리에서 지금, 그분들의 이야기를 하고 있습니다.

1970년 11월 13일, 우리는 약속대로 서울 YMCA 호텔 방에 모여 앉았습니다. 그런데 서남동 목사님이 소식도 없이 늦으셔서 기다리고 있는데, 헐레벌떡 숨이 넘어 가듯, 서 목사님이 호텔 방으로 들어오시는 것이었습니다. "전태일, 전태일이, … 죽었어요, 죽었어… 분신자살 했단 말이야." 우리는 전태일이 누군지, 왜 분신했는지 전혀 알 길이 없었습니다. 서남동 목사님을 통해서 우리는 전태일을 공부하게 되었습니다.

전태일의 분신자살을 목격한 서남동 목사님은 완전히 달라졌습니다. 그때부터 그의 신학하는 태도, 신학의 방법론, 공개 강연하는 모습까지, 목사님의 삶과 신학의 패러다임의 완전한 전환이 시작되는 순간이었습니다.

서남동 민중신학의 방법론

서남동 목사님은 전태일의 분신을 목도하시면서 그리고 그의 죽음이 1960대 군사독재 과속 경제발전을 이유로 내건, 노동 착취에 저항하는 노동자들의 몸부림치는 정치 사회적 현상에 직면하였습니다. 그 동안의 신학하는 방법은 철학을 포함한 문학이나 역사학 등, 인문학적 접근과 방법이었습니다. 저는 신학 공부를 시작하기 전에 철학을 전공했는데, 그것이 당시까지만 해도 제대로 신학을 준비하는 것이었습니다. 폴 틸리히 역시 자신의 신학을 조직신학이라고 하지 않고 철학적 신학이라고 한 것을 보면, 철학을 신학의 기초학문으로 생각했던 것입니다. 그래서 신학을 제대로 하기 위해서는 철학 공부를 해야 하고, 신학적인 방법까지도 철학적으로 해야 한다고 까지 생각했던 것입니다.

그런데 전태일 이후의 서남동 목사님의 신학은 인문과학보다는 사회과학을 기초로 해야 한다고 하시면서, 철학이 아니라 사회학, 정치학, 경제학을 공부해야 한다고 외치기 시작하셨습니다. 그리고 세계 역사니, 미국이나 일본의 역사책만 볼 것이 아니라, 한국 역사를 배워야한다고 했습니다. 그래서 이기백 교수의『한국사 신론(新論)』을 한국 민중사 교과서로 정독하셨습니다. 거의 모든 역사책이 왕조사이며, 왕과 귀족, 지배계층을 이야기하면서 민족의 역사라고 가장하고 왜곡하는 역사책을 비판하고 배격하셨습니다. 역사의 주인공은 민중이고 피지배계급이고, 가난하고 억눌리고 약하고 멸시받는 사람들이라는 것을 뒤늦게 깨닫고, 회개하신 것입니다. 신학하는 방법론적 패러다임의 전환이었습니다.

그리고 성경을 다시 읽기 시작하셨습니다. 서남동 목사님은 일본에서 신학 공부를 시작하면서부터 이미 성경을 읽으면서 글자 하나하나가 모두 하나님이 불러 쓰게 한 이른바 축자영감설에서 해방되고 있었습니다. 20세기 성서신학자 불트만이 말한 것처럼, 성경을 비신화화하고 인간 실존의 자리에서 실존주의적으로 읽고 해석하라는 그 성서해석 방법론을 따랐습니다. 민중의 자리에서, 민중의 눈으로, 민중의 삶의 실존적 자리에서 읽어야 한다는 것이었습니다. 민중의 눈으로 성경을 읽고 다시 해석하였습니다. 그리고 성경의 눈으로 오늘의 민중을 해석하였습니다. 철학적으로 민중의 실존을 말하는 것이 아니라, 사회과학적으로, 성경의 민중들의 상황, 성경의 민중들의 이야기를 오늘의 민중의 상황으로 읽고, 성경의 민중들의 이야기를 오늘 한국의 가난하고 억눌린 민중들의 이야기로 읽고 해석한 것이었습니다. 성경과 한국 민중의 이야기들을 연결시키고 대화를 시키면서 "두 이야기의 합류," 곧 성경의 이야기와 오늘의 민중의 이야기의 합류라고 하는 상황

신학의 방법론을 주창하셨습니다. 신학자 바르트가 나치 치하에서 신학을 하면서 한 말, "그리스도인들은 한손에는 성경을 들고, 다른 한손에는 신문을 들고 살아야 한다"라고 했지만, 한 손에 든 성경과 다른 한손에 든 신문이 어떻게 연결된다는 이야기는 하지 않았습니다. 서남동 목사님은 오늘의 아침 조간신문이 성경을 해석하고, 오늘 봉독한 하나님의 말씀이 오늘의 신문 기사들을 해석해야 한다는 것이었습니다.

그런데 놀라운 것은 언제부터인가, 이 "두 이야기의 합류"론을 파기하시고 세상을 놀라게 했던 말씀은 달랐습니다. "성경은 우리 민중을 이해하고 우리 상황을 해석하는 하나의 참고서이다"라고 선언하셨습니다. 성경 근본주의 한국 교회에 큰 충격이 아닐 수 없었습니다. 뿐만 아니라, 서구 상황신학계에서는 성경이 텍스트(text, 본문)이고, 상황이 컨텍스트(context)라고 했지만, 서남동 목사님은 우리의 상황, 오늘의 상황이 신학하는 텍스트이고, 성경이 컨텍스트라고 강변하셨습니다. 그만큼 목사님은 한국의 민중 현실, 우리의 상황을 중요시하셨던 것입니다. 성경을 애지중지하면서, 이 세상과 이 세상의 억눌리고 가난한 민중을 보지 못하고 외면하는 성서 근본주의 기독교인들에 대한 비판이었습니다. 그만큼 목사님은 성경의 글자들보다, 민중을 더 소중히 여기고 사랑하셨던 것이라고 생각합니다. 바르트의 말을 빌리면, 성경은 들고 있으면서도, 신문은 보지 않는 "예수쟁이"들에 대한 비판이었습니다.

이야기 신학

오늘의 우리의 이야기는 오늘 조간신문만을 말하는 것이 아니었습니다. 김지하의 시와 그의 옥중서한을 탐독하였습니다. 김지하의 희곡,『5적』그리고『금관의 예수』를 읽으며 눈물 흘리셨습니다. 김지하의 이름은 서남동 목사님이 WCC의 Faith and Order(신앙과 직제) 신학위원으로 추대 받아 아프리카 회의에 갔다가, 스위스 신학자에게서 한국 시인 김지하의 이름과 작품 이야기를 듣고 놀라움과 부끄러움을 통감하고 귀국 도중, 일본에 와서 김지하의 작품들을 통독했다는 일화가 있습니다. 특히『금관의 예수』의 주제가 "오, 주여 이제는 여기에"는 서남동 민중신학자들의 주제가가 되기도 했습니다.

얼어붙은 저 하늘
얼어붙은 저 벌판,
태양도 빛을 잃어
아, 캄캄한 저 가난의 거리

어디서 왔나, 얼굴 여윈 사람들
무얼 찾아 헤매나
저 눈, 저 메마른 손길,
고향도 없다네, 지쳐 몸 누일 무덤도 없이
겨울 한 복판, 버림받았네,

아아 거리여 외로운 거리
거절당한 손길들
얼어붙은 저 캄캄한 곤욕의 거리
어디 있을까 천국은 어디
죽음 저편에 사철 푸른 나무숲
거기 있을까

가리라 죽어 그리로

가리라 고된 삶을 버리고

죽어 그리 가리라

(중략)

어디 계실까 주님은 어디

얼어붙은 저 하늘 얼어붙은 저 벌판,

태양은 빛을 잃어 캄캄한 저 가난의 거리

어디 계실까, 어디 계실까

우리 구원하실 그분, 어디 계실까

오 주여, 이제는 여기

우리와 함께, 주여 우리와 함께…

(김지하 작사, 김민기 작곡의 노래입니다).

동화작가 권정생의 노동 소설 『몽실 언니』를 애독하였습니다. 민중의 이야기, 성경의 이야기와 함께 민중의 이야기에 빠지셨습니다. 서남동 목사님은 민중의 이야기의 힘에 매료되었고, 그 힘으로 민중은 살아남을 수 있다고 그리고 역사의 주체가 된다고 주장하셨습니다. 그렇게 이야기 신학자가 되셨습니다.

서남동 목사님이 제일 좋아하셨던 이야기로는 "안동 신랑의 이야기"입니다. 간단히 요약하면, 옛날, 서울의 높은 벼슬하는 양반집 아들이 도무지 글공부를 안 하고 속을 썩이기에, 안동에서 벼슬하는 삼촌

집에 보내서 글공부를 시켜 봅니다. 그래도 소용이 없어서 하는 수 없이 그 동네 좌수에게 부탁해서 그 집 규수와 정혼을 하게 합니다. 새색시 역시 새신랑에게 글을 읽히게 하려고 노력했지만, 허사였습니다. 새색시는 생각 끝에 옛날이야기, 역사 이야기를 들려주기로 했습니다. 그제서야 신랑이 경청을 하고 재미있어 하고 역사 이야기를 암기하고 기억하기까지 하게 되었다는 것입니다. 얼마 후, 신랑이 새색시에게 묻습니다. "그 재미있는 이야기는 어디서 얻어 들은 거야?" 하고. 새색시는 그 재미있는 이야기들은 모두 책에 있고, 글을 읽으면 다 책에서 읽을 수 있다고 했습니다. 그때부터 안동 신랑은 책을 탐독하게 되었고, 결국 과거에 장원 급제까지 했다는 이야기입니다.

이렇게 민중의 이야기의 힘이 문자와 글의 힘보다 크다는 것을 말씀하셨고, 성경책 역시 근본적으로 이야기책이라고 말씀하시면서, 이야기 신학은 논리를 내세우고 교리를 만들어 내는 신학이 아니라 반(反)신학이라고 선언하시면서 자신은 반신학자라고 하실 정도였습니다. 그러면서 서 목사님은 민중의 노래, 민중의 고통의 역사, 민중의 이야기에 심취하였습니다. 민중의 이야기 속에서 신학을 했던 것입니다. 이것이 그의 민중신학이 되었습니다. 한국 민중의 이야기 속에서, 한국 민중의 역사 속에서 봉건주의 시대의 한국의 민중의 한을 읽었고, 일제강점기 한국민족의 집단적 한을 실감했고, 분단한국의 독재자 밑에서 신음하는 한국 노동자들, 한국 민중의 쓰라린 한을 몸소 느끼게 되었습니다. 민중 속에서 민중의 아픔을 직접 아파하면서 그리고 눈물을 흘리면서 해방의 영성, 민중해방의 신학을 말하고 기록하셨습니다.

한의 신학

어느 무더운 여름 날, 서 목사님이 안병무, 현영학 그리고 저를 서대문에 위치한 선교교육원에 불러 모았습니다. 아마도 목사님이 연대에서 퇴직 당하시고 학생 운동하다가 정보부와 보안사 고문도 당하고 재판도 받고 형을 살고 학교에서 퇴학당한 학생들에게 신학을 강의하던 시기였던 것 같습니다. 우리 민중신학한다는 사람들이 선교교육원에 모인 것은 당시 공장에서 노동운동하다가 공장에서 강제로 추방당한 여공들, 공장에서 추방당한 것만이 아니라 다른 공장에 취직도 못하게 이른바 블랙리스트에 올라 있던 10대 20대 어리고 젊은 여공들의 이야기를 듣기 위한 것이었습니다.

그들은 자기네들이 어떻게 부당하게 해고를 당하게 되었는지 그리고 노동 현장에서 어떻게 반장들, 계장들 남자들에게, 요새 유행하는 말로 갑질을 당했는지, 한 맺힌 이야기를 눈물을 흘리면서 이야기하는 것이었습니다. 우리도 같이 울었습니다. 그들의 한 맺힌 이야기는 한도 끝도 없었습니다.

한 여공의 이야기는 거기 앉아 있는 우리 기독교 목사들, 소위 민중신학한다는 사람들을 부끄럽게 하는 이야기였습니다. 그 여공이 일하던 공장 주인은 교회에서 장로님이라고 하면서, 자기는 기독교 장로님이나 예수 믿는 사람들이 제일 못됐다고 화를 내고 있었습니다. "주말도 없이 밤을 새며 일하고 아침에는 졸리는 것을 참으려고 약도 먹고 커피를 몇 잔이고 마시며 일하고 있는데, 장로님 부인이 이쁘게 차려입고 나타나서 하는 말이 "일들 열심히 해요. 우리 지금 교회 가는데, 교회 가서 여러분들 위해서 기도할 게요"하는 거예요. 안식일이라고 하면서 자기네들만 교회에 나간다고 하면서 말이예요." 그러면서 눈물을 흘리고 있었습니다.

민중의 이야기는 한 맺힌 이야기들입니다. 에밀레종 이야기가 그렇고, 심청전 이야기가 그렇고, 예수님 시대의 유태인들의 이야기만이 아니라, 예수님 스스로가 태어나서부터 헤롯왕에게 학살될까 보아, 나귀타고 이국 땅 이집트로 도망가 망명생활을 해야 하고, "여우도 굴이 있고, 하늘 나는 새들도 둥지가 있지만, 나는 머리 둘 곳이 없다"라고 하신 요샛말로 홈리스 생활을 하셨습니다.

여성신학자들에게서 배운 말로, "한 개인의 이야기는 정치적이다"라고 하지만, 개인의 한과 분노 역시 개인적인 것만이 아니라 정치적이라는 것입니다. 부당하게 해고당한 여공의 한 맺힌 이야기는 1970년대 고도 경제개발이라고 하는 정치경제 상황에서의 이야기였습니다. 조선조 시대 조선 인구의 반 이상이 양반이 아닌 상인이고 남녀 할 것 없이 종노릇 아니면 노예생활을 했다고 하니 조선 땅에는 한 맺힌 귀신들로 가득 찼다고 해도 과언이 아닐 것입니다. 일제시대의 한국 백성들은 친일파를 빼고는 모두 한 맺힌 노예생활을 강요당했습니다. 그러나 친일파 역시 그렇게 비굴하게 살면서도 일본 상전에게 당하면서 목숨을 부지해야 하는, 원한과 분노를 품지 않은 사람이 얼마나 있었겠습니까? 한은 개인적인 감정일 뿐 아니라 집단적인 것입니다. 한반도가 남과 북으로 분단되면서 그리고 전쟁이 터지면서 같은 민족끼리 죽고 죽여야 하면서 쌓인 슬픔, 아픔, 상실, 좌절, 절망, 어쩔 수 없는 무력감과 죄책감 그리고 분노는 바로 우리 민족의 집단적인 한으로 남아 있습니다.

서남동 목사님의 신학적 공헌은 우리 민족의 정치적인 한, 집단적인 한을 지적한 것이라고 평가하고 싶습니다. 목사님은 한을 이야기하면서 우리 그리스도인들은 "한의 사제"가 되어야 한다고 하십니다. 민중의 한 맺힌 현장에서 그 한 맺힌 이야기를 듣고, 함께 울면서, 한을 풀어 주어야 한다는 것입니다. 우리 민중의 한을 푸는 한의 사제, 이것이 우리의 선교적 과제이며 사명이라고 하셨습니다. 그렇게 하기 위해서는 민중을 정치적으로 억압하고 인권과 민권을 박탈하고 무시하고, 착취하고 소외시키는 모든 악의 세력에 저항하고, 모든 악의 구조를 파괴해야 한다고 하십니다. 혁명이 필요하다는 것입니다.

그러나 민중을 객관화하고 구원과 해방의 상대로만 보는 것이 아니라, 민중은 해방과 혁명의 주체라는 것입니다. 민중은 스스로 일어난다는 것입니다. 그러니까 민중은 스스로 "한의 사제"라는 것입니다. 민중신학은 민중을 위한 신학이 아니라, 민중에 의한, 민중의 신학이라는 것입니다. 예수는 민중을 위해 이 세상에 오신 것만이 아니라, 예수는 민중에 의하여 해방자가 되었고, 예수는 바로 민중이었던 것입니다. 민중신학은 민중을 위해 신학자들이나, 지성인들이 만든 것이 아니라, 민중에 의한, 민중의 신학이어야 한다는 것입니다. 안병무 박사님은 "예수는 민중의 친구일 뿐만 아니라, 민중이었고, 민중이, 오늘의 한국 민중이 바로 예수다. 예수를 한 사람의 개인이라고 생각하지 말라, 집단적으로 생각하라"라고 하셨습니다. 이렇게 보니까 종교개혁자 마르틴 루터가 말한 "만인 사제론"의 참 뜻을 알 것 같습니다. 서남동 목사님에게 있어서는 "한의 사제론"은 "만인 사제론"이고 "민중 사제론"이 되는 것입니다.

이것이, 즉 민중이 역사의 주체가 되고, 민중이 스스로 한의 사제가 된 것은, 우리 역사에 있어서 동학혁명이었고, 3 · 1혁명이었으며, 4 · 19였다는 것입니다. 목사님은 1984년 66세의 젊은 나이로 우리 곁을 떠나 버리셨기에, 1987년 체제도 못 보시고, 광화문의 촛불, 민중의 한

풀이, 정치적 무당춤이 박정희 때부터의 전쟁광들과 군대 귀신과 반공 친미 친일 귀신들 소탕하는 2016년의 겨울 그리고 올해 평창 평양 평화 동계 올림픽도 구경 못하셨고, 바로 지난 달 4월 27일 철천지원수 김정은과 우리 문재인 대통령이 손잡고 남과 북을 웃으면서 오고 가는 모습, 우리 분단의 한을 풀어내는 드라마를 보지 못하시고 먼저 가셨습니다.

행동하는 한의 사제

서남동 목사님은 행동하는 한의 사제였습니다. 1970년대 박정희 군사 개발 독재에 항거하는 기독자교수협의회 이름의 성명서를 기초하였으며, 한국 NCC와 에큐메니칼 신학자들의 이름으로 유신정권을 정면으로 반대하고 나선 1974년 11월 18일의 "한국 그리스도인의 신학적 성명"은 서남동 목사님이 주도하여 현영학 교수와 안병무 교수, 이렇게 세 분의 민중신학자들이 기초하였고, 강원용 목사를 위시한 66명의 한국 신학자들과 기독자 교수들이 서명하여 발표하였던 것입니다. 그리고 목사님은 목요 기도회에 참여하여 매주 목요일 종로 5가 NCC에서 동아일보 해직기자들과 긴급조치 위반으로 구속된 학생들의 가족들과 함께 억압받고 인권과 민권을 박탈당한 민주인사, 한국의 민중의 한을 달래고, 한 풀이하는 한의 사제의 역할을 다하셨습니다. 결국 1976년 3·1절 기념미사를 올린 명동성당에서 3·1 민주구국선언문을 선포하는데, 일본에서 죽을 고비를 넘기고 간신히 귀국한 김대중 선생을 위시하여 함석헌, 윤보선 전 대통령, 문동환, 안병무, 이해동 목사, 이태영 박사, 함세웅 신부, 문정현 신부 등 18명의 개신교와 천주교의 민주 인사 신학자들이 서명하고, 선언문은 여성성서신학자 이우정 선생님이 힘차게 낭독했습니다. 1976년 3·1민주구국선언에 가담한 분들은 긴급조치 9호 위반으로 구속되었고, 같은 해 5월에서 8월 말까지 공판에서 김대중 선생과 문익환 목사 등은 5년 형의 판결이 나왔고, 서남동 목사님은 2년 6개월 형을 받았습니다.

1980년 신군부를 주도한 전두환이 5.18 광주 민주 민중항쟁을 진압하는 과정에서 김대중 내란음모사건으로 예비 검거에 걸려 제주도로부터 강제 연행되어 옥고를 치루고 연세대학교로부터 2번째로 강제 해직 당하시기도 했습니다.

한국 민중의 고난 속에서 서 목사님은 예수의 십자가를 몸소 지고 고난의 길을 걸었고, 민중의 고난의 십자가를 보았습니다. 그러나 그 십자가를 민중의 고난과 패배와 좌절의 십자가로 보지 않았습니다. 죽음의 세력에 대항하는 십자가로 해석하셨습니다. 주님의 십자가는 패배의 십자가가 아니라 저항의 십자가로 보셨던 것입니다. 그리고 그도 그 불의한 악마의 세력이 정치적인 이유로 예수를 처형한 그 십자가를 지고 고난의 저항을 하신 것입니다. 유신 군사 독재에 대한 저항의 십자가를 진 것이었습니다. 서 목사님은 죄수요, 범법자요, 위험인물이고, 정치범으로, 외국에 나갈 수 없는 창살 없는 감옥에 갇힌, 황석영의 말대로 수인(囚人), 죄수 아닌 죄수로 대한민국이라고 하는 감옥에서 민중신학을 하셨습니다.

서남동 목사님은 예수의 십자가를 민중 봉기로 보았고, 악의 세력과의 피나는 정치투쟁이라고 보았습니다. 그리고 예수의 부활은 십자가의 죽음으로부터 일어서는 새로운 봉기이며 새로운 승리로 보았던 것입니다. 서남동 목사님은 2016년 겨울의 광화문 광장에서 촛불과

함께 부활하셨습니다. 서남동 목사님은 예수가 바로 민중이고, 민중이
바로 예수라고 깨닫고 한국 민중과 함께 예수의 고난의 길을 걸었고,
예수의 부활에 참여했습니다. 그래서 목사님은 우리 곁에, 지금 여기
에 우리와 함께 현존하십니다.

생의 마지막 외국 나들이에서, 그는 쉬지 않고 한국의 민중신학을
말했습니다. 그의 마지막 학위는 모교 캐나다 임마누엘신학대학에서
받은 명예신학박사였습니다. 그리고 지친 몸으로 귀국하자마자 지병
으로 세브란스 병원에서, 1984년 연세대로 복직을 한 달 앞둔 7월 17
일 66세를 일기로 우리 곁을 떠나셨습니다. 세브란스병원에 목사님 병
문안을 갔을 때, 눈물을 흘리는 이 후배의 손을 움켜잡고, "서 박사, 민
중신학을 부탁해요…" 하시며 간신히 웃으시던 모습이 눈에 선합니다.

서남동 목사님은 성인(聖人)이십니다. 한의 사제였고, 하나님의
이야기와 예수의 이야기와 우리 가난한 민중의 이야기를 끝없이 증언
하는 이야기꾼이고, 우리 인간이 눈으로 보지 못하고 알지 못하는 하나
님을 보게 하고 느끼게 하고 사랑하도록 도와주는 교수님이었습니다.
그러나 무엇보다도 서 목사님은 우리 민족과 우리 민중들과 손잡고 함
께 울고 웃는 민중의 한 사람, 감옥에 갇힌 죄수의 한사람, 그리스도의
뒤를 따라 민중과 함께 하나님의 혁명에 가담하여 정치범으로 예수의
십자가를 지고 역사의 승리를 몸소 체험한 혁명가였습니다.

서남동 목사님은 광주 5.18 민중 민주 혁명의 투사들과 함께 망월
동 묘지에 묻히셨습니다. 그러나 그는 2016년 겨울, 광화문 촛불의 한
가운데 부활하셨습니다. 우리 남과 북으로 갈라진 한국 민중이 한 민족
이 되고, 한 나라를 이룩할 때까지 그리고 영원히 우리 역사 속에 현존
(現存)하실 것입니다.

끝으로 서남동 목사님이 즐겨 봉독한 바울 사도의 편지를 봉독하겠습니다.

우리는 아무리 짓눌려도 찌부러지지 않고, 절망 속에서도 실망하지 않으며, 궁지에 몰려도 빠져 나갈 길이 있으며, 맞아 넘어져도 죽지 않습니다. 이렇게 우리는 언제나 예수의 죽음을 몸으로 경험하고 있지만, 결국 드러나는 것은 예수의 생명이 우리 몸 안에 살고 있다는 사실입니다. 우리는 살아 있는 동안 언제나 예수를 위해서 죽음의 위험을 겪고 있습니다. 그것은 우리의 죽을 몸에 예수의 생명이 살아 있음을 드러내려는 것입니다. 이리하여 우리 속에는 죽음이 설치고 여러분 속에서는 생명이 약동하고 있습니다. '나는 믿었다. 그러므로 나는 말하였다'라는 말이 성서에 기록되어 있습니다(고린도후서 4:8-12).

우리는 환난과 궁핍과 역경에도 잘 참아냈고 매질과 옥살이와 폭동을 잘 겪어 냈으며 심한 노동을 하고 잠을 못 자고 굶주리면서 그 고통을 잘 견디어 냈습니다. 우리는 순결과 근기와 착한 마음을 가지고 성령의 도우심과 꾸밈없는 사랑과 진리의 말씀과 하나님의 능력으로 살고 있습니다(고린도후서 6:4-6).

우리는 속이는 자 같으나 진실하고, 이름 없는 자 같으나 유명하고, 죽은 것 같으나, 보십시오. 이렇게 살아 있습니다. 또 아무리 심한 벌을 받아도 죽지 않으며, 슬픔을 당해도 늘 기뻐하고 가난하지만 많은 사람들을 부요하게 만들고 아무것도 가진 것이 없지만, 사실은 모든 것을 가지고 있습니다(고린도 후서 6:8-10).

이 편지는 사도 바울의 편지일 뿐 아니라, 본회퍼의 편지, 미국의 라인홀드 니이버 교수의 편지 그리고 우리 한신의 선열과 선배 교수님들, 김재준 목사님, 송창근 목사님, 문익환 목사님, 안병무 박사님의 편지이며, 서남동 목사님의 편지로 읽게 됩니다.

계시의 하부구조와 이야기

권진관

(전 성공회대학교 신학과 교수)

I. 들어가는 말

죽재 서남동 선생이 세상을 떠나신지 34년이 되었으므로 한 세대
가 지났다. 10년이면 강산도 변하는데 강산이 세 번 이상 바뀌었다. 그
동안 한국은 경제적으로 발전하였고 민주화도 많이 진척되었다. 최근
에는 남북한 간의 긴장도 완화되고 평화와 공존의 새로운 국면으로 진
입하고 있다. 이 책에 실린 죽재 선생의 글들은 1970년대부터 80년대
전반부까지의 시대적 배경 속에서 쓰였다. 이 시기는 박정희 유신 군부
독재와 광주민중 학살로 들어선 신군부 독재가 절정에 달하던 시기였
다. 죽재의 민중신학은 이렇게 엄혹한 시대에 탄생된 것이었다. 그 당
시의 경제적인 상황으로 말하면, 민중들의 절대적 빈곤의 상황이었고,
정치적으로는 군부독재의 무자비한 탄압의 시대였다. 선생은 그 전에
오랜 옥고를 치루고 다시 광주민주화운동에 연루되어 고문당하고, 옥
고를 당했다. 이처럼 고문과 옥고와 교수직 박탈의 개인사와 한국 민중

들의 절대적 빈곤과 고난사 속에서 죽재 선생의 민중신학은 급진적일 수밖에 없었을 것이다. 그는 부자는 주기도문을 드릴 자격이 없다고 했고, 민중은 죄가 아니라 한을 품은 존재라는 것 그리고 우리에게 필요한 것은 종교적 믿음(신앙)이 아니라, 역사적 지식이라고 했다.

서남동의 시대와 오늘날은 매우 다르다. 남한은 70년대의 후진국을 넘어서고, 중진국을 거친 후, 선진국의 문턱에 도달했다고 해도 과언이 아닐 정도로 경제적으로 발전했다. 군부독재가 타파되고 민주화가 이루어졌다. 그러나 군부독재의 타파로 민중이 직면해 있는 문제들이 사라진 것이 아니다. 아직도 남북한 간의 평화와 통일의 문제가 남아 있고, 일제 강점과 남북 전쟁과 분단으로 인한 역사의 왜곡의 문제가 남아 있다. 오늘의 상황에서 우리는 오히려 죽재 서남동의 민중신학을 철저하게 공부해야 할 필요가 있다. 그러나 그것은 달라진 상황을 고려해야 한다는 것이며, 그렇다고 근본이 달라진 상황은 아니라는 것이다. 아직도 강대국들로부터 완전 독립되지 못한 상태에 있고 민중이 역사의 주체로 서지 못하고 있다.

이 글에서는 죽재의 신학이론적 요소들이 오늘날의 새로운 상황에서 어떻게 새롭게 이해되고 적용될 수 있겠는가를 밝혀 보려고 한다. 그것은 그의 민중신학의 주요 이론적 개념들인 이야기(민담), 주체, 사건에 관련된 논의가 될 것이다. 이야기, 주체, 사건 사이의 역동적인 관련성을 가지고 서남동의 민중신학을 다시 이해해 보려는 것이다. 필자는 이 세 가지의 주제적 개념들을 서남동의 "계시의 하부구조"와 관련하여 논의할 것이다.

이야기란 무엇인가? 이야기는 우선 사건적인 것이다. 사건은 항상 이야기(story)의 틀에서 전달된다. 스토리는 형태적으로 볼 때, 등장인물, 장소, 시간, 사건의 내용을 구조로 가지고 있다. 그런데 사람마다 사건을 다르게 표현할 수 있다. 다르게 표현되어 말한 이야기를 어떤 사람들은 내러티브(narrative)라고 부르기도 한다. 그러나 스토리든 내러티브이든 모두 등장인물, 장소, 시간 등을 가지고 사건을 전달해 주므로 우리는 이 모두를 이야기라고 불러도 무방할 것이라고 생각한다. 사건과 그 사건을 담는 이야기는 원래 하나이지만, 그 스토리를 다시 말하는 내러티브는 다양하다. 예수 사건과 예수의 이야기는 하나이지만, 신약성서에 나타난 예수 내러티브인 복음서들은 4개인 것을 생각하면 된다. 그럼에도 불구하고 필자는 뭉뚱그려서 이 모두를 예수의 이야기로 말한다. 형태상으로 같기 때문이다. 특히 이전의 내러티브들, 복음서들의 예수 이야기들은 물론 한국의 민담들, 판소리 등 모든 장르의 이야기들과 언어들을 이야기의 범주에 넣는다. 이들은 외형적으로 모두 스토리의 구조를 가지고 있고 기능상으로 이야기적 효과를 지니고 있기 때문이다. 이야기는 민중의 언어로서 외형적으로나 기능적으로 볼 때 관념적, 개념적 언어라고 하는 문자의 언어와 구별된다. 이제 이야기의 기능적인 측면을 기술하려고 한다.

민중의 언어인 이야기는 상부구조에 속하는가 아니면 하부구조에 속하는가? 즉 이야기가 역사 만들기에서 어떤 기능을 하는가 하는 문제이다. 필자는 민중의 언어인 이야기는 하부구조에 속한 것이라고 생각한다. 죽재의 생애 최후반인 1983년에 쓴 세 편의 글들에는 민중의 이야기가 뒤로 물러나고, 사회경제적 분석이 전면으로 포진되어 있다. 이 논문들을 보면, 가난한 자들의 사회경제적 상황을 분석하는 것에 국한하면서, 하부구조의 주요한 요소인 민담과 이야기를 고려하지 않고 있다. 민중의 이야기는 죽재가 일찍이 밝혔듯이 민중의 내면적 주체성과 관련된 민중의 고난과 갈망을 표현해 주는 자료다. 이제 필자는 이야기적 언어의 역사 변혁적 기능에 대해서 숙고하게 되면서, 이야기를 주체를 형성하는 주요한 요소로 보게 되고, 나아가서 사회경제사 속에서 민중을 주체로 역동화하는 기능을 가지고 있음을 주장하려고 한다.

II. 몸의 언어로서의 이야기

서남동은 한국의 민중신학이 세계 신학에서 새롭게 공헌한다고 할 때 그 공헌의 방법은 민담이라고 한 바 있다(291).[1] 죽재는 민담을 몸의 언어라고 한다. 왜 민담이 몸의 언어가 될 수 있는가? 그리고 몸의 언어와 머리의 언어의 다른 점은 무엇인가? 몸의 언어라고 하면 제스처나 춤을 떠올릴 수 있겠다. 그러나 죽재의 몸의 언어는 이런 것과 다르다. 죽재는 몸의 언어에 대해서 자세하게 설명하지는 않았지만, 머리의 언어를 추상적 언어, 지배자의 언어라고 하였고, 이에 대해서 민중의 구체적인 삶이 반영된 언어, 이야기를 몸의 언어라고 하였다. 민중의 몸에서 우러나오는 이야기는 민중의 꿈과 좌절이 담겨 있는 이야기이며, 주체의 언어(화자의 언어)로서 역사적 사실(historical facts)을 넘어선다. 역사적 사실이 중요하기는 하지만 그것으로 민중의 이야기를 다 설명할 수 없다. 왜냐하면 민중의 이야기는 민중의 심장과 창자로부터 흘러나오는 것이기 때문이다. 예를 들면, 세월호 희생자들의 어머니, 아버지의 피맺힌 외침과 기도는 바로 몸의 언어인 것이다. 그것은 머리로 하는 언어가 아니라, 몸의 언어이다. 그들의 몸으로부터 직접 나오는 언어이며 동시에 그들의 시대적 아픔에서 터져나오는 함성이며 외침이다.

민중의 이야기가 몸의 언어가 되는 것을 좀 더 분명하게 규명하기

---

1 괄호 안은 본서 서남동, 『민중신학의 탐구』(동연, 2018)의 쪽수임. 이하 동일.

위해서 서남동은 사건이라는 개념을 가져온다. 태초에 말씀이 있었던 것이 아니라, 사건이 있었다고 서남동은 주장한다. 이것은 동료 민중신학자인 안병무가 세웠던 명제였다. 서남동은 성서에서의 계시는 명제나 말씀이 아니라, 역사적 사건이라는 것이다. 또 이렇게 말했다. 말씀이 계시의 그릇이 아니라, 사건이 계시의 그릇이다(379). 사건이란 물질적이고 구체적인 상황 속에서 일어난다. 그렇다면 사건은 물질적인 것이다. 그런데 사건은 이야기에 담겨 전달된다(379). 사건을 담지하는 이야기는 물질적인 언어이고, 몸의 언어가 된다. 사건은 주체를 동반한다. 사건이 내포하고 있는 진실을 받아들이는 주체들이 있어야 사건은 사건일 수가 있는 것이다. 사건과 주체는 상호동반자적인 관계다. 주체가 없으면 사건은 더 이상 사건일 수 없다. 주체는 사건을 이야기한다. 진실된 주체는 사건의 진실에 무조건적인 가치를 부여하며, 온몸을 던져 사건을 증언한다. 세월호 사건에서 대두된 역사적 주체들의 언어는 몸의 언어였다. 결국 필자가 이해하는 물질적 언어, 몸의 언어는 주체가 있는 역사의 현장(사건)으로부터 발생하는 주체의 언어를 가리킨다. 그리고 <u>그러한 언어는 역사의 하부구조에 참여하고 하부구조를 주체적으로 동력화하는 동인이 된다.</u>(밑줄은 필자의 강조)

계시는 역사적 사건이며, 계시의 담지자는 빈자이고, 빈자는 계시의 구성인자가 된다. 죽재에게 계시는 역사적 사건인데 그 사건 속에 나타나는 계시를 운반하고 증거하는 자는 빈자라는 것이다. 그렇다면 빈자 자체가 계시가 되는 것일까? 죽재가 활동하던 당시의 절대적 가난의 상황에서, 가난한 자에게 해 준 것이 곧 그리스도에게 해 준 것이라고 하는 마태복음 25장의 최후심판의 비유의 말씀처럼, 죽재는 빈자를 그리스도라는 생각을 했던 것으로 보인다. 빈자에게 도움과 위로를 주는 것은 절대적인 명령이다. 이것은 그 후 민중교회운동의 경험에 의

해서 수정이 가해진다. 빈자들을 위한 도움과 위로는 필요한 일이지만, 일반적인 빈자 안에 한뿐만 아니라, 인간적인 한계와 죄성을 본 것이다. 빈자가 항상 역사의 주체가 되는 것은 아니라, 빈자가 아니더라도 역사의 주체로 서는 경우도 있다. 이번 세월호의 희생자들의 가족들의 경우도 그렇다. 그들은 보통사람들이었다. 그들이 촛불혁명을 이끈 역사의 주체가 된 것은 그들의 사회경제적 조건 때문이 아니라, 세월호 사건으로 인해 역사적 사건에 몸담게 된 우연한 동기 때문이었다. 그들은 세월호 사건 속에 담겨진 역사적 진리에 진실하였던 사건의 주체들이다.

민중을 빈자로 본 죽재는 빈자가 처해있는 경제적, 사회적 상황을 분석하는 데에 많은 지면을 할애했다. 이 책의 후반에 있는 "세계의 생명과 그리스도"와 "빈곤의 사회학과 빈민의 신학"에서 이를 엿볼 수 있다. 그러나 죽재는 이미 사회사적 방법이나 사회과학적 방법론은 "민중의 수난이나 갈망" 등을 파악하는 데는 한계가 있다고 지적한 바가 있다(354-355). 또 사회사적 접근은 신학의 탈신학화 과정을 위한 제일보(步)이지만, 그 이상은 아니라고 못 박았다(379). 민중의 고난과 갈망을 담아내는 언어와 이야기들을 찾아서 듣고 말함으로써 민중을 보다 "주체적으로" 파악할 수 있게 된다고 하였다(355). 죽재의 동료 김용복은 이러한 이야기들을 "민중의 사회전기"라고 불렀다. 그렇다면 민중의 형편을 사회과학적으로 분석한 위의 논문들은 죽재의 민중신학을 위한 일종의 출발적 포석이었다고 볼 수 있다.

죽재의 이야기 신학을 이어가기 위해서 이제 민중을 빈자로 보는 것을 넘어서 그들이 주체로 되어 가는 과정을 살펴볼 필요가 있다. 민중을 주체의 관점으로 볼 때, 민중신학이 사회경제적인 분석과 연구를 넘어서, 좀 더 세밀하게 민중 주체를 들여다보아야 하고, 그러기 위해

서는 민중의 언어와 이야기, 즉 민중의 사회전기를 조명해야 한다. 죽
재도 이를 확인하고 있다.

> 민중의 대자적인 실체 파악에는 사회경제사적 연구가 크게 공헌하지
> 만, 민중의 즉자적인 실체라 할까 민중의 주체적·집단적인 혼이 부각
> 되는 데는 문학·예술사회학적 연구가 공헌할 것이다(81).

민중이 사건 속에서 주체로 일어서면서 자기의 언어로 말하기 시작
한다. 사건의 경험을 통하여 주체로 일어서기 전 민중은 자기의 언어를
상실한 상태였다. 이것을 죽재는 "백성의 언어" 혹은 "소시민의 언어"
라고 하였다(188). 이러한 언어들은 지배자의 언어를 내면화한 것이
다. 그러므로 죽재는 민중의 언어를 찾기 위해서 지배자의 언어를 배제
하는 것과 함께 민중의 언어 속에 스며든 백성(혹은 소시민)의 언어를
벗겨내야 한다고 했다(188).

III. 민중의 언어로서의 민담

죽재에게 이야기는 주로 민담이었다. 죽재의 1982년도 논문 제목
들인 "민담에 관한 탈신학적 고찰", "민담의 신학—반신학"에서 이를
잘 볼 수 있다. 그러나 한국 민중 고유의 이야기인 민담만이 이야기의
범주에 속한 것은 아니다. 예수의 이야기, 출애굽 이야기 등 성서의 이
야기들도 여기에 속한다. 뿐만 아니라, 우리 시대의 수많은 사건들의
이야기들도 이에 속한다. 이들은 '머리의 언어'가 아니라 '몸의 언어'이
다(391). 머리의 언어란 예를 들어, 십자가의 대속신학을 말한다. 이에

대해서 몸의 언어는 예수의 십자가에서의 처형당했음을 전하는 이야기를 말한다. 십자가의 이야기는 몸의 언어이며, 십자가에 대한 신학적 이론 혹은 교리는 추상화된 문자의 언어로, 머리의 언어다.

죽재에게 이야기는 "물질적인 언어"였다(387). 문자는 의미가 확정된 것이라고 한다면, 물질적 언어란 관념으로 확정되기 이전의 언어이다. 의미가 확정되지 않은 기표는 물질적이라고 자크 라깡(Jacques Lacan)이 언급한 것과 이치가 같다. 즉, 이야기는 하나의 고정된 의미를 창출하는 것이 아니라, 여러 의미를 창출할 수 있다는 말이 된다. 예수의 비유를 예로 들면, 예수의 이야기들(비유, 수난, 십자가, 부활 등)은 이 천년 동안 강단이나 학교에서 회자되고 그때마다 새롭게 해석되어 왔다. 그러나 그 예수의 이야기가 교리화되면 하나의 의미로 고착된다. 교리는 머리의 언어, 정신적 언어, 관념이 되며, 이에 비해서 예수의 이야기는 몸의 언어, 물질적 언어, 실제적 언어가 된다. 후자는 새로운 의미를 가지고 우리에게 온다. 왜냐하면 이야기는 의미의 확장이나, 변혁을 가져올 수 있기 때문이다.

죽재는 의미의 확장, 변혁을 효과적으로 조성하기 위해 "두 이야기의 합류"라는 말을 썼는데, 그러나 실은 두 전통의 합류였다. 그는 이렇게 명시했다: "한국의 민중신학의 과제는 기독교의 민중 전통과 한국의 민중 전통이 현재 한국 교회의 '신의 선교' 활동에서 합류되고 있는 것을 증언하는 것이다"(101). 즉, 두 민중 전통 혹은 두 민중 문화의 합류다. 각 전통과 문화에 다양한 이야기들이 있으므로 실제의 현실에서는 두 개의 이야기가 아니라 많은 이야기들 사이에서 합류가 이루어지는 것이다. 실제로 죽재는 그의 민담을 다룬 논문에서 다수의 이야기들을 소개하고 있다. 합류가 어떻게 이루어지는가? 이 부분은 다음 절에서 논의할 예정이다. 우리의 글이 신학적인 것이 되기 위해서는 기독교 전통이 들어오지 않을 수 없으며, 우리의 신학이 우리의 색깔을 가지기 위해서는 민중 전통이 들어오지 않을 수 없다. 그런데 이 두 개의 전통에 우열이 따로 없다. 이 둘은 등가적이다. 그러므로 기독교 전통이 한국 민중의 전통을 지배할 수 없으며, 후자가 전자를 지배할 수 없다. 이러한 관점에서 죽재는 성서와 민담을 "참고서" 혹은 "전거"(reference)로 보자고 제안했다(213).

IV. 합류는 어떻게 일어나는가?

1. 합류의 장

우선, 죽재가 말하는 합류의 장은 어디인가? 그는 두 전통이 한국교회의 '신의 선교' 활동에서 합류된다고 하였다(101). 물려받은 두 전통은 우리 시대의 상황에서 성령이 어떻게 활동하고 계시는가를 해석하기 위한 전거의 역할을 한다고 하였다(102). 그러면서 한국에서 두 이야기가 합류된 한 사례를 소개하는데 그것은 민중신학자이자 시인이었던 김지하의 담시 "장일담"이다(103-107). 장일담은 동학으로부터 한국전쟁를 거치면서 학살당하는 밑바닥의 족보를 가진 백정의 자식인데 그를 시인은 한국민중사 속의 예수로 그리고 있다(134-138). 이 담시가 당시의 상황에서 활동하시는 성령을 분간하는 데에 영감을 주었다.

이제 이 필자는 죽재의 이론에 힘입어 다음과 같이 명제를 제시해 보고자 한다. 즉, 이야기들의 합류는 신의 선교가 일어나고 있는 역사적 사건들 속에서 일어나며, 특히 그 역사에 참여하는 크리스천 주체들 안에서 일어난다. 그리고 이 합류는 주체를 형성(shape)한다. 이것은 새로운 것이 아니라, 죽재의 생각에서 비롯된 것이지만, 합류가 주체를 형성해 주는 중요한 요인이 된다고 한 것은 이 필자의 생각이다.

이제 이 명제에 대한 설명이 필요하다. 2016년 10월부터 2017년 5월까지 일어난 촛불혁명이라고 하는 역사적 사건은 다양한 전통과 흐름들의 합류가 이루어진 대표적인 사례다. 촛불혁명은 단일한 세력, 이념, 집단, 이론, 이야기에 의해서 이루어진 것이 아니라, 다양함의 합류로 일어난 것이다. 촛불 혁명은 다양한 집단들과 그 이야기들의 합류가 얼마나 큰 힘과 집단적 창조성을 발휘할 수 있는지를 보여준 사례라고 하겠다. 이것은 다양한 민중의 언어들, 다양한 이야기들의 합류였다. 그 합류는 곧바로 성령의 새 역사를 일으키는 에너지를 방출하였다. 그러므로 사건 속에서의 합류는 연대와 변혁의 창조적인 영을 불러온다.

그런데 합류가 일어나는 지점은 사건 속에 참여하는 주체들 내부다. 여기서 주체는 기독교인 민중 주체를 말한다. 죽재도 "기독교의 민중사와 한국의 민중사가 한국 기독교인에게서 지금 합류되고 있다"고 선언한바 있다(100). 그러나 민중신학이 기독교인에게만 해당되는 담론이 아닐진데, 굳이 크리스천 주체로 한정할 필요는 없을 것이다. 여기서 필자가 자아 대신에 주체란 말을 쓰고 있는데, 그 이유는 주체는 역사적 개념인데 자아는 개인적인 개념이기 때문이다. 주체는 변화 속에 있는 역사적인 개념이다. 그리고 주체는 민중이란 단어보다 좀 더 의식적인 차원이 강조되는 말이다. 죽재는 "민중의 집단적 영혼, 민중의 의식과 그들의 갈망"을 볼 수 있기 위하여 민중의 사회전기나 이야기를 문학사회학적인 해석방법으로 사용해야 한다고 했다(60). 기존의 주체 안에 이러한 이야기들의 합류가 일어남으로써 새로운 주체가 창조된다.

2. 이야기와 주체

　이야기가 주체를 형성한다. 주체가 이야기를 창조하는 것이 아니라, 이야기가 주체를 창조한다고 말하는 것이 옳다. 그리고 죽재가 말한 대로, 이야기의 원천은 사건이다. 이야기는 주체 이전에 존재한다. 이야기가 주체를 만들기 때문이다. 여기에서 주체란 역사 변혁적인 주체를 꼭 의미하는 것은 아니다. 주체는 항상 변화의 도상에 있고, 이전의 주체와 다음의 주체 사이에 도약이 있을 수 있기 때문이다. 그러므로 이야기와 언어에 대한 관심은 이러한 주체의 형성과 변화에 대한 관심으로 직결된다. 좀 더 거슬러 올라가면 이야기는 주체를 만들기 이전에 이 세상(world)을 형성해 놓는다. BBC 방송에 "세상을 형성한 이야기들"(Stories that Shape the World)이라는 프로그램이 있다. 이런 이야기들 중에는 아마도 성서를 비롯하여 세익스피어, 일리아드 등의 이야기들이 있겠다. 태초에 말씀(언어)이 있었고, 이야기가 있었다. 한반도를 조선이라고 하는 세상으로 만든 이야기들이 있다. 삼국유사에 나오는 이야기들, 심청전, 춘향전, 홍길동전 등 많은 민담들, 이순신 이야기, 속담들, 격언들, 신화들, 역사적 이야기들(동학, 3·1운동 등등)이 이 한반도의 자연을 조선(한국)이라는 하나의 세상으로 만들었다. 이야기의 저자가 있을 수 있겠지만, 대부분 구전으로 내려오는 저자 미상의 짧은 이야기들이다. 일단 저자의 손에서 떠난 이야기들은 독립적인 언어로 입과 입을 통하여 우리들에게 전달되어진다. 하이데거에 의하면, 우리가 말하는 것이 아니라, 이야기들이 말하는 것이다. 우리의 담화는 이야기들에 대한 응답일 뿐이다. 사람은 이야기들이 있는 세상 안으로 태어난다. 처음에는 어머니의 언어(speech)와 이야기를 듣지만, 자라면서 아버지의 언어 세계로 들어간다.

이처럼 주체는 이야기의 산물이다. 죽재는 백성의 언어는 "백성"을 형성하고, 민중의 몸의 언어는 주체적 민중을 형성한다고 했다(188). 죽재는 민중의 언어 속에 스며든 백성의 언어를 벗겨내어 민중의 언어(이야기)를 찾는 작업을 해야 한다고 했다. 여기에서 우리는 담론으로서의 언어(speech, 담론, *parole*)는 다양하다는 것을 알 수 있다. 그러나 이러한 담론적 언어들 뒤에 존재하는 보다 본래적 언어가 있다. 의식을 가진 우리는 그 언어의 저장고로부터 필요한 것을 끄집어내어 우리의 언어(담론, *parole*)를 말한다. 백성의 언어, 민중의 언어, 여성의 언어, 남성의 언어 등이 그 예일 것이다. 그러면 이러한 담론의 원천인 언어(language, *langue*)를 상정할 수 있을 것이고, 언어가 세상의 토대가 된다. 이야기(story)는 여기에서 본래적 언어 즉 *langue*(랑그)에 해당하며 물질적인 것으로서 하부구조에 속한다.

사건과 이야기는 선후가 있지만 연장선상에 있다. 물론 역사적 사건은 이야기 속에 다 담겨지지는 못한다. 그럼에도 인간의 세상은 언어에 의해서 형성되기 때문에 사건은 이야기와 언어로 전달되어진다. 이야기와 대칭되는 범주는 담론인데, 이야기(story)가 사건 자체(what)에 충실한 것이라면, 담론은 화자가 그 이야기를 의식적인 방식(how)으로 말한 것이다. 의식적으로 자기 방식으로 말하는 과정에서 사건의 의미가 바뀔 수도 있다. 그러므로 담론은 이야기의 조작(manipulation)이라고도 말할 수 있다. 예를 들어, 세월호 사건이 일어났는데, 이 사건을 박근혜 정부측이 해상교통사고라는 방식으로 말했다면 이것은 하나의 담론(조작)이 된다. 반면, 세월호 희생자 가족들에게 이것은 피할 수 있었던 인재(人災)로 정부와 해운 당사자들을 비롯한 전 사회의 구조적인 무능과 무책임을 보여준 역사적 사건이었다. 이것도 하나의 담론이라고 하겠다. 이처럼 하나의 스토리(사건)는 다양한 담론을 낳을 수 있다. 그리고 화자(주체)에 따라서 진실된 담론이 될 수 있고, 나쁜 질의 담론이 될 수도 있다. 세상 속에 돌아다니는 이야기들은 말해진 이야기들이다. 즉 담론이다. 원형의 이야기는 순수한 형태로 존재하지 않고 항상 담론을 통해서 존재한다. 즉 What(이야기의 내용)은 언제나 How로 표현된다. 예를 들어 설명하면, 예수의 원래의 이야기는 존재하지만 실제로는 존재하지 않는다. 표현된 이야기(담론화된 이야기, narrative)인 공관복음서, 요한복음서를 통해서 존재한다. 스토리이든 내러티브이든 모두 형태적으로는 이야기이다.

그런데 죽재에게 민담은 이야기의 가장 주요한 장르이다. 그것은 역사적 사건의 이야기들이 아니고 가상의 이야기다. 이런 이야기들은 주체 안으로 들어가 기존의 이야기들과 합류된다. 죽재는 다양한 한국의 민담들을 소개했다. "석문의 전설", "장마", "서편제", "소리의 내력", "신궁", "말뚝", "장일담의 이야기", "쇠똥에 미끄러진 범", "은진미륵과 쥐", "에밀레 종", "사사 입다와 이름없는 그의 딸", "봉산탈춤", "홍길동전", "춘향전", "금관의 예수", "몽실언니", "안동신랑", "지성스님", "장님 눈뜬 이야기", "저주받은 무화과나무", "소금장수 아내 이야기" 등이다. 위에서 언급했지만, 죽재는 민담이 한국의 민중신학을 세계 신학계에서 공헌하게 해 줄 것이라고 했다. 그만큼 민중신학에서의 민담이 가진 비중은 크다.

민담은 한국인의 밑바닥 정서를 형성해 준다. 민담은 우리를 한국인으로 만들어주고, 신학을 한국적 신학으로 만들어준다. 민담은 당시의 시대적 한계를 넘어서기도 하고 그 안에 갇히기도 하면서, 민중의 집단적인 의식 형성에 역할을 한다. 민중의 주체됨을 위해서 민담에 대한 새로운 해석이 필요하다. 민담이 아닌 역사적, 사회적 사건들도 마찬가지다. 민란, 동학혁명, 의병운동, 3·1운동, 4·19 혁명, 이순신, 세종대왕 이야기 등도 민중 주체의 의식 속으로 합류하여 자리 잡고 있다. 기독교 민중에게 주요한 이야기는 성서의 이야기들인데, 이것들도 주체 안으로 합류한다.

3. 이야기들의 합류

두 전통으로부터 유래된 이야기들이 기독교 민중의 의식 안으로 들어 와 합류되어 일정한 구조를 이루어 주체의 잠재적, 현재적 의식을 이룬다. 주체의 의식은 이야기들에 의해서 결정된다. 이야기들이 주체 안에서 어떻게 상호 연결되어 구조화되어 있는지에 따라서 주체의 형태가 바뀐다. '백성으로서의 주체'와 '민중으로서의 주체'로 갈리는 것은 이야기들의 연결 구조의 차이에 의해서 일어난다. 예를 들어, 세월호 사건을 접한 유족들은 그 사건에 의한 충격으로 인해 기존 이야기들의 연결 구조(chain of stories)가 변화하여 새로운 의미 연결 구조가 창출되고, 이로써 새로운 주체로 거듭나게 되었다.

사건적 이야기이든 가상적 이야기이든, 이야기는 각자 개별적(singular) 의미를 갖고 있지만, 각각은 다른 이야기들과 유기적인 관계를 맺으면서 그 관계 속에서 새로운 의미를 획득할 수 있다. 그리고 각 스토리는 전체적 의미를 떠받치는 기능을 담당한다. 전체적인 의미가 바뀌는 계기는 주체가 특별한 역사적 사건에 직면할 때이다. 동학농민혁명, 3·1운동, 1970년 전태일 사건이 그러했고, 최근의 세월호 사건과 촛불혁명도 그러한 때다. 사건을 겪으면서 주체들의 의식이 바뀌었다. 사건의 진리에 충실한 주체는 사건을 겪는 가운데 탄생한다. 사건을 겪는 사람들이 모두 그렇게 사건의 진리에 충실한 주체가 되는 것은 아니다. 어떤 주체는 반동적이 되기도 하고, 혹은 모호한 주체가 되기도 한다. 이렇게 사건은 다양한 주체를 만들고 이들은 다양한 담론을 형성한다. 역사를 개척하는 주체는 사건의 진리에 충실한 주체이다.

민담은 민중의 욕망을 표현하는 소중한 자료이다. 민중의 욕망이 표면적으로 드러나지 않고 문자 뒤에 숨겨질 수 있다. 나아가서 이야기는 구전의 과정에서 발전하여 새로워지기도 한다. 그렇기 때문에 해석의 과정이 필요하다. 모든 이야기들은 반쯤 말해진(half-said) 이야기이다.[2] 말해진 것(담론)은 말하는 사람의 욕망을 다 표현하지 못 한다. 혹은 왜곡되게 표현할 때도 있다. 이것이 말해진 이야기의 한계이자 가능성이기도 한 것이다.

올바른 이야기 신학은 이야기를 하는 주체와 동시에 이야기를 듣는 주체를 함께 고려해야 한다. 둘 중에 근본적인 것은 이야기 듣기(story-hearing)이다. 민중은 이야기를 하기 이전에 먼저 이야기를 듣는 존재이다. 이야기 듣기에 의해서 민중 안에 들어온 이야기들이 주체를 형성하며, 이것은 이야기하기(story-telling)의 원천이 된다. 이야기하기에는 화자의 잠재의식과 현재의식이 개입되어 있다. 후자의 이야기는 담론적 성격을 가진다.

합류는 역사적 사건의 일어남의 조건 속에서 일어난다. 예를 들어, 다음의 그림은 광주민주화 운동을 겪은 민중들의 집단적 내면의식 혹은 잠재의식(sub-conscious)을 형상화한 것이다. "민중의 싸움, 이 풍진 세상을 만났으니"(1983, 홍성민, 박광수 작)라는 걸게그림으로 7m×1.6m의 크기이다. 원작은 이 보다 2배 더 컸는데, 소실되어 원작

---

2 Joël Dor, *Introduction to the Reading of Lacan* (New York: Other Press, 1998), 152.

자들이 다시 복원한 것이다. 이 그림에는 녹두장군 전봉준과 죽창을 든 흰옷의 동학농민들, 누워있는 운주 미륵, 신군부의 무자비한 학살로 희생된 이들의 관 앞에서 울부짖으며 외치는 광주민중들, 관에 안치되어 있는 사자들, 주먹을 불끈 쥔 거룩한 투사가 등장한다. 이것은 광주항쟁에 참여한 민중들의 내면에 부각되어진 영상들이며, 이야기들이며, 그것들이 하나의 작품으로 연결되어 의미를 창출하고 있다. 이야기들의 합류가 작품 안에서 이루어지고 있다. 이 작품의 중심에 주먹을 불끈 쥔 투사가 있고, 그 투사의 얼굴에 거룩한 후광(halo)이 드리워져 있다. 그리고 이 투사 뒤에는 전봉준의 보국안민의 깃발이 있다. 그리고 투사 앞에 미국과 일본 등의 외세를 상징하는 이미지가 있다. 그런데 투사는 낫을 거꾸로 잡고 있다. 평화적, 비폭력 적극 투쟁을 나타내는 것 같다. 이처럼 민중 예술은 주체들 안에서 일어나고 있는 이야기들의 합류를 형상화한다. 폭력과 죽음이 난무하는 상황에서 광주 민주화운동 기간에 민중은 서로 도우면서 질서를 지켰다. 시민들을 향한 방화나 약탈은 전무했다. 이러한 모습은 2016-17년 촛불 혁명기간 6개월 동안에서도 재연되었다. 새로운 시대를 열어갈 주체로서의 민중의 저력을 보여준 것이다.

V. 하부구조와 주체

주체의 의식은 그의 사회경제사적인 하부구조에 의해 결정된다는 것이 칼 마르크스의 사상이다. 죽재는 마르크스주의의 입장에서 하부구조가 복음의 토대라고 생각했다. 죽재는 "역사적 계시의 물질 구조에서 유리된 그 상부구조의 연구에만 머무는 신학은 허구이고 유령이고 지배 이데올로기에 흡수되어서 약속된 구원에 대한 증인이 아니라, 마취시키는 아편으로 작용할 위험이 크다"(491)라고 하면서, 하부구조에 기초한 신학으로서 "빈곤의 사회학과 빈민의 신학"를 발표했다. 그는 이 논문에서 계시의 하부구조인 빈자의 사회경제적 상황에 대해 긴 분량을 할애했다(전체 30쪽에서 17쪽의 분량). "'복음'과 '가난한 사람들'은 한 쌍을 이루는 실체"이며, 복음은 상부구조이며, 빈자는 복음의 하부구조다(519). 복음과 신학이 가난한 자의 물질적 빈곤의 상태와 그들의 열망에 조응하지 않고, 부자들의 물질적 풍요와 그들의 욕망에 조응하면서 그것을 정당화하고 있다. 그러면서 부를 나누지 않고 죄만을 나누려고 한다고 질타했다(520). 나아가서, 부자들은 가난한 사람들에게 죄를 덮어씌우면서 자기들은 부도 갖고 의도 가지려 하고 있다. 그 예로, 청부론은 부자들이 부를 걸머쥐면서 동시에 죄로부터도 깨끗할 수 있다고 주장한다.

죽재는 하부구조와 빈자를 거의 같이 보았다. 하부구조는 주체를 형성하는 토대다. 물적 토대로서의 하부구조는 주체의 내면으로 들어와 주체의 의식과 정신을 일정하게 결정한다(determine). 그런 면에서 하부구조는 주체를 결정하고 창조한다. 하부구조는 물적 토대만이 아니라, 이야기를 비롯한 다양한 기표(signifier)들도 포함한다. 의식의 하부구조는 무의식과 잠재의식이며, 그 속에 물적 토대 그리고 이야기와 언어가 자리 잡는다. 그리고 이 무의식과 잠재의식은 주체가 되어 현재 의식(담론)을 창출한다. 따라서 주체를 형성하는 것은 빈자의 물적 토대와 이야기이다. 민중신학은 빈자들 안에서 일어나고 있는 이야기들의 합류가 민중의 주체 형성(subjectification)에 어떻게 작동하는가를 살피는 문화적, 정치적 신학이다. 그리고 그 중심에는 민중의 이야기와 언어가 있으며, 이것은 민중을 역사의 주체로 만들어주는 최종적인 도구이며 방책이다.[3]

---

3 서남동은 조선시대의 활빈당의 투쟁은 당시의 사회경제적 상황으로부터 출발되었지만, 직접적으로는 홍길동전이라고 하는 한글로 된 민중의 언어에서 기인되었다고 보았다 (92).

민중해방의 정치와 '합류'의 해석학
: 서남동의 『민중신학의 탐구』 다시 읽기*

최형묵

한국민중신학회 회장 / 천안살림교회 목사

1. 민중신학, 방외인(方外人)의 신학

… 예수 그리스도의 십자가의 길인 민중 전통, 우리 역사를 추진시킨 동학 농민혁명, 3·1운동으로 대표되는 민중운동사에 오늘 한국교회의 신학자 몇 사람이 민중론을 써서 보태는 것이 과연 얼마나 그 약속된 영광의 전승을 계승하는 것인지, 생각건대 두려운 마음뿐이다. 뿐만 아니라 해방이후 60년대는 국사학계에서 식민사관을 청산하는 과제를 수행했고, 70년대에는 민중사관을 정립, 발전시켰다. 문학도 70년대 초반부터 두드러지게 '민중'이 그 주제로 등장하였고, 70년대 10년간을 통해서 탈춤의 연구회 조직과 공연이 경향각지 거의 전부

---

* 이 글은 원래 「진보평론」 14(2002. 겨울)에 게재되었던 것으로 이번에 약간 수정하였다.

의 대학에 확산되었다. 사회정치면을 보아도 60년대에는 민주주의에 대한 야당 정치인들의 주장과 활동이 성황했던 데 비해서 70년대에는 노동자, 농민의 주체적 역사참여가 활발하였다. 그리고 70년대 전 기간을 통해서 한국 기독교회의 제반 사회선교활동, 한국기독교교회협의회의 인권선교, 교회의 청년 학생 운동이 온통 '민중'과의 연대 속에서 수행된 기간인데도, 70년대 후반에 가서야 신학자들이 민중을 주제로 한 신학적 성찰을 시작했다는 사실을 생각하면 부끄럽기 짝이 없다. 그러기에 우리는 이 책을 펴냄에 있어서 자랑이 아니라, 부끄러움을 느낀다.

1982년에 출간된 『민중과 한국신학』[1] 머리말에 나오는 민중신학자들의 고백이다. 이때 신학자들은 때늦은 신학적 성찰을 부끄러워하고 있다. 그러나 사실 오늘의 관점에서 보면 당시 신학자들이 고백하고 있는 사실이 스스로 겸손하게 고백한 것처럼 그렇게 부끄러워해야 할 일은 아닌 것 같다. 미네르바의 부엉이는 황혼이 깃들 무렵에 날기 시작한다고 하지 않았던가. 뒤늦게 신학적 성찰을 시작했다고 고백하고 있지만, 사실은 이론으로서의 신학적 성찰 이전에 이미 그들은 민중 사건의 현장에 있었다. 이 고백에 담겨 있듯이 70년대 한국 기독교의 여러 활동 가운데서 훗날 '민중신학'의 단초가 되는 어떤 성찰들이 일기 시작했다. 그것이 합의된 개념으로서 '민중신학'이라 불리고, 그 신학이 이전의 신학적 사고와는 명백히 구별된다는 사실을 자각한 것이 70년대 후반이라 할 수 있을 것이다.

그 의식적인 자각의 결과 처음으로 나온 책이 바로 『민중과 한국신학』이었다. 민중신학이 어떤 특정한 사람의 독창적인 이론적 성취가

---

1 NCC신학연구위원회 편, 『민중과 한국신학』, 한국신학연구소, 1982.

아니었기에, 그 실체를 확인하고픈 여러 신학자들이 함께 엮은 책이었다. 그러나 민중신학 최초의 전거(典據)라 할 수 있는 이 책의 탄생은 기구한 사연을 안고 있다. 그 대본이 먼저 아시아기독교협의회(CCA)에 의해 영어로 출간되어야 했고,[2] 그 이름도 이미 '민중신학'이라 붙여야함에도 불구하고 모호하게 '민중과 한국신학'이라고 하게 된 것은 전적으로 당시의 정치적 상황 때문이었다. 수없이 많은 책들이 금서로 낙인찍혀 금압되는 상황이었고 신학서적으로는 구티에레즈의 『해방신학』[3]이 그와 같은 운명에 처해 있는 형편이었으니, 민중신학자들은 아슬아슬하게 그 칼날을 피할 묘책을 찾았던 것이다. 그리고 다행스럽게 그 책은 금서의 목록에 오르지 않았다.

그러나 이제 막 세상에 얼굴을 내민 민중신학에 대한 관심은 높아져갔고, 따라서 민중신학의 단초가 되는 20편의 글들을 모아놓은 그 책으로는 그 관심의 기대를 충족시키지 못했다. 그 즈음 출간된 책이 서남동의 『민중신학의 탐구』였다.[4] 초판 발행 시기가 1983년 11월이니, 그것은 당시 군사정권이 소위 '학원자율화' 조치를 취한 직후 우리말로 된 인문 사회과학 서적이 본격적으로 나오기 시작하는 그 시기와 일치한다. 아마도 그 덕에 이 책은 최초로 '민중신학'이라는 표제를 당당하게 걸고 나올 수 있었을 것이다. 하지만 이 책의 진정한 의의는 그 이름을 최초로 내세웠다는 데 있는 것은 아니다. 이 책의 진정한 의의는 풍부한 민중신학적 '영감'과 그 영감으로 빚어낸 민중신학의 기본

---

2 *Minjung Theology: People as the Subject of History*, Maryknoll, London, Singapore: Orbis, Zed, CCA, 1983.

3 Gustavo Gutierrez, *A Theology of Liberation*, Maryknoll, N.Y.: Orbis Books, 1973. 성염 역, 『해방신학』, 분도출판사, 1977.

4 서남동, 『민중신학의 탐구』 한길사, 1983. 이하 이 책을 인용한 대목은 그 출전 표기는 본문 가운데 괄호로 쪽수를 표시하는 것으로 대신한다(상기 초판 출간본 쪽수 기준).

얼개에 있다.

정말 그렇다! 이 책은 풍부한 영감으로 가득 차 있다. 이 책은 그 나름대로 체계를 갖춘 본격적인 저술을 의도하고 쓴 책도 아니고, 여기에 실린 글들이 고답적인 학술 논문의 형식을 갖춘 것도 아니다. 저자는 이 책의 성격이자 동시에 민중신학의 성격을 밝히는 고백을 의미심장하게 던진다.

… 우리의 경우, 70년대에 들어서면서 민중의 부르짖음에 대한 신학자들의 메아리가 민중신학으로 형성되어간다. 신학함의 진정성(眞正性)의 정도를 메아리의 모델로 가늠했을 때 그 신학의 진정성 — 민감성이 판명된다고 하겠다. 나는 지금 여기에 모아진 나의 신학논문 신학강연들이 70년대 이후 한국민중의 부르짖음에 대한 얼마나 충실한 메아리였느냐고 묻는 것이다. 민중의 부르짖음에 대한 메아리? 어림없는 이야기다. 부끄럽다는 말이다. 그러면서도 신학의 한 중요한 규준은 얻는 셈이라고 생각해 보는 것이다.
'방외인(方外人)의 신학', '방외신학', 이런 신학이 있을까? 나는 1975년에 대학 캠퍼스를 떠나서, 말하자면 거리에서 방황하고 있는 셈이다. 연구실, 연구비, 연구시간 그리고 연구발표지(誌)가 있는 네모가 반듯한 규격 있는 신학 — 이런 신학을 할 수 없는 신세다. '신학의 에콜로지'를 말하는 신학자가 있지만, 나는 그 신학의 보금자리를 잃은 것이다. 연구생활이 지속될 턱이 없고, 연구업적이 나올 수가 없는 형편이다. 그래서 내 식대로 하는 신학은 '방외신학'(方外神學)이라 하겠다(10-11쪽).

민중의 부르짖음에 대한 메아리로서 신학적 성찰을 시도한 것이니,

사전에 어떤 구상을 전제하고 접근할 리 없었다. 사건 현장에서의 외침에 대한 응답을 서둘러야 했을 터이니 그때그때 닥치는 대로 글을 쓸 수밖에 없었고 여기저기 불려 다니며 말할 수밖에 없었다. 그것은 연구 실적을 쌓기 위한 글쓰기와 같을 수가 없었다. 그렇게 탄생한 신학을 서남동은 '방외신학'이라 이름했다. 그리고 그 결과가 바로 『민중신학의 탐구』였다. 그 자신은 민중의 부르짖음에 대한 메아리로서 신학의 임무에 과연 얼마나 충실했는지 '부끄럽다'고 고백했지만, '반듯한 규격'을 떠난 신학은 그의 사유방식과 행동방식의 역동성을 담아내기에 오히려 적절한 틀이 되었다. 이 책에 내보인 그의 신학적 성찰이 논리적 정합성의 측면에서 보자면 엉성하기 짝이 없어 보일지 모르지만, 풍부한 영감으로 가득 찰 수 있었던 것은 바로 이와 같은 사연에서 비롯된다.

민중신학을 하는 이들은 누구나 공통적으로 서남동의 신학이 급진적이며 동시에 풍부한 영감으로 가득 차 있다는 사실을 인정한다. 그리고 민중신학을 논할 때 항상 그 정초자로서 안병무와 함께 그 이름을 거론한다. 그러나 아쉽게도 서남동의 신학은 그 명성에 비하면 상대적으로 적절한 평가를 받지 못해 온 것 또한 사실이다.[5] 여기에는 안병무에 비하면 저술 면에서 다작이 아닌 사연도 있을 것이다.[6] 게다가 1984년 복직을 앞두고 급작스럽게 서거한 바람에 어찌 보면 그의 민중신학적 성찰이 너무 일찍 미완으로 종결되고만 사연도 있다. 그러나 또 한

---

5 예컨대 「교수신문」의 연중기획 "우리이론을 검토한다"에서도 그와 같은 인식을 발견할 수 있다(「교수신문」 2002. 4. 15). 기획 단계에 필자는 편집진과 의논할 기회가 있어, '민중신학이 안병무의 이론으로 한정되어서는 안 된다'는 의견을 밝힌 결과 그 내용에서 서남동과 안병무 그리고 뿐만 아니라 집단적인 성찰의 결과로서 민중신학에 접근할 수 있도록 하였다. 그러나 그 표제는 여전히 고집스럽게 "민중신학(안병무)"으로 되어 있다.

6 서남동 생전의 저작은 『전환시대의 신학』(한국신학연구소, 1976); 『민중신학의 탐구』(한길사, 1983) 딱 두 권이다. 여기에 후학들이 여기저기 흩어진 글들을 모아 엮어낸 유고집 죽재서남동목사유고집편집위원회 편, 『서남동 신학의 이삭줍기』(대한기독교서회, 1999)를 포함하면 세 권뿐이다.

편으로는 두 민중신학 정초자에 한정해 말하면, 삶의 스타일과도 무관하지 않을 것이다. 안병무는 서거(1996년) 전까지도 당신이 중심이 되어 세운 연구소를 통해 집요하게 후학들을 양성하는 면모를 보인 반면 서남동은 어떤 것이든 '규격 있는' 것에는 자유로운 면모를 지녔다.7 그는 그야말로 '방외신학자'였다. 이런 삶의 스타일과 무관하지 않게 형성된 신학적 급진성이 어쩌면 후학들에게 부담이 되었을 수도 있다.

아무튼 서남동의 신학이 상대적으로 소홀히 여겨진 데에는 여러 가지 사연이 있을 수 있겠지만, 민중신학자에 대한 전기적 성찰에 해당하는 서술은 이만 줄이기로 한다. 다만, 『민중신학의 탐구』에 나타난 서남동의 신학이 급진적 성향을 띤 풍부한 영감으로 가득 차 있는 것은 그의 삶과 무관하지 않을 것이라는 점만 확인하고자 할 뿐이다. 그리고 그 '영감'이 오늘의 신학적 지평에서 어떤 의미를 지니는지 고찰하려고 한다.

---

7 어찌보면 두 분 사이에 상반된 비교도 가능하다. 서남동 선생은 목사인 반면 안병무 선생은 평신도였고, 또 해직되어 있는 기간에 서남동 선생은 교단이 세운 기관(한국기독교장로회 선교교육원)의 장인 반면 안병무 선생은 공식적 교회와 상관없는 연구소(한국신학연구소)의 장이었기 때문이다. 그러나 그렇다고 내가 말한 두 신학자의 삶의 스타일이 달리 비교될 것 같지는 않다. 한 분은 맡겨진 일에 소임을 다한 반면 한 분은 스스로 챙기는 몫을 감당했기 때문이다.
이런 비교는 두 신학자의 우열을 비교하기 위해서가 아니다. 신학적 사유방식과 행동방식에 거시적인 당대의 시대인식이 중요한 몫을 하겠지만, 개인적인 삶의 방식이 한편으로 영향을 끼치리라는 전제에서 잠시 생각해 본 것에 지나지 않는다. 나는 개인적으로 안병무 선생이 세운 한국신학연구소에 오랫동안 몸담고 있었으므로 그 혜택을 많이 누렸다. 반면 서남동 선생과의 개인적 인연은 외부의 강연 자리에서 몇 번 뵌 것 그리고 돌아가시던 해 설날 당신 명의의 집도 아닌 연세대학교 구내 낡은 사택에서 인사하러 간 후학들을 반가이 맞아주시고 신학적 술회를 하시던 기억을 지니고 있는 게 전부다. 어쨌든 이와 같은 삶과 신학의 관계는 전기적 관심을 가진 사람이 발전시켜야 할 과제이다.

2. 민중의 발견, 민중해방의 정치

민중신학을 논할 때 '민중'부터 거론하는 것만큼 구태의연한 접근
방식은 없다. 그러나 또한 '민중'을 논하는 것이 민중신학에 이르는 첩
경이라는 사실도 부인하기 어렵다. 1970년대 한국 상황에서 전개된
하나의 신학적 조류를 그와 같이 부를 수밖에 없었던 관건이 달려 있으
니 '민중'을 이야기하는 것은 민중신학의 핵심에 도달하는 길일 수밖에
없다.

왜 하필 '민중신학'이라는 이름이 붙었을까? 제1세대 민중신학자
들은 그 이름을 두고 많은 논란을 벌였다고 한다. 예컨대 '민중의 신학'
이냐 '민중을 위한 신학'이냐를 두고 씨름을 하기도 하였는데, 결국은
'민중신학'으로 합의하였다고 한다. 소유격 '의'와 여격 '을 위한'은 단
순히 수사의 차이일 수도 있지만, 그렇게 단순한 수사의 차이만은 아니
었던 것 같다. '민중의 신학'이라고 하면 지식인인 신학자들이 과연 '민
중'이냐 하는 논란이 제기된다. '민중을 위한 신학' 하면, 기층 민중과
동일시할 수 없었던 민중신학자들 자신들의 처지를 해명해주기는 하
지만 민중을 대상화하고 만다.[8] 그래서 신학자들은 절묘하게 '민중신
학'이라 선택했다 한다. 이와 같은 이름은, 민중과 지식인의 관계에 관
한 당대의 고민의 흔적을 보여주고 있기는 하지만 동시에 모호하게 미

---

8 민중신학에서 '민중론'은, 역사 주체로서의 민중의 역할에 대한 성찰과 함께 민중이 누
　구냐는 그 실체에 관한 물음을 포함한다. 대체로 제1세대 민중신학자들은 그 실체 규명
　에 대해 유보적 태도를 취하지만 각기 나름대로 경향성을 띠고 있고, 이후의 민중신학
　에서는 다각도로 민중의 실체 규명에 관한 시도들이 이루어져 왔다. 서남동 역시 크게
　보아 민중의 실체를 단정하는 것의 위험성을 의식하고 있었지만, 자본제사회에서는
　"노동자가 민중이라고 하는 실체의 주요부분"(270쪽)이라고 정의함으로써 이후 민중
　신학에서의 계급론적 민중론의 실마리를 제시했다. 민중신학에서의 민중론의 여러 경
　향에 대해서는, 최형묵, "민중신학의 민중론", 『보이지 않는 손이 보이지 않는 것은 그
　손이 없기 때문이다 – 민중신학과 정치경제』, 다산글방, 1999 참조.

봉한 듯해 보이기도 한다. 그러나 그 이름은 오히려 민중과 지식인 또는 더 나아가 민중운동과 신학의 관계를 더 깊이 생각할 여지를 남겨둔 절묘한 선택인 셈이었다. 민중신학은 '민중의 신학'도, '민중을 위한 신학'도, 또는 '민중을 중심으로 하는 신학'도 아닌, '민중의 중심에서 하는 신학'이라는 통찰[9]에 이르면 비로소 그 이름의 진가를 실감한다.

한 노동자(전태일)의 절규와 죽음에서 예수를 보았고 하느님을 만난 신학자들은 이제 신학의 정도(正道)는 다른 곳에 있지 않다는 사실을 깨달았다. 바로 민중 사건의 현장 그 한가운데서 신학을 해야 한다는 자각이었다. 민중의 중심에 선다는 것은 그 민중적 당파성을 선택한다는 사실을 의미한다. 민중신학의 신학으로서의 독특한 해석학은 여기에서 시작된다. 민중신학은 신의 존재를 규명하려 했던 전통적 신학과 구별될 뿐 아니라, 그 전통적 신학을 일정부분 인간학으로 대체하였던 근대 서구 신학과도 구별된다. 민중신학은 추상적 인간이 아니라 구체적인 민중의 현실에서 신학을 다시 한 것이다.

민중적 당파성을 선택한다는 점에서 민중신학을 하는 이라면 누구나 공감한다. 그러나 그 태도나 해석에서는 차이들이 나타나는데, 서남동은 우선 이 점에서부터 매우 단호하다. 서남동의 민중신학의 기본 얼개를 내보인 "예수 · 교회사 · 한국교회"에서, 예수는 고난 받고 억압당하는 민중과의 동일성을 확인하고 공적 생애를 시작했다고 보며, 그 동일화를 '무조건적인 동일화', '절대적인 동일화'라고 본다(19-21쪽). 그와 같은 관점에서, 부자와 권력자는 예수가 가르친 '주기도문'을 드릴 자격이 없다고 단호하게 잘라 말한다(21쪽). 그와 같은 입장을 열광주의라고 비판한 김형효의 반론[10]에 대해서는 더더욱 단호하게, "모든

---

9 이정희, "민중 현실의 '중심에서' 신학하기", 「교수신문」, 2002. 4. 15. 17쪽.
10 김형효, "혼미한 시대의 진리에 관하여", 「문학사상」, 1975년 4월호.

대립의 화해는 있을 수 있고 또 있어야 하지만 부자와 가난한자, 누르는 자와 눌린 자 사이의 화해는 있을 수 없"기에 "부자와 누르는 자에게는 주기도를 드릴 자격을 주지 아니하는 것이 기독교"라고 정언적으로 단언한다(49쪽). 뿐만 아니라 서남동은 "부자는 천당 갈 수 없다"고 주장하고, 그것은 너무나 당연한 자신의 기본 신념이며 따라서 추호도 양보할 수 없다고까지 한다(254쪽).

아닌 게 아니라 이쯤 되면 정말 극단적 열광주의자 내지는 꽉 막힌 맹신론자가 아닌가 생각될 정도다. 그러나 열광주의, 맹신주의로서가 아니라 서남동 신학의 진정한 급진성의 한 면모가 여기에 있다. 이 주장에서 서남동은 지금 도덕적 설교를 하고 있는 것이 아니다. 그가 분명하게 밝힌 것처럼 "윤리의 문제가 아니라 제도의 문제"(342쪽) 맥락에서 이 말을 하고 있다. 부자의 마음이 악해서 공장의 노동자를 착취하는 현실이 아니라 부자와 가난한 사람으로 나누어지는 사회구조를 문제시하는 것이다. 그렇게 이미 '타락한' 체제가 존속하는 현실에서 '부자'가 천당에 간다는 것은 말부터 성립될 수 없는 마치 '둥근 삼각형'과 같다고 한다. 사실 윤리적 교훈이 아닌 제도적 내지는 구조적 변혁의 차원을 문제 삼은 것은 민중신학에서 처음 비롯된 것은 아니다. 널리 알려진 신학자로서는 라인홀드 니버와 같은 이가 그의 주저 가운데 하나인 『도덕적 인간과 비도덕적 사회』[11]에서도 이미 씨름한 문제이기도 했다. 부르주아적 낙관주의에 입각한 자유주의 신학을 비판하면서 제기한 그 주요논지 가운데 하나는 개인 간의 관계는 '도덕적'일 수 있지만 집단 간의 관계는 '정치적'일 수밖에 없다는 것을 지적한 것이다. 이러한 논점은 이미 서구의 급진적 정치신학이나 남미의 해방신학

---

11 Reinhold Niebuhr, *Moral Man and Immoral Society*, 이병섭 역, 『도덕적 인간과 비도덕적 사회』, 현대사상사, 1972.

등에서도 충분히 개진된 것이다. 서남동 그리고 민중신학에서 독특한
점은 그 문제를 민중적 당파성의 차원에서 분명하게 논하고 있다는 것
이다. 여기에서 민중신학은 단지 민중을 동정하는 도덕심을 불러일으
키는 신학이 아니라 민중해방의 정치를 일깨우는 신학으로서 면모를
분명히 갖추게 된다. 이것은 천편일률적으로 개인의 도덕적 양심과 회
심을 강조하는 신학들과 구별되는 민중신학의 특이성이기도 하다.

　신학에서 말하는 '죄'를 개인적 차원 또는 보편적 현상으로 접근하
지 않고 구체적인 역사적 체제의 차원에서 접근하는 인식도 이와 상통
한다. 서남동은 "지배자가 약자, 반대자에게 붙이는 딱지"로서 '죄'의
성격에 주목한다. 그래서 추상적 죄를 문제 삼기에 앞서 '범죄를 당한
자들' 곧 '억울한 자들'의 현실을 먼저 보아야 한다고 역설한다. 그와
같은 현실에서 보면 '죄'는 지배자의 언어이고, '한'은 민중의 언어가
된다(144-145쪽). 그런데 서남동은 죄를 뒤집어쓰고 억울한 일을 당한
민중의 한에서 구원의 의미를 발견한다.

　우리 모두를 해방시킬 메시아의 도래는 고난 받는 민중의 신음소리,
　한의 소리를 타고 오시는 길밖에 없는 것이다. 고난 받는 이웃, 특히
　우리가 구조적인 악이라고 부르는 것 때문에 고난받고 있는 이웃의
　소리(아픔)에서 만나지 못한다면 이 시대에 다른 아무 데에서도 그리
　스도를 만나지 못한다. 이것을 가리켜 나는 '고난 받는 민중의 메시아
　성' 혹은 '한의 속죄적인 성격'이라고 말한다(160쪽).

　신학적인 의미에서 하느님의 구원 행위는, 이렇게 민중을 통해 실
현된다. 서남동은 이 점에 대해 더욱 분명히 말하기를, "민중은 태초부
터 하느님과의 계약상대자"라고 정의한다. "땅을 정복하고 생활 가치

를 생산하고 세계를 변혁시키며 역사를 추진해온 실질적 주체이면서
도 지배권력으로부터 소외·억압되어 천민·죄인으로 전락"한 민중이,
"역사의 발전에 따라서 자기의 외화물(外化物)인 권력을 원자리로 돌
리고 하느님의 공의 회복을 주체적으로 이끌어서 그로써 구원을 성취
하도록 되었다"는 것이다(62쪽). 서남동은 아예 "민중신학의 주제는
예수라기보다도 민중"이라고 선언하고(70쪽), "민중이라는 것이 하나
의 인격적 존재로 기술될 필요가 있을 때 거기에 예수가 나타난다"고
하며 "예수는 민중을 대표하는 상징"으로 본다(244쪽).

　민중신학 비판자들은 늘 이 대목을 문제시한다. 도대체 민중신학
이 '민중'신학이냐, '민중신'학이냐, 아니면 민중학이냐고 논란을 삼는
다. 그러나 서남동의 이와 같은 입장은 기독교 신학의 전통에서 매우
낯설어 보이지만 전혀 새로운 것은 아니다. 그것은 예수에 대한 신약성
서의 이해 방식을 새삼 확인하고 있을 뿐이다. "말씀이 육신이 되었다"
는 성육신(成肉身)론의 현대적 표현인 셈이다. "지금 눈앞에서 전개
되는 사실과 사건을 '하느님의 역사 개입'으로 알고" "그것을 신학적으
로 해석하는" 태도를 취한 것이다(105-106쪽). 민중신학은 초자연적
으로 만나는 하느님을 말하지 않는다. 나자렛 사람 예수를 '하느님의
아들' 메시아로 인식했던 신약성서와 마찬가지로 민중신학은 오늘의
민중 속에서 하느님을 인식한다. 그것은 이른바 '민중 사건' 안에서의
동일시를 의미한다.[12] 여기에서 기독교 신앙의 구원론적 동기가 포기
되는 것은 아니다. 지배자들이 뒤집어씌운 한계에 갇혀 고난 받는 민중

---

12 민중신학에서의 '사건'의 의미에 관해서는, 김진호, "역사의 예수 연구에 대한 해석학
　적 고찰 및 민중신학의 '사건론적' 전망", 김진호 편, 『예수 르네상스』, 한국신학연구
　소, 1996; 최형묵, "1990년대 민중신학 논의의 몇 가지 쟁점들", 『보이지 않는 손이
　보이지 않는 것은 그 손이 없기 때문이다 - 민중신학과 정치경제』, 다산글방, 1999;
　Andreas Hoffmann-Richter, "안병무의 '사건' 개념", 안병무박사고희기념논문집편
　찬위원회 편, 『예수 민중 민족』, 한국신학연구소, 1992 등 참조.

이 그 한계를 떨치고 일어서는 자기초월 사건을 구원 사건으로 인식할 수 있다면, 기독교 신앙이 말하는 구원은 역사적 구체성을 획득하게 된다. 만일 신학이 신 존재 증명을 주요 임무로 하는 것이라면 민중신학은 그와 같은 전통적 의미의 신학이 아닐 수도 있다.[13] 그러나 민중이 일으키는 자기초월의 사건을 구원의 사건 곧 신적 사건으로 인식하고 그 의미를 해석하는 것을 주요 임무로 설정한 민중신학은 그 자신의 전제에서 가장 진지한 신학이 된다. 서남동의 민중신학은 그와 같이 구원론의 새로운 지평을 분명히 하고 있다.

3. '합류'의 해석학

민중을 입지점으로 하고 있는 서남동의 민중신학은 그 나름의 독특한 해석학을 통해 체계적 이론으로서의 면모를 갖춘다. 이른바 '합류의 해석학'이다. 이 합류의 해석학은 이론으로서의 민중신학의 성격을 분명히 해주는 것인 동시에 그 풍부한 영감을 담아내는 훌륭한 그릇의 역할을 한다. '두 이야기의 합류'라고 말했던 합류의 해석학의 실마리는 이렇다.

기독교의 민중사와 한국의 민중사가 한국 기독교인에게서 지금 합류되고 있다. 이러한 합류 과정을 민중신학은 어떻게 이해하고 실현해야 할 것인가, 오늘의 '신의 선교'[14]에서 이 합류과정은 어떻게 뻗쳐나

---

13 서남동 자신도 이 점을 분명히 인식하고 있다. 그래서 자신의 신학을 '탈신학', '반신학'이라 이름한다. 이 점에 대해서는 뒷부분에서 다루도록 하겠다.

14 '신의 선교' 개념은, 선교의 주체를 '교회' 대신에 '신'으로 인식하는 매우 중요한 개념이다. '교회의 선교' 개념은 '신 → 교회 → 세계', 곧 '신은 교회를 통해 세계에 개입한다'는 인식을 바탕으로 한 반면 '신의 선교' 개념은 '신 → 세계 → 교회', 곧 '신은 직접 세계에 개입하며, 교회는 그 신을 좇아 돕는 역할을 한다'는 신학적 입장을 대변한다. '교회의

갈 것인가, 이것이 오늘을 사는 한국 기독교인의 역사적 소명일 것이다"(104쪽).

이 합류의 해석학이 갖는 파격적 성격은, 그것과 전통적 신학 방법이 어떻게 다른지를 해명하는 대목에서 분명해진다. 서남동은 '두 이야기' 곧 두 전통을 '전거'(典據)라는 말로 성격화하며, 그 의미를 '참고서'라고 규정한다. 지금 한국 기독교인에게서 합류하고 있는 기독교의 민중 전통과 한국의 민중 전통은 동등한 전거, 곧 동등한 참고서가 된다. 이 주장은 지금도 신학자들 사이에서 논란이 끊이지 않을 정도로 신학계에서는 파격적인 주장이었다. 말하자면 전통적인 신학에서는 신학의 '규범'을 말하고 그 규범의 근거로 성서를 말해왔다. 그러나 서남동의 주장은, 성서가 증언하는 민중 사건과 기독교 역사에 나타난 민중 사건 그리고 한국의 역사에 나타난 민중 사건이 모두 동등한 참고서가 된다는 것이다. 그리고 실제로 그의 민중신학의 전개는 그와 같은 입장에 매우 충실하다. 이 책에 수록된 그의 대부분의 글들은 한국 민중사와 기독교의 민중사를 종횡무진하는 가운데 번뜩이는 영감을 펼친다.

물론 이러한 입장은 성서가 기독교 전통 또는 신학에서 차지하는 실제적 비중이나 중요성 자체를 무시하는 발상은 아니다. 이 주장의 진의는, 문자로 기록된 성서가 신학의 근거로서 배타적 지위를 갖는 것이 아니라고 본 것이다. 고정된 하나의 텍스트가 문자 그대로 진리일 수 없다는 사실은 사실 장황한 해명을 필요로 하지 않는다. 어떤 의미의

선교' 개념이 '서구 기독교 사회'를 중심으로 하는 인식을 말한다면, '신의 선교' 개념은 '탈교회/기독교' '탈서구' 인식의 단초를 제시하는 것으로 평가되어 민중신학에서는 매우 중요하게 수용되었다. 다시 말해 '신의 선교' 개념은 탈교회적 주체, 탈기독교적 주체의 실천을 신의 뜻에 부합하는 실천으로 인식함으로써 민중운동을 신의 역사 가운데 이뤄지는 사건으로 인식하게 하는 중요한 신학적 개념으로 받아들여진 것이다.

생성은 텍스트와 독자 그리고 그 사이에 게재되는 다양한 요소 사이의
상호 작용 가운데 이루어진다는 것이 현대 비평학의 상식이다.[15] 그것
은 성서의 형성과정 자체가 증언하는 바이기도 하다. '하느님의 말씀'
으로 인정될 만한 순수한 '성서적' 전승이라는 것이 따로 있어서 그것
이 다른 전통들을 일방적으로 수용하는 가운데 성서가 형성된 것은 아
니다. 성서 자체 안에 이미 다양한 전통들이 교차하고 있고 그 교차의
과정에서 어떤 전통의 맥을 형성하고 있다. 상대적으로 오랜 시간 계승
되어, 다른 것들과 구분할 수 있을 만큼 경계 지을 수 있는 전통이라 하
더라도 그것이 그대로 고착되어 있을 수는 없다. 그것은 해석자 또는
계승자를 매개로 하여 다양한 전통과 교차하고 다시 그 내용과 형식을
새롭게 한다. 성서 자체가 그렇게 형성되었을 뿐 아니라, 기독교의 전
통 자체가 그렇게 이어졌다. 문자로서 성서가 배타적 지위를 갖지 않는
다는 사실은 성서 형성 그 자체 그리고 기독교 신학의 역사 자체가 입
증한다. 서남동의 민중신학은 그 사실을 비로소 명시적으로 이야기하
고 있을 따름이다.

서남동은 그와 같은 해석을 스스로 일러 기독론적·통시적 해석과
구별되는 성령론적·공시적 해석이라 한다. 그리고 설명하기를, "기독
론적 해석에서는 이미 주어진 종교적인 범주에 맞기 때문에 적합성이
주어지는 것이라 주장하고, 성령론적인 해석에서는 지금 현실의 경험
과 맥락에 맞기 때문에 적합성이 주어지는 것이라고 주장한다"고 밝힌
다(106쪽). 기독론적 해석은, 성서가 수미일관하게 예수 그리스도만
을 전한다고 보는 해석 방식이다. 그러므로 기독론적 해석은 단일한 전

---

15 이에 관해서는 김진호, "탈정전적 성서읽기의 모색", 『반신학의 미소』, 삼인, 2001;
    양권석, "한국적 성서읽기의 한 방법으로서 상호텍스트적 성서해석의 가능성", 제3시
    대그리스도교연구소 편, 『시대와 민중신학』 5, 다산글방, 1998 참조.

제로 성서의 다양한 전승을 짜 맞추는 폐쇄적 해석 방식을 말한다. 반면 성령론적 해석이란 어떤 경계도 자유롭게 넘나드는 영의 활동을 강조한 개념으로 다양한 해석의 가능성을 열어두는 방식을 의미한다. 또한 통시적이라는 말은 과거 전통을 강조한다는 의미이며, 공시적이라는 말은 오늘 여기의 지평을 강조한다는 의미이다. 결국 해석의 적합성을 판별하는 기준은 "지금 현실의 경험과 맥락"이다. 이와 같은 기준은, 문자적 전통이든 역사적 전통이든 그 자체로는 항구불변한 진리로 통용될 수 없다는 사실을 가리킨다. 바꿔 말하면 "실천으로서 전통을 잇고, 발전시킨다"(56쪽). '오늘 여기에서의 실천적 문제의식'이 전통의 수용여부를 결정짓는다는 것을 말한다.

서남동은 이와 같은 합류의 해석학의 착상을 결정적으로 1970년 11월 13일 전태일 사건에서 얻고 있으며, 아울러 1970년대의 김지하의 담시(譚詩)에서 영감 받는다(106쪽). 1970년대 민중운동의 기점이요 기폭제가 된 전태일 사건을 기독교가 말하는 구원 사건으로서 의의를 지니는 것으로 보았고, 당대와 과거를 종횡무진하며 민중적 사건을 특유의 입담으로 토해낸 김지하의 담시들에서 많은 영감을 얻은 것이다. 또한 '두 이야기'가 "한국 기독교인에게서 지금 합류하고 있다"라고 밝힌 것처럼, 기독교 신학자로서 그 합류의 해석학을 적극적으로 내세울 수 있었던 요인은 1970년대 기독교인들이 민중운동에 적극 참여하고 있는 현실이었다. 이런 맥락에서 합류의 해석학은 기본적으로 민중신학의 정치신학적 성격을 분명히 해 주는 이론적 장치였다.

그러나 합류의 해석학은 정치신학적 유용성만을 갖는 것은 아니다. 합류의 해석학은 가장 독창적인 한국신학의 모형을 제시한 것으로 평가되기도 한다.[16] 합류의 해석학은 기존의 기독교적 전통과 형식을 고

---

16 이경재, 『해석학적 신학』, 다산글방, 2002, 214쪽.

수한 채 그 안에 이질적인 어떤 것을 수용해 용해하려고 하지 않는다. 기독교의 전통은 다른 전통과 마찬가지로 하나의 동등한 참고서일 뿐이다. 당대의 관점에서 계승되고 수용된 기독교의 전통은 다른 전통과 합류함으로써 그 형식과 내용을 달리하게 된다. 비유적 표현으로 '두 이야기'의 합류일 뿐이지 사실상 더 많은 '이야기들'의 합류를 지향하는 개방적인 합류의 해석학은 여러 다양한 전통들과 동등한 만남을 지향한다. 바로 이 점에서 합류의 해석학은 종교간 대화의 모형으로서도 그 창조성을 평가받는다. 한마디로 합류의 해석학은 소통의 신학을 지향한다. 배타적으로 진리를 담지하는 기독교 신학이 아닌 소통의 과정에서 진리를 깨닫고자 하는 기독교 신학을 지향하는 것이다.

4. '계시의 하부구조'와 반신학

소통을 지향하는 신학적 지향, 그러나 무엇보다 당대의 민중 사건을 해석하고 증언하며 나아가 그 사건에의 동참을 지향하는 실천의 신학, 정치신학으로서 합류의 해석학은 보다 구체적인 매개장치를 갖는다. 이른바 '계시의 하부구조'가 그것이다. 민중운동에 참여하는 기독교인의 실천을 통해 합류한다는 합류의 해석학은 '계시의 하부구조'에 대한 인식으로 더욱 구체성을 띤다.

두 이야기를 합류시키는 실천의 조건을 더욱 분명히 하기 위한 장치라고 할까? 전통적인 신학 개념으로 보면 전혀 어울릴 것 같지 않은 '계시의 하부구조'라는 말은 서남동 민중신학의 진면목을 밝혀주는 매우 중요한 개념이다. 서남동은 평소 스스로 '크리스챤 맑시스트'라는 표현을 즐겨 사용하였다.[17] 시대적 정황 때문에 때때로 맑스주의와 민

---

17 장일조, "죽재를 위한 하나의 대화", 『전환기의 민중신학』, 한국신학연구소, 1992, 참

중신학은 다르다는 점을 강조하기도 하였지만(257쪽), 그의 신학적 인식은 맑스주의적 인식으로부터 크게 영향을 받았다는 점을 부인할 수 없다. 그는 오늘의 혁명·정치·해방의 신학이 맑시스트의 도전에서 촉발되었다는 사실을 인정하면서, 맑스주의와의 대화와 경쟁으로 기독교가 잃었던 활력을 되찾아 민중의 종교로 복귀하려고 한다고 말한다(29쪽). 그가 신학에서는 생경한 '하부구조' 개념을 서슴없이 자신의 신학적 체계 안의 중심 개념 가운데 하나로 설정한 것부터가 그 영향의 흔적이다. 단순히 용어를 차용하는 차원에서뿐만 아니라 그의 신학은 확실히 맑스주의적 인식을 적극 수용한다.

서남동은 두 이야기의 합류 구조를 밝히는 방법론으로 "사회경제사적 내지 문학 사회학적 방법을 적용하자"고 제안한다. 그가 주장하는 내용을 들여다보면 매우 조심스럽게 용어들을 사용하고 있는 것을 볼 수 있는데, 그 횡간의 의도를 읽자면 그는 분명히 맑스주의 내지는 유물론을 유념하고 있는 것을 알 수 있다. 그는 사회경제사적 방법 내지는 문학 사회학적 방법을 제안하는 대목에서 "역사적 기독교와 공산주의의 대립을 넘어서는 교회사의 새 시대경륜"을 말함으로써 그 속내를 비치고 있다. 그는 "지배세력에 대한 민중의 제약조건들"을 분명히 밝히는 방법론으로 사회경제사적 방법을 그리고 그렇게 해서 "민중의 역사"가 밝혀지면 "민중의 사회전기, 민중의 집단적 영혼, 민중의 의식과 그들의 갈망들"을 밝혀내는 방법으로 문학 사회학을 적용할 것을 말한다. 신학의 역사를 돌이켜 볼 때 각 시대마다 다양한 해석학의 틀

조. 장일조는, 서남동이 스스로 '크리스챤 맑시스트'라고 밝히고 있음에도 불구하고 그의 신학이 맑스주의적이라는 데 대해 동의하지 않는다. 그러나 그러한 견해는 신학에서의 맑스주의 수용 내지는 변용의 문제를 너무 단순한 대입관계에서 바라본 탓이 아닌가 생각된다. 반면에 강원돈은 서남동의 신학이 맑스의 유물론적 인식을 중요한 장치로 하고 있는 점을 적극적으로 평가한다. 강원돈, "죽재 신학의 주제와 방법", 『物의 神學 - 실천과 유물론에 굳게 선 신학의 모색』, 한울, 1992 참조.

을 사용해온 것을 알 수 있는데, 오늘 "자기 역사와 운명의 주체가 될 민중의 정체"를 포착하는데 그와 같은 방법이 가장 효과적이라 보고 있다(65쪽). 이에 대한 좀 더 분명히 밝히고 있는 대목을 인용해보자.

이제 정치신학(혁명·해방·민중의 주체들의 총괄적 명칭으로 사용함)이 그 해석의 틀을 사회경제사 내지 문학 사회학이라고 했을 때에는 인간의 인격적 실존이 그 틀이 아니라 인간의 사회적 조건이 그 틀이라고 하겠다. 이러한 새로운 시각에서 볼 때 인간의 본성과 그 운명을 결정하는 사회적 조건들이 돋보이게 된다. 교의적 신학과 실존론적 신학이 간과한 사회적 조건들을 정치신학은 그 신학의 틀 내지는 지평으로 삼는 것이다. 기초가 상부구조를 조건짓느냐 그 역이냐, 존재가 의식을 결정짓느냐 그 역이냐, 환경적 조건이냐 그 역(유전적 소질)이냐는 문제에 대해서 인습적인 편견일수록 후항들을 대답으로 택하는 관념론에 빠지는 것이 상례다. 사회과학적인 새 발견들은 보다 전항들에게 편든다고 보겠다. 실제는 전항과 후항의 교호작용이겠지만, 인습적인 편견을 타파하려면 사회적 조건이 인간성을 조건짓는다고 하여 변증법적인 역점을 두는 것이 정치신학의 자세라고 하겠다. 그리고 이 경우에 조건지어지는 인간성이라는 것은 개인이 아니라 사회적 제 집단이다. 곧 종족, 신분, 계급, 계층, 성별, 연령적 세대, 역사적 시대, 지배-피지배의 관계, 소속문제 곧 정체의식 문제 등이 사회를 구성하고 역사를 추진시켜가는 요인들이다. 비유를 들어서 말하면 인체를 구성하는 무수한 세포를 문제 삼느냐, 여러 기관 곧 심장, 호흡기관, 소화기관, 간장 등을 문제 삼느냐의 문제에서 전통적인 신학은 세포로서의 개개 인간을 문제 삼는 데 대해서 민중신학 내지 해방신학은 여러 기관을 문제삼는 것이라 하겠다(65-66쪽).

서남동은 '사회사적 해석' 내지는 '물질주의적 해석'(489쪽)을 기존 신학의 전제들을 비판하고 분석하는 도구로서만이 아니라 새로운 신학을 구성하는 하나의 인식론으로 삼는다. 서남동은 신학에서 말하는 신의 '계시' 자체가 물질적 하부구조를 갖고 있다고 주장하며 '계시의 하부구조'라는 개념을 창안한다.

크로놀로지칼한 의미에서 계시의 역사적 원점 혹은 '원계시'는 구약성서에서는 출애굽에서 시작되는 원 이스라엘의 200여 년간의 신앙과 사회사이며, 신약성서에서는 예수의 3년간의 갈릴리 선교활동이다. 구약성서의 경우 그 원계시의 구성요소는 유일신 야웨 신앙과 원 이스라엘의 사회사이다. 신약성서의 경우 그 원계시는 하느님의 아들 예수 그리스도와 그의 선교활동의 장인 갈릴리의 민중들이다. 원이스라엘의 사회사, 그때의 갈릴리 민중의 사회사 및 그들의 자의식이 계시를 구성하는 구성적 요소이다. 그러므로 계시의 일면은 분명히 '사회과학적' 연구의 대상이 되고 또 되어야만 한다. 이런 의미에서 계시는 '역사적 계시'이고 그것은 '물질적 계시'다. 다시 말해서 계시의 '하부구조'가 있다. 그것은 원이스라엘의 사회구조, 갈릴리 민중의 경제사다. 원계시의 매체인 택함을 받은 히브리인들의 새 공동체와 그의 갈릴리의 가난한 민중은 단순히 계시의 매체에 불과한 것이 아니라, 그 계시의 구성적 요소다. 그렇기에 우리가 '역사적 계시'라고 말할 수 있다. 복음(계시)이 가난한 사람들에게 주어졌을 뿐 아니라 '가난한 사람의 복음'이다. '가난한 사람'은 복음(계시)의 구성적 요인이다. 그러므로 교회가(우리가) 복음(계시)을 갖게 되는 방식은 가난한 사람들과의 연대에서만 허락된다. 예수 그리스도가 갈릴리의 가난한 민중을 불러일으켜 세웠고 그 가난한 민중들은 일어서서 자기네가 하느님의 구원역사의 주체라는 자의식을 갖게 된 일련의 사건들이 복음이요 계시다(489-490쪽).

이와 같은 착상에서 시작하여 서남동은 "하부구조(몸)에서 유리된 상부구조(이념)만의 전통적 신학은" "유령이요 아편"이라고 단정짓는다(490쪽). 여기서 서남동은 맑스의 종교비판 이후의 신학의 가능성을 제시하고 있음을 알 수 있다. 시대적 제약 탓에 '사회사적 해석'이니 '사회과학적'이니 또는 '물질주의적 해석'이니 하는 표현들을 사용하고 있지만 그가 유념하고 있는 것은 맑스의 유물론적 인식이다. 서남동은 신학이 "한 시대의 사상이나 사상을 바탕으로 한 것은 단순히 유행이란 의미에서가 아니라, 그 시대 사람들이 무엇을 생각하고 있느냐 하는 관심의 반영"(213쪽)이라고 한 적이 있는데, '성실하게 신학하는 사람'으로서 '그 시대의 언어와 사상의 틀'로서 맑스주의적 인식을 수용하고 있다고 할 것이다. 따라서 맑스의 종교비판 이후의 신학이란 맑스주의에 대립하는 반명제로서의 신학이 아니라 맑스주의적 인식을 바탕으로 한 새로운 신학을 의미한다. 그 신학은 거꾸로 전통적 신학에서 이탈하여 그에 대립하는 신학으로서 성격을 분명히 갖고 있다. 그래서 서남동은 인식론적으로 구별되며 진술 방법상[18]으로 구별되는 그 신학을 '탈(脫)신학' '반(反)신학'이라 이름한다.

전통적 신학이 초월적·연역적이라면 이야기 신학은 귀납적 신학, 아니 반(反)신학이다. 뿐만 아니라 전통적 신학은 '지배의 신학'이다. 곧

---

18 민중신학은 인식론적 의미에서 신학의 혁명적 전환을 의미하지만 그 진술 방법의 전환에서도 각별한 의의를 지닌다. 이른바 '이야기 신학'으로서의 민중신학이다. 이와 관련한 상세한 논의는, 이정희, "민중의 언어 없이 민중의 시대는 오지 아니한다", 「신학사상」 81(1993. 여름) 참조.

지배(통치)의 이데올로기에 편입, 흡수되어서 지배질서를 정당화해
주고 그것을 축복하는 기능을 수행한다. 문자와 서적과 체계적인 신
학이 그렇다. 하느님의 초월성, 전지전능, 무소부재, 그리스도의 왕
권, 주권을 강조하는 내용이 다 정치적 지배구조 안에서 얻어진 상상
(지배자의 언어)이며 그 고정화, 항구화를 기능한다.

도대체 '신학'이라는 것이 성서적인 계시 이후에 생겨진 사상체계로
서 그리스도교 신학체계가 발생한 사회학적인 '삶의 자리'는 고대 노
예제사회인 그리스와 로마 사회다. 자유시민과 노예, 초월과 천속(賤
俗), 물질과 정신의 형이상학적 이원론, 사회적 이중구조가 그 신학
이 발생한 모태며 그렇게 유전적으로 구조적으로 생겨진 것이다. 그
렇기에 그것은 '지배의 신학'이다. … 본래 성서적 계시의 삶의 자리는
노예제 사회에서 탈출한 가나안과 갈릴리 민중들-그들의 이야기다.
그것은 신학이 아니라 이야기며 그런 의미에서 반신학이다. 통치이데
올로기와 지배체제와 그 문화를 비판하고 시정하려는 민중의 이야기
는 반신학이다(394-395쪽).

이렇게 반신학은 전통적 신학과의 단절을 분명히 제시한다. '계시
의 하부구조'를 신학의 구성적 요소로 인식하는 신학은 필연적으로 지
배자와 피지배자의 적대적 대립 관계의 현실을 인식할 수밖에 없고, 따
라서 지배자의 편에 선 전통적 신학과 절연할 수밖에 없는 것이다. 그
런 의미에서 계시의 하부구조를 핵심적인 구성 요소로 하는 합류의 해
석학은 탈신학이며 반신학으로서 성격을 갖고 있다.

'두 이야기의 합류' 구상 그리고 '계시의 하부구조'에 대한 천착이
시사하듯, 반신학은 전통적 신학과의 절연 대신에 전혀 새로운 신학적
관계를 만들어간다. 진리를 독점한 '천상의 언어'로서의 신학의 성격

은 기각되고, 그 신학은 이제 낮은 자리에 내려와 사람들에게 말을 거는 '지상의 언어'로 탈바꿈한다. 땅의 사람들이 알아들을 수 있는 언어로서 신학이 탄생한 것이다. 그래서 신학은 이제 전통적인 형이상학보다는 인간학 또는 사회과학과의 대화를 중요시하게 되었다. 서남동이 자신의 민중신학 방법론을 '사회경제사적 해석' 또는 '문학사회학적 해석'이라고 한 것은 이 사실을 시사한다. 이런 의미에서 민중신학은 신학 안에서 학제적 연구의 모형을 제시해준다. 실제로 민중신학은 70년대 이래 한국 사회의 다양한 민중담론들과의 대화 속에서 형성되었다.

그러한 신학을 서남동이 신학적 개념으로는 '성령론적 해석'이라 한 것도 의미심장하다. 그렇게 소통을 지향하는 민중신학은, 마치 신약성서에 나오는 '성령 사건'을 연상시킨다(사도행전 2장). 여기서 말하는 '성령 사건'이란 초자연적 현상이 아니라 '언어 사건', 더 정확하게는 '의사소통 사건'이다. 그것은 갈릴리 민중들의 언어를 각기 다른 언어를 사용하는 사람들도 다 알아듣게 되었다는 데 초점이 있다. 그것은 구약성서 바벨탑 이야기가 뜻하는 것과 정반대의 의미를 지닌다. 단일한 언어를 강요하며 오로지 저 높은 곳만을 지향하는 욕망이 의사소통 장애와 분열을 낳은 것과는 정반대로 지배체제에서 내쫓긴 민중의 언어가 서로 다른 사람들 사이의 장벽을 넘어 소통 가능하게 한 사건을 일으켰다. 여기에서 성령은 한마디로 소통의 능력을 의미한다. 서남동의 민중신학이, 스스로 이름했듯이, 성령의 해석학으로 불리는 것은 그만한 정당한 이유가 있는 것이다. 그것은, 지배체제가 민중들에게 뒤집어씌운 갖가지 굴레를 벗겨내고 민중 스스로 자신의 언어를 되찾고 그 언어로 다른 사람들과 대화하는 민중해방의 사건을 기점으로 형성된 민중신학의 또 다른 이름이다.

5. 신학의 해방

민중신학은 신학을 '천상의 언어'에서 '지상의 언어'로 탈바꿈시키고 지상의 인간들의 의사소통을 가능케 하였지만 신학이 말해 온 '초월'의 영역을 전적으로 포기하지는 않는다. 그러나 서남동의 민중신학이 말하는 '초월'은 전통적 신학에서 말하는 것과는 다르다. 서남동은 "신의 초월을 형이상학적인 영역으로부터 미래의 초월로 환원한다"라고 밝힌다(29쪽). 여기서 그가 '환원한다'고 한 데에는 나름대로 이유가 있다. 그것은 애초 민중의 종교였던 원시 기독교의 종말론을 회복한다는 의미를 지닌다. 구약시대의 예언자들에게서 출발하여 후기 유대교에서 발전하고 예수에게까지 이어졌던 종말사상은 "새 질서를 기다리는 혁명적 사상"(24쪽)이었으며, 그것은 원시 기독교에서 다시 예수 재림에 대한 기대로 이어졌다. 그런데 서남동은 이 종말사상이 기독교 역사에서 두 가지 형태로 정형화되었다는 점을 주목한다. "역사의 궁극적인 종말인 '신국'(神國)과 준 궁극적인 '천년왕국'으로 정형화"되었다는 것이다(25쪽). 이렇게 분리 정형화되면서 신국과 천년왕국은 각기 다른 신앙을 표상하게 된다. 서남동은 이렇게 지적한다.

신국은 보다 더 개인적·내면적인 신앙 내용이고, 천년왕국은 보다 더 사회적·외면적인 신앙 내용이다. 그렇기에 교회사에 있어서 혁명 신앙의 동력이 된 것은 신국 상징이 아니라 당연히 천년왕국 상징이었다. 천년왕국 신앙은 주후 1세기에는 정통교리였다는 점 그리고 이중적인 모델이 변질되어서 일방적인 것이 될 때에는 그 본래적인 깊이도 박력도 상실한다는 것을 우선 지적할 수 있다. 특히 현대 신학에서 역사의 준궁극적인 종말인 천년왕국의 사회적 극이 탈락된 채로 역사의 궁극적인 종말인 신국의 개인적·내면적인 극(極)만이 논의될 때 종말신앙이 지니고 있는 혁명적인 활력은 거세되고 만다(25쪽).

역사적으로 교회가 국가의 공인을 받고 제도화면서 신국 표상은 더 이상 종말론의 혁명적 의미를 상실하게 되었다는 것이다. 교회가 곧 신국의 이상을 구현한 것으로 이해되었기 때문이다. 그래서 신국은 개인적이거나 내면적인 것, 또는 현세와 상관없는 타계적인 신앙을 표상하는 것이 되어버렸다. 반면에 종말론의 혁명적 원동력은 천년왕국 표상에만 남게 된다. 교회가 국가의 공인을 받고 기독교가 부자의 종교로 전화되었을 때, 가난하고 눌린 사람들의 종교는 소종파와 이단으로 전락했다. 이와 더불어 원시기독교 종말론의 혁명적 원동력은 부자의 종교인 기독교에서 내세우는 신국에서보다는 가난한 사람들과 민중의 종교인 이단종파에서 내세우는 천년왕국의 표상에서나 찾아볼 수 있게 된 것이다. 서남동이 신의 초월을 "미래의 초월로 환원"한다고 한 것은, 크게 보면 종말론 신앙의 회복을 말하며 더 구체적으로는 천년왕국 운동의 혁명적 성격을 계승한다는 뜻을 지닌다. 바로 이 점에서, 계시의 하부구조를 강조한 서남동의 민중신학은 계속되는 일관성을 지닌다.

그러나 서남동은 궁극적 차원을 의미하는 신국 표상을 폐기하지는 않는다. 기독교의 역사에서 종말론적 성격을 상실한 신국 표상을 거부할 뿐, 본래 종말론적 지평에서 궁극적 차원의 의미를 지닌 신국 표상을 회복하려고 한다. 서남동은 민중신학과 일반 민중사관이 어떤 점에서 다른 것이냐, 또는 민중신학에서 말하는 구원과 일반 사회혁명이 어떤 점에서 다른 것이냐 하는 의문에 대해 신국(하느님 나라)과 천년왕국(메시아왕국)의 관계 문제로 이에 대한 답변을 시도한다.

봉건주의 체제이든, 자본주의 체제이든, 사회주의 체제이든 그 어떤 체제도 '하느님의 나라'에 대해서는 동거리라고 생각합니다. 어떤 체제는 더 가깝고, 어떤 체제는 덜 가깝고 하는 것은 아닙니다. 그러나 '메시아왕국'을 기점으로 한다면 사회경제사적인 관점에서 보면 사회주의적인 체제가 다소 가깝다고 할 수 있겠지요. 그래서 일반적인 관점에서 보면 '민주사회주의'를 가장 이상적인 모형이라고 생각하는 경향이 있는데 여기라고 문제가 없는 것은 아니죠. 그것을 교조화시킬 수는 없으니까요(256쪽).

사실 이 진술에는 매우 미묘한 긴장이 있다. 서남동의 논조는 전반적으로 '천년왕국'(이 인용문에서 '메시아왕국'으로 표현한)적 관점을 강조한다. 민중신학은 "지금 시중에 살고 있는 사람들의 요구와 필요에 관심"이 있기 때문이다(256쪽). 이 답변에서도 역시 사회주의 체제가 메시아왕국에 더 가깝다고 말함으로써 그와 같은 견해의 연속성을 보여주고 있다. 그러나 궁극적인 차원에 해당하는 '하느님의 나라'를 제시하고 있고 그 관점에서는 모든 역사적 성취가 그로부터 동일한 '거리'에 있을 수밖에 없다는 사실을 말한다.[19] 이때 '하느님 나라'는 물론 기독교 역사에서 종말론적 의미를 상실해버린 그 신국이 아니다. 진정한 의미의 종말론적 지평에서 궁극적 차원에 해당하는 것을 말한다. 그 관점에서는 모든 것이 상대적인 제한성을 지니게 된다. 궁극적 차원과 역사 안에서의 성취 사이에는 '거리'가 있고 '단절'이 있다. 아니, 거꾸로 말하면 그 '거리'가 있고 '단절'이 있기에 신국의 표상은 궁극적인

---

19 민중신학에서의 이데올로기적 선택 및 그 신학적 의의에 관해서는 최형묵, 「민중신학에서의 이데올로기 문제: 민중신학이 제시하는 사회적 이상」; 「민중신학과 하느님 나라」, 『보이지 않는 손이 보이지 않는 것은 그 손이 없기 때문이다 - 민중신학과 정치경제』, 다산글방, 1999 참조.

의미를 지닌다. 그것은 항상 역사 안에서의 성취를 '초월'하는 궁극적 지평이다. 서남동은 그것을 "앞서가시는 하느님"이라는 말로도 표현했다(63쪽).

이런 맥락에서 '하느님' 또는 '하느님 나라'는 역사 안에서의 그 어떤 성취이든 '교조화'하는 것을 막아내는 근거로서 역할 한다. 결국 신학이 말하는 궁극적 지평으로서 '하느님'과 '하느님 나라'는 끊임없는 개방성과 가능성을 의미한다. 한마디로 말해 그것은 무한히 열린 가능성의 세계를 말한다. 서남동의 민중신학이 계시의 하부구조를 말한 것은 초월의 지평을 유폐시키기 위한 것이 아니다. 민중이 자기 스스로를 해방시켜 나가는 그 초월적 능력을 구체적인 역사적 계기를 통해 인식해야 할 필요성에서 주목한 것이다. 순간순간 단절의 마디를 지닌 그 역사적 계기를 제대로 인식하지 않았을 때, 어느 순간 특정한 역사적 성취가 절대화하는 것을 보아 왔기 때문이다. 진리를 독점한 듯이 도그마를 강요했던 기독교 신학의 역사가 그것을 보여 주었다. 프란시스 후쿠야마가 말했던 것과 같은 역사의 완성 또한 그와 동일한 오류를 보여 준다. 그러므로 계시의 하부구조는 신학이 말하는 초월의 지평을 유폐시키는 장치가 아니라 오히려 진정한 초월의 조건과 가능성을 분명하게 인식하게 해주는 장치인 셈이다.

서남동의 민중신학은 이와 같이 역사 피안의 궁극적 지평과 역사 차안의 구체적 지평의 절묘한 긴장 관계를 유지함으로써, 진정으로 역동적이며 개방적인 신학의 모형을 제시하고 있다. 이로써 민중신학은 지배체제와 도그마에 사로잡혀 있던 신학을 해방시켜 '계시'의 원자리로 되돌리고 있다. 오늘 '민중'의 시대가 갔느니 말았느니 하는 시류적 논란에도 불구하고 민중신학이 여전히 생명력을 지닌 신학으로서 진가를 지닐 수 있는 것도 이 때문이라 할 것이다.